José García Álvarez

LAS PROFECÍAS DE NOSTRADAMUS

Mestas
ediciones

Las profecías de Nostradamus

© Diseño Cubierta: Jorge A. Mestas, Ediciones.
    Ilustración Cubierta: Saint Jerome in his Study. Ludovico Cigoli.
    Ilustración Contracubierta: Retrato Nostradamus. Siglo XVIII. Anónimo

Jorge A. Mestas Ediciones, S.L.
Avda. de Guadalix, 103
28120 Algete MADRID
Tel. 91 886 43 80
Fax: 91 886 47 19
E-mail: jamestas@arrakis.es
www.mestasediciones.com

© Miguel Angel Muñoz Moya.
© de la presente edición: Jorge A. Mestas, Ediciones.

ISBN: 978-84-95311-49-8
DL: M-27031-2011

Printed in Spain - Impreso en España

INDICE

PREFACIO 7

NOSTRADAMUS Y SU OBRA 9
El hombre, 9.- La obra, 12.

Cap. I.- NOSTRADAMUS, LINGÜISTA Y ASTRÓLOGO 16

Cap. II.- LAS SEXTILLAS 20

Cap. III.- LA CLAVE Y SU DESARROLLO 25
Proceso de ordenación- Desarrollo de la clave, 30.

Cap. IV.- LAS EPÍSTOLAS 41
Carta a su hijo César, 42.- Traducción e interpretación 47.-
Carta a Enrique II de Francia. 52.- Traducción e interpretación, 60.

Cap. V.- LAS CENTURIAS 75
Primera Centuria, 77.- Segunda Centuria, 105.- Tercera Centuria, 133.-
Cuarta Centuria, 161.- Quinta Centuria, 189.- Sexta Centuria, 219.-
Séptima Centuria, 247.- Octava Centuria, 277.- Novena Centuria, 305.-
Décima Centuria, 333.

Cap. VI. CUARTETAS AUTÉNTICAS EXCLUIDAS. PRESAGIOS
TOMADOS POR CUARTETAS. CUARTETAS FALSAS 361
Cuarteta latina de advertencia, 369.

Cap. VII. ENTREVISTA A NOSTRADAMUS 371

EPÍLOGO: AQUELLOS QUE SON 381

APÉNDICE 384
Correspondencia entre las cuartetas de las Centurias tradicionales y las de la
verdadera ordenacion de dicha obra, en numeración sucesiva del 1 al 1.000.

PREFACIO

Soy el espíritu que vive en esta envoltura física a la que vosotros llamáis José. De mis cincuenta y ocho años de estancia en esta tierra, treinta y siete me he oído llamar Maestro por aquellos a los que el Cristo dijo que había que parecerse: los niños. Esa es mi profesión.

En ese tiempo, mi labor pedagógica me ha llevado por las cuatro esquinas de España. Y en cada uno de los lugares que han sido testigos de mis pasos, he ido sembrando, entre los conocimientos que este mundo considera necesarios, aquello que es indispensable para el Alma. En todas partes he dejado un trozo de mí mismo, y mi voz ha llevado la esencia del Profundo Creador a todos aquellos infantes, ansiosos de enseñanza, que viendo en mí el mentor amigo han sido mis mejores portavoces en sus propios hogares.

Lo que he dicho no es mío, no me pertenece: es patrimonio de todos. A mí me lo dijeron en otro tiempo y lugar, y adquirí el deber de repetirlo y extenderlo, recordando las antiguas palabras. Cuando la semilla germina en buena tierra, uno sabe que es útil su función y entonces se siente sal y levadura como el Maestro de Maestros quiso. Espero haber sabido hacer todo cuanto Él de mí esperaba.

Aunque vivo en esta época, soy consciente de no pertenecer a ella; y, a pesar de que las costumbres de este orbe me han adjudicado los padres, hermanos carnales y familia que antes yo había elegido estando proyectado lo que soy en una dimensión lejana, yo sé muy bien quién es mi único y verdadero Padre y quiénes mis hermanos. Reniego, pues, de la carne, de la sangre y de todo lo que pretenda sujetarme con los lazos del dominio posesivo.

Durante mi estancia en este mundo que no reconozco como mío, a una labor le ha sucedido otra y, a veces, varias, en un esfuerzo paralelo. En la segunda mitad de mi actual vida terrestre, en la que el magisterio y la literatura se han repartido mi tiempo de trabajo, Nostradamus se introdujo de inquilino en mis sueños de futuro...

Veinticinco años han pasado desde el primer impulso que me hizo abrir un libro con cuartetas. Entonces, la mente y el corazón marchaban desbocados, espoleados por una curiosidad bastante desmedida. Hoy, ninguna cosa por venir me inquieta, porque mente y corazón están serenos. Los días y las noches incontables, de esfuerzos sin descanso ni medida, ya no son nada, porque ahora la obra realizada es lo que cuenta, y nadie, salvo yo y *Los que todo saben*, puede medir exactamente, cuánto fue lo que costó de privación y sacrificio.

¡Qué duda cabe de que Michel de Nostradame gozó, con su "inspiración divina", de la misma tutela que a mí me ha acompañado durante tantos años!: La de *Aquellos que Son* y hacen vibrar su esencia de Amor en las galaxias. Con ese Amor anduve por tierras catalanas, siendo mediador de la llamada que escucharon muchos y reconocieron pocos. También con Él regresé a mi tierra natal, la bella Cantoria de raíces musulmanas en tierras de Almería la costera, donde, como Él en Galilea, tampoco fui profeta, sino mofado y calumniado.

A veces, el dolor interior puede llegar a ser insoportable, sin que nadie de este mundo lo perciba; pero, lo que uno es, ese que soy, saca la fuerza suficiente y sigue adelante en el empeño. Y recuerda lo que está escrito: "Todos los hombres son tus hermanos, y has de amar, comprender y perdonar, siendo siempre un espejo reflectante de la Verdad Divina". Diez años después, mi tarea allí estaba terminada. Era el tiempo de partir de nuevo.

Mi ardor interno me empujaba a la nueva etapa contemplada en mi programa, y como antaño hiciera un noble y entrañable personaje, fui hacia el Norte, hacia la lluvia, la niebla y el frío, residentes habituales en una alta zona de la comarca pasiega de Cantabria. La pequeña e inhóspita Calseca, a tres kilómetros de San Roque de Riomiera: dos años de trabajo y aislamiento, de los que recuerdo la amistad de dos familias excepcionales: La de José Pérez Setién y Milagros, y Angel y Chari, y otros seres, generosos y buenos, cuyos nombres han quedado grabados para siempre en la memoria de mi gratitud.

Tres meses más tarde, de nuevo viajero con mi libro bajo el brazo. Esta vez, Extremadura. Dos años en uno de sus pueblos, La Garrovilla, próximo a la Mérida romana. Intenso trabajo entre seres amistosos. Me trae el grato recuerdo de José Pavón y su esposa Pepita, y de una etapa tranquila donde se fue puliendo el ser interno que me conforma.

El regreso a las tierras almerienses de Pulpí, donde he encontrado a mi buen amigo Rafael, el doctor García del Valle, marca la etapa que cierra nuestro periplo, el mío y el de mi numerosa familia terrena, por los cuatro puntos cardinales hispanos. Viaje interminable en el que, junto a mi labor de magisterio, se han ido descifrando cuarteta tras cuarteta, profecía tras profecía, del pasado, del presente, del futuro...

En ese largo laborar en los enigmáticos escritos del vidente de Salon, siempre he contado con la ayuda de *Aquellos que Son*. Pronósticos y cartas. Lo auténtico y lo falso. Ya nada esconde su misterio, y el secreto queda desvelado.

Investigar y descubrir: aventura inigualable. Conociendo los entresijos de la Historia, desvelando sus secretos, convirtiéndome en expectante observador de unos hechos repetitivos en los que el hombre ha demostrado siempre ser un ciego impenitente, incapaz de aprender en sus errores.

La obra del profeta galo siéntola tan mía, que tal vez, transfundiendo en mí parte de su esencia, me ha hecho amar a Francia y a sus hijos.

Sé que al final de mi carrera, será pleno el sentido de aquello que oí una noche inolvidable, en que una voz del Cielo me decía: "¡Es Rama!" Así comenzó mi despertar y, por mi obra, el de Michel de Nostradamus, de su sueño secular, cuando el mundo llega a su final.

NOSTRADAMUS Y SU OBRA

Todo está escrito: no hay evolución sin dolor. Ya el Enviado Crístico lo dijo, pero el mundo lo ha olvidado, por lo que bajará otra vez para recordarlo; pero, será tarde y sólo verán las pruebas del dolor y la desesperación que ellos mismos se han buscado como fruto de su ignorancia.

(Aquellos que son)

El nacimiento de un hombre excepcional no es lo corriente en un mundo como éste. Sólo de tarde en tarde, viene a este orbe una entidad fuera de lo común, destinada a realizar prodigiosas obras. Es el caso de Michel de Nostredame, Nostradamus, cuya fama ha desbordado naciones y siglos. Nadie, exceptuando a Jesús el Cristo, ha sido tan mundialmente famoso. Ni persona alguna ha contado con tantos detractores.

El profeta era consciente de la prudencia con que había que andar entre los hombres a los que no gustan las verdades que perjudican sus mezquinos intereses. No ignoraba, pues, las vicisitudes que aguardaban a sus Centurias. Pero, él confiaba en que, lo que era de procedencia divina, gozaría de divina protección. Y, desde lo más interno de su ser, salió el grito silencioso que ha atravesado el tiempo:

«¡Mis profecías serán indestructibles y no descubriréis su secreto hasta que llegue el momento adecuado!»

Así ha sido. Época tras época, han ido resurgiendo resplandecientes, renovadas, levantando ingentes masas de enemigos y partidarios. Mas, para entender lo escrito por este profeta singular, es preciso hablar primero del hombre para después analizar su obra:

EL HOMBRE

La mayor parte de lo que se sabe de él, procede de su secretario Jean-Aimé de Chavigny. Según éste, Michel de Nostredame nació en Saint-Rémy-de Provence, el 14 de Diciembre de 1.503. Su padres fueron Jacques de Nostredame y Renée de Saint-Rémy. Sus abuelos, profundos conocedores de las ciencias matemáticas y médicas. Su familia era de ascendencia judía y se había convertido al cristianismo. Al morir su bisabuelo materno, que le infundiera la afición por la ciencia de los astros, fue enviado a Avignon para estudiar Letras y Humanidades. Más tarde, pasó a Montpellier, donde estudió Ciencias Naturales y Medicina.

Una grave peste, en Narbona, Toulouse y Burdeos, le permitió ejercer como médico. Después regresó a Montpellier para obtener el título de Doctor y se estableció en Agen, ciudad a orillas del Garona, donde conoció a Julio César Scaliger, personaje muy erudito con el que Nostradamus tuvo una extraordinaria amistad.

Se casó con una joven de la alta sociedad, de la que tuvo dos hijos, niño y niña. Murieron los tres y Nostradamus viajará un tiempo hasta que decidió instalarse, de forma definitiva, en Provenza. Se estableció en Aix-en-Provence, donde ejerció un cargo público durante tres años. Desde allí llegó a Salon-de-Crau, donde contrajo segundas nupcias. Fue en ese lugar donde comenzó, lleno de inspiración e irresistible frenesí, la redacción de las Centurias, que empezaban de este modo:

> «D'esprit divin l'ame présage atteinte
> Troubles, famine, peste, guerre, courir
> Eaux, siccitez, terre et mer de sang teinte,
> Paix treves a naitre, Prelats, Princes mourir.» [1]

Guardó en secreto mucho tiempo sus escritos, creyendo que la insólita naturaleza del argumento le acarrearía ataques ofensivos, como luego ocurrió. Pero, por el deseo de que los hombres obtuviesen algún provecho de sus predicciones, las dio a conocer. Pronto, corrió su fama de boca en boca, y ésta impresionó incluso a Enrique II, Catalina de Médicis y Carlos IX, que le llamaron y le dieron su protección.

Envidiado por unos, admirado por otros, Nostradamus resistirá difícilmente la amenaza inquisidora, hasta que, debilitado gravemente por la artritis y la gota, morirá el 2 de Julio de 1566, antes de salir el sol, tras una crisis de ocho días, por un acceso de hidropesía, luego de un ataque agudo de artritis.

Sobre su sepulcro se escribió este epitafio, que puede verse en la iglesia de los Cordeliers de Salon, donde fue enterrado. Está en latín y dice lo siguiente:

> «Aquí descansan los restos mortales del ilustrísimo Michel de Nostradamus, el único hombre digno, a juicio de todos los mortales, de escribir con pluma casi divina, bajo la influencia de los astros, el futuro del mundo. Murió en Salon-de-Crau, en Provenza, el 2 de Julio del año de gracia de 1566, a la edad de sesenta y dos años, seis meses y diecisiete días. Hombres de la posteridad, respetad sus cenizas y no turbéis su descanso.»

Nostradamus fue de estatura algo inferior a la normal, robusto, de frente ancha, nariz recta, ojos grises, rostro severo, barba negra y tupida, salud perfecta y vigorosa. De espíritu

---

1.-   De espíritu divino el alma presagio alcanza
        Disturbios, hambre, peste, guerra, extenderse
        Aguas, sequías, tierra y mar de sangre teñidos,
        Paz, treguas a nacer, Prelados, Príncipes morir.

bueno, comprensivo, entendimiento agudo y sutil, y memoria fiel. Paciente y fuerte ante la fatiga. Jovial, agudo, irónico. Amaba la libertad de expresión. Era católico y reprendía a los que se dejaban arrastrar por los errores de doctrinas extrañas al catolicismo. Practicaba la oración y la limosna, y amaba a los niños. De su segunda esposa tuvo seis hijos, tres varones y tres hembras. A César, el mayor de ellos, fue al que Nostradamus dedicó sus Centurias.

Aparte de lo dicho por Chavigny, hay anécdotas suyas. Una propaganda ensalzando su capacidad profética, opuesta a la publicidad maledicente, con la contrafigura del droguero, hechicero o charlatán. Divino o endemoniado. Pocos han visto en él, al hombre bueno, sencillo y humilde. Véase en sus escritos:

Humildad: *"Aunque yo haya puesto el nombre de Profeta, no me quiero atribuir, hijo mío, título de tan alta sublimidad para el tiempo actual."*

Sabiduría: *"Yo te suplico, hijo mío, que jamás quieras emplear tu entendimiento en tales sueños y vanidades que secan el cuerpo y ponen en perdición el Alma, dando turbación al débil sentido."*

Prudencia: *"Y cuidando que esta oculta Filosofía no fuese reprobada, no he querido nunca presentar sus imparables persuasiones, por cuanto que, muchos volúmenes que han estado ocultos por largos siglos, me han sido manifestados. Pero, recelando lo que llegaría a suceder, los he quemado."*

Conocimiento; *"pues estoy, como hombre mortal, alejado no menos, por el sentido, del Cielo, que, por los pies, de la tierra."*

Sinceridad: *"Soy mayor pecador que ninguno de este mundo, sujeto a todas las humanas aflicciones."*

Ingenio: *"yo he compuesto Libros de profecías, las cuales yo he querido tejer un poco oscuramente, y que son perpetuos vaticinios, de aquí al año 3797. Que esto, posiblemente, hará retirar a alguno su atención de ellas."*

Cautela: *"que yo no preciso demasiado profundamente, porque yo encuentro que los hombres de letras harían muy grande e incomparable jactancia de que yo encuentre advenir al mundo tantas guerras, revoluciones y catástrofes naturales."*

Saber: *"entonces, quedarán reunidos los planetas: unos en Acuario por varios años, otros en Cáncer por mayor tiempo y continuidad... ahora somos conducidos por la Luna... después de ella el Sol vendrá... y después... el reino de Saturno estará de regreso."*

Piedad: *"que yo no pretendo poner por escrito ninguna cosa, cualquiera que sea, que vaya contra la verdadera fe... Sólo Dios eterno, que es escrutador de los humanos corazones, justo y misericordioso, de ello es el verdadero juez... Yo confieso que todo viene de Él, y de ello le doy gracias, honor y alabanza inmortal."*

Fidelidad: *"y tengáis la soberana certitud de que yo me he aplicado en obedecer a vuestra serenísima Majestad, desde que mis ojos estuvieron tan próximos de vuestro esplendor solar."*

Amor: *"me ha hecho pasar mucho tiempo en continuas veladas nocturnas, para dejarte memoria escrita y para común provecho de los humanos, de lo que la Divina Esencia me ha dado conocimiento."*

Así que, humildad, sabiduría, prudencia, conocimiento, sinceridad, ingenio, cautela, saber, piedad, fidelidad y amor. Esa es la verdadera imagen del hombre, al que el mundo ha llamado Nostradamus.

LA OBRA

El profeta francés, escribe dos cartas: una a su hijo César y otra al Rey Enrique II. Al primero, dice:

> *"Yo he compuesto Libros de Profecías, **conteniendo cada uno cien cuartetas**, con astronómico apoyo."*

Y, al segundo:

> *"He estado dudando largamente a quién vendría a consagrar estas tres Centurias del resto de mis Profecías, **que concluyen el millar.**"*

Sin duda alguna, sus Centurias fueron *diez,* cada una con un *ciento* de cuartetas, y entre todas un *millar.* Escritas en el transcurrir de largo tiempo: *"Me ha hecho pasar mucho tiempo en continuas veladas nocturnas."* Y, guiado por un afán de ayuda: *"Para común provecho de los humanos".*

Con el vaticinio de la mayor parte de los aconteceres que el futuro reservaba a los humanos, hasta el principio del 2.000 y séptimo milenio:

> «*Todo ha sido calculado, esperando dejar por escrito los años, villas, ciudades y regiones donde la mayor parte de lo que ha de suceder, sucederá. Correspondiente a los años, meses y semanas de las regiones, comarcas y la mayor parte de la Villas y Ciudades de toda Europa, comprendiendo también África, y una parte de Asia. He podido ver los calamitosos sucesos que se aproximan para la mayoría de los habitantes: en primer lugar, de los templos de Dios, y en segundo, para aquellos que están aferrados a las cosas materiales. Empezando desde el tiempo más allá, muy lejos, hasta el advenimiento que tendrá lugar después del comienzo del séptimo milenio.*»

Sabía a qué riesgo se exponía y las consecuencias de sus escritos:

> «*No es posible dejarte por escrito, lo que sería borrado por la injuria del tiempo. Las palabras con las que podía aclararte la predicción oculta, las he tenido que obstruir y encerrarlas en mi interior, por temor a las consecuencias.*»

En principio prefirió callar:

> «*He querido callar y privarme de poner por escrito aquellas predicciones que revelan el porqué los reinos, sectas y regiones harán cambios tan opuestos a los actuales, por causa de la injuria, no tanto solamente del tiempo presente, sino también de la mayor parte del*

futuro. Que si yo viniera a referir lo que en el porvenir será de los que componen reino, secta, religión y fe, lo encontrarán tan poco acorde a sus fantasiosos oídos, que ellos vendrían a condenar lo que, en los siglos venideros se conocerá, será visto y percibido.»

El vidente recordó la prudencia aconsejada por Cristo a sus discípulos:

«He considerado también la sentencia del verdadero Salvador, "NO DEIS LO SANTO A LOS PERROS, NI ARROJEIS PERLAS ANTE LOS PUERCOS, NO SEA QUE LAS PISO-TEEN Y SE VUELVAN LUEGO CONTRA VOSOTROS." Ello ha sido la causa de ser prudente y esconder mi lenguaje al público y mi pluma al papel.»

Luego, cambia de actitud y decide revelar sus escritos. Con ciertas condiciones:

«Pero, luego, lo he pensado mejor y he querido extenderme en declaraciones, para el advenimiento común a todos, por medio de veladas y enigmáticas sentencias sobre las causas futuras, incluso las más cercanas, y aquellas que yo he percibido que allegan humana mutación, para no escandalizar los frágiles oídos de muchos.»

Protege sus vaticinios y hace constar que sólo tienen un significado y una sóla forma de comprenderse:

«La injuria del tiempo requiere que tales secretos acontecimientos no sean manifestados más que por enigmática sentencia, no teniendo más que un sólo significado, y una única comprensión.»

Lo redactó todo de forma que los presuntuosos, no vieran, ni oyeran. Él sabía quiénes podrían entender:

«Y todo redactado bajo forma nebulosa, más que del todo profética, por cuanto que fue escrito: ESCONDISTE ESTAS COSAS A LOS SABIOS Y PRUDENTES, LO MISMO QUE A LOS PODEROSOS Y A LOS REYES, Y LAS ENTREGASTE A LOS PEQUEÑOS Y HUMILDES.»

Expone las razones por las que entreteje sus cuartetas con cierta penumbra:

«Las cuales yo he querido tejer un poco oscuramente. Yo no preciso demasiado profundamente, porque encuentro que los hombres de letras harían muy grande e incomparable jactancia.»

Sabe que la voluntad de Dios siempre se cumple:

«Está escrito que la voluntad de Dios será cumplida, a pesar de las ambiguas opiniones de los que exceden todas las razones naturales, por medio de sueños salvacionistas.»

Eso, no será comprendido hasta después de la muerte del profeta:

«Eso, a pesar de aquellos a los que la malignidad del espíritu maligno anima, no será comprendido, en el transcurso del tiempo, hasta después de mi terrena extinción, en que más será conocido mi escrito que durante mi vida. Que los humanos después venidos verán, conociendo los acontecimientos llegados, infaliblemente, como hemos anotado en las otras predicciones que, no obstante su forma nebulosa, serán comprendidas inteligentemente: pero, eso será cuando la ignorancia sea disipada. Entonces, el caso estará más claro.»

Sabía cuál era el tiempo final:

«Han permitido a mi conocimiento poderse extender al tiempo en el que, los adversarios de Jesús-Cristo y su Iglesia, comenzarán con más fuerza a pulular.»

A Enrique II, dice cómo compuso sus profecías:

«Mis nocturnas y proféticas computaciones han sido compuestas, más bien, con instinto natural, acompañado de una afición poética, más que por reglas de poesía. La mayor parte de mi trabajo ha sido compuesto y acorde con el cálculo Astronómico.»

Y le da las razones por las que no enumera el tiempo de todas sus profecías:

«Que todas estas figuras están justamente conformes a las Sagradas Escrituras y a las cosas celestes visibles. Yo hubiera calculado más profundamente y adaptado los unos con los otros. Que si yo quisiera poner la enumeración del tiempo a cada una de las cuartetas, se podría hacer; pero, no a todos sería agradable, y menos aún interpretarlas. Viendo, pues, que también algunos de la censura encontrarán dificultad, ello ha sido la causa de retirar mi pluma del papel y sustituir ese trabajo por mi reposo nocturno.»

El profeta sentía deseos de revelarlas, pero la gente inquisidora acechaba. De súbito, se disiparon sus dudas. Supongamos que *Alguien* pudo decirle cosas que él no había considerado. *Alguien*, que le inspiró primero y luego, con su *"voz divina"*, le convenció para que diera al mundo aquel tesoro de videncias.

No es trivial el supuesto. Usemos la razón, que, a veces sirve para negarlo todo. Recordemos a los Apóstoles, tras la venida del *Espíritu Santo*, sin temor alguno. ¿Acaso tuvo Nostradamus su Pentecostés y la *"Divina Esencia"* que él menciona, le dio el conocimiento y el valor del que habla? Esto escribió a su hijo César:

*«Que cierto poder y voluntaria facultad, **como una llama de fuego aparece**. Este calor y poder vaticinador **se aproxima a nosotros como sucede con los rayos del Sol**. Que los ocultos vaticinios se **vienen a recibir por el sutil espíritu del fuego**. He llegado a estar sorprendido **por mis escritos expuestos sin temor**, y menos miedo aún a ser alcanzado por las consecuencias de imprudente locuacidad.»*

Nostradamus era un gran devoto y para él, todo procede de Dios: *"Porque todo procedía del poder divino del gran Dios eterno, de quien toda bondad procede"*. También de los Angeles: *"por medio de Dios inmortal y de los Angeles buenos, han recibido el espíritu de vaticinio. Los sujetos que lo han recibido, están sujetos, por la similitud, a la causa del buen espíritu divino"*. ¿A qué causa? ¿Se refiere, tal vez, a "colaboración" con el designio divino? Habla de aparición, de forma manifiesta, de lo divino como humano: *"Y llegado el caso, puede suceder que al Profeta le aparezcan, manifiestamente, cosas divinas como humanas."*

El de Salon, insiste en que participa lo divino, en lo que parece una labor conjunta:

*«Es una cierta **participación de la divina eternidad**, mediante la que el Profeta viene a juzgar **aquello que su divino espíritu le ha dado**, por concesión de Dios el Creador. Y por medio de **una natural instigación**. Esto es para saber que lo que predice es verdad y ha tomado su origen de la etérea profundidad celeste.»*

Esta *"natural instigación"* ¿es la telepatía, es la voz natural, o es su intuición astrológica?

Aún concreta más:

> «*Algunas veces, Dios el Creador, **por los ministerios de sus mensajeros de fuego**, en misiva llama, viene a proponer a los sentidos exteriores (por lo menos, vista, oído, y olfato) las causas de la futura predicción. La razón es, por demasiado evidente, que todo es predicho por emanación de la divinidad, **y por medio del espíritu Angélico**, volviendo al hombre que profetiza, ungido de vaticinios, viniéndole a iluminar, conmoviéndole delante de la fantasía **por diversas apariciones nocturnas**, puesto que, el entendimiento creado intelectualmente no puede ver ocultamente, **sino por la voz hecha en el Más Allá**.*»

Los contactados por mentores del espacio, dicen que el "antena", al conectar, en la semana, con su guía angélico, o ganimedino, ha de relajarse, cosa en la que ayudan *"los de arriba"*. Escribe el de Salon:

> «***Siendo sorprendido a veces**, durante la semana, **por un estado flemático**. Y vaciando el Alma, el espíritu y el ánimo de toda inquietud, solicitud y enojo, **para reposo y tranquilidad del espíritu**. Todo ha sido calculado por el curso celeste **y por asociación de la emoción infusa en ciertas horas relajadas**.*»

Y, finalmente ¿quién no ha oído hablar de la fragancia que rodea al santo, cuando habla del Ángel que le ha visitado? Ese olor, recordando nardos, violetas, azahar y otras plantas de aroma exótico, ha sido percibido por bastantes, tras el contacto extraterrestre. También lo menciona el profeta francés: «*Por largos cálculos realizados, haciendo los estudios nocturnos **rodeado de un suave olor**»*.

Que cada cual saque sus propias conclusiones. De ello, yo puedo dar fe.

Sólo queda por decir, que tuvo ayuda literaria externa:

> «*Muchos volúmenes que han estado ocultos por largos siglos, **me han sido manifestados**.*»

¿Por quién o quiénes? A cada uno, su opción.

CAPÍTULO PRIMERO
NOSTRADAMUS, LINGÜISTA Y ASTRÓLOGO.

A LOS JUSTOS DE ESTE MUNDO:
«Cuanto sentís en vuestro alrededor es una consecuencia del estado que ha alcanzado la Tierra de podredumbre. Vosotros sois esas flores que crecen en el estercolero, a pesar del medio poco propicio. Por eso deben luchar para sobrevivir y mantenerse. Igual tenéis que hacer vosotros: no dejar que nadie ni nada cambien vuestro camino, pues, aunque es el más angosto, es el que más luminosa tiene la llegada.»

(LOS CONSOLADORES)

La formación humanística de Michel de Nostradamus, es conocida por aquellos eruditos que su obra han consultado. Y, a los no eruditos, que el vidente "hable latín", nada les importa. Pocos sabrán valorar el mensaje envuelto en la profecía, puesto que, *la verdad*, una vez más, será concedida a los sencillos.

Cuando esta obra, tras grandes dificultades, vea la luz, llegará a las manos de los que no tienen sencillez. Intentarán desacreditarla en lo posible, buscando errores que poder magnificar, con la malsana intención de deslucir todo el contenido. Habrá que aplicarles la misma advertencia que el profeta les hiciera:

Conjuro legal contra ineptos críticos:

Quienes lean estos versos, que los juzguen naturalmente,
El vulgo profano e ignorante no se acerque:
Que todos los Astrólogos, los Tontos y los Bárbaros se retiren.
Quien hiciere de otro modo, sea por esto, en justicia consagrado.

Se dice que el profeta saturó sus Centurias con nombres en lenguas diferentes al francés... Además de los latinos, sobre un centenar distribuidos por toda la obra, aparte de los contenidos en las cartas a César y a Enrique II, éstos son los vocablos extranjeros que podrá ver el lector en las Notas Aclaratorias:

28.-Olchade, 54.-Andronne, 71.-halles, 213.-Terax, 336.-Adaluncatif, Aleph y Aliph, 351.-Phi, 389.- Histra, 436.-Káppa, Theta, Lambda, 536.-La Panta Chiona Philon, 554.- Alane, 600.-monge y 942.- fuste.

Tampoco hay abuso en metaplasmos o figuras de dicción. Lo que sí utilizó, con frecuencia, fue la metáfora. Por ejemplo: Con la palabra "barca", suele referirse a la Iglesia fundada por Pedro el pescador. Con "Ciudad Solar", la ciudad donde se consagraba el rey de Francia, el Rey-Sol. El "agua", sus olas, diluvios, etc., simboliza las revoluciones, guerras, y demás discordias. Expresas también en las Notas Aclaratorias.

Nostradamus, a lo largo de su obra, utilizó varios nombres de persona y algunos apellidos. Fueron éstos: 17.- Antoine de Borbón, 77.- Clarepeine, 315.- Luis Felipe, 673.- Henri Philippe Pétain, 694.- San Nicolás, 848.- Felipe González y 861.- "Antonio", referido al futuro "Duce". Ver Notas Aclaratorias.

Describió con ingenio a infinidad de históricos personajes. He aquí algunos ejemplos:

7.- "Ojos cerrados". Así define al impetuoso Papa Paulo IV, comparándolo a la embestida ciega del toro.

29.- "El gran Sátiro y Tigre de Hircania", al Sultán turco Selím II, famoso por su intemperancia y fiereza.

43.- Con "el Zorro" y "el santo público viviendo de pan de cebada", al hábil y austero Pontífice Sixto V.

50.- "El grande ocultado en lo varón", referido a Antonio Pérez, que escapó disfrazado de mujer.

59.- "Aquél que a ninguno da tregua", para citar a Felipe II de España, autor de tantas represiones.

73.- Entre otras, "monstruo sin parecido", para referirse al Cardenal Richelieu.

84.- "El Todopoderoso Señor, heredero de los crápulas", cita a Luis XIV, sucesor de una Corte de libertinos.

102.- Utiliza diversas expresiones para designar a Napoleón Bonaparte: "De un nombre feroz". "El hijo de Amón" (127). "La testa rasurada", "El negro pelo crespo", "El grande del rayo" (260), entre otras, definen bien al que sus allegados conocían como el "pequeño trasquilado".

230.- Llama a José Bonaparte "el botellas", por el mote de "Pepe Botella" que le puso el pueblo español.

283.- Al Duque de Berry "el Mirmidón", por su talla muy pequeña. "La Ferdinand rubia", a su rubia esposa.

309.- Con "maligno guadañero", "Rey pernicioso" (141), describe a Robespierre, demonio de la guillotina.

342.- Garibaldi es denominado por el profeta "El fuerte Niceno", por ser el patriota italiano natural de Niza.

353.- Napoleón III es "el gran sobrino", por su parentesco con el gran Bonaparte.

359.- Otto von Bismarck, es "El negro feroz", de carácter rudo, gigantesco, arrogante en su negro uniforme.

369.- Con "el gran Endimión", se refiere a Thiers, que mandará a muchos de la Comuna al "sueño eterno".

412.- "Rojo desenfrenado", "el áspero" (444) (690), o "El botafuego" (581), al colérico Churchill.

455.- "El adúltero" a Benito Mussolini, por sus relaciones ilícitas con Claretta Petacci y otras mujeres.

458.- Hitler recibe del profeta un montón de calificativos: "El Bárbaro Sátrapa", "El gran gritón, sinvergüenza, audaz" (468), "El Fénix" (495), "El nuevo Nerón" (582), el "negro repleto de felonía (585) (685), etc.

723.- A Patton, "el gran jefe Demoledor". Sin duda, un adjetivo aplicado con toda justicia a ese jefe militar.

757.- Harry Truman: "Más carnicero que Rey", o "Cobarde sin fe ni ley que desangrará la tierra".

989.- Llama a Jesús el "gran Rey del mundo Angélico", "el gran Legislador" (990) y "El gran Jupiteriano", como soberano de los Ángeles, ser-Dios de la Era de Piscis, signo cuyo regente es Júpiter, bajo cuyo dominio tendrá lugar su venida otra vez a este mundo, ahora como Gran Juez (998)...

Y muchos más, expresos en las cuartetas y en las Notas Aclaratorias.

También cabe reseñar algunas advertencias a Francia, a los franceses y a otras gentes, hechas en las Profecías 211, 254, 294, 444, 481, 544, 555, 596, 709, 898 y 981. En esta última, por ejemplo, dice:

981.- "Romano Pontífice guarda de aproximarte a la ciudad que dos ríos riegan". Advertencia clara a Juan Pablo II: si se acerca a Lyón regada por el Ródano y el Saona, encontrará la muerte. Ver Notas Aclaratorias.

En la parcela astrológica, Miguel de Nostradamus conocía los secretos de los astros y sus reales influencias sobre el comportamiento humano, y pudo ubicar sus posiciones del futuro con toda precisión. El mismo dice en una de las cartas: *«Si yo quisiera poner la enumeración del tiempo a cada una de las cuartetas, se podría hacer; pero, no a todos sería agradable, y menos aún interpretarlas».* Al no serle posible, intercaló entre sus pronósticos, aspectos astrológicos que serían jalones en el devenir del tiempo. Veamos ejemplos:

10.- Con *"veinte años de la Luna pasados"*, el profeta se refiere al comienzo real de regencia de la Luna, en 1537, doce años después de lo que marca la cronología tradicional, y al comienzo de su profecía.

140.- *"Saturno en Leo 13 de Febrero"*, señala la posición de Saturno en Leo, el 13 de Febrero de 1793.

384.- *"Saturno en buey, Júpiter en el agua, Marte en flecha, seis de Febrero mortandad dará"*, es un aspecto de Saturno en Tauro, Júpiter en Escorpio y Marte en Sagitario, sobre el 6 de Febrero de 1911, anunciando que en el tiempo siguiente se dará la gran mortandad de la 1ª G. M.

831.- *"Saturno, Aries, Júpiter, Mercurio en Tauro"*, corresponde a Mayo de 1.999. Saturno y Mercurio estarán en Tauro y Júpiter en Aries. Grandes cataclismos se abatirán sobre el mundo. Al mismo tiempo, *"Venus, también Cáncer, Marte en Destierro"*, es decir, Venus estará en Cáncer y Marte en Destierro, al estar en Libra, que es el signo opuesto a su domicilio, Aries. Un granizo descomunal caerá sobre la tierra.

Etc... (Ver Notas Aclaratorias)

Esto concluye el capítulo referente a la obra, del que supo ser lingüista, astrólogo y profeta. Del que logró interpretar el celeste mensaje, porque pudo leer en los astros y en los rostros de los hombres. Así se integró en el Cosmos y de él recibió la *"divina inspiración"*.

CAPÍTULO SEGUNDO
LAS SEXTILLAS

«Comprender por qué han de suceder las cosas es muy difícil y aún más lo será para los hombres de este mundo, en su mayoría sordos y ciegos. Todo responde a una causa: su efecto será una sucesión de hechos encaminados a lograr los Planes Divinos.»

(Aquellos que son)

Éste es un breve capítulo de aclaración de algo sobre lo que tanto se ha especulado: las sextillas o sextetas. Métricamente hablando, la sextilla es una combinación de seis versos cortos, generalmente octosílabos, aconsonantados.

En las obras sobre Nostradamus impresas durante el siglo XVI, no aparecen esas 58 estrofas, y es en el tercio primero del siglo XVII, cuando se las ve incluidas en diversas ediciones, bajo el frontispicio de "Predicciones Admirables", formando parte de una pretendida Centuria XI.

A través de los años, muchas han sido las discrepancias entre los comentaristas variados. Mientras unos se han pronunciado por la autenticidad de las sextillas, otros las han condenado como una grosera falsificación. Estos últimos se apoyan en las siguientes consideraciones:

1ª.- Que de ser auténticas, hubieran sido conocidas por César, el hijo del profeta y su secretario Chavigny, y las habrían publicado ellos en vez de Vicent Seve de Beaucaire, que dice haberlas recibido de un presunto pariente del profeta, aspecto éste difícil de probar.

2ª.- Que el metro de los versos no es el que siempre utilizara Nostradamus, que declara que su obra se compone "sólo de cuartetas".

3ª.- Que el estilo típico es del siglo XVII y en nada se parece al que es propio del vidente.

4ª.- Que es asombroso que, en tanto tiempo, nadie haya detectado tal superchería, bastando la sospecha de que fueran publicadas, tras cincuenta años de la muerte del autor.

5ª.- Que la forma en que el profeta vaticina aludiendo a un hecho histórico, es propia de un visionario que describe una visión. Mientras que, en las sextillas, se relata el conocido hecho histórico, siendo claros los esfuerzos del falsario por imitar al vidente.

6ª.- Que el número total de las sextillas, no sólo se preocupan de la misma época, sino que, además, han sido colocadas en anuncio temporal, ajeno al profeta.

7ª.- Que fue urdida una novelesca trama, para hacer aparecer a un tal Henry de Nostradamus, sobrino del profeta, del que no hay noticia alguna.

Veamos, pues, de contestar, punto por punto, a lo expuesto anteriormente:

1ª.- Al serle hurtadas, como se verá más adelante, no podían ser conocidas del hijo ni del secretario, uno, menor, y otro, poco de fiar, en el momento del robo, del que nada dijo Nostradamus, salvo en sus Centurias. Menos aún, al ser cuartetas camufladas, donde los versos falsos añadidos deslucían los restantes. Podrían recordarse aquellos versos que dicen:

> *«Puede una gota de lodo sobre un diamante caer,*
> *puede, también, de este modo, su fulgor oscurecer,*
> *etc.»*

2ª.- ¿Que el metro de los versos no es el mismo? Efectivamente. Pero, el sagaz de Vicent Seve no hubiera podido endosar a Enrique IV los augurios que en nada aludían al monarca, de no añadir los dos versos, con los que le daba coba. El aduló y el otro se dejó adular, pero su estilo ramplón se entresaca sin dificultad.

3ª.- Sobre el estilo, ya se sabe: a veces, los árboles no permiten ver el bosque.

4ª.- Es natural que el ladrón no se atreviera a publicar lo fácilmente identificable. Ello le obligaría a dar explicaciones, que al final podrían comprometerle, sobre todo, en vida del profeta. Luego, las traspasó al bribón que trató de enmascararlas, y así vieron la luz, después de medio siglo.

5ª.- Es un error no considerar al profeta con un conocimiento que trascendía tiempo y espacio, capaz de comprender y transcribir, tal cual, lo que veía con nítida visión. Por eso escribió con toda claridad:

> *«Que si yo llegara a referir lo que en el porvenir será de todos aquellos del reino, secta,*
> *religión y fe, lo encontrarían tan en desacuerdo con su fantasía auricular, que llegarían a*
> *condenar lo que en los siglos venideros se conocerá ser visto y percibido.»*

Lo histórico que se dice "conocido" en las sextillas, está proporcionado aposta por Vicent Seve de Beaucaire, con su par de versos añadidos.

6ª.- Las sextillas son las cuartetas robadas, no se refieren a la misma época y sí pertenecen al profeta.

7ª.- Cuando no se saben las cosas con certeza, es fácil especular y errar. Pero, si aparece un testimonio posterior y auténtico, puede derribar ciertas tesis. Basta con ver la Profecía 21 (II - 36), que reseña el robo de cuartetas al profeta, y a quién las entregaron:

> *Du grande prophète les lettres seront prinses,*
> *Entre les mains du tyran deviendront,*
> *Frauder son Roy seront les entreprises,*
> *Mais ses rapine bien tost le troubleront.*[1]

1.-   *Del gran profeta las letras serán secuestradas,*
        Entre las manos del tirano llegarán a estar,
        Hacer fraude a su Rey serán las empresas,
        Pero sus rapiñas bien pronto le turbarán.

Concretando:

Cuando Nostradamus tuvo ya sus mil cuartetas entremezcladas, quedaron en un montón encima de su mesa de trabajo. Dispuestas para su edición. Pero, alguien muy cercano al profeta, y que tenía acceso a su sagrado santuario, no supo contener la tentación, se adueñó de un número de profecías que cogió entresacándolas del montón y, por desconocer el método que Michel creara, pensó que éste no notaría la falta, al ser pocas entre tantas. Mas se equivocó, pues él notó la pérdida. Incluso sabía quién era el autor del robo, pero, al ser difícil o doloroso, desenmascararlo, prefirió guardar silencio y dejar al ladrón o ladrona, impune.

Posiblemente, dicha persona, recelando que el profeta sospechara, no supo qué hacer con lo robado, hasta que cayó en la cuenta de cuán difícil le sería publicarlo como propio, y más a corto plazo, teniendo cada verso la firma del profeta. Tal vez, la intención primera fuera ofrecerlas al Rey haciendo fraude. O, tal vez, turbada su conciencia, prefirió esconder y callar antes que afrontar la vergüenza de su acto, o algo más peligroso. El tiempo fue pasando y la forma en que el botín profético pasó a manos de Seve de Beaucaire, escrito está, sin que el modo importe demasiado. Siendo las Centurias, en cuartetas, demasiado conocidas, y queriendo el astuto Vicent gozar del favor de Enrique IV, citando al verdadero dueño, puso a las estrofas dos versos más aludiendo al Rey y las regaló al Monarca. Así fue como nacieron las 58 sextillas: con la matriz de Nostradamus y la manipulación de un pillo adulador.

Podrían reseñarse todas, con sus anomalías, a renglón seguido. Pero, no es intención de este autor hacer esta obra demasiado exhaustiva y repetitiva. El lector podrá verlas más adelante, ubicada cada una de ellas, en su lugar entre las Profecías de las Centurias. Con la reseña de los dos versos falsos añadidos por el de Beaucaire, cuyo estilo distinto al del profeta es evidente.

A continuación pueden verse las dos primeras páginas de las Predicciones tildadas de Admirables, entregadas "por Vicent Seve de Beaucaire en Languedoc, el 19 de Marzo de 1605, en el Castillo de Chantilly, casa del Monseñor el Condestable", según como aparecen en la copia de la edición que se publicó en 1611, por Pierre Chevillot, impresor ordinario del Rey, y considerada una de las más completas:

PREDICTIONS

ADMIRABLES.

POUR LES ANS COURANS
en ce siecle.

Recueillies des Memoires de feu Maistre Michel Nostradamus, vivant Medecin du Roy Charles IX, & l'un des plus excellens Astronomes qui furent iamais.

Presenté au tres grand Invincible et tres clement Prince Henri IIII. vivant Roy de France et de Navarre.

Par Vincent Seve de Beaucaire en Languedoc, des le 19. Mars, 1605, au Chasteau de Chantilly, maison de Monseigneur le Connestable.

SIRE,

Ayant (il y a quelques années) recouvert certaines Propheties ou Pronostications, faictes par feu Michel Nostradamus, des mains d'un nommé Henry Nostradamus, neveu dudit Michel, qu'il me donna avant mourir, & par moy tenuës en secret iusques à present, & veu qu'elles traictoient des affaires de vostre Estat, & particulierement de vostre personne & de vos successeurs, recognu que i'ay la verité de plusieurs sixains advenus de point en point comme vous pourrez veoir, SIRE, si vostre Majesté y ouvre tant soit peu ses yeux, & y trouveront des choses dignes d'admiration, i'ay pris la hardiesse (moy indigne) vous les presenter transcrits en ce petit Livret, non moins digne & admirable que les autres deux Livres qu'il fit, dont le dernier finit en l'an mil cinq cens nonante sept; traictant de ce qui adviendra en ce siecle, non

si obscurement comme il avoit fait les premieres. Mais par Ænigmes, & les choses si specifiées & claires, qu'on peult seurement iuger de quelque chose estant advenuë, desireux que vostre Majesté en eust la cognoissance premier que nul autre, m'acquittant par ce moyen de mon devoir, comme l'un de vos tres-obeyssant & fidelle subject, qu'il vous plaira aggréer, SIRE, Consideré que ce m'estoit le plus grand bien qui me sçauroit iamais arriver, esperant avec l'ayde du tout Puissant me ressentir de vostre debonnaire clemence, comme vostre bonté a accoustumé faire, obligeant par tel moyen, non le corps d'un vostre fidelle subiect ja destiné à vostre service, SIRE, Mais bien l'ame qui continuera de prier pour la santé & prosperité de vostre digne Maiesté, & des deppendans d'icelle comme celuy qui vous est, & sera à iamais,

SIRE,

Vostre tres humble, tres obeissant & fidelle serviteur & subiect, De vostre Ville de Beaucaire en Languedoc.

SEVE.

PREDICCIONES

ADMIRABLES PARA LOS AÑOS CORRIENTES
de este siglo

Recogidas de las Memorias del difunto Maitre Michel Nostradamus, en vida Médico del Rey Carlos IX, & uno de los mas excelentes Astrónomos que jamás existieron.

Presentado al muy gran Invencible y muy clemente Príncipe Enrique IIII, actual Rey de Francia y de Navarra.

Por Vincent Seve de Beaucaire en Languedoc, el 19 de Marzo de 1605, en el Castillo de Chantilly, casa del Monseñor el Condestable.

SIRE,

Habiendo (hace ya algunos años) recobrado ciertas Profecías o Pronósticos, hechos por el difunto Michel Nostradamus, de manos de un tal Henry Nostradamus, sobrino del citado Michel, las cuales me dio antes de morir, & por mí mantenidas en secreto hasta ahora, & dado que trataban sobre cuestiones de vuestro Estado, & en particular de vuestra persona & de vuestros sucesores, y habiendo reconocido la verdad que encierran muchas de las sextillas, sobre sucesos acaecidos punto por punto, como

podréis ver, SIRE, si vuestra Majestad, por poco que tenga abiertos los ojos y encuentre en ellas cosas dignas de admiración, he tenido la valentía (indigno de mí) de presentároslas transcritas en este pequeño Libreto, no menos digno & admirable que los dos otros Libros que el hizo, cuyo último termina en el año mil quinientos noventa y siete, tratando de lo que pasará en este tiempo, no tan obscuramente como lo había hecho en los primeros. Aunque sea bajo la forma de Enigmas, las cosas están tan especificas & tan claras, que se puede con toda seguridad algo que haya pasado. Deseoso de que vuestra Majestad tenga conocimiento del mismo antes que ningún otro, cumpliendo al mismo tiempo, por este medio, con mi deber, como uno de vuestros muy-obedientes & fieles súbditos, espero vuestra grata aceptación. SIRE, Considerando que esto representaría el mayor bien que jamás podría haberme llegado, y esperando con la ayuda del Todopoderoso sentirme afectado y protegido por vuestra bondadosa clemencia, como vuestra bondad ha acostumbrado siempre en hacer, comprometiendo por tal medio, no solamente el cuerpo de vuestro fiel súbdito destinado ya a vuestro servicio, SIRE, sino también el alma que continuará rogando por la salud & prosperidad de vuestra digna Majestad, & de los dependientes de ésta como el que os pertenece, & os pertenecerá para siempre,

SIRE,

Vuestro muy humilde, muy obediente & fiel servidor, & súbdito. En vuestra Villa de Beaucaire en Languedoc.

SEVE.

CAPÍTULO TERCERO
LA CLAVE Y SU DESARROLLO

El final pronto llegará y será hora de hacer selección en la mies de la Tierra: el trigo irá al granero y la paja servirá para quemar el brasero. Dios vendrá y se manifestará a todos los hombres de este mundo; pero, esta vez, de manera diferente a como lo hizo antes.

(LOS CONSOLADORES)

La Clave de Nostradamus. De tantos y tantos, la obsesión. ¡Cuántos años de búsqueda infructuosa para tanta gente! Esfuerzos y más esfuerzos, ilusiones truncadas por los fracasos, decepciones frustrando ambiciones, en vano concebidas...Y ella, siempre esquiva.

Muchos intentaron alcanzar su misterio, y, no menos, creyeron descifrarlo. Pero, ella, ha preservado su intimidad como una pura doncella protegiendo su virtud. Y así, durante siglos, se ha mantenido en recatada espera, rehusando a unos y desanimando a otros. Sólo habría de dar su consentimiento, cuando en el tiempo idóneo, alguien formulara el sésamo capaz de abrir su mágica puerta.

El profeta, hombre sabio, sabía que el ser humano casi siempre busca por senderos complicados, porque siendo de caletre retorcido, hace caso omiso de lo simple, y, por ello, con frecuencia se extravía. Ese fue el mejor cerrojo para sus Centurias: *la sencillez*. Con ella pudo desorientar al engreído, despistar al orgulloso. Les puso la señal en la fachada. No esperaban que estuviera tan visible, se fueron a buscar por otra parte, y no la hallaron.

Muchas han sido las claves fabricadas. Algunas, estrambóticas, otras sorprendentes, todas ineficaces. Especulaciones y más especulaciones. La verdadera Clave seguía oculta.

¿Acaso no escribió el profeta cierta frase bíblica muy reveladora?

«*Abscondisti haec à sapientibus, et prudentibus, id est, potentibus et regibus, et eunucleasti ea exiguis et tenuibus.*» [1]

¡Ah, la humildad, la humildad! ¡Don tan escaso en un mundo donde reina la soberbia, ese *"pecado original"*!... La Clave, era una de *"estas cosas"*.

1.- Escondiste estas cosas a los sabios, y a los prudentes, lo mismo que a los poderosos y a los reyes, y las entregaste a los pequeños y humildes.

Ahora, veamos como se desveló el enigma: El primer paso, fue analizar la forma en que fueron editadas las Centurias: Primero 7 y luego, 3. ¿Por qué no todas a la vez, si las tenía ya todas escritas? Y, ¿por qué, al principio de cada una de esas dos partes desiguales, puso una carta, como un testigo literal de que algo separaban?: la de su hijo César, al principio de las 7 primeras Centurias y la del monarca Enrique II, al comienzo de las 3 restantes.

No eran números cualquiera el 7 y el 3, sino inscritos entre los sagrados, y en completo acuerdo con un hombre que de *"inspiración divina"* hablaba. Nostradamus hizo la ordenación *"con arreglo a las cosas del cielo"*: 7 más 3 daban 10, y así conseguía la unión de lo terreno y el espíritu.

El segundo paso, fue reflexionar sobre lo manifestado en la carta a César, donde dice:

" *las profecías son perpetuos vaticinios, de aquí al año 3797. Que esto posiblemente hará retirar la frente a algunos"*.

Como los signos de los tiempos no permitían creer en tan larga duración de los pronósticos, parecía apuntar, en sutil ironía, que aquellos que vieran en el dato excesiva duración del vaticinio, entrarían en desánimo. Y, curiosamente, el dato numérico estaba encabezado con el *3* y el *7*.

Había, pues, que considerar cual sería el verdadero significado de este 3797. Era cuestión de buscar. De mirar en sus cuartetas, en las cartas de su hijo y del monarca Enrique, alguna otra referencia, en la que el 3 y el 7 fueran nominados. Este fue el tercer paso y esto fue lo hallado:

En la cuarteta VI-11, que luego será la *Profecía 795,* se expone en su primer verso:

Des *sept* rameaux à *trois* seront reduicts,[1]

Y en la III-39, la *Profecía 922,* tras la ordenación, también dice en el primero de sus versos:

Les *sept* en *trois* mois en concorde, [2]

Siete en 3, en una; siete en 3, en otra. Parecían indicar la llave. Ahora, había que hallar la cerradura, abrir la fabulosa puerta y ordenar la impresionante casa. Éste ha sido el cuarto paso. No ha sido fácil, pero sí apasionante. Un continuo reto, una aventura de veintitantos años.

Era preciso averiguar cómo lo había hecho el profeta. ¿Cómo *"entretejer"* un millar de vaticinios, siguiendo un método en el que intervinieran los números 3 y 7? Si puso las cuartetas en sucesión cronológica del 1 al 1.000, antes de ser desordenadas, se podía suponer que las colocaría en un montón correlativo, que, al final, transformaría en diez montones de cuartetas entremezcladas, al ser diez las Centurias.

Pensando como hacerlo más sencillo, se llegó a la conclusión del reparto sobre la misma mesa. Pero, deshacer lo que luego debería rehacerse, exigía, sin duda, un orden. Ese orden que siguió el profeta parecía estar expreso en una frase suya: *"Se agrupan según el orden de la cadena que contiene su revolución"*. Tal vez, un proceso matemático, siendo Nostradamus, como se sabe, un experto en este campo. Después de muchas pruebas, pudo descubrirse con

---

1,. De las *siete* ramas en *tres* serán reducidas
2.- Las *siete* en *tres* sarmientos en concordia,

la ayuda de AQUELLOS QUE SON. Esa cadena era, sin duda, el número 3797, cuyos eslabones engarzaban una sucesión periódica de 10 (3-7) que, desarrollada, dan 903 cuartetas y 97 cuartetas restantes que completan el millar. Ni una más, ni una menos. El 3797, asignado en apariencia al número de años que alcanzaba la profecía, es en realidad la indicación de una sucesión cuya constante se repite periódicamente, y que, en este caso, es 3. Una vez puestas las 1.000 cuartetas correlativas en 7 montones de 143, ese fue el proceso de desordenación seguido para colocarlas, luego, en 3 montones. Lo indica en su obra, una y otra vez: "siete en tres", "siete en tres"... Publicó primero 7 Centurias y luego 3, para señalar ese detalle: "primero en 7 montones y en 3 montones después".

Siete más 3, diez. Los términos de esa sucesión periódica son diez: 7 ascendentes y 3 descendentes. Esto está reflejado en la Profecía 116 (IX-20): "Deux pars vaultorte" (Dos partes volver atrás). Serían éstos: 3-7, 6-7, 9-7, 12-7, 15-7, 18-7, 21-7 y 18-7, 15-7, 12-7. Más 97 cuartetas finales. Y, suman mil. Puede comprobarse.

El proceso de reparto se desarrolló de la forma siguiente:

Colocó el millar de vaticinios, numerados del 1 al 1.000, en 7 sucesivos montones con 143 augurios cada uno. Hecho esto, tomó las 3 primeras cuartetas de cada uno de los 7 montones, y las fue colocando, de forma sucesiva, en 3 montones. En total, 21 colocadas. A continuación, tomó las 6 cuartetas siguientes de cada uno de los 7 montones, y las volvió a colocar encima, una tras otra, en los 3 montones. Y así, sucesivamente, hizo lo mismo, tomando y repartiendo 9 cuartetas, 12 cuartetas, 15 cuartetas, 18 cuartetas, 21 cuartetas, otra vez 18 cuartetas, 15 cuartetas y 12 cuartetas, de cada uno de los 7 montones. Distribuidas ya las 10 tomas de la sucesión periódica, quedaban las 97 cuartetas restantes. Las siguió repartiendo entre los 3 montones, montón por montón hasta agotarlas. De esta forma, ya quedaban todas las cuartetas del millar, antes en 7 montones, en 3 montones. Siete en tres. Las cuartetas regidas por los 7 planetas en los cielos de aquel tiempo, pasarán a reagruparse en las 3 épocas, de la Luna, del Sol y de Saturno, en cuyo tiempo se van a desarrollar, las cuales menciona en una de sus cartas: "con arreglo a las cosas del cielo", indica el profeta.

Se habían repartido, sucesivamente, 21, 42, 63, 84, 105, 126, 147, 126, 105, y 84 cuartetas, que hacen 903, más las 97 restantes. Total, mil. Repito: puede comprobarse.

Este sería, pues, el esquema, en su primera fase:

1°	2°	3°	4°	5°	6°	7°	8°	9°	10°	(Tomas)
3-7	6-7	9-7	12-7	15-7	18-7	21-7	18-7	15-7	12-7	(Términos de la suc.)
21	42	63	84	105	126	147	126	105	84	más 97=1000 cuartetas

Explicarlo, de forma práctica, con mil cartulinas, es fácil y rápido. Hacerlo, en forma gráfica, es más complicado. No obstante, más adelante, puede verse su desarrollo, lo más simple posible, con la intención de no fatigar a los lectores.

El profeta de Salon, demostraba ser meticuloso. Tenía, pues, que haber, en algún sitio, el dato que diera información de cómo hacerlo. En la cuarteta I-2, que corresponde a la *Profecía número 2* de la ordenación, se halla la respuesta:

La verge en main mise au milieu de Branches, [1]	La vara en mano puesta en medio de Ramas,
De l'onde il moulle et le limbe et le pied:	Con la onda él moldea el borde y el pie:
Un peur et voix fremissent par les manches:	Un miedo y voz estremecen por las mangas:
Splendeur divine. Le divin pres s'assied.	Esplendor divino. Lo divino cerca se sienta.

Sin duda, el profeta está describiendo al intérprete, haciendo con el bolígrafo *(la vara)* en la mano, en medio de las columnas numéricas de cuartetas y gráficos, la acción manual llevada a cabo por él *(puesta en medio de Ramas)*. Percibía, cómo el autor que esto transcribe iba marcando *la onda* figurada que el profeta hacía al mover su mano repartiendo las cuartetas en los diferentes montones, *moldeando el borde* del edificio esquemático de cuartetas, señalando el reparto por abajo, por *el pie*. Y esto, con la ayuda divina.

En la carta a Enrique II de Francia, intercala cierta frase, que corrobora la fiabilidad del método empleado. Dice así: *"lo mismo del año 1585, y del año 1606"*, fechas ésas en las que, a nivel histórico, no sucede nada relevante. Ese *"lo mismo"*, otra vez alude a la Clave, pues la diferencia entre los dos años es de *21*, el término mayor de la sucesión periódica, y el número de cuartetas repartidas entre los 3 montones, en la que será la primera Toma, la *3-7*. Y en esta misiva, puede leerse *"mil y dos"*, antes de la palabra *"Profetas"*, cosa que en verdad no corresponde, pues nunca hubieron tantos profetas en el libro bíblico. Así que, puede interpretarse, sin duda: *mil* cuartetas y *dos* distribuciones.

En las *Profecías 72* (VIII-100), *127* (X-18), *858* (VIII-59) y *951* (III-39), hay datos que corroboran el proceso seguido en el desarrollo de la Clave, con los repartos realizados por el profeta, de lo alto a lo bajo de los montones y al revés:

Profecía 72 (VIII-100)   *"Du hault en bas par le bas au plus hault"*
Del alto en bajo por el bajo al más alto.

Profecía 127 (X-18)   *"Le hault mis bas, et le bas mis en haut"*
Lo alto puesto abajo y lo bajo puesto en alto.

Profecía 858 (VIII-59)   *"Par deux fois hault, par deux fois mis à bas"*
Por dos veces alto, por dos veces puesto abajo.

Profecía 951 (III-39)   *"bas hault et hault bien bas"*
Lo bajo alto y lo alto bien bajo.

Una vez realizado lo anteriormente indicado, las cuartetas quedaron listas para su edición. Pero... vino el ladrón y le robó 58 profecías. Ello le obligó, para que la Clave quedara lo menos dañada posible, a verificar cierto reajuste, por el que la Centuria VII, quedando mutilada, sólo tendrá 42 cuartetas.

El autor que esta obra ha desarrollado, paso a paso, con mil fichas numeradas, ha hecho igual a lo que asegura que el profeta hizo. Y todo ha ido a su lugar, quedando la cuarteta II-45, la *Profecía 1.000* y última profética, en el lugar 100 de la Centuria VI. Después de ella, de inmediato, permanece colocada, en algunas ediciones, la cuarteta latina de advertencia, como colofón final y antes de la incompleta VII Centuria.

Una vez que cada vaticinio tiene su lugar determinado, invirtiendo el orden del proceso, cada augurio volvería, fácilmente, a ocupar su sitio original. Ahora, ha sido muy difícil, ya que, desde el principio, las Centurias no se publicaron como estaban ordenadas por su autor, pues, no sólo hubo errores en las primeras ediciones de Pierre y Benoist Rigaud, sino frecuentes modificaciones después. Estando las cuartetas numeradas correlativamente, es fácil comprender que una sóla cuarteta mal situada descoloca a otras. Por tanto, lo que se conserva hoy como auténtico, sólo son ya copias bastante adulteradas de lo que antaño fuera muy manipulado. Más trabajo, pues. Y, sobre todo, paciencia. Otra vez, AQUELLOS QUE SON, intervienen. Se encontraron nuevas pistas, jalones que delimitaban épocas, Monarquías y renovación de siglos... Y todo fue encajando.

Veamos algunos ejemplos ilustrativos:

La cuarteta I-48, después *Profecía nº 10*, habla del principio y final de la extensa profecía del vidente galo. La IX-20, en realidad la *Profecía 116*, es un poste indicador que señala el final del reinado de Luis XVI y la próxima renovación de un siglo, con el término del que fuera el XVIII. En la *Profecía 198* (I-16), hay otra señal para determinar el final de este siglo.

Un nuevo paso indica la II-70, o *Profecía 368*, con el final del Segundo Imperio y otro renovar de siglo, con el cercano terminar del XIX. En la *Profecía 379* (II-10), un nuevo indicio para determinar un nuevo siglo, el XX: *"Esperamos un siglo muy siniestro"*. Y si la V-35, luego la *Profecía 912*, forma el tercer indicador, que señala el final del auge de Occidente y el acabar también cercano del siglo XX, la X-72, o *Profecía 989*, nos describe la fecha, a partir de la cual tendrá lugar la venida de Jesús.

Por supuesto, las cuartetas que componen el futuro, cerca de doscientas, no pueden tener respaldo en sucesos históricos aún no sucedidos. Para ello, fue preciso comparar el proceso que en el tiempo se repite, echar mano de otras fuentes de profecía, y... dejarse guiar por lo más fiable de todo: la información que ha provenido, ininterrumpidamente, de la *"inspiración divina"* que, otra vez, ha creído conveniente colaborar, de manera decisiva, en el desarrollo de la obra nostradámica.

PROCESO DE DESORDENACIÓN- DESARROLLO DE LA CLAVE

Fue colocando de izquierda a derecha, de una en una, desde la cuarteta 1 hasta la 1000, todas en 7 montones (gráficos 1° a 8°). Al terminar, todos los montones tenían 143 cuartetas, menos el 7° que tenía 142. Por ello lo completó, provisionalmente, con la cuarteta latina de advertencia.

A - Un montón de 1000 en 7 montones de 143.

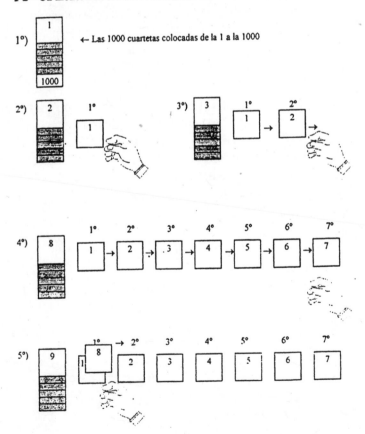

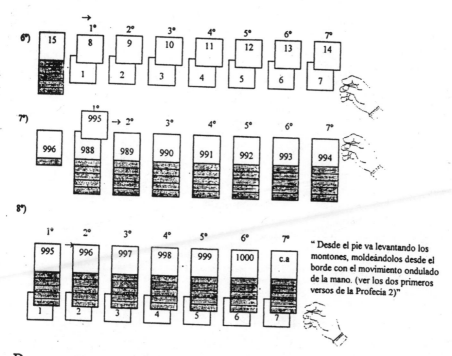

8°)

" Desde el pie va levantando los montones, moldeándolos desde el borde con el movimiento ondulado de la mano. (ver los dos primeros versos de la Profecía 2)"

B- Los 7 montones en 3 montones.

Fue aplicando directamente la sucesión periódica (3-7) 97, mediante tomas sucesivas de sus 10 términos + 97 cuartetas restantes.

He aquí, paso a paso, gráficamente, el proceso B:

1. **Toma 3-7:** Fue colocando de izquierda a derecha, una a una, 3 cuartetas de cada uno de los 7 montones, comenzado por abajo, por la cuarteta 1.

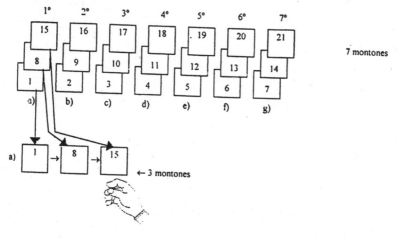

7 montones

← 3 montones

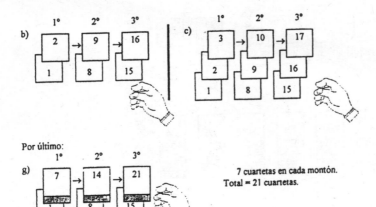

b)

1°	2°	3°
2	9	16
1	8	15

c)

1°	2°	3°
3	10	17
2	9	16
1	8	15

Por último:

g)

1°	2°	3°
7	14	21
1	8	15

7 cuartetas en cada montón.
Total = 21 cuartetas.

2. **Toma 6-7:** Encima de las 21 cuartetas de la 3-7, siempre de izquierda a derecha, una a una, y repartiendo también por abajo, fue colocando 6 cuartetas de cada uno de los 7 montones, empezando por la 22.

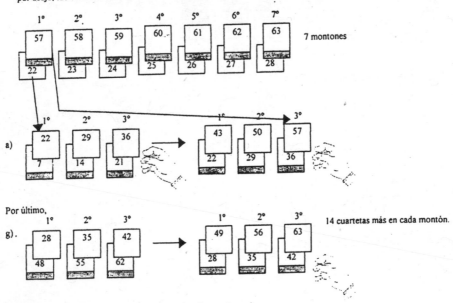

1°	2°	3°	4°	5°	6°	7°
57	58	59	60	61	62	63
22	23	24	25	26	27	28

7 montones

a)

1°	2°	3°
22	29	36
7	14	21

1°	2°	3°
43	50	57
22	29	36

Por último,

g).

1°	2°	3°
28	35	42
48	55	62

1°	2°	3°
49	56	63
28	35	42

14 cuartetas más en cada montón.

Después de las tomas 3-7 y 6-7, los 3 montones quedaron así :

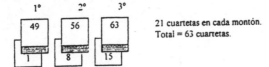

1°	2°	3°
49	56	63
1	8	15

21 cuartetas en cada montón.
Total = 63 cuartetas.

3. Toma 9-7: Encima de las 63 cuartetas de las tomas 3-7 y 6-7 ya colocadas en tres montones, y por el mismo procedimiento, fue poniendo 9 cuartetas de cada uno de los 7 montones, empezando por la 64.

Después de las tomas 3-7, 6-7 y 9-7, los 3 montones quedaron así:

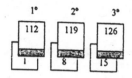

42 cuartetas en cada montón.
Total = 126 cuartetas.

4. Toma 12-7: Sobre las 126 cuartetas de las tres Tomas anteriores y de la misma manera, fue poniendo 12 cuartetas de cada uno de los 7 montones, empezando por la 127.

Desarrollando el mismo procedimiento, se colocan otras 84 cuartetas, con 28 más en cada montón. Después de las 4 primeras Tomas, los 3 montones quedaron así:

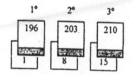

70 cuartetas en cada montón.
Total = 210 cuartetas.

5. Toma 15-7: Encima de las 210 cuartetas de las cuatro Tomas anteriores y usando el mismo procedimiento, fue colocando 15 cuartetas de cada uno de los 7 montones, comenzando por la 211.

Otras 105 cuartetas repartidas, con 35 más en cada montón. Después de las 5 primeras Tomas, los 3 montones quedan así:

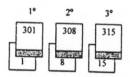

105 cuartetas en cada montón.
Total = 315 cuartetas.

6. Toma 18-7: Sobre las 315 cuartetas de las cinco Tomas anteriores y utilizando el mismo procedimiento, fue colocando 18 cuartetas de cada uno de los 7 montones, comenzando por la 316.

126 cuartetas más, con 42 en cada montón. Después de la 6ª Toma, los 3 montones quedaran así:

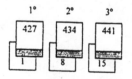

147 cuartetas en cada montón.
Total = 441 cuartetas.

7. Toma 21-7: Encima de las 441 cuartetas de las seis Tomas anteriores y con el mismo sistema, fue colocando 21 cuartetas de cada uno de los 7 montones, comenzando por la 442.

Otras 147 cuartetas más y 49 por montón. Después de la 7ª Toma, los 3 montones quedaran así:

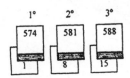

196 cuartetas en cada montón.
Total = 588 cuartetas.

8. **Toma 18-7 descendente :** Sobre las 588 cuartetas de las siete Tomas anteriores y utilizando el mismo procedimiento, fue colocando 18 cuartetas de cada uno de los 7 montones, comenzando por la 589.

126 cuartetas más y 42 por montón. Después de la 8ª Toma, los 3 montones quedaron así:

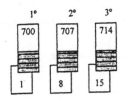

238 cuartetas en cada montón.
Total = 714 cuartetas.

9. **Toma 15-7 descendente:** Encima de las 714 cuartetas de las ocho Tomas anteriores y usando el mismo método fue colocando 15 cuartetas de cada uno de los 7 montones, y en forma sucesiva como siempre, empezando por la 715.

Otras 105 cuartetas más y 35 por cada montón. Después de la 9ª Toma, los 3 montones quedaron así:

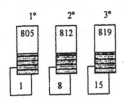

273 cuartetas en çada montón.
Total = 819 cuartetas.

10. **Toma 12-7 descendente:** Sobre las 819 cuartetas de las nueve Tomas anteriores y con el mismo procedimiento, fue colocando 12 cuartetas de cada uno de los 7 montones, sucesivamente, comenzando por la 820.

84 cuartetas más repartidas y 28 por montón. Después de la 10ª Toma, los 3 montones quedaron así:

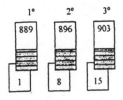

301 cuartetas en cada montón.
Total = 903 cuartetas.

11. **Toma 97 Finales:** Encima de las 903 cuartetas de las diez Tomas anteriores y con idéntico sistema, fue colocando sucesivamente las 14 cuartetas de los 6 primeros montones y las 13 del 7° montón. La cuarteta latina de advertencia c.a. la apartó y comenzó por la 904. En esta Toma como 14 no es múltiplo de 3, las cabezas de los montones no remataban en el montón 3° como antes lo hacian todas:

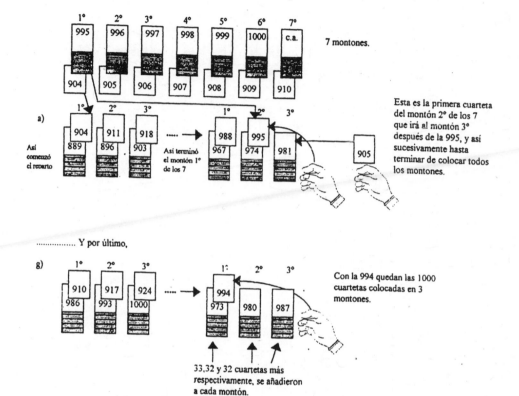

7 montones.

a)

Esta es la primera cuarteta del montón 2° de los 7 que irá al montón 3° después de la 995, y así sucesivamente hasta terminar de colocar todos los montones.

Así comenzó el reparto

Así terminó el montón 1° de los 7

.... Y por último,

g)

Con la 994 quedan las 1000 cuartetas colocadas en 3 montones.

33,32 y 32 cuartetas más respectivamente, se añadieron a cada montón.
Total = 97 cuartetas.

Después de la última Toma, los 3 montones quedaron así:

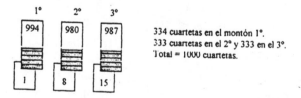

334 cuartetas en el montón 1°.
333 cuartetas en el 2° y 333 en el 3°.
Total = 1000 cuartetas.

C - Los 3 montones en 10 Centurias.

Desarrollo: Una vez colocadas todas las cuartetas en los 3 montones, tomó el primero de ellos, el de la izquierda, y empezando por la parte inferior, por la cuarteta n° 1, lo fue repartiendo, cuarteta a cuarteta, entre 10 montones. Agotado el primer montón, continuó con el segundo y, terminando éste, hizo lo propio con el tercero. En esta forma:

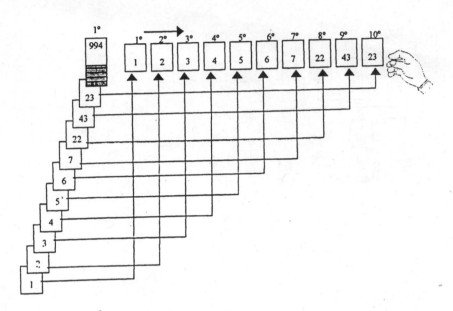

Al colocar las cuartetas del montón 1º:

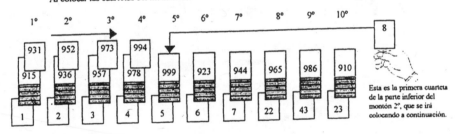

Esta es la primera cuarteta de la parte inferior del montón 2º, que se irá colocando a continuación.

Una vez colocadas todas las cuartetas del montón 2º:

Esta es la primera de la parte inferior del montón 3º que se colocaría a continuación.

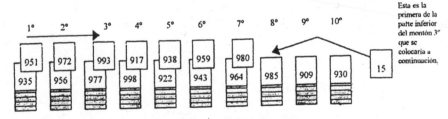

Y repartidas ya las 1000 cuartetas:

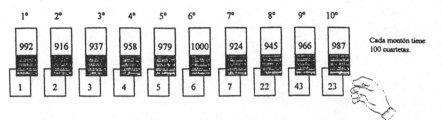

Una vez compuestos los 10 montones, con 100 cuartetas cada uno, les dio la vuelta para que las cuartetas de menor valor numérico quedaran arriba: (**"bas hault et hault bien bas"**= Lo bajo alto y lo alto bien bajo) **Profecía 951** (III-39). Y cada montón constituyó, sucesivamente, las diferentes Centurias.

Quedaron, pues, definitivamente, en esta forma:

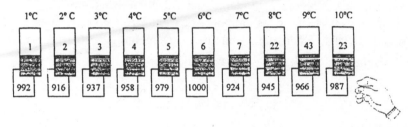

Obsérvese cómo los 7 primeros dígitos encabezan las 7 primeras Centurias, que compondrán la primera parte de la obra. Nótese también que la cuarteta nº 1.000, la última de todas, queda al final de la Centuria 6ª, como su número 100. Después de ella, y antes de la nº 1 de la Centuria 7ª, para que el futuro intérprete supiera dónde estaba ubicado el último pronóstico que cerraba su trabajo profético y el tiempo de esta Humanidad, colocó la cuarteta latina de advertencia, que aún se conserva en ese lugar, a pesar de las manipulaciones de varios siglos.

Las cuartetas en su millar, 10 Centurias, quedaban listas para la imprenta. El proceso de desordenación, tras el desarrollo de su Clave matemática 3797, había terminado.

———

Una vez concluida su labor, Nostradamus debió sentirse satisfecho. Pero, luego advirtió que le habían robado cuartetas de los montones de Centurias colocadas encima de su mesa. Comprobó que le faltaban 58 cuartetas entre todos los montones y de forma no correlativa.

Las Profecías que le faltaban eran las siguientes:

5 en la Centuria 1ª: la 114, la 242, la 429, la 686 y la 941.

6 en la Centuria 2ª: 73-495-707-399-503 y 651.

8 en la Centuria 3ª: 383-799-944-470-683-724-901 y 40.

5 en la Centuria 4ª: 192-532-946-61 y 499.

3 en la Centuria 5ª: 46-218 y 869.

7 en la Centuria 6ª: 151-401-872-31-943-398 y 735.

6 en la Centuria 7ª: 128-233-518-42-756 y 844.

9 en la Centuria 8ª: 149-991-75-281-703-395-501-692 y 920.

5 en la Centuria 9ª: 717-347-540-792 y 830.

4 en la Centuria 10ª: 471-975-461 y 609.

58 cuartetas en total.

Hizo entonces lo que puede considerarse más práctico para amortiguar, en lo posible, el daño: completó con cuartetas de la Centuria 7ª todos los huecos dejados en las otras Centurias. De esta manera, al ser las sustitutas, todas de la misma Centuria, sería luego más fácil, el poder volver a situarlas. Dichos huecos los fue rellenando, sucesivamente, desde la 1ª a la 10ª Centurias y de forma regresiva, desde la última cuarteta de la Centuria 7ª, la número 924.

Pero, antes, Nostradamus se permitió un pequeño desahogo: permutó la cuarteta nº1.000, al final de la Centuria 6ª, por la nº 666, (número atribuido al Maligno), que estaba en la 7ª Centuria, posiblemente como indicación de que la instigación del Mal ya había comenzado a deteriorar su obra. La cuarteta latina la dejó donde estaba, indicando el sitio de la última, y ante la 7ª mutilada, como muestra de lo que harían a su pronosticación, astrólogos, tontos y bárbaros.

Cuando terminó la reposición, en la Centuria 7ª, quedaron 42 cuartetas, con las que apareció después editada, hasta la presente. Así pues, la obra nostradámica publicada, no tenía ya un millar de cuartetas, sino 942: faltaban las que después aparecerían como "sextillas", que un tal Vicent Seve de Beaucaire decía haber "recobrado" de manos de un tal *Henry Nostradamus,* el cual se las había dado antes de morir, y él las ofrecería a Enrique IV, Rey de Francia, pretendiendo que trataban "sobre cuestiones de su Estado de su persona y de sus sucesores".

Con esta cantidad fue con la que el profeta llevó la obra a su editor.

CAPÍTULO CUARTO
LAS EPÍSTOLAS

"En el mosaico del Cosmos se perfilan seres de todas las evoluciones, pero sólo en la Tierra se encuentran personas que no quieren evolucionar. Se han estancado y se encuentran cómodas así. Por eso necesitarán un gran escarmiento que les hará reanimarse todo lo que llevan dormido."
(Aquellos que son)

Como está indicado en otros lugares de esta obra, Michel de Nostradamus escribió dos cartas: Una dirigida a su hijo César y otra al monarca francés Enrique II. Ambas le sirvieron para variados fines, aunque, el primordial fuera, sin duda, introducir los datos necesarios para que su Clave fuera descubierta, cuando llegara el momento oportuno y el interprete adecuado.

En ellas, en amplio contenido, se encuentra la respuesta a todos los porqués. Sólo que, para llegar a descubrirla y entenderla, era de todo punto necesaria, la apertura mental de algunos hombres y mujeres de este tiempo: aquellos que serán capaces de percibir, dentro de una época demasiado aciaga, el mensaje de esperanza que dará a sus Almas la fuerza suficiente para resistir y esperar, hasta conseguir la salvación.

Estos prefacios aparentes, como jalones divisorios de lo que durante siglos fue secreto, revelan el talante evolutivo, la prudente astucia, el increíble ingenio y la erudición sin par, del que fuera vidente y astrólogo, médico y profeta. Pero, además, son un testimonio vivo de que *Alguien* una vez más, prestó su ayuda a los más pequeños en la especie cósmica: los seres de esta Tierra, ingratos, engreídos e incapaces aún, en su mayoría, de levantar los ojos para mirar al Cielo y dar gracias al Eterno Padre Creador de todo.

La verdad es que, si las dos cartas fueron escritas para el Rey y para el que todavía era un infante, en realidad también se dirigieron al futuro, para alertar a las gentes de esta última generación del planeta Tierra: con la del Rey al que hoy es poderoso, y con la del hijo, al hombre del presente, para que sean conscientes de que nuestro tiempo se termina y puedan reaccionar en el buen sentido. Pocos serán los que lo harán así, pero serán suficientes, por su calidad, para forjar la nueva Era.

Bienaventurados sean.

JOSÉ GARCÍA ÁLVAREZ

CARTA A SU HIJO CÉSAR

PREFACE DE M. NOSTRADAMUS A SES PROPHETIES

Ad Cæsarem Nostradamum filium vie et félicité

Ton tard advenement, Cesar Nostredame mon fils, m'a faict mettre mon long temps par continuelles vigilations nocturnes referer par escript toy delaisser memoire, apres la corporelle extinction de ton progeniteur, au commum profit des humains, de ce que la divine essence par Astronomiques revolutions m'ont donné cognoissance. Et depuis qu'il a pleu au Dieu immortel que tu ne sois venu en naturelle lumiere dans ceste terreine plaige, et ne veux dire tes ans qui ne sont encores accompaignez, mais tes mois Martiaux [1] incapables à recevoir dans ton debile entendement ce que je seray contraint apres mes jours desiner: veu qu'il n'est possible te laisser par escrit, ce que seroit par l'injure [2] du temps obliteré: [3] car la parole hereditaire de l'occulte prediction sera dans mon estomac intercluse [4]: considerant aussi les adventures definiment estre incertaines; et que le tout est regy et gouverné par la puissance de Dieu inestimable, nous inspirant non par bacchante fureur ne par limphatique [5] mouvement, mais par astronómiques assertions. Soli numine divino afflari praesagiunt et spiritu prophetico particularia [6]. Combien que de long temps par plusieurs fois j'aye predict long temp auparavant ce que depuis est advenu, et en particulieres regions attribuant le tout estre faict par la vertu et inspiration divine, et autres felices et sinistres adventures de acceleree promptitude prononcees que depuis sont advenues par les climats du monde: ayant voulu taire et delaisser pour cause de l'injure, et non tant seulement du temps present, mais aussi de la plus grande part du futur, de mettre par escrit, pource que les regnes, sectes, et regions feront changes si opposites; voire au respect du present diametralement, que si je venois à referer ce qu'a l'advenir sera ceux de regne, secte, religion, et foy, trouveroient si mal accordant à leur fantaisie auriculaire, qu'ils viendroyent à damner ce que par les siecles advenir on cognoistra estre veu et apperceu. Considerant aussi la sentence du vray Sauveur, Nolite sanctum dare canibus, nec mittatis margaritas ante porcos, ne conculcent pedibus et conversi dirumpant vos. [7] Qui a esté la cause de faire retirer ma langue au populaire, et la plume au papier, puis me suis voulu estendre declarant pour le commun advenement, par obstruses [8] et perplexes [9] sentences des causes futures, mesmes les plus urgentes, et celles que j'ay apperçeu, quelque humaine mutation qu'advienne ne scandaliser l'auriculaire fragilité, et le tout escrit soubz sigure nubileuse, plus que du tout prophetique, combien que, Abscondisti haec à sapientibus, et prudentibus, id est, potentibus et regibus, et eunucleasti ea exiguis et tenuibus: [10] et aux Prophetes par le moyen de Dieu immortel, et des bons Anges ont receu l'esprit de vaticination, par lequel ils voyent les choses loingtaines, et viennent à prevoir les futurs advenements: car rien ne se peut paracheuer sans luy, ausquels si grande est la puissance, la bonté aux subjects, que pendant qu'ils demeurent en eux, toutes fois aux autres effects subjects pour la similitude de la cause du bon genius; celle chaleur et puissance vaticinatrice s'approche de nous: comme il nous advient des rayons du Soleil, qui viennent jettans leur influence aux corps elementaires, et non elementaires. Quant à nous qui sommes humains, ne pouvons rien de nostre naturelle cognoissance et inclinatioñ d'engin [11], cognoistre des secrets obstruses de Dieu le

Createur. <u>Quia non est nostrum noscere tempora, nec momenta, etc.</u> [12]. *Combien qu'aussi de present peuvent advenir et estre personnages, que Dieu le Createur aye voulu reveler par imaginatives impressions, quelques secrets de l'advenir, accordez à l'astrologie judicielle, comme du passé, que certaine puissance et volontaire faculté venoit par eux, comme flambe de feu apparoit, que luy inspirant on venoit à juger les divines et humaines inspirations. Car les oeuvres divines, que totalement sont absolues, Dieu les vient parachever: la moyenne qui est au milieu les Anges: la troisiesme les mauvais. Mais mon fils je te parle icy un peu trop obstrusement: mais quant aux occultes vaticinations qu'on vient à recevoir par le subtil esprit du feu, qui quelques fois par l'entendement agité contemplant le plus haut des astres, comme estant vigilant, mesmes qu'aux <u>prononciations</u>[13], estant surprins escrits prononçant sans craincte moins attains <u>d'inverecande</u>[14] loquacité: mais quoy tout procedoit de la puissance divine du gran Dieu eternel de qui toute bonté procede. Encores mon fils, que j'aye <u>inseré</u>[15] le nom de Prophete, je ne me veux attribuer tiltre de si haute sublimité pour le temps present: car qui <u>Propheta dicitur hodie, olim vocabatur videns:</u>[16] car Prophete proprement mon fils, est celuy qui voit choses loingtaines de la cognoissance naturelle de toute creature. Et cas advenant que le Prophete moyennant la parfaicte lumiere de la prophetie luy appaire manifestement des choses divines, comme humaines, que ce ne se peut faire, veu que les effects de la future predictions s'estendent loing. Car les secrets de Dieu incomprehensibles, et la vertu <u>effectrice</u>[17] <u>contingent</u>[18] de longue estendue de la cognoissance naturelle, prenant leur plus prochain origine du liberal arbitre, faict apparoir les causes qui d'elles mesmes ne peuvent acquerir celle notice pour estre cogneues, ne par les humains augures, ne par autre cognoissance, ou vertu occulte, comprinse soubz la concavité du Ciel mesme, du faict present de la totale eternité, qui vient en foy embrasser tout le temps. Mais moyennant quelque indivisible eternité, par comitiale agitation Hiraclienne, les causes par le celeste mouvement sont cogneues. Je ne dis pas, mon fils, afin que bien l'entendez, que la cognoissance de ceste matiere ne se peut encores imprimer dans ton debile cerveau, que les causes futures bien loingtaines ne soient a la cognoissance de la creature raisonnable: si sont nonobstant bonnement la creature de l'ame intellectuelle des choses presentes loingtaines ne luy sont du tout ne trop occultes, ne trop referees: mais la parfaicte des causes notices ne se peut acquerir sans celle divine inspiration: veu que toute inspiration prophetique reçoit prenant son principal principe mouvant de Dieu le Createur, puis de l'heur et de nature. Parquoy estant les causes indifferentes indifferemment produictes, et non produictes, le presage partie advient, ou a esté predict. Car l'entendement crée intellectuellement ne peut voir occultement, sinon par la voix faicte au <u>lymbe</u>[19], moyennant la exigue flamme en laquelle partie les causes futures se viendront à incliner. Et aussi mon fils, je te supplie que jamais tu ne vueilles employer ton entendement à telles resveries et vanitez qui seichent le corps et mettent à perdition l'ame, donnant trouble au soible sens: mesmes la vanité de la plus qu'execrable magie reprouvee jadis par les sacrees escritures, et par les divins canons, au chef duquel est excepté le jugement de l'Astrologie judicielle: par laquelle et moyennant inspiration et revelation divine par continuelles supputations, avons nos propheties redigé par escrit. Et combien que celle occulte Philosophie ne fusse réprouvee, n'ay oncques voulu presenter leurs effrenees persuasions, combien que plusieurs volumes qui ont esté cachez par longs siecles me sont manifestez. Mais doubtant ce qui* *adviendroit, en ay faict apres la lecture present à* <u>Vulcan</u>[20] *que cependant qu'il les venoit à devorer, la flamme leschant l'air rendoit une clarté insolite, plus claire que naturelle flamme, comme lumiere de feu de clystre fulgurant, illuminant subit la maison, comme si elle fut esté en subite conflagration. Parquoy afin qu'à l'advenir ne fussiez abuzé,* <u>perscrutant</u>[21] *la parfaicte transformation tan seline que solitaire, et soubz terre metaux incorruptibles, et aux ondes occultes, les ay en cendres convertis. Mais quant au jugement qui se vient parachever, moyennant le jugement celeste, cela te veux je manifester: parquoy avoir cognoissance des causes futures, rejettant loing les phantastiques imaginations qui adviendront limitant la particularité des lieux par divine inspiration supernaturelle: accordant aux celestes figures, les lieux, et une partie du temps de proprieté occulte par vertu, puissance, et faculté divine, en presence de laquelle les trois temps sont comprins par eternité, revolution tenant à la cause passee, presente et future:* <u>quia omnia sunt nuda et aperta, etc.</u>[22]. *Parquoy, mon fils, tu peux facilement, nonobstant ton tendre cerveau, comprendre que les choses qui doivent advenir, se peuvent prophetizer par les nocturnes et celestes lumieres, qui son naturelles, et par l'esprit de prophetie: non que je me vueille attribuer nomination ny effect prophetique, mais par revelee inspiration, comme homme mortel, esloigné non moins de sens au Ciel, que des pieds en terre.* <u>Possum non errare, falli, decipi</u>[23], *suis pecheur plus grand que nul de ce monde, subjet à toutes humaines afflictions. Mais estant surprins parfois la sepmaine limphatiquant, et par longue calculation, rendant les estudes nocturnes de souave odeur, j'ay composé Livres de propheties, lesquelles j'ay un peu voulu rabouter obscurement: et sont perpetuelles vaticinations, pour d'icy à l'annee 3797. Que possible fera retirer le front à quelques uns, en voyant si longue extension, par* <u>soubz toute la concavité de la Lune</u>[24] *aura lieu et intelligence: et ce entendant universellement par toute la terre les causes mon fils. Que si tu vis l'aage naturel et humaine, tu verras devers ton climat, au propre Ciel de ta nativité, les futures adventures prevoir. Combien que le seul Dieu eternel soit celuy seul qui cognoist l'eternité de sa lumiere, procedant de luy mesme, et je dis franchement qu'a ceux à qui sa magnitude immense, qui est sans mesure et incomprehensible, a voulu par longue inspiration melancolique reveler, que moyennant icelle cause occulte, manifestee divinement, principalement de deux causes principales, qui sont comprinses à l'entendement de celuy inspiré qui prophetise, l'une est qui vient à infuser, esclarcissant la lumiere supernaturelle, au personnage qui predit par la doctrine des Astres, et prophetise par inspiree revelation, laquelle est une certaine participation de la divine eternité, moyennant laquelle le Prophete vient à juger de cela que son divin esprit luy a donné par le moyen de Dieu le Createur, et par une naturelle instigation: c'est à sçavoir que ce que predit, est vray, et a prins son origine* <u>ethereement</u>[25]: *et telle lumiere et flamme exigue est de toute efficace, et de telle altitude non moins que la naturelle clarté, et naturelle lumiere rend les Philosophes si asseurez, que moyennant les principes de la premiere cause ont attainct à plus profondes abysmes des plus hautes doctrines. Mais à celle fin mon fils, que je ne vague trop profondement pour la capacité future de ton sens, et aussi que je treuve le monde avant l'universelle conflagration advenir tant de deluges et si hautes inundations, qu'il ne sera guiere terroir qui ne soit couvert d'eau: et sera par si longtemps, que hors mis* <u>enographies</u>[26] *et* <u>topographies</u>[27] *que le tout ne soit pery: aussi avant et apres telles inundations, en plusieurs contrees, les pluyes seront si exigues, et tombera du Ciel si grande abondance de feu et de pierre* candantes, qui n'y demeurera rien qu'il ne soit consommé : et cecy advenir en brief, et avant la derniere conflagration: Car encores que la planette de Mars paracheve son siecle et à la fin de son dernier periode si le rependra il: mais assemblez les uns en Aquarius par plusieurs annees, les autres en Cancer par plus longues et continues. Et maintenant que sommes conduicts par la Lune, moyennant la totale puissance de Dieu eternel, qu'avant qu'elle aye paracheve son total circuit, le Soleil viendra, et puis Saturne. Car selon les signes celestes, le regne de Saturne sera de retour, que le tout calculé, *le monde s'aproche d'une anaragonique revolution:* [28] et que de present que cecy j'escrits *avant cent septante sept ans trois mois unze jours* [29] par pestilence, longue famine, et guerres, et plus par les inondations le monde entre cy et ce terme prefix, avant et apres par plusieurs fois, sera si diminué, et si peu de monde sera, que l'on ne trouvera qui vueille prendre les champs, qui deviendront libres aussi longuement, qu'ils sont esté en servitude: et ce quant au visible jugement celeste, qu'encores que nous soyons au septiesme nombre de mille qui paracheve le tout, nous approchant du huictiesme, où est le firmement de la huictiesme sphere, qui est en dimension latitudinaire, où le grand Dieu eternel viendra parachever la revolution: où les images celestes reburneront à se mouvoir, et le mouvement superieur qui nos rend la terre stable et ferme, *non inclinabitur in saeculum saeculi:* [30] hors mis que son vouloir sera accomply, mais non point autrement: combien que por ambigues opinions excedantes toutes raisons naturelles par songes Mahometiques, aussi aucunes fois Dieu le Createur par les ministres de ses messagiers de feu, en flamme missive, vient à proposer aux sens exterieurs, mesmement à nos yeux, les causes de future prediction, significatrices du cas futur qui se doit à celuy qui presage manifester. Car le presage qui se faict de la lumiere exterieure vient infailliblement à juger partie avecques, et moyennant le lume exterieur: combien vrayement que la partie qui semble avoir par l'oeil de l'entendement, ce que n'est par la lesion du sens imaginatif, la raison est par trop evidente, le tout estre predict par *affation* [31] de divinité, et par le moyen de l'esprit Angelique inspire a l'homme prophetisant, rendant oinctes de vaticinations le venant à illuminer, luy esmouvant le devant de la phantasie par diverses nocturnes apparitions, que par diurne certitude prophetise par administration Astronomique, conjoincte de la sanctissime future prediction, ne considerant ailleurs qu'au courage libre. Viens à ceste heure entendre, mon fils, que je trouve par mes revolutions, qui sont accordantes à revelee inspiration, que le mortel glaive s'approche de nous maintenant, par peste, guerre plus horrible qu'à vie de trois hommes n'a esté, et famine, lequel tombera en terre, et y retournera souvent: car les Astres s'accordent à la revolution, et aussi a dit: *Visitabo in vir qa ferrea iniquitates eorum, et in verberibus percutiam eos,* [32] car la misericorde de Dieu ne sera point *dispergee* [33] un temps, mon fils, que la pluspart de mes Propheties seront accomplies, et viendront estre par accomplissement revoluës. Alors par plusieurs fois durant les sinistres tempestes. *Conteram ego,* [34] dira le Seigneur, *et confringam et non miserebor,* [35] et mille autres adventures qui adviendront par eaux et continuelles pluyes, comme plus à plain j'ay redigé par escrit aux miennes autres Propheties qui sont composees tout au long, *in soluta oratione,* [36] limitant les lieux, temps, et le terme prefix que les humains apres venus verront, cognoissant les adventures advenues infailliblement, comme avons noté par les autres, parlans plus clairement, nonobstant que soubz nuee seront comprinses les intelligences:

Sed quando submovenda erit ignorantia, [37] *le cas sera plus esclaircy. Faisant fin, mon fils, pren donc ce don de ton pere Michel Nostradamus, esperant toy declarer une chacune Prophetie des quatrains cy mis. Priant au Dieu immortel, qu'il te vueille prester vie longue, en bonne et prospere felicité. De Salon ce 1. de Mars, 1555.*

NOTAS ACLARATORIAS

1.- *tes mois Martiaux:* Es "tus meses Marcianos". Se refiere a la juventud de su hijo, a la primavera de su vida, aludiendo al signo de Aries, que rige Marte.

2.- *injure:* Del latín "injuria - ae", injusticia, afrenta, injuria, daño, lesión.

3.- *Obliteré:* Del latín "oblittero", borrar, abolir.

4.- Las palabras con las que podía aclarar la predicción oculta, ha de obstruirlas y encerrarlas en su interior, por temor a las consecuencias. Por ello, las profecías debían ser disfrazadas, para que no le perjudicara su realización.

5.- *limphatique:* Del latín "limphaticus-a-um", loco, delirante.

6.- Frase en latín que quiere decir: "que sólo pueden presagiar aquellos que determina la voluntad divina y que poseen espíritu profético particular".

7.- Frase latina de origen evangélico, en el sentido y recomendación de "no dar conocimientos a aquellos que no los han de menester, pues el efecto puede ser contraproducente". El ser humano de esta generación está cómodo en su letargo espiritual y no le gusta que le despierten. Hay que ser, pues, prudentes con él, ya que detesta la verdad que perjudica sus intereses.

8.- *obstruses:* Del latín "obstruo-struxi-structum", obstruir, cerrar, tapiar, velar.

9.- *perplexes:* Del latín "perplexus-a-um", embrollado, oscuro, ambiguo, sinuoso, enigmático.

10.- Frase latina de origen evangélico, en la que se expresa cómo «Dios esconde el verdadero conocimiento a los que se tienen por sabios, prudentes y poderosos, y se lo entrega a los humildes y sencillos de corazón».

11.- *engin:* Voz francesa que significa «máquina». En sentido fig.: "material".

12.- Frase latina de origen bíblico, expresa por San Pablo, en el sentido de hacer ver nuestra incapacidad de videncia si la divinidad no lo consiente.

13.- *prononciations:* Del latín "pronuntio", publicar, declarar, pronunciar, narrar, exponer.

14.- *inverecande:* Del latín "inverecundus-a-um", inverecundo, imprudente.

15.- *inseré:* Del latín "insero", poner, meter, introducir.

16.- Frase en latín de origen bíblico, atribuida a Samuel: "Profeta se llama hoy a quien antaño se llamaba vidente".

17.- *effectrice:* Del latín "effectrix-tricis", productora, autora, creadora.

18.- *contingent:* Del latín "contingo-tigi-tactum", tocar, alcanzar, concernir, atañer.

19.- *lymbe:* Del latín "limbus-i", borde, franja, banda, el Zodíaco. En sentido fig. se refiere al plano astral, al mundo de los espíritus, al "Más Allá".

20.- *Vulcan:* Del latín "Vulcanus", Vulcano, dios del fuego, hijo de Júpiter y de Juno, esposo de Venus.

21.- *perscrutant:* Del latín "perscrutor", escudriñar, examinar con atención, escrutar, profundizar, sondear.

22.- Frase latina de origen bíblico-epistolar, atribuida a San Juan, en el sentido de que nada escapa a la percepción divina.

23.- Frase latina con la que el profeta realiza un acto de humildad reconociéndose pecador.

24.- La Tierra, antiguamente, era considerada como un mundo "sublunar".

25.- *ethereement:* Vocablo derivado del francés "Ether", Eter, forma poética de "cielo". Relativo a cierta divinidad que simbolizaba las profundidades celestes.

26.- *enographies:* Del francés "etnographie", etnografía: de las razas y los pueblos.

27.- *topographies:* De Topografía, técnica de representar superficies o regiones. En sentido fig., lugares.

28.- Se refiere al período de la Revolución Francesa, al cambio de siglo y al tiempo de Bonaparte que llevará al mundo a una espantosa agonía.

29.- El período de 177 años, 3 meses y 11 días, hay que contarlo a partir de la caída del Imperio napoleónico, lo cual lleva al mundo a sus tiempos finales.

30.- Frase latina referente a la inclinación de lo que "no se ha inclinado por los siglos de los siglos": el eje terrestre.

31.- *affation:* Del latín "afflo", soplar contra o encima, exhalar, inspirar. Soplo, hálito, inspiración.

32.- Frase latina de origen bíblico, inscrita en el libro de Ezequiel. Alusiva a cómo el Señor hará caer durante su Justicia sobre los hombres inicuos.

33.- *dispergee:* Del latín "dispergo-spersi-spersum", esparcir, sembrar, dispersar.

34.- Frase latina de origen bíblico.

35.- Frase latina de origen bíblico.
36.- Expresión latina, equivalente a «en prosa libre».
37.- Frase en latín, alusiva al tiempo en que habrá mayor apertura mental.

TRADUCCIÓN E INTERPRETACIÓN LIBRES*

PREFACIO DE M. MICHEL NOSTRADAMUS A SUS PROFECIAS

A César Nostradamus, hijo, vida y felicidad.

Tu tardío nacimiento, César Nostradame, hijo mío, me ha hecho pasar mucho tiempo en continuas veladas nocturnas, para referirte por escrito y dejarte memoria, después de mi muerte y para común provecho de los humanos, de lo que la Divina Esencia, por medio del movimiento de los Astros, me ha dado a conocer.

Y ello, después que he lamentado ante Dios inmortal, el que tú no hayas venido provisto de luz natural a esta terrena playa. Y no me refiero a tu edad, que aún no está desarrollada ahora, sino por tus condiciones juveniles, incapaces de recibir, por tu débil entendimiento, lo que yo estaré forzado, después de mis días, a definir: he visto, que no es posible dejarte por escrito, lo que sería borrado por la injuria del tiempo. Porque, las palabras con las que podía aclararte la predicción oculta, las he tenido que obstruir y encerrarlas en mi interior, por temor a las consecuencias.

He considerado también los riesgos de que mis escritos fueran definidos como inciertos y que no pudieran creer que todo está regido y gobernado por la potencia inestimable de Dios, que nos ha inspirado, no con los furores de la embriaguez ni por movimientos de delirio, sino por aserciones astronómicas: «Sólo se puede presagiar por voluntad divina y espíritu profético particular».

Cuánto, desde hace tiempo y en muchas ocasiones, yo he predicho mucho antes, lo que después ha ocurrido, en general y en particulares regiones, atribuyéndolo todo a que ha sido hecho por la virtud e inspiración divinas. Y otros felices y siniestros acontecimientos pronunciados como inminentes, que después han sucedido por los climas del mundo: sin embargo, he querido callar y privarme de poner por escrito aquellas predicciones que revelan el porqué los reinos, sectas y regiones harán cambios tan opuestos a los actuales, por causa de la injuria, y no tanto solamente del tiempo presente, sino también de la mayor parte del futuro. He visto éste, con respecto al tiempo actual, tan diametralmente cambiado, que si yo viniera a referir lo que en el porvenir será de los que componen reino, secta, religión y fe, lo encontrarían tan poco acorde a sus fantasiosos oídos, que ellos vendrían a condenar lo que, en los siglos venideros se conocerá, será visto y percibido.

He considerado también la sentencia del verdadero Salvador, «No deis lo santo a los perros, ni arrojéis perlas ante los puercos, no sea que las pisoteen y se vuelvan luego contra vosotros». Y ello ha sido la causa de ser prudente y esconder mi lenguaje al público y mi pluma al papel; pero, luego, lo he pensado mejor y he querido extenderme en declaraciones, para el advenimiento

---

*El lector debe comprender que tanto la traducción como la interpretación no están ajustadas estrictamente a lo literal, sino con cierta libertad de expresión para hacer más fácil la comprensión de lo que el profeta quiere decir, que, a veces, es bastante oscuro.

común a todos, por medio de veladas y enigmáticas sentencias sobre las causas futuras, incluso las más cercanas, y aquellas que yo he percibido que allegan alguna humana mutación, para no escandalizar los frágiles oídos de muchos. Y todo redactado bajo forma nebulosa, más que del todo profética, por cuanto que, fue escrito: *«Escondiste estas cosas a los que se tienen por sabios y prudentes, lo mismo que a los poderosos y a los reyes, y las entregaste a los pequeños y humildes».* Y a los Profetas que, por medio de Dios inmortal y de los Ángeles buenos, han recibido el espíritu de vaticinio, por el cual ellos ven las cosas lejanas y vienen a prever los futuros acontecimientos. Pues, nada puede consumarse sin él. Tan grande es el poder, la bondad para con los sujetos que lo han recibido, que, mientras permanecen en ellos, todas las veces, a los otros efectos están sujetos por la similitud a la causa del buen espíritu divino. Este calor y poder vaticinador se aproxima a nosotros, como sucede con los rayos del Sol, que vienen arrojando su influencia a los cuerpos elementales y no elementales. En cuanto a nosotros, que somos humanos, no podemos nada con nuestro natural conocimiento e inclinación material, para conocer los secretos ocultos de Dios, el Creador. *«Que no nos ha sido dado conocer el tiempo, ni el momento, etc.»*

Cuántos, también del presente como del pasado, pueden llegar y ser personajes a los que Dios el Creador ha querido revelar, por imaginativas impresiones, algunos secretos del porvenir, acordados a la astrología judiciaria. Que cierto poder y voluntaria facultad venida sobre ellos, como una llama de fuego aparece, que, inspirándoles, viene a discernir las divinas y humanas inspiraciones. Porque las obras divinas, que son totalmente absolutas, Dios las viene a consumar: las de mediana categoría, los mediadores, los Ángeles, y en la clase tercera, los de la tierra, los malos.

Pero, hijo mío, yo te hablo aquí, un poco demasiado oscuro; sin embargo, en cuanto a los ocultos vaticinios que se vienen a recibir por el sutil espíritu del fuego *(alude a AQUELLOS QUE SON, LOS HIJOS DE LA LLAMA)*, algunas veces en que el entendimiento está agitado contemplando el más alto de los astros, como si estuviera vigilante, igual que en las publicaciones, he llegado a estar sorprendido por mis escritos expuestos sin temor, y menos miedo aún a ser alcanzado por las consecuencias de imprudente locuacidad. Pero, porque todo procedía del poder divino del gran Dios eterno, de quien toda bondad procede.

Además, hijo mío, aunque yo haya puesto el nombre de Profeta, no me quiero atribuir título de tan alta sublimidad para el tiempo actual; puesto que: *«Profeta se llama hoy, quien antaño se llamaba vidente».* Porque, Profeta propiamente, hijo mío, es aquél que ve cosas alejadas del conocimiento natural de toda criatura. Y llegado el caso puede suceder, que al Profeta, mediante la perfecta luz de la profecía, <u>le aparezcan, manifiestamente, cosas divinas como humanas</u>, lo que no se puede hacer de otro modo, dado que los efectos de la futura predicción se extienden lejos.

Puesto que los secretos de Dios son incomprensibles, y la virtud creadora a la que concierne la larga extensión del conocimiento natural, tomando su más próximo origen del libre albedrío, es la que hace aparecer las causas que, por ellas mismas, no pueden adquirir esa noticia para ser conocidas. Ni tampoco, por los humanos augurios, ni por otro conocimiento o virtud oculta, comprendida bajo la concavidad del Cielo mismo, se puede llegar del hecho presente a la total eternidad, que viene en sí a abarcar todo el tiempo. Pero, mediante cierta indivisible eternidad, por comicial agitación Heraclitana, las causas, por el celeste movimiento de los astros, son conocidas.

Yo no digo, hijo mío, a fin de que bien lo entiendas, que el conocimiento de esta materia no se pueda aún imprimir en tu débil cerebro, sino que las causas futuras muy lejanas no están en el conocimiento de la criatura racional: sí están, no obstante, buenamente, en la criatura de alma intelectual, unas cosas presentes o lejanas, si no le son, del todo, demasiado ocultas, ni demasiado reveladas. Pero, lo perfecto de las causas de las noticias, no se puede adquirir sin esta divina inspiración: está visto que toda inspiración profética se recibe tomando su principal origen generador, de Dios el Creador, y después, del tiempo y de la naturaleza. Porque siendo las causas indiferentes, indiferentemente producidas, y no producidas, el presagio emitido llega, o ha sido predicho y nada más. Puesto que, el entendimiento creado intelectualmente no puede ver ocultamente, sino por la voz hecha en el Más Allá, mediante la exigua llama, en la cual, parte de las causas futuras se vendrán a inclinar.

Y también, hijo mío, yo te suplico que jamás quieras emplear tu entendimiento en tales sueños y vanidades que secan el cuerpo y ponen en perdición el alma, dando turbación al débil sentido. Asimismo, en la vanidad de la más execrable magia, reprobada antaño por las sagradas escrituras y por los divinos cánones, de los cuales, a la cabeza está entre todos los desvíos. De este juicio está exceptuada la Astrología judiciaria, por la cuál, y mediante inspiración y revelación divina, por continuas computaciones, hemos redactado por escrito nuestras profecías *(nótese cómo dice «hemos» y no «he» y «nuestras» y no «mis». La humildad del profeta le hace reconocer que se trata de una obra de colaboración con AQUELLOS QUE SON).*

Y cuidando que esta oculta Filosofía no fuese reprobada, no he querido nunca presentar sus imparables persuasiones, por cuanto que, muchos volúmenes que han estado ocultos por largos siglos, me han sido manifestados. Pero, recelando lo que llegaría a suceder, he hecho de ellos, después de su lectura, presente a Vulcano *(los he quemado)*; que mientras el fuego los venía a devorar, la llama, lamiendo el aire, producía una claridad insólita, más clara que la llama natural, como luz de fuego de apoyo fulgurante, iluminando de repente la casa, como si toda ella estuviese en súbita conflagración. Así que, a fin de que en el futuro no fueses engañado, escrutando la perfecta transmutación, tanto lunar como solar *(de metales nobles)*, y bajo tierra metales incorruptibles *(pensando que estos libros eran un tesoro enterrado por su padre)*, y en las ondas riquezas ocultas, los he convertido en cenizas.

Pero, en cuanto al juicio que viene a consumarse mediante el juicio celeste, eso sí quiero manifestártelo: para que, al tener conocimiento de las causas futuras, arrojes lejos las fantásticas imaginaciones que se producirán, limitando la particularidad de los lugares predichos por divina inspiración sobrenatural y acordando a las celestes figuras, los lugares y una parte del tiempo, de propiedad oculta por virtud, potencia y facultad divina, en presencia de la cual los tres tiempos están comprendidos por la eternidad, teniendo su desarrollo en la causa pasada, presente y futura: «Porque todas las cosas están desnudas y abiertas», etc.

Por lo cual, hijo mío, tú puedes comprender fácilmente, no obstante tu tierno cerebro, que las cosas que deben ocurrir, se pueden profetizar por las nocturnas y celestes luces, que son naturales, y por el espíritu de profecía: no es que yo me quiera atribuir nombre ni efecto profético, sino por revelada inspiración, pues estoy, como hombre mortal, alejado no menos, por el sentido, del Cielo, que, por los pies, de la tierra. «No puedo engañar, he fallado, me he extraviado». Soy mayor pecador que ninguno de este mundo, sujeto a todas las humanas aflicciones. Pero, siendo sorprendido a veces durante la semana, por un estado flemático, y por largos cálculos realizados, haciendo los estudios nocturnos rodeado de un suave olor (la presencia en cuerpo astral, de AQUELLOS QUE SON, durante su guía a un contactado, producen una particular y agradable fragancia), yo he compuesto Libros de profecías, conteniendo cada uno cien cuartetas de profecías con apoyo astronómico, las cuales yo he querido tejer un poco oscuramente, y que son perpetuos vaticinios, de aquí al año 3797 (en este número se encuentra la matriz de la Clave de ordenación de las cuartetas). Que esto, posiblemente, hará retirar a algunos su atención de ellas, al ver tan larga extensión de tiempo que, por debajo de toda la concavidad de la Luna, tendrá lugar e inteligencia: y esto, entendiendo universalmente, por toda la tierra, las causas, hijo mío.

Que, si tú vives la edad natural y humana, verás en tu propio ambiente, en el propio Cielo de tu natividad, prever los futuros acontecimientos. Por cuanto que solo el Dios Eterno es quien solamente conoce la eternidad de su luz, procedente de él mismo. Y yo digo, francamente, que a aquellos a quienes su magnitud inmensa, que es sin medida e incomprensible, por larga inspiración melancólica ha querido revelar que, mediante aquella causa oculta manifestada divinamente, fundamentalmente de dos causas principales que están comprendidas en el entendimiento de aquél inspirado que profetiza, una es la que viene a infundir, esclareciendo la luz sobrenatural, al personaje que predice por la doctrina de los Astros, y profetiza por inspirada revelación. La cual es una cierta participación de la divina eternidad, mediante la que el Profeta viene a juzgar, de aquello que su divino espíritu (alude al Guía divino) le ha dado, por concesión de Dios el Creador, y por medio de una natural instigación (la telepatía): esto es para saber que lo que predice es verdad y ha tomado su origen de la etérea profundidad celeste. Y tal luz y llama exigua es del todo eficaz, y de tal altitud, que no lo es menos que la natural claridad y luz natural, que vuelve a los Filósofos tan seguros de que, mediante los principios de la causa primera han alcanzado a los más profundos abismos de las más altas doctrinas.

Pero, es a este fin, que yo no preciso demasiado profundamente, por la capacidad futura de tu sentido, y también, porque yo encuentro que los hombres de letras harían muy grande e incomparable jactancia, de que yo encuentre advenir al mundo, antes de la universal conflagra-ción, a tantos diluvios y tan altas inundaciones (guerras, revoluciones y catástrofes naturales), que no será conducido nadie a territorio que no esté cubierto de agua. Y será por tan largo tiempo que, salvo los puestos fuera de razas y lugares (los elegidos), nada quedará que no perezca: también antes y después de tales inundaciones, en muchas regiones las lluvias serán tan exiguas, y caerá del Cielo tan gran abundancia de fuego y de piedras candentes (terrible calor, meteoritos, *artefactos espaciales, bombas de todo tipo)* que no quedará nada allí que no sea consumido. Y eso sucederá en breve, y antes de la última conflagración.

Pues, aunque el planeta Marte consuma su siglo y esté al fin de su último período *(Marte es el planeta de la guerra y para el profeta, su siglo por excelencia es el siglo XX, con las tres guerras mundiales)*, con tanta fuerza como el que termina retomará el que empieza *(el XXI, con la 3ª guerra mundial y la guerra de las razas)*. Pero, entonces, quedarán reunidos los planetas: unos en Acuario por varios años, otros en Cáncer por mayor tiempo y continuidad. Y <u>ahora que somos conducidos por la Luna</u>, mediante la total potencia de Dios eterno, cuando ella haya consumado su total circuito, <u>el Sol vendrá</u>, y <u>después Saturno</u> *(Las 3 épocas del reparto)*. Pues, según los signos celestes, el reino de Saturno *(tiempo de las pruebas más duras para la Humanidad)* estará de regreso.

Que todo está calculado: el mundo se aproxima a un tiempo de anarquía, revolución y agonía *(Revolución francesa a caída del Imperio napoleónico)*. Y desde ese tiempo, en cuyo presente sucederá esto que yo escribo, avanzando ciento setenta y siete años, tres meses y once días *(Segunda mitad de los 90)*, por pestilencia, larga hambruna y guerras, y más por las inundaciones, el mundo, entre éste y ese término prefijado, antes y después por muchas veces, será tan disminuido y tan poca gente quedará, que no se encontrará quien quiera tomar los campos, que habrán llegado a estar tanto tiempo libres como lo habrán estado en servidumbre.

Y eso, en cuanto al juicio celeste visible. Que, aunque <u>nosotros estamos en el séptimo número de mil que lo consuma todo</u>, nos aproximamos al octavo, donde está el firmamento de la octava esfera, que es, en dimensión latitudinal, donde el gran Dios eterno vendrá a terminar la revolución: donde las imágenes celestes volverán a moverse y tendrá lugar ese movimiento superior que nos hace la Tierra estable y firme. «No se inclinará por los siglos de los siglos» *(habla del final de los tiempos al comienzo del año 2000, y de la nueva estabilización de la Tierra, tras los trastornos caóticos a causa de la nueva inclinación del eje)*. Está escrito que su voluntad será cumplida, pero no de otra manera, a pesar de las ambiguas opiniones de los que exceden todas las razones naturales, por medio de sueños salvacionistas.

También, algunas veces, <u>Dios el Creador, por los ministerios de sus mensajeros de fuego</u> *(nueva alusión a AQUELLOS QUE SON)*, en misiva llama, viene a proponer a los sentidos exteriores, lo mismo que a nuestros ojos, las causas de la futura predicción, significativas del hecho futuro, que se debe a aquél a quien el presagio se manifiesta. Porque el presagio que se hace por medio de la luz exterior, viene infaliblemente a juzgar, parte con y mediante dicha luz, por cuanto que, verdaderamente, la parte que parece tener por el ojo del entendimiento, no lo es por la lesión del sentido imaginativo. La razón es, por demasiado evidente, que todo es predicho <u>por emanación</u> de la divinidad, <u>y por medio del espíritu Angélico</u> inspirado al hombre que profetiza, volviéndole ungido de vaticinios, viniéndole a iluminar, <u>conmoviéndole</u> delante de la fantasía <u>por diversas apariciones nocturnas</u> *(es evidente que Nostradamus era un programado y muestra en su exposición situaciones que se dan hoy día en los contactados)*, y que, por diurna certeza, profetiza, por aplicación de la Astronomía conjunta con la santísima predicción futura, no considerando, por otra parte, nada más que al valor de la libertad.

Ven en esta hora a entender, hijo mío, que yo encuentro por mis <u>cálculos astrológicos</u>, que están <u>acordes</u> con <u>la revelada inspiración</u>, que la mortal espada ahora se nos aproxima, por peste *(guerra bacteriológica)*, la guerra más horrible que en vida de tres generaciones no ha estado, y por hambre, la cual caerá sobre la tierra y volverá a ella con frecuencia: pues los Astros se acuerdan a la revolución. Y también se ha dicho: *«Los probaré con barra de hierro por sus iniquidades, y los castigaré con golpes de verga»*, pues la misericordia de Dios no será esparcida durante un tiempo, hijo mío, hasta que la mayor parte de mis Profecías serán cumplidas, y vendrán a ser, por su cumplimiento, consumadas.

Entonces, muchas veces, durante las siniestras tempestades, *«Yo les moleré»*, dirá el Señor, **«y los quebrantaré y no tendré piedad»**. Y mil otros acontecimientos, que advendrán por aguas y continuas lluvias, como más detalladamente yo he redactado por escrito en mis otras profecías, que han sido compuestas, muy a largo plazo, en prosa, limitando los lugares, tiempos y el termino prefijado, que los humanos después venidos verán, conociendo los acontecimientos llegados, infaliblemente, como hemos anotado en las otras predicciones, hablando más claramente, no obstante que, bajo forma nebulosa, serán comprendidas inteligentemente: *«pero cuando la ignorancia sea disipada»,* entonces el caso estará más claro.

Finalizando, hijo mío, toma, pues, este don de tu padre, Miguel Nostradamus, esperando aclararte, cada una de las Profecías puestas aquí, en las cuartetas. Rogando al Dios inmortal, que te quiera conceder larga vida, en buena y próspera felicidad.

De Salon, este 1º de marzo de 1.555

CARTA A ENRIQUE II DE FRANCIA*

A L'INVICTISSIME, TRES-PUISSANT
et Tres Chrestien Henry roy de France second,
Michel Nostradamus son tres-humble,
et tres obeissant serviteur et subject, victoire et felicité.

Pour icelle souveraine observation que j'ay eu, ô Tres-Chrestien et tres-victorieux Roy, depuis que ma face estant long temps <u>obnubilee</u>[1] se presente au devant de la deité de vostre Majesté immesuree, depuis en ça j'ay esté perpetuellement esblouy, ne <u>desistant</u>[2] d'honorer et dignement venerer iceluy jour que premierement devant icelle je me presentay, comme à une <u>singuliere</u>[3] Majesté tant humaine. Or cherchant quelque occasion par laquelle je peusse manifester le bon coeur et franc courage, que moyennant iceluy mon pouvoir eusse faict ample extension de cognoissance envers vostre serenissime Majesté. Or voyant que par effets le declarer ne m'estoit

---

*La letra de esta carta francesa no es cursiva como la carta en francés escrita a su hijo César. Las frases encerradas entre paréntesis, con letra cursiva, son aclaraciones del autor.

possible, joint avec mon singulier desir de ma tant longue <u>obtenebration</u> [4] et obscurité, estre subitement esclarcie et transportee au devant de la face du souveraine oeil, et du premier <u>Monarque de l'Univers</u> [5], tellement que j'ay esté en doute longuement à qui je viendrois consacrer ces trois Centuries du restant de mes Propheties, parachevant la miliade, et apres avoir eu longuement cogité d'une temeraire audace, ay prins mon addresse en vers vostre Majesté, n'estant pour cela estonné, comme raconte le gravissime aucteur Plutarque en la vie de Lycurgue, que voyant, les offres et presens qu'on faisoit para sacrifices aux temples des Dieux immortels d'iceluy temps, et à celle fin que l'on ne s'estonnast par trop souvent desdicts fraiz et mises ne s'osoyent presenter aux temples. Ce nonobstant voyant vostre splendeur Royalle accompagnee d'une incomparable humanité ay prins mon addresse, non comme aux Rois de Perse, qu'il n'estoit nullement permis d'aller à eux, ny moins s'en approcher. Mais à un tres-prudent, à un tressage Prince j'ay consacré mes nocturnes et prophetiques supputations, composees plustost d'un naturel instinct, accompagné d'une <u>fureur poëtique</u> [6], que par reigle de poësie, et la plus part composé et accordé a la calculation Astronomique, correspondant aux ans, moys et sepmaines des regions, contrees, et de la plus part des Villes et Citez de toute L'Europe, comprenant de l'Affrique, et une partie de l'Asie par le changement des regions, qui s'approchent la plus part de tous ces climats, et composé d'une naturelle faction: respondra quelqu'un qui auroit bien besoin de soy moucher, la rithme estre autant facile, comme l'intelligence du sens est difficile. Et pource, ô tres-humanissime Roy, la plus part des quatrains prophetiques sont tellement scabreux, que l'on n'y sçauroit donner voye ny moins aucuns interpreter, toutesfois esperant de laisser par escrit les ans, villes, citez, regions où la plus part adviendra, <u>mesmes de l'annee 1585. et de l'annee 1606,</u>[7] accommençant depuis le temps present, qui est le 14 de Mars 1557, et passant outre bien loing jusques à l'advenement qui sera apres au commencement du 7. millenaire profondement supputé, tant que mon calcul astronomique et autre sçavoir s'a peu estendre, où les adversaires de Jesus-Christ et de son Eglise, commenceront plus fort de pulluler, le tout a esté composé et calculé en jours et heures d'election et bien disposees, et le plus justement qu'il m'a esté possible. Et le tout <u>Minerva libera, et non invita,</u> [8] supputant presque autant des adventures du temps advenir, comme des aages passez, comprenant de present, et de ce que par le cours du temps par toutes regions l'on cognoistra advenir tout ainsi nom mement comme il est escrit, n'y mestant rien de superflu, combien que l'on die: <u>Quod de futuris non est determinata omnino veritas</u>[9]. Il est bien vray, Sire, que pour mon naturel instinct qui m'a esté donné par mes <u>auites</u> [10] ne cuidant presager, et adjoustant et accordant iceluy naturel instinct avec ma longue supputation uny, et vuidant l'ame, l'esprit, et le courage de toute <u>cure</u> [11], solicitude, et fascherie par repos et tranquillité de l'esprit. Le tout accordé et presagé l'une partie <u>trepode aeneo</u> [12]. Combien qu'ils sont plusieurs qui m'attribuë ce qu'est autant à moy, comme de ce que n'en est rien, Dieu seul eternel, qui est prescrutateur des humains courages pie, juste, et misericordieux, en est le vray juge, auquel je prie qu'il me vueille defendre de la calomnie des meschans, qui voudroyent aussi calomnieusement s'enquerir pour quelle cause tous vos antiquissimes progeniteurs Rois de France ont guery des escrouëlles, et des autres nations ont guery de la morsures des serpens, les autres ont eu certain instinct de l'art divinatrice, et d'autres cas qui seroyent long ici à racompter. Ce nonobstant ceux à qui la malignité de l'esprit malin ne sera comprins par le cours du temps apres la terrenne mienne extinction, plus sera mon escrit qu'à mon vivant, cependant si à ma supputation des ages je faillois ou ne pourroit estre selon la volonté d'aucuns. Plaira à vostre plus qu'imperialle Majesté me pardonner, protestant devanto Dieu et ses Saincts, que je ne pretends de mettre rien quelconque par escrit en la presente epistre, qui soit contre la vraye foy Catholique, conferant les calculations Astronomiques, jouxte [13] mon sçavoir: car l'espace de temps de nos premiers, qui nous ont precedez sont tels, me remettant sous la correction du plus sain jugement, que le premier homme Adam fut devant Noé environ mille deux cens quarante deux ans, ne computant les temps par la supputation des Gentils, comme a mis par escrit Varon: mais tant seulement selon les sacrees Escriptures, et selon la foiblesse de mon esprit, en mes calculations Astronomiques. Apres Noé, de luy et de l'universel deluge, vint Abraham environ mille huictante ans, lequel a esté souverain Astrologue, selon aucuns, il inventa premier les lettres Chaldaïques: apres vint Moyse environ cinq cens quinze ou séize ans, et entre le temps de David et Moyse, ont esté cinq cens septante ans là environ. Puis apres entre le temps de David, et le temps de nostre Sauveur et Redempteur Jesus-Christ, nay de l'unique Vierge, ont esté (selon aucuns Cronographes) mille trois cens cinquante ans: pourra objecter quelqu'un ceste supputation n'estre veritable, pource qu'elle differe à celle d'Eusebe. Et depuis le temps de l'humaine redemption jusques à la seduction detestable des Sarrazins, sont esté six cens vingt et un an, là environ depuis en ca l'on peut facilement colliger quels temps sont passez, si la mienne supputation n'est bonne et valable par toutes nations, pour ce que le tout a esté calculé par le cours celeste, par association d'esmotion infuse à certaines heures delaissees par l'esmotion de mes antiques progeniteurs: Mais l'injure du temps, ô serenissime Roy, requiert que tels secrets evenemens ne soyent manifestez que par aenigmatique sentence, n'ayant qu'un seul sens, et unique intelligence, sans y avoir rien mis d'ambigue n'amphibologique calculation: mais plustost sous obnubilee obscurité par une naturelle infusion approchant à la sentence d'un des mille et deux Prophetes *(Dato: mil cuartetas y dos partes)*, qui ont esté depuis la creation du monde, jouxte la supputation et Chronique punique de Joël [14], Effundam spiritum meum super omnem carnem et prophetabunt filii vestri, et filiae vestrae [15]. Mais telle prophetie procedoit de la bouche du S. Esprit, qui estoit la souveraine puissance eternelle, adjoincte avec la celeste à d'aucuns de ce nombre ont predit de grandes et esmerveillables adventures: Moy en cet endroit je ne m'attribuë nullement tel tiltre. Ia [16] à Dieu ne plaise, je confesse bien que le tout vient de Dieu, et luy en rends graces, honneur, et loüange, immortelle, sans y avoir meslé de la divination que provient [17] a fato[18]: mais à Deo, à natura [19], et la pluspart accompagnee du mouvement du cours celeste, tellement que voyant comme dans un miroüer ardant, comme par vision obnubilee, les grands evenemens tristes, prodigieux, et calamiteuses adventures qui s'approchent par les principaux culteurs[20]. Premierement des temples de Dieu, secondement par ceux qui sont terrestrement soustenus s'aprocher telle decadence, avecques mille autres calamiteuses adventures, que par le cours du temps on cognoistra advenir: car Dieu regardera la longue sterilité de la gran dame, qui puis apres concevra deux enfans principaux: mais elle periclitant, celle qui luy sera adjoustee par la temerité de l'aage de mort periclitant dedans le dixhuictiesme, ne pouvant passer le trentesixiesme qu'en delaissera trois masles, et une femelle, et en aura deux, celuy qui n´en eut jamais d'un mesme pere, des trois freres seront telles differences, puis unies et accordees, que les trois et quatre parties de l'Europe trembleront: par le moindre d'aage sera la monarchie Chrestienne soustenuë, augmentee, sectes eslevees, et subitement abaissees, Arabes reculez, Royaumes unis, nouvelles Loix promulguees: des autres enfans le premier occupera les Lions furieux couronnez, tenants les pattes dessus les armets intrepidez. Le second se profondera si avant par les Latins accompagné, que sera faicte la seconde voye tremblante et furibonde au mont Jouis[21] descendant pour monter aux Pyrennees, ne sera translatee à l'antique monarchie, sera faicte la troisiesme inondation de sang humain, ne se trouvera de long temps Mars en Caresme. Et sera donnee la fille par la conservation de l'Eglise Chrestienne, tombant son dominateur à la paganisme secte des nouveaux infideles, elle aura deux enfans, l'un de fidelité, et l'autre d'infidelité para la confirmation de l'Eglise Catholique. Et l'autre qui à sa grande confusion et tarde repentance la voudra ruiner, seront trois regions par l'extreme difference des ligues, c'est assavoir la Romanie, la Germanie, l' Espaigne, qui feront diverses sectes par main militaire, delaissant le 50 et 52 degrez de hauteur, et feront tous hommages des religions loingtaines aux regions de l'Europe et de Septentrion de 48. degrez d'hauteur, qui premier par vaine timidité tremblera, puis les plus occidentaux, meridionaux et orientaux trembleront, telle sera leur puissance, que ce qui se fera par concorde et union insuperable des conquestes belliques. De nature seront esgaux: mais grandement differents de foy. Apres cecy la Dame sterile de plus grande puissance que la seconde sera receüe par deux peuplex, par le premier obstiné par celuy qui a eu puissance sur tous, par le deuxiesme et par le tiers qui estendra ses forces vers le circuit de l'Orient de l'Europe aux pannons [22] l'a profligé et succombé et par voille marine fera ses extensions a la Trinacrie [23] Adriatique par Mirmidons[24] et Germaniques du tout succombé, et sera la secte Barbarique du tout des Latins grandement affligee et deschassee. Puis le gran Empire de l'Antechrist commencera dans la Arda [25] et Zerfes[26] descendre en nombre grand et innumerable, tellement que la venue du sainct Esprit procedant du 24 degrez, fera transmigration, deschassant a l'abomination de l'Antechrist, faisant guerre contre le royal qui sera le grand Vicaire de Jesus-Christ et contre son Eglise, et son regne per tempus, et in occasione temporis [27], et precedera devant une eclypse solaire le plus obscur, et le plus tenebreux, que soit esté depuis la creation du monde jusques à la mort et passion de Jesus-Christ, et de là jusques icy, et sera au moys d'Octobre que quelque grande translation sera faicte, et telle que l'on cuidera la pesanteur de la terre avoir perdu son naturel mouvement, et estre abismee en perpetuelles tenebres, seront precedant au temps vernal [28], et s'en ensuyant apres d'extremes changemens, permutations de regnes, par grands tremblement de terre, avec pullulation de la neufve Babylonne[29], fille miserable augmentee par l'abomination du premier holocauste, et ne tiendra tan seulement que septante trois ans, sept moys, puis apres en sortira du tige celle qui avoit demeuré tant long temps sterile, procedant du cinquantiesme degré [30], qui renouvellera toute l'Eglise Chrestienne. Et sera faicte grande paix, union et concorde entre un des enfans des fronts esgarez, et separez par divers regnes: et sera faicte telle paix que demeurera attaché au plus profond baratre [31] le suscitateur et promoteur de la martialle faction par la diversité des religieux, et sera uny le Royaume du Rabieux [32], qui contrefera le sage. Et les contrees, villes, citez, regnes, et provinces qui auront laissé, les premieres voyes pour se delivrer, se captivant plus profondement, seront secrettement saschez de leur liberté, et parfaicte religion perduë, commenceront de frapper dans la partie gauche, pour tourner à la dextre, et remettant la saincteté profligee [33] de long temps, avec leur prestin escrit, qu'apres le gran chien sortira le plus gros mastin, qui fera destruction de tout, mesmes de ce qu'auparavant sera esté perpetré, seront redressez les temples comme au premier temps, et sera restitué le clerc à son pristin estat, et commencera à meritriquer [34] et luxurier, faire et commettre mille forfaits. Et estan proche d'une autre desolation, par lors qu'elle sera à sa plus haute et sublime dignité, se dresseront de potentats et mains militaires, et luy seront ostez les deux glaives, et ne luy demeurera que les enseignes, desquelles par moyen de la curvature qui les attire, le peuple le faisant aller droit, et ne voulant se condescendre à eux par le bout opposite de la main arguë, touchant terre, voudront stimuler jusques à ce que naistra d'un rameau de la sterile, de long temps, qui delivrera le peuple univers de celle servitude benigne et volontaire, soy remettant à la protection de Mars, spoliant Jupiter de tous ses honneurs et dignitez, pour la cité libre, constitue et assise dans une autre exigue Mezopotamie. Et sera le chef et gouverneur jecté du milieu, et mis au haut lieu de l'air, ignorant la conspiration des conjurateurs, avec le second Trasibulus, qui de long temps aura manié tout cecy: alors les immundicitez, les abominations seront par grande honte objectees et manifestees aux tenebres de la lumiere obtenebree, cessera [35] devers la fin du changement de son regne: et les chefs de l'Eglise seront en arriere de l'amour de Dieu, et plusieurs d'entre eux apostarizeron la vraye foy, et des trois sectes, celle du milieu, par les culteurs d'icelle, sera un peu mis en decadence. La prime totallement par l'Europe, la plus part de l'Affrique exterminee de la tierce, moyennant les pauvres d'esprit, que par insensez eslevez par la luxure libidineuse adultereront. La plebe se levera soustenant, [36] dechassera les adherans des legislateurs, et semblera que les regnes affoiblis par les Orientaux que Dieu le Createur aye deslié Satan des prisons infernalles, pour faire naistre le grand Dog et Doham [37], lesquels feront si grande fraction abominable aux Eglises, que les rouges ne les blancs sans yeux ne sans mains plus n'en jugeront, et leur sera ostee leur puissance. Alors sera faicte plus de persecution aux Eglises, que ne fut jamais. Et sur ces entrefaictes naistra la pestilence si grande, que des trois parts du monde plus que les deux defaudront. Tellement qu'on ne se scaura ne cognoistre les appartenans des champs et maisons, et naistra l'herbe par les rues des citez plus haute que les genoulx. Et au clergé sera faicte toute desolation, et usurperont les martiaulx ce que sera retourné de la cité du Soleil [38] de Melite [39], et des isles Stechades [40], et sera ouverte la grand chaisne du port qui prend sa denomination au boeuf marin [41]. Et sera faicte nouvelle incursion par les maritimes plages, volant le sault Castulum [42] delivrer de la premiere reprinse Mahometane. Et ne seront du tout faillement vains, et au lieu que jadis fut l'habitation d'Abraham [43], sera assaillie par personnes qui auront en veneration les Jovialistes [44]. Et icelle cité de Achem [45] sera environnee et assaillie de toutes parts en tres grande puissance de gens d'armes. Seront affoiblies leurs forces maritimes par les Occidentaux. Et à ce regne sera faicte grande desolation, et les plus grandes citez seront depeuplees, et ceux qui entreront dedans, seront comprins à la vengeance de l'ire de Dieu. Et demeurera le sepulchre de tant grande veneration par l'espace de long temps soubs le serain [46] à l'universelle vision des yeux du Ciel, du Soleil, et de la Lune. Et sera converty le lieu sacré en hebergement de troupeau menu et grand, et adapté en substances prophanes. O quelle calamiteuse affliction sera par lors aux femmes enceintes! et sera par lors du principal chef Oriental, la plus part esmeu par les Septentrionaux et Occidentaux vaincu, et mis à mort, profligez, et le reste en fuite, et ses enfans de plusieurs femmes emprisonnez, et par lors sera accomplie la prophetie du Royal Prophete[47]: Ut audiret gemitus compeditorum, ut solveret filios interremptorum[48]. Quelle grande oppression que par lors sera faicte sur les Princes et gouverneurs des Royaumes, mesmes de ceux qui seront maritimes et Orientaux, et leurs langues entremeslees à grande societé: la langue des Latins et des Arabes, par la communication Punique, et seront tous ces Roys Orientaux chassez, profligez, exterminez, non du tout par le moyen des forces des Roys d'Aquilon, et par la proximité de nostre siecle par moyen des trois unis secrettement cherchant la mort, et insidies[49] par embusches l'un de l'autre, et durera le renouvellement de Triumvirat[50] sept ans, que la renommee de telle secte fera son estendue par l'univers, et sera soustenu le sacrifice de la saincte et immaculee hostie: et seront lors les Seigneurs deux en nombre d'Aquilon, victorieux sur les Orientaux, et sera en iceux faict si grand bruit et tumulte bellique, que tout iceluy Orient tremblera de la frayeur d'iceux freres, non freres Aquilonaires. Et pource, Sire, que par ce discours je mets presque confusement ces predictions, et quand ce pourra estre et l'advenement d'iceux, pour le denombrement du temps que s'ensuit, qu'il n'est nullement, ou bien peu conforme au superieur: lequel, tant par voye Astronomique, que par autre, mesmes des sacrees Escriptures, qui ne peuvent faillir nullement, que si je voulois à un chacun quatrain mettre le denombrement du temps, se pourroit faire: mais à tous ne seroit aggreable, ne moins les interpreter, jusques à ce, Sire, que vostre Majesté m'aye octroyé ample puissance pour ce faire, pour ne donner cause aux calomniateurs de me mordre. Toutesfois, contans les ans depuis la creation du monde, jusques à la naissance de Noé, sont passez mil cinq cens et six ans, et depuis la naissance de Noé jusques à la parfaicte fabrication de l'Arche, approchant de l'universelle inondation, passerent six cens ans (si les dons estoyen Solaires ou Lunaires, ou de dix mixtion) je tiens ce que les sacrees Escriptures tiennent qu'estoyent Solaires. Et à la fin d'iceux six ans, Noé entra dans l'Arche, pour estre sauvé du deluge: et fut iceluy deluge universel sur la terre, et dura un an et deux mois. Et depuis la fin du deluge jusques à la nativité d'Abraham, passa le nombre des ans de deux cens nonante cinq. Et depuis la nativité d'Abraham jusques à la nativité d'Isaac, passerent cent ans. Et depuis Isaac jusques à Jacob, soixante ans, dès l'heure qu'il entra en Egypte jusques à l'yssue d'iceluy passerent cent trente ans. Et depuis l'entree de Jacob en Egypte jusques à l'yssue d'iceluy passerent quatre cens trente ans. Et depuis l'yssue d'Egypte jusques à l'edification du Temple faicte par Solomon au quatriesme an de son regne, passerent quatre cens octante, ou quatre vingt ans. Et depuis l'edification du Temple jusques à Jesus-Christ, selon la supputation des hierographes, passerent quatre cens nonante ans. Et ainsi par ceste supputation que j'ay faicte colligee par les sacrees lettres, sont environ quatre mille cent septante trois ans et huict mois, peu ou moins. Or de Jesus Christ en ça, par la diversité des sectes, je le laisse, et ayant supputé et calculé les presentes Propheties, le tout selon l'ordre de la chaisne qui contient sa revolution, le tout par doctrine Astronomique, et selon mon naturel instinct, et apres quelque temps et dans iceluy comprenant depuis le temps que Saturne qui tournera entrer à sept du mois d'Avril, jusques au 25 d'Aoust, Jupiter à 14 de Juin jusques au 7 Octobre, Mars depuis le 17 d'Avril jusques au 22 de Juin. Venus depuis le 9 d'Avril, jusques au 22 de May, Mercure depuis le 3 de Fevrier, jusques au 24 dudit. En apres du premier de Juin, jusques au 24 dudit, et du 25 de Septembre, jusques au 16 de d'Octobre. Saturne en Capricorne, Jupiter en Aquarius, Marte en Scorpio, Venus en Piscis, Mercure dans un mois en Capricorne, Aquarius et Pisces, la Lune en Aquarius, la teste du Dragon en Libra: la queue à son signe opposite suyvant une conjonction de Jupiter à Mercure, avec un quadrin aspect de Mars à Mercure, et la teste du Dragon sera avec une conjonction du Soleil à Jupiter, l'annee sera pacifique sans eclipse, et non du tout, et sera le commencement comprenant se de ce que durera et commençant icelle annee sera faicte plus grande persecution à l'Eglise Chrestienne, que n'a esté faicte en Affrique, et durera ceste ici jusques à l'an mil sept cens nonante deux que l'on cuidera estre une renovation de siecle: apres commencera le peuple Romain de se redresser, et dechasser quelques obscures tenebres recevant quelque peu de leur pristine clarté, non sans grande division et continuels changemens. Venise en apres en grande force et puis sance levera ses aisles si treshaut, ne distant gueres aux forces de l'antique Rome. Et en iceluy temps grandes voilles Bisantines associees aux Ligustiques [51] par l'appuy et puissance Aquilonaire, donnera quelque empeschement que des deux Cretenses [52] ne leur sera la Foy tenue. Les arcs edifiez par les antiques Martiaux [53], s'accompagneront aux ondes de Neptune. En l'Adriatique sera faicte discorde grande, ce que sera uny sera separé, approchera de maison ce que paravant estoit et est grande cité, comprenant le Pempotam [54] la Mesopotamie de l'Europe à quarante cinq, et autres de quarante un, quarante deux et trente sept. Et dans iceluy temps, et en icelles contrees la puissance infernalle mettra à l'encontre de l'Eglise de Jesus Christ la puissance des adversaires de sa loy, qui sera le second Antechrist, lequel persecutera icelle Eglise et son vray Vicaire, par moyen de la puissance des Roys temporels, qui seront par leur ignorance seduicts par langues, qui trencheront plus que nul glaive entre les mains de l'insensé. Le susdict regne de l'Antechrist ne durera que jusques au definement de ce nay pres de l'aage et de l'autre à la cité de Plancus [55], accompagnez de l'esleu de Modone Fulcy [56], par Ferrare, maintenu par Liguriens Adriaticques, et de la proximité de la grande Trinacrie [57]. Puis passera le mont Jouis [58]. Le Galique ogmium [59], accompagné de si grand nombre que de bien loing l'Empire de la grande loy será presenté, et par lors et quelque temps apres sera espanché profuseement le sang des Innocens par les nocens [60] un peu eslevez: alors par grands deluges la memoire des choses contenues de tels instrumens recevra innumerable perte, mesmes les lettres: qui sera devers les Aquilonaires par la volonté divine, et entre une fois lie Satan. Et sera faicte paix universelle entre les humains, et sera delivree l'Eglise de Jesus Christ de toute tribulation, combien que par les Azos rains [61] voudroit mesler dedans le miel du fiel, et leur pestifere seduction: et cela sera proche du septiesme millenaire, que plus le sanctuaire de Jesus Christ ne sera conculqué [62] par les infideles qui viendront de l'Aquilon, le monde approchant de quelque grande conflagration, combien que par mes supputations en mes propheties, le cours du temps aille beaucoup loing. Dedans l'Epistre que ses ans passez ay dediee à mon fils Cesar Nostradamus j'ay assez apertement declaré aucuns poincts sans presage. Mais icy, ô Sire, sont comprins plusieurs grands et merveilleux advenemens, que ceux qui viendront apres le verront. Et durant icelle supputation Astrologique, conferee aux sacrees lettres, la persecution des gens Ecclesiastiques prendra son origine par la puissance des

Roys Aquilonaires, unis avec los Orientaux. Et celle persecution durera onze ans, quelque peu moins, que par lors defaillira le principal Roy Aquilonaire, lesquels ans accomplis surviendra son uny Meridional, qui persecutera encore plus fort par l'espace de trois ans les gens d'Eglise, par la seduction apostastique, d'un qui tiendra toute puissance absolue a l'Eglise militante, et le sainct peuple de Dieu observateur de sa loy, et tout ordre de religion sera grandement persecuté et affligé, tellement que le sang des vrays Ecclesiastiques nagera partout, et un des horribles Roys temporels, par ses adherans luy seront donnees telles loüanges, qu'il aura plus respandu de sang humain des innocens Ecclesiatiques, que nul ne sçauroit avoir du vin: et iceluy Roy commettra des forfaicts envers l'Eglise incroyables, coulera le sang humain par les rues publiques et temples, comme l'eau par pluye impetueuse et rougiront de sang les plus prochains fleuves, et par autre guerre navale rougira la mer, que le rapport d'un Roy à l'autre luy sera dit: <u>Bellis rubuit navalibus aequor</u>[63]. Puis dans la mesme annee et les suyvantes s'en ensuyvra la plus horrible pestilence, et la plus merveilleuse par la famine precedente, et si grandes tribulations que jamais soit advenue telle depuis la premiere fondation de l'Eglise Chrestienne, et par toutes les regions Latines. Demeurant par les vestiges en aucunes contrees des Espaignes. Par lors le tiers Roy Aquilonaire entendant la plaincte du peuple de son principal tiltre, dressera si grande armee, et passera par les destroits de ses derniers avites et bisayeulx, qui remettra la plus part en son estat, et le grand Vicaire de la cappe sera mis en son pristin estat: mais desolé, et puis du tout abandonné, et tournera estre <u>Sancta Sanctorum</u>[64] destruicte par Paganisme, et le vieux et nouveau Testament seront dechassez, bruslez, en apres l'Antechrist sera le prince infernal, encores par la derniere foy trembleront tous les Royaumes de la Chrestienté, et aussi des infideles, par l'espace de vingt cinq ans, et seront plus grieves guerres et batailles, et seront villes, citez, chasteaux, et tous autres edifices bruslez, desolez, destruicts, avec grande effusion de sang vestal, mariees, et vefves violees, enfans de laict contre les murs des villes <u>allidez</u>[65] et brisez, et tant de maux se commettront par le moyen de Satan, prince infernal, que presque le monde universel se trouvera defaict et desolé : et avant iceux advenemens aucuns oyseaux insolites crieront par l'air, Huy, huy, et seront apres quelque temps esvanouys. Et apres que tel temps aura duré longuement, sera presque renouvellé un autre regne de Saturne, et siecle d'or, Dieu le Createur dira entendant l'affliction de son peuple, Satan sera mis et lié dans l'abysme du <u>barathre</u>[66] dans la profonde fosse: et adonc commencera entre Dieu et les hommes une paix universelle, et demeurera lié environ l'espace de mille ans, et tournera en sa plus grande force, la puissance Ecclesiatique, et puis tourne deslié.

Que toutes ces figures sont justement adaptees par les divines lettres aux choses celestes visibles, c'est à sçavoir, par Saturne, Jupiter, et Mars, et les autres conjoinct, comme plus à plain par aucuns quadrins l'on pourra veoir. J'eusse calculé plus profondement et adapté les uns avecques les autres. Mais voyant, ô Serenissime Roy, que quelques uns de la censure trouveront difficulté, qui sera cause de retirer ma plume à mon repos nocturne: <u>Multa etiam ô Rex omnium potentissime praeclara et sane in brevi ventura. Sed omnia in hac tua epistola innectere non possumus, nec volumus: sed ad intelligenda quaedam facta horrida fata, pauca libanda sunt, quamvis tanta sit in omnes tua amplitudo et humanitas homines, daosque pietas, ut solus amplissimo et Christianissimo Regis nomine, et ad quem summa</u>

totius religionis auctoritas deferatur dignus esse videare. Mais tant seulement je vous requiers, ô Roy tres-clement, par icelle vostre singuliere et prudente humanité, d'entendre plustost le desir de mon courage, et le souverain estude que j'ay d'obeyr à vostre serenissime Majesté, depuis que mes yeux furent si proches de vostre splendeur solaire, que la grandeur de mon labeur n'attainct ne requiert. De Salon, ce 27 de Juin, Mil cinq cens cinquante huict.

Faciebat Michaël Nostradamus
Salonæ Petreæ Provinciæ.

NOTAS ACLARATORIAS

1.- _obnubilee_: Del latín "obnubo" 3 tr: cubrir con un velo, velar, cubrir.
2.- _desistant_: Del latín "desisto" 3 intr. desistir de, abstenerse de, renunciar a, cesar de, pararse.
3.- singuliere: Del latín "singularis-e", único, singular, excepcional, extraordinario.
4.- _obtenebration_: Del latín "obtenebratio-onis", tinieblas, oscuridad.
5.- Monarca del Universo: Expresión relacionada con el primer verso de la cuarteta n° 3.
6.- _Furor poético_: Es su afición a la poesía, más que por reglas métricas, lo que le impulsa a transcribir sus pronósticos en sencillas estrofas.
7.- Estos años, 1.585 y 1.606, no indican nada especial a nivel histórico. Esto es un dato para la ordenación, con el que remarca el n° 21, diferencia entre los dos, que corresponde al número de cuartetas que componen el primer término de la sucesión, el 7-3.
8.- Frase en latín que quiere decir : "con espíritu libre y no forzado." Minerva, diosa de la sabiduría y también relativa al espíritu. La palabra "invita", es del latín "invitus-a-um", de mala gana, obligado, forzado.
9.- Frase latina cuyo significado es: «La verdad en cuanto a todo lo del futuro no está determinada».
10.- _auites_: Del latín "avitus-a-um", de los abuelos, ancestral.
11.- _cure_: Del latín "cura-ae", cuidado, inquietud, preocupación.
12.- _trepode aeneo_: Expresión latina que significa "trípode de cobre". Se refiere a un astrolabio de cobre que el profeta tenía sobre un trípode y con cuya alidada enfilaba a los astros.
13.- _jouxte_: Del latín "iuxta", igualmente, tanto, juntamente con, de acuerdo con.
14.- _Joel_: Uno de los 12 profetas menores del AT. Autor del Libro de J.
15.- Frase en latín que quiere decir: "Derramaré mi espíritu sobre toda carne y profetizarán vuestros hijos y vuestras hijas". Joel, 2° Parte, 28 .
16.- _Ia_: Término francés arcaico, con significado de cierto que, dado que, ciertamente.
17.- _provient_: Del francés "provenir", provenir, o del latín "provenio" 4 intr. aparecer, resultar, desarrollarse.
18.- Expresión latina que puede traducirse por "de lo fatal", "a partir de la fatalidad".
19.- Expresión latina que puede traducirse por "gracias a Dios y a la naturaleza".
20.- _culteurs_: Del latín "cultor-oris", cultivador, habitante.
21.- _mont Jouis_: Término de doble significado. Se refiere al Montjuich, espolón montañoso que protege la c. de Barcelona por el SE, y también al monte Palatino en Roma, con los templos de Júpiter (Jovis). Engloba, por ser en el mismo año, golpe militar en España y 3ª G.M.
22.- _pannons_: Se refiere a «panones» de Panonia, nombre antiguo de Hungría. Los húngaros.
23.- _Trinacrie_: Es Trinacria, antiguo nombre griego de Sicilia.
24.- _Mirmidons_: Son los mirmidones, antiguo pueblo de Grecia. Los griegos.
25.- _Arda_: Río del Norte de Italia. Por extensión, Italia.
26.- Anagrama del término francés "France", Francia.
27.- Expresión latina que significa: "por tiempo, y en ocasión favorable".
28.- El tiempo vernal es el que corresponde al equinoccio de primavera.

29.- *Babilonia*: Ciudad fastuosa y corrupta, a la que los judíos fueron llevados en cautiverio, bajo Nabudodonosor II. La "nueva Babilonia", para el profeta, es Roma.

30.- Con el grado 50, señala la latitud por la que se extienden los EE.UU.

31.- *baratre*: Del latín "barathrum-i", abismo, infierno.

32.- *Rabieux*: Del latín "rabiosus-a-um", rabioso, furioso, arrebatado. Alude al Diablo.

33.- *profligee*: Del latín "profligo", abatir, destruir, arruinar.

34.- *meritriquer*. Del latín "meretrix-icis", meretriz, ramera. Viene en el Apocalipsis de S. Juan lo relativo a "la gran ramera".

35.- *cessera*: Del latín "cedo, cessi, cessum", irse, retirarse, ceder, cesar.

36.- *soustenant*: Del latín "sustineo-tinui-tentum", sostener, contener, mantener, soportar, resistir.

37.- *Dog y Doham*: También editado "Gog y Magog", aunque los primeros pueden ser también anagramas invertidos de los segundos. Gigantes legendarios de la Biblia, enemigos de Israel. Puede tomarse como símbolo de dos pueblos-tipo enfrentados. En este caso, Occidente y China.

38.- Con *"la ciudad del Sol"*, se refiere a la nueva ciudad de Roma que aparecerá al salir el Sol de la nueva paz que pondrá fin a la 3ª G.M., construida al norte de la actual que será destruida.

39.- Con *"de Melite"*, término que procede del latín "mellitus-a-um", de miel, dulce como la miel, se refiere a la dulzura de la paz, que pondrá término a la amarga 3ª carnicería planetaria.

40.- Las islas Staechades son cuatro islas situadas frente a la costa francesa del Var.

41.- El Bósforo, es un estrecho entre Europa y Asia que une el Mar Negro con el de Mármara. Su nombre procede de un término griego que significa "paso marino del Buey".

42.- *Castulum*: Del latín "Castulo-onis", Cazlona (ciudad de la Tarraconense). Por extensión, España.

43.- *"El lugar que antiguamente fue el albergue de Abraham"*, fue Ur de Caldea (Mesopotamia)

44.- *Jovialistes*: Derivado del término latino "Jovis", de Júpiter. Este planeta era considerado, antiguamente, como fuente de la felicidad. El profeta designa, pues, a los "joviales", a los felices, a los que viven bien.

45.- *Achem*: Es Aquem, dios supremo de los pobladores del monte Líbano, los drusos. El profeta alude a Beirut.

46.- *serain*: Es el término francés "serein", sereno, a la caída de la noche.

47.- El rey que fue también profeta, es David.

48.- Frase latina que quiere decir. *"Cómo escucharán los gemidos de los encadenados, cómo librará sus hijos de las matanzas"*. Es una expresión profética transcrita por el rey David, como una promesa de protección para los hijos de Israel.

49.- *insidies*: Del latín "insidiae-iarum", asechanza, emboscada, insidia, traición.

50.- *Triumvirat*: Del latín "triumviratus-us", triumvirato, magistratura ejercida por tres personas.

51.- *Ligustiques*: Derivado del latín "Ligures-um", los ligures (habitantes de Liguria). Por extensión, los italianos.

52.- *Cretenses*: Son los habitantes de Creta o Candía, isla griega del Mediterráneo Oriental.

53.- *Martiaux*: Del latín "Mars Martis", Marte, dios de la guerra. En sentido fig. los combatientes, los guerreros.

54.- *Pempotam*: Palabra compuesta con la prep. latina "per" con sentido temporal, «todo», y "potens-ntis", potente, poderoso. Puede traducirse por omnipotente, todopoderoso.

55.- *Plancus*: General romano, fundador de la antigua ciudad celta Lugdunum, la actual Lyón, ciudad francesa en la confluencia del Ródano y el Saona.

56.- *Modone Fulcy*: Expresión singular construida por el profeta, con el anagrama del término francés "monde", mundo, seguido del adv. "ne'", no (no mundo), y del latín "fulcio", apoyar, sostener. Puede traducirse por «apoyado por el que no es de este mundo».

57.- *Trinacria*: Sicilia.

58.- *Mont Jouis*: Montjuich y Monte Jovis. Aclarado anteriormente, véase nota 21.

59.- *Le Galique ogmium*: Expresión latina formada de "Gallicus-a-um", gálico, de los galos, y "omnis-e", todo. Puede traducirse por "todo el pueblo galo'".

60.- *nocens*: Del latín "nocens-ntis", nocivo, funesto, criminal.

61.- *Azos tain*: Expresión con raíz griega para designar territorios filisteos y por consiguiente, palestinos.

62.- *conculqué*. Del latín "conculco", pisotear, hollar, maltratar.

63.- Frase latina que significa «Las guerras navales han enrojecido la superficie del mar».

64.- Expresión latina que quiere decir «El santo de los santos».

65.- *allidez*: Del latín "allido" 3 tr., chocar, arrojar contra, estrellarse, quebrar.

66.- *barathre*: En latín, el abismo, el infierno.

JOSÉ GARCÍA ÁLVAREZ

TRADUCCION E INTERPRETACION LIBRES [*]

AL INVICTISIMO, MUY PODEROSO
y Muy Cristiano Enrique II de Francia,
Miguel Nostradamus, su muy humilde, y muy obediente
servidor y súbdito, desea victoria y felicidad.

Por esta soberana atención que yo he tenido por parte de vos, ¡oh, muy cristiano y victorioso Rey!, después de que mi faz, estando largo tiempo ensombrecida, se presenta delante de la deidad de vuestra majestad inconmensurable, desde este momento yo estaré perpetuamente deslumbrado, no desistiendo de honrar y venerar dignamente este día en que, por vez primera, delante de ella yo me presenté, como ante una tan humana como extraordinaria Majestad.

Ahora bien, buscando alguna ocasión por la cual yo pudiese manifestar el buen corazón y franco coraje; que, mediante esto, mi poder hubiese hecho posible una amplia extensión de conocimiento hacia vuestra serenísima Majestad. Mas, viendo que, a tal efecto, no me era posible declararlo, chocaba con mi singular deseo de que, saliendo de mi largo tiempo de reserva y ocultamiento, fuera súbitamente esclarecido y transportado delante de la faz, de soberana mirada, del Primer Monarca del Universo. De tal manera, que yo, que he estado dudando largamente a quién vendría a consagrar estas tres Centurias del resto de mis Profecías, que concluyen el millar, y después de haber estado considerando durante largo tiempo mi temeraria audacia, he tomado mi dirección hacia vuestra Majestad, no estando por ello asombrado, como cuenta el muy serio autor Plutarco en la vida de Licurgo, que, viendo las ofrendas y presentes que se hacían para los sacrificios en los templos de los Dioses inmortales de aquellos tiempos, para no asombrarse con demasiada frecuencia de dichos gastos y desembolsos, no osaban presentarse en los templos. Esto, no obstante, viendo vuestro esplendor Real acompañado de una incomparable humanidad, he tomado la decisión de dirigirme a vos, no como se hacía con los Reyes de Persia, a los que no estaba permitido dirigirse de ningún modo, ni menos aproximárseles, sino como a un muy sabio y prudente Príncipe.

A vos, yo he consagrado mis nocturnas y proféticas computaciones, compuestas, más bien, con instinto natural, acompañado de una afición poética, más que por reglas de poesía. Y la mayor parte de mi trabajo ha sido compuesto y acorde con el cálculo Astronómico, correspondiente a los años, meses y semanas de las regiones, comarcas y la mayor parte de las Villas y Ciudades de toda Europa, comprendiendo también de Africa, y una parte de Asia, por el cambio de las regiones, que se aproximará a la mayor parte de todos estos diversos climas, y hecho todo de una manera natural: responderá alguno, que tendría mejor la necesidad de despabilarse, que el ritmo poético es tan fácil, como la inteligencia del sentido

---

[*] Aclarado anteriormente.

es difícil: Y que por eso, ¡oh, muy humanísimo Rey!, la mayor parte de las cuartetas proféticas son de tal manera escabrosas, que no se les sabría dar sentido ni, menos aún, interpretarlas.

Sin embargo, todo ha sido calculado, esperando dejar por escrito los años, villas, ciudades y regiones donde la mayor parte de lo que ha de suceder, sucederá. Lo mismo del año 1.585 y del año 1.606 *(Dato para la ordenación)*. Empezando desde el tiempo presente, que es el 14 de Marzo de 1557, y pasando en el tiempo más allá, muy lejos, hasta el advenimiento que tendrá lugar después del comienzo del séptimo milenio. Todo profundamente computado, tanto por mi cálculo astronómico como por otro saber, han permitido a mi conocimiento poderse extender al tiempo en el que, los adversarios de Jesús-Cristo y su Iglesia, comenzarán con más fuerza a pulular.

Todo ha sido compuesto y calculado en días y horas elegidos y bien dispuestos, y lo más justamente que me ha sido posible. Y todo «con espíritu libre y no de mala gana», calculando casi tanto de los acontecimientos del tiempo por venir, como de los años pasados, incluyendo también el presente, y de lo que, por el transcurso del tiempo, por todas las regiones se verá llegar; todo, así nominalmente como está escrito, no mezclando en ello nada superfluo, en cuanto a lo dicho de: «La verdad en cuanto a todo lo del futuro no está determinada».

Bien es verdad, Señor, que ha sido posible presagiar, por mi instinto natural transmitido por mis antepasados y autores de mis días, y ajustando y acordando dicho nativo instinto, unido con mi larga computación. Y vaciando el alma, el espíritu y el ánimo de toda inquietud, solicitud y enojo, para reposo y tranquilidad del espíritu. Todo acordado y presagiado en parte por el «trípode de cobre» *(Un astrolabio)*.

Por cuanto que son muchos los que me atribuyen tanto lo que está en mí, como lo que no lo está, sólo Dios eterno, que es escrutador de los humanos corazones, piadoso, justo y misericordioso, de ello es el verdadero juez, al que yo ruego que me quiera defender de la calumnia de los perversos, que quisieron saber, también calumniosamente, por qué causa todos vuestros antiquísimos antepasados, Reyes de Francia, han curado de las paperas, y los de las otras naciones han curado de las mordeduras de las serpientes, u otros que han tenido cierta facultad para el arte adivinatorio, y de otros casos que serían aquí largo de contar.

Eso, a pesar de aquellos a los que la malignidad del espíritu maligno anima, no será comprendido, en el transcurso del tiempo, hasta después de mi terrena extinción, en que más será conocido mi escrito que durante mi vida, aunque yo fallara en mi computación de los años, o no pudiera ser según la voluntad de algunos.

Plazca a vuestra más que imperial Majestad perdonarme, protestando delante de Dios y sus Santos, que yo no pretendo poner por escrito, en la presente epístola, ninguna cosa, cualquiera que sea, que vaya contra la verdadera fe Católica, comunicando sólo los cálculos astronómicos, de acuerdo a mi saber: pues, el espacio de tiempo de nuestros antecesores, que nos han precedido, son tales, y me remito a la corrección del más sano juicio, que el primer hombre, Adán existió antes de Noé alrededor de mil doscientos cuarenta y dos años, no computando los tiempos por el cálculo de los Gentiles, como ha puesto por escrito Varrón, sino tan solamente según las Sagradas Escrituras; y, según la debilidad de mi espíritu, con ayuda de mis cálculos Astronómicos.

Después de Noé, de él y del universal diluvio, vino Abraham, alrededor de mil ochenta años más tarde, el cual ha sido soberano Astrólogo, según algunos, y el que inventó primero las letras Caldeas. Luego vino Moisés, alrededor de quinientos quince o dieciséis años después, y entre el tiempo de David y Moisés, han transcurrido alrededor de quinientos setenta años. Tras ello, entre el tiempo de David y la época de nuestro Salvador y Redentor Jesús-Cristo, nacido de la única Virgen, han transcurrido (según algunos cronógrafos) mil trescientos cincuenta años: podrá alguno objetar que esta computación no es verdadera, porque ella difiere de la de Eusebio.

Y desde el tiempo de la humana redención hasta la detestable seducción de los Sarracenos, han sido seiscientos veintiún años aproximadamente; de donde se puede fácilmente colegir cuáles tiempos han pasado, si mi cómputo no se acepta como bueno y válido para todas las naciones.

Por eso es que todo ha sido calculado por el curso celeste y por asociación de la emoción infusa en ciertas horas relajadas, con la inspiración de mis antiguos progenitores: pero, la injuria del tiempo, ¡oh, serenísimo Rey!, requiere que tales secretos acontecimientos no sean manifestados más que por enigmática sentencia, no teniendo más que un sólo sentido, y una única comprensión, sin haber puesto en ello nada de ambiguo, ni de anfibológico cálculo; sino, más bien, bajo onnubilada oscuridad, por una natural inspiración, aproximada a la sentencia de uno de los «mil y dos» Profetas *(este «mil y dos» indica que las mil cuartetas están colocadas en dos partes y dos son los cambios que hay que realizar para que queden en un desorden ordenado),* que han existido desde la creación del mundo, ajustado a la computación y Crónica púnica de Joel: «Derramaré mi espíritu sobre toda carne y profetizarán vuestros hijos y vuestras hijas.»

Pero, tal profecía procedía de la boca del Espíritu Santo, que era la soberana potencia eterna adjunta con la celeste a la de algunos de este nombre de profeta, que han predicho grandes y maravillosos sucesos: yo, en este punto, no me atribuyo de ningún modo tal título, y ciertamente, a Dios no complacería. Yo confieso, pues, que todo viene de Dios, y de ello le doy gracias, honor y alabanza inmortal. En mi obra no he mezclado la adivinación que procede de «lo fatal», sino «gracias a Dios y a la naturaleza», y la mayor parte de ella complementada por el movimiento del curso celeste. De tal manera, que he podido ver como en un espejo ardiente, como por visión onnubilada, los grandes acontecimientos, tristes, prodigiosos, y los calamitosos sucesos que se aproximan para la mayoría de los habitantes: En primer lugar, de los templos de Dios, y en segundo, para aquellos que están aferrados a las cosas materiales, se aproxima tal decadencia que, junto con otros mil calamitosos adventos, por el transcurso del tiempo se verá llegar.

Pues Dios contemplará la larga esterilidad de la Iglesia Católica *(la poca o nula efectividad de la Iglesia oficial durante el tiempo de dominio del Anticristo en la época apocalíptica final de la Humanidad)*, que poco después concebirá dos hijos principales *(el Papa "De Gloria Olivae" y Pedro el Romano)*. Pero, al decaer ella, la *(esterilidad)* que le será adjuntada por la temeridad de la edad de muerte que la puso en peligro dentro del reinado del décimo octavo Papa *(en su flaqueza estéril de los eventos finales, la Iglesia Católica vivirá una época mortal para ella igual a la que le tocó vivir en tiempos del Emperador Federico II, cuya coacción despótica contra la Iglesia culminará en sus enfrentamientos con el intrépido Gregorio IX y llegará dentro del breve reinado de Celestino IV, Papa con el lema 18 en la profecía de San Malaquías, que Nostradamus conocía, aunque, "oficialmente", se cita el año 1595 como fecha de su primera versión escrita)*, no pudiendo pasar como en el tiempo del trigésimo sexto Papa *(el de Juan XXII y el antipapa Nicolás V, ya que, en el futuro cercano, con Juan Pablo II y "De Gloria Olivae" ocurrirá al revés)*; que de él *(el tiempo del siglo XX)* dejará tres varones y una hembra *(el protagonismo nefasto de los tres estamentos religioso-político-militar, y luego una nueva Humanidad)*. Y de ahí *(ese tiempo caótico)* tendrá dos *(dos bandos, los justos y los impíos)* siendo el más numeroso el que no tuvo jamás de él un mismo padre *(el pueblo que no ha tenido jamás a Dios por padre, el formado por los entes diabólicos del mundo)*. Este tendrá su predominio tras el tiempo en que los tres pueblos hermanos *(Cristianos, musulmanes e israelitas)*, tendrán grandes diferencias, después de estar unidos y acordes, en una época en la que las tres cuartas partes de Europa temblarán *(por la nueva guerra planetaria y por el ofensivo auge musulmán)*.

Por el tiempo próximo al nuevo siglo, *(el XXI)* la Iglesia soberana de Cristo será reafirmada, mientras que los partidos políticos serán elevados y súbitamente derribados *(euforias políticas serán seguidas de estrepitosas caídas tras fulminantes golpes de Estado)*. Los Arabes retrocederán *(tras la nueva embestida de Occidente)*, las naciones se unirán y nuevas Leyes serán promulgadas: de los otros pueblos *(que no intervendrán con sus hermanos de Europa en la 3ª G. M.)* el primero de ellos será España, en la que ocupará el poder un nuevo dictador, que impondrá la hegemonía militar sobre todo el país cuyo escudo de armas tiene un león rampante con sus patas en los símbolos de los cuarteles inferiores representativos de gestas intrépidas.

Es el tiempo en el que, el segundo *(testigo del Señor)*, marchará hacia delante sin descanso por los países Latinos del mundo, *(en la vía testimonial para alertar a la Humanidad y que despertará el terror, la zozobra y el furor de los impíos)*, mientras que será hecha la segunda senda temblorosa y furibunda *(a los españoles, por el golpe de Estado del Jefe militar)*, descendiendo primero y subiendo después por territorio catalán hasta los Pirineos *(donde habrá escaramuzas sangrientas con los franceses durante la 3ª G.M.)*, y ya no tendrá la antigua Monarquía de los Borbones la soberanía sobre el pueblo español. Será hecha la tercera inundación de sangre humana *(la 3ª G.M.)* y las sangrientas contiendas no tendrán descanso durante largo tiempo. Y será dada la sabiduría cósmica, hija del Cielo, *(a los Justos)*, para fortalecer, conservar y reafirmar la esperanza y la fe de los verdaderos componentes de la Iglesia de Cristo, cayendo el dominador del colectivo bestial, Satanás, entre los dirigentes de la que ya no será nada más que una secta de nuevos infieles. Ella tendrá dos Papas, uno fiel a Cristo y otro infiel, pero confirmado por la Iglesia Católica. Y ese otro, será el que, en su gran confusión y tardío arrepentimiento la vendrá a arruinar.

Serán tres regiones, Italia, Alemania y España, que, por la gran diferencia entre los partidos políticos integrantes de estas naciones, se resquebrajarán sus alianzas y se crearán diversos partidos políticos, como consecuencia de golpes de mano militares, mientras las naciones soviéticas estarán dejando el comunismo, y volverán de nuevo los ritos paganos de religiones antiguas en Alemania y sus satélites, sin que la Iglesia Católica haga nada por contrarrestarlo, sino que, por su vana timidez, temblará. Después, el terror se extenderá por la mayor parte del globo terráqueo. Tal será su poder, que lo que podría hacerse por medio de la concordia y la unión insuperables, se hará a través de las conquistas bélicas. Esos tres regímenes serán iguales en su naturaleza conservadora y despótica, pero muy diferentes en la fe *(una vez más, mientras el líder español apoyará a la Iglesia Católica, los otros dos la perseguirán)*.

Después de esto, la Iglesia Católica estéril, de mayor poder terreno que la verdadera Iglesia de Cristo, tendrá embajada desde Occidente hasta China, merced al que estará totalmente condicionado por el que ha obtenido poder en la tierra sobre todos, y por la invasión devastadora extendida por el nuevo Führer alemán hacia el Este de Europa, que motivará el que la flota norteamericana avance por las aguas de Sicilia y el Adriático, camino del lugar donde todo habrá sucumbido por los griegos y los alemanes en conflicto; y serán los musulmanes seriamente derrotados por la flota de Occidente *(que acabará con la hegemonía árabe a finales de este siglo)*.

Luego, el gran Imperio del Anticristo *(Inglaterra, E.E.U.U. y la U.R.S.S.)* comenzará su contraofensiva por el Este y el Oeste, y en grandes oleadas invadirán Francia e Italia de la misma manera que la venida gloriosa de Jesús, con un ejército celestial innumerable, igual al que viene procedente del grado 48 contra los germanos, expulsará a la abominación del Anticristo y acabará con la autonomía del Mal, que ha estado haciendo la guerra contra el Vicario de Jesús-Cristo y contra su Iglesia *(los Justos)*, en el tiempo y ocasión en que *(por el predominio de la Bestia)* le será favorable para ello. Y esto precederá, será delante de un eclipse solar, el más oscuro, y el más tenebroso que haya habido desde la creación del mundo hasta la muerte y pasión de Jesucristo, y de allá hasta aquí *(el futuro oscurecimiento del Sol y la Luna culminando en los tres tenebrosos días de oscuridad total)*; y será en el mes de Octubre cuando habrá una gran conjunción de planetas, y los efectos serán tales, que se creerá que la gravedad de la Tierra ha perdido su movimiento natural, y estará abismada en perpetuas tinieblas; serán precedentes al tiempo vernal *(la primavera de la nueva Humanidad)*, que florecerá seguidamente de ello, después de cambios extremos, permutaciones de reinos por grandes temblores de tierra, con agitaciones y abundancia de males para la nueva Babilonia *(Roma)*, la hija miserable, cuya destrucción será aumentada por manos de los rusos, luego que el comunismo, abominación nacida del primer holocausto *(la 1ª G..M.)*, habrá perdido su predominio mantenido a lo largo de, tan solamente, setenta y tres años y siete meses.

Después, de la vieja Humanidad, que habrá permanecido tanto tiempo estéril bajo la influencia procedente de EE.UU., brotará una Humanidad nueva, que renovará toda la Iglesia de Cristo. Y será hecha una gran paz, unión y concordia, que pondrá fin a la tragedia suscitada por los hombres de mente extraviada repartidos por las diversas naciones: y la paz será de tal naturaleza, que el mismo Satanás, inductor de todos los males y promotor de la guerra entre los religiosos, será atado en lo más profundo del abismo infernal, y a él será unido el Reino del Diablo con sus integrantes demoníacos, que han simulado ser sabios, sin serlo. Y serán liberadas las comarcas, villas, ciudades, provincias y naciones que habían dejado las dictaduras que las esclavizaban profundamente, para implantar las democracias, por las que, de una forma sibilina, habían sido también prácticamente privados de su libertad; pues, perdida la religión cristiana primitiva, comenzarán por derribar a los gobiernos de izquierda, para tornar a la derecha, luego de haber puesto en menoscabo la santidad de la Iglesia y haber perseguido a los Justos, mofándose de las enseñanzas de la Sagrada Biblia.

Que todo esto será después que, de un gran dirigente alemán, saldrá un nuevo y potente Führer, que hará destrucción de todo, incluso de lo que antes había sido destruido y reedificado. Lo cual ocurrirá luego que serán restaurados los templos para dejarlos como los construyeron en principio, y el clero habrá recobrado su primitiva preponderancia e influencia, en un tiempo en que habrá una degradación moral generalizada en el seno de la Iglesia Católica, y fuera de ella.

Y estando cerca de esta otra gran desolación *(la tercera guerra planetaria)*, y con la Iglesia Católica en su grado de dignidad más culminante, cuando habrá levantamientos de potentes jerarquías fácticas y golpes de mano militares, y le serán quitadas al mundo las cargas onerosas derivadas del poder económico y religioso de la Iglesia Católica, que sólo conservará los símbolos, quitándole al pueblo el peso que les hace ir encorvados. Y parte de la humanidad no querrá condescender a seguir los presupuestos de la Iglesia dictatorial, apegada a las cosas materiales, y estimularán el nacimiento de la nueva generación hasta que la Tierra, estéril desde largo tiempo, dé su fruto, que liberará a los pueblos del mundo de esta servidumbre, de una forma benigna y voluntaria, protegiéndose de la guerra, quitando al paganismo todos sus oropeles, para formar la población humana libre, constituida y asentada en otro pequeño paraíso. Y el Jefe del Gobierno de ese lugar, hará que esa humanidad elegida sea apartada de ese medio hostil y llevada por el aire al espacio exterior, haciendo caso omiso ya de las conspiraciones de los conjurados del Mal, y marchando con Jesús, de nuevo enviado a la Tierra como líder de la libertad, quien desde largo tiempo atrás habrá hecho los preparativos para el momento de la Parusía: habrá entonces un gran desenfreno en la sociedad corrompida, carente del menor vestigio de luz espiritual; esta degradación humana cesará sólo hacia el final del reino de Satanás. Los jefes de la verdadera Iglesia estarán protegidos por el amor de Dios, y varios de ellos aportarán al mundo la verdadera fe y de las tres ramas del cristianismo *(protestante, católica y ortodoxa)*, será la católica, la puesta en decadencia por sus prosélitos. La primera de las doctrinas, la cristiana verdadera, se extenderá totalmente por Europa, mientras que en la mayor parte de Africa será erradicada por la tercera de las plagas, el hambre, por medio de los pobres en bienes y espíritu que, estimulados por insensatos llenos de lujuria, adulterarán.

El pueblo se resistirá, habrá levantamientos populares, expulsará a los partidarios de los legisladores y parecerá, por los países debilitados por los Orientales *(los chinos)*, que Dios, el Creador, hubiera desatado a Satán de las prisiones infernales, para hacer nacer a los pueblos de Gog y Magog *(Occidente y China)*, los cuales harán una destrucción tan abominable a las Iglesias, que sin los Cardenales, ni los Papas, sin visión clara de los hechos y sin fuerza, no podrán decidir sobre ello, y les será quitado su poder. Entonces serán hechas contra las Iglesias tales persecuciones, como no las hubiera jamás. Y durante ese tiempo habrá tal guerra bacteriológica y química, que más de las dos terceras partes de la Humanidad perecerán. De tal manera se extenderá la desolación por doquier, que no se podrá diferenciar lo que es campo de lo que es ciudad, debido a la altura de la hierba en las calles abandonadas, ni cuáles sus propietarios. El clero será totalmente desolado y los vencedores de la guerra usurparán los beneficios de la dulzura de la Paz, que será devuelta en la nueva Roma amanecida de la noche bélica, y que habrá puesto fin a la guerra iniciada por la invasión italiana a través de las Islas Staechades, y abierto el estrecho del Bósforo.

Y habrá sido hecha una nueva incursión por las playas, queriendo, desde España, librar el asaltado Mediterráneo de la ocupación Mahometana. Y no serán vanos y fallidos del todo esos intentos, y el lugar que antiguamente fue el albergue de Abraham *(Mesopotamia)*, será asaltado por la gente occidental, los confortables veneradores del dinero. Y la ciudad de Beirut será rodeada y asaltada por todas partes por potentes ejércitos. Y sus fuerzas marítimas serán debilitadas por los Occidentales. Este país, el Líbano, será grandemente desolado y sus mayores ciudades serán despobladas, y los que entrarán dentro, luego serán objeto de la venganza de la ira de Dios.

Y permanecerá el Santo Sepulcro, de tan gran veneración durante tanto tiempo, siendo venerado por todos. Y el lugar sagrado habrá sido convertido en el albergue de dos Papas, uno para el rebaño pequeño *(los humildes)*, y otro para el grande *(los soberbios)*, y será degenerado por sustancias profanas.

¡Oh, qué calamitosa aflicción caerá por entonces sobre las mujeres encintas *(por las agresiones que sufrirán sus fetos por todo tipo de circunstancias calamitosas y degenerativas)*! Y será también por entonces cuando el principal dirigente Oriental *(el chino)* estará sublevado, en parte por su odio contra los norteamericanos y en parte por la sangrienta represión hecha contra los musulmanes, después que el dirigente árabe será vencido por los de Occidente y llevado a la muerte, luego que la mayoría de sus hombres serán abatidos, y el resto puestos en fuga, y sus hijos de muchas mujeres encarcelados. Y entonces se cumplirá la profecía del Profeta Real *(David)*: «Cómo escuchará los gemidos de los encadenados, cómo librará sus hijos de las matanzas» *(Como una promesa de protección para los hijos de Israel)*.

Qué gran opresión será hecha entonces sobre los Jefes de Estado y Jefes de Gobierno de los países, tanto de los marítimos como los Orientales, y sus lenguas estarán entremezcladas en una gran mezcolanza social (*formada por diversos grupos étnicos, por imperativo de las movilizaciones humanas a causa de las guerras y las invasiones*): comenzará con la mezcla de la lengua de los latinos y los árabes, por la comunicación Púnica (*durante la 3ª G.M.*) y terminará cuando los dirigentes chinos serán expulsados, perseguidos y exterminados, no totalmente por medio de las fuerzas soviéticas, sino, por medio de tres que se habrán unido (*los dirigentes de Inglaterra, EE.UU. y Rusia*), en la proximidad del siglo XXI, aunque, secretamente, se odiarán y buscarán derribarse, con las insidias y emboscadas del uno al otro. Y ese triumvirato durará siete años (*más o menos, el tiempo de duración de las últimas guerras del planeta*), y en él se apoyará la Iglesia Católica cuyo renombre se extenderá universalmente, y será apoyada la celebración de la santa e inmaculada hostia (*la Eucaristía*): y será, entonces, cuando EE.UU. y Rusia, vencerán a los Orientales; y en este hecho habrá enorme fragor y tumulto bélico, después de que toda aquella geografía oriental haya temblado de espanto por causa de los hermanos, que no son los que vendrán del Norte (*sino de su misma raza, los japoneses*).

Y por eso, Señor, es por lo que, por este discurso, yo pongo estas predicciones casi confusamente, y cuando esto podrá ser y el advenimiento de estos sucesos, para la enumeración del tiempo que acontecerá, alguien dirá que no es de ninguna manera o muy poco conforme al determinado por el cielo: el cual puede pronosticarse, tanto por vía Astronómica, como por otro método, incluso por las Sagradas Escrituras, que no pueden fallar de ningún modo. Que si yo quisiera poner la enumeración del tiempo a cada una de las cuartetas, se podría hacer; pero, no a todos sería agradable, y menos aún interpretarlas, hasta tanto que vuestra Majestad, Señor, me haya otorgado amplio poder para hacer esto, para no dar motivo a los calumniadores para atacarme.

Sin embargo, contando los años desde la creación del mundo hasta el nacimiento de Noé, han pasado mil quinientos seis años; y desde el nacimiento de Noé hasta la completa fabricación del Arca, cercana a la inundación universal, pasaron seiscientos años (da igual si los citados eran Solares o Lunares o de diez mezclas); yo me atengo a lo que las Sagradas Escrituras contienen y ellas indican que eran Solares. Y al final de estos seiscientos años, Noé entró en el Arca, para ser salvado del diluvio: y tuvo lugar este diluvio universal sobre la tierra, y duró un año y dos meses. Y desde el fin del diluvio hasta el nacimiento de Abraham, transcurrieron doscientos noventa y cinco años. Y desde el nacimiento de Abraham hasta el nacimiento de Isaac, pasaron cien años. Y desde Isaac hasta Jacob, sesenta años, y desde la hora en que él entró en Egipto hasta la salida de éste, pasaron ciento treinta años. Y desde la entrada de Jacob en Egipto hasta la salida de éste pasaron cuatrocientos treinta años. Y desde la salida de Egipto hasta la edificación del Templo hecha por Salomón, al cuarto año de su reinado, pasaron cuatrocientos ochenta años. Y desde la edificación del Templo hasta Jesús-Cristo, según la computación de los hierógrafos, pasaron cuatrocientos noventa años. Y así, por este cómputo que yo he hecho, confirmado por las sagradas letras, son alrededor de cuatro mil ciento setenta y tres años y ocho meses, poco más o menos.

Ahora bien, de Jesús-Cristo para acá, debido a la diversidad de las políticas, lo dejo sin reseñar, habiendo computado y calculado las presentes Profecías, totalmente según el orden de la cadena que contiene su revolución, ajustado todo a las reglas de la Astronomía, y según mi natural instinto. Y será después de algún tiempo, y en aquel comprendido desde el tiempo en que Saturno volverá a entrar el 7 del mes de Abril, hasta el 25 de Agosto; Júpiter, desde el 14 de Junio hasta el 7 de Octubre; Marte, desde el 17 de Abril hasta el 22 de Junio. Venus, desde el 9 de Abril, hasta el 22 de mayo; Mercurio, desde el 3 de Febrero hasta el 24 del mismo mes. Después de ello, del primero de Junio, hasta el 24 del mismo, y del 25 de Septiembre, hasta el 16 de Octubre. Saturno en Capricornio, Júpiter en Acuario, Marte en Escorpio, Venus en Piscis, Mercurio durante un mes en Capricornio, Acuario y Piscis, la Luna en Acuario, la cabeza del Dragón en Libra: la cola a su signo opuesto siguiendo una conjunción de Júpiter con Mercurio, con una cuadratura, aspecto de Marte a Mercurio, y la cabeza del Dragón estará con una conjunción del Sol a Júpiter. El año será pacífico, sin eclipse, aunque no del todo, y será el comienzo de lo que luego se comprenderá lo que durará, cuando, comenzando este año, será hecha la mayor persecución a la Iglesia Cristiana, mayor que la hecha en Africa, y durará ésta aquí, hasta el año 1792, que se creerá es una renovación de siglo (la matanza de clérigos durante la Revolución Francesa, la abolición de la Monarquía y la proclamación de la República, los nuevos aires que inundarán Europa en el epílogo del siglo XVIII, bien puede considerarse como un cambio anticipado de siglo): después comenzará el pueblo Romano a levantarse de nuevo y a expulsar algunas oscuras tinieblas recibiendo algún poco de su primitiva claridad, no sin gran división y continuos cambios (la unidad italiana y el Risorgimiento). Después de ello, Venecia (que será incorporada a la corona italiana en 1866), con gran fuerza y poderío, tomará gran esplendor, no muy diferente del que tuviera la antigua Roma. En esa época, las discordias que tendrán las flotas turcas, estarán asociadas a las que tendrán las italianas, y que después se verán incrementadas por el apoyo y potencia que incorporará Rusia; y luego el impedimento (que tendrá la Enosis) con las dos insurrecciones en Creta, aunque al final y con la fe que nadie ha tenido en cuenta se logrará la integración (con Venizelos). Los arcos de triunfo edificados en Italia por los antiguos guerreros serán el símbolo que acompañará a los italianos cuando se adentren por las olas del Mediterráneo, conquisten Libia y ocupen Rodas y el Dodecaneso.

En el Adriático estallará entonces una gran discordia, las alianzas serán rotas (la Guerra de los Balcanes, el asesinato de Sarajevo y la 1ª y 2ª G.M. se sucederán trágicamente), aproximando a cada casa del mundo aquello que se acercará a la gran ciudad de París, comprendiendo el poderoso conflicto, no sólo a los pueblos germánicos situados entre el Rhin y el Danubio en el paralelo 45, sino también a otras muchas naciones de los paralelos 41, 42 y 37.

Y en ese tiempo, y en aquellas comarcas, el poder infernal pondrá en contra de la Iglesia de Jesús-Cristo, la potencia de los adversarios de su ley, el sector que será el segundo Anticristo, el cual perseguirá a esta Iglesia y a su verdadero Vicario, por medio del poder de los Jefes de Estado (como Hitler, Stalin, Mussolini y otros que surgirán en el futuro, incluso *en el seno de la Iglesia oficial*), que seducirán con su oratoria a muchos ignorantes, con discursos más peligrosos que una espada entre las manos de un loco.

El susodicho reino del Anticristo no durará más que hasta el límite del reinado de la Bestia, cosa que ocurrirá entre el final del siglo XX y comienzo del XXI, en la ciudad de Lyón, mientras los justos estarán acompañados por el elegido *(Pedro el Romano)*, apoyado por el que es de este mundo *(Jesús)*, mientras que, por Ferrara, continuará el avance aliado mantenido entre Liguria y el Adriático, después del cercano desembarco de Sicilia. Ello pasará después de que desaparecerá la Roma de la que partiera la orden de invasión que encenderá la tercera terrible hoguera, poco después de que un jefe militar español pasará el Montjuich y dará el golpe de Estado *(que acabará con la democracia)*.

Todo el pueblo galo volverá a estar de nuevo acompañado de numerosas tropas venidas de muy lejos, del gran Imperio de EE.UU., que otra vez se habrán presentado en Francia *(como ocurriera en la 2ª G.M.)*, algún tiempo después de que la sangre de muchos inocentes será esparcida profusamente, por los criminales elevados al poder entonces, debido a grandes revoluciones, serán destruidos innumerables libros y todo tipo de material grabado; que será entonces también cuando hacia Rusia llegará la conversión cristiana, una vez encadenado Satán.

Y será hecha la paz universal entre los hombres, y será liberada la Iglesia de Jesús-Cristo de toda tribulación, luego que, en los territorios de Palestina se haya querido mezclar la miel con la hiel, y su mortífera seducción: y esto será próximo del séptimo milenio *(el año 2000)*, fecha en que ya no será más pisoteado el santuario de Jesucristo *(Jerusalén)* por los infieles que vendrán del Norte *(rusos y americanos)* cuando el mundo esté aproximándose a una gran conflagración *(la tercera carnicería planetaria)*, por cuanto que, por mis computaciones en mis profecías, el curso del tiempo irá muy lejos *(de esta época)*.

Dentro de la carta que, años pasados, dediqué a mi hijo César Nostradamus, yo he manifestado bastante claramente algunos puntos que no contienen ningún presagio. Pero aquí, oh Señor, están comprendidos muchos grandes y maravillosos acontecimientos que aquellos que vendrán después, verán. Y durante este cálculo astrológico otorgado a las Sagradas Escrituras, la persecución de las gentes eclesiásticas tendrá su origen por la potencia de los Jefes de Estado soviéticos, cuyos conflictos estarán unidos a los que habrá después con los Orientales *(los chinos)*. Y esta persecución durará once años, algo más o menos *(el tiempo de duración aproximado, de la 3ª G.M. y la de Occidente contra China)*, y entonces se debilitará, debido a la intervención del principal Jefe de Estado ruso, que acabará con lo que habrá comenzado cuando, cumplidos los años del tiempo final, sobrevendrá la ofensiva del que hasta entonces ha sido su aliado en el Sur *(el dirigente italiano)*, que perseguirá aún más fuerte, por espacio de tres años, a las gentes de Iglesia, por la influencia apostática de uno que tendrá todo el poder absoluto en la Iglesia Católica militante y el santo pueblo de Dios, observador de su ley *(el Antipapa)*. Y todo tipo de órdenes religiosas serán muy perseguidas y afligidas, de tal modo que, la sangre de los verdaderos integrantes de la Iglesia de Cristo, nadará por todo lugar. Y uno de los horribles Jefes de Estado temporales *(el nuevo Führer alemán)*, recibirá de sus partidarios grandes alabanzas, cuando él habrá esparcido más sangre humana de los inocentes eclesiásticos, que vino nadie podría tener. El nuevo dirigente alemán cometerá crímenes increíbles contra la Iglesia y correrá la sangre humana por las calles públicas y templos, como el agua por la lluvia impetuosa, y enrojecerán de sangre los más cercanos ríos. Y por las batallas navales, enrojecerá el mar de tal manera que, en el informe de un Jefe de Estado a otro le dirá: *«Las guerras navales han enrojecido la superficie del mar».*

Después en el mismo año, y en los siguientes de ello, se realizarán bombardeos con gases y la más horrible guerra bacteriológica tendrá lugar, y la más espectacular hambruna, superior a cualquiera otra precedente. Habrá tan grandes tribulaciones, que jamás habrá sucedido tal cosa desde que se fundó la Iglesia Cristiana *(véase la similitud con lo expuesto por Jesús-Cristo en el cap. 24, vers. 21 del Evangelio de S. Mateo)*, y, particularmente, por todas las regiones latinas. Esos sucesos sangrientos también dejarán huella en algunas comarcas españolas.

Por entonces, el tercer Jefe de Estado Aquilonario, *(se refiere a la nueva Comunidad de Estados Independientes, formada por Rusia y otras Repúblicas soviéticas, y que el profeta ve como el "tercer régimen ruso", luego del Zarismo y la derrumbada U.R.S.S de Mijail Gorbachov)*, atendiendo la queja del pueblo ruso con respecto a su principal reivindicación, hará zarpar una potente armada y pasará por los estrechos *(Bósforo, Ormuz, etc.)* anhelados de sus antepasados, y que volverán a formar parte de su estado, la mayoría de ellos. Y por el Gran Pontífice *("De G. Olivae")* será puesto en su primitivo estado la sede papal *(tras la huida de Juan Pablo II)*, pero ésta será desolada y después, abandonada del todo, y volverá a ser el Sancta Santorum *(en Jerusalén)* destruido por el paganismo, y la Biblia será proscrita, quemada.

Después de ello, el Anticristo será el príncipe infernal; aún, por última vez, temblarán todos los Reinos de la Cristiandad, y también los de los infieles, al final de un espacio de veinticinco años *(el último cuarto del siglo XX)*, en el que serán aún más graves las guerras y batallas, en el que villas, ciudades, castillos y todos los demás edificios serán quemados, desolados, destruídos, con gran efusión de sangre de jóvenes vírgenes, de casadas, y viudas, violadas, niños de leche estrellados y destrozados contra los muros de las ciudades. Y tantos males se cometerán por medio de Satán, príncipe infernal, que casi todo el orbe terráqueo se encontrará deshecho y desolado.

Y durante estos acontecimientos, unos pájaros insólitos *(los reactores último modelo)*, surcarán el aire con su zumbido peculiar *(el profeta lo expresa con interjecciones bastante expresivas)*, y en poco tiempo se desvanecerán *(debido a su tremenda velocidad)*.

Y después de que tal tiempo habrá durado largamente, casi habrá llegado el momento de que sea renovado otro ciclo de Saturno, y la nueva Era de Oro, Dios el Creador hablará, oyendo la aflicción de su pueblo. Satán será puesto y atado en el abismo del infierno, en la profunda fosa: entonces comenzará entre Dios y los hombres una paz universal, y Satanás permanecerá atado alrededor del espacio de mil años, volviendo con su mayor fuerza el poder de la Iglesia. Y después, volverá a ser desatado.

Que todas estas figuras están justamente conformes a las Sagradas Escrituras y a las cosas celestes visibles, a saber: Saturno, Júpiter y Marte, y los otros planetas conjuntos, y como más detalladamente podrá verse por algunas cuadraturas. Yo hubiera calculado más profundamente y adaptado los unos con los otros. Pero viendo ¡oh, Serenísimo Rey! que algunos de la censura encontrarán dificultad, ello ha sido la causa de retirar mi pluma del papel y sustituir ese trabajo por mi reposo nocturno: "Muchas cosas aún, oh Rey Todopoderoso, preclaro y razonable, en breve vendrán, pero todas, en esta carta tuya, no he creído necesario ni he querido ponerlas; pues, para el entendimiento de ciertos hechos horribles, pocas se han cumplido aún, y para lo mucho, sea tanta vuestra grandeza y humanidad hacia todos, y piedad hacia Dios, como único portador del magnífico título de Rey Cristianísimo, hacia quien será llevada la suma autoridad, digno de ser presenciado por toda religión".

Pero, tan solamente yo os suplico, oh Rey muy clemente, por esta vuestra singular y prudente humanidad, que entendáis el valor de mi deseo y tengáis la soberana certitud de que yo me he aplicado en obedecer a vuestra serenísima Majestad, desde que mis ojos estuvieron tan próximos de vuestro esplendor solar, que la dimensión de mi labor no alcanza, ni pretende.

De Salón, este 27 de Junio, de mil quinientos cincuenta y ocho.

Faciebat Michael Nostradamus
Salonæ Petreæ Provinciæ

CAPÍTULO QUINTO

LAS CENTURIAS

*"El mundo reaccionará solamente cuando su egoísmo se vea desplazado por otro sentimiento más fuerte: **El terror**. Entonces, aquellos que sean capaces de reaccionar positivamente, tendrán un terreno ganado que les será de gran beneficio, y aquellos que lo hagan en sentido negativo, tendrán un largo tiempo para arrepentirse. Únicamente aquellos con pureza de sentimientos, se salvarán".*

(Aquellos que son)

Cuando las nuevas generaciones que poblarán la Tierra, miren al pasado y contemplen la Historia de la gente ciega que no quiso escuchar la profecía, evocarán el nombre del más grande vidente que el planeta tuvo: Michel de Nostradamus, insigne profeta, señor del tiempo y del espacio, capaz de viajar hacia el futuro, década tras década, siglo tras siglo. Testigo inigualable de los dramáticos eventos, provocados por aquellos que eligieron caminar por diabólicos senderos, desoyendo el deseo de Aquél que los creara a su imagen y semejanza.

El profeta de Salon observó los hechos que habrían de acontecer hasta el final de todo, como quien ve una monumental obra de teatro, de la que va contando luego sus actos, partes o episodios. Profecía tras profecía, fue transcribiendo el futuro de su nación, Francia, sin dejar por ello de mirar otros lugares, más o menos con ella relacionados, con antigua tradición y viejas crónicas. Y, en cada cuarteta, quedó plasmada una página del porvenir del mundo.

Con frecuencia, Nostradamus dividió sus cuartetas con dos puntos. Casi siempre, al final del segundo verso. Ello lo hacía, cuando los dos últimos versos eran una consecuencia, una aclaración o un complemento de los primeros. O si reflejaban hechos sucedidos en lugares diferentes, o en distintas épocas, pero, de algún modo, relacionados.

Nada relevante hubo en el futuro, que escapara a su visión: reyes, presidentes, grandes personajes, muertes, hambres, guerras y matanzas, revoluciones, conjuras y traiciones, catástrofes de procedencia natural, testimonios de vida y esperanza... Todo ello fue desfilando ante su mirada, llevando hacia su Alma, en oleadas alternantes, sensaciones de amargura, de horror, de repudio, admiración o alegría. Pudo ver todo el devenir de sucesivas épocas, los cambios de gentes y costumbres, modas y culturas,

JOSÉ GARCÍA ÁLVAREZ

gobiernos y creencias, pactos y alianzas, técnicas y ciencias, enfoques y criterios diversos, infinidad de proyectos y objetivos. Llegó a los más recónditos lugares y nada hubo que pudiera estar oculto para él, testigo invisible de toda traición, secreto o mezquindad, disimulados en el transcurrir del tiempo, por la hipocresía o la ignorancia de los que sabiendo la verdad no la revelan, o bien de aquellos otros que, al no saber, inventan fábulas. De este modo, el profeta pudo observar el llanto privado del viejo Mariscal Pétain, el anciano soñador que prefirió ser tildado de traidor antes que consentir el exterminio de su pueblo. O la traición solapada, agravada por impunes crímenes, del que sí fue traidor sin parecerlo, el áspero Premier llamado Winston Churchill. O la verdadera muerte del horrendo Hitler, el judío destructor de los judíos, y la genial astucia de la mente diabólica y homicida del llamado Joseph Goebbels, el "micrófono" del Tercer Reich, capaz de asesinar a su familia y a su Führer, para salvar su pellejo, haciéndolo de forma que nadie supo darse cuenta. Nadie... salvo Nostradamus.

Michel de Nostredame, fue espectador invisible y silencioso, reportero infatigable, cuyos artículos poéticos rezumando profecía, fueron describiendo para todos sus lectores, ejemplos repetidos que demuestran que el hombre, más que humano, es un lobo que devora a sus hermanos. A ese ser cruel y sordo que puebla esta bendita Tierra, púsole delante, con indeleble escritura, los perversos actos que, una y otra vez, comete, en la esperanza de que, al ver su repetida ruindad, rectificara. Mas, ha sido inútil, porque ese espécimen presuntuoso que gobierna este planeta, además de cruel y sordo, también es egoísta, engreído y ciego. Y así, de poco le ha servido los grandes esfuerzos de un profeta bueno. En su millar de cuartetas puede verse, cómo el "homo" nada "sapiens" tropieza muchas veces en la misma piedra, y esto no le sirve de escarmiento, en absoluto.

Las *Centurias* fueron *diez*, conteniendo cada una *cien cuartetas*. De ahí proviene el que el profeta las denominara de ese modo. Durante mucho tiempo caminaron con la falta de cincuenta y ocho hijas, que después aparecieron disfrazadas. Conforme los años fueron transcurriendo, sus profecías fueron sufriendo la agresión de multitud de manos, que cambiaron, añadieron y quitaron.

El capítulo presente contempla cómo cada augurio retorna a su lugar de origen. Así, pues, uno tras otro, los auténticos pronósticos forman una larga y consecutiva sucesión de PROFECÍAS de la 1 a la 1.000, en numeración latina, que los diferencia de los transcritos en las antiguas ediciones con numeración romana, con objeto de eliminar la posible confusión. No obstante, en la parte superior derecha de cada profecía ya ordenada, va reseñada su anterior ubicación en las Centurias.

Cada Profecía lleva tres apartados:

Texto en la lengua francesa nativa escrita por el profeta.

Traducción libre de dicho texto al castellano .

El hecho histórico resumido, que la cuarteta transcribe

Todas las cuartetas que corresponden al pasado, llevan especificado el año o época en que sucediera el hecho histórico aludido por la profecía. Con fechas exactas. Actualizadas hasta el año 1.998. Las correspondientes al tiempo que aún queda por pasar, bastante escaso, digo, como decía el profeta: *"Que si yo quisiera poner la enumeración del tiempo a cada una de las cuartetas, se podría hacer; pero, no a todos sería agradable"*. Viendo ciertas actitudes, he tenido que omitirlas. Deben considerarse, pues, como una aproximación en el tiempo, sujeto todavía a la fluctuación del comportamiento humano. El hombre, si quisiera rectificar su conducta, podría cambiarlo todo, pues, como unidad, tiene un gran poder: lo difícil es unificar. Pero, en el tiempo que estamos y con el escaso nivel de conciencia que esta generación, en general, posee, el proceso, desgraciadamente, parece ya muy cercano e irreversible.

PRIMERA CENTURIA

Desde Enrique II de Francia hasta las vísperas de la Revolución Francesa.
(1.555 a 1.769)

PROFECÍA nº 1 (I -1). Hasta 1566

Estant assis de nuict secret estude,
Seul, reposé sur la selle d'aerain:
Flambe exigue sortant de sollitude,
Fait prospérer qui n'est à croire vain.

Estando sentado, de noche, en mi estudio secreto,
Solo, reposado sobre la butaca de cobre:
La exigua llama saliendo de la soledad,
Hace prosperar lo que no es para creerlo vano.

CUARTETA DE INTRODUCCION: Describe cómo, estando sentado, de noche, en su estudio secreto, solo, y reposado sobre una butaca de cobre, ha escrito su testamento profético: De esa soledad y alumbrado por una exigua llama, irá saliendo la maravillosa inspiración, que hace prosperar un trabajo que no es para creerlo vano.

PROFECÍA nº 2 (I- 2). Hasta 1556

La verge en main mise au milieu de Branches, [1]
De l'onde il moulle et le limbe et le pied:
Un peur et voix fremissent par les manches:
Splendeur divine. Le divin pres s'assied.

La vara en mano puesta en medio de Ramas,
Con la onda él moldea el borde y el pie:
Un miedo y voz estremecen por las mangas:
Esplendor divino. Lo divino cerca se sienta.

FORMA DE ORDENAR LAS CENTURIAS: Ve cómo el intérprete del futuro completará su obra. Con el lápiz en la mano, puesta en medio de las columnas de cuartetas, hará la onda que moldeará el borde y el pie del "edificio" de las Centurias: Un miedo y una voz que a él le estremecen, son de los que ahora mueven el brazo que, en el proceso psicográfico, transmite al papel el mensaje telepático: Es el esplendor divino, que, una vez más, cerca se sienta.

1.- El profeta describe el proceso seguido por él, y el que seguirá el intérprete que descubrirá la verdadera Clave.

JOSÉ GARCÍA ÁLVAREZ

PROFECÍA nº 3 (I-4). 1556-59

Par l'univers será faict un Monarque, [1]	*Para el universo será hecho un Monarca,*
Qu' en paix et vie ne será longuement:	*Que en paz y vida no estará largamente:*
Lors se perdra la piscature barque, [2]	*Entonces se perderá la pescadora barca,*
Sera régie en plus gran detriment.	*Será regida con mayor detrimento.*

ENRIQUE II DE FRANCIA: Enrique II, rey de Francia, según el profeta, "primer Monarca del Universo", será el primer soberano galo en el Universo de su pronosticación, que en paz y vida, no estará largo tiempo: Entonces se perderá el espíritu de la Iglesia de Cristo, y, por los cánones de Trento, la Iglesia será regida con el mayor detrimento.

1.- Guarda relación con la expresión "Monarca del Universo", en la carta de Enrique II de Francia. 2.- Se refiere a la nave de la Iglesia, descendiente de la barca de Pedro el pescador.

PROFECÍA nº 4 (I-10) 1547- 59

Serpens transmis en la cage de fer,	*Serpientes transmitidas en la caja de hierro,*
Où les enfans septains du Roy sont prins,	*Donde los siete hijos del Rey están presos,*
Les vieux et peres sortiront bas de l'enfer,	*Los viejos y los padres saldrán debajo del infierno,*
Ains mourir voir de fruict mort et cris.	*Antes de morir verán su fruto muerto y pregonado.*

LA IMPRENTA Y LA CENSURA DE LOS LIBROS: La antigua serpiente, el espíritu diabólico del paganismo, será transmitido con la "caja de hierro", la imprenta, que hará llegar a muchos, las obras de autores antiguos. Hasta los siete hijos del Rey, se verán poseídos por las nuevas ofertas. Aparecerán ciertas influencias malignas de la Antigüedad, y los autores, antes de morir, verán sus libros censurados y destruidos por el fuego.

PROFECÍA nº 5 (I- 56) 1547-59

Vous verrez tard et tost faire grand change,	*Veréis tarde o temprano hacer gran cambio,*
Horreurs extremes et vindications:	*Horrores extremos y venganzas:*
Que si la Lune conduicte par son ange,[1]	*Que si la Luna es conducida por su ángel,*
Le ciel s'approche des inclinations.	*El cielo se aproxima a las variaciones.*

PANORÁMICA DE FUTURO. ÉPOCA LUNAR: Verán, tarde o temprano, grandes cambios, con horrores extremos y venganzas: Que si, desde el año 1525 aproximadamente, según la cronología tradicional, la Luna ha comenzado su regencia e influencia, van aproximándose los tiempos revolucionarios hacia una variación diametral de la sociedad.

1.- En la antigüedad, cada nación estaba bajo la influencia y Guía da un Angel-Estrella.

PROFECÍA nº 6 (I-87) 1552 -57

En nosigee feu du centre de terre,	*Un fuego nacido del centro de la tierra,*
Fera trembler autour de cité neuve,	*Hará temblar alrededor de la ciudad nueva,*
Deux grands rochers longtemps feront la guerre,	*Dos grandes rocas largo tiempo harán la guerra,*
Puis Arethuse rougira nouveau fleuve.[1]	*Después Aretusa enrojecerá de nuevo el río.*

DUELO ENTRE FRANCIA Y ESPAÑA: Un fuego nacido del infierno, el protestantismo, hará temblar hasta alrededor de la ciudad nueva de Metz. Francisco I y Carlos V, harán la guerra durante largo tiempo. Después, Inglaterra, les llevará a guerrear en Calais y en San Quintín, donde, en 1.557, la sangre enrojecerá de nuevo el río Somme.

1.- Aretusa: Hija de Océano y de Doris. Con ella alude a Inglaterra.

PROFECÍA nº 7 (II-12) 1555-57

Yeux clos, ouverts d'antique fantasie[1],	*Ojos cerrados, abiertos de antigua fantasía,*
L' habit des seuls seront mis à neant [2]:	*El hábito de los solitarios estarán anulando:*
Le gran monarque chastiera leurs frenaisie,	*El gran monarca castigará su frenesí,*
Ravir des temples le trésor par devant.	*Robar de los templos el tesoro por delante.*

PAULO IV: Los ojos "cerrados", en la cólera, y abiertos para la reforma eclesiástica, en una personalidad parecida a la antigua del apóstol Pedro. Su familia le impedirá vestir el hábito de Santo Domingo, frailes solitarios: Felipe II, castigará su frenesí, con el saqueo de los templos por el Duque de Alba, en la invasión de los Estados Pontificios.

1.- El profeta ve a Paulo IV con la embestida ciega de un toro bravo. (2) mis à neant: puesto en nada, anulado.

PROFECÍA nº 8 (VI-49) 1556-57

De la partie de Mammer gran Pontife, [1]	*De la parte de Mamer gran Pontífice,*
Subjuguera les confins du Danube:	*Subyugará los confines del Danubio:*
Chasser les crois, par fer raffe ne riffe, [2]	*Cazar las cruces, por hierro robo ni pillaje,*
Captifs, or, bagues plus de cent mille rubes. [3]	*Cautivos, oro, anillos, más de cien mil ruborizados.*

EL DUQUE DE ALBA CONTRA PAULO IV: Desde los Países Bajos, los tercios españoles irán contra el impetuoso Paulo IV, que subyugará con su doctrina hasta las regiones del Danubio: Invadirán los territorios del Pontífice, saquearán los templos, y, por la fuerza de la espada, no habrá nada que escape al robo ni al pillaje. Conseguirán cautivos y un botín importante, aparte de humillar a los partidarios del Papa.

1.- Mamer: Localidad al Sur de los Países Bajos.
2.- "Raffe" y "riffe": vocablos anacrónicos que significaban despojar, saquear.
3.- Rubes: Del latín «rubeo-ui», enrojecer de pudor o vergüenza, ruborizarse.

PROFECÍA nº 9 (VIII-72) 1.556-57

Champ Perusin ô l'enorme desfaite	*Campo Perusino ¡oh, la enorme derrota!*
Et le conflit tout auprès de Ravenne,	*Y el conflicto muy cercano de Rávena:*
Passage sacré lors qu'on fera la feste,	*Pasaje sagrado cuando se hará la fiesta,*
Vainceur vaincu cheval manger l'avenne.[1]	*Vencedor vencido caballo comer la avena*

LA BATALLA DE SAN QUINTIN: Por los campos de Perugia y cercanías de Rávena, llegará la noticia de la terrible derrota francesa en San Quintín: Los españoles pasarán a la plaza de nombre sagrado, tras su aplastante victoria en el día de la fiesta de San Lorenzo. Mas, Felipe II, el vencedor, es vencido por las dificultades financieras.

1.- "Del caballo comer la avena" es una forma metafórica de definir la escasez.

PROFECÍA nº 10 (I-48) 1557-2002

Vingt ans du regne de la Lune passez, [1]	*Veinte años del reino de la Luna pasados,*
Sept mille ans autre tiendra sa monarchie:[2]	*Siete mil años otro tendrá su monarquía*
Quand le Soleil prendra ses jours lassez,	*Cuando el Sol tomará sus días cansados*
Lors accomplir et mine ma prophetie.	*Entonces se cumplirá y terminará mi profecía.*

PRINCIPIO Y FINAL DE LA PROFECIA NOSTRADÁMICA: Veinte años pasados, tras la entrada en gobierno de la Luna, comenzarán sus augurios. Saturno, regirá otro ciclo de evolución completa de siete mil años. Cuando sean los últimos días de regencia del Sol, entonces se cumplirá y terminará toda su profecía.

JOSÉ GARCÍA ÁLVAREZ

1.- Según AQUELLOS QUE SON, el período de regencia de la Luna comenzó en 1.537. (2) Según la cronología tradicional, la Luna comenzaba su regencia sobre el año 1.525, el Sol sobre 1.879, y después de él, Saturno.

PROFECÍA nº 11 (II-59)   1557-59

Classe Gauloise par appuy de grand garde,	*La flota gala por apoyo de gran guardia,*
Du grand Neptune et ses tridens souldars, [1]	*Del gran Neptuno y sus tridentes soldados,*
Rongée Provence pour soustenir grand bande,	*Invadida Provenza por sostener gran banda*
Plus Mars Narbon par iavelots et dards.	*Más guerra Narbona por jabalinas y dardos.*

LA TOMA DE CALAIS Y LA INVASIÓN DE PROVENZA: La flota francesa, para apoderarse de Calais, cuenta con el apoyo de la gran fuerza de Inglaterra, y sus soldados marinos. Para sostener a los de Saboya, Francia enviará tropas, que pasarán por Provenza, hacia la que llevarán más guerra las tropas españolas de Felipe II, desde Narbona.

1.- Neptuno: dios romano del mar. Con «el gran Neptuno», el reino del mar, el profeta designa a Inglaterra.

PROFECÍA nº 12 (VII-29)   1557-59

Le grand Duc d'Albe se viendra rebeller,	*El gran Duque de Alba se vendrá a rebelar*
A ses grands peres fera le tradiment:	*A sus abuelos hará el traicionamiento:*
Le grand de Guise le viendra debeller,	*El grande de Guisa le vendrá a deslucir,*
Captif mené et dressé monument.	*Cautivo llevado y erigido monumento.*

EL ESCORIAL, MEMORIA DE SAN QUINTIN: El Duque de Alba se rebelará contra el Papa Paulo IV, traicionando a sus antepasados, que se erigían en sus defensores: Francisco de Guisa deslucirá el éxito de San Quintín, al apoderarse de Calais, tras un intercambio de prisioneros y ser erigido el monumento de El Escorial, por Felipe II.

PROFECÍA nº 13 (I-35)   1559

Le lyon jeune le vieux surmontera, [1]	*El león joven al viejo vencerá,*
En champ bellique par singulier duelle,	*En campo bélico por singular duelo,*
Dans cage d'or les yeux lui crevera,	*En jaula de oro los ojos le atravesará,*
Deux classes une puis mourir mort cruelle. [2]	*De dos lizas, una. Después morir de muerte cruel.*

MUERTE DE ENRIQUE II DE FRANCIA: El joven conde de Montgomery vencerá a Enrique II, ambos en liza por un torneo singular. Por accidente, en la visera enrejada del yelmo de oro del rey, penetrará la lanza astillada de su rival y le atravesará la cabeza penetrando por el ojo, después que, tras dos justas sin problemas, se celebre una más. Después morirá, tras una cruel agonía, el l0 de Julio de 1559.

1.- Ambos llevaban un león en sus escudos.
2.- classes: Del latín ''classis-is'', ejército, flota, combate, justa.

PROFECÍA nº 14 (V-74)   1559

De sang Troyen naistra coeur Germánique,	*De sangre Troyana nacerá corazón Germánico,*
Qui deviendra en si haute puissance:	*Que llegará a estar en tan alta potencia:*
Hors chassera gent estrañge Arabique,	*Fuera perseguirá gente extranjera Arábiga*
Tournant l'Eglise en pristine preeminence.	*Volviendo la Iglesia en antigua preeminencia.*

MUERTE DE CARLOS I DE ESPAÑA: La muerte de Enrique II se producirá, tras la de Carlos I de España, con sangre francesa de Borgoña en sus venas y el corazón alemán de su abuelo Maximiliano, que llegará a ser muy poderoso: Contendrá a los moriscos y hará cruzadas contra los turcos, volviendo a la Iglesia a su antigua preeminencia.

PROFECÍA nº 15 (I-22) 1.556-98

Ce qui vivra et n´ayant aucun sens,	*Lo que vivirá y no teniendo ningún sentido,*
Viendra leser à mort son artifice,	*Vendrá a lesionar por muerte su artificio,*
Autun, Chalons, Langres, et les deux Sens,	*A Autun, Chalons, Langres y los dos Sens,*
La gresle et glace fera grand malefice.[1]	*El granizo y el hielo harán gran maleficio.*

FELIPE II, SU GUERRA CON FRANCIA: La fama de España como campeona del Catolicismo, no tendrá ningún sentido, cuando, Felipe II lesionará, con doblez y muerte, los Estados Pontificios, tras llevar la tormenta bélica a la Borgoña y la Champagne, cuyos habitantes pensarán, por el paso de tropas, que un gran maleficio ha caído sobre ellos.

1.- Emplea, "grêle", "granizada", y "glace", "hielo", como símbolos de "tormenta bélica".

PROFECÍA nº 16 (XII-62) 1.560

Guerres, debats, à Blois guerre et tumulte,	*Guerras, debates, en Blois guerra y tumulto,*
Divers aguets, adveux inopinables,[1]	*Diversas emboscadas, adversidades increíbles,*
Entrer dedans Chasteau trompette, insulte:	*Entrar dentro del Castillo trompeta, ultraje:*
Chasteau du Ha, qui en seront coulpables.[2]	*Castillo del Ham, que de él serán culpables.*

LA "CONJURACIÓN DE AMBOISE": Guerras y debates, harán en Blois, guerra y tumulto, y la Corte se refugiará en el castillo de Amboise. Habrán diversas emboscadas y adversidades increíbles. Los de Guisa, entrarán dentro del Castillo de Fontainebleau al son de trompeta y cometerán el ultraje: forzar a los reyes a ir a París. Pero, fracasado el golpe, se reprimirá a los que de él serán culpables, que serán encerrados en el Castillo de Ham.

1.- Inopinables: Del latín «inopinabilis», increíble.
2.- El Castillo de Ham servía de prisión del Estado.

PROFECÍA nº 17 (IV-88) 1559-62

Le grand Antoine du nom de faict sordide, [1]	*El gran Antonio del nombre de hecho sórdido,*
De Phthyriase à son dernier rongé:[2]	*De Pitiriasis a su último roído:*
Un qui de plomb voudra estre cupide,[3]	*Uno que de plomo querrá ser codicioso,*
Passant le port d'esleu será plongé.	*Pasando el puerto elegido será sumergido.*

ANTOINE DE BORBÓN, REY DE NAVARRA: Antonio de Borbón, cabeza del partido protestante, al que luego abandona, luchará incluso contra su propio hermano, hecho sórdido por el que se gana el nombre de "traidor". En sus últimos años será roído por la Pitiríasis: Codiciará Cerdeña, rica en plomo. En el sitio de Rouen, en 1562, será herido en el puerto y caerá al agua. Poco después, morirá.

1.- Antonio de Borbón, se convirtió en rey de Navarra, en 1548.
2.- Pitiríasis: Descamación por sequedad de la piel.
3.- Cerdeña poseía abundantes riquezas de plomo, y había sido ofrecida a Antonio de Borbón por el rey de España. La muerte le impidió disfrutar de ella.

PROFECÍA nº 18 (VI-22) 1.562

Dedans la terre du grand temple Celtique, [1]
Neveu à Londres par paix faincte meurtry,
La barque alors deviendra scismatique, [2]
Liberté faincte sera au corn et cry. [3]

Dentro de la tierra del gran templo Céltico,
Sobrino con Londres, por paz fingida, muerto,
La barca entonces llegará a ser cismática,
Libertad aparente será al cuerno y grito.

LA MATANZA DE VASSY: Dentro del Parlamento, condenarán el Edicto de Tolerancia. Francisco de Guisa, que hizo la Paz fingida de Cateau-Cambrésis, será muerto por un hugonote. Rugirá el cisma religioso, y la libertad aparente concedida a los hugonotes será inaplicable, tras la matanza de Vassy, que será el grito y llamada a las hostilidades.

1.- Es "Celtique". Se refiere al pueblo galo, celtas que ocuparon la Galia.
2.- La "barca" del pescador, la Iglesia.
3.- fainte: En los versos 2º y 4º, es "feinte", fingida, aparente, simulada.

PROFECÍA nº 19 (III-61) 1.558 -62

La grande bande et secte crucigere, [1]
Se dressera en Mesopotamie: [2]
Du proche fleuve compagnie legere, [3]
Que telle loy tiendra pour ennemie.

La gran banda y secta crucifígera,
Se levantará en Mesopotamia:
Del próximo río campaña ligera,
Que tal ley tendrá por enemiga.

SOLIMÁN II: La gran flota turca, anticristiana, de Solimán II el Magnífico, se alzará en Mesopotamia: Hará una campaña rápida por las costas próximas al río Danubio, considerando la ley de la Cruz como enemiga.

1.- crucigere: Del latín ''crucifigere'', poner en la cruz, poner contra la cruz.
2.- Mesopotamia, región de Asia situada entre el Eufrates y el Tigris.
3.- Es «campagne'', que significa campaña.

PROFECÍA nº 20 (VI-64) 1.560-98

On ne tiendra pache aucune arresté,
Tous recevans iront par tromperie,
De paix et tresve, terre et mer protesté,
Par Barcelone classe prins d'industrie.

No se tendrá paz ninguna acordada,
Todos recibiendo irán por engaño,
De paz y tregua, tierra y mar protestada,
Por Barcelona flota tomada de industria.

LAS GUERRAS DE RELIGIÓN: No se tendrá paz ninguna acordada. Todos irán a luchar por las recompensas, o por engaños. No habrá paz, ni tregua, ni por tierra ni por mar. Felipe II, reunirá en Barcelona una armada, en 1.597, para vengar los daños de una flota anglo-holandesa en la base comercial de Cádiz, pero será detenida por una tempestad.

PROFECÍA nº 21 (II-36) 1.555-1.605

Du grande Prophète les lettres seront prinses,
Entre les mains du tyran deviendront,
Frauder son Roy seront ses entreprinses,
Mais ses rapines bien tost le troubleront.

Del gran profeta las letras serán secuestradas,
Entre las manos del tirano llegarán a estar,
Defraudar a su Rey serán sus empresas,
Pero sus rapiñas bien pronto le turbarán.

ROBO DE LAS CUARTETAS DEL PROFETA. LAS SEXTILLAS: Las cuartetas del gran profeta serán secuestradas, y, entre las manos del tirano Enrique IV llegarán a estar, por medio del que intentará defraudar a su Rey, añadiendo a las cuartetas sustraídas dos versos más. Pero, a él, como al ladrón, muy pronto, sus rapiñas le turbarán.

LAS PROFECÍAS DE NOSTRADAMUS

PROFECÍA nº 22 (X-29)   1.569

De Pol Mansol dans caverne caprine[1]
Caché et prins extrait hors par la barbe,
Captif mené comme beste mastine
Par Begourdans[2] amenée pres de Tarbe.[3]

De Pons Mansle en caverna caprina
Escondido y apresado sacado fuera por la barba,
Cautivo llevado como bestia fiera
Por Begardos llevado inmediato de Tarbes.

LA MUERTE DEL PRINCIPE DE CONDE: De Jarnac, entre Pons y Mansle, Luis I de Borbón, Príncipe de Condé, se esconderá en una cueva para cabras, y, apresado, será sacado por la barba, y llevado cautivo como una bestia fiera. Enrique III, forzado por los protestantes, firmará la paz de ''Monsieur'' y el Edicto de Beaulieu, cerca de Tarbes.

1.- Pol Mansol: Anagrama de Pons y Mansle, localidades en el SO. francés.
2.- Begourdans: Begardos. Del latín «beggardus». Hereje de los siglos XIII y XIV.
3.- Tarbes: Ciudad de Francia, cap. del departamento de Altos Pirineos, a orillas del Adour.

PROFECÍA nº 23 (V-27)   1.565-70

Par feu et armes non loing de la marnegro,
Viendra de Perse occuper Trebisonde:[1]
Trembler Phato[2], Methelin[3], Sol alegro,[4]
De sang Arabe d'Adrie couvert onde. [5]

Por fuego y armas no lejos del mar Negro,
Vendrá de Persia a ocupar Trebisonda:
Temblar Fato, Metelín, Sol alegre,
De sangre Arabe de Adria cubierta ola.

ATAQUE TURCO A MALTA. SELIM II: Por el fuego y las armas, las fuerzas de Selím II, ocuparán la región de Costas del Mar Negro: Tras temblar las costas de Asia Menor, el Norte de Africa y el Mediterráneo, incluida España, luego que Solimán II querrá apoderarse de Malta, donde los turcos serán diezmados, y perseguidos por la flota cristiana.

1.- Trebisonde: Trebisonda, prov. de Turquía, región de costas del Mar Negro.
2.- Fato: Regiones del Norte de Africa, donde reinaron los príncipes mahometanos llamados "Fatimís".
3.- Metelín: Zonas mediterráneas donde estuvieron los cónsules romanos llamados "Metelos".
4.- Sol alegre. Metáfora con la que alude al Sol y alegría de España.
5.- Adria: Comarca de Italia. Es la Atria, Hadria o Hatria de los antiguos.

PROFECÍA nº 24 (IX-28)   1.570-71

Voille Symacle[1] port Massiolique,[2]
Dans Venise port marcher aux Pannons:[3]
Partir du goulfre et Synus Illyrique,[4]
Vast à Sicille, Ligurs coups de canons.[5]

Vela Militar puerto Limassólico,
En Venecia puerto marchar a los Panones:
Partir del golfo y Seno Ilírico,
Devastación a Sicilia, Ligures golpes de cañones.

CONQUISTA DE CHIPRE POR LOS TURCOS: La flota militar de Selím II ocupará el puerto de Lárnaca, en Limassol. Del puerto de Venecia marcharán contingentes militares hacia las Islas Jónicas: Flotas de Venecia y el Adriático partirán hacia Chipre; pero, los turcos, dueños de la isla, llevarán la devastación a Sicilia y Liguria, con sus cañones.

1.- Symacle: de Símaco, aliado militar.
2.- Massiolique: Anagrama de Limassol, distrito de la isla de Chipre, donde se encuentra Lárnaca.
3.- Pannons: de Panonia, provincia danubiana del imperio romano que comprendía también el archipiélago Jónico.
4.- Illyrique: Iliria, región de Yugoslavia en la costa del Adriático.
5.- Ligurs: Liguria, antigua región de Italia.

PROFECÍA nº 25 (I-95) 1.571

Devant moustier trouvé enfant besson,	*Delante de monasterio encontrado niño necesitado,*
D'heroicq sang de moine et vetutisque:[1]	*De heroica sangre de ilustre y vetusta:*
Son bruit par secte, langue et puissance son,	*Su ruido por secta, lengua y poderoso son,*
Qu'on dira fort eslevé le vopisque.	*Que se dirá muy elevado el chaval.*

JUAN DE AUSTRIA: Delante del monasterio, será encontrado un niño necesitado de ayuda. Hijo del Emperador Carlos V y de Bárbara de Blomberg, es decir, de sangre noble y plebeya: Llegará a ser muy famoso por sus hazañas, sus dotes políticas y diplomáticas. Que se dirá que llega muy alto, el chaval.

1.- Es "monde", que en sentido figurado significa puro, limpio, ilustre, noble.

PROFECÍA nº 26 (IX-10) 1.571

Moyne moynesse d'enfant mort exposé,[1]	*Monje monja de niño muerte expuesto,*
Mourir par ourse, et ravy par verrier,	*Morir por oso, y arrebatado por vidriero,*
Par Fois et Pamyes le camp sera posé [2]	*Por Foix y Pamiers el campo será puesto*
Contre Tholose Carcas dresser fourier.	*Contra Toulouse Carcasona levantar furor.*

EL VENCEDOR DE LEPANTO: Frailes y monjas, cuidarán de un niño expuesto a la muerte, bien por morir por un oso, o secuestrado por un buhonero. Será un hombre, cuando habrá un continuo tráfico de ejércitos hispanos por el Sur de Francia, camino de los Países Bajos, de París... Y un permanente furor de los franceses al paso de las tropas españolas.

1.-Los religiosos encontrarán a un niño expuesto a la muerte.
2.- Localidades francesas en el Ariége.

PROFECÍA nº 27 (IX-61) 1.560-71

La pille faite à la coste marine,	*Pillaje hecho en la costa marina,*
Incita nova et parens amenez, [1]	*Incita de nuevo y parientes amenazados,*
Plusieurs de Malte par le fait de Messine,	*Varios de Malta por el hecho de Mesina,*
Estroit setrez seront mal guerdonnez.	*Estrechos cerrados serán mal guardados.*

SITIO DE MALTA. BATALLA DE LEPANTO: Los turcos asolan las costas marinas, amenazando a Malta, pero será defendida por los Caballeros y su gran Maestre, La Valette. En 1.570, se convocará en Messina una flota bajo el mando de D. Juan de Austria, y la otomana, encerrada en los mal guardados estrechos de Lepanto, será derrotada.

1.- Malta pertenecerá a Sicilia y fue cedida en 1.530 a los Caballeros de Rodas, que cambiaron su nombre por el de la Isla. De ahí lo de "parientes", referido a los malteses, en relación con los sicilianos.

PROFECÍA nº 28 (III-64) 1.571

Le chef de Perse remplira grande Olchade,[1]	*El jefe de Persia llenará gran Galerada,*
Classe Trireme contre gent Mahometique, [2]	*Flota Trireme contra gente Mahometana,*
De Parthe et Mede[3], et piller les Cyclades,[4]	*De Partia y Media, y saquear las Cícladas,*
Repos long temps au grand port Jonique.[5]	*Reposo largo tiempo en el gran puerto Jónico.*

BATALLA DE LEPANTO: Selím II, con gran potencial naviero y humano ocupará Túnez, declarará la guerra a Venecia y atacará a Chipre. Venecia, la Santa Sede y España reunirán una poderosa flota contra la gente mahometana, de Partia y Media, que saquean las islas del Egeo. Después de la derrota turca en Lepanto, habrá largo tiempo de reposo en el Mediterráneo Jónico.

1.- Olchade: Del griego y significa "bajel", galera.	4.- Cícladas: Archipiélago griego en el Mar Egeo.
2.- Trirreme: Barco antiguo, con 3 filas de remos.	5.- Mar Jónico: Parte del mediterráneo entre Italia y el O. de
3.- Partia y Media: Provincias de la antigua Persia.	Grecia.

PROFECÍA 29 (III-90)   1.571

Le grande Satyre[1] et Tigre d'Hircanie,[2]
Don presenté à ceux de l'Ocean:
Un chef de classe istra[3] de Carmanie:[4]
Qui prendra terre au Tyrren Phocean.[5]

El gran Sátiro y Tigre de Hircania,
Don presentado a los del Océano:
Un jefe de flota istria para Acarnania:
Que tomará tierra en el Tirreno Foceano.

SELIM II Y DON JUAN DE AUSTRIA: Selím II, monstruo sensual y feroz, tendrá el don de llevar la desolación a los del Mediterráneo: D. Juan de Austria, jefe de la flota de la Liga Santa, irá hacia la región de Acarnania, y vencerá en Lepanto: Poco durará la euforia cristiana, pues, los turcos volverán a tomar tierra en Túnez, en Mayo de 1.574.

1.- Sátiro: En mitología, monstruo o semidiós selvático sensual.
2.- Hircania: Antigua comarca de Asia, célebre por sus tigres y la rudeza de sus habitantes.
3.- Istra: De "Istria", región al NE. del Adriático. En el siglo XV perteneció a Venecia.
4.- Carmania: Aféresis de Acarnania, al S. del cual está el Golfo de Patrás y después Lepanto.
5.- Con Tirreno Foceano alude a Túnez, frente al mar Tirreno y Marsella.

PROFECÍA nº 30 (VI-75)   1.571-78

Le grand pilot par Roy será mandé,
Laisser la classe pour plus haut lieu attaindre:
Sept ans apres sera contrebandé,
Barbare armée viendra Venise craindre.

El gran piloto por el Rey será llamado,
Dejará la flota para más alto lugar atender:
Siete años después será contrabandeado,
Bárbara armada vendrá a Venecia temer.

LOS REBELDES DE LOS PAISES BAJOS: D. Juan de Austria, llamado por Felipe II, dejará la flota para ser enviado a Flandes como Gobernador: Siete años después de Lepanto será presa, inesperadamente, de una maligna enfermedad y morirá en Namur. Los turcos volverán a reconstruir su armada y vendrán de nuevo a inquietar a Venecia.

PROFECÍA nº 31 (XI-52)   1.572

La grand Cité qui n'a pain qu'à demy,
Encore un coup la Saint Barthelemy
Engravera au profond de son âme. (Falso)
Nismes, Rochelle, Genève et Montpellier,
Castres, Lyón, Mars entrant au Belier,[1]
S'entrebattront le tout pour une dame. (Falso)

La gran Ciudad que no tiene pan más que a medias, (1)
Aún un golpe la San Bartolomé (3)
Grabará en lo profundo de su alma. (Falso)
Nimes, la Rochelle, Ginebra y Montpellier, (2)
Castres, Lyón, Marte entrando en Aries, (4)
Combatirán el todo por una dama. (Falso)

MATANZA DE LA NOCHE DE SAN BARTOLOMÉ: Manipulada por Vicent Seve de Beaucaire, intercalando y permutando versos. París, que no tiene para alimentar a la totalidad de su población, aún sufrirá un terrible golpe la noche de San Bartolomé. Ese 24 de Agosto, morirán millares de hugonotes, en la capital, y en otras ciudades.

1.- Marte es el planeta regente del signo de Aries. Su entrada en él, potencia al máximo la guerra.

PROFECÍA nº 32 (IV-8)   1.572

La grand cité d'assaut prompt et repentin, [1]
Surprins de nuict, garde interrompus:[2]
Les excubies et veilles Sainct Quintin, [3]
Trucidez gardes et les pourtails rompus. [4]

La gran ciudad por asalto pronto y repentino,
Sorprendidos de noche, guardia interrumpida:
Los centinelas y vigías de San Quintín,
Asesinados los guardias y los portones rotos.

ASESINATO DE COLIGNY: La gran ciudad de París será tomada por asalto, veloz y repentino, y los hugonotes serán sorprendidos de noche, estando la guardia interrumpida: Coligny y los defensores de San Quintín serán asesinados por orden de Carlos IX, en el día de la fiesta de San Bartolomé, tras ser rotos los portones de sus casas.

1.- repentin: Del latín "repentinus-a-um", súbito, imprevisto, repentino.
2.- interrompus: Del latín "interrumpo", interrumpir, romper, destruir.
3.- excubies: Del latín "excubiae-iarum'', guarda, centinela.
4.- Trucidez: Del latín "trucido", degollar, acuchillar, asesinar.

PROFECÍA nº 33 (III-30)   1.572

Celuy qu'en luitte et fer au faict bellique	*Aquel que en lucha y hierro al hecho bélico*
Aura porté plus grand que luy le pris:	*Habrá llevado más grande que él el precio:*
De nuict au lict six luy feront la pique,	*De noche en lecho seis le harán la pica,*
Nud sans harnois subit sera surprins.	*Desnudo, sin armas, pronto será sorprendido.*

ASESINATO DEL ALMIRANTE COLIGNY: Coligny, Caudillo hugonote, aquél que en la guerra habrá destacado, será la primera víctima la "noche de San Bartolomé": De noche, en el lecho, será asesinado por los esbirros que acompañaban al duque Enrique de Guisa. Estando desnudo, sin armas, pronto será sorprendido.

PROFECÍA nº 34 (IX-33)   1.573-74

Hercules Roy de Rome et d'Annemarc,[1]	*Hércules Rey de Roma y de Dinamarca,*
De Gaule trois Guion surnommé,[1]	*De Galia tres Guía sobrenombrado,*
Trembler l'Itale et l'unde de sainct Marc,[2]	*Temblar Italia y la onda de san Marcos,*
Premier sur tous monarque renommé.	*Primero sobre todos monarca renombrado.*

ENRIQUE III REY DE POLONIA Y DE FRANCIA: Enrique de Valois, como Hércules, será rey de dos naciones: de Polonia y de Francia. Dirigente del País Galo con el sobrenombre de Enrique III, hará temblar a Italia con las devoluciones que hizo, al duque de Saboya, de ciudades italianas. Será un monarca con gran fama y renombre.

1.- Guion: Síncopa de "Guidon", de "guider", guiar.
2.- San Marcos: Se refiere al león de San Marcos, símbolo de la República veneciana.

PROFECÍA nº 35 (V-24)   1.574

Le regne et loy sous Venus eslevé,[1]	*El reino y ley bajo Venus elevado,*
Saturne aura sus Jupiter empire:[2]	*Saturno tendrá sobre Júpiter imperio:*
La loy et regne par le Soleil levé[3]	*La ley y el reino por el Sol alzado,*
Pars Saturnins endurera le pire.[4]	*Por Saturninos endurecerá lo peor.*

ENRIQUE III Y ENRIQUE IV: Al llegar al trono Enrique III, el reino estará presa del caos, el odio y la injusticia, que propicia Saturno, con dominio sobre Júpiter: La ley y el reino serán alzados por el primer Borbón, consagrado en Chartres, después de escapar a la dura prueba de San Bartolomé, realizada por asesinos capaces de lo peor.

1.- Venus: Simboliza el Amor. "Bajo Venus" = "Escaso Amor".
2.- Saturno es el Karma. Forja las pruebas a pasar por la Humanidad y el hombre. Júpiter simboliza la perseverancia y proclividad hacia la Justicia y el Bien.
3.- El Sol simboliza el poderío del monarca francés. Es el Astro-Rey.
4.- Hechos "Saturninos", serían pruebas proporcionadas por Saturno o dificultades duras del Karma *(endurecerá lo peor)*.

PROFECÍA nº 36 (X-97)   1.575

Triremes pleines tout aage captifs, [1]	*Trirremes llenos de cautivos de toda edad,*
Temps bon à mal, le doux pour amertume:	*Tiempo bueno en malo, lo dulce por amargo:*
Proye à Barbares trop trost seront hastifs,	*Botín a Bárbaros demasiado pronto serán prematuros,*
Cupide de voir plaindre au vent la plume.	*Ansioso de ver llorar al viento la pluma.*

LOS PRISIONEROS DE LOS TURCOS. CERVANTES: Barcos llenos de cautivos de todas las edades, verán convertirse su dulce vida en amargura: Sus deseos de ser rescatados pronto con el botín dado a los corsarios turcos, serán prematuros. Miguel de Cervantes, saldrá de Argel a los cinco años, gracias a fray Juan Gil, ansioso por ver sus escritos.

1.-Trirreme: Barco antiguo con tres filas de remos.

PROFECÍA nº 37 (III-4)   1.577

Quand seront proche le defaut des lunaires,	*Cuando estarán próximo el defecto de los lunares,*
De l'un à l'autre ne distant grandement,	*Del uno al otro no distante grandemente,*
Froid, siccité, dangers vers les frontières,	*Frío, sequedad, peligros hacia las fronteras,*
Mesme ou l'oracle a prins commencement.	*Igualmente donde el oráculo ha tomado comienzo.*

RIGORES SOBRE EUROPA: Se verán fenómenos solares, como el de Tubinga. Hubo un eclipse de Sol, con los dos astros en conjunción. En Europa occidental habrá una época de intenso frío y sequedad, con peligros hacia las fronteras. También Francia, el lugar donde la profecía nostradámica ha dado comienzo, sufrirá esos rigores.

PROFECÍA nº 38 (I-32)   1.588

Le gran Empire sera tost translaté,	*El gran Imperio será pronto trasladado,*
En lieu petit, qui bien tost viendra croistre,	*A lugar pequeño, que muy pronto vendrá a crecer,*
Lieu bien infime d'exigue comté,	*Lugar muy ínfimo de exiguo condado,*
Où au milieu viendra poser son sceptre.	*Donde, en medio vendrá a poner su cetro.*

ENRIQUE III EN BLOIS: Enrique III se verá obligado a huir de París, donde la población se ha sublevado en la jornada de las barricadas, y trasladará su gobierno, convocando los Estados generales, que se reunirán en Blois, modesta localidad del pequeño departamento francés de Loir-et-Cher, donde vendrá a poner su cetro.

PROFECÍA nº 39 (VI-77)   1.588

Par la victoire du deceu fraudulente,	*Por la victoria del frustrado fraudulento,*
Deux classes une, la revolte Germaine,	*De dos grupos uno, la revuelta Alemana,*
Le chef meurtry et son fils dans la tente,	*El jefe muerto y su hijo en la celda,*
Florence, Ymole pourchassez dans Romaine.	*Florencia, Ymola perseguidos en Romania.*

LA GUERRA DE LOS TRES ENRIQUES: Por la victoria de Enrique III, Enrique de Guisa, a pesar de sus fraudes se verá frustrado. La Liga católica contra los hugonotes, de la Reforma alemana, le apoyan. El de Guisa, será eliminado, y su hijo, Carlos de Lorena, encarcelado en Tours. Influye España en Italia, sobre todo en Florencia e Imola.

PROFECÍA nº 40 (XI-50)   1588

Un peu devant ou après l'Angleterre (Falso)	*Un poco antes o después Inglaterra (Falso)*
Par mort de loup mise aussi bas que terre (Falso)	*Por muerte del lobo puesta tan bajo como el suelo (F)*
Verra le feu resister contre l'eau,	*Verá el fuego resistir contra el agua, (1)*
Le ralumant avec telle force	*Reavivándolo con tal fuerza (2)*
Du sang humain, dessus l'humaine escorce	*De sangre humana, encima de la humana corteza (4)*
Faute de pain, bondance de couteau.	*Falta de pan, abundancia de cuchillo. (3)*

DESASTRE DE LA FLOTA DE FELIPE II: Alterada por Vicent Seve de Beaucaire. La flota de Felipe II será incendiada por los brulotes. Se verá el fuego resistir contra el agua, y reavivado por un viento tempestuoso, se hará devastador. Será época de penuria y luchas continuas, y por encima de la corteza terrestre se extenderá la sangre humana.

PROFECÍA n º 41 (III-55)   1.588

En l'an qu'un oeil en France regnera,	*En el año que un ojo en Francia reinará,*
La Cour sera en un bien fascheux trouble,	*La Corte estará en un muy molesto conflicto,*
Le grand de Bloys son amy tuera,	*El grande de Blois su amigo matará,*
Le regne mis en mal et doubte double.	*El reino puesto en mal y duda doble.*

ASESINATO DEL DUQUE DE GUISA: El trono del que reinará al final de su vida con un ojo destrozado, pasará a Enrique III. La Corte, licenciosa y corrompida, en un conflicto muy molesto, le hará huir y convocar los Estados generales en Blois. Matará a su antes amigo, Enrique de Guisa, y esto producirá en el país gran asombro, duda e irritación.

PROFECÍA nº 42 (XI-45)   1.588

De coup de fer, tout le monde estonné (Falso)	*De golpe de hierro, todo el mundo extrañado, (Falso)*
Par Crocodil estrangement donné (Falso)	*Por Cocodrilo extrañamente dado, (Falso)*
A un bien grand, parent de la sangsuë, [1]	*A uno muy grande, pariente de su sangre, (2)*
Et peu apres sera un autre coup,	*Y poco después habrá otro golpe, (1)*
De guet a pend commis contre le loup,	*De emboscada cometida contra el lobo, (3)*
Et de tels faicts on en verra l'issuë.	*Y de tales hechos se verá la salida. (4)*

ASESINATOS DEL DUQUE DE GUISA Y SU HERMANO: Profecía alterada por Vicent Seve de Beaucaire. Poco después habrá otro asesinato: el del cardenal y arzobispo de Lyón, hermano del Duque de Guisa, al que Enrique III matará en una emboscada, por considerarle un lobo capaz de devorarle el poder. De estos hechos se verán las consecuencias: sublevación general, la excomunión papal, la infidelidad al rey y su muerte.

1.-La palabra "sangsue" significa, "su propia sangre"

PROFECÍA nº 43 (VIII-41)   1585-90

Esleu sera Renard ne sonnant mot,	*Elegido será el Zorro no sonando palabra,*
Faisant le sainct public vivant pain d'orge,	*Haciendo el santo público viviendo de pan de cebada,*
Tyrannizer apres tant à un coq, [1]	*Tiranizar después tanto a un despropósito,*
Mettant à pied des plus grands sur la gorge.[2]	*Poniendo el pie de los más grandes sobre la garganta.*

PONTIFICADO DE SIXTO V: Será elegido Sixto V, un Papa hábil y astuto, sin que suene una palabra en contra. Riguroso en extremo, hasta en su propia vida austera, castigó severamente todo crimen que fuera, según su criterio tridentino, en contra de la pureza de la fé. Ya en su primer consistorio anuncia que administrará severa justicia contra todo despropósito, en la que los grandes serán tratados con mayor rigor.

1.- «Coq» viene de Coq-à-l'âne: despropósito, patochada, disparate.

2.- Era tal el rigor de este Papa, que no escapó a la mordacidad. Un día, junto a las estatuas de los Príncipes de los Apóstoles, a la salida del puente de Sant'Angelo, se halló, escrito, el siguiente diálogo: "San Pablo preguntó a San Pedro: ¿Por qué llevas tu saco a la espalda? Y San Pedro contestó: Me escapo por miedo de que este Papa me haga un proceso por la oreja que le corté a Malco".

PROFECÍA nº 44 (V-94)   1574-90

Translatera en la grand Germanie,	*Se trasladará de la gran Germania,*
Brabant et Flandres, Gand, Bruges et Bologne,	*Brabante y Flandes, Gante, Brujas y Bolonia,*
La trefve saincte le grand duc d'Armenie, [1]	*La tregua santa el gran duque de Alemania,*
Assaillira Vienne et la Coloigne.	*Asaltará Viena y Colonia.*

GUILLERMO DE ORANGE Y SU HIJO MAURICIO DE NASSAU: Guillermo de Orange, se trasladará desde Alemania y se rebelará contra la dominación española en los Países Bajos. Logrará la integración de las provincias de Holanda, Zelanda, Utrecht, Güeldres, Overyssel, Frisia, Groninga y, más adelante, las ciudades, de Gante, Yprès, Brujas y Amberes, tras la paz entre católicos y calvinistas. Su hijo Mauricio, asaltará Viena y Colonia.

1.- Error de imprenta. Es "d'Almenie'', es decir, de Alemania.

PROFECÍA nº 45 (II-79)   1.589-1.610

La barbe crespe et noire par engin,	*La barba crespa y negra por trampa,*
Subjuguera la gent cruelle et fiere:	*Subyugará a la gente cruel y fiero:*
Le grand Chiren ostera du lungin, [1]	*El gran Enrique sacará del calabozo,*
Tous les captifs par Seline bannière. [2]	*A todos los cautivos por Inglaterra desterrados.*

ENRIQUE IV, REY POLÉMICO: La barba crespa y negra, llegado al reino por fraude, dominará a la gente, cruel y fiero: El gran Enrique IV sacará del calabozo a todos los cautivos por Inglaterra desterrados.

1.- «Chiren» es anagrama de Enrique, y designación de dinastía.

2.- Con Selín, se refiere a Inglaterra, antigua Selinunte.

PROFECÍA nº 46 (XI-40)   1589-1610

Ce qu'en vivant le père n'avait sceu,	*Lo que viviendo el padre no había tenido, (3)*
Il acquerra ou par guerre ou par feu,	*El adquirirá o por guerra o por difunto, (1)*
Et combattra la sangsue irritée,	*Y combatirá la sangre suya irritada, (2)*
Ou jouyra de son bien paternel (Falso)	*Donde gozará de su bien paternal (Falso)*
Et favory du grand Dieu Eternel (Falso)	*Y favorecido del gran Dios Eterno (Falso)*
Aura bien tost sa Province héritée.	*Tendrá muy pronto su Provenza heredada. (4)*

ENRIQUE IV, REY DE FRANCIA: Alterada por Vicent Seve de Beaucaire. Enrique de Navarra adquirirá, por guerra o por defunción de los legítimos herederos, y contra sus parientes hugonotes, irritados por su abjuración, lo que no había tenido viviendo su padre: el trono de Francia. Pero, muy pronto los españoles conquistarán Provenza.

PROFECÍA nº 47 (X-45)   1589-1610

L'ombre du regne de Navarre non vray, [1]
Fera la vie de desort illegitime:
La veu promis incertain de Cambray,
Roy Orleans[2] donra mur legitime.[3]

La sombra del reino de Navarra no verdadero,
Hará del desorden la vía ilegítima:
El voto prometido incierto de Cambrai,
Rey de Orleans dará fuerza legítima.

CONVERSIÓN DE ENRIQUE IV: La duda del reino del de Navarra como no verdadero, creará el desorden del sector católico, que le verá nombrado por vía ilegítima: El voto prometiendo defender la religión católica dará validez al nombramiento incierto de Cambrai, y a lo ordenado por el rey, que fuera duque de Orleans, se le dará fuerza legítima.

1.- Este «sombra» es en el sentido de apariencia, simulacro.
2.- Enrique III fue Duque de Orleans en 1.560 y después Duque de Anjou.
3.- En sentido figurado puede tomarse la palabra "mur'', como muro, sostén, fuerza.

PROFECÍA nº 48 (VI -70)   1.589- 1.610

Un chef du monde le grand Chiren sera:
Plus outre aprés aymé, craint, redouté:
Son bruit et lors les cieux surpassera,
Et du seul tiltre victeur fort contenté.

Un jefe del mundo el gran Enrique será:
Más otro después amado, temido, respetado:
Su ruido y alabanza los cielos sobrepasará,
Y del sólo título victorioso muy contento.

EL REINADO DE ENRIQUE IV: Enrique IV será un gran dirigente del mundo: Más otro, Luis XIII, después, será amado, temido y respetado: Tendrá gran fama y renombre internacional. Y se sentirá muy contento, victorioso tras ser consagrado en Chartres en 1.594, con el título de verdadero y único rey de los franceses.

PROFECÍA nº 49 (VIII -58)   1589-1610

Regne en querelle aux freres divisé,
Prendre les armes et le nom Britanique,
Tiltre Anglican sera tard advisé,
Surprins de nuict mener à l'air Gallique.

El Reino en querella a los hermanos ha dividido,
Tomar las armas y el nombre Británico,
Título Anglicano será tarde aconsejado,
Sorprendido de noche llevar al aire Gálico.

ABJURACIÓN Y MUERTE DE ENRIQUE IV: El reino en discordia, ha dividido a los de la Liga Católica, al tomar las armas, Enrique IV, recurriendo a los ingleses. El Rey, será aconsejado tarde del riesgo que corre por abjurar del Protestantismo. Morirá sorprendido por Ravaillac, y esto llevará el estupor y la indignación a todos los aires de Francia.

PROFECÍA nº 50 (II -17)   1.590

Le champ du temple de la vierge vestale, [1]
Non esloigné d'Ethene et monts Pyrenees: [2]
Le grand conduict est caché dans la male,
North geter fleuves et vignes mastinées.

El campo del templo de la virgen vestal,
No alejado de Éthe y los montes Pirineos:
El grande conducido es ocultado en lo varón,
El Norte arrastrar ríos y viñas cruzadas.

LA HUIDA DE ANTONIO PÉREZ: El campo de batalla estará entre los Países Bajos y los montes Pirineos: Antonio Pérez, Secretario de Estado de Felipe II, que, cuando era conducido, escapará, disfrazado con las ropas de su esposa, marchará hacia el Norte, arrastrándose entre ríos y viñas entrecruzadas.

1.- Atenea: La diosa guerrera de los griegos.
2.- Éthe: Pequeña localidad al Sur de los Países Bajos.

PROFECÍA nº 51 (IX -85)   1590-98

Passer Guienne, Languedoc et le Rosne,
D'Agen tenans de Marmande et la Roole, [1]
D'ouvrir par foy parroy, Phocen tiendra son trosne, [2]
Conflict aupres sainct Pol de Manseole. [3]

Pasar Guyena, Languedoc y el Ródano,
De Agen teniendo de Marmande y la Rochefort,
De abrir para fe pared, Focea tendrá su trono,
Conflicto cerca de Saint Pol-sur-Mer.

LOS DOS FRENTES DE FELIPE II: Los ejércitos de Felipe II pasarán Guyena, por el Languedoc y el Ródano. Otros, por Agen, Marmande y Rochefort. Tras la cruzada de Sixto V, para abrir el muro puesto a la fe, contra los turcos, dueños de Túnez. El conflicto terminará con la Paz de Vervins, cerca de Saint Pol-sur-Mer.

1.- Error tipográfico: No es Roole, sino Roche. Por versificación.
2.- "Abrir para fe pared". Es un giro del lenguaje.
3.- Saint Pol de Manseole: Es Saint Pol-sur-Mer, con la distorsión de Mer-sur.

PROFECÍA nº 52 (X-27)   1.592-1.605

Par le cinquiesme et un grand Hercules, [1]
Viendront le temple ouvrir de main bellique, [2]
Un Clement, Jule et Ascans recules, [3]
Lespée, clef, aigle, n'eurent onc si grand picque.

Por el quinto y un gran Hércules,
Vendrán el templo abrir de mano bélica,
Un Clemente, Julio y Arcadio retrocedidos,
La espada, llave, águila, no tuvieron nunca tan gran pica.

EL PAPA CLEMENTE VIII: Por Carlos V y Enrique II, tendrán las Guerras de Religión, su apertura. Clemente VIII, como en tiempos de los antiguos Césares de Roma, con la Cruz pondrá término a los conflictos. Nunca tuvieron en la espada un arma tan eficaz como la Cruz contra el poder y será la llave que abrirá la puerta de la Paz en Vervins.

1.- En algunas ediciones el principio de este verso sería "Carle", Carlos, en vez de «Par le», con lo que se reafirma la idea de que es Carlos V.
2.- El "templo" es aquí sinónimo de «Religión».
3.- No es "Ascans", sino "Arcans", Arcadio, ant. emperador romano.

PROFECÍA nº 53 (V-81)   1.594-1.610

L'oiseau Royal sur la cité solaire, [1]
Sept mois devant fera nocturne augure:
Mur d'Orient cherra tonnerre, esclaire,
Sept jours aux portes les ennemis à l'heure.

El pájaro Real sobre la ciudad solar,
Siete meses delante hará nocturno augurio:
Muralla da Oriente caerá tronada, rayos,
Siete días a las puertas los enemigos alerta.

CONSAGRACIÓN DE ENRIQUE IV: Enrique IV será consagrado en Chartres. Siete meses antes, el 27 de Julio de 1.593, había abjurado en Saint-Denis diciendo la nocturna frase, augurio de sus intenciones: "París bien vale una misa". Antes de transcurrido un mes desde su consagración, el 22 de Marzo de 1.594, la muralla del Este caerá derribada a cañonazos, y entrará en la ciudad, tras siete días a las puertas esperando el momento.

1.- Nostradamus llama con el nombre del astro-rey a los monarcas franceses y "solar" a la ciudad donde se consagraban.

PROFECÍA nº 54 (V-17) 1.595-1.610

De nuict passant le Roy pres d'une Andronne, [1]	*De noche pasando el Rey cerca de una Callejuela,*
Celui de Cypres et principal guette: [2]	*Aquel de la muerte y principal acecha.*
Le Roy failly, la main fuit long du Rosne,	*El Rey fallado, la mano huye a lo largo del Ródano,*
Les conjurez l'iront à mort mettre.	*Los conjurados le irán a poner en muerte.*

ATENTADO A ENRIQUE IV: Pasando de noche, Enrique IV, cerca de una calle estrecha, será agredido por Jean Châtel, que le acecha para darle muerte. Fallado el golpe al Rey, la mano criminal huye a lo largo del Ródano. Los conjurados que irán a poner en muerte al monarca galo serán antiguos correligionarios hugonotes, que enviarán a Châtel.

1.- Andronne: En lengua provenzal, callejuela, paso estrecho.
2.- Cypres: Del fr. «cyprès», ciprés, fig. la muerte, el luto.

PROFECÍA nº 55 (X-77) 1.595-1.603

Trente adherans de l'ordre des quirittes, [1]	*Treinta partidarios de la orden de los quírites,*
Bannis, leurs biens donnez ses adversaires,	*Proscritos, sus bienes dados a sus adversarios,*
Tous leurs bienfaits seront pour demerites,	*Todos sus buenos hechos serán por deméritos,*
Classe espargie delivrez aux Corsaires.	*Flota esparcida entregada a los Corsarios.*

EXPULSIÓN DE LOS JESUITAS EN FRANCIA: En el Concilio de Trento, los jesuítas contribuirán a la victoria de las tesis dogmáticas. Después del atentado fallido de Jean Châtel a Enrique IV, serán expulsados, despojados de sus bienes, y desacreditados. Serán tiempos de demérito para la Orden, y desastre para la flota española ante los corsarios.

1.- Quírite: Título de los ciudadanos romanos que residían en Roma, por oposición a los que servían en el ejército. El profeta llama "quírites" a los jesuítas para indicar que, aunque relacionados con Roma, eran diferentes de los curialistas.

PROFECÍA nº 56 (IV -69) 1.597

La cité grande les exilez tiendront,	*La ciudad grande los exilados tendrán,*
Les citadins morts, meurtris et chassez,	*Los ciudadanos muertos, heridos y expulsados,*
Ceux d'Aquilee à Parme promettront,	*Los de Aquilea a Parma prometerán,*
Monstrer l'entrée par les lieux non trassez.	*Mostrar la entrada por los lugares no trazados.*

LA TOMA DE AMIENS: La gran ciudad será tomada por los españoles fuera de su tierra. Los ciudadanos serán reprimidos brutalmente por los invasores hispanos, que una vez más encuentran en el saqueo y en la violación, las recompensas prometidas en los tiempos de Farnesio, después de que podrán entrar en la ciudad por lugares secretos.

PROFECÍA nº 57 (X-26) 1.598-1.610

Le successeur vengera son beau frere,	*El sucesor vengará a su cuñado,*
Occuper regne souz umbre de vengeance,	*Ocupará el reino bajo sombra de venganza,*
Occis ostacle son sang mort vitupere,	*Muerto obstáculo su sangre muerta vitupera,*
Long temps Bretaigne tiendra avec la France.	*Largo tiempo Bretaña tendrá con la Francia.*

ENRIQUE IV Y EL EDICTO DE NANTES: Enrique IV, sucesor de Enrique III, vengará a su cuñado, derrotando al Duque de Mayenne. Ocupará el reino, a la sombra de esa venganza. Termina las guerras con la firma del Edicto de Nantes, y la sangre del muerto vitupera. Por compromiso matrimonial, Bretaña se unirá a Francia largo tiempo.

PROFECÍA nº 58 (VIII -52) 1.598-1.610

Le Roy de Bloys dans Avignon regner,	*El Rey de Blois en Aviñon reinar,*
D'Amboise et seme viendra le long de Lyndre:[1]	*De Amboise y semilla vendrá a lo largo del Indre:*
Ongle à Poitiers, sainctes aisles ruiner,	*Garra en Poitiers, santas alas arruinar,*
Devant Boul......(vers incomplet)[2]	*Delante de Boul.....(verso incompleto).*

EL EDICTO DE NANTES Y LA PAZ DE VERVINS: Enrique IV, recuperará intacto el territorio de Francia. Alentó lo de Amboise, y al lado de los hugonotes, irá a lo largo del Indre: Tras poner su garra en Poitiers, por el Edicto de Nantes arruinará las pretensiones católicas. La Paz de Vervins, delante de Boulogne, es un retorno a Cateau-Cambrésis.

1.- Indre: Dep. de Francia central, atravesada por el Indre, afluente izquierdo del Loira.
2.- No es "Boni", sino "Boul...", apócope de Boulogne, C. de Francia (Paso de Calais).

PROFECÍA nº 59 (IX-29)   1598

Lors que celuy qu'à nul ne donne lieu,	*Cuando aquél que a ninguno da lugar,*
Abandonner voudra lieu prins non prins:	*Abandonar querrá lugar tomado no tomado:*
Feu nef par saignes, bitument à Charlieu, [1]	*Fuego nave por sangría, embetunado a Charolais,*
Seront Quintin Balez reprins. [2]	*Serán Quintín Calais reconquistados.*

DECLIVE DE FELIPE II: Será cuando aquél que a ninguno da tregua, Felipe II, querrá abandonar los lugares que varias veces ha tomado y devuelto: El fuego en La Armada Invencible, por el embetunado, con gran sangría, la pérdida del Vermandois y Picardía, por el Charolais, traerá el declive de su reinado. San Quintín y Calais, serán reconquistados.

1.- Charlieu: Ciudad del Charolais francés.
2.- Balez: Es "Cales", Calais, C. y p. francés en el Paso de Calais.

PROFECÍA nº 60 (VI -15) 1.598

Dessous la tombe sera trouvé le Prince, [1]	*Debajo de la tumba será encontrado el Príncipe,*
Qu'aura le pris par dessus Nuremberg, [2]	*Que tendrá la paz por encima Nuremberg,*
L'Espaignol Roy en Capricorne mince,	*El Español Rey en Capricornio tenue,*
Fainct[3] et trahy par le grand Vuitemberg. [4]	*Disimulado y descubierto por el gran Gutenberg.*

LA MUERTE DE FELIPE II: Debajo de la tumba estará Felipe II, el Príncipe de Brandeburgo, que obtendrá la paz de Vervins, por encima de Nuremberg. Un Rey español cuyas obras de Capricornio tímido, irresoluto, minucioso y suspicaz, serán disimuladas por unos, y descubiertas por otros, por medio de la imprenta inventada por el gran Gutenberg.

1.- Felipe II era Príncipe de Brandeburgo, como título adjunto a la Corona.
2.- Error de imprenta: no es "pris sino "paix", paz.
3.- Error de imprenta: no es "Fainct", sino "Feint", simulado, fingido, disimulado.
4.- Vuitemberg: Es Gutenberg, inventor de la imprenta.

PROFECÍA nº 61 (XI-6) 1.599-1.602

Quand de Robin[1] la traîteuse entreprise, (Falso)
Mettra Seigneurs et en peine un grand Prince, (Falso)
Sceu par la Fin, chef on lui tranchera,
La plume au vent, amye dans Espaigne,
Poste attrapé estant en la campagne,
Et l'escrivain dans l'eau se iettera.

Cuando de Robin la traidora empresa, (Falso)
Pondrá Señores y en pena a un gran Príncipe, (Falso)
Sabido por la Fin, cabeza se le cortará, (2)
La pluma al viento, amigo en España, (1)
Correo atrapado estando en el campo, (3)
Y el escribano en el agua se arrojará. (4)

TRAICIÓN DE BIRON: Cuarteta alterada por Vicent Seve de Beaucaire. El Duque de Birón, enviará cartas a un amigo en España y, descubierto por La Fin, se le cortará la cabeza, después que el correo con el que enviaba los escritos será capturado en el trayecto, con lo que el Duque se pondrá el agua al cuello al descubrirse su traición.

1.- El nombre de "Robin", anagrama de Biron, fue incorporado por Vicent Seve, contemporáneo de los hechos, intercalando también el nombre de La Fin, antes de entregar las sextillas a Enrique IV, cuya figura resalta en el verso 2º, para halagar al soberano.

PROFECÍA nº 62 (III -85) 1.602

Par cité prinse par tromperie et fraude
Par le moyen d'un beau jeune attrapé,
Assaut donné Raubine[1] pres de Laude, [2]
Luy et tous morts pour avoir bien trompé.

Por ciudad apresado por trampa y fraude
Por el medio de un bello joven atrapado,
Asalto dado Biron cerca del Aude,
El y todos muertos por haber bien traicionado.

MUERTE DEL DUQUE DE BIRON: Por Aude, el Duque de Biron será apresado por una delación. Por medio del delator La Fin será atrapado en un asalto dado cerca del río Aude. Él, así como el Duque de Bouillón, el Conde de Auvernia y otros complicados, acusados de traición, serán ejecutados.

1.- Raubine: Anagrama alterado de Biron.
2.- Laude: Es el Aude. Río de Francia.

PROFECÍA nº 63 (X-39) 1.603

Premier fils vefve malheureux mariage,
Sans nuls enfans deux Isles en discord,
Avant dix huict incompetant aage,
De l'autre pres plus bas sera l'accord.

Primer hijo viuda desgraciado matrimonio,
Sin ningún niño dos Islas en discordia,
Antes de dieciocho incompetente edad,
De la otra cerca más bajo será el acuerdo.

JACOBO I ESTUARDO, REY DE INGLATERRA: El primer hijo de la viuda del desgraciado matrimonio de Francisco II, unirá en su persona a Inglaterra y Escocia, en discordia, al no tener ningún niño heredero. Gobernará, en edad incompetente para reinar. Escaso será su acuerdo con el Parlamento y los católicos, por su apoyo a la Iglesia anglicana.

PROFECÍA nº 64 (VI -23) 1.604-1.609

D'esprit de regne musnimes descriées,
Et seront peuples esmeuz contre leur Roy,
Paix, fait nouveau, sainctes loix empirées,
Rapis onc fut en si tresdur arroy. [1]

De espíritu de reino medidas desacreditadas,
Y serán pueblos movidos contra su Rey,
Paz, hecho nuevo, santas leyes empeoradas,
París nunca fue en tan gran error.

EL CASO DE CLÈVES: Las medidas del gobierno de Enrique IV, serán desacreditadas y el descontento moverá al pueblo contra su rey. Su partidismo hugonote, pondrá en peligro la Paz de Vervins, por el caso de Clèves, que opondrá, en Alemania, la Unión Evangélica a la Liga Católica. Nunca hubo en París un error tan grande.

1.- Rapis: Es un anagrama de París.

PROFECÍA nº 65 (VIII -71) 1.607

Croistra le nombre si grand des astronomes,	*Crecerá el número tan grande de los astrónomos,*
Chassez, bannis et livres censurez,	*Expulsados, desterrados y libros censurados,*
L'an mil six cens sept par sacre glomes,[1]	*El año mil seiscientos siete por sagrado esferas*
Que nul aux sacres ne seront asseurez.	*Que ninguno a los sagrados estarán asegurados.*

PERSECUCIÓN DE LOS ASTRÓNOMOS: Crecerá el número tan grande de los astrónomos expulsados, desterrados y sus libros censurados. En 1.607, tomado por sagrado lo de las esferas celestes, ninguno de los astrólogos, astrónomos y magos, estarán asegurados frente a los "sagrados" de la "Santa Inquisición"

1.- glomes: Del latín "glomes-eris", ovillo, pelota. Por sentido análogo, podría ser "globes", de "globus", globos, esferas.

PROFECÍA nº 66 (II -15) 1.607-10

Un peu devant monarque trucidé,	*Un poco delante de monarca asesinado*
Castor, Pollux en nef, astre crinite:[1]	*Cástor, Pólux en nueva, astro con crines:*
L'erain public par terre et mer vuidé,	*El erario público por tierra y mar vaciado,*
Pise, Ast, Ferrare, Turin, terre interdite.	*Pisa, Asti, Ferrara, Turín, tierra prohibida.*

MUERTE DE ENRIQUE IV: Un poco antes de que Enrique IV sea asesinado, en un tiempo en que la Luna nueva estaba en Géminis, tendrá lugar la venida del cometa de Halley: Francia, merced a los conflictos bélicos por tierra y por mar, había quedado arruinada. Después de pasado el cometa, también las regiones italianas serán tierra prohibida.

1.-Cástor y Pólux: Príncipes griegos convertidos por Zeus en la Constelación de Los Gemelos, es decir Géminis.

PROFECÍA nº 67 (I-69) 1.607-10

La grand montagne ronde de sept stades,[1]	*La gran montaña redonda de siete estadios,*
Apres paix, guerre, faim, inondation,	*Después paz, guerra, hambre, inundación,*
Roulera loin abismant grands contrades, [2]	*Rodará lejos abismando grandes comarcas,*
Mesmes antiques, et grand fondation. [3]	*Lo mismo las antiguas, y gran fundación.*

EL COMETA DE HALLEY: El 28 de Octubre de 1.607, vendrá el cometa de Halley. Después, se romperá la paz y otra vez habrá una época de guerra, hambre y conflictos, que rodará lejos, sumiendo en el abismo a grandes comarcas, lo mismo a las antiguas que a las más ricas y de reciente creación.

1.- El "estadio" era entre los griegos una medida itineraria de 147 a 192 m.
2.- Contrades: Antigua forma del francés "contrées", comarcas, regiones.
3.- Cada venida a nuestro orbe del inquietante cometa, significa la cercanía de terribles eventos mundiales.

PROFECÍA nº 68 (VI -62) 1.610

Trop tard tous deux les fleurs seront perdües,[1]	*Demasiado tarde las dos flores serán perdidas,*
Contre la loy serpent ne voudra faire:[2]	*Contra la ley diabólica no querrá hacer:*
Des Ligueurs forces par gallots confrondües,[3]	*Unas fuerzas coaligadas para galos confrontados,*
Savone, Albingue par monech grand martyre.[4]	*Savona, Albenga para monarquía gran martirio.*

REINADO DE LUIS XIII: Demasiado tarde para todos, una vez perdidos Enrique III y Enrique IV, contra el Edicto de Nantes, que protege las "obras del diablo", según los católicos, nada se querrá hacer: Luis XIII se encontrará con unas fuerzas coaligadas para llevar a los franceses a una serie de confrontaciones y desórdenes, tras las andanzas del Duque de Guisa hasta la Liguria, para terminar con el asesinato de Enrique IV, para muchos un rey mártir.

1.- fleurs: flores. Las flores de lis, símbolo de los monarcas franceses.

2.- la ley serpiente: Simboliza una ley considerada diabólica.
3.- gallots: Es el término francés "gallois", galo. (4) monech: Forma sincopada de "monarchie", monarquía.

PROFECÍA nº 69 (IV -14) 1.610

La mort subite du premier personnage	*La muerte súbita del primer personaje*
Aura changé et mis un autre au regne:	*Habrá cambiado y puesto un otro en el reino:*
Tost, tard venu à si haut et bas aage,	*Pronto, tarde venido a tan alto y baja edad,*
Que terre et mer faudra que on le craigne.	*Que tierra y mar será preciso que se le tema.*

LUIS XIII DE FRANCIA: La muerte súbita de Enrique III, habrá cambiado y puesto en el reino a Enrique IV: Pronto será puesto otro en el trono, Luis XIII, tarde venido y demasiado joven para tan alto lugar. De todas formas, será preciso que se le tema por tierra y por mar.

PROFECÍA nº 70 (IV -18) 1.610-16

Des plus lettrez dessus les faicts celestes	*Los más letrados sobre los hechos celestes*
Seront par Princes ignorans reprouvez:	*Serán por Príncipes ignorantes reprobados:*
Punis d'Edict, chassez, comme scelestes, [1]	*Castigados por Edicto, expulsados, como criminales,*
Et mis à mort lá oú seront trouvez.	*Y puestos en muerte allí donde serán encontrados.*

PERSECUCIÓN DE LOS HOMBRES DE CIENCIA: Los más letrados en los hechos celestes, serán reprobados por los ''Príncipes'' ignorantes, sicarios del «Santo Oficio»: Castigados por las leyes católicas, sus obras serán puestas en el Indice y ellos perseguidos y expulsados como criminales y llevados a la muerte allí donde serán encontrados.

1.- scelestes: Del latín "scelestus-a-um", malvado, criminal, impío, sacrílego.

PROFECÍA nº 71 (IX -9) 1.618-48

Quand lampe ardente de feu inextinguible [1]	*Cuando lámpara ardiente de fuego inextinguible*
Sera trouvé au temple des Vestales,	*Será encontrado en el templo de las Vestales,*
Enfant trouvé [2] feu, eau passant par crible: [3]	*Expósito fuego, agua pasando por criba:*
Périr eau Nymes, Tholose cheoir les halles. [4]	*Perecer agua Nimes, Tolosa caer los palacios.*

LA GUERRA DE LOS 30 AÑOS: Cuando un largo conflicto bélico, inflamado de odio, será hallado en los campos de batalla, ese engendro de fuego, vendrá a ser como una criba, para la Humanidad: Francia, tendrá una constante confrontación con España, y ciudades situadas en el Sur galo se verán engullidas en un torbellino destructor.

1.- Una guerra larga, inflamada de odio y furor.
2.- Enfant trouvé: Es "expósito", recién nacido abandonado.
3.- Las revoluciones, son como "mareas", "oleadas" conflictivas.
4.- halles: Anacronismo sajón con el significado de "templo", monasterio o palacio.

PROFECÍA nº 72 (VIII -100) 1.622-42

Pour l'abondance de l'arme respandue	*Por la abundancia del arma extendida*
Du hault en bas par le bas au plus hault. *	*Del alto en bajo por el bajo al más alto*
Trop grande foy par jeu vie perdue,	*Demasiado grande fe por juego vida perdida,*
De soif mourir par habondant deffault.	*De sed morir por abundante defecto.*

EL CARDENAL RICHELIEU: Por la abundancia de sus malas artes, Richelieu provocará la caída de Luynes y con ello su propia subida. El Duque de Montmorency, que, confiando en Richelieu había puesto en juego el cargo de almirante, por el título de Condestable, perderá su vida. Morirá sediento de una justicia que ha faltado abundante.

* Indicio para la ordenación.

PROFECÍA nº 73 (XI -39) 1.623-42

Le pourvoyeur du monstre sans pareil,	*El proveedor del monstruo sin parecido, (1)*
Se fera voir ainsi que le Soleil, [1]	*Se hará ver así como el Sol, (3)*
Montant le long la ligne Méridienne,	*Subiendo a lo largo de la línea Meridiana, (2)*
En poursuivant l'Eléphant et le loup, (Falso)	*Persiguiendo al Elefante y al lobo, (Falso)*
Nul Empereur ne fit jamais tel coup, (Falso)	*Ningún Emperador hizo jamás tal golpe,(Falso)*
Et rien plus pis à ce Prince n'advienne.	*Y nada más peor a este Príncipe puede venir. (4)*

EL CARDENAL RICHELIEU: Cuarteta alterada por Vicent Seve de Beaucaire. El Cardenal Richelieu, «proveedor del monstruo sin igual», subirá desde Obispo de Luçon hasta primer ministro, y se hará ver tanto como el mismo rey. Su influencia sobre Luis XIII no podrá ser más nefasta, y nada peor podrá venirle a este rey.

1.- Nostradamus acostumbra a simbolizar a los monarcas Borbones con el nombre del astro-rey.

PROFECÍA nº 74 (VIII -43) 1.624-32

Par le decide de deux choses bastards, [1]	*Por la decisión de dos cosas bastardas,*
Nepveu du sang occupera le regne, [2]	*Sobrino de sangre ocupará el reino,*
Dedans lictoyre seront les coups de dards, [3]	*Dentro del litoral serán los golpes de dardos,*
Nepveu par pleur pleira l'enseigne. [4]	*Sobrino por llanto plegará la enseña.*

EL IMPLACABLE CARDENAL RICHELIEU: Por la decisión de Luynes y de Richelieu, el sobrino de Luis XIII, Carlos I, ocupará el reino de Inglaterra. Richelieu, hará ejecutar al Duque de Montmorency, vencido en la zona litoral cercana a Castelnaudary. Luis XIII, sobrino del Duque, se irritará, pero, por el llanto de su madre, María de Médicis, terminará, como siempre, plegándose.

1.- Llama a Luynes y Richelieu "cosas bastardas" por su condición de "favoritos", que no son de legítima sangre Real.
2.- Jacobo I de Inglaterra, hijo de Francisco II, hermano de Margarita, era sobrino de Enrique IV. Así que, es primo de Luis XIII y, sobrino de éste su hijo, Carlos I.
3.- Lictoyre: Del latín "litus-oris": litoral, playa, costa, orilla, etc.
4.- Nepveu. "Neveu" (sobrino) y "nerveux" (nervioso).

PROFECÍA nº 75 (XI -43) 1.628-32

Le petit coing, Provinces mutinées,	*El pequeño rincón, Provincias amotinadas, (1)*
Par forts Chasteaux se verront dominées,	*Por fuertes Castillos se verán dominadas, (3)*
Encore un coup par la gent militaire,	*Aún un golpe por la gente militar, (2)*
Dans bref seront fortement assiegez, (Falso)	*En breve serán fuertemente sitiadas, (Falso)*
Mais ils seront d'un tres-grand soulagez,(Falso)	*Pero ellas serán de un muy grande aliviadas, (Falso)*
Qui aura fait entrée dans Beaucaire.	*Que habrá hecho entrada en Beaucaire. (4)*

SUBLEVACIONES SOFOCADAS POR RICHELIEU : Cuarteta alterada por Vicent Seve de Beaucaire. Las plazas fuertes protestantes, cuya base principal es la Rochela, estarán amotinadas. Richelieu enviará el ejército, forzando su capitulación mediante el bloqueo de su puerto con un dique. La rebelión será dominada lo mismo que, más adelante, en otro castillo, el de Beaucaire, la llevada a cabo por Gastón de Orleans y Montmorency, al que sus tropas habían sitiado.

PROFECÍA nº 76 (VIII -23) 1.630

Lettres trouvées de la Royne les coffres,	*Cartas encontradas en los cofres de la Reina,*
Point de subscrit sans aucun nom d'auteur:	*Nada de firma sin ningún nombre de autor:*
Par la police seront cachez les offres,	*Por la policía serán escondidos los regalos,*
Qu'on ne sçaura qui sera l'amateur.	*Que no se sabrá quien será el amante.*

LAS CARTAS DE AMOR DE ANA DE AUSTRIA: Las cartas encontradas en los cofres de la Reina Ana de Austria, no llevarán ni la firma ni el nombre del autor: Los mosqueteros de la Reina francesa ocultarán los regalos del presunto amante, que no será descubierto, y así, el honor de la soberana de sangre española quedará a salvo.

PROFECÍA nº 77 (IX -18) 1.632-33

Le lys Dauffois portera dans Nansi, [1]	*El lis del Delfín entrará en Nancy,*
Jusques en Flandres electeur de l'Empire, [2]	*Hasta en Flandes elector del Imperio,*
Neufve obturée au grand Montmorency,	*Nueva obstrucción al gran Montmorency,*
Hors lieux prouvez delivre à clere peine.[3]	*Fuera de lugares probado entregado a Clarepeine.*

LUIS XIII EN LORENA: El ejército de Luis XIII entrará en Nancy. Hasta en Flandes estará, para rescatar al Elector de Tréveris. El Duque de Montmorency, metido en la prisión de Toulouse. Sus enemigos probarán su culpabilidad sin un juicio previo y será entregado para ser decapitado a un soldado llamado de apellido Clarepeine.

1.- Delfín: Antiguo título del príncipe heredero de Francia.
2.- Elector: Cada uno de los dignatarios alemanes que elegían al Emperador del Sacro Imperio.
3.- Nostradamus captó incluso el apellido de un simple verdugo.

PROFECÍA nº 78 (VIII -26) 1.640

De Caton es trouvez en Barcelonne, [1]	*De Catón es encontrado en Barcelona,*
Mys descouvers lieu terrouers et ruyne:	*Puestos al descubierto lugares aterrorizados y ruina:*
Le grand qui tient ne tient voudra Pamplonne, [2]	*El grande que tiene no tiene querrá Pamplona,*
Par l'abbage de Montferrat bruyne. [3]	*Por la abadía de Montserrat neblina.*

SUBLEVACIONES EN CATALUÑA: El conde-duque de Olivares, se encuentra en Barcelona. Serán puestos al descubierto los lugares aterrorizados y en ruina, por el ejército: Richelieu, el grande que tiene Poder, pero no tiene realeza, querrá Navarra. A través de la niebla otoñal, tropas francesas ocuparán las principales plazas fuertes catalanas.

1.- Catón: Catón el Censor, político romano, contrario a toda innovación.
2.- Pamplona: Capital de Navarra.
3.- Montferrat: Es Montserrat, macizo rocoso de Cataluña, donde se encuentra el monasterio benedictino fundado en 880, con la basílica.

PROFECÍA nº 79 (VIII -36) 1.643

Sera commis Conte oindre aduché	*Será comisionado Condé para ungir al Duque*
De Saulne et sainct Aulbin et Bel l'oeuvre, [1]	*De Saulieu y Saint Aubin y Belfort la obra,*
Paver de marbre de tours loing espluche	*Pavimentar de mármol torres vigía,*
Non bleteran resister et chef d'oeuvre.	*No podrán resistir y obra maestra.*

MAZARINO, SUCESOR DE RICHELIEU: El Príncipe de Condé será comisionado para ungir a Mazarino como "ministro principal", que provocará la sublevación popular hasta más allá de la

Borgoña, con una obra igual a la del que dirigió bellas obras de restauración, y la obra maestra del dique que no podrán resistir los defensores de la Rochela.

1.-Localidades francesas situadas en la Borgoña y más al Este de Francia.

PROFECÍA nº 80 (VIII-66) 1.643

Quand l'escriture D. M. trouvée, [1]	*Cuando la escritura D. M. encontrada,*
Et cave antique à lampe descouverte, [2]	*Y tumba antigua con lámpara descubierta,*
Loy, Roy et Prince Ulpian esprouvée, [3]	*Ley, Rey y Príncipe Ulpián, aprobada,*
Pavillon Royne et Duc sous la couverte. [4]	*Pabellón Reina y Duque bajo la cubierta.*

DECRETO MONÁRQUICO DE LUIS XIII: El país se encontrará con un Decreto Monárquico, tras el entierro en el Panteón de Luis XIII, aprobado por el monarca, los Ministros de Estado y los Príncipes de la Justicia. Instituye un Consejo de Regencia. Pero, la Reina impone su autoridad, una vez el Duque de Richelieu bajo tierra, y lo hace anular.

1.- Hoy, se llama B.O.E. al Boletín Oficial del Estado, u O. M. a Orden Ministerial. Nostradamus puso D. M. por Decreto Monárquico.
2.- El Panteón era la tumba antigua de los Reyes de Francia. Para entrar a él había que usar lámparas.
3.- Ulpian: Ulpiano (Domicio), jurisconsulto romano.
4.- "pavillon", en francés significa pabellón, bandera, en el sentido de instalar un poder, una autoridad.

PROFECÍA nº 81 (V-6)   1.643-1.715

Au Roy l'augur sur le chef la main mettre,	*Al Rey el augurio sobre la jefatura la mano poner,*
Viendra prier pour la paix Italique:	*Vendrá a pedir por la paz Itálica:*
A la main gauche viendra changer le sceptre [1]	*A la mano izquierda vendrá a cambiar el cetro,*
De Roy viendra Empereur pacifique.	*De Rey vendrá a Emperador pacífico.*

LUIS XIV DE FRANCIA, EL REY "SOL": "El Estado soy yo", será el augurio de que Luis XIV va a poner la mano sobre la jefatura de Francia. El Rey "Sol", será un déspota, que humillará a Alejandro VII, al pedirle éste la concordia con Roma: Ostentará un poder absoluto y, al final, de Rey "por derecho divino", vendrá a ser pacífico gobernante.

1.-Giro lingüístico para significar que ostentará el poder absoluto e independiente.

PROFECÍA nº 82 (X-22) 1.645-49

Pour ne vouloir consentir au divorce,	*Por no querer consentir a la disolución,*
Qui puis apres sera cognu indigne,	*Que después será reconocido indigno,*
Le Roy des Isles sera chassé par force,	*El Rey de las Islas será expulsado por fuerza,*
Mis à son lieu qui de roy n'aura signe	*Puesto en su lugar quien de rey no tendrá signo.*

CARLOS I DE INGLATERRA Y OLIVERIO CROMWELL: Por no querer consentir que mantenga su derecho de disolución del Parlamento, el que después será reconocido indigno, Carlos I, rey de Inglaterra, será expulsado por la fuerza y puesto en su lugar quien no tendrá sangre real: el gentilhombre campesino, Oliverio Cromwell.

PROFECÍA nº 83 (IX -49) 1.649

Gand et Bruceles marcheront contre Anvers	*Gante y Bruselas marcharán contra Amberes*
Senat de Londres mettront à mort leur Roy,	*Senado de Londres pondrán en muerte a su Rey,*
Le sel et vin lui seront à l'envers,	*La sal y el vino le serán a la inversa*
Pour eux avoir le regne en desárroy.	*Por ellos tener el reino en desorden.*

MUERTE DE CARLOS I DE INGLATERRA: Los almirantes holandeses Tromp y Ruyter, lograrán victorias hasta en el estuario del Támesis, luego que los del Parlamento de Londres harán matar a su Rey, Carlos I de Inglaterra. Esta padecerá reveses económicos, con conflictos comerciales, exponentes del caos y desorden que reina en el país.

PROFECÍA nº 84 (X-101) 1.660

Quand le fourcheu sera soustenu de deux paux, [1]	*Cuando la horquilla estará sostenida de dos palos,*
Avec six demy cors, et six cizeaux ouvers: [2]	*Con seis semi-corazones, y seis tijeras abiertas:*
Le trespuissant Seigneur, heritier des crapaux, [3]	*El todopoderoso Señor, heredero de los crápulas,*
Alors subjuguera sous soy tout l'univers.	*Entonces subyugará bajo sí todo el universo.*

LUIS XIV DE FRANCIA: Cuando la horquilla estará sostenida de dos palos, con seis semi-corazones, y seis tijeras abiertas, el todopoderoso Señor, heredero de los crápulas, Luis XIV, estará a punto de asumir personalmente el gobierno, cosa que hará a la muerte de Mazarino, y entonces subyugará bajo sí todo el universo europeo.

1.- Véase gráficamente: IVI. La M es una uve (horquilla) sostenida por dos íes (palos). En romano, vale mil.
2.- Gráficamente: CCCCCCXXXXXX. Seis C (semi-corazones) y seis X (tijeras abiertas). La C en romano vale cien y la X vale diez. Total 660.
3.- Crapaux: Del francés "crapule", crápula, libertino. Es conocida, históricamente, la vida libertina de la Corte de su padre, Luis XIII, a quien heredó.

PROFECÍA nº 85 (III -66) 1.660

Le grand Baillif d'Orleans mis à mort, [1]	*El gran Bailío de Orleans puesto en muerte,*
Sera par un de sang vindicatif:	*Será por uno de sangre vengativa:*
De mort merité ne mourra que par fort,	*No morirá de muerte merecida sólo por fuerza,*
Des pieds et mains mal le faisoit captif.	*De pies y manos mal le sea hecho cautivo.*

MUERTE DE GASTÓN DE ORLEANS: En 1.660, el que fuera Gran Caballero de la Orden de San Juan, J.B. Gastón de Orleans, hermano de Luis XIII, será puesto en muerte, por uno de sangre vengativa, Luis XIV: No morirá de muerte merecida, sino por la fuerza, y le será administrada después de ser hecho prisionero.

1.- Bailío: Caballero profeso de la Orden de San Juan.

PROFECÍA nº 86 (III -16) 1.685

Un Prince Anglois, Mars à son coeur de ciel, [1]	*Un Príncipe Inglés, Marte en su corazón de cielo,*
Voudra poursuivre sa fortune prospere:	*Querrá proseguir su fortuna próspera:*
Des deux duelles l'un percera le fiel,	*De los dos duelos, uno le atravesará el hígado,*
Hay de luy, bien aymé de sa mere.	*¡Ay de él! El bienamado de su madre.*

MUERTE DEL DUQUE DE MONMOUTH: El duque de Monmouth, hijo natural de Carlos II, conspirará y se levantará en armas contra Jacobo II. Este, que le lleva en su corazón, será su ángel protector. Tras varios complots de los que la piedad le salvará, querrá seguir tentando la suerte: Gravemente herido en uno de los dos duelos que provoca, llevará el último dolor al corazón de su madre, Lucía Walters, cuando será decapitado en Londres, por turbar la paz.

1.- Con Marte, Dios de la Guerra, el profeta suele representar en sus cuartetas el conflicto bélico.

PROFECÍA n° 87 (X-62) 1.686-1.878

Pres de Sorbin pour assaillir Ongrie, [1]
L'heraut de Brudes les viendra advertir: [2]
Chef Bisantin, Sallon [3] de Sclavonie, [4]
A loy d'Arabes les viendra convertir.

Cerca de Sorbin para asaltar Hungría,
El heraldo de Buda les vendrá a advertir:
Jefe bizantino, Salónica de Eslavonia,
A ley de Arabes les vendrá a convertir.

DECADENCIA DEL IMPERIO TURCO: En 1.686, Carlos de Lorena, que ya había derrotado a los de Turquía en Kahlenberg tres años antes se apoderará de Buda, el "escudo del Islam": El imperio turco llegará hasta las últimas décadas del siglo XIX. Pero, en 1.878, Austria, querrá rescatar ciertas regiones de la influencia islámica que intenta convertir a los cristianos que en ellas viven, con vistas a dominar sobre Salónica, en contra de los intereses de Rusia.

1.- Sorbín: Es Serbin, pueblo del ant. reino de Serbia, en poder de los turcos hasta 1.867.
2.- Brudes: Es la ciudad húngara de Buda, alterada metaplásmicamente.
3.- Sallon: Es la ciudad de Salónica, puerto de Turquía, con alteración metaplásmica.
4.- Esclavonia: Es Eslavonia, antigua región que se extendía por el NE. de Europa y que hoy forma las superficies de Rusia y Polonia.

PROFECÍA n° 88 (IV-89) 1.688

Trente de Londres secret conjureront,
Contre leur roy, sur le pont l'entreprinse:
Luy, fatalites la mort desgousteront,
Un Roy esleu blonde, natif de Frize. [1]

Treinta de Londres en secreto conjurarán,
Contra su rey, sobre el puente la empresa:
A él, las fatalidades la muerte le harán degustar,
Un Rey elegido rubio, nativo de Frisia.

JACOBO II Y GUILLERMO DE ORANGE: Un grupo de cabecillas de Londres, en secreto conjurarán contra su rey, y Guillermo de Orange, desembarcará en el Devon y derrocará a Jacobo II: Una serie de fatalidades precipitarán su muerte en el destierro. En 1.689, Guillermo de Orange, rubio y nacido en Frisia, subirá al trono inglés.

1.- Frisia: Prov. del NO. de Holanda.

PROFECÍA n° 89 (IV-5) 1.700-1.713

Croix paix, soubs un accomply divin verbe,
L'Espaigne et Gaule seront unis ensemble:
Grand clade proche, et combat tresacerbe, [1]
Coeur si hardy ne sera qui ne tremble.

Cruz paz, bajo un cumplido divino verbo,
La España y Galia estarán unidas conjuntamente:
Gran calamidad próxima y combate muy acerbo,
Corazón tan valiente no será quien no tiemble.

CLEMENTE XI.: «La cruz, es lo que Dios quiere de nosotros, para llegar a la paz". Esta frase de amor divino, cumplido con su ejemplo, repetirá el Papa «Flores circundati», Clemente XI. España y Francia estarán unidas: La gran calamidad se presentirá próxima, y la Guerra de Sucesión será tan acerba, que hará temblar hasta el corazón más valiente.

1.- clade: Del latín "clades-is", desastre, calamidad, plaga.

PROFECÍA nº 90 (X-100)   1600-1703-1945

Le grand Empire sera par Angleterre,	*El gran Imperio será para Inglaterra,*
Le Pempotam des ans plus de trois cens: [1]	*El Omnipotente más de trescientos años:*
Grandes copies passer par mer et terre, [2]	*Grandes ejércitos pasarán por mar y tierra,*
Les Lusitains n'en seront pas contens. [3]	*Los Lusitanos no estarán de ello contentos.*

MÁS DE TRES SIGLOS DE PODERIO INGLÉS: La preponderancia del gran Imperio inglés durará más de 300 años: Grandes ejércitos británicos pasarán por tierra y mar. Tendrán confrontaciones con los portugueses, a los que llegarán a dominar en 1.703, y los lusitanos no estarán por ello muy contentos.

1.- Pempotan: Es "Penepotan", "Omnipotente". (Ver más adelante).
2.- "copia-ae", ejército, tropa.
3.- Lusitanos: Pueblo de origen incierto que habitaba el O. de la Península Ibérica, la ant. Lusitania, que corresponde en gran parte al actual Portugal.

PROFECÍA nº 91 (X-89)   1.714-1.779

De brique en marbre seront les murs reduits,	*De ladrillo en mármol serán los muros reducidos,*
Sept et cinquante années pacifiques: [1]	*Cincuenta y siete años pacíficos:*
Joye aux humains, renoué l'aqueduict, [2]	*Alegría a los humanos, renovado el acueducto,*
Santé, grands fruicts, ioye et temps malefique.	*Salud, grandes frutos, alegría y tiempos maléficos.*

EL PALACIO DE VERSALLES Y LA ÉPOCA DE TRANSICIÓN: De ladrillo en mármol serán los muros del palacio de Versalles reducidos, durante 57 años, relativamente pacíficos: Habrá alegría por la recuperación económica, y luego nuevos conflictos, ya que, después de un período de prosperidad, vendrán tiempos maléficos.

1.- La bancarrota en Francia a finales del reinado de Luis XIV, produjo la detención de los trabajos de Versalles. El retorno de la paz en 1.714 permitió la reanudación de las obras y es el período a partir del cual el profeta empieza a contar los 57 años, que se completarán con los habidos antes y después de la Guerra de los 7 Años.
2.- Otra vez utiliza un derivado de "agua" como sinónimo de "avalancha bélica"

PROFECÍA nº 92 (II -75)   1.715-1.726

La voix ouye de l'insolit oyseau	*La voz oída del insólito pájaro*
Sur le canon du respiral estage	*Sobre el canon del anhelante estado*
Si haut viendra du froment le boisseau,	*Tan alto vendrá del trigo la escasez,*
Que l'homme d'homme sera Antropophage.	*Que el hombre del hombre será Antropófago.*

HAMBRE Y MISERIA EN FRANCIA: El hambre, de forma insólita, alzará su voz como un pájaro abandonado en su nido. La ley general que dominará en todo el país será la del anhelante estado de miseria. Así, el reinado de Luis XV comienza con una época de tan gran escasez para su pueblo, que el hombre llegará a comer carne humana.

PROFECÍA nº 93 (III -15)   1.715

Coeur, vigueur, gloire le regne changera,	*Corazón, vigor, gloria el reino cambiará,*
De tous points contre ayant son adversaire:	*De todos los puntos en contra teniendo su adversario:*
Lors France enfance par mort subjuguera,	*Entonces Francia infancia por muerte subyugará,*
Un grand Regent sera lors plus contraire.	*Un gran Regente será entonces más contrario.*

REGENCIA DE FELIPE DE ORLEANS: Luis XIV, con corazón, vigor y gloria querrá cambiar el reino, teniendo, de todos los puntos, adversarios en contra: Por su muerte, y la infancia de Luis XV, el Duque de Orleans regirá a Francia a su antojo. Será nefasto, y el país se verá arrastrado en una aventura financiera que tendrá graves consecuencias.

PROFECÍA nº 94 (V-38) 1.715-1.774

Ce grand Monarque qu'au mort succedera,	*Este gran Monarca que al muerto sucederá,*
Donnera vie illicite et lubrique,	*Se dará vida ilícita y lúbrica,*
Par nonchalance à tous concedera,	*Por indolencia a todos concederá,*
Qu'à la parfin faudra la loy Salique. [1]	*Que al fin instaurará la Ley Sálica*

LUIS XV DE FRANCIA: Luis XV, que sucederá a Luis XIV, al morir éste, se dará una vida ilícita y lúbrica. Por indolencia, concederá a todos amplio poder de decisión, y al final, instaurará la Ley Sálica.

1.- Ley Sálica, excluía a las mujeres, entre otras cosas, de suceder en el trono.

PROFECÍA nº 95 (III -88) 1.717-1.720

De Barcelonne par mer si grande armée,	*De Barcelona por mar tan gran armada,*
Toute Marseille de frayeur tremblera:	*Toda Marsella de espanto temblará:*
Isles saisies, de mer ayde fermée,	*Islas ocupadas, de mar ayuda cerrada,*
Ton traditeur en terre nagera. [1]	*Tu traidor en tierra nadará.*

LA ARMADA DE ALBERONI: De Barcelona saldrá por mar una gran armada, y toda Marsella temblará de espanto: Ocupadas las islas de Cerdeña y Sicilia, la flota inglesa derrotará a la escuadra hispana, que ya no podrá prestar ayuda a la Península. Tiempo de bancarrota del Estado francés. El escocés John Law, traidor financiero de Francia, huirá.

1.-Traditeur: Derivado del latín «traditor», traicionero, traidor.

PROFECÍA nº 96 (VIII -90) 1.717-1.721

Quand les croisez un trouvé de sens trouble,	*Cuando las cruzadas ya no tendrán sentido,*
En lieu du sacre verra un boeuf cornu [1]	*En lugar del sagrado verá un buey cornudo*
Par vierge porc son lieu lors sera comble,	*Por virgen puerco su lugar entonces será colmado,*
Par Roy plus ordre ne sera soustenu.	*Por Rey más orden no será sostenido.*

LOS PROBLEMAS DE CLEMENTE XI: Cuando las cruzadas ya no tendrán sentido, se verá, en vez de un espíritu sagrado, uno materialista. El siglo XVIII tendrá una moralidad basada en la propia Naturaleza, donde todo lo sagrado será profanado. El Papa Clemente XI, bajará a la tumba sin conseguir solucionar los desórdenes religiosos.

1.- Hace un símil con lo que encontró Moisés al descender del Monte Sinaí: lo divino sustituido por el becerro.

PROFECÍA nº 97 (II -53) 1.720

La grande peste de cité maritime,	*La gran peste de la ciudad marítima,*
Ne cessera que mort ne soit vengée	*No cesará hasta que la muerte no sea vengada*
Du juste sang par pris damné sans crime,	*La sangre del justo tomada por condenado sin crimen,*
De la grand dame par feinte n'outragée.	*De la gran dama por fingimiento no ultrajada.*

LA PESTE DE MARSELLA: En 1.720, la muerte se paseará por las calles de Marsella. No cesará hasta que no sea vengada la muerte del Duque de Borgoña, el justo cuya sangre será derramada al ser condenado sin crimen alguno, así como la de su esposa, la ultrajada princesa de Saboya.

PROFECÍA nº 98 (VI -26) 1.721-1.730

Quatre ans le siege quelque peu bien tiendra,
Un surviendra libidineux de vie,
Ravenne et Pisa, Veronne soustiendront,
Pour eslever la croix de Pape envie.

Cuatro años la sede algún poco bien tendrá,
Uno sobrevendrá libidinoso de vida,
Rávena y Pisa, Verona sostendrán,
Deseo para elevar la cruz del Papa.

INOCENCIO XIII Y BENEDICTO XIII: Cuatro años tendrá la Sede Inocencio XIII, con un gobierno corto, pero moderado. Después le sucederá Benedicto XIII, asociado a la figura del libidinoso Cardenal Coscia. Al ser elegido, Cardenales de diversas provincias italianas le sostendrán. Será su deseo elevar la cruz del Papa contra reales pretensiones.

PROFECÍA nº 99 (IX -44) 1.756-1.763

Migrés, migrés de Genéve trestous,
Saturne d'or en fer se changera, [1]
Le contre Raypoz, exterminera tous, [2]
Avant l'advent le ciel signes fera.

Emigrad, emigrad de Ginebra todos,
Saturno de oro en hierro se cambiará,
El contra Raypoz exterminará a todos,
Adelante el acontecimiento el cielo signos hará.

LA GUERRA DE LOS SIETE AÑOS.: Todos deberán emigrar de Ginebra, pues su buena vida se cambiará en duras pruebas. El frente común contra Prusia, hará a Federico II invadir Sajonia. La guerra de los Siete Años exterminará a todos. Suiza será tierra de paso. El cometa de Halley, en el transcurso del conflicto, señalará su presencia en el cielo.

1.- Saturno, es el Señor del Karma.
2.- Raypoz: Es «Raypus», anagrama de Prusia.

PROFECÍA nº 100 (IV-28) 1.761-1.789

Lors que Venus du Sol sera couvert,
Subs l'esplendeur sera forme occulte:
Mercure au feu, les aura descouvert, [1]
Par bruit bellique sera mis à l'insulte.

Cuando Venus del Sol será cubierto,
Bajo el esplendor estará forma oculta:
Mercurio al fuego, les habrá descubierto,
Por ruido bélico será puesto en el insulto.

LA ÉPOCA DE LAS LUCES: Cuando estén en conjunción Venus y el Sol, bajo el esplendor de una época brillante, estará oculta la decadencia: Esta se pondrá al descubierto, con las turbas revolucionarias, bajo la influencia de Mercurio en Leo, en conjunción con el Sol. El estruendo bélico de la Revolución vejará ese esplendor sólo aparente.

1.- Mercurio, en Leo, potenciado por el Sol, en malos aspectos, produce en la masa profunda irracionalidad.

SEGUNDA CENTURIA

Desde las vísperas de la Revolución Francesa hasta el comienzo del poder
de Napoleón Bonaparte (1.769 a 1.800).

PROFECÍA 101 (X-91) 1.769-1.774

Clergé Romain l´an mil six cens et neuf,
Au chef de l´an fera election:
D´un gris et noir de la Compagne yssu,
Qui onc ne fut si maling.

El Clero Romano, el año mil seiscientos y nueve,
A la cabeza del año hará elección:
De uno gris y negro de la Compañía salido,
Que nunca no fue tan maligno.

EL PAPA CLEMENTE XIV: El Clero Romano, en una época como la del año 1.609, a primeros de Febrero hará elección: De uno ascendido en la jerarquía eclesiástica gracias a la Compañía de Jesús, Orden religiosa que no tiene impuesto llevar un color determinado de hábitos. Tomará el nombre de Clemente XIV y nunca habrá nadie tan maligno.

PROFECÍA 102 (I-60) 1.769

Un Empereur naistra pres d´Italie,
Qui à l´Empire sera vendu bien cher,
Diront avec quels gens il se ralie,
Qu´on trouvera moins prince que boucher.

Un Emperador nacerá cerca de Italia,
Que al Imperio será vendido muy caro,
Dirán con cuáles gentes él se alía,
Que se encontrará menos príncipe que carnicero.

NAPOLEÓN BONAPARTE: Un Emperador, Napoleón Bonaparte, nacerá en Ajaccio (Córcega), cerca de Italia, que al Imperio francés le saldrá muy caro. Dirán que son plebeyas las gentes con las que él se alía. Que se le encontrará menos príncipe que carnicero.

PROFECÍA 103 (VI-8) 1.769-1.796

Ceux qui estoient en regne pour sçavoir,
Au Royal change deviendront apouvris:
Uns exilez sans apuy, or n´avoir,
Lettrez et lettres ne seront à grand pris.

Los que estaban en reino por saber,
Al Real cambio llegarán a estar empobrecidos:
Unos exilados sin apoyo, oro no tener,
Letrados y letras no estarán en gran precio.

BANCARROTA DEL ESTADO FRANCÉS: Los encumbrados en el reino por saber, nobleza y clero, al cambiar la monarquía y reinar Luis XV, llegarán a estar empobrecidos: La bancarrota del Estado, la ruina de numerosas familias, el exilio, persecución y muerte de príncipes. Escritores y libros no tendrán gran valor.

PROFECÍA 104 (I-76) 1.769-1.821

D´un nom farouche tel proferé sera,[1]
Que les trois seurs auront fato le nom:[2]
Puis grand peuple par langue et faict dira,
Plus que nul autre aura bruit et renom.

De un nombre feroz tal proferido será,
Que las tres hermanas habrán destinado el nombre:
Después gran pueblo por lengua y hecho dirá,
Más que ningún otro tendrá fama y renombre.

EL NOMBRE DE NAPOLEÓN: De un nombre feroz, Napoleón, proferido será, que parecerá que las tres hermanas, Cloto, Láquesis y Átropos, las Parcas de la Muerte, le habrán destinado el nombre: Después, el gran pueblo español, con su lengua y por los hechos lo dirá. Indudablemente, más que ningún otro, tendrá fama y renombre.

1.- Según unas versiones, el nombre Napoleón significa "nuevo exterminador" y, según otras, "nuevo león". Todas se ajustan al personaje.
2.- Fato: Del latín "fatum-i", oráculo, vaticinio, predicción, destino, fatalidad.

PROFECÍA 105 (VIII bis-1) 1.789-1.792

Seront confus plusieurs de leur attente,
Aux habitants en sera pardonné,
Qui bien pensoient perseverer l´attente
Mais grand loisir ne leur sera donné.

Estarán confusos muchos por su atentado,
A los habitantes no será perdonado,
Que bien piensan perseverar la espera
Pero gran descanso no les será dado.

LA REVOLUCIÓN FRANCESA: Muchos estarán confusos por el atentado popular a Luis XVI. A los aristócratas, nobles y clero, no les será perdonado el haber sumido al pueblo en la calamidad. Los hombres de ciencia, de letras, querrán perseverar, a la espera del desenlace insurreccional, pero, a ellos tampoco les será dado gran descanso.

PROFECÍA 106 (I-44) 1.789-1.792

En bref seront de retour sacrifices,
Contrevenans seront mis à martyre:
Plus ne seront moines, abbez, ne novices,
Le miel sera beaucoup plus cher que cire.

En breve estarán de regreso los sacrificios,
Los contraventores serán puestos en martirio:
Más no serán monjes, abates, ni novicios,
La miel será mucho más cara que la cera.

LA REVOLUCIÓN FRANCESA: En breve, tras el reinado tranquilo de Luis XV, estarán de regreso los disturbios, mortandades, persecuciones y sacrificios, y los que se opondrán a las nuevas directrices que se avecinan serán martirizados: Serán malos tiempos para las gentes de Iglesia, y todo ello vendrá acompañado de una gran carestía.

PROFECÍA 107 (X-21) 1.786-1.797

Par le despit du Roy soustenant moindre,
Sera meurdry luy presentant les bagues;[1]
Le père au fils voulant noblesse poindre
Fait, comme à Perse jadis feirent les Magues.[2]

Por el desprecio del Rey sosteniendo menor,
Será muerto presentándole los anillos;
El padre queriendo poner nobleza al hijo
Hace, como en Persia antes hicieron los Magos.

AGA MUHAMMAD: Por prescindir de Rusia e Inglaterra al sostener su gobierno, Aga Muhammad será asesinado, al estar consiguiendo la unión de los territorios persas, y querer ennoblecer a su hijo, implantando un régimen igual al que, a partir de 1.502, tuvieron en Persia los Sefévidas, apoyados por los sacerdotes de la secta chiíta.

1.- Es una forma simbólica de representar la unión, la alianza.
2.- Entre los persas, los "Magos" son los sacerdotes.

PROFECÍA 108 (I-62) 1.789-1.799

La grande perte, las que feront les lettres,
Avant le ciel de Latona parfaict,[1]
Feu grand deluge plus par ignares sceptres,
Que de long siecle ne se verra refaict.

La gran pérdida, ¡ay! que harán las letras,
Antes que el cielo de Latona sea perfecto,
Fuego gran diluvio más por ignorantes cetros,
Que por largo siglo no se verá rehecho.

CALAMIDADES SOBRE FRANCIA: La Revolución Francesa hará una gran pérdida en las letras, antes de que sobre el cielo de Francia planee el fruto de Leto, que prescribe el advenir de la 1ª República. Un gran diluvio de fuego provendrá por culpa de ignorantes cetros. Sumirán al país en tal ruina, que durante décadas y décadas no podrá rehacerse.

1.- Latona o Leto: Amada de Zeus, de quien tuvo dos hijos, Apolo y Artemisa (Napoleón, el rayo de la Guerrra).

PROFECÍA 109 (I-79) 1.789

Bazar, Lectore, Condon, Ausch, Agine,
Esmeus par loix, querelle et monopole:
Card Bourd, Tholoze Bay mettra en ruine
Renouveller voulant leur tauropole. [1]

Bazas, Lectoure, Condon, Auch, Agen,
Amotinados por leyes, querella y monopolio:
Ya que Burdeos, Toulouse, Bayona pondrá en ruina,
Renovar queriendo su taurópolo.

LEVANTAMIENTO DEL PUEBLO FRANCÉS: Por Gascuña y Guyena, estarán amotinados por culpa de las leyes injustas, las desigualdades sociales, el régimen absolutista y los monopolios: Ya que la carestía pondrá en la ruina a diversas comarcas, el pueblo galo estará queriendo renovar el régimen monárquico e instaurar la República.

1.- Taurópolo: La Luna está en Tauro en su polo máximo de exaltación, y es el símbolo de la República.

PROFECÍA 110 (VIII-22) 1.789-1.793

Gorsan, Narbonne[1], par le sel [2] advertir, [3]
Tucham, la grace Perpignan trahie, [4]
La ville rouge n´y ↽voudra consentir, [5]
Par haute vol drap gris vie faillie.

Coursan, Narbona, por el solo oponerse,
Campesinado, la gracia Perpiñán traicionada,
La villa roja no querrá a ello consentir,
Por alto vuelo paño gris vida quebrada.

REVOLUCIÓN DEL PUEBLO FRANCÉS: La Francia de 1.789, se opondrá al absolutismo y al monopolio. El campesinado de Rosellón, se siente traicionado. El Rey busca ayuda de otras potencias para restablecer su poder, cosa que París no querrá consentir. Tras su intento de huida, disfrazado con un hábito de paño gris, su vida será quebrada.

1.- Ciudades francesas en el Aude.
2.- Sel: Es "seul": solo, absoluto.
3.- Advertir: Latín, "adversor": oponerse, ser contrario.
4.- Tucham: De "tuchins", campesinos franceses insurrectos.
5.- Llama "villa roja" a París, por ser sede de la Revolución.

PROFECÍA 111 (IX-16) 1.789

De castel Franco sortira l´assemblée, [1]
L´ambassadeur non plaisant sera scisme:
Ceux de Ribiere seront en la meslée, [2]
Et au grand goulfre desnieront l´entrée. [3]

De castillo Franco saldrá la asamblea,
No agradando el embajador será el cisma:
Los de la Ribera estarán en la revuelta
Y al gran remolino tienen al final la entrada.

LA ASAMBLEA NACIONAL: Del Castillo-Palacio francés de Versalles saldrá, el 17 de Junio de 1.789, la Asamblea Nacional. No agradando al pueblo la insensata proclama del Duque de Brunswick, se producirá el cisma: La multitud procedente de la ribera del Sena estarán en la revuelta y al gran remolino revolucionario tienen, al final, la entrada.

1.- Franco: Adjudicado erróneamente al general español, Francisco Franco. El profeta se refería a un destacado castillo: el Palacio Real de Versalles. Un Castillo francés, o un Castillo "Franco".

2.- Ribiere: Adjudicado al español José Antonio Primo de Rivera. Se refiere a los de la ribera del río Sena. Por eso va con mayúscula también.

3.- Es "dernieront", de "dernier", último, y "ont", del verbo "avoir", haber o tener. El significado es: "tienen por último", "tienen al final".

PROFECÍA 112 (VI-43) 1.789

Long temps sera sans estre habitée,
Où Signe et Marne autour vient arrouser: [1]
De la Tamise et martiaux tentée, [2]
Deceus les gardes en cuidant repousser.

Largo tiempo estará sin ser habitada,
Donde Sena y Marne alrededor vienen a regar:
Del Hambre y marciales asaltada,
Muertos los guardias cuidándole repeler.

EL PALACIO DE VERSALLES, DESHABITADO: Largo tiempo estará sin ser habitada la residencia Real, el Palacio de Versalles, situada en la ciudad de París donde los ríos Sena y Marne, alrededor vienen a regar: Ello, cuando asaltada por la multitud hambrienta y militares revolucionarios, serán muertos los guardias que la custodiaban, al repelerles.

1.- París está en la confluencia de Sena y Marne.
2.- Es "Famine", hambre, falta de alimentos, hambrientos.

PROFECÍA 113 (V-71) 1.791

Par la fureur d´un qui attendra l´eau, [1]
Par la grand rage tout l´exercice esmeu:
Chargé des nobles à dix sept bateaux,
Au long du Rosne tard messager venu.

Por el furor de uno que alcanzará el agua,
Por la gran rabia todo el ejército amotinado:
Cargada de los nobles en diecisiete barcos,
A lo largo del Ródano tarde venido el mensajero.

ROBESPIERRE Y MARAT: Por el furor de Robespierrre, acusador público del tribunal del Sena y por las rabiosas exhortaciones de Marat, en L´Amie du Peuple, incitando al ejército a amotinarse, se provocará la revolución: La nobleza será cargada en barcazas, hundidas a lo largo del Ródano. El mensajero que quería avisarles, llegará tarde.

1.-Describe a Robespierre como acusador del Tribunal del Sena (agua), y como dirigente de la revolución (agua).

PROFECÍA 114 (XI-9) 1.791-92

Deux estendars du costé de l´Auvergne, (Falso)
Senestre pris, pour un temps prison regne, (Falso)
Et une Dame enfans voudra mener,
Au Censuart mais descouvert l´affaire,[1]
Danger de mort murmure sur la terre,
Germain, Bastille frère et soeur prisonnier.

Dos estandartes del lado de Auvernia, (Falsō)
Siniestra tomado, por un tiempo prisión reina, (Falso)
Y una Dama niños querrá llevar, (1)
A las Lucernas pero descubierto el asunto, (2)
Peligro de muerte murmura sobre la tierra, (4)
Germano, Bastilla hermano y hermana prisionero. (3)

LA FAMILIA REAL EN EL TEMPLE: Nueva cuarteta transformada por Vicent Seve de Beaucaire. La Reina María Antonieta, querrá llevar a sus hijos a las Lucernas, en Suiza, pero, descubierto el asunto, después de la proclama del germano Duque de Brunswick, tras la toma de la Bastilla, los de la familia Real serán encerrados en prisión y se murmurará el peligro de muerte para el Rey y los suyos.

1.- Es "Censuarl", anagrama de "Lucernas", ciudad y comarca suizas.

PROFECÍA 115 (IX-65) 1.791

Dedans le coing de Lune viendra rendre
Où sera prins et mis en terre estrange,
Les fruicts immeurs seront à grand esclandre,
Grand vitupere, à l´un grande loüange.

Dentro del rincón de la Luna vendrá a poner
Donde será tomado y puesto en tierra extranjera,
Los frutos inmaduros estarán en gran alboroto,
Gran vituperio, al uno gran alabanza.

LUIS XVI DETENIDO EN VARENNES: En el rincón donde dará la Luna, se vendrá a poner Luis XVI, cuando será subido en una carroza, para ser puesto en tierra extranjera. Los frutos inmaduros del Rey, alborotarán al pueblo, que vituperará al monarca, pidiendo su destronamiento, mientras Lafayette es objeto de la gran alabanza monárquica.

PROFECÍA 116 (IX-20) 1.791-93

De nuict viendra par la forest de Reines [1]
Deux pars vaultorte[2],* Herne[3] la pierre blanche,[4]
Le moine noir [5] en gris dedans Varennes[6]
Esleu cap. cause tempeste, feu, sang, tranche. [7]

De noche vendrá por el bosque de Reims
Dos partes volver atrás, Herne la piedra blanca,
El monje negro en gris dentro de Varennes
Elegido cabeza causa tempestad, fuego, sangre,
degüello.

LA MUERTE DE LUIS XVI: De noche vendrá la carroza por el bosque de Reims. A mitad de viaje, ha de volver atrás, y soportar la acción del Duque alemán. Con el hábito gris de monje sobre el negro atuendo real, Luis XVI será reconocido dentro de Varennes. Elegido culpable, su cabeza caída, causa una tempestad de fuego, sangre, y degüello.

1.- Reines: Es "Reims", ciudad de Francia, antes de llegar a Varennes.
2.- Vaultorte: Significa en francés antiguo, "volver hacia atrás", o sea "dar la vuelta".
3.- Herne: C. de Alemania occidental (Westfalia).
4.- Con "piedra", alude a un "peso" o "carga". Y "blanca", al color de la monarquía.
5.- Con "negro" se refiere a los aristócratas, por sus atuendos.
6.- Varennes: Es Varennes-en-Argonne, lugar francés próximo a Verdún.
7.- cap. : Abreviatura del latín "caput-itis", cabeza.
* Indicio para la Clave.

PROFECÍA 117 (VIII-55) 1.791-92

Entre deux fleuves se verra enserré,
Tonneaux et caques unis à passer outre,
Huict ponts rompus chef a tant enserré,
Enfans parfaicts son jugulez en coultre.

Entre dos ríos se verá encerrado,
Toneles y barriles unidos para pasar más allá,
Ocho puentes rotos jefe en tanto encerrado,
Hijos perfectos son degollados con cuchilla.

EJECUCIONES DE ARISTÓCRATAS Y RELIGIOSOS: Entre dos ríos, el Sena y el Marne, se verá encerrado Luis XVI. Habrá toneles y barriles unidos para pasar más allá. Ocho puentes rotos, y el rey, mientras, encerrado. La guillotina degollará a multitud de aristócratas y gente de iglesia, es decir, a los hijos más relevantes de Francia.

PROFECÍA 118 (VIII-5) 1.791-93

Apparoistra temple luisant orné, [1]
La lampe et cierge à Borne et Bretueil, [2]
Pour la Lucerne le canton destorné, [3]
Quand on verra le grand Coq au cercueil.

Aparecerá templo reluciente adornado,
La lámpara y el cirio en Borne y Breteueil,
Por la Lucerna el cantón devuelto,
Cuando se verá el gran Gallo en el ataúd.

MUERTE DE LUIS XVI: Aparecerá la hoguera bélica en las fronteras del Norte, tras ser Luis XVI devuelto a París en el cantón hacia Suiza, cuando se verá al Rey galo en el ataúd, el 21 de Enero de 1.793.

1.- Siempre que Minerva, Diosa de la Guerra, tiene su templo luciente y ornado, el conflicto bélico estalla.
2.- Ciudades al Norte, en Países Bajos y Picardía, respectivamente, por donde se encontraban las fronteras francesas.
3.- Lucerna: Región de Suiza.

PROFECÍA 119 (I-80) 1.791-1.794

De la sixiesme claire splendeur celeste,	*Del sexto claro esplendor celeste,*
Viendra tonner si fort en la Bourgogne,	*Vendrá a tronar tan fuerte en la Borgoña,*
Puis naistra monstre de tres hideuse beste,	*Después nacerá monstruo de muy odiosa bestia,*
Mars, Avril, Mai, Juin gran charpin et rongne.	*Marzo, Abril, Mayo, Junio, gran destrucción y cercenación.*

ROBESPIERRE Y EL TERROR: En Septiembre de 1.791, tiempo de Virgo, la sexta Constelación, por la crisis económica, habrá una tormenta de cólera popular en la Borgoña. Después, nacerá un período monstruoso y bestial, en el que la guillotina, en manos de Robespierre, de Marzo a Junio de 1.794, hará gran destrucción y cercenación.

PROFECÍA 120 (I-42) 1.792-1.793

Le dix Calende d'Avril de faict Gotique,	*El diez de Calendas de Abril de hecho Gótico,*
Resuscité encor par gens malins,	*Resucitado aún por gentes malignas,*
Le feu estainct, assemblée diabolique,	*El fuego extinto, asamblea diabólica,*
Cherchant les os[1] du d´Amant[2] et Pselin. [3]	*Buscando los huesos del de Amnistía e Inglaterra.*

DECLARACIÓN DE GUERRA A AUSTRIA E INGLATERRA: En Abril de 1.792, opuestos los reunidos en el convento de la calle Saint-Honoré, de estilo gótico, será de nuevo resucitado por gentes malignas, el fuego extinto de la guerra, declarada a Austria por la diabólica Asamblea Constituyente, buscando enterrar a Luis XVI, y dañar a Inglaterra.

1.- "Buscando los huesos" se refiere a la "búsqueda oculta", "a desenterrar el deseo interno", o a "matarlo".
2.- Amant: Del árabe "aman", amnistía. Con mayúscula, por ser para Luis XVI.
3.- Pselin: Se refiere a Inglaterra, antigua Selinunte sícula.

PROFECÍA 121 (X-46) 1.792

Vie soit mort de l´or vilaine indigne, [1]	*Vida sea muerte del oro villana indigna,*
Sera de Saxe non nouveau electeur:	*No será de Sajonia nuevo elector:*
De Brunsvic mandra d´amour signe, [2]	*De Brunswick mandará de amor signo,*
Faux le rendant au peuple seducteur.	*Vano volviéndole al pueblo seductor.*

EL MANIFIESTO DE BRUNSWICK: Hará que la vida brillante de Luis XVI, sea una muerte villana e indigna, mientras él no será de Sajonia nuevo Elector: El de Brunswick, mandará un signo de amistad a Dumouriez, al parecer, en vano, con unos acuerdos seductores para el pueblo francés, favoreciendo las levas, que se volverán en contra.

1.- "Vida de oro": Se refiere a una vida esplendorosa, brillante, opulenta.
2.- d´amour signe: señal de "amistad".

PROFECÍA 122 (II-58) 1.792-1.793

Sans pied en main dent ayguë et forte, [1]	Sin pie ni mano diente agudo y fuerte,
Par globe au fort de port et lainé nay, [2]	Por muchedumbre al fuerte de porte y el mayor nacido,
Prés du portail desloyal transporte,	Cerca del portal al desleal transporta,
Silene luit, petit grand emmené. [3]	Selene luce, pequeño grande conducido.

EVASIÓN DEL TEMPLE DE LUIS XVII: Sin nada ya de su poder y autoridad, por la muchedumbre, Luis XVI, el rey fuerte, elegante y el mayor nacido, será transportado hasta cerca del portal del Temple, acusado de desleal con el pueblo. La Luna luce, cuando el pequeño príncipe Luis XVII será conducido fuera del palacio-prisión.

1.- "atado de pies y manos", sin fuerza ni poder algunos.
2.- globe: Del latín "globus-i", muchedumbre, pelotón.
3.- Silene: Selene, diosa de la Luna.

PROFECÍA 123 (II-2) 1.792-1.799

La teste blue [1] fera la teste blanche, [2]	La cabeza azul hará a la cabeza blanca
Autant de mal que France a faict leur bien:	Tanto mal que Francia ha hecho su bien:
Mort à l´anthene, grand pendu sus la branche,	Muerto de la entena, grande suspendido bajo la rama,
Quand prins des siens le Roy dira combien.	Cuando tomado de los suyos el Rey dirá cuántos.

DE LA REPÚBLICA A BONAPARTE: La República hará a la realeza tanto mal, que Francia pensará que ha hecho su bien, la llegada de Bonaparte: Será entre la muerte de Beauharnais, jefe de la armada del Rhin, y la del Duque de Enghien, cuando el corso, animado por los suyos, acabará con el Directorio y proclamará la Constitución del año VIII.

1.- El uniforme republicano era azul. Los vandeanos llamaban "cabezas azules" a los soldados de la República.
2.- El color de la casa Real en Francia era el blanco.

PROFECÍA 124 (IX-58) 1.792-1.794

Au costé gauche à l´endroit de Vitry [1]	Al lado izquierdo del lugar de Vitry
Seront guettez les trois rouges de France, [2]	Serán acechados los tres rojos de Francia,
Tous assommez rouge, noir non meurdry, [3]	Todos abatidos rojo, negro no muerto,
Par les Bretons remis en asseurance.	Por los Bretones puesto en seguridad.

CAÍDA DE LOS GIRONDINOS Y DE ROBESPIERRE: En París, serán detenidos los tres girondinos, Duport, Barnavé y de Lameth. En Octubre, entre muchos guillotinados, estará el jefe girondino Barnavé, y Robespierre, aún vivo, continuará con su Terror, hasta que será puesto en seguridad por el decreto de acusación de la Asamblea.

1.- Vitry: Es Vitry-le-Francois, en la Champagne. Al lado izquierdo, en el mapa, está París.
2.- El profeta llama "rojos" a los republicanos extremados, a los revolucionarios.
3.- Los "negros" eran los diputados que se sentaban a la derecha en la Asamblea Constituyente.

PROFECÍA 125 (VI-63) 1.792-1.799

La dame seule au regne demeurée, [1]	La dama sola en el reino permanecida,
L´unic estaints premier au list d´honneur,	Estando el único el primero en la lista de honor,
Sept ans sera de douleur explorée,	Siete años será de dolor explorada,
Puis longue vie au regne par grand heur.	Después larga vida al reino por gran felicidad.

LA 1ª REPÚBLICA FRANCESA: Abolida la realeza, la 1ª República permanecerá sóla en el reino, estando el rey Luis XVI, el primero en la lista de honor de la guillotina. Siete años sumirá al país en el dolor, hasta que despúes, larga vida al reino, por gran felicidad, cuando Bonaparte, dará su golpe de 1.799.

1.- El profeta suele designar a la República, con la palabra "dame", dama.

PROFECÍA 126 (IX-52) 1.792-1.799

La paix s´approche d´un costé, et la guerre	*La paz se aproxima de un lado, y la guerra*
Oncques en fut la poursuite si grande,	*Nunca fue la persecución tan grande,*
Plaindre homme, femme, sang innocent par terre,	*Llorar hombre, mujer, sangre inocente por tierra,*
Et ce sera de France à toute bande.	*Y esto será de Francia, en todo lugar.*

DOLOR EN LA FRANCIA REVOLUCIONARIA: Basilea, San Ildefonso, Tolentino, Campoformio... La paz se irá alternando con la guerra. Nunca fue la persecución tan grande como en este período reevolucionario, que producirá gran aflicción y sangre inocente derramada. Y esto será el patrimonio de Francia, en todo lugar.

PROFECÍA 127 (X-18) 1.792-1.804

Le rang Lorrain[1] fera place à Vendosme,[2]	*El rango Lorenés hará sitio a Vendôme,*
<u>Le haut mis bas, et le bas mis en haut,</u> *	<u>*Lo alto puesto abajo, y lo bajo puesto en alto,*</u>
Le fils de Hamon sera esleu dans Rome,[3]	*El hijo de Amón será elegido en Roma,*
Et les deux grands seront mis en defaut.[4]	*Y las dos grandes serán desbaratadas.*

EL IMPERIO DE BONAPARTE: Se creerá que la Casa de Borbón hará sitio a la de Orleans. Pero, la Monarquía será derribada y levantada la República. Napoleón Bonaparte, tras lo de Egipto, será elegido rey en Francia y en Roma, y la Monarquía y la República serán sustituidas por el Imperio, que acabará con los planes de ambas.

1.- La rama de Lorena era lateral a la de Borbón.
2.- Vendôme: Ciudad a orillas del Loira, en la región de Orleans.
3.- El profeta llama así a Bonaparte, por su ocupación de Egipto, tierra del Dios Amón.
4.- Mettre en dèfaut: Desbaratar los planes de alguno.
* Nuevo indicio para el desarrollo de la Clave.

PROFECÍA 128 (XI-56) 1.792-1.815

Tost l´Eléphant de toutes parts verra (Falso)	*Pronto el Elefante de todas partes vendrá (Falso)*
Quand pourvoyeur au Griffon se joindra, (Falso)	*Cuando proveedor al Grifo se unirá, (Falso)*
Sa ruine proche, et Mars qui toujours gronde:[1]	*Su ruina próxima, y Marte que siempre ruge:*
Fera grands faits aupres de terre saincte,	*Hará grandes hechos cerca de tierra santa,*
Grands estendars sur la terre et sur l´onde,	*Grandes estandartes sobre la tierra y sobre la ola,*
Si la nef a esté de deux frères enceinte.[2]	*Que la Iglesia ha estado de dos hermanos cercada.*

NAPOLEÓN BONAPARTE Y LA RUINA DE FRANCIA: Alterada por Vicent Seve de Beaucaire. La ruina de Francia estará próxima, y la guerra siempre rugiendo: Hará grandes hechos cerca de Roma. Se verán grandes efectivos militares, por tierra y por mar, cuando la Iglesia será cercada por dos hijos de la misma patria, la República y el Imperio.

1.- Marte: Mitológico dios de la guerra.
2.- Con "nef", nave, suele aludir a la Iglesia, por la barca de Pedro, el pescador.

PROFECÍA 129 (II-34) 1.792-1.794

L´ire insensée du combat furieux,	*La ira insensata del combate furioso,*
Fera à table par frères le fer luyre,	*Hará en la mesa por hermanos el hierro lucir,*
Les departir mort blessé curieux,	*Distribuirles muerte herida curiosa,*
Le fier duelle viendra en France nuire.	*El fiero duelo vendrá a ser en Francia perjuicio.*

DUELO ENTRE MONTAÑESES Y GIRONDINOS: Una furiosa pugna entre los que se sientan en las mesas de la Asamblea, hará lucir las armas entre montañeses y girondinos, antes unidos por una fraterna alianza. La guillotina, medio curioso de matar, distribuirá la muerte a unos y otros. Este fiero duelo vendrá a ser perjudicial para Francia.

PROFECÍA 130 (II-89) 1.792-1.793

Un iour seront demis les deux grand maistres,	*Un día estarán aliados los dos grandes maestros,*
Leur grand pouvoir se verra augmenté:	*Su gran poder se verá aumentado:*
La terre neuve sera en ses hauts estres, [1]	*La tierra nueva estará en sus altos entes,*
Au sanguinaire le nombre raconté.	*Al sanguinario el número contado.*

LA CAÍDA DE LOS GIRONDINOS: Un día, estarán aliados Robespierre y Roland. Su gran poder se verá aumentado: La nueva Francia revolucionaria estará en sus manos. Pero, las desavenencias surgirán pronto, y Roland y los principales jefes girondinos verán el número de sus días contado, igual que el sanguinario Robespierre.

1.- estres: Epéntesis de la forma francesa "être", ser, ente, existencia, esencia, naturaleza. En plural.

PROFECÍA 131 (VI-72) 1.792-1.793

Par fureur fainte d´esmotion divine,	*Por furor fingido de emoción divina,*
Sera la femme du grand fort violée:	*Será la mujer del gran fuerte violada:*
Juges voulans damner telle doctrine,	*Jueces queriendo condenar tal doctrina,*
Victime au peuple ignorant inmolée.	*Víctima al pueblo ignorante inmolada.*

LA MUERTE DE MARIA ANTONIETA: Por el furor fingido bajo un deseo elevado de libertad, será violada la mujer del Rey, su Monarquía: Los jueces revolucionarios, queriendo condenar a la aristocracia, como negativa para el bien del país, harán que, al pueblo ignorante, la reina María Antonieta, sea la víctima innmolada.

PROFECÍA 132 (VI-57) 1.792-1.794

Celuy qu´estoit bien avant dans le regne,	*Aquél que estaba mucho antes en el reino,*
Ayant chef rouge proche à la hierarchie,	*Teniendo jefe rojo próximo en la jerarquía,*
Aspre et cruel, et se fera tant craindre,	*Aspero y cruel, y se hará tanto temer,*
Succedera a sacrée monarchie.	*Sucederá a sagrada monarquía.*

ROBESPIERRE Y SU OBRA DE TERROR: Robespierre, importante mucho antes en el reino, en 1.789, adquirirá protagonismo, teniendo cerca en la jerarquía, al jefe Danton. Áspero, cruel y sanguinario, se hará temer de todos por su sadismo e intransigencia. Con el ajusticiamiento de la familia Capeto, pasará a suceder a la monarquía.

PROFECÍA 133 (VIII-98) 1.792-1.794

Des gens d´Eglise sang sera espanché,
Comme de l´eau en si grande abondance
Et d´un long temps ne sera restanché
Ve ve au clerc ruyne et doleance.

La sangre de las gentes de Iglesia será expandida,
Con tanta abundancia como el agua
Y de un largo tiempo no será restañada
Se verá al clero en ruina y dolencia.

MATANZA DE RELIGIOSOS: La sangre de la gente de Iglesia será derramada con tanta abundancia como el agua, durante la Revolución Francesa, y en un largo tiempo no será restañada. Se verá al Clero en ruina y dolencia.

PROFECÍA 134 (II-32) 1.792-1.799

Laict,[1] sang grenoilles [2] escoudre en Dalmatie, [3]
Conflict donné, peste pres de Balennes [4]
Cry sera grand par toute Esclavonie, [5]
Lors naistra monstre pres et dedans Ravenne. [6]

Leche, sangre sin ahorros escurrirá en Dalmacia,
Conflicto dado, peste cerca de Varennes
Grito será grande por toda Rusia,
Entonces nacerá monstruo cerca y dentro de Rávena.

EL GRAN BONAPARTE: Tras la buena vida, la sangre, sin escatimar, correrá hasta en Dalmacia. La batalla de Fleurus, seguirá a la de Valmy, ambas cerca de Varennes. El clamor será grande por toda Rusia, por las guerras de Coalición. Entonces, en el Norte de Italia, nacerá como monstruo y genio de la guerra, el corso Bonaparte.

1.- Con "leche", simboliza la buena vida.
2.- Grenouilles: De grenouille, familiarmente "ahorros".
3.- Dalmacia: Región de Yugoslavia.
4.- Balennes: Es Varennes, próximo a Verdún.
5.- Esclavonia: Eslavonia. Designa a Rusia.
6.- Rávena: Ciudad del Norte de Italia.

PROFECÍA 135 (II-7) 1.793-1.804

Entre plusieurs aux isles deportez,
L´un estre nay à deux dents en la gorge: [1]
Mourront de faim les arbres esbrotez,
Pour eux neuf Roy, nouvel edict leur forge.

Entre varios en las islas deportados,
Uno será nacido con dos dientes en la garganta:
Morirán de hambre los árboles rebrotados,
Para ellos nuevo Rey, nuevo edicto les forja.

NAPOLEÓN Y SU CÓDIGO CIVIL: Entre varios en las islas deportados, nacerá un desangrador de muchos: Tras los motines del hambre en la primavera de 1.795, Napoleón, el nuevo Rey francés, su nuevo Código Civil les forja.

1.- El profeta utiliza esta expresión, para designar a un líder sanguinario, que hará correr la sangre de muchos.

PROFECÍA 136 (X-40) 1.793-1.804

Le jeune nay au regne Britannique,
Qu´aura le pere mourant recommandé,
Iceluy mort Lonole [1] donra topique, [2]
Et à son fils le regne demandé.

El joven nacido en el reino Británico,
Que tendrá el padre muriendo recomendado,
Aquel muerto dará alivio a los de la Vandée,
Y a su hijo el reino solicitado.

LOS PITT DE INGLATERRA: El joven nacido en el reino Británico, que tendrá muriendo al padre Pitt "El Viejo", de él recibirá recomendaciones. Muerto aquél, Pitt "El Joven" dará alivio a los insurrectos de la Vandée. Aunque dimitirá en 1.801, el hijo de Pitt "El Viejo", será solicitado de nuevo por el rey Jorge III para gobernar el reino.

1.- Lonole: Anagrama de Olonne, comuna de la Vandée.
2.- Tópico: Medicamento. En sentido figurado, alivio, ayuda.

PROFECÍA 137 (II-46) 1.793-1.799

Apres grand troche humain plus grand s´appreste,	*Después de gran discordia humana mayor se apresta,*
Le grand moteur les siecles renouvelle:	*El gran motor los siglos renueva:*
Pluye, sang, laict, famine, fer et peste,	*Lluvia, sangre, leche, hambre, hierro y peste,*
Au ciel veu feu, courant longue estincelle.	*En el cielo visto fuego, corriendo larga centella.*

AUGURIO DE CALAMIDADES: Después de la gran discordia humana durante la Revolución Francesa, otra mayor se apresta, cuando la gran rueda del tiempo los siglos renueva: Habrá poco bienestar, entre tantas calamidades bélicas. En el cielo será visto el fuego de los obuses, corriendo como una larga centella.

PROFECÍA 138 (I-7) 1.793-1.799

Tard arrivé, l´execution faicte,	*Tarde llegada, la ejecución hecha,*
Le vent contraires, lettres au chemin prinses:	*El viento contrario, cartas en camino tomadas:*
Les conjures XIIIJ d´une secte, [1]	*Los conjurados XIIIJ de una secta,*
Par le Rousseau senez les entreprinses.	*Por Rousseau saneadas las empresas.*

CONDENA DE LUIS XVI. EL 13-J: Tarde llegada, la correspondencia del Rey, la ejecución será hecha. Con todo en su contra, las cartas serán tomadas en camino, de las Tullerías, por la masa enfurecida: Trece conjurados darán el golpe militar del 18 Brumario, tras practicar lo dicho por Rousseau: "al pueblo corresponde ser el depositario del poder".

1.- El 13 de Enero es 13-J porque Enero en francés es "Janvier". Marat murió el 13 de Julio de 1.793, y Julio en francés es "Juillet". Los Juramentados monárquicos aplastados el día 13, y después, los trece Juramentados del 18 Brumario.

PROFECÍA 139 (I-57) 1.793

Par grand discord la trombe tremblera,	*Por gran discordia el torbellino se agitará,*
Accord rompu dressant la teste au Ciel,	*Acuerdo roto levantando la cabeza al Cielo,*
Bouche sanglante dans le sang nagera,	*Boca sangrante en la sangre nadará,*
Au sol la face oincte de laict et miel.	*En el suelo la cara untada de leche y miel.*

LA MUERTE DE LUIS XVI DE FRANCIA: Por gran discordia entre girondinos y los de la Montaña, se agitará el torbellino de la acusación. El acuerdo roto, se verá al verdugo levantando la cabeza del Rey al cielo. La boca sangrante en la sangre nadará. En el suelo, la cara que, en su día, recibiera las sustancias de la consagración en Reims.

PROFECÍA 140 (III-96) 1.793-1.794

Chef de Fossan aura gorge coupée, [1]	*Jefe de Fossano tendrá garganta cortada,*
Par le ducteur du limier et levrier: [2]	*Por el inductor del sabueso y del lebrel:*
Le faict patré par ceux du mont Tarpée, [3]	*El hecho perpetrado por los del monte Tarpeyo,*
Saturne en Leo 13 de Fevrier.	*Saturno en Leo 13 de Febrero.*

LA MUERTE DE ROBESPIERRE: Robespierre morirá con la garganta cortada por la guillotina, después de la acusación de "moderados" y "radicales" o "rabiosos": Ello tiene lugar, tras la prescripción, por la Convención Montañesa, de la leva de 300.000 hombres, sobre el 13 de Febrero de 1.793, cuando Saturno estará en el signo de Leo.

1.- Fossan: Fossano, localidad italiana en el Piamonte, hasta donde llegaban las fronteras naturales de Francia.

2.- El sabueso es un perro que husmea con marcha lenta, "moderada". El lebrel va rápido, es más "radical", persigue a la liebre con "rabia".

3.- Monte Tarpeyo: Alusivo a los diputados de La Montaña que estaban en la Convención, ya que Tarpeyo era gobernador del Capitolio en la época de Rómulo.

JOSÉ GARCÍA ÁLVAREZ

PROFECÍA 141 (IX-21) 1.793

Au temple hault de Bloys sacre Salonne, [1]
Nuict pont de Loyre, Prelat, Roy pernicant, [2]
Cuiseur victoire aux marest de la Sone [3]
D´où prelature de blancs [4] aborment. [5]

Al templo alto de Blois sagrado Chalonnes,
Noche puente de Loira, Prelado, Rey pernicioso,
Ansiar victoria en las marismas de la Olonne
De donde prelatura de blancos trabados a los meandros.

LA GUERRA DE LOS "CHUANES": La guerra de los "chuanes" será cruel, con desmanes como el de la noche del puente del Loira. En ella intervendrán altos personajes, como el Obispo de Blois, o el pernicioso Robespierre. Habrá toma de ciudades, como la de Chalonnes; ansias de victoria en las marismas de Les Sables-d´Olonne; masacres como la de Nantes o la de sacerdotes realistas maniatados arrojados a los meandros del Loira.

1.- Salonne: De Chalonnes-sur-Loire, localidad cercana a Nantes.
2.- pernicant: Del latín "perniciosus", pernicioso.
3.- La Sone: De lo Lone, Olonne, una comuna de la Vandée, cercana a Sables-d´Olonne.
4.- Los "blancos", son los "realistas". Éste es el color de la monarquía francesa, en el antiguo régimen.
5.- aborment: De "abor" por "à bord", a bordo, y "meant", por "meandre", meandro, recodo.

PROFECÍA 142 (IX-6) 1.793-1.794

Par la Guyenne infinité d´Anglois [1]
Occuperont par nom d´Anglaquitaine. [2]
Du Languedoc Irpalme Bourdeloys [3]
Qu´ils nommeront apres Barboxitaine.

Por la Guyena infinidad de Ingleses
Ocuparán por nombre de Angloaquitania,
Del Languedoc represión victoriosa Bordelés
Que ellos nombrarán después Barboxitania.

LA REPRESIÓN DE LOS CHUANES: Por la Guyena, infinidad de ingleses ocuparán suelo francés en nombre de Aquitania en el exilio de Inglaterra. Las tropas de la Convención, harán una represión victoriosa a los insurrectos desde el Languedoc hasta Burdeos, una amplia región a la que nombrarán, después de sublevada, República Francesa Occidental.

1.- Guyena: Provincia de Francia. Capital, Burdeos.
2.- Angloaquitania: Unión de los términos Inglaterra y Aquitania.
3.- I. palme : Es "Irpalme", de "Ir", del latín "ira-ae", ira, represión, y de "palme", del latín "palma-ae", en sentido figurado, emblemas de victoria.
4.- Barboxitania: De "Barbo", por Aenobarbo, esposo de Agripina, símbolo de la República y Occitania, antigua región del mediodía de Francia.

PROFECÍA 143 (IV-13) 1.793-1.799

De plus grand perte nouvelles raportées,
Le raport fait le camp s´etonnera:
Bandes unies encontre revoltées,
Double phalange, grand abandonnera.

De más grande pérdida noticias reportadas,
El informe hecho el campamento se sorprenderá:
Bandos unidos en contra rebelados,
Doble falange, grande abandonará.

LA TRAICIÓN DE DUMOURIEZ: En Marzo de 1.793, tras las noticias de las grandes pérdidas en Neerwinden, por el informe de que Dumouriez se ha pasado al enemigo, el campamento francés se sorprenderá: Gran Bretaña, España y Holanda, entrarán en la guerra de Coalición, que llegará hasta el tiempo en que Napoleón abandonará a sus hombres, en manos de turcos y mamelucos.

PROFECÍA 144 (IV-40) 1.793-1.794

Les forteresses des assiegez serrez,	*Las fortalezas de los sitiados cercadas,*
Par poudre à feu profondez en abysme,	*Por pólvora en fuego profundizados en abismo,*
Les prodireurs seront tous vifs serrez, [1]	*Los traidores serán todos vivos encerrados,*
Onc aux sacristes n´advint si piteux scisme.	*Nunca a los religiosos les advino tan lamentable cisma.*

REPRESIÓN DE LOS "CHUANES": Los fuertes de los insurrectos de la Vandée cercados, por el cañoneo incendiario serán profundizados en un abismo infernal. Los supervivientes, acusados de traidores, serán encarcelados, junto con los clérigos que les habrán ayudado. Nunca a los religiosos les advino tan lamentable discordia, como en esta ocasión.

1.- prodireurs: Del latín "proditor-oris", traidor.

PROFECÍA 145 (II-98) 1.793

Celuy du sang reperse le visage,	*Aquél que de la sangre salpica la cara,*
De la victime proche sacrifice,	*De la víctima próxima sacrificio,*
Tenant en Leo, augure par presage,	*Teniendo en Leo, augurio por presagio,*
Mais estre à mort pour la fiancée.	*Pero estar en muerte por la novia.*

MUERTE DE MARAT: Jean Paul Marat, aquél que de la sangre de la víctima proxima al sacrificio salpicará su cara, tendrá también su hora, el 13 de Julio de 1.793, que según la verdadera Astrología sideral, es fecha que entra en el signo de Leo. La joven monárquica Carlota Corday, le apuñalará en el baño.

PROFECÍA 146 (X-17) 1.793

La Royne Ergaste [1] voyant sa fille blesme, [2]	*La Reina Encarcelada viendo a su hija pálida,*
Par un regret dans l´estomach enclos,	*Por un pesar en el estómago encerrado,*
Crys lamentables seront lors d´Angolesme,	*Gritos lastimeros serán entonces de Angulema,*
Et au germain mariage forclos. [3]	*Y al germano matrimonio caducado.*

EL PESAR DE MARIA ANTONIETA: La Reina María Antonieta, presa en el Temple, viendo a su hija, María Teresa, pálida y aterrada, sentirá un gran pesar encerrado en el estómago, que irá aumentando con los gritos lastimeros de la duquesa de Angulema. Recuerda cuando era feliz en Austria, con sus padres, Francisco I y María Teresa, ya fallecidos.

1.- Ergaste: Del latín "ergastulum-i", calabozo, cárcel, prisión.
2.- blesme: Epéntesis del término francés "blême", pálido, descolorido, lívido.
3.- Forclos: En francés, caducado, prescrito. En sentido figurado, fallecido.

PROFECÍA 147 (X-55) 1.793

Les malheureuses nopces celebreront	*Las desgraciadas nupcias celebrarán*
En grande joye: mais la fin malheureuse,	*En gran alegría: pero el fin desgraciado,*
Mary et mere nore desdaigneront,	*Marido y madre nuera desdeñarán,*
Le Phibe mort, et nore plus piteuse. [1]	*El Febo muerto, y nuera más lastimosa.*

LAS DESDICHAS DE MARIA TERESA CARLOTA: Las desgraciadas nupcias de la hija de Luis XVI, con el Duque de Angulema, se celebrarán en gran alegría: pero su final será desgraciado. El marido y la madre de éste desdeñarán a la princesa, cuando ésta decide compartir, en el Temple, la cautividad de su familia. El Monarca francés será ejecutado, y la situación de la nuera de los Angulema, será aún más lastimosa.

1.- Febo: Sobrenombre de Apolo, dios de la Luz, en lenguaje poético, el Sol, nombre aplicado a los monarcas franceses.

JOSÉ GARCÍA ÁLVAREZ

PROFECÍA 148 (I-33) 1.793

Pres d´un grand pont de plaine spatieuse,
Le grand Lyon par forces Cesarées,
Fera abbattre hors cité rigoureuse,
Par effroy portes lui seront reserrées.

Cerca de un gran puente de llanura espaciosa,
El gran Lyón por fuerzas Cesáreas,
Hará abatir fuera ciudad rigurosa,
Por temor puertas le serán cerradas.

LA BATALLA DE LYÓN Y EL SITIO DE TOLÓN: En la llanura espaciosa, cerca de un gran puente, se librará la batalla de Lyón, dirigida por fuerzas Realistas. Tras la toma sangrienta de Marsella, se hará un asedio riguroso, para abatir la ciudad de Tolón, que habrá cerrado sus puertas ante el temor de que les ocurriera como a los marselleses.

PROFECÍA 149 (XI-4) 1.793

D´un rond, d´un lis naistra un si grand Prince, (Falso)
Bien tost, et tard venu dans sa Province, (Falso)
Saturne en Libra en exaltación: [1]
Maison de Venus en decroissante force, [2]
Dame en apres masculin soubs l´escorce, [3]
Pour maintenir l´heureux sang de Bourbon.

De un redondo, de un lis nacerá tan gran Príncipe, (Falso)
Muy pronto, y tarde llegado a su Provincia, (Falso)
Saturno en Libra en exaltación: (1)
Casa de Venus en decreciente fuerza, (2)
Dama en después masculino bajo la escolta, (4)
Para mantener el feliz sangre de Borbón. (3)

LA MUERTE DE MARÍA ANTONIETA: Cuarteta alterada por Vicent Seve de Beaucaire. Se pedirá Justicia de forma exaltada, unida al amor en decreciente fuerza. Para mantener feliz al pueblo, ya gozoso por la sangre del Borbón, la Reina María Antonieta, con un coraje masculino, será llevada después, bajo la escolta, al lugar de la ejecución.

1.- Saturno, en el signo de Libra propicia, con gran poder de influencia, pruebas relacionadas con la Justicia, cuyo desarrollo dependerá de cómo esté aspectado.
2.- Venus es el planeta símbolo del Amor. Su casa es Libra.
3.- escorce: Es "escorte", escolta.

PROFECÍA 150 (I-86) 1.793

Le grande Royne quand se verra vaincuë
Fera exces de masculin courage,
Sur cheval, fleuve passera toute nuë,
Suite par fer, à foy fera outrage.

La gran Reina cuando se verá vencida
Hará exceso de masculino coraje,
Sobre caballo, río pasará toda desnuda,
Enseguida por hierro, a fe hará ultraje.

MUERTE DE LA REINA MARÍA ANTONIETA: Cuando la reina María Antonieta de Francia se verá vencida, hará un exceso de coraje varonil. Sobre el carro tirado por un caballo, pasará el río Sena sólo cubierta por escasos harapos. Enseguida morirá por la cuchilla, humillando la creencia de los que esperaban verla suplicar.

PROFECÍA 151 (XI-55) 1.793

Un peu devant ou après très grand Dame, (Falso)	*Un poco delante o después muy gran Dama, (Falso)*
Son âme au Ciel et son corps sous la lame, (Falso)	*Su alma al Cielo y su cuerpo bajo la cuchilla, (Falso)*
De plusieurs gens regrettée sera,	*De mucha gente lamentada será, (2)*
Tous ses parents seront en grand´tristesse:	*Todos sus parientes estarán en gran tristeza: (1)*
Pleurs et soupirs d´une Dame en jeunesse,	*Lloros y suspiros de una Dama en juventud, (3)*
Et a deux grands le deuil délaissera.	*Y a dos grandes el duelo dejará. (4)*

DUELO POR LA MUERTE DE LA REINA MARÍA ANTONIETA: Profecía transformada por Vicent Seve de Beaucaire. Todos los parientes de la reina María Antonieta estarán en gran tristeza: De mucha gente lamentada será. Lloros y suspiros de su joven hija María Teresa Carlota, y duelo también, tanto para la Monarquía, como para Francia.

PROFECÍA 152 (X-88) 1.793

Pieds et Cheval à la seconde veille	*Pies y Caballo en la segunda vigilia*
Feront entrée vastient tout par la mer:	*Harán entrada devastando todo por la mar:*
Dedans le poil entrera de Marseille, [1]	*Dentro del puerto entrará de Marsella,*
Pleurs, crys et sang, onc nul temps si amer.	*Llantos, gritos y sangre, nunca ningún tiempo tan amargo.*

LA TOMA DE MARSELLA: Sobre la medianoche, la infantería y la caballería de los revolucionarios, harán entrada, devastándolo todo por el mar: La tropa revolucionaria entrará dentro de Marsella y habrá llantos, gritos y sangre, que nunca ningún tiempo fue tan amargo.

1.- poil: Error de impresión. Es "port", puerto.

PROFECÍA 153 (VII-15) 1.793

Devant cité de l´Insubre contrée, [1]	*Delante de ciudad de la Insalubre comarca,*
Sept sera le siege devant mis:	*Siete estará la sede delante puesta:*
Le tres grand Roy y fera son entrée,	*El muy grande Rey hará allí su entrada,*
Cité plus libre hors de ses ennemis.	*Ciudad más libre fuera de sus enemigos.*

EL ASEDIO Y LIBERACIÓN DE TOLÓN: Delante de la ciudad de Tolón, al tiempo de la victoria revolucionaria en la insalubre comarca de Wattignies, estarán siete días apostados los ejércitos de la Convención: Después que allí hará su entrada Carlos IV de España, todos serán expulsados y la ciudad se verá libre de sus enemigos.

1.- Insubre: Viene de la palabra francesa "insalubre", igual que en castellano. Aquí se refiere al entorno del citado lugar.

PROFECÍA 154 (I-45) 1.793-1.799

Secteur de sectes grand peine au delateur,	*Sector de sectas gran pena al delator,*
Beste en theatre, dresse le jeu scenique,	*Bestia en teatro, dispuesto el juego escénico,*
Du faict antique annobly l´inventeur,	*Del hecho antiguo ennoblecido el inventor,*
Par sectes monde confus et schismatique.	*Por sectas mundo confuso y cismático.*

MUERTE DE FELIPE DE ORLEANS. EL 18 BRUMARIO: Un tribunal político de la Comuna, ejecutará a Felipe Igualdad, delator de la familia Real. El último acto del bestial Robespierre, dejará dispuesto el juego escénico a Bonaparte, por el golpe de Estado encumbrado, estando el mundo confuso y en cisma, por los partidos revolucionarios.

PROFECÍA 155 (V-33) 1.793

Des principaux de cité rebellée,	*Unos principales de la ciudad rebelada,*
Qui tiendront fort pour liberté r´avoir:	*Que tendrán fuerza para recobrar la libertad:*
Detrancher masles, infelice meslée,	*Despedazarán varones en la infeliz refriega,*
Cris, hurlemens à Nantes piteux voir.	*Gritos, lamentos en Nantes, lastimoso de ver.*

MASACRES DE NANTES: Unos notables de la ciudad rebelada, creerán que tendrán fuerza para recobrar la libertad: Harán pedazos a los revoltosos, habrá gritos, lamentos en Nantes, será un espectáculo lastimoso de ver.

PROFECÍA 156 (VIII-19) 1.793-1.794

A soustenir la gran cappe troublée,	*Para sostener la gran capa turbada,*
Pour l´esclaïrcir les rouges marcheront,	*Para aclararla los rojos marcharán,*
De mort famille sera presque accablée,	*De muerte familia será casi acabada,*
Les rouges rouges le rouge assommeront.	*Los rojos rojos al rojo aniquilarán.*

MUERTE DE LA FAMILIA CAPETO Y DE DANTON: Para sostener a la turbada familia Capeto, estará la tendencia girondina. Para diezmarla, los de la Montaña marcharán. Por muerte, la familia Real será casi acabada. Los miembros de un tribunal revolucionario, aniquilarán al jefe de los Cordeliers, G. J. Danton.

PROFECÍA 157 (VIII-80) 1.794

Des innocens le sang de vefve et vierge,	*La sangre de los inocentes, de viuda y virgen,*
Tant de maux faits par moyen se grand Roge,	*Tantos males hechos por medio de este gran Rojo,*
Saints simulachres trempez en ardant cierge,	*Santos simulacros remojados en ardiente cirio,*
De frayeur crainte en verra nul que boge.	*De horror, miedo, no verá ninguno que tiemble.*

FIESTA DEL SER SUPREMO. EL TERROR: La sangre de los inocentes, de viuda y virgen, muchos serán los males hechos por medio de Robespierre. Tras los simulacros de "La Fiesta del Ser Supremo", iluminada por miles de velas, con la Ley de Prairial, llenará de horror, de miedo, lo que no logrará de la pareja Real, pues no verá que ninguno tiemble.

PROFECÍA 158 (III-92) 1.794

Le monde proche du dernier periode,	*El mundo próximo del último período,*
Saturne encor tard sera de retour: [1]	*Saturno aún tarde estará de regreso:*
Translat empire devers nations Brodde, [2]	*Trasladado imperio hacia naciones Ampliadas,*
L´oeil arraché à Narbon par autour. [3]	*El ojo arrancado en Narbona por alrededor.*

LA BATALLA DE FLEURUS: El mundo próximo del último período del siglo XVIII, las duras pruebas, aunque tarde, aún estarán de regreso: La batalla de Fleurus, trasladará el dominio francés hacia los Países Bajos. Francia, desde Enrique II, irá más allá de sus fronteras naturales, desde el mar hasta los Alpes y desde los Pirineos hasta el Rhin.

1.- Saturno, el "Señor del Karma", periódicamente, trae las pruebas para el hombre y para la Humanidad.
2.- Brodde: Viene de "broder" que, en sentido figurado, es "ampliar". Los Países Bajos son naciones que han "ampliado" territorio rescatándoselo al mar.
3.- Indica que las fronteras francesas arrancaban desde los Pirineos y hace una comparación desde su tiempo, el de Enrique II, el "ojo arrancado".

PROFECÍA 159 (IX-40) 1.794-1.796

Prés de Quintin dans la forest bourlis,	*Cerca de Quintín, en el bosque espeso,*
Dans l´Abbaye seront Flamans ranchés:	*En la Abadía estarán Flamencos atrincherados:*
Les deux puisnais de coups my estourdis, [1]	*Los dos después nacidos de golpes medio aturdidos,*
Suitte oppressée et garde tous achés.	*Enseguida oprimidos y guardia todos comprados.*

LA BATALLA DE FLEURUS: Cerca de San Quintín, en un bosque espeso, los franceses; en la Abadía, el ejército flamenco del Príncipe de Coburgo, atrincherados: Jourdan y Moureau, generales nacidos a la fama, tras la victoria de Fleurus, de golpes medio aturdidos, serán hechos prisioneros, pero escaparán, comprados todos los de la guardia.

1.- Con la expresión "puisnais", después nacido, el profeta suele referirse al personaje de turno recién nacido a la fama.

PROFECÍA 160 (V-97) 1.794

Le nay difformé par horreur suffoqué,	*El nacido deforme por horror sofocado,*
Dans la cité du gran Roy habitable:	*En la ciudad del gran Rey habitable:*
L´edict severe des captifs revoqué	*El edicto severo de los cautivos revocado*
Gresle et tonnerre, Condon inestimable. [1]	*Granizo y truenos, edificación inestimable.*

EJECUCIÓN DE ROBESPIERRE: El engendro Robespierre, será sofocado por su propio horror, en la ciudad que será residencia del Emperador Bonaparte, París: El edicto severo (La Ley de Prairial), que no dejaba oportunidad alguna a los presos de escapar a la guillotina, revocado, terribles tormentas bélicas tendrán edificación sin medida.

1.- Condon: Del latín "condo-didi-ditum", edificar, construir, fundar.

PROFECÍA 161 (IV-63) 1.794-1.796

L´armée Celtique contre les montaignars,	*La armada Céltica contra los montañeses,*
Qui seront sceuz et prins à la pipée:	*Que serán descubiertos y cogidos en la trampa:*
Paysans fresz et poulseront tost faugnars,	*Campesinos frenados y pujarán pronto en fangares,*
Precipitez tous au fils de l´espée.	*Precipitados todos al filo de la espada.*

EL ANIQUILAMIENTO DE LOS CHUANES DE BRETAÑA: Los chuanes de Bretaña apoyados por los ingleses, irán contra los revolucionarios de la Montaña. Serán descubiertos y cogidos en una trampa: Los campesinos, frenados, continuarán resistiendo en las marismas. Todos serán aniquilados y los prisioneros fusilados por la Convención.

PROFECÍA 162 (I-43) 1.796-1.797

Avant qu´advienne le changement d´Empire,	*Antes que llegue el cambio del Imperio,*
Il adviendra un cas bien merveilleux,	*Ocurrirá un caso muy maravilloso,*
Le champs mué, le pillier de Porphire [1]	*El campamento atónito, el ladrón de Porfirio,*
Mis, transmué sus le rocher noilleux.	*Puesto, transmutado sobre la roca litigada.*

EL MONSTRUO DE LA GUERRA: Antes de que llegue el cambio de Régimen, ocurrirá un caso muy maravilloso. El campamento atónito, oirá la arenga de Napoleón, con el estímulo por la incitación al robo, de Porfirio. El corso será puesto y transmutado, por el litigio bélico italiano, en el pináculo de la fama de genio militar.

1.- Porfirio: Filósofo neoplatónico alejandrino, discípulo de Plotino.

PROFECÍA 163 (IX-13) 1.796-1.797

Les exilez autour de la Soulongne [1]	*Los exiliados alrededor de Soulac en Saintonge,*
Conduicts de nuict pour marcher à Lauxois, [2]	*Conducidos de noche para marchar a Lausana,*
Deux de Modenne[3] truculent de Bologne, [4]	*Dos de Módena truculento de Bolonia,*
Mis descouvers par feu de Burançois. [5]	*Puestos al descubierto por fuego de Burançois.*

BONAPARTE EN ITALIA: Tras lo de los exiliados alrededor de la Vandée, los de Bonaparte serán conducidos de noche para ir hacia Suiza. Dos columnas enemigas, de Módena, serán derrotadas por Massena, mientras Bonaparte, que irá a asustar al Papa, regresará de Bolonia, al ser descubiertos los franceses por las fogatas de los soldados esclavonios.

1.- Soulongne: Abreviatura de Soulac y Saintonge, en el Suroeste de Francia.
2.- Lauxois: Lausana, ciudad de Suiza.
3.- Módena: Ciudad del Norte de Italia.
4.- Bolonia: Ciudad de Italia, al pie de los Apeninos.
5.- Burançois: Nombre vulgar con el que se conocían a los soldados austro-húngaros, en tiempos de Bonaparte.

PROFECÍA 164 (II-30) 1.796-1.797

Un qui les dieux d´Anibal infernaux, [1]	*Uno que los dioses de Aníbal infernales,*
Fera renaistre, effrayeur des humains:	*Hará renacer, terror de los humanos:*
Oncq´plus d´horreur en plus dire journaux,	*Nunca más de horror ni más decir por días,*
Qu´avint viendra par Babel aux Romains. [2]	*De todo cuanto vendrá por Babel a los Romanos.*

NAPOLEÓN, EL NUEVO ANÍBAL: Napoleón Bonaparte, uno que los dioses infernales de Aníbal hará renacer, será el terror de los humanos: Nunca más se podrá decir en el futuro, que habrá más horror del que habrá entonces, de todo cuanto vendrá, tras el caos creado por el corso, a los Romanos.

1.- Aníbal: General cartaginés, que llevó la guerra a Italia.
2.- Babel: Torre bíblica, como sinónimo de confusión.

PROFECÍA 165 (X-10) 1.796

Tasche de meurdre, enormes adulteres,	*Obra de muerte, enormes adulterios,*
Grand ennemy de tout le genre humain,	*Gran enemigo de todo el género humano,*
Que sera pire qu´ayeuls, oncles, ne peres,	*Que será peor que abuelos, tíos, o padres,*
En fer, feu, eau, sanguin et inhumain.	*En hierro, fuego, agua, sanguinario e inhumano.*

EL SANGUINARIO BONAPARTE: Obra de muerte, enormes adulterios. Gran enemigo de todo el género humano, que será peor que todos sus antepasados. Sanguinario e inhumano, Napoleón Bonaparte llevará los horrores de la guerra a todos los lugares y personas.

PROFECÍA 166 (V-42) 1.796-1.797

Mars [1] eslevé en son plus haut befroy,[2]	*Marte elevado a su más alto apogeo,*
Fera retraire les Allobrox de France: [3]	*Hará retraer los Alobroges de Francia:*
La gent Lombarde fera si grand effroy,	*La gente Lombarda hará tan gran espanto,*
A ceux de l´Aigle comprins [4] sous la Balance. [5]	*A los del Aguila comprimidos bajo la Balanza.*

LA INVASIÓN DE LOMBARDÍA: En 1.796, la guerra en la Galia Cisalpina, elevada a su más alto apogeo, hará retraer a los sardos del conflicto con Francia: La gente lombarda mostrará un gran terror a los soldados de Bonaparte, "el Aguila Rapaz", y serán sometidos por Napoleón, alegando derecho, bajo una pretendida Justicia.

1.- Marte: Dios de la guerra.
2.- befroy: Es "beffroi", torre de atalaya. En sentido figurado, grado máximo, apogeo.

3.- Allobrox: Con este nombre se designaba a los de Saboya en tiempos de la Revolución Francesa.
4.- comprins: De latín "comprimo-pressi-pressum", comprimir, apretar, contener, reprimir.
5.- Balanza: Símbolo de la Justicia.

PROFECÍA 167 (IX-62) 1.796

Au grand de Cheramon [1] agora [2]	*Al grande de Cherasco ahora*
Seront croisez par ranc tous attachez, [3]	*Serán los religiosos por fila todos atados,*
Le portinav Opi, et Mandragora, [4]	*El desfiladero Opio y Mandrágora,*
Rougon d´Octobre le tiers feront laschez. [5]	*Rojo de Octubre el tercero harán ceder.*

NAPOLEÓN CONTRA LA IGLESIA: Al grande de Cherasco, Bonaparte, ahora le tentará otra cosa. Serán los religiosos, en fila, todos atados, evacuados por desfiladeros, y narcotizados. Querrá los bienes de la Iglesia, como el gobierno revolucionario en 1.789, haciendo ceder a los clérigos ante la crisis económica del Año III de la República.

1.- Por exigencias métricas, abreviatura: "Chera", de Cherasco, y "mon" de Pia-mon-te.
2.- agora: Del latín "hac hora", ahora.
3.- ranc: De "rangon", fila, hilera.
4.- Portinav: Del latín "porta-ae", puerta, desfiladero, paso.
5.- Rougon: De "rouge", rojo (revolucionario).

PROFECÍA 168 (IV-74) 1.796-1.797

Du lac Leman et ceux de Brannonices [1]	*Del lago Leman y los de los Aulerces,*
Tous assemblez contre ceux d´Aquitaine. [2]	*Todos agrupados contra los de Francia.*
Germains beaucoup, encore plus Souisses,	*Muchos germanos, aún más Suizos,*
Seront des faicts avec ceux d´Humaine. [3]	*Serán deshechos con los de la Humanidad.*

BONAPARTE, EL "IMPROVISADOR DE LA VICTORIA": Del lago Leman y los de los Aulerces, todos agrupados contra los de Francia. Muchos germanos y aún más suizos, serán deshechos con los del resto de la Humanidad.

1.- Brannonices: De "Branovicos", los Aulerces, antiguos pobladores de la Galia.
2.- Aquitania: Región de Francia, en la Galia romana.
3.- Humaine: De "humain, aine", humano, humana. Quiere decir, en este caso, raza humana o Humanidad.

PROFECÍA 169 (IV-67) 1.796-1.797

Lors que Saturne et Mars esgaux combust, [1]	*Cuando Saturno y Marte ardan iguales,*
L´air fort seiché longue trajection, [2]	*El aire fuerte seco larga trayectoria,*
Par feux, secrets d´ardeur grand lieu adust,	*Por fuegos, secretos de ardor gran lugar adusto,*
Peu pluye, vent chault, guerres, incursion.	*Poca lluvia, viento cálido, guerras, incursión.*

EL COMETA DE BOUVART: Cuando Saturno y Marte ardan iguales, en tiempo de viento fuerte y seco, se verá la larga trayectoria del cometa de Bouvart. El conflicto bélico y los ardientes deseos ocultos de Napoleón Bonaparte, harán de Roma un lugar excesivamente duro. Será una época de gran sequía, de viento cálido, de guerras e incursiones.

1.- Saturno propicia las pruebas y Marte los avatares bélicos.
2.- Alexis Bouvart: Astrónomo francés. Hizo los cálculos para la Mecánica Celeste de Laplace y calculó también los elementos de ocho cometas que descubrió, uno de ellos en 1.797.

PROFECÍA 170 (II-26) 1.796-1.797

Pour la faveur que la cité fera,
Au grand qui tost perdra camps de bataille
Puis le rang Pau [1]Thesin versera,[2]
De sang, feux mors noyez de coups de taille.

Por la merced que la ciudad hará,
Al grande que pronto perderá en el campo de batalla,
Después el rango verterá sangre en Suiza,
De sangre, fuego, muertos, ahogados de golpes de filo.

EL ANSIA BÉLICA DE BONAPARTE: Por la merced que París hará a Napoleón, que pronto perderá, cuando compruebe que el corso sólo piensa en el campo de batalla, éste, después que tendrá el rango de general en jefe del ejército de Italia, verterá sangre en Suiza. Hará una orgía de sangre, fuego, muertos, ahogados y exterminados por las armas.

1.- Pau: Ciudad francesa en los Pirineos Atlánticos.
2.- Tesino: Río que nace en el cantón suizo de su nombre.

PROFECÍA 171 (II-64) 1.796-1.797

Seicher de faim, de soif, gent Genevoise, [1]
Espoir prochain viendra au defaillir,
Sur point tremblant sera loy Gebenoise, [2]
Classe au grand port ne se peu acueillir.

Morirá de hambre, de sed, la gente Ginebrina,
Esperanza próxima vendrá al desfallecer,
Sobre puente temblando estará ley Genovesa,
Ejército al gran puerto no se puede acoger.

NAPOLEÓN Y LA CAMPAÑA DE ITALIA: Morirá de hambre, de sed, la gente ginebrina, tras la esperanza próxima que vendrá a desfallecer, cuando estará Napoleón sobre el puente de paso lombardo y temblando ante su ley la genovesa, hasta ver que el ejército francés se dirigirá hacia los Alpes, y a su gran puerto ya no se puede acoger.

1.- "Genevoise": Relativa a Ginebra.
2.- "Gebenoise": Se refiere a Génova.

PROFECÍA 172 (V-20) 1.796-1.801

Delà les Alpes grande armée passera,
Un peu devant naistre monstre vapin: [1]
Prodigieux et subit tournera
Le grand Tosquan à son lieu plus propin. [2]

Más allá de los Alpes el gran ejército pasará,
Un poco delante nacerá un monstruo vampírico:
Prodigioso y súbito volverá
El gran Toscano a su lugar más cercano.

NAPOLEÓN EN ITALIA: Más allá de los Alpes el gran ejército de Napoleón pasará, y poco después nacerá un monstruo vampírico: De modo prodigioso y súbito, derrotará a Fernando III, Duque de Toscana, al que despojará de sus posesiones y luego volverá a invadir, el lugar más cercano a ellas.

1.- vapin: Síncopa de "vampire", vampiro, animal desangrador.
2.- propín: Del latín "propincus", cercano, próximo.

PROFECÍA 173 (IV-90) 1.796-1.797

Les deux copies aux murs ne pourront joindre,
Dans c´est instant trembler Milán, Ticin: [1]
Faim, soif, doutance si fort les viendra poindre
Chair, pain, ne vivres n´auront un seul boucin.

Los dos ejércitos por los muros no podrán acercarse,
En este instante temblar Milán, Ticino:
Hambre, sed, duda tan fuerte les vendrá a despuntar,
Carne, pan, ni víveres no tendrán un solo bocado.

CAMPAÑA ITALIANA DE NAPOLEÓN: Los ejércitos franceses y austríacos, separados por los muros montañosos de los Alpes, no podrán acercarse. En ese instante, temblarán Milán y Ticino: El hambre, la sed y la duda tan fuerte vendrá a despuntar para sus habitantes, que no tendrán un solo bocado de carne, pan, ni víveres de ninguna clase.

1.- Regiones a ambos lados de los Alpes, en Italia y Suiza, respectivamente.

PROFECÍA 174 (VIII-7) 1.796-1.799

Verceil, Milan donra intelligence [1]	Vercelli, Milán dará inteligencia
Dedans Tycin sera faite la playe, [2]	Dentro de Ticino será hecha la herida,
Courir par Seine eau, sang, feu par Florence, [3]	Correr por Sena agua, sangre, fuego por Florencia,
Unique choix d´hault en bas faisant maye. [4]	Unica opción de alto en bajo haciendo festejo.

CAÍDA DEL DIRECTORIO: El Norte de Italia dará prueba del genio militar de Napoleón, que, hasta dentro de Suiza, llevará la desolación. La sangre correrá por el Sena, el 18 Fructidor y el 22 Floreal, mientras las tropas francesas llevan el incendio bélico por Florencia. La única opción será derribar al Directorio, haciendo festejo por ello el pueblo.

1.- Son ciudades del Norte de Italia.
2.- Comarca de Suiza.
3.- Ciudad de Italia.
4.- maye: Del latín "maius-a-um", del mes de Mayo, mes de la alegría, del buen tiempo, del festejo.

PROFECÍA 175 (I-24) 1.797

A cité neuve pensif pour condamner,	A ciudad nueva pensativo para condenar,
L´oisel de proye au Ciel se vient offrir:	El pájaro de presa al Cielo se viene a ofrecer:
Apres victoire à captifs pardonner,	Después de la victoria a cautivos perdonar,
Cremone et Mantoüe grand maux aura souffert.	Cremona y Mantua grandes males habrán sufrido.

CAPITULACIÓN DE MANTUA: A Villa Nova (Ciudad nueva) llegará Napoleón pensativo, para, en ella, condenar al Directorio. Como ave de presa, se elevará en su endiosamiento: Después de la victoria en Cremona y Mantua, perdonará la vida a los cautivos de la última, a los que tratará con todo respeto, por su valor en la defensa de la ciudad.

PROFECÍA 176 (VIII-11) 1.797

Peuple infiny paroistra à Vicence,[1]	Pueblo infinito aparecerá en Vicenza,
Sans force, feu brusler la basilique:	Sin fuerza, quemar la basílica:
Pres de Lunage [2] desfait grand de Valence, [3]	Cerca de Lunage deshecho grande de Valence,
Lors que Venise par morte prendra pique.	Cuando Venecia por muerte tomará pica.

NAPOLEÓN EN VICENZA: El impresionante ejército de Napoleón aparecerá en Vicenza. La ciudad sin defensa, quemará la basílica para desalojar a sus pocos defensores: Cerca de Belluno, será derrotado el general Lusignan y después tendrá lugar el sometimiento de la aterrorizada Venecia.

1.- Napoleón reunió ejércitos impresionantes. El profeta los veía como "el pueblo infinito".
2.- Lunage: Síncopa de Lunegiane, en el Véneto, donde está Belluno.
3.- Valence: Es una de las ramas salidas de Lusignan, nombre de una ilustre familia feudal francesa .

PROFECÍA 177 (VIII-33) 1.797-1.815

Le grand naistra de Veronne et Vincence,	El grande nacerá de Verona y Vicenza,
Qui portera un surnom bien indigne: [1]	Que llevará un sobrenombre muy indigno:
Qui à Venise voudra faire vengeance,	Quien en Venecia querrá hacer venganza,
Luy mesme prins homme du guet et signe. [2]	El mismo tomado hombre del acecho y signo

LA "GRANDEZA" DE BONAPARTE: El grande que nacerá como genio militar de Verona y Vicenza, llevará un sobrenombre muy poco digno de un rey francés, Napoleón: Un "grande" que dará muestras también, de su capacidad vengativa contra Venecia, y que, al final, perderá dicha "grandeza" al ser capturado por el capitán Maitland.

1.-Véase la 104.
2.- Hombre del "santo y seña": centinela, vigilante, de guardia.

PROFECÍA 178 (V-57) 1.797-1.799

Istra du mont Gaulsier [1] et Aventin,[2]	*Saldrá del monte Gaulsier y Aventino,*
Qui par le trou advertira l´armée, [3]	*Quien por la cueva observará el ejército,*
Entre deux rocs sera prins le butin,	*Entre dos rocas será tomado el botín,*
De Sext mansol faillir la renommée. [4]	*De Sexto manso perjudicar la fama.*

NAPOLEÓN EN ITALIA: En Agosto de 1.799, Napoleón saldrá de Roma y, a través de la Galia Cisalpina, su ejército será visto camino de Suiza. Antes, tras el enfrentamiento entre austríacos y franceses, por la Paz de Campoformio, será tomado el botín cedido por Austria, y perjudicado la fama del apacible Papa Pío VI.

1.- Gaulsier: Abreviatura de Galia Cisalpina.
2.- Aventino: Monte de Italia. Una de las siete colinas de la antigua Roma.
3.- Designa a Suiza como el país de las montañas socavadas.
4.- Mansol: Del latín "mansuesco-suevi-suetum", sosegar, amansar, suavizar.

PROFECÍA 179 (V-29) 1.797

La liberté ne sera recouvrée,	*La libertad no será recobrada,*
L´occupera noir, fier, vilain, inique	*La acapará negro, fiero, villano, inicuo*
Quand la matière du pont sera ouvrée,	*Cuando la materia del puente será abierta,*
D´Hister, Venise faschée la republique. [1]	*De Hister, Venecia alterada la república.*

BONAPARTE EN VENECIA: La libertad no será recobrada en Venecia. La acaparará el corso del sombrero negro, fiero, villano e inicuo. Cuando, será abierta la negociación que hará de puente para la paz, y el Directorio cederá sus territorios a los del Danubio, Austria, la República de Venecia desaparecerá, en beneficio de los dos grandes beligerantes.

1.- Hister: Nombre antiguo del río Danubio.

PROFECÍA 180 (III-17) 1.798

Mont Aventine brusler nuict sera veu,	*Monte Aventino arder noche será visto,*
Le ciel obscur tout à un coup en Flandres, [1]	*El cielo obscuro todo en un golpe en Flandes,*
Quand le Monarque chassera son neveu,	*Cuando el Monarca ahuyentará su sobrino,*
Leurs gens d´Eglise commetront les esclandres.	*Sus gentes de Iglesia cometerán los escándalos.*

LA CONQUISTA DE ROMA: El Monte Aventino será visto arder de noche, y Roma conquistada por Bonaparte, tras los súbitos conflictos en Flandes con motivo de la 1ª Guerra de Coalición, cuando el Papa Pío VI, cuya dignidad ahuyentará el favor dispensado a sus parientes, habrá presenciado los escándalos que cometerán sus eclesiásticos.

1.- Flandes: Territorio de la Europa centro-occidental, comprendido entre el Paso de Calais y el río Escalda.

PROFECÍA 181 (VI-28) 1.798

Le grand Celtique entrera dedans Rome,	*El gran Céltico entrará dentro de Roma,*
Menant amas d´exilez et bannis:	*Acarreando montones de exilados y proscritos:*
Le grand pasteur mettra à mort tout homme	*El gran pastor meterá en muerte a todo hombre*
Qui pour le Coq[1] estoyent aux Alpes unis.	*Que por el Gallo estuviesen a los Alpes unidos.*

OCUPACIÓN DE ROMA. MATANZAS NAPOLEÓNICAS: Napoleón entrará dentro de Roma, acarreando montones de exilados y proscritos: El gran dirigente francés llevará a la muerte a todo hombre perteneciente a alguno de los países que estuviesen unidos a Francia por los Alpes.

1.-Se suele simbolizar a Francia con el Gallo.

PROFECÍA 182 (IX-43) 1.798

Proche à descendre l´armée Crucígere	*Inmediato a descender la armada Crucígera*
Sera guettée par les Ismaëlites,	*Será acechada por los Ismaelitas,*
De tous cotez batus par nef Ravier, [1]	*De todos lados batidos por nave Raviera,*
Prompt assaillis de dix galeres eslites.	*Pronto asaltados por diez galeras de élite.*

NAPOLEÓN Y LA CAMPAÑA DE EGIPTO: Inmediatamente después de descender Napoleón hacia Egipto, la flota francesa será atacada por los navíos turcos. Mas, serán los ingleses de Nelson los que la destruirán en Abukir, en Agosto de 1.798, después de que ellos habrán batido a los otomanos con sólo diez de sus galeras de élite.

1.- Nave Raviera: Nave que marca el rumbo.

PROFECÍA 183 (II-94) 1.798

Gran Pau, grand mal pour Gaulois recevra,	*Gran Po, gran mal por Galos recibirá,*
Vaine terreur au maritin Lyon:	*Vano terror al marítimo León:*
Peuple infiny par la mer passera, [1]	*Pueblo infinito por el mar pasará,*
Sans eschapper un quart d´un million.	*Sin escapar un cuarto de un millón.*

BONAPARTE Y LA CAMPAÑA DE EGIPTO: El Norte de Italia, un gran mal por parte de los galos recibirá. La salida de Tolón de la expedición de Bonaparte, llevará el terror al marítimo país inglés: El "pueblo infinito" de Napoleón pasará por el mar Mediterráneo, y un cuarto de millón de soldados franceses no escaparán.

1.- Véase la 176. Nostradamus suele llamar a los grandes ejércitos de Napoleón, el "pueblo infinito".

PROFECÍA 184 (II-60) 1.798-1.799

La foy Punique en Orient rompue [1]	*La fe Púnica en Oriente rota*
Gran Jud, et Rosne, Loyre et Tag, changeront [2]	*Gran Judas, y Ródano, Loira y Tajo, cambiarán*
Quand du mulet la faim sera repue,	*Cuando del mulo el hambre será satisfecha,*
Classe espargie, sang et corps nageront.	*Flota dispersada, sangre y cuerpos nadarán.*

BONAPARTE, EL JUDAS DE FRANCIA: La fe de los soldados en el nuevo Aníbal, en Egipto será rota por el Gran Judas, que los abandonará para hacer cambios en Francia y España, cuando tendrán que saciar el hambre con los mulos de carga, tras ser dispersada la flota francesa en Abukir, y llenar el agua de cuerpos y de sangre.

1.- Púnica: Del latín "punicus", perteneciente a Cartago. Nostradamus hace un paralelismo ente Napoleón y Aníbal, el de las Guerras Púnicas.
2.- Jud: Abreviatura de Judas, traidor. Del latín "Iudas-ae", Judas.

PROFECÍA 185 (IV-27) 1.798-1.799

Salon [1], Manfol [2], Tarascon [3] de Sex [4], l´arc,[5]	*Salon, Manfalut, Tarascón de Sexto, el arco,*
Où est debout encor la pirámide:	*Donde está de pie aún la pirámide:*
Viendront livrer le Prince Dannemarc, [6]	*Vendrán librar el Príncipe de Dinamarca,*
Rachat honny en temple d´Artemide. [7]	*Rescate deshonroso en templo de Artemisa.*

LA OCUPACIÓN DE MALTA: El Año Sexto de la República, dominando Sagitario, la expedición francesa de gente reclutada en el Ródano y Provenza, saldrá de Tolón a Manfalut, en la tierra donde aún está de pie la pirámide: Vendrán a ocupar Malta, en pugna con el Príncipe de Dinamarca, Gran Maestre de la Orden de Malta, pero el ejército francés, sin posibilidad de rescate, es abandonado en el campo de batalla, de forma poco honrosa, por Napoleón.

1.- Salon: Ciudad francesa en Provenza.
2.- Manfalut: Ciudad de Egipto a orillas del Nilo. .
3.- Tarascón: Ciudad de Francia a orillas del Ródano.
4.- Sex: Apócope de Sexto. El Año VI de la República.
5.- El arco: Arma del arquero. Simboliza a Sagitario.
6.- El Gran Maestre era Príncipe de Dinamarca.
7.- Artemisa: Diosa mitológica cuya homónima es Diana. Tenía el templo en Efeso, en la zona que hoy es Turquía.

PROFECÍA 186 (V-80) 1.798-1.799

Logmion grande Bisance approchera, [1]	*El gran elocuente a Bizancio aproximará,*
Chassée sera la Barbarique Ligue:	*Expulsada será la Musulmana Liga:*
Des deux loix l´une l´estinique lachera, [2]	*De las dos leyes una la que es inicua cederá,*
Barbare et Franche en perpetuelle brigue.	*Turca y Franca en perpetua intriga.*

NAPOLEÓN EN EGIPTO: Napoleón, el gran elocuente, se aproximará a Bizancio, expulsando a turcos y mamelucos aliados: De las dos leyes, la inicua cederá, y habrá un largo tiempo de conflictos entre gente turca y francesa.

1.- Logmion: "El Ogmios", Dios de la elocuencia entre la gente gala.
2.- L´estinique: Término compuesto de l´est, del verbo francés être, ser, y el adjetivo "inique", inicuo, a. Se traduce por: "la que es inicua".

PROFECÍA 187 (IV-56) 1.798-1.799

Aprés victoire de rabieuse langue,	*Después victoria de rabiosa lengua,*
L´esprit tremté en tranquil et repos,	*El espíritu templado en tranquilidad y reposo,*
Victeur sanguin par conflict faict harangue,	*Vencedor sanguinario por conflicto hace arenga,*
Roustir la langue et la chair et les os.	*Asar la lengua, la carne y los huesos.*

LA FUERZA DE SUGESTIÓN DE BONAPARTE: La victoria, después de la proclama rabiosa. El espíritu de sus soldados se templaba con tranquilidad y reposo. Tras la arenga famosa en las pirámides, infligirán una sangrienta derrota al enemigo turco, a quien antes temían por las terribles torturas que aplicaban a los prisioneros franceses.

PROFECÍA 188 (I-98) 1.799

Le chef qu´aura conduict peuple infini [1]	*El jefe que habrá conducido pueblo infinito*
Loing de son ciel, de meurs et langue estrange	*Lejos de su cielo, de costumbres y lengua extraña*
Cinq mil en Crete et Thessalie finy,	*Cinco mil en Creta y Tesalia terminados,*
Le chef fuyant sauvé en la marine grange.	*El jefe huyendo salvado en el marino hórreo.*

LA HUIDA DE BONAPARTE: Napoleón Bonaparte, el jefe que habrá conducido el enorme ejército camino de Egipto, el país lejos de su tierra, de costumbres y lengua extrañas, después de dejar cinco mil hombres en Creta y Tesalia, que serán exterminados por los turcos, saldrá huyendo y será salvado en un buque de carga que transportaba granos.

1.- Ver las cuartetas 176 y 183.

PROFECÍA 189 (X-92) 1.799

Devant le pere l´enfant será tué, [1]
Le pere apres entre cordes de ionc,
Genevois peuple sera esvertué, [2]
Gisant le chef au milieu comme un tronc.

Delante del padre el hijo será muerto,
El padre después entre cuerdas de junco,
Ginebrino pueblo será trastornado,
Yaciendo el jefe en medio como un tronco.

CAIDA DEL DIRECTORIO: Cuarteta alegórica. Delante del Consejo de los Ancianos, por el golpe de Estado de Napoleón, caerá el Directorio. Los diputados serán arrestados. El pueblo suizo será trastornado por las tropas francesas y la derrota de Korsakov por Massena, en Zurich. Bonaparte caerá en medio de todos como un pesado tronco.

1.- Simbólicamente, utiliza este "parentesco" a nivel político o militar. (2) esvertué: Del latín "everto-verti-versum", trastornar, derribar, abatir.

PROFECÍA 190 (I-94) 1.799

Au port Selin le tyran mis à mort, [1]
La liberté non pourtant recouvrée:
Le nouveau Mars par vindicte et remort, [2]
Dame par force de frayeur honnoré. [3]

De puerto Selín el tirano puesto en muerte,
La libertad no por ello recobrada:
El nuevo Marte por venganza y remordimiento,
Dama por fuerza de terror honrada.

EL 18 BRUMARIO. EL DICTADOR BONAPARTE: Tras la derrota del puerto de Abukir frente a Inglaterra, el Directorio tirano será derribado por Napoleón. La libertad de Francia no será por ello recobrada: El nuevo dios de la guerra, por venganza y remordimiento, hará que la República francesa, por la fuerza del terror, sea temida y respetada.

1.- Selín: Inglaterra, antigua Selinunte sícula.
2.- Marte: Dios de la guerra.
3.- Con "Dama", suele aludir a la República.

PROFECÍA 191 (IV-38) 1.799

Pendant que Duc, Roy, Royne occupera, [1]
Chef Bizant du captif en Samothrace, [2]
Avant l´assault l´un l´autre mangera
Rebours serré suyvra du sang la trace.

Mientras que el Jefe, lugar de Reyes ocupará,
Jefe Bizancio del cautivo en Samotracia,
Adelante el asalto el uno al otro comerá
Rebelde encerrado seguirá de la sangre la huella.

LIQUIDACIÓN DEL EJÉRCITO DE EGIPTO: Mientras que Napoleón ocupará el lugar de los Reyes, el Jefe de los turcos dará buena cuenta del ejército francés cautivo por las tierras del Egeo, cometiendo atrocidades, tras los asaltos, con los soldados abandonados por el corso. Los prisioneros, serán encerrados, torturados y después ejecutados.

1.- Duc: Del latín "dux-cis", jefe de un ejército.
2.- Samothrace: De Samotracia, isla de Grecia al Norte del Mar Egeo.

PROFECÍA 192 (XI-31) 1.798-1.799

Celuy qui a, les hazards surmonte,
Qui fer, feu, eau, n´a jamais redoute,
Et du pays bien proche du Basacle, [1]
D´un coup de fer tout le monde estonné (Falso)
Par Crocodil estrangement donné (Falso)
Peuple ravi de voir un tel spectacle.

Aquél que ha, los azares superado, (3)
Quien jamás ha temido la guerra ni la revolución, (1)
Y del país muy próximo del Monumento, (2)
De un golpe de hierro todo el mundo asombrado (Falso)
Por Cocodrilo extrañamente dado (Falso)
Pueblo enajenado de ver un tal espectáculo. (4)

NAPOLEÓN ENAJENA A FRANCIA: Otra cuarteta alterada por Vicent Seve de Beaucaire. Quien jamás ha temido a la guerra, ni a la revolución, y del país muy cercano a las Pirámides, aquél que ha, los azares superado, logrará tener al pueblo de Francia enajenado con el espectáculo de sus hazañas.

1.- Basacle: Del latín "Basílica-ae", basílica, edificio público, monumento, templo.

PROFECÍA 193 (VII-9) 1.799

Dame à l´absence de son grand capitaine, [1]
Sera priee d´amour du Viceroy,
Fainte promesse et malheureuse estreine, [2]
Entre les mains du grand Prince Barois.[3]

Dama en la ausencia de su gran capitán,
Será presa de amor del Virrey,
Fingida promesa y desgraciada estrechez,
Entre las manos del gran Príncipe Vareador.

LA REPÚBLICA ESTAFADA POR NAPOLEÓN: La República, en ausencia de Robespierre, será cautivada por Napoleón. Pero, luego, demostrará que su promesa era fingida, y llevará al país a una desgraciada estrechez. De esta manera, Francia, se encaminará otra vez, entre las manos del golpeador Bonaparte, hacia un régimen de poder personal.

1.- Con "dama", designa a la República.
2.- estreine: De "etreindre", apretar, estrechar, oprimir. (3) Barois: De "battre", pegar, golpear, batir, varear. Llama a Bonaparte, "Príncipe Pegador, Vareador", pues, con su "vara" bélica, golpeará por doquier.

PROFECÍA 194 (VII-13) 1.799-1.814

De la cité marine et tributaire,
La teste raze [1] prendra la satrapie: [2]
Chasser sordide qui puis sera contraire,
Par quatorze ans tiendra la tyrannie.

De la ciudad marina y tributaria,
La testa rasurada tomará la satrapía:
Expulsar sórdido que después será contrario,
Por catorce años tendrá la tiranía.

BONAPARTE Y SUS 14 AÑOS DE TIRANÍA: De la ciudad marina de Ajaccio, en Córcega, tributaria de Francia, Napoleón Bonaparte, el "cabeza rasurada", tomará el poder: Expulsará al sórdido Directorio, que después seguirá siéndole contrario. Por 14 años mantendrá la tiranía: Desde Noviembre de 1.799 hasta Abril de 1.814.

1.- Napoleón era conocido entre sus allegados con el nombre familiar del "pequeño trasquilado".
2.- En la antigua Persia, una "satrapía", era una provincia regida por un "Sátrapa", gobernador con amplios poderes militares y civiles.

PROFECÍA 195 (VI-4) 1.799-1.800

Le Celtique fleuve changera de rivage,
Plus ne tiendra la cité d´Agripine,[1]
Tout transmué, ormis le vieil langage,
Saturne, Leo, Mars, Cancer en rapine.

El Céltico río cambiará de ribera,
Más no tendrá la ciudad de Agripina
Todo transmutado, excepto el viejo lenguaje,
Saturno, Leo, Marte, Cáncer en rapiña.

LAS REFORMAS DE BONAPARTE: Napoleón, con su golpe militar, cambiará el cauce del río revolucionario francés. Será después de conquistada Roma y detenido Pío VI, que verá convertirse al Estado pontificio en República Romana. Todo será transformado por Bonaparte, excepto la vieja lengua francesa. Serán fechas en las que Saturno estará en Leo, y en meses posteriores, Marte entrará en la casa ajena de Cáncer, estará en caída.

1.- Agripina: Esposa de Dominico Enobarbo y madre de Nerón, a quien éste hizo matar en Roma.

PROFECÍA 196 (I-74) 1.799-1.804

Apres sejourné vogueront en Epire, [1]	*Después de su estancia bogarán hacia Epiro,*
Le grand secours viendra vers Antioche: [2]	*El gran socorro vendrá hacia Antioquía:*
Le noir poil crespe tendra fort à l´Empire,	*El negro pelo crespo tendrá fuerte el Imperio,*
Barbe d´aerain se rostira en broche. [3]	*Barba de bronce se asará en el asador.*

LA CREACIÓN DEL IMPERIO: Después de un tiempo de estancia en Francia, Napoleón y sus hombres navegarán con intención de llegar hasta territorio griego. Como el gran socorro vendrá hacia Siria: El del negro pelo crespo, mantendrá con mano férrea el Imperio que creará después, cuando acabe con la República.

1.- Epiro: Región montañosa del NO de Grecia.
2.- Antioquía, ciudad de Turquía. (3) Con "Barba de bronce" se refiere a Enobarbo (latín Aenobarbus), marido de Agripina, como representación de la República.

PROFECÍA 197 (X-75) 1.799-1.814

Tant attendu ne reviendra jamais.	*Tan esperado no volverá jamás.*
Dedans l´Europe, en Asie apparoistra,	*Dentro de Europa, en Asia aparecerá,*
Un de la ligue yssu du grand Hermes,	*Uno de la liga surgido del gran Hermes,*
Et sur tous Roys des Orients croistra.	*Y sobre todos los Reyes de los Orientes crecerá.*

ÉPOCA DE NAPOLEÓN BONAPARTE: El Rey tan esperado por los monárquicos, no volverá jamás en este tiempo final del siglo XVIII. Será Bonaparte, el que dentro de Europa y hasta en Asia aparecerá, después de haber surgido del triumvirato, tras el regreso del país del gran Hermes Trismegisto. Y sobre todos los Reyes de Oriente su fama crecerá.

PROFECÍA 198 (I-16) 1.799

Faulx à l´estang joincte vers le Sagittaire, [1]	*Hoz en el estanque junta hacia el Sagitario,*
En son hault auge de l´exaltation, [2]	*En su alto auge de exaltación,*
Peste, famine, mort de main militaire,	*Peste, hambre, muerte de mano militar,*
Le siècle approche de renovation. *	*El siglo aproxima de renovación.*

COMIENZO DEL PODER DE BONAPARTE: En Noviembre de 1.799, Saturno, en el signo de Acuario y hacia la conjunción con Júpiter, el regente de Sagitario, se encontrará en su alto grado de exaltación. Época de guerra virulenta, hambre y muerte por mano militar, en la que el siglo XVIII se aproxima a su renovación.

1.- El símbolo de Saturno, tiene forma de hoz. El "estanque", alude a Acuario.
2.- Un planeta está en "exaltación" en un signo que posee características muy similares al propio. Ello le da mucho poder de influencia.
* Señal para determinar el final de un siglo.

PROFECÍA 199 (IV-21) 1.799-1.801

Le changement sera fort difficile,	*El cambio será muy difícil,*
Cité, province au change gain fera:	*Ciudad, provincia al cambio ganancia hará:*
Coeur haut, prudent mis, chassé luy habile, [1]	*Corazón alto, prudente puesto, captado el hábil,*
Mer terre peuple son estat changera.	*Mar, tierra, pueblo su estado cambiará.*

CAMBIOS EN LA FRANCIA DE BONAPARTE: El cambio en Francia será muy difícil, pero, las ciudades y provincias, al cambio de gobierno, ganancia harán: Especialmente, con el provisional constituido por Bonaparte, Fouché y Tayllerand. En el mar, en la tierra, en el pueblo, su estado cambiará.

1.- Describe el coraje del corazón de Bonaparte, la astuta prudencia de Fouché y la habilidad política de Talleyrand.

PROFECÍA 200 (V-32) 1.799-1.814

Où tout bon est, tout bien Soleil et Lune, [1]	*Donde todo bueno es, todo bien Sol y Luna,*
Est abondant, sa ruine s´approche:	*Es abundante, su ruina se aproxima:*
Du ciel s´advance vaner ta fortune,	*Del cielo se avanza aventar tu fortuna,*
En mesme estat que la septiesme roche.	*En el mismo estado que la séptima roca.*

NAPOLEÓN, NEFASTO PARA FRANCIA: En Francia, todo bien provisto por la Monarquía y la República, aún si es abundante, pronto será arruinado: Del cielo se aproxima aventar la fortuna del país galo, en el mismo momento y estado en que se termina el 7° Año de la República, cuando Bonaparte subirá al poder.

1.- Nostradamus suele designar a la Monarquía francesa con el Sol y a la República con la Luna.

TERCERA CENTURIA

Desde el comienzo del poder de Napoleón Bonaparte hasta el reinado de Carlos X de Francia
(1800-1830)

PROFECÍA 201 (II-29) 1.799-1.800

L ´Oriental sortira de son siege,
Passer les monts Apennins voir la Gaule:
Transpercera le ciel, les eaux et neige,
Et un chacun frappera de sa gaule.

El Oriental saldrá de su sede,
Pasar los montes Apeninos, ver la Galia:
Traspasará el cielo, las aguas y nieve,
Y en cada uno golpeará con su vara.

ALEJANDRO SUVOROF: Suvorof, saldrá de su sede, Rusia, pasará los montes Apeninos y querrá ver Francia: Traspasará las altas cumbres nevadas de Italia del Norte, con su ejército austro-húngaro, vencerá en las aguas del Adda, sobre el Trevia, en Novi, y en cada lugar golpeará con su vara bélica.

PROFECÍA 202 (II-11) 1.799-1.821

Le prochain fils de l ´aisnier parviendra,
Tant eslevé jusqu´au regne des fors:
Son aspre gloire un chacun la craindra,
Mais ses enfants du regne gettez hors.

El próximo hijo del primogénito llegará,
Tan elevado hasta el reino de los fuertes:
Su áspera gloria cada uno la temerá,
Pero sus hijos del reino arrojados fuera.

LA TRAYECTORIA DE NAPOLEÓN BONAPARTE: El segundo hijo de la familia Bonaparte, llegará en meteórica ascensión a las más altas cotas del poder y la fama: Será un tirano y su áspera gloria cada uno la temerá, pero sus hijos serán arrojados fuera del reino.

PROFECÍA 203 (I-51) 1.800-1.801

Chefs d´Aries, Jupiter et Saturne, [1]
Dieu eternel quelles mutations!
Puis par long siecle son maling temps retourne
Gaule et Italie, quelles esmotions!

Jefe de Aries, Júpiter y Saturno,
¡Dios eterno qué mutaciones!
Después por largo siglo su maligno tiempo regresa
Galia e Italia ¡qué conmociones!

INQUIETANTES COMIENZOS DEL SIGLO XIX: Marte, Júpiter y Saturno se encontrarán en conjunción al final del siglo XVIII. Serán grandes las mutaciones habidas. Después, por un largo siglo, el maligno tiempo bélico regresa, en el que habrá profundas conmociones en Francia e Italia.

1.- El planeta regente de Aries, es Marte, que simboliza la guerra.

PROFECÍA 204 (VI-76) 1.800-1.815

La cité antique d´antenorée forge,
Plus ne pouvant le tyran supporter:
Le manche fainct au temple couper gorge,
Les siens le peuple à mort viendra bouter.

La ciudad antigua de antenorada forja,
Más no pudiendo el tirano soportar:
El mango oculto al templo cortar garganta,
Los suyos el pueblo a muerte vendrá a colocar.

ATENTADOS CONTRA NAPOLEÓN: Madrid, la ciudad antigua de duro temple, no pudiendo soportar más al tirano, se levantará contra Napoleón: Se querrá acabar con el Emperador francés, pero, aunque lo intentarán de diversas formas, se librará. No así sus partidarios, masacrados por el pueblo durante las trágicas jornadas del Terror Blanco.

PROFECÍA 205 (V-60) 1.800-1.804

Par teste rase viendra bien mal eslire,
Plus que sa charge ne porte passera:
Si grand fureur et rage fera dire,
Qu´à feu et sang tout sexe trenchera.

Por elegir a cabeza rasurada vendrá mucho mal,
Más que su cargo puerta pasará:
Tan gran furor y rabia hará decir,
Que a fuego y sangre todo sexo destrozará.

MANÍA DESTRUCTIVA DE BONAPARTE: Por elegir a Napoleón, el "cabeza rasurada", mucho mal vendrá para Francia. Nombrado cónsul vitalicio, rebasará ese cargo y pasará a tomar todas las decisiones: Se hablará de él, como de un ser colérico y lleno de violencia destructiva, que, a sangre y fuego, todo sexo destrozará.

PROFECÍA 206 (II-3) 1.800-1.802

Pour la chaleur solaire sus la mer
De Negrepont les poissons demy cuits, [1]
Les habitans les viendront entamer,
Quand Rhod et Gennes leur faudra le biscuit.

Por el calor solar sobre la mar
De Negroponto los peces medio cocidos,
Los habitantes les vendrán a atacar,
Cuando Rodas y Génova les faltará la galleta.

LA SEQUÍA Y EL HAMBRE DE COMIENZOS DEL SIGLO XIX: Por el calor solar sobre la mar, los peces del Mar Negro estarán medio cocidos. Los habitantes de Dalmacia, vendrán a atacar a las tropas napoleónicas invasoras, pero, serán destruidos, cuando los griegos y los italianos estarán hostigados por un hambre atroz.

1.- Negroponte: Alude al Mar Negro, el antiguo "Ponto Euxino".

PROFECÍA 207 (II-84) 1.802

Entre Campaigne, Sienne, Flora, Tustie, [1]
Six mois neuf jours ne pleuvera une goutte:
L´estrange langue en terre Dalmatie,
Courira sus, vastant la terre toute.

Entre Campania, Siena, Flora, Tuscia,
Seis meses nueve días no lloverá una gota:
La extranjera lengua en tierra Dalmacia,
Correrá encima, devastando la tierra toda.

LA INVASIÓN NAPOLEÓNICA: En las regiones de Campania, Toscana y Umbría, durante largo tiempo no lloverá una gota: Las tropas de lengua francesa, en tierra de Dalmacia, pasarán por encima, devastando toda la tierra.

1.- Regiones italianas.

PROFECÍA 208 (II-16) 1.802-1.805

Naples, Palerme, Sicile, Syracuses,
Nouveaux tyrans, fulgures feux celestes:
Force de Londres, Gand, Bruxelles et Suses, [1]
Grand hecatombe, triomphe faire festes.

Nápoles, Palermo, Sicilia, Siracusa,
Nuevos tiranos, fulgurantes fuegos celestes:
Fuerza de Londres, Gante, Bruselas y Suecia,
Gran hecatombe, por triunfo hacer fiestas.

REORGANIZACIÓN DE ITALIA. AUSTERLITZ: Diversas regiones italianas tendrán nuevos tiranos, impuestos por el poder de los obuses incendiarios: Las fuerzas inglesas y sus aliados fracasarán por tierras de Holanda. Los aliados sufrirán la gran hecatombe de Austerlitz, triunfo que será celebrado con grandes festejos en Francia.

1.- Suses: Referido a la región del río Susaa, para denominar a Suecia Meridional.

PROFECÍA 209 (I-93) 1.803-1.805

Terre Italique pres des monts tremblera,
Lyon et Coq non trop confederez, [1]
En lieu de peur l'un l'autre s'aydera,
Seul Catulon et Celtes moderez. [2]

Tierra Itálica cerca de los montes temblará,
León y Gallo no demasiado confederados,
En lugar de miedo el uno al otro se ayudará,
Solo Catulón y Celtas moderados.

TERCERA GUERRA DE COALICIÓN: La tierra italiana cerca de los montes temblará. Inglaterra y Francia estarán poco avenidos, por la cuestión de Malta. Los ingleses, en vez de tener miedo a Napoleón, se aliarán con Austria, Rusia, Suecia y Nápoles. Estallará la 3ª Guerra, y Bonaparte, sólo tendrá la ayuda de algunos príncipes alemanes, de fuerzas moderadas.

1.- Tradicionalmente, estos animales han simbolizado a Inglaterra y Francia.
2.- Catulón: El profeta relaciona a Napoleón, nombrado Cónsul, con Catulo, antiguo Cónsul romano.

PROFECÍA 210 (VI-2) Siglo XIX

En l'an cinq cens octante plus et moins,
On attendra le siecle bien estrange:
En l'an sept cens, et trois cieux en tesmoings,
Que plusieurs regnes un à cinq feront change.

En el año quinientos ochenta más o menos,
Se alcanzará el siglo bien extraño:
En en el año setecientos, y tres cielos en testimonio,
Que varios reinos, uno a cinco, harán cambio.

EL SIGNO RENOVADOR DEL SIGLO XIX: En el año 1.225 surgirán los mayores humanistas. Quinientos ochenta años después, más o menos se llegará al siglo XIX, que al profeta le parece muy extraño: Habrá una renovación, como en el año 700, también con expansión humanista, y tres épocas o Sub-eras de Piscis con Cáncer, Escorpio y Acuario, dan testimonio de lo mismo. Que varios reinos, de uno a cinco, cambiarán de régimen.

PROFECÍA 211 (III-43) 1.804-1.814

Gens d'alentour de Tarn, Loth et Garonne,
Gardez les monts Apennines passer,
Vostre tombeau pres de Rome et d'Anconne,
Le noir poil crespe fera tropher dresser.

Gentes de los alrededores de Tarn, Lot y Garona,
Guardaos de los montes Apeninos pasar,
Vuestra tumba cerca de Roma y de Ancona,
El negro pelo crespo hará trofeo levantar.

LA SANGRÍA FRANCESA EN ITALIA: Las gentes de distintas regiones de Francia habrán de guardarse de pasar los Montes Apeninos, pues muchos tendrán su tumba cerca de Roma y Ancona, cuando el del negro pelo crespo hará levantar, como trofeo, la decapitada cabeza del jefe de los insurrectos de la Vandée, Georges Cadoudal.

JOSÉ GARCÍA ÁLVAREZ

PROFECÍA 212 (III-70) 1.804

La grande Bretagne comprise d´Angleterre,	*La gran Bretaña reprimida Inglaterra,*
Viendra par eaux si haut inonder,	*Vendrá por aguas tan alto inundar,*
La ligue neuve d´Ausonne fera guerre, [1]	*La liga nueva de Ausonia hará guerra,*
Que contre eux ils se viendront bander.	*Que contra aquellos ellos se vendrán a poner tirantes.*

LA TERCERA GUERRA DE COALICIÓN: Napoleón pensará dominar la Gran Bretaña, una vez reprimida Inglaterra, invadiéndola por medio de la "Grand Armée". Una nueva Coalición de Inglaterra y Rusia, con Austria, Suecia y Nápoles, le hará la guerra, cuando las relaciones de los coaligados con los franceses se habrán puesto demasiado tirantes.

1.- Ausonia: Con este nombre se designaba una región en el centro de Italia, habitada por los ausones.

PROFECÍA 213 (VIII-60) 1.804-1.815

Premier en Gaule, premier en Romanie,	*Primero en Francia, primero en Italia,*
Par mer et terre aux Angloys et París	*Por mar y tierra a los Ingleses y París*
Merveilleux faits par celle grand mesnie	*Maravillosos hechos por aquella gran mesnada*
Violant terax [1] perdra le Norlaris. [2]	*Violando genio perderá el Imperio.*

ASCENSO Y CAÍDA DE NAPOLEÓN BONAPARTE: El primero en Francia y el primero en Italia, Bonaparte combatirá por mar y por tierra a los ingleses y París estará fascinada por los maravillosos hechos que realizará aquel gran ejército del que, violando tierras y personas, alcanzará fama de genio, hasta que perderá el Imperio.

1.- terax: Del griego, genio, prodigio.
2.- Norlaris: Del latín "norma-ae", norma, regla, y de "Lar-ris", Lar, divinidad. Es una palabra compuesta, levemente abreviada por exigencia métrica, y alude a lo sagrado y divino de la coronación del Emperador: el Imperio.

PROFECÍA 214 (IV-23) 1.805

La legion dans la marine classe,	*La legión en la marina flota,*
Calcine, Magnes soulphre et poix bruslera: [1]	*Calcina, Grandes azufre y pez arderá:*
Le long repos de l´assuree place,	*El largo reposo de la segura plaza,*
Port Selin [2], Hercle feu les consumera. [3]	*Puerto Inglaterra, Hércules fuego les consumirá.*

LA BATALLA DE TRAFALGAR: La tropa embarcada en la marina flota, será calcinada al arder con azufre y pez, y muertos los grandes, Nelson y Gravina: Villeneuve, reposará demasiado en el seguro puerto español de Cádiz. La flota inglesa incendiará los barcos del doble Rey, Bonaparte, y el fuego consumirá casi un tercio de la escuadra francesa.

1.- Magnes: Palabra derivada del latín "Magnus-a-um", grande, importante.
2.- Port Selín: Inglaterra, la antigua "Selinunte sícula".
3.- Hércules: Reyes de Francia que ejercen su soberanía sobre dos naciones distintas. Vio a Bonaparte como Rey de Francia e Italia.

PROFECÍA 215 (VII-26) 1.805

Fustes et galeres autour de sept navires, [1]	*Fustas y galeras alrededor de siete navíos,*
Sera livree une mortelle guerre,	*Será librada una mortal guerra,*
Chef de Madrid recevra coup de vires, [2]	*Jefe de Madrid recibirá golpe de un proyectil,*
Deux eschapees, et cinq menees à terre.	*Dos escapados y por cinco llevados a tierra.*

BATALLA DE TRAFALGAR: Nelson acechará a Villeneuve con 7 trespuentes y otros navíos de guerra alrededor. Será librada una batalla mortal, frente al Cabo de Trafalgar. El almirante español

Gravina será muerto por un proyectil. Dos navíos ingleses serán apresados después y por cinco naves del capitán Cosmao serán llevados a tierra.

1.- Naves antiguas impulsadas por velas y remos.
2.- Con "girador", se refiere al avance del proyectil o metralla.

PROFECÍA 216 (I-77) 1.805

Entre deux mers dressera promontoire,	*Entre dos mares levantará promontorio,*
Que puis mourra par le mors du cheval:	*Del que después morirá por el mordisco del caballo:*
Le sien Neptune pliera voile noire, [1]	*El suyo Neptuno plegará vela negra,*
Par Calpre et classe aupres de Rocheval. [2]	*Por Calpre y ejército cerca de Rochefort.*

TRAFALGAR, ULM Y AUSTERLITZ: Napoleón querrá cruzar entre el Mar Cantábrico y el Mar del Norte, desde el que fuera dominio del Duque de Normandía, que después morirá por el mordisco del caballo: Perderá la batalla en el mar, por Gibraltar (antes Calpe), pero, su ejército vencerá en Ulm, y después en Austerlitz, cerca de Rochefort.

1.- Neptuno: Dios del mar. Se refiere a suerte adversa y resultado trágico: Día de luto para la armada francesa.
2.- Rocheval: Rochefort. Por necesidades de rima, cambia la terminación "fort", fuerte, por su equivalente en latín "val", de "valeo", ser fuerte, robusto.

PROFECÍA 217 (IX-93) 1.805

Les ennemis du fort bien esloignez,	*Los enemigos del fuerte bien alejados,*
Par chariots conduict le bastion,	*Por carros conducido el bastión,*
Par sur les murs de Bourges esgrongnez	*Por sobre los muros de Burgos fortificados*
Quand Hercules [1] battra l'Haemathion. [2]	*Cuando Hércules batirá al Emaciano.*

BONAPARTE, EN AUSTERLITZ: Los enemigos de Napoleón alejados, el ejército francés será conducido a la meseta de Pratzen, una especie de bastión, como sobre muros de burgos fortificados, donde las tropas francesas sorprenderán al centro austro-ruso y obtendrán el mismo éxito que cuando Bonaparte batiera al esforzado general Mack.

1.- Con Hércules designa a un rey de dos países.
2.- Emaciano: Viene de Emacia, una de las regiones de Macedonia, célebre por el tesón y la valentía de sus pobladores. El profeta designa así a los generales esforzados e incansables.

PROFECÍA 218 (XI-41) 1.805-1.808

Vaisseaux, gallères avec leur estendar,	*Bajeles, galeras con su estandarte, (3)*
S´entrebatteront près du mont Gibraltar,	*Se batirán cerca del monte Gibraltar, (1)*
Et lors sera fort faict à Pampelonne,	*Y entonces será fuerte hecho a Pamplona, (2)*
Qui pour son bien souffrira (mille maux), [1]	*Que para su bien sufrirá (mil males), (4)*
Par plusieurs fois soustiendra les assaux, (Falso)	*Por varias veces sostendrá los asaltos, (Falso)*
Mais à la fin unie à (la Couronne), (Falso)	*Pero al fin unida a (la Corona). (Falso)*

TRAFALGAR Y GUERRA DE LA INDEPENDENCIA: Cuarteta transformada en sextilla por Vicent Seve de Beaucaire. Se batirán cerca del Peñón de Gibraltar, y, luego, los franceses tomarán Pamplona, con lo que será inútil el sacrificio de navíos con el estandarte español, en Trafalgar, pues, Napoleón, buscando su propio beneficio, hará sufrir a la Corona española y a sus súbditos.

1.- Las últimas palabras (mille maux) son del último verso falso y en su lugar han de estar las dos últimas que éste tiene.

PROFECÍA 219 (III-84) 1.806

La gran cité sera bien desolée,	*La gran ciudad será muy desolada,*
Des habitans un seul n´y demourra:	*De los habitantes ni uno sólo permanecerá allí:*
Mur, sexe, temple, et vierge violée,	*Muralla, sexo, templo y virgen violada,*
Par fer, feu, peste, canon peuple mourra.	*Por hierro, fuego, peste, cañón pueblo morirá.*

LA TOMA DE VIENA: La gran ciudad de Viena será muy desolada, a merced del ejército de Napoleón. De sus habitantes, ni uno sólo permanecerá allí: Franqueada su muralla por la soldadesca embrutecida, todo sexo, templo o virgen, será objeto de violación. Por medio de las calamidades de la guerra, el pueblo prusiano morirá.

PROFECÍA 220 (V-51) 1.806

La gent de Dace, d´Angleterre et Polonne, [1]	*La gente de Dacia, de Inglaterra y Rusia,*
Et de Boësme feront nouvelle ligue: [2]	*Y de Bohemia harán nueva Liga:*
Pour passer outre d´Hercules la colonne, [3]	*Para pasar más allá de Hércules la columna,*
Barcins, Tyrrens dresser cruelle brigue. [4]	*Barcinos, Tirrenos levantar cruel intriga.*

LA CUARTA GUERRA DE COALICION: En 1.806, la gente de Sajonia, Inglaterra y Rusia, harán con Prusia una nueva Coalición contra Francia: Bonaparte tendrá el pretexto para pasar con su conquista más allá del Estrecho de Gibraltar y arrebatar la corona a los Borbones de España, como ha hecho con las dos Sicilias de los Borbones de Nápoles.

1.- Dacia: Provincia romana conquistada por Trajano. Comprendía aproximadamente la actual Rumanía.
2.- Bohemia: Región de Europa Central.
3.- Las columnas de Hércules, es Gibraltar.
4.- Barcinos: Antiguos habitantes de Barcelona, España.

PROFECÍA 221 (V-77) 1.806-1.810

Tous les degrez d´honneur Ecclesiastique,	*Todos los grados de honor Eclesiástico,*
Seront changez en dial quirinal: [1]	*Serán cambiados en diálogo quirinal:*
En Martial quirinal flaminique, [2]	*En Marcial quirinal flamínico,*
Puis un Roy de France le rendre vulcanal. [3]	*Después un Rey de Francia lo volverá vulcanal.*

LA IGLESIA BAJO EL "ÁGUILA RAPAZ": Todos los grados jerárquicos de los eclesiásticos serán cambiados por Napoleón sin diálogo con el ocupante del Quirinal: La fuerza militar del general Radet, raptará al Papa en su palacio, y después, Bonaparte convertirá la situación de los sacerdotes y el mismo Papa, en un verdadero infierno.

1.- Quirinal: Relativo a una de las siete colinas de Roma.
2.- flaminique: De Flaminio (De C. Flaminio, vencido en la batalla de Trasimeno por Aníbal).
3.- vulcanal: De Vulcano, dios del fuego. Alimentaba el fuego de los volcanes.

PROFECÍA 222 (I-75) 1.807-1.814

Le tyran Siene [1] occupera Savonne, [2]	*El tirano de Siena ocupará Savona,*
Le fort gaigné tiendra classe marine: [3]	*El fuerte ganado contendrá a la flota marina:*
Les deux armées par la marque d´Anconne, [4]	*Los dos ejércitos por la marca de Ancona,*
Par effrayeur le chef s´en examine.	*Por temor el jefe se examina de ello.*

MURAT. EL IMPERIO CONTRA LA IGLESIA: Murat tiranizará los territorios anexionados en Italia. Napoleón, que ha ganado la partida, impondrá el bloqueo continental a Inglaterra: Los dos ejércitos guerrearán por las Marcas, que serán ocupadas por los franceses, con la excomunión al

Emperador, de Pío VII, y el arresto de éste por aquél. Las derrotas militares hacen reconsiderar a Bonaparte y restituye al Papa a Roma.

1.- Siena: Ciudad de Italia (Toscana)
2.- Savona: C. del N. de Italia (Liguria)
3.- classe: Del latín "classis-is", ejército, flota.
4.- Ancona: C. italiana cap. de la prov. de las Marcas.

PROFECÍA 223 (II-99) 1.807-1.812

Terroir Romain qu´interpretoit augure,
Par gent Gauloise par trop sera vexée:
Mais nation Celtique craindra l´heure,
Boreas, classe trop loing l´avoit pousée.

Territorio Romano que interpretaba augurio,
Por gente Francesa por demasiado será vejado:
Pero nación Céltica temerá la hora,
Boreas, ejército demasiado lejos le había empujado.

VEJACIÓN DE ROMA. DESASTRE FRANCÉS EN RUSIA: Confirmando el augurio bíblico, el territorio Romano, por gente francesa, demasiado será vejado: Pero, Francia, temerá su hora aciaga, con la campaña en Rusia, cuando el ejército llevado muy lejos de su tierra, será destrozado por "Boreas", el gélido viento del Norte.

PROFECÍA 224 (VIII-16) 1.807

Au lieu que Hieron feit sa nef fabriquer [1]
Si gran deluge sera et si subite,
Qu´on n´aura lieu ne terres s´ataquer, [2]
L´onde monter Fesulan Olympique. [3]

Al lugar que Hieron hizo fabricar su nave
Tan gran diluvio habrá y tan súbito,
Que no habrá lugar ni tierras sin atacar,
La onda subir Fesulán Olímpico.

DOMINIO NAPOLEÓNICO EN ITALIA: Hasta el lugar donde Hieron hizo fabricar sus naves, Siracusa, habrá una invasión tan grande y tan súbita, que no habrá lugares ni tierras sin atacar, por el ejército de Bonaparte. La ola invasora subirá hasta la zona de Fiésole, en la Toscana, lugar donde los antiguos celebraban sus juegos olímpicos.

1.- Hieron: Tirano de Siracusa. Construyó máquinas de guerra y buques de gran tamaño bajo la dirección de Arquímedes.
2.- El profeta engloba lo natural y lo bélico.
3.- Fesulán: Relativo a Fiésole, ciudad de Italia, en Toscana. Ruinas etruscas de recintos olímpicos.

PROFECÍA 225 (III-25) 1.807-1.808

Qui au Royaume Navarrois parviendra,
Quand le Sicile et Naples seront joincts:
Bigore et Landes par Foix loron tiendra, [1]
D´un qui d´Espagne sera par trop conjoinct.

Quien al Reino Navarro llegará,
Cuando Sicilia y Nápoles estarán unidos:
Bigorre y Landas por Foix Oloron tendrá,
De uno que de España estará por demasiado conjunto.

NAPOLEÓN EN ESPAÑA. GODOY: Quien al Reino navarro llegará, cuando al reino de Nápoles se le llamará "de las Dos Sicilias": Del sur de Francia, paso a la Península tendrá, merced a Godoy, primer ministro de España, que esperaba su tajada portuguesa.

1.- loron: Es Oloron-Ste. Mari, ciudad francesa en los Pirineos Atlánticos.

PROFECÍA 226 (IV-2) 1.808-1.813

Par mort la France prendra voyage à faire,	*Por muerte, Francia tomará viaje por hacer,*
Classe par mer, marchar monts Pyrenées,	*Ejército por mar, marchar montes Pirineos,*
Espaigne en trouble, marcher gent militaire:	*España en apuro, marchar gente militar:*
Des plus gran Dames en France emmenées.	*De las más grandes Damas en Francia llevadas.*

GUERRA DE INDEPENDENCIA ESPAÑOLA: Por muerte, cuando Francia querrá hacer un viaje, habrá guerra hasta que el ejército de Wellington, venido por mar, marchará hacia los montes Pirineos, tras estar España en apuro por marchar por ella la gente militar: El de las más grandes Damas españolas al país francés.

PROFECÍA 227 (VIII-2) 1.808

Condon et Aux et autor de Mirande	*En Condom, Auch y alrededor de Mirande*
Ie voy du ciel feu qui les environne:	*Yo veo del cielo fuego que les rodea:*
Sol Mars conjoinct au Lyon, puis Marmande	*Sol, Marte conjunto a Leo, después Marmande*
Foudre, grand gresle, mur tombe dans Garonne. [1]	*Rayo, gran pedrisco, muro cae en Garona.*

LA INVASIÓN DE ESPAÑA: En la región de la Gascuña francesa, se harán preparativos para llevar el fuego de los obuses a España: El Sol y Marte estarán conjuntos en el signo de Leo, pronosticando una guerra que terminará después por la zona de Marmande, cuando el conflicto se extenderá por la comarca del Garona, tras la batalla de Toulouse.

1.- Hace una analogía entre fenómenos atmosféricos y las tormentas bélicas, donde el trueno es el retumbar de los cañones y el rayo, la estela de los obuses incendiarios.

PROFECÍA 228 (VIII-86) 1.808

Par Arniani Tholoser Ville Franque,	*Por Hernani, Tolosa, Villafranca,*
Bande infinie par le mont Adrian, [1]	*Banda infinita por el monte Adrián,*
Passe riviere, Hutin par pont la planque [2]	*Pasa río, Utebo por puente puesto*
Bayonne entres tous Bichoro criant. [3]	*Bayona entrados todos Bidasoa gritando.*

ESPAÑA INVADIDA POR BONAPARTE: Por Hernani, Tolosa y Villafranca de Ordizia, el gran ejército francés irá por los montes de San Adrián, después de haber pasado el río por el puente puesto, llegando hasta Utebo, procedentes de Bayona, aterrorizando a todos los habitantes de las riberas del Bidasoa.

1.- Véase "pueblo infinito", en cuartetas anteriores.
2.- Hutin: Se refiere a Utebo, municipio español cercano a Zaragoza.
3.- Bichoro: De Bidasoa, río de los Pirineos occidentales. Nace en Navarra, frontera entre Francia y España.

PROFECÍA 229 (IX-78) 1.808

La dame Grecque de beauté laydique,	*La dama Griega de belleza afeada,*
Heureux faicte des procs innumerable,	*Hecha dichosa de procreación innumerable,*
Hors translatée au regne Hispanique,	*Fuera trasladada al reino Hispánico,*
Captive prinse mourir mort miserable. [1]	*Cautiva tomada morir muerte miserable.*

GUERRA DE INDEPENDENCIA ESPAÑOLA: La diosa Minerva, dama Griega de belleza afeada por la Guerra, será hecha dichosa, de la procreación innumerable de horrores que será trasladada a España, cautiva tomada de un sangriento conflicto en el que muchos morirán de muerte miserable.

1.-El pintor Goya dará fe con sus pinceles de lo que fue dicho por el profeta dos siglos y medio antes.

PROFECÍA 230 (III-73) 1.808

Quand dans le regne parviendra le boiteux, [1]	*Cuando en el reino acceda el botellas,*
Competiteur aura proche bastard,	*Competidor tendrá próximo bastardo,*
Luy et le regne viendront si fort roigneux,	*El y el reino llegarán a ser tan roñosos*
Qu´ains qu´il guerisse son faict sera bien tard.	*Que antes que él cure su hecho será muy tarde.*

"PEPE BOTELLA", REY DE ESPAÑA: Cuando, en el reino español acceda José Bonaparte, tendrá cerca, como competidor, el rey que quiere el pueblo, que a él lo ve como bastardo. Las relaciones entre él y el reino llegarán a ser tan mezquinas, que cuando se arrepienta de haber cambiado la corona de Nápoles por la de España, ya será muy tarde.

1.- boiteux: De "boite", caja, bote, recipiente, cavidad. Sinónimo: botella.

PROFECÍA 231 (III-75) 1.808-1.809

Pau, Verone, Vincence, Sarragousse,	*Pau, Verona, Vicenza, Zaragoza,*
De glaives loings, terroirs de sang humides: [1]	*De luchas lejanas, territorios húmedos de sangre:*
Peste si grande viendra à la grand gousse,	*Peste tan grande vendrá en el gran cerco,*
Proche secours, et bien loing les remedes.	*Próximo socorro, y muy lejos los remedios.*

EL SITIO DE ZARAGOZA: Tras la invasión de Italia, desde Pau, los de Napoleón entrarán en España para invadir Portugal y llegarán a Zaragoza. De luchas lejanas, habrán dejado territorios húmedos de sangre: Habrá una guerra virulenta en el gran cerco. La ayuda más próxima, los refuerzos ingleses, no será tan eficaz como hubiera podido esperarse.

1.- El profeta utiliza la palabra "glaives", espadas, como símbolo de guerra, de batallas.

PROFECÍA 232 (X-58) 1.808-1.814

Au temps du dueil que le felin monarque [1]	*Al tiempo del duelo que el amargado monarca*
Guerroyera le jeune Aemathien: [2]	*Guerreará el joven Emaciano:*
Gaule bransler, pericliter la barque,	*Galia trastornar, periclitar la barca,*
Tenter Phossens au Ponant entretien. [3]	*Atacar Marselleses al Poniente mantenimiento.*

LA OFENSIVA DE WELLINGTON: Al tiempo del duelo del amargado monarca, Pío VII, guerreará el incansable y joven general, el Duque de Wellington: Contra el que hará trastornar a Francia y peligrar a la Iglesia, Bonaparte. A pesar del ataque del ejército francés de los Pirineos, mantendrá siempre su ofensiva desde el Oeste.

1.- felin: Del latín "fel fellis", hiel, amargura.
2.- Emaciano: De Emacio, antigua región de Macedonia, cuyos habitantes eran valientes e incansables.
3.- De Focea, antigua colonia gr. de Asia Menor, que a su vez fundó otras colonias, entre ellas Massalia (Marsella).

PROFECÍA 233 (XI-8) 1.808-1.810

Un peu devant l´ouvert commerce, (Falso)	*Un poco delante el abierto comercio, (Falso)*
Ambassadeur viendra de Perse, (Falso)	*Embajador vendrá de Persia, (Falso)*
Nouvelle au franc pays porter,	*Noticia al país francés llevar, (1)*
Mais non receu, vaine espérance,	*Pero no recibido, vana esperanza, (2)*
A son grand Dieu sera l´offence,	*A su gran Dios será la ofensa, (4)*
Feignant de le vouloir quitter.	*Fingiendo de quererle quitar. (3)*

NAPOLEÓN, "EL AVE RAPAZ": Transformada por Vicent Seve de Beaucaire. Pío VII llevará a Francia sus embajadas de desacuerdo, pero no será recibido y será vana su esperanza de persuadir a Bonaparte, que fingiendo el deseo de quitar al Papa los Estados Pontificios, con razones políticas y militares, será a su gran Dios al que hará la ofensa.

PROFECÍA 234 (VIII-94) 1.808-1.812

Devant le lac où plus cher fut getté [1]
De sept mois, et son ost desconfit
Seront Hyspans par Albannois gastez, [2]
Par delay perte en donnat le conflict.

Delante del pantano donde más valioso fue arrojado
De siete meses, y su hueste derrotada,
Serán Hispanos por Albaneses dañados,
Por plazo pérdida dándose el conflicto.

FRACASOS DE NAPOLEÓN: Más adelante de los pantanos de Austerlitz, de Eylau, donde, a pesar de vencer, fue arrojado lo más valioso de su ejército, a los siete meses de la Paz de Tilsit, Bonaparte volverá a luchar y su hueste será derrotada. Serán sus ejércitos dañados por españoles y rusos, y esa pérdida dará el plazo de su permanencia en el Poder.

1.- Aquí, "lac" se refiere a pantano.
2.- Designa a los rusos, con influencia sobre ese estado balcánico, "albaneses".

PROFECÍA 235 (VIII-62) 1.808-1.810

Lors qu´on verra expiler le saint temple, [1]
Plus grand du Rosne leurs sacrez prophaner,
Par eux naistra pestilence si ample,
Roy fait injuste ne fera condamner.

Cuando se verá expoliar el santo templo,
El más grande del Ródano, sus sagrados profanar,
Por ellos nacerá pestilencia tan amplia,
El Rey no hará condenar el hecho injusto.

NAPOLEÓN CONTRA LA IGLESIA: Cuando se verá expoliar los templos santos, tras ir Napoleón con sus soldados, desde el Ródano, a profanar los lugares más sagrados de Roma, por ellos nacerá una amplia epidemia antirreligiosa, con la aquiescencia de Bonaparte, que no hará nada para condenar los hechos injustos que tendrán lugar.

1.- expiler: Del latín "expilo", saquear, despojar.

PROFECÍA 236 (V-73) 1.808-1.812

Persecutée sera de Dieu l´Eglise,
Et les saints Temples seront expoliez,
L´enfant, la mere mettra nud en chemise,
Seront Arabes aux Polons ralliez. [1]

Perseguida será la Iglesia de Dios,
Y los santos Templos serán expoliados,
El hijo, la madre pondrá desnudos en camisa,
Estarán Arabes a los Polones reunidos.

EXPOLIO DE LA IGLESIA: Será perseguida cruelmente la Iglesia de Dios, y los santos templos serán expoliados por las tropas francesas. El Papa Pío VII y a la Iglesia, serán despojados por Bonaparte, cuando los mamelucos y lanceros polacos de Napoleón, estarán juntos en el ataque al pueblo madrileño.

1.- Con la palabra "Polons", Nostradamus suele denominar a los rusos o alguno de sus países satélites.

PROFECÍA 237 (VIII-51) 1.808-1.812

Le Bizantin [1] faisant oblation,[2]
Apres avoir Cordube à soy reprinse: [3]
Son chemin long repos pamplation; [4]
Mer passant proy par la Golongna prinse. [5]

El Bizantino haciendo sacrificio,
Después de haber Córdoba para si retomada:
Su camino largo reposo por ampliación;
Mar pasando víctima por la Galicia tomada.

LA OFENSIVA HISPANO-INGLESA: Haciendo los mamelucos el sacrificio del pueblo madrileño, la guerra descansará, tras haber sido Córdoba retomada por Soult: Tras el largo reposo invernal, Wellington proseguirá su camino de ampliación de lo reconquistado. Habrá entrado por el mar, tras ser expulsado de Galicia, tomada por los de Bonaparte.

1.- Con "bizantino" designa a turcos, persas, mamelucos, etc.
2.- oblation: Del latín "oblatio-onis", sacrificio.

3.- Córdoba: Ciudad española.
4.- De "par", por, y la latina "ampliatio", ampliación, aumento, expansión. (5) Golongna: Galicia, región del NO español.

PROFECÍA 238 (I-88) 1.808-1.814

Le divin mal surprendra le grand Prince,
Un peu devant aura femme espousée,
Son appuy et crèdit à un coup viendra mince,
Conseil mourra pour la teste rasée.

El divino mal sorprenderá al gran Príncipe,
Un poco antes habrá mujer desposado,
Su apoyo y crédito de golpe vendrá a menguar,
Consejo morirá por la cabeza rasurada.

BODA, EXCOMUNIÓN Y CAÍDA DE BONAPARTE: La excomunión sorprenderá al Emperador francés, que un poco antes habrá desposado a María Luisa de Austria. Encarcelará a Pío VII, pero, esto le menguará, de golpe, el crédito y apoyo de los católicos. Por la actitud del "cabeza rasurada", el Senado votará para que fenezca su Imperio.

PROFECÍA 239 (IV-95) 1.808-1.812

Le regne à deux laissé bien peu tiendront,
Trois ans sept mois passez feront la guerre [1]
Les deux vestales contre rebelleront, [2]
Victor puisnay en Armenique terre.[3]

El reino a dos dejado bien poco tendrán,
Pasados tres años siete meses harán la guerra
Las dos vestales se rebelarán en contra,
Victoria después de lo nacido en Arménica tierra.

NAPOLEÓN Y LA GUERRA DE ESPAÑA: El reino dejado a Carlos IV y Fernando VII, muy poco tendrán. Pasados tres años y siete meses de alianza hispano-francesa, las dos naciones harán la guerra. Las dos vestales, Minerva y Juno, se rebelarán en contra de Bonaparte, después de la terrible catástrofe por las tierras armenias de Rusia.

1.- Desde la alianza hispano-francesa, a finales de 1.804, hasta la nueva guerra, en Mayo de 1.808, van tres años y siete meses.
2.- Minerva y Juno: Antiguas diosas vestales, una de la guerra, otra del matrimonio o alianza.
3.- Armenia: Región de Asia Occidental.

PROFECÍA 240 (IV-43) 1.809

Seront ouys au ciel les armes battre:
Celui an mesme les divins ennemis,
Voudront loix sainctes injustement debattre,
Par foudre et guerre bien croyants à mort mis.

Serán oídas en el cielo las armas batir:
Aquel año mismo los divinos enemigos,
Querrán leyes santas injustamente debatir,
Por rayo y guerra los muy creyentes en muerte puestos.

NAPOLEÓN, EL AZOTE DE LA IGLESIA: Serán oídas las armas batir en las altas montañas de los Alpes. Aquel mismo año, los divinos enemigos, Pío VII y Napoleón, querrán debatir cuestiones religiosas, injustamente por parte de Bonaparte. Ante la negativa del Papa, el "rayo de la guerra" iniciará una violenta persecución de religiosos en Italia.

PROFECÍA 241 (VI-9) 1.809

Aux sacrez temples seront faicts escandales,
Comptez seront par honneur et loüanges,
D´un que on grave d´argent, d´or les medalles,
La fin sera en tormens bien estranges.

En los sagrados templos serán hechos escándalos,
Contados serán por honor y alabanzas,
De uno que se graba de plata, de oro las medallas,
El fin será en tormentos muy extraños.

PERSECUCIONES RELIGIOSAS DE NAPOLEÓN: En los sagrados templos serán hechos escándalos, que serán contados por los autores como dignos de honor y alabanzas. Todo ello, por culpa de uno que hace grabar su efigie en las monedas de plata y oro, cuyo fin será entre tormentos terribles y extraños, en la isla de Santa Elena.

JOSÉ GARCÍA ÁLVAREZ

PROFECÍA 242 (XI-57) 1.810-1.814

Peu après l´aliance faicte, (Falso)	Poco después la alianza hecha, (Falso)
Avant solemniser la feste, (Falso)	Antes solemnizar la fiesta, (Falso)
L´Empereur le tout troublera,	El Emperador totalmente turbará, (2)
Et la nouvelle mariée,	Y la nueva desposada, (1)
Au franc pays par fort liée,	Al franco país por fuerte ligada, (3)
Dans peu de temps après mourra.	En poco tiempo después morirá. (4)

BODAS DE NAPOLEÓN CON MARIA LUISA: Otra cuarteta transformada por Vicent Seve de Beaucaire. La nueva desposada turbará totalmente el Emperador, y por su enlace con él quedará fuertemente ligada, como emperatriz, al franco país; pero, en la hora de la desgracia de su esposo le volverá la espalda y éste, poco tiempo después, morirá.

PROFECÍA 243 (IV-54) 1.810

Du nom qui oncques ne fut au Roy Gaulois,	Con el nombre que nunca tuvo el Rey Galo,
Jamais ne fut un foudre si craintif,	Jamás hubo un rayo tan temible,
Tremblant l´Italie, l´Espaigne et les Anglois,	Temblando Italia, España y los Ingleses,
De femme estrangiers grandement attentif.	De mujer extranjera grandemente atento.

NAPOLEÓN, EL "RAYO DE LA GUERRA": Con el nombre que nunca tuvo un rey francés, jamás hubo en la guerra un rayo tan temible. Hará temblar a Italia, España e Inglaterra, y se volcará en atenciones con una mujer extranjera: María Luisa de Austria.

PROFECÍA 244 (X-69) 1.812

Le fer luysant de neuf vieux eslevé,	El hierro luciendo de nuevo viejo elevado,
Seront si grands par Midy Aquilon: [1]	Serán tan grandes por el Sur de Rusia:
De sa seur propre grandes alles levé,	De su propia hermana grandes alas alzada,
Fuyant meurdry au buisson d´ambellon. [2]	Huyendo herido al matorral de debilidad.

EL DESASTRE DE RUSIA: Luciendo las armas, de nuevo actuará el viejo general de gran prestigio, Kutusov. Serán muy grandes los hechos bélicos por el Sur de Rusia: Alzada la invasión desde Austria, Prusia y Polonia, región hermana de Rusia, el ejército francés terminará huyendo, lo mismo que el animal herido, en su debilidad, busca el matorral.

1.- Aquilón: Denominación de Rusia. La asocia con el viento del Norte.
2.- ambellon: Del latín "imbellis-e", débil.

PROFECÍA 245 (VI-97) 1.812

Cinq et quarante degrez ciel bruslera,	En los cuarenta y cinco grados el cielo arderá,
Feu approcher de la grand cité neuve, [1]	El fuego se aproximará a la gran ciudad nueva,
Instant grand flamme esparse sautera	En un instante la gran llama esparcida saltará
Quand on voudra des Normans faire preuve. [2]	Cuando se querrá de los Normandos hacer prueba.

NAPOLEÓN Y LA CAMPAÑA DE RUSIA: En las cercanías del paralelo 45°, hasta el cielo arderá con el despliegue del Gran Ejército. El fuego bélico se aproximará hasta la ciudad de Moscú, luego renovada. En un instante, la gran llama esparcida saltará, cuando se querrá poner a prueba a los rusos y sus pueblos hermanos.

1.- Moscú sería incendiada por Kutuzov siguiendo su táctica de "tierra quemada".
2.- Los Normandos o Vikingos era una rama de los pueblos germánicos. La principal fue la de los varegos, que fundaron los principados de Kiev y Novgorod, origen de la actual Rusia.

PROFECÍA 246 (I-27) 1.812

Dessous de chaine Guien1[1] du Ciel frappé, [2]	*Debajo de cadena Gizeh del Cielo golpeada,*
Non loing de lá est caché le tresor,	*No lejos de allí está escondido el tesoro,*
Qui par long siecles avoir esté grappé,	*Que por largos siglos haber sido inviolado,*
Trouvé mourra, l´oeil crevé de resor.	*Encontrado morirá, el ojo atravesado por resorte.*

DESCUBRIMIENTOS EN EGIPTO: Debajo de la cadena de Gizeh, golpeada por los agentes atmosféricos, no lejos de allí, está escondido el tesoro que, por largos siglos, habrá sido inviolado. Será distinto a lo hallado en el siglo XIX, entre las garras delanteras de la Esfinge. Una vez encontrado, el que lo haga, morirá con el ojo atravesado por un resorte.

1.- Gizeh proviene de "Guien". Provincia del Bajo Egipto.
2.- "Del cielo golpeada". Metáfora para significar la erosión.

PROFECÍA 247 (IX-7) 1.812

Qui ouvrira le monument trouvé,	*Quien abrirá el monumento encontrado,*
Et ne viendra le serrer promptement,	*Y no vendrá a cerrarlo prontamente,*
Mal luy viendra, et ne pourra prouvé	*Mal le vendrá, y no podrá probar*
Si mieux doit estre Roy Breton ou Normand.	*Si mejor debe ser Rey Bretón o Normando.*

DESCUBRIMIENTOS EN GIZEH: El Capitán Caviglia encontrará un pequeño templo entre las patas de la Esfinge. En el futuro, quien abrirá el monumento encontrado, al no cerrarlo prontamente, recibirá una terrible herida que le causará la muerte, y no podrá probar si lo hallado es de origen bretón o es normando.

PROFECÍA 248 (IV-70) 1.812-1.813

Bien contigue des grands monts Pyrenées,	*Muy contiguo de los grandes montes Pirineos,*
Un contre l´Aigle grand copie addresser, [1]	*Uno contra el Aguila gran ejército dirigirá,*
Ouvertes veines, forces exterminées, [2]	*Abiertas venas, fuerzas exterminadas,*
Que jusqu´à Pau le chef viendra chasser. [3]	*Que hasta Pau el jefe vendrá a expulsar.*

LA OFENSIVA DE WELLINGTON: Muy cerca de los Montes Pirineos, Wellington dirigirá seis ejércitos anglo-hispano-portugueses contra Napoleón. Tras una verdadera sangría, las fuerzas francesas, después de Arapiles, serán exterminadas en la batalla de Vitoria, y el jefe inglés, hasta el territorio francés les vendrá a expulsar.

1.- copie: Del latín "copia-ae", tropa, ejército.
2.- Con "venas abiertas", simboliza que se producirá una sangría.
3.- Pau: Ciudad del Suroeste de Francia, capital del departamento de Basses-Pyrénés.

PROFECÍA 249 (I-73) 1.793-1.813

France à cinq pars par neglect assaillie,	*Francia de cinco partes por negligencia acometida,*
Tunys, Argal esmeuz par Persiens: [1]	*Túnez, Argel acometidas por Persas:*
Leon, Seville, Barcellonne faillie,	*León, Sevilla, Barcelona quebrada,*
N´aura la classe par les Venitiens. [2]	*No tendrá el ejército por los Venecianos.*

DOS DÉCADAS DE GUERRAS EN FRANCIA: Por su confusión interna, en 1.793, Francia será acometida por Inglaterra, Holanda, España, Prusia y Austria, y Túnez y Argel, atacadas por los turcos: Más adelante, Napoleón invadirá España y Rusia, y el resultado será catastrófico. Perderá su ejército, por no restituir a Austria los territorios venecianos de las Provincias Ilíricas, en Leipzig. Francia vuelve a estar como 20 años atrás.

1.- El profeta llama "Persas" a los turcos, por su influencia sobre ese país.
2.- classe: Del latín "classis-is", flota, ejército.

PROFECÍA 250 (I-61)   1.799-1.813

La republique miserable infelice
Sera vastée du nouveau magistrat,
Leur grand amas de l´exil malefice
Fera Sueve raur leur grand contract. [1]

La república miserable infeliz
Será devastada del nuevo magistrado,
Su gran montón del exilio maléfico
Hará Suecia quitar su gran contrato.

EL DEVASTADOR DE FRANCIA: La República miserable e infeliz, será devastada por el "nuevo magistrado", propulsor del "Código Napoleónico". Gran cantidad de aristócratas serán exiliados por su maléfica influencia. Bernadotte, nombrado rey de Suecia, hará acuerdo con sus enemigos para terminar con sus alianzas y acabar con sus tiranías.

1.- Sueve: Modificación de "Suède", nombre francés de Suecia. Bernadotte era uno de los generales de Napoleón.

PROFECÍA 251 (VIII-85)   1.813-1.821

Entre Bayonne et à Saint Jean de Lux,
Sera posé de Mars la promotoire
Aux Hanis [1] d´Aquilon [2] Nanar hostera lux,[3]
Puis suffoqué au lict sans auditoire.

Entre Bayona y San Juan de Luz,
Será puesto de Marte el promontorio
A los Hispanos de Aquilón a Nanar quitará luz,
Después sofocado en el lecho sin auditorio.

DECLINA LA ESTRELLA DE NAPOLEÓN: Entre Bayona y San Juan de Luz estarán atrincherados los ejércitos de Soult y de Wellington. Retirar hombres de España, por los reveses de Rusia, declinará la estrella de Bonaparte, que perderá luz cada vez más, hasta que después morirá sofocado en el lecho de Santa Elena, sin el menor auditorio.

1.- Hanix: Abreviatura del nombre latino de España, "Hispania".
2.- Aquilón: Se refiere, una vez más, a Rusia, el coloso del Norte.
3.- Nanar: Realmente, es "Napar", nueva abreviatura, esta vez de Napoleón Bonaparte.

PROFECÍA 252 (IX-64)   1.813-1.814

L´Aemathion passera monts Pyrenées, [1]
En Mars Narbon ne fera resistance, [2]
Par mer et terre fera si grand menée,
Cap n´ayant terre seure pour demeurance. [3]

El Emaciano pasará los montes Pirineos,
En Marzo Narbona no hará resistencia,
Por mar y tierra hará tan gran conducción,
Capeto no teniendo tierra segura para permanencia.

WELLINGTON Y FINAL DE LA GUERRA ESPAÑOLA: El tenaz Duque de Wellington pasará los montes Pirineos y, en Marzo, Narbona ya no le opondrá ninguna resistencia, con lo que terminará la gran ofensiva que ha llevado por mar y por tierra, liberando al Borbón Fernando VII, que no había tenido tierra segura para permanecer.

1.- Emaciano: Natural de Emacio, región de Macedonia, cuyos habitantes tenían fama de valientes y tenaces.
2.- Narbon: Narbona, ciudad del Sur de Francia.
3.- Cap.: De Capeto, dinastía real francesa fundada por Hugo Capeto. Sus ramas, los Valois y los Borbones.

PROFECÍA 253 (V-30) 1.814

Tout à l´entour de la grande cité,
Seront soldats logez par champs et ville:
Donner l´assaut Paris, Rome incité,
Sur le pont sera faicte grand pille.

Todo alrededor de la gran ciudad,
Estarán soldados alojados por campos y ciudad:
Dar el asalto a París, Roma incitado,
Sobre el puente será hecho gran saqueo.

ASALTO A PARÍS: Alrededor de la gran ciudad, estarán alojados los soldados aliados por los campos y ciudades: Para dar el asalto a París, que había incitado a Napoleón a tomar Roma, después del gran saqueo hecho en la zona de paso del Piamonte y la Lombardía.

PROFECÍA 254 (IV-46) 1.814

Bien defendu le faict par excellence,
Garde toy Tours de ta proche ruine,
Londres et Nantes par Reims fera deffense
Ne passe outre au temps de la bruine.

Bien defendido el hecho por excelencia,
Guárdate Tours de tu próxima ruina,
Londres y Nantes por Reims hará defensa
No rebasará al tiempo de la bruma.

LA CAMPAÑA DE FRANCIA: Bien defendido el verdadero espíritu, por la Iglesia, Tours habrá de guardarse de su próxima ruina, que se producirá, cuando, por la resistencia a los ingleses, y la defensa contra los austríacos, tanto Nantes como Reims, también resultarán afectadas, hasta que el poder de Bonaparte no rebasará la estación de las nieblas.

PROFECÍA 255 (VI-42) 1.814

A Logmyon sera laissé le regne, [1]
Du grand Selin, qui plus fera de faict: [2]
Par les Itales estendra son enseigne,
Regi sera par prudent, contrefaict.

Por el Elocuente será dejado el reino,
Del gran Selín, a quien más hará de hecho:
Por las Italias extenderá su enseña,
Regido será por prudente, contrahecho.

SUBIDA AL TRONO FRANCÉS DE LUIS XVIII: Por el elocuente Napoleón, será dejado el reino, en manos del que viene de Inglaterra, Luis XVIII, a quien más beneficio hará de hecho: El que, por las tierras de Italia extenderá su enseña, dejará el país, que será regido por un monarca prudente, que sabe no podrá rehacer el Antiguo Régimen.

1.- Ogmión: Viene de "Ogmius", Dios de la elocuencia de los galos.
2.- Selín: La antigua "Selinunte", Inglaterra.

PROFECÍA 256 (X-13) 1.815

Souz la pasture d´animaux ruminant
Par eux conduicts au ventre helbipolique, [1]
Soldats cachez, les armes bruit menant,
Non loing temptez de cité Antipolique.[2]

Bajo el pastizal de animales rumiantes
Por ellos conducidos al vientre elbipólico,
Soldados escondidos, las armas ruido haciendo,
No lejos acampados de ciudad Antipólica.

LA SALIDA DE ELBA: Bajo el pastizal de animales rumiantes, llevados por sus enemigos, y por ellos conducidos al interior del territorio elbipólico, decidirán regresar a Francia. Sus soldados escondidos, harán sonar sus armas, después de estar acampados cerca de la ciudad de Antibes, ocultos en los olivares entre el mar y la ciudad.

1.- helbipolique: Elbipólico, relativo a la isla de Elba.
2.- Antipolique: Relativo a Antibes, ciudad de la Costa Azul.

PROFECÍA 257 (VII-16) 1.815

Entrée profonde par la grande Royne faicte	*Entrada profunda por la gran reina hecha*
Rendra le lieu puissant inaccesible:	*Volverá el lugar potente, inaccesible:*
L´armee des trois Lyon sera deffaite,	*El ejército de los tres Lyón será deshecho,*
Faisant dedans cas hideux et terrible.	*Haciendo dentro caso horrible y terrible.*

AUGE Y CAÍDA DE BONAPARTE: Atrás queda la entrada profunda hecha por la Emperatriz María Luisa en París, de la mano del que volverá el lugar potente e inaccesible: El ejército de Austerlitz, la Batalla de los Tres Emperadores, será deshecho en Waterloo, con la caída de Napoleón y la masacre, dentro del país, de los bonapartistas.

PROFECÍA 258 (III-93) 1.815

Dans Avignon tout le chef de l´Empire,	*En Aviñón todo el jefe del Imperio,*
Fera arrest pour París desolé:	*Hará parada por París desolado:*
Triscat [1] tiendra l´Annibalique ire,[2]	*Valle del Ródano tendrá la Anibálica ira,*
Lyon par change sera mal consolé.	*Lyón por cambio será mal consolado.*

EL REGRESO DE NAPOLEÓN: En Aviñón, todo un jefe del Imperio, hará parada, desolado por haber dejado París: A su regreso de Elba, el Valle del Ródano, sentirá furor por el nuevo Aníbal, Napoleón, que llegará a Grenoble, que le acogerá bien, y después a Lyón, que no sentirá tanto agrado como la anterior ciudad por el retorno de Bonaparte.

1.- Triscat: Es "Tricast", de Tricastin, en el Bajo Delfinado.
2.- Aníbal: Antiguo general cartaginés.

PROFECÍA 259 (I-23) 1.815

Au mois troisième [1] se levant le Soleil, [2]	*En el mes de Junio al salir el Sol,*
Sanglier [3], Liépard au champs Mars pour combattre, [4]	*Jabalí, Leopardo en el campo de Marte para combatir,*
Liépard lassé au ciel estend son oeil,	*Leopardo cansado al cielo extiende su mirada,*
Un aigle autour du Soleil voit s´esbattre.	*Un águila alrededor del Sol ve debatirse.*

NAPOLEÓN, WELLINGTON Y WATERLOO: El 18 de Junio de 1.815, al salir el Sol, Blücher, el prusiano, y Wellington, el inglés, estarán en el campo de batalla para combatir. Al atardecer, Wellington, cansado, mirará al cielo: sus tropas estaban exhaustas. Ve que Napoleón puede volver a elevarse por los cielos del poder.

1.- El mes tercero, astrológicamente hablando, es Junio.
2.- El combate comenzó "al salir el Sol", al amanecer.
3.- El jabalí y el leopardo, simbolizan los estandartes de Prusia e Inglaterra, considerando al leopardo heráldico como un león.
4.- Marte, dios de la guerra.

PROFECÍA 260 (I-26) 1.815

Le grand du fouldre tombe d´heure diurne,	*La grandeza del rayo cae de hora diurna,*
Mal et predict par porteur postulaire:	*Mal y predicho por portador postulante:*
Suivant presage tombe d´heure nocturne,	*Siguiente presagio cae de hora nocturna,*
Conflict Reims, Londres; Etrusque pestifere. [1]	*Conflicto Reims, Londres; Etrusco apestado.*

LA CAÍDA DE NAPOLEÓN: La grandeza del "rayo de la guerra" decaerá con claridad. Mal predicho, cuando De Saint-Agnan será el portador de las proposiciones aliadas, que el corso rechazará: El siguiente presagio caerá de hora nocturna, con lo dicho por el Mariscal Ney, en Auxerre. El desastre de Reims, ahora será la derrota definitiva en Waterloo, por los de Londres, del "Etrusco" de la epidemia bélica.

1.- Una rama de la familia Bonaparte se estableció en Florencia, capital de la Toscana (Etruria). De ellos descendía Napoleón y por ello, el profeta le llama "etrusco".

PROFECÍA 261 (VI-83) 1.815

Celuy qu´aura tant d´honneur et caresses	*Aquél que tendrá tanto de honor y halagos*
A son entrée de la Gaule Belgique, [1]	*A su entrada de la Galia Belga,*
Un temps apres fera tant de rudesses,	*Un tiempo después hará tanto de rudezas,*
Et sera contre à la fleur tant bellique.	*Y estará contra la flor tan bélica.*

EL TERROR BLANCO EN FRANCIA: El Conde de Artois, aquél que tendrá tanto de honores y agasajos a su entrada en París, procedente del exilio, un tiempo después dirigirá una serie de tumultos y violencias, promoviendo una terrible represión contra la flor y la nata de los generales y oficiales de Napoleón.

1.-Belga: Antiguo pueblo de la Galia, rama de los celtas. Corresponde a la actual Bélgica.

PROFECÍA 262 (I-36) 1.804-1.815

Tard le Monarque se viendra repentir,	*Tarde el Monarca se vendrá a arrepentir,*
De n´avoir mis à mort son adversaire,	*De no haber puesto en muerte a su adversario,*
Mais viendra bien à plus hault consentir,	*Pero vendrá bien a más alto consentir,*
Que tout son sang par mort fera deffaire.	*Que toda su sangre por muerte hará deshacer.*

LA DESESPERACIÓN DE PÍO VII: Tarde, Pío VII, se arrepentirá de no haber puesto en muerte a su adversario Bonaparte. Pero, vendrá, más bien, a consentir el más alto abuso, que a todos sus religiosos hará deshacer.

PROFECÍA 263 (II-76) 1.815

Foudre [1] en Bourgogne fera cas portenteux,[2]	*Rayo en Borgoña hará caso portentoso.*
Que par engin oncques ne pourroit faire, [3]	*Que por ingenio nadie no podría hacer,*
De leur senat sacriste faict boiteux.	*De su senado sagrado hace cojera,*
Fera sçavoir aux ennemis l´affaire.	*Hará saber a los enemigos el asunto.*

EL ERROR DE BONAPARTE: El "rayo de la guerra", en Borgoña, hará algo portentoso con el mariscal Ney. Algo que, por ingenio, nadie podría hacer. Pero, luego, andará con poca firmeza con el Proyecto de Constitución, que los demócratas consideran sagrado. Hará saber el asunto a Benjamín Constant, siempre enemigo bajo el Imperio.

1.- Explicado en cuartetas anteriores.
2.- Entre las comarcas que componían a Borgoña, se encontraba Auxerrois, entre otras.
3.- La palabra francesa "engin" se traduce por trampa, lazo. En sentido figurado, "ingenio".

PROFECÍA 264 (VII-41) 1.815

Les os des pieds des mains enserrez,	*Los huesos de los pies y de las manos apretados,*
Par bruit maison long temps inhabitée, [1]	*Por ruido casa largo tiempo inhabitada,*
Seront par songes concavant deterrez,	*Serán por sueños excavando desenterrados,*
Maison salubre et sans bruit habitée.	*Casa salubre y sin ruido habitada.*

PAZ Y LIBERTAD EN FRANCIA: Esta cuarteta es una bella alegoría. Atrapados por el fragor de la constante lucha, Francia será una casa largo tiempo deshabitada, con sus hijos fuera de ella.

JOSÉ GARCÍA ÁLVAREZ

Socavado el Imperio de Napoleón, serán desenterrados los sueños de paz de muchos franceses, y Francia será una casa habitada, sana y sin ruido bélico.

1.- Nostradamus se refiere al fragor bélico con la palabra "bruit", ruido.

PROFECÍA 265 (VI-71) 1.810-1.815

Quand on viendra le grand Roy parenter	*Cuando se vendrá el gran Rey a emparentar,*
Avant qu´il ait du tout l´âme renduë:	*Antes que él haya del todo el alma rendido:*
Celui qui moins le viendra lamenter,	*Aquél que menos lo vendrá a lamentar,*
Par Lyon, d´Aigles, croix, couronne venduë	*Por Lyón, de Aguilas, cruz, corona vendida.*

EL BENEFICIO DE LUIS XVIII: Cuando, Napoleón se case con María Luisa de Habsburgo, Luis XVIII se vendrá a emparentar con él, antes de que haya perdido todo su poder: Aquél que menos lo vendrá a lamentar, será él, luego que Bonaparte, pase por Lyón, y pague por enfrentar sus Aguilas imperiales a la Cruz, viendo perdida su corona.

PROFECÍA 266 (IX-27) 1.815

De bois la garde, vent clos rond port sera, [1]	*De bosque la guardia, viento cerrado redondo puerto estará,*
Hault le receu frappera le Dauphin, [2]	*Alta la recepción golpeará el Delfín,*
Le vieux teccon bois unis passera,	*El viejo tocón bosque unidos pasará,*
Passant plus outre du Duc le droit confin.	*Pasando más allá del Duque el derecho confín.*

LA HUIDA DE PÍO VII: Eludiendo la guardia del bosque que rodea el palacio, llegará al puerto donde le espera una embarcación con las velas desplegadas al viento. Mientras Bonaparte tendrá una alta recepción en París, y Murat usurpará por segunda vez los Estados de la Iglesia, él cruzará el viejo bosque de espesos árboles, y pasando más allá del alcance del Emperador, mantendrá el derecho de la Iglesia en el confín de Génova.

1.- Presenta las velas hinchadas como "viento encerrado de forma redonda".
2.- Delfín: Palabra para designar a alguien que podía considerarse hijo o lugarteniente del que ostentaba el poder. En este caso, Murat.

PROFECÍA 267 (VI-53) 1.804-1.815

Le grand Prelat Celtique à Roy suspect, [1]	*El gran prelado Céltico a Rey sospechoso,*
De nuict pars cours sortira hors du regne:	*De noche por curso saldrá fuera del reino:*
Par Duc fertile à son grand Roy Bretaigne,	*Por Duque fértil a su gran Rey Bretaña,*
Bisance à Cypres et Tunes insuspect.	*Bizancio a Chipre y Túnez insospechado.*

FIN DE LAS TRIBULACIONES DE PÍO VII: Pío VII, retenido en territorio francés por parecerle a Napoleón sospechoso, saldrá de noche fuera del reino, tras cursar la orden el corso: Al regreso de éste de Elba, Murat usurpará los Estados de la Iglesia, hasta que su Emperador huirá hacia Bretaña, de modo insospechado, como en la campaña de Egipto.

1.- suspect: Del latín "suspectus-a-um".

PROFECÍA 268 (I-41) 1.815

Siege en cité est de nuict assaillie,
Peu eschapé, non loin de mer conflict,
Femme de ioye, retours fils defaillie,
Poison et lettres cachées dans le plic.

Asedio en ciudad es de noche asaltada,
Poco escapado, no lejos de mar conflicto,
Mujer de alegría, retorno hijo desvanecida,
Veneno y cartas ocultas en la baza.

FINAL DE LA PESADILLA DE FRANCIA: Tras el asedio, París es asaltada de noche. Escapado poco antes Napoleón, no lejos del mar, se verá en conflicto, mientras la madre francesa verá con alegría el retorno del hijo, una vez desvanecida su esperanza. Santa Elena, con las cartas ocultas y el veneno, será la última baza para deshacerse del corso.

PROFECÍA 269 (VI-46) 1.809-1.815

Un juste sera en exil renvoyé,
Par pestilence aux confins de Nonseggle, ¹
Response au rouge le fera desvoyé,
Roy retirant à la Rane et à l´Aigle. ²

Un justo será al exilio reenviado,
Por pestilencia a los confines de Génova
Respuesta al rojo le hará desviado,
Rey retirando a Napoleón y al Aguila.

REGRESO A ROMA DE PÍO VII: Un justo, Pío VII, será al exilio reenviado. Por la epidemia bélica, marchará a los confines de Génova. Su respuesta irritará al corso, y terrible hubiera sido su venganza, si lo de Elba no le hubiera desviado. Volverá a Roma, al llegar Luis XVIII, retirando de la escena de Francia, a Napoleón y a su Aguila siniestra.

1.- Nonseggle: Es "Noiseggle", anagrama de "Le Génois", genovés. Se refiere a Génova.
2.. El profeta designa a Napoleón con el nombre de "Rana", parodiando sus "saltos" de continente a islas y viceversa.

PROFECÍA 270 (VI-50) 1.815

Dedans le puys seront trouvez les os,
Sera l´inceste commis par la maratre:
L´estat changé, on querra bruit et los,
Et aura Mars attendant pour son astre.

Dentro del pozo serán encontrados los huesos,
Será el incesto cometido por la madrastra:
El Estado cambiado, se querrá ruido y escándalo,
Y habrá Marzo esperando por su astro.

REGRESO DE LA MONARQUÍA: Otra alegoría. El Imperio será enterrado, por el devaneo de la Cámara, infiel a Bonaparte, con la Monarquía de Luis XVIII: Cambiado el Estado, actuarán los que querrán alborotos y escándalos, tras recibir Luis XVIII el poder de manos del Gobierno Provisional, formado en Marzo de 1.814 por Talleyrand.

PROFECÍA 271 (I-12) 1.815

Dans peu dira faulce brute fragile,
De bas en hault eslevé promptement.
Puis en istant desloyale et labile,
Qui de Veronne aura gouvernement.

En poco se dirá segado bruto frágil,
De bajo en alto elevado prontamente.
Después en instante desleal y débil,
Quien de Verona tendrá gobierno.

LA MUERTE DE MURAT: Poco después, se dirá que ha sido ejecutado Murat, el bruto frágil que, de lugarteniente llegará a rey de Nápoles, prontamente. Después, en un instante, será débil y desleal, aliándose con Austria.

PROFECÍA 272 (II-63) 1.815

Gaulois Asone bien peu subjuguera, [1]
Pau [2], Marne et Seine [3] fera Perme f´urie, [4]
Qui le grand mur contre eux dressera, [5]
Du moindre, au mur le grand, perdra la vie.

El Francés a Italia muy poco subyugará,
Po, Marne, y Sena hará Parma la furia,
Quien el gran muro contra ellos levantará,
Del menor, al muro el grande, perderá la vida.

LA MUERTE DE MURAT: El francés Murat, muy poco subyugará ya a Italia. El que acompañará al que salió de París, para llevar su furia militar al Norte de Italia, fomentará el Risorgimento, con el impedimento de la Santa Alianza. El menos grande, Murat, mientras Bonaparte irá al muro rocoso de Santa Elena, perderá la vida.

1.- Asone: Ausonia, antiguo nombre de Italia.
2.- Pau: Es el Po, río de Italia.
3.- Con Marne y Sena, se refiere a París, regada por ellos.
4.- Parma: Provincia del Norte de Italia.
5.- El profeta suele utilizar la palabra "muro", como sinónimo de obstáculo, impedimento.

PROFECÍA 273 (II-1) 1.815

Vers Aquitaine par insuls Britanniques [1]
De par eux mesmes grandes incursions:
Pluyes, gelées feront terroirs iniques,
Port Selyn fortes fera invasions. [2]

Hacia Aquitania por Islas Británicas
De por ellos mismos grandes incursiones:
Lluvias, heladas harán territorios inicuos,
Inglaterra fuertes hará invasiones.

LA REPETITIVA INVASIÓN INGLESA: Hacia Aquitania irán tropas procedentes de las Islas Británicas. En otras épocas, ellos mismos habrán realizado grandes incursiones: Con lluvias, heladas que harán unos territorios infames, Inglaterra hará fuertes invasiones.

1.- Aquitania: Región de Francia.
2.- Con "Puerto Selín", generalmente se refiere a Inglaterra, antigua "Selinunte sícula".

PROFECÍA 274 (III-36) 1.815

Ensevely non mort apopletique,
Sera trouvé avoir les mains mangées,
Quand la cité damnera l´heretique,
Qu´avoit leurs loix, ce leur sembloit changées.

Sepultado no muerto apoplético,
Será encontrado tener las manos comidas,
Cuando la ciudad condenará al herético,
Que tenía sus leyes, ésta su apariencia cambiadas.

LA IMPOTENCIA DE NAPOLEÓN: Nueva alegoría. Es sepultado el Imperio de Napoleón, no muerto, pero sí para coger una apoplejía, en Santa Elena, donde se encontrará mordiéndose los puños de rabia, por su fracaso. Será cuando París condenará al hereje que ha maltratado a la Iglesia Católica, y que tenía sus leyes, en su apariencia, cambiadas.

PROFECÍA 275 (X-24) 1.815

Le captif prince aux Italles vaincu [1]
Passera Gennes par mer jusqu´à Marseille,
Par grand effort des forens survaincu, [2]
Sauf coup de feu barril liqueur d´abeille.

El cautivo príncipe en las Italias vencido
Pasará Génova por mar hasta Marsella,
Por gran esfuerzo de los foráneos sobrevencido,
Salvo golpe de fuego barril licor de abeja.

DESTINO FINAL DE BONAPARTE: El cautivo, príncipe en las tierras italianas, vencido, pasará al continente y desembarcará cerca de Antibes, pero, por el gran esfuerzo de los extranjeros será definitivamente derrotado. El que estará a salvo de un disparo, irá a terminar su vida en Santa Elena, entre barriles de la miel de abeja.

1.- Italles: La isla de Elba pertenecía a Italia.
2.- foráneo: extranjero. Napoleón fue derrotado por generales extranjeros.

PROFECÍA 276 (II-67) 1.815

Le blonds au nez forche viendra commettre, [1]
Par le duelle et chassera dehors,
Les exilez dedans fera remettre,
Aux lieux marins commettrant les plus forts.

El rubio de nariz ganchuda vendrá a comprometerse,
Por el duelo y arrojará fuera,
Los exilados dentro hará reponer,
A los lugares marinos comprometiendo a los más fuertes.

LOS ERRORES DE LUIS XVIII DE FRANCIA: El monarca rubio de nariz borbónica, Luis XVIII, vendrá a comprometerse con la reconciliación interna. Se resarcirá al clero por el duelo pasado y arrojará fuera del ejército a los leales al corso, reponiendo en él, con grados importantes, a antiguos exilados. Trasladará a lugares de ultramar a altos cargos, humillando en la Corte a los Mariscales y sus mujeres y expulsando del país a la familia Bonaparte.

1.- Es peculiar la nariz de los Borbones.

PROFECÍA 277 (I-59) 1.815

Les exilez deportez dans les Isles,
Au changement d´un plus cruel Monarque,
Seront meurtris, et mis deux les scintiles,
Qui de parler ne seront ester parques.

Los exilados deportados en las Islas,
Al cambio de un más cruel Monarca,
Serán muertos, y puestos dos a los centelleos,
Que de hablar no serán comparecer estrados.

EL TERROR BLANCO: Los partidarios de Napoleón serán exilados y deportados a las Islas, al cambio de un monarca para ellos más cruel. Serán muertos, y fusilados los generales Ney y Mouton-Duvernet. Por los ultrarrealistas que no harán callar al comparecer en los estrados de la Cámara, con el lema: "Se necesitan castigos ejemplares".

PROFECÍA 278 (VI-89) 1.814-1.833

Entre deux cymbes pieds et mains attachez, [1]
De miel face oingt, et de laict substanté: [2]
Guespes et mouches [3] fitine amour fachez, [4]
Poccilateurs faucer [5], Cyphe [6] tenté. [7]

Entre dos cumbres pies y manos atados,
De miel rostro untado y de leche sustentado:
Avispas y moscas terminado amor irritados,
Previsores fallar, Chipre atacada.

EL REINADO DE FERNANDO VII: Entre las presiones de dos poderes encumbrados, la Iglesia y los absolutistas, sujeto, vivirá colmado de adulaciones y buena vida: La ira contra los molestos a la religión y el conservadurismo provocará grandes represiones. Los previsores fallarán, y Rusia, a favor de Grecia, atacará a Chipre.

1.- cymbes: De "cimées", cima, cumbre.
2.- Representa la "adulación" con la dulzura de la miel y el "bienestar", la buena vida, con la leche.
3.- Las avispas y las moscas son insectos "molestos".
4.- Es "finite", del latín "finite", terminado.
5.- Expresión latina que significa, de forma libre, "fallar las previsiones".
6.- Cyphe: Es Chipre, de "Cyprus".
7.- tenté: De "tenter", tentar, atentar, atacar.

PROFECÍA 279 (VI-94) 1.815-1.824

Un Roy iré sera aux sedifragues, [1]
Quand interdicts seront harnois de guerre:
La poison taincte au succre par les fragues,
Par eaux meurtris, mort disant serre serre.

Un Rey airado será por los sediciosos violentos,
Cuando prohibidos serán arneses de guerra:
El veneno teñido en azúcar con las fresas,
Por aguas asesinado, muerto diciendo: ahoga, ahoga.

EL ASESINATO DE BONAPARTE: Luis XVIII, será desairado por ultrarrealistas vengativos, sediciosos y violentos, cuando en Francia habrá un tiempo de tranquilidad bélica: Por el veneno teñido en las fresas con azúcar, en las aguas que tomará, será Bonaparte asesinado en Santa Elena, muerto diciendo que se ahogaba.

1.- sedifragues: De "sedi", de "seditieux", sedicioso, y "fragues", de "fragon", brusco. Es "sediciosos bruscos, violentos".

PROFECÍA 280 (VIII-38) 1.814-1.824

Le Roy de Bloys dans Avignon regner, [1]
Une autre fois le peuple emonopolle,
Dedans le Rosne par mer fera baigner
Jusques à cinq le dernier pres de Nolle. [2]

El Rey de Blois en Aviñon reinar,
Una otra vez el pueblo en monopolio,
Dentro del Ródano por mar hará bañar
Hasta cinco la última cerca de La Rochelle.

EL REINADO DE LUIS XVIII: Con el Tratado de París, las fronteras serán como cuando reinará el Rey de Blois, Enrique IV. Una vez más, el pueblo se verá bajo un monopolio, y dentro del Ródano, ido Bonaparte por mar, hará un baño de sangre con sus seguidores. Las insurrecciones de la "Carbonería", hasta cinco, la última cerca de La Rochelle.

1.- Con "Rey de Blois", alude a la ascendencia de Luis XVIII. Ver la 58.
2.- Es "Rolle", abreviatura de "Rochelle.

PROFECÍA 281 (XI-29) 1.815-1.830

Le Griffon se peut apprester [1]
Pour à l´ennemy resister,
Et renforcer bien son armée,
Autrement l´Elephant viendra (Falso)
Qui d´un abord le surprendra (Falso)
Six cens et huict, mer enflammée.

El Ave rapaz se puede aprestar, (1)
Para el enemigo resistir, (3)
Y reforzar bien su ejército, (2)
De otra manera el Elefante vendrá (Falso)
Que de un abordaje le sorprenderá (Falso)
Seiscientos y ocho, mar inflamada. (4)

REPRESIÓN DE LOS BONAPARTISTAS: Transformada por el de Beaucaire. Napoleón, el "Ave Rapaz", ya se puede aprestar y reforzar bien de valor a su ejército, para el enemigo resistir. Se contabilizarán más de seiscientos casos de ejecuciones, durante el "Terror Blanco", mientras el Mediterráneo estará inflamado por la guerra de liberación griega.

1.- Griffon: Del latín "gryphus", grifo, animal mitológico, mitad águila, mitad león. Ave rapaz, buitre.

PROFECÍA 282 (VIII-79) 1.820

Qui par fer pere perdra nay de Nonnaire,
De Gorgon sur la sera sang perfetant [1]
En terre estrange fera si tout de taire,
Qui bruslera luy mesme et son enfant.

Quien por arma padre perderá nacido de Nonagenario,
De Monstruo será sobre la sangre terminado
En tierra extraña hará tanto para todo acallar,
Que se quemará a sí mismo y a su hijo.

LA MUERTE DEL DUQUE DE BERRY: Quien, su padre perderá, por el arma de Louvel, partidario del nacido al final de los Noventa como "monstruo" militar, morirá, porque el Conde de Artois sobre la sangre habrá terminado, lo que en tierra extraña hará tanto por acallar, todo su deseo de venganza, el odio en que se quemará a sí mismo y a su hijo.

1.- Gorgon: Alude a las hermanas Gorgonas. Napoleón surge como "monstruo" de la guerra, en 1.796-97 (Nonagenario).

PROFECÍA 283 (IX-35) 1.820

La Ferdinand blonde sera descorte, [1]	*La Ferdinand rubia estará de escolta,*
Quitter la fleur [2], suyvre le Macedon: [3]	*Quitar la flor, seguir al Macedon:*
Au grand besoin defaillira sa routte,	*En la gran necesidad extinguirá su ruta,*
Et marchera contre le Myrmidon. [4]	*Y marchará contra el Mirmidón.*

ASESINATO DEL DUQUE DE BERRY: La rubia esposa de Charles Ferdinand de Bourbon, estará de escolta, del que habrá abandonado la monarquía para seguir al Mariscal Condé: Cuando Francia le necesitará, acudirá, pero su camino será truncado por Louvel, cuando, arma blanca en ristre, marchará contra el pequeño gran hombre.

1.- descorte: Es "d´escorte", de escolta.
2.- La flor de lis, símbolo de la monarquía francesa.
3.- Macedon: Con "Ma", abreviatura de "Mariscal", y "cedon", anagrama de "Condé". Significa, pues, Mariscal Condé.
4.- Mirmidón: Hombre de talla muy pequeña.

PROFECÍA 284 (I-85) 1.820-1.827

Par la repouse de Dame Roy troublé, [1]	*Por la respuesta de Dama, Rey turbado,*
Ambassadeurs mespriseront leur vie,	*Embajadores menospreciarán su vida,*
La grand ses fréres contrefera doublé,	*La grande a sus hermanos contrahará doblado,*
Par deux mourront ire, haine et envie.	*Dos morirán por ira, odio y envidia.*

EL SECUESTRO DE FERNANDO VII: Por la respuesta de la Constitución de 1.812, se turbará al Rey de España, trasladado por miembros de las Cortes a Sevilla, donde menospreciarán su vida. Liberado por el de Angulema, la Monarquía hará lo contrario de lo que desean los Carlistas. Masones y liberales morirán, por la ira, el odio y la envidia.

1.- Con la palabra "Dama" el profeta suele designar a la República.

PROFECÍA 285 (VIII-84) 1.820-1.821

Paterne orra de la Sicille crie, [1]	*Paterno oirá el grito de la Sicilia,*
Tous les aprests du goulphre de Trieste,	*Todos los preparativos del golfo de Trieste,*
Qui s´etendra jusque à la Trinacria, [2]	*Que se extenderá hasta en la Trinacria,*
De tant de voiles fuy, fuy l´orrible peste.	*De tantas velas huye, huye la horrible peste.*

LA REVOLUCIÓN ITALIANA: En las laderas del Etna se oirá el grito de Sicilia, en pugna por su autonomía. Después de todos los preparativos del Golfo de Trieste, saldrá la expedición austríaca que hará una sofocación terrible, que se extenderá hasta en Sicilia, cuya población huirá desesperadamente de la horrible represión que traerá la flota de Austria.

1.- Paterno: Ciudad de Sicilia (Catania) en la ladera SO del Etna
2.- Trinacria: Antiguo nombre de Sicilia.

PROFECÍA 286 (VI-32) 1.820

Par trahison de verges à mort battu,	*Por traición de vergajazos a muerte batido,*
Prins surmonté sera par son desordre,	*Preso dominado será por su desorden,*
Conseil frivole au grand captif sentu,	*Consejo frívolo al gran cautivo sentido,*
Nez par fureur quand Berich viendra mordre,	*Olfatear, por furor, cuando Berry vendrá morder.*

EJECUCIÓN DE LOUVEL: Por asesinato y traición, Louvel será ejecutado. El reo obró dominado por la obsesión y un odio desordenado, y no por el consejo de Napoleón, al que fue a ver en su destierro. Sus declaraciones se centrarán en que, su furor hacia los Borbones, le inducirá a acechar la venida del Duque de Berry, para apuñalarle.

PROFECÍA 287 (I-50) 1.820-1.849

De l´aquatique triplicité naistra,	*De la triple revolución nacerá,*
D´un qui fera le Jeudy pour sa feste: [1]	*De uno que hará el Jueves por su fiesta:*
Son bruit, lor, regne, sa puissance croistra,	*Su ruido, loor, reino, su poderío crecerá,*
Par terre et mer aux Oriens tempeste.	*Por tierra y mar a los Orientes tempestad.*

MOHAMED ALÍ: De la triple revolución, en España, Italia y Grecia, nacerá el protagonismo de Mohamed Alí, en tiempos de uno, León XII, que hará recordar la Pasión del Jueves Santo: El Pachá de Egipto, consolidará su fama, loor, territorio y poder. Su avance sobre Nísibe, por tierra y mar provocará la "Crisis de Oriente".

1.- Se refiere al Jueves Santo, a la festividad de la Semana Santa, cuando Jesús sufrió su Pasión.

PROFECÍA 288 (V-88) 1.820-1.821

Sur le sablon par un hideux deluge,	*Sobre el arenal por un odioso diluvio,*
Des autres mers trouvé monstre marin:	*De los otros mares encontrado monstruo marino:*
Proche du lieu sera faict un refuge,	*Próximo del lugar será hecho un refugio,*
Tenant Savonne esclave de Turin.[1]	*Teniendo Savona esclava de Turín.*

LA RESISTENCIA SICILIANA: Hasta las arenas de las playas de Siracusa, por un odioso diluvio bélico, llegará, en 1.807, procedente de otros mares, la flota del "monstruo" de la guerra, Bonaparte: Próximo de ese lugar será hecho un refugio por los insurrectos sicilianos, temiendo la represión austríaca que ha comenzado por el Piamonte.

1.- Turín: Torino, Ciudad del NO de Italia, capital del Piamonte.

PROFECÍA 289 (VIII-37) 1.820-1.830

La forteresse aupres de la Tamise	*La fortaleza cerca del Támesis*
Cherra par lors, le Roy dedans serré,	*Caerá por entonces, el Rey dentro encerrado,*
Aupres du pont sera veu en chemise	*Cerca del puente será visto en camisa*
Un devant mort, puis dans le fort barré.	*Uno delante muerto, después en el fuerte parapetado.*

DECADENCIA DE LA MONARQUÍA INGLESA: La fortaleza de los Hannover, cerca del Támesis, caerá por entonces, por la sucesión de reyes, como Jorge III, dentro encerrado por su locura. Su hijo, Jorge IV, será un snob, un dandy, deseoso de exhibirse, muerto un año después de haber dejado el gobierno al prestigioso Duque de Wellington.

PROFECÍA 290 (IV-35) 1.821

Le feu estaint, les vierges trahiront
La plus grande part de la bande nouvelle:
Fouldre à fer, lance les seuls Roy garderont [1]
Etrusque et Corse, de nuict gorge allumelle. [2]

Extinto el fuego de las vírgenes traicionarán
La mayor parte de la banda nueva:
Rayo en hierro, lanza sólo Rey guardarán
Etruria y Córcega, de noche garganta encendida.

AGONÍA DE NAPOLEÓN: Nueva metáfora. Extinto el fuego de la guerra, traicionarán a Bonaparte los componentes de la nueva Cámara liberal: Su mezquindad demandará que traten a Napoleón con la mayor dureza y le quitarán la espada. El que naciera en Córcega y creara el reino de Etruria, de noche, le arderá la garganta.

1.- Con "rayo" se refiere a Napoleón Bonaparte, el "rayo de la guerra".
2.- Etruria: Antigua región de Italia Central.

PROFECÍA 291 (X-90) 1.821

Cent fois mourra le tyran inhumain,
Mis à son lieu sçavant et debonnaire,
Tout le Senat sera dessous sa main,
Fasché sera par malin temeraire.

Cien veces morirá el tirano inhumano,
Puesto en su lugar sabio y bondadoso,
Todo el Senado estará debajo de su mano,
Provocado será por astuto temerario.

LA MUERTE DE NAPOLEÓN BONAPARTE: Cien veces morirá el tirano inhumano, por su terrible agonía, y será puesto en su lugar Luis XVIII, denominado "el bondadoso", inteligente, culto y prudente, después que todo el Senado estuviera bajo la mano del corso, provocado al desastre por el astuto y temerario Mariscal ruso, Kutuzov.

PROFECÍA 292 (VI-36) 1.821

Ne bien ne mal par bataille terrestre,
Ne parviendra aux confins de Perouse: [1]
Rebelle Pise, Florence voir mal estre,
Roy nuict blessé sur mulet à noire house.

Ni bien ni mal por batalla terrestre,
No llegará a los confines de Perusa:
Rebelde Pisa, Florencia ver malestar,
Rey noche herido sobre mulo de negra funda.

FIN DE LA REVOLUCIÓN ITALIANA: No se solucionará nada por la batalla terrestre de Novara, y tras este descalabro, la insurrección no llegará a los confines de Perusa: Hasta la rebelde Pisa y Florencia sufrirán los efectos de la represión austríaca, luego que, Víctor Manuel I, será herido una noche en un atentado.

1.- Perusa: Perugia, ciudad de Italia Central.

PROFECÍA 293 (III-89) 1.821

En ce temps là sera frustrée Cypres, [1]
De son secours de ceux de mer Egee:
Vieux trucidez, mais par mesles et lyphres [2]
Seduict leur Roy, Royne plus outragee. [3]

En aquel tiempo allí será frustrada Chipre,
De su socorro de aquellos del mar Egeo:
Viejos asesinados pero por mezclas y enloquecerle
Seducido su Rey, Reina más ultrajada.

MATANZA DE NOTABLES GRECO-CHIPRIOTAS: En aquel tiempo será frustrada Chipre de recibir socorro de los griegos del mar Egeo: Kyprianos y sus viejos obispos serán asesinados por el gobernador turco, acusados de querer eliminarle con pócimas y enloquecerle. Muerto el arzobispo, la matanza se extenderá por toda la isla.

1.- El profeta engloba en esta palabra a Chipre y a Kyprianos.
2.- Lyphres: Derivación modificada del latín " lympho", enloquecer, hacer delirar.
3.- Una de las frases metafóricas de Nostradamus, donde el "Rey" es el Arzobispo y la "Reina" es la isla de Chipre.

PROFECÍA 294 (IX-46) 1.823

Vuydez, fuyez de Tholose les rouges, [1]
Du sacrifice faire piantion,
Le chef du mal dessous l´ombre des courges,
Mort estrangler carne omination.

Evacuad, huid de Tolosa los rojos,
Del sacrificio hacer expiación:
El jefe del mal debajo la sombra de las calabazas,
Muerto ahogado piltrafa abominación.

LOS CIEN MIL HIJOS DE SAN LUIS: Deben evacuar y huir los revolucionarios españoles, pues, un ejército de 100.000 franceses quieren la expiación hispana del sacrificio, en España, de las tropas del que, responsable de aquel mal, debajo de la sombra de calabaceras, habrá muerto ahogado, hecho una piltrafa, víctima de una acción abominable.

1.- Tolosa: Ciudad española, provincia de Guipúzcoa.

PROFECÍA 295 (X-4) 1.823-1.830

Sus la minuict conducteur de l ármée
Se sauvera subit esvanouy,
Sept ans apres la fame non blasmée
A son retour ne dira oncq ouy.

Hacia la medianoche conductor del ejército,
Se salvará súbitamente desaparecido,
Siete años después la fama no reprobada
A su retorno no dirá nunca que sí.

EL DUQUE DE ANGULEMA: Hacia la medianoche, el jefe del ejército invasor, el Duque de Angulema, liberará a Fernando VII, súbitamente desaparecido. Siete años después, su fama de militar no se verá reprobada por las injusticias cometidas, y, a su retorno a Francia, nunca dirá que sí.

PROFECÍA 296 (VI-7) 1.823

Norneigre [1] et Dace [2], et l´isle Britannique, [3]
Par les unis freres seront vexées,
Le chef Romain issu de sang Gallique
Et les copies aux forests repoulsées. [4]

Mar Negro y Dacia, y la isla de Chipre,
Por los hermanos unidos serán vejadas,
El jefe Romano salido de sangre Francesa
Y las tropas en los montes rechazadas.

INVASIONES TURCO-EGIPCIAS: Las regiones limítrofes con el Mar Negro, las de la antigua Dacia y la isla de Chipre, serán asoladas y vejadas por los invasores aliados turco-egipcios, tras la desaparición del Rey italiano salido de sangre francesa, Napoleón Bonaparte, cuyas tropas fueran rechazadas en los montes de Waterloo.

1.- Norneigre: Es "Merneigre", Mar Negro.
2.- Dacia: País de la Europa antigua. La actual Rumanía.
3.- Llama a Chipre "la Isla Británica", viendo, en el tiempo, la cesión amistosa de los turcos, de esta isla, a Inglaterra.
4.- copies: Del latín "copia-ae", tropa, ejército.

PROFECÍA 297 (III-45) 1.823-1.830

Les cinq, estranges entrez dedans le temple, [1]
Leur sang viendra la terre prophaner:
Aux Tholousains sera bien dur exemple,
D´un qui viendra ses loix exterminer.

Los cinco, extranjeros entrados dentro del templo,
Su sangre vendrá la tierra a profanar:
A los Tolosinos será muy duro ejemplo,
De uno que vendrá sus leyes exterminar.

LA "DECADA IGNOMINIOSA": Sublevados Espoz y Mina, Poslier, Lacy, Vidal y Quiroga, los extranjeros del Duque de Angulema entrarán en la Catedral y la Iglesia de San Felipe Neri y con la sangre de los liberales españoles allí refugiados, profanarán la tierra sagrada: La represión será de una dureza extraordinaria para los habitantes de Tolosa y Riego y sus amigos serán exterminados, con la obra y leyes de Calomarde, ministro de Justicia de Fernando VII.

1.- En San Felipe Neri, fue el templo donde se reunieron las Cortes que redactaron la Constitución de 1.812.

PROFECÍA 298 (I-28) 1.827

La tour de Boucq craindra fuste Barbare, [1]
Un temps, long temps apres barque hesperique,
Bestail, gens, meubles, tous deux feront grand tare
Taurus et Libra, quelle mortelle picque! [2]

La vuelta de Bouc temerá fusta Bárbara,
Un tiempo, largo tiempo después barca hespérica,
Bestias, gentes, muebles, todos dos harán gran tara,
Tauro y Libra, ¡qué mortal lanzada!

LA BATALLA NAVAL DE NAVARINO: La costa Sur de Francia temerá a la armada turca, que, tras el largo tiempo pasado desde la campaña de Egipto, volverá a enfrentarse con una flota occidental. Gran merma de seres y pertrechos, harán los dos contendientes, en Navarino. Una mortal agresión al Amor y a la Justicia, por un simple incidente.

1.- Port-de-bouc: Localidad francesa, entre Marsella y la bahía de Fos.
2.- La flota turco-egipcia, estaba anclada en la bahía de Navarino. Se acercó la flota anglo-franco-rusa para proceder a una "demostración", pero, ésta fue mal interpretada, y degeneró en una batalla naval que destruyó totalmente la flota turco-egipcia. El Venus amoroso de Tauro y la Balanza justiciera de Libra, quedaron malparados.

PROFECÍA 299 (X-2) 1.827

Voille gallere voil de nef cachera,
La grande classe viendra sortir la moindre,
Dix naves proches le tourneront pousser,
Grande vaincue unies à soy joindre.

Vela galera vela de nave ocultará,
La gran flota vendrá a salir la pequeña,
Diez naves próximas le volverán a empujar,
Grande vencida unidas al juntarse.

LA BATALLA DE NAVARINO: La armada aliada, no llevará orden de atacar. Para mostrar su poderío, hará una "demostración". Pero, los de Ibrahim Pachá creerán que van a atacarles y cañonearán la nave almirante francesa. La desdichada maniobra, degenerará en una violenta batalla naval. La gran flota aliada, destruirá a la flota turco-egipcia.

PROFECÍA 300 (IX-75) 1.827

De l´Ambraxie et du pays de Thrace
Peuple par mer, mal et secours Gaulois,
Perpetuelle en Provence la Trace,
Avec vestiges de leur coustume et loix.

De la Ambracia y del país de Tracia
Pueblo por mar, mal y socorro Galo,
Perpetuidad en Provenza la Tracia,
Con vestigios de su costumbre y ley.

INDEPENDENCIA DE GRECIA: De la Ambracia, y de la Tracia, al pueblo heleno le vendrá por mar, el mal de los otomanos y el socorro galo. El desastre turco en Navarino, propiciará la independencia griega. Proclamada ésta, Grecia conservará sus costumbres y leyes, gracias a aquellos que vendrán de Provenza, a quienes deberán gratitud perpetua.

CUARTA CENTURIA

Desde el reinado de Carlos X de Francia hasta la 1ª Guerra Mundial (1.830-1.914).

PROFECÍA 301 (VIII-67) 1.824-1.830

Par [1]. Car [2]. Nersaf, à ruine grand discorde, [3]
Ne l´un ne l´autre n´aura election,
Nersaf du peuple n´aura amour et concorde,
Ferrare, Colonne grande protection. [4]

Parnaso, Carbonarios, Francia, en ruina gran discordia,
Ni lo uno ni lo otro tendrá elección,
Francia del pueblo no tendrá amor y concordia,
Ferrara, Colonia gran protección.

EL REINADO DE CARLOS X EN FRANCIA: Grecia, devorada por la revolución de los Carbonarios, mientras Francia, en ruina y gran discordia, y no tendrá elección ni de lo uno ni de lo otro. El país francés no tendrá amor ni concordia con Carlos X, que tendrá, de la nación que domina en Italia y Alemania, Austria, gran protección.

1.- Par.: Abreviatura de Parnás, Parnaso, hoy Liakura, Macizo montañoso de Grecia Central.
2.- Car.: Abreviatura de "Carbonarios", Sociedad secreta revolucionaria.
3.- Nersaf: Anagrama de la palabra francesa "France", Francia.
4.- Ferrara: Ciudad del Norte de Italia. Colonia : Ciudad de la Alemania renana.

PROFECÍA 302 (VIII-75) 1.829

Le père et fils seront meurdris ensemble
Le persecteur dedans son pavillon
La mere à Tours du fils ventre aura enfle,
Cache verdure de fueilles papillon. [1]

El padre y el hijo serán muertos conjuntamente
El perseguidor dentro de su pabellón
La madre en Tours del hijo vientre tendrá inflado,
Oculta verdura de hojas mariposa.

VÍSPERAS DE REVOLUCIÓN EN FRANCIA: El Coronel Riego y su fruto revolucionario serán muertos conjuntamente. El perseguidor de la Iglesia, morirá dentro de su pabellón de Santa Elena, y la esposa del de Berry, tendrá el hijo de éste en su vientre. La crisis del gabinete Polignac, llevará oculta la Revolución que traerá la Monarquía de Julio.

1.- En Julio, las hojas de morera nutren al gusano de la seda y luego sale la mariposa.

PROFECÍA 303 (X-20) 1.830-1.831

Tous les amys qu´auront tenu party,	*Todos los amigos que habrán tenido partido,*
Pour rude en lettres mis mort et saccagé,	*Por rudeza en letras puesto a muerte y expoliado,*
Biens oubliez, par fixe, grand neanty,	*Bienes olvidados, para fija, gran nulidad,*
Onc Romain peuple ne fut tant outragé.	*Nunca Romano pueblo no fue tan ultrajado.*

LA REVOLUCIÓN DE JULIO: Todos los amigos del partido del monarca, por su dura crítica desde el periódico "El Nacional", conseguirán la muerte del régimen de Carlos X, expoliado de su reino. Sus famosas Ordenanzas, impidiendo votar a los olvidados de los bienes del Estado, y la fecha fija para las nuevas elecciones, será una gran nulidad para el pueblo, que irá a la Revolución. Es el tiempo de la insurrección del pueblo italiano, que nunca fue tan ultrajado.

PROFECÍA 304 (II-69) 1.830-1.848

Le Roy Gaulois par la Celtique dextre,	*El Rey Galo por la Céltica diestra,*
Voyant discorde de la grand Monarchie,	*Viendo la discordia de la gran Monarquía,*
Sus les trois parts fera florir son sceptre,	*Sobre las tres partes hará florecer su cetro,*
Contre la cappe de la grand Hierarchie.	*Contra la capa de la gran Jerarquía.*

LUIS FELIPE, EL REY BURGUÉS: Luis Felipe de Orleans, por las Cámaras titulado Rey de los franceses, viendo la discordia en que ha sumido al país la monarquía de Borbón, reinará sobre las tres tendencias políticas y capas sociales más importantes de Francia. Su reinado acabará con el período de la Restauración y el poder de los Capeto.

PROFECÍA 305 (I-5) 1.830-1.848

Chassez seront sans faire long combat	*Derrotados serán sin hacer largo combate,*
Par le pays seront plus fort grevez:	*Por el país serán más fuerte gravados:*
Bourg et cité auront plus gran debat,	*Burgo y ciudad harán más grande debate,*
Carcas. Narbonne auront coeur esprouvez.	*Carcasona, Narbona harán corazón probado.*

"LAS TRES GLORIOSAS" Y LA REVOLUCIÓN DE FEBRERO: Derrotados en pocas horas los regimientos reales de Carlos X, sus partidarios serán, por el país, más fuertemente reprimidos: En 1.848, tras una gran acción conjunta del proletariado y la burguesía liberal, estallará la Revolución de Febrero, después que la crisis, sobre todo en el Midi, probará el corazón de todos.

PROFECÍA 306 (I-20) 1.830-1.848

Tours, Orleans, Blois, Angers, Reims et Nantes, [1]	*Tours, Orleans, Blois, Angers, Reims y Nantes*
Citex vexées par subit changement,	*Ciudades vejadas por súbito cambio,*
Par langues estranges seront tendues tentes,	*Por lenguas extranjeras serán tendidas tiendas,*
Feuves, dars, Renes, terre et mer tremblement. [2]	*Ríos, dársenas, Rennes, tierra y mar temblarán.*

LUIS FELIPE, REY DE FRANCIA: Tours, Orleans, Blois, Angers, Reims y Nantes, serán ciudades vejadas por el súbito cambio de Monarquía, como lo fueron por tropas extranjeras al final del Imperio Napoleónico, que hicieron también temblar la región de Bretaña, donde habían entrado los invasores ingleses durante la caída de Bonaparte.

1.- Ciudades francesas en los Departamentos del Loira y Marne.
2.- Rennes: Ciudad del Oeste de Francia, en la Bretaña.

PROFECÍA 307 (IX-19) 1.830-1.848

Dans le milieu de la forest Mayenne, [1]	*En el medio de los bosques de Mayenne,*
Sol au Lyon la foudre tombera, [2]	*Estando el Sol en Leo el rayo caerá,*
Le grand bastard yssu du grand du Maine [3]	*El gran bastardo salido del grande del Maine*
Ce jour Fougeres pointe en sang entrera. [4]	*Ese día Fougéres será ensangrentada.*

"LAS TRES GLORIOSAS" Y LUIS FELIPE: En medio de los bosques de Mayenne, se esconderán los ultrarrealistas, cuando, "las tres gloriosas" de Julio, harán estallar la tormenta de la Revolución. Luis Felipe, salido de la Casa de Orleans, cerca del Maine, sucederá a Carlos X. Ese día la ciudad de Fougéres será ensangrentada.

1.- Mayenne: Localidad del NO. de Francia.
2.- El Sol está en Leo desde el 22 de Julio al 21 de Agosto.
3.- Llama a Luis Felipe "el gran bastardo" por ser de la Casa de Orleans, rama menor de la Casa "grande" de Borbón.
4.- Fougéres: Localidad del NO. de Francia.

PROFECÍA 308 (VI-68) 1.830 1.831

Lors que soldats fureur seditieuse,	*Cuando soldados llenos de furor sedicioso,*
Contre leur chef seront de nuict fer luire:	*Contra su jefe harán de noche el hierro lucir:*
Ennemy d´Albe soit par main furieuse,	*Enemigo de Alba sea por mano furiosa,*
Lors vexer Rome, et principaux seduire.	*Entonces vejar Roma, y principales seducir.*

LA REVOLUCIÓN EN BÉLGICA E ITALIA: Será como, cuando soldados llenos de furor sedicioso, contra Coligny harán las armas lucir: Como por la mano furiosa del de Alba, se hará en Bélgica por la insurrección de 1.830-31, con más suerte que la de Italia, aplastada por Austria. Como entonces, Roma será vejada y sus principales, reprimidos.

PROFECÍA 309 (I-54) 1.830-1.848

Deux revolts faits du maling facigere, [1]	*Dos revoluciones hechas del maligno guadañero,*
De regne et siecles fait permutation:	*De reino y siglos hace permutación:*
Le mobil signe à son endroit si ingere,	*El movible signo en su lugar se inserta,*
Aux deux esgaux et d´inclination.	*A los dos iguales y de inclinación.*

REVOLUCIONES DE 1.830 Y 1.848: Dos revoluciones serán hechas, como la del maligno guillotinero Robespierre, con cambio de régimen y siglos: El movible signo de la Historia en su lugar se inserta, con tres jornadas revolucionarias, abdicación del monarca, luchas sangrientas, caída de dinastía... Las dos iguales y con la misma inclinación.

1.- facigere: Forma sincopada del latín "falx-falcis", hoz, falce, guadaña, podadera.

PROFECÍA 310 (VIII-31) 1.830-1.833

Premier grand fruict le Prince de Persquiere, [1]	*Primer gran fruto el Príncipe de Pescara,*
Mais puis viendra bien et cruel malin,	*Pero después vendrá muy cruel y maligno,*
Dedans Venise perdra sa gloire fiere,	*Dentro de Venecia perderá su gloria fiera,*
Et mis à mal par plus joyce Celin. [2]	*Y puesto en mal por más alegre Selím.*

ITALIA, SIN UNIDAD NACIONAL: El primer gran fruto de independencia italiana será el obtenido por el Marqués de Pescara. Pero, después vendrá uno muy cruel y maligno, Felipe II de España. Por la flota formada dentro de Venecia, el turco perderá su fiera pujanza, y se librará al Mediterráneo, puesto en terror por el pródigo Selím.

1.- El Marqués de Pescara (1.490-1.525). General italiano, victorioso en Bicenza, Bicoca y Cremona.
2.- Selín II, llamado "el borracho", hijo de Solimán II, derrotado en la batalla de Lepanto, en 1.571. El profeta denomina "alegre" al que luego moriría de "intemperancia".

PROFECÍA 311 (VIII-73) 1.830-47

Soldat Barbare le grand Roy frappera,	*Soldado Bárbaro el gran Rey golpeará,*
Injustement non eslongné de mort	*Injustamente no alejado de muerte*
L´avare mere du fait cause sera	*La avara madre del hecho causa será*
Conjurateur et regne en grand remort.	*Conjurado y reino en gran remordimiento.*

TIRANÍA FRANCESA EN ARGELIA: El pueblo argelino, Carlos X invadirá, e, injustamente, estará a punto de ser exterminado. La avaricia de la Monarquía Borbón, será la causa de la Revolución, y dado el reino a Luis Felipe de Orleans, el nuevo Rey y Francia sentirán un gran remordimiento por las muertes habidas.

PROFECÍA 312 (IV-100) 1.830-1.848

De feu céleste au Royal edifice,	*De fuego celeste al Real edificio,*
Quand la lumière de Mars defaillira, [1]	*Cuando el resplandor bélico desfallecerá,*
Sept mois grand guerre, mort gent de malefice,	*Siete meses gran guerra, muerte gente de maleficio,*
Rouan, Evreux au Roy ne faillira. [2]	*Ruán, Evreux al Rey no fallará.*

CAÍDA DE LUIS FELIPE: Con obuses incendiarios al Palacio Real, terminará el reinado comenzado cuando el fuego bélico contra Carlos X cesará. A los siete meses, el pueblo irá a la muerte por la gente maléfica. El de Orleans, será odiado de todos y se sucederán los atentados, particularmente, en Normandía, con recompensa a aquél que no falle al Rey.

1.- Marte: Dios mitológico de la Guerra.
2.- Ruán y Evreux: Ciudades de Francia en la región de Normandía.

PROFECÍA 313 (I-39) 1.830

De nuict dans lict le supresme estrangle,	*De noche en el lecho al supremo estrangula,*
Pour trop avoir sejourné blond esleu,	*Por demasiado haber permanecido rubia elegida,*
Par trois l´Empire subroge exancle,	*Por tres el Imperio subrogado, exangüe,*
A mort mettra carte, et paquet ne leu.	*A muerte pondrá carta, y paquete no leído.*

MUERTE DEL PRÍNCIPE DE CONDÉ: De noche, en el lecho, al Príncipe de Condé estrangula, por haber permanecido a su lado mucho tiempo, su rubia amante, Sophie Dawes. Por "las tres jornadas gloriosas", será subrogado el período decadente de la Restauración. El de Condé será asesinado a causa del testamento, en el Castillo de Saint-Leu.

PROFECÍA 314 (VIII-18) 1.830

De Flore issue de sa mort sera cause, [1]	*De Flora surgida de su muerte será causa,*
Un temps devant par ieusne et vieille bueyre [2]	*Un tiempo antes por joven y vieja arderá*
Par les trois lys luy feront telle pause,	*Por los tres lises que harán tal pausa,*
Par son fruit fauve comme chair crue mueyre, [3]	*Por su fruto salvaje como carne cruda mudará.*

FINAL DE LOS TRES BORBONES: Surgida de la Primavera, la Revolución de Julio causará la muerte del régimen de Carlos X. Como antes, arderá la nueva y a la vez vieja llama revolucionaria, sufrida por Luis XVI, Luis XVIII y Carlos X, con pausa mayor tras el primero, que, por su fruto salvaje, lo cambiará, una vez cortado como carne cruda.

1.- Flora: Diosa de la Primavera.
2.- bueyre: De "bouillir", hervir, arder (la cabeza). (3) mueyre: De "muer", mudar.

PROFECÍA 315 (IX-89) 1.830-1.848

Sept ans sera Philip fortune prespere,	*Siete años estará Felipe fortuna próspera,*
Rabaissera des Arabes l´effort,	*Rebajará de los Arabes el esfuerzo,*
Puis son mydi perplex rebors affaire,	*Después su mediodía perplejo infortunado asunto,*
Jeune ognyon abysmera son fort. [1]	*Joven elocuente abismará su fortaleza.*

LA MONARQUIA DE LUIS FELIPE: Siete años reinará Luis Felipe, con gran prosperidad. Hará repatriar a casi todas las tropas de Argel. Después, a mediodía, abdicará, tras el dolor y perplejidad que le producirá la inesperada muerte de su hijo mayor en desgraciado accidente, cuando el joven elocuente Lamartine acabará de hundirle.

1.- ognyon: Es "Ogmion", dios de la elocuencia entre los galos. Ver cuartetas anteriores.

PROFECÍA 316 (V-61) 1.831-1.849

L´enfant du grand n´estant à sa naissance,	*El hijo del grande no estando en su nacimiento,*
Subjuguera les hauts monts Apennis:	*Subyugará los altos montes Apeninos:*
Fera trembler tous ceux de la balance, [1]	*Hará temblar a todos los de la balanza,*
Et des monts feux jusques à Mont-Senis. [2]	*Y en los montes fuego hasta en Mont-Cenis.*

CARLOS ALBERTO PRÍNCIPE DE CARIGNANO: Carlos Alberto, heredero de una monarquía que estará solamente al comienzo de su poder, dominará la región norte de los Apeninos: Hara temblar a diputados y juristas con sus reformas legislativas y su guerra, con mazzinianos primero y austríacos después, llegará hasta los límites con Saboya.

1.- Se refiere a los diputados que hacían la ley.
2.- Mont-cenis: Paso en los Alpes entre Francia e Italia, en Saboya.

PROFECÍA 317 (VI-39) 1.831-1.833

L´enfant du regne par paternelle prinse,	*El hijo del reino por paternal disputado,*
Expolier sera pour delivrer:	*Expoliar será para liberar:*
Aupres du lac Trasimen l´azur prinse,	*Cerca del lago Trasimeno el azul tomado,*
La troupe hostage par trop fort s´enivrer.	*La tropa hostigada por demasiado fuerte embriagarse.*

LAS TROPAS DE LUIS FELIPE EN ANCONA: A Carlos X, le será disputado el reino recibido por herencia paterna. Expoliarle será para liberar al país de sus excesos: Cerca del lago Trasimeno, un ejército con uniforme azul francés habrá tomado Ancona. La tropa de Carlos Alberto será hostigada por los de Mazzini, embriagados de fuerte patriotismo.

PROFECÍA 318 (VIII-78) 1.831-1.846

Un Braganas avec la langue torte [1]	*Un Braganza con la lengua torcida*
Viendra des dieux le sanctuaire,	*Vendrá de los dioses el santuario,*
Aux heretiques il ouvrira la porte	*A los herejes él abrirá la puerta*
En suscitant l´eglise militaire.	*Suscitando por ello la iglesia militar.*

GREGORIO XVI: En tiempos de un Braganza en Portugal, Pedro IV, con lengua pronta a soltar duras palabras contra los transgresores de lo recto, vendrá al santuario de Dios, Gregorio XVI. Abrirá con fuerza la puerta de la censura a los herejes, suscitando un papado militar, con una Iglesia dentro de un estilo recto, severo, intransigente y batallador.

1.- Braganas: Se refiere a "Braganza", antigua familia portuguesa, descendiente de los Capeto de Francia.

PROFECÍA 319 (VIII-42) 1.832

Par avarice, par force et violence
Viendra vexer les siens chefs d´Orleans,
Pres Sainct Merrire assault et resistance,
Mort dans sa tante diront qu´il dort leans.

Por avaricia, por fuerza y violencia
Vendrá a vejar a los suyos el jefe de Orleans,
Cerca Saint-Merry asalto y resistencia,
Muerto en su tienda dirán que él duerme dentro.

EL MOTÍN DE LA CALLE SAINT-MERRY DE PARÍS: Por avaricia, por la fuerza y la violencia, "el rey burgués" reprimirá al pueblo. Los republicanos tomarán de nuevo las armas, pero los amotinados serán masacrados en su último bastión, el claustro de Saint-Merry. Un poco más tarde, será encontrado muerto el hijo de Napoleón Bonaparte.

PROFECÍA 320 (V-59) 1.835

Au chef Anglois à Nymes trop freiour,
Devers l´Espaigne au secours Aenobarbe, [1]
Plusieurs mourront par Mars ouvert ce jour, [2]
Quant en Artois faillir estoille en barbe.

Al jefe Inglés en Nimes demasiado temor,
Hacia España al socorro República,
Muchos morirán por Marte abierto ese día,
Cuando en Artois errar estrella con barba.

INDEPENDENCIA DE BÉLGICA: Al Duque de Wellington, que tanto temor llevará a Nimes, cuando irá hacia España en socorro de la República, se le nombrará Ministro del Exterior de Inglaterra. Muchos morirán en la guerra abierta ese día, en que, las tropas que van por Artois para apoyar a los belgas verán errar en el cielo al cometa de Halley.

1.- Aenobarbo: Marido de Agripina y padre de Nerón. Alude a la República.
2.- Marte: dios mitológico de la guerra.

PROFECÍA 321 (V-11) 1.840-1.861

Mer par solaires seure ne passera, [1]
Ceux de Venus tiendront tout l´Affrique: [2]
Leur regne plus Saturne n´occupera, [3]
Et changera la part Asiatique.

Mar por españoles hermana no pasará,
Los de Venus tendrán toda Africa:
Su reino más Saturno no ocupará,
Y cambiará a la parte Asiática.

LA FRANCIA DE ULTRAMAR: Turquía, por mar, por los españoles de Lepanto, más allá de su hermana Argelia, no pasará. Los franceses tendrán luego, toda Africa: Su territorio no lo ocupará más Rusia, al ser derrotada en la Guerra de Crimea, y Francia cambiará a la parte asiática la ofensiva de su política exterior.

1.- Desde antiguo, España ha sido considerada la nación con mucho tiempo de Sol.
2.- Tradicionalmente, el país francés ha tenido fama de romántico. Venus simboliza el Amor.
3.- Saturno gobierna el Signo de Acuario que, entre otros países, controla a Rusia.

PROFECÍA 322 (IV-64) 1.839-1.848

Le defaillant en habit de bourgeois,
Viendra le Roy tenter de son offence:
Quinze soldats la pluspart Ustageois, [1]
Vie derniére et chef de sa chevance.

El desfallecido en vestido de burgués,
Vendrá el Rey a provocar su ofensa:
Quince soldados la mayoría de la Guardia Nacional,
Vida última y jefe de su hacienda.

EL FINAL DEL REY BURGUÉS: El desfallecido rey en vestido de burgués, Luis Felipe, vendrá a provocar la ofensa de su pueblo: Un piquete de soldados de un regimiento del ejército Real disparará contra la multitud en el Bulevar de los Capuchinos y matará a 16 manifestantes. Su vida última será en Inglaterra y como jefe de su hacienda.

1.- Ustageois: Es "Uhtageois", de "Uhta", anagrama de "haut", alto, y la terminación "geois", de "Bourgeois", burgués. "Alto burgués", era cada soldado de la Guardia Nacional, compuesta por burgueses de alta posición.

PROFECÍA 323 (VII-38) 1.842

L´aisné Royal sur coursier voltigeant,
Picquer viendra, si rudement courir,
Gueulle, lipee, pied dans l´estrein pleignant,
Traîné, tiré, horriblement mourir.

El primogénito Real sobre corcel revoloteando,
Espolear vendrá, tan rudamente correr,
Hocico, belfos, pie en estribo colgando,
Arrastrado, tirado, horriblemente morir.

MUERTE DEL PRIMOGÉNITO DEL "REY BURGUÉS": El primogénito real, sobre un brioso corcel galopando, espoleará tan rudamente al caballo, que éste, herido en el hocico, en los belfos, se desbocará, y el hijo mayor de Luis Felipe quedará colgando con el pie enganchado en el estribo. Al ser tirado y arrastrado, morirá de forma horrible.

PROFECÍA 324 (VII-12) 1.848-1.852

Le grand puisnay fera fin de la guerre,
Aux dieux assemble les excusez:
Cahors, Moissac iront loing de la serre, [1]
Refus Lestore, les Agenois rasez. [2]

El gran posnacido hará fin de la guerra,
A los dioses asamblea los excusados:
Cahors, Moissac irán lejos de la opresión,
Rechazado Lectoure, los Agenos arrasados.

REGRESO DE LOS EXILIADOS BONAPARTISTAS: Wellington, nacido famoso, tras su triunfo sobre Napoleón, pondrá fin a la guerra. Bonapartistas exiliados, serán excusados en una asamblea de "los que servían a Dios": Los de Cahors y Moissac, se irán lejos de la opresión, los de Lectoure eran rechazados y los de Agen arrasados.

1.- Cahors y Moissac: Ciudades en los departamentos de Lot y Garona.
2.- Lectoure y Agen: De la región del Garona.

PROFECÍA 325 (III-28) 1.848-1.852

De terre faible et pauvre parentele,
Par bout et paix parviendra dans l´Empire,
Long temps regner une jeune femelle,
Qu´oncques en regne n´en survint un si pire.

De tierra miserable y pobre parentela,
Por extremo y paz vendrá en el Imperio,
Largo tiempo reinar una joven hembra,
Que nunca en reino nadie vino tan peor.

LUIS NAPOLEÓN BONAPARTE: De tierra miserable y pobre parentela, en un momento extremo en que Francia está deseosa de paz, será elegido Presidente de la República, y luego, Emperador hereditario. Largo tiempo reinará su joven esposa, Eugenia de Montijo, que nunca en el reino vino nadie peor.

PROFECÍA 326 (V-95) 1.848-1.856

Nautique rame invitera les umbres, [1]
Du grand Empire lors viendra conciter: [2]
La mer Aegee des lignes les encombres, [3]
Empeschant l´onde Tirrene defloter. [4]

Náutica rama invitará a los umbríos,
Cuando se vendrá a sublevar contra el gran Imperio:
En el mar Egeo los escombros de las líneas,
Impidiendo a la ola Tirrena salir a flote.

LA GUERRA DE CRIMEA: La sociedad Carbonaria invitará al pueblo italiano a una gran sublevación contra el gran Imperio austríaco: En el Mar Egeo se verán los escombros de las líneas, con la Guerra de Crimea, en la primera guerra de trincheras, impidiendo las victorias austríacas represivas, a la ola insurreccional del Mar Tirreno, salir a flote.

1.- Con el agua, la ola, se refiere a la Revolución. Así, llama "Náutica rama" a los Carbonarios.
2.- conciter: Del latín "concieo-civi-citum", excitar, sublevar, etc.
3.- Egeo: Mar entre Grecia, Turquía y Creta.
4.- Tirreno: Parte del Mediterráneo Occidental.

JOSÉ GARCÍA ÁLVAREZ

PROFECÍA 327 (V-39) 1.849-1.870

Du vray rameau de fleur de lys yssu	*Salido de la verdadera rama de los Borbones*
Mis et logé heritier d´Hetrurie: [1]	*Será puesto y alojado heredero de Etruria:*
Son sang antique de longue main tissu,	*Su sangre antigua de larga mano tejida,*
Fera Florence florir en l´armoirie.	*Hará Florencia florecer en el escudo de armas.*

VÍCTOR MANUEL II, REY DE ITALIA: Salido de la rama auténtica de los Borbones de Francia, será puesto, como heredero, en el trono de Italia: Su ascendencia se remontará al siglo XVII, con Cristina de Francia y María de Borbón y conseguirá la unidad italiana, teniendo a Florencia como capital.

1.- Etruria: Región de Italia Central, hoy Toscana, poblada en la antigüedad por los etruscos.

PROFECÍA 328 (VIII-53) 1.849-1.870

Dedans Bologne voudra laver ses fautes,	*Dentro de Bolonia querrá lavar sus faltas,*
Il ne pourra au temple du soleil, [1]	*Pero no podrá salvar al templo del rey,*
Il volera faisant choses si haultes,	*El volará haciendo cosas tan altas,*
En hierarchie n´en fut oncq un pareil.	*En jerarquía no hubo de ello nunca un parecido.*

LA GRAN JERARQUÍA DE PÍO IX: Dentro de Bolonia, Pío IX querrá enmendar sus yerros, lanzando una contundente excomunión sobre Víctor Manuel, cuando éste la ocupará; pero, no podrá salvar el patrimonio de la Iglesia, del Rey. El se elevará, haciendo cosas tan importantes que, en jerarquía, no habrá habido hasta entonces un Papa parecido.

1.- Con el término "Sol", el astro-rey, el profeta suele aludir al Rey Borbón, a la Monarquía, al Reino.

PROFECÍA 329 (I-6) 1.849-1.870

L´oeil [1] de Ravenne sera destitué, [2]	*El dominador de Rávena será destituido,*
Quand à ses pieds les aisles failliront:	*Cuando a sus pies las alas fallarán:*
Les deux de Bresse auront constitué, [3]	*Los dos de Bresse habrán constituido,*
Turín, Verseil que Gaulois fouleront. [4]	*Turín, Vercelli que Galos oprimirán.*

PÉRDIDA DEL PODER TEMPORAL DEL PAPADO: Pío IX perderá su poder temporal, cuando, éste caerá por tierra, tras los bombardeos contra las Portas Pía y Salaria: Por la boda de Clotilde, hija de Víctor Manuel, con Jerónimo Bonaparte, primo del Emperador de Francia, habrán constituido un pacto secreto de alianza, y los franceses oprimirán la Alta Italia, en la "segunda guerra de independencia".

1.- Utiliza la palabra "ojo", para dar idea de lo que se domina.
2.- El territorio de Rávena fue donado al Papado por Pipino el Breve.
3.- La Casa de Saboya estaba relacionada con los señoríos de Bresse.
4.- Verseil: Es Vercelli, ciudad de Italia, en el Piamonte.

PROFECÍA 330 (V-65) 1.851

Subit venu l´effrayeur sera grande,	*Súbitamente venido el espanto será grande,*
Des principaux de l´affaire cachez:	*Unos principales del asunto ocultados:*
Et dame embraise plus ne sera en veue [1]	*Y República abrasada no será más vista*
Ce peu à peu seront les grands fachez.	*Esto poco a poco estarán los grandes enfadados.*

LA HISTORIA REPETIDA: Súbitamente venido el 18 Brumario, el espanto en Francia será grande. En 1.851, unos personajes principales ocultos tras un complot, harán venir a Luis Napoleón Bonaparte: La 2ª República, ya quemada, no será más vista, dando paso al Segundo Imperio. Esto hará, poco a poco, que los Diputados y políticos estén enfadados.

1.- Con la palabra "dama", alude, generalmente, a la República.

PROFECÍA 331 (V-37) 1.852-1.870

Trois cens seront d´un vouloir et accord,	*Trescientos estarán de un querer y acuerdo,*
Que pour venir du bout de leur atteinte,	*Que por venir después de su golpe,*
Vingt mois apres tous et records,	*Veinte meses después todos de acuerdo,*
Leur Roy trahy simulant haine fainte.	*Su Rey traicionado simulando odio fingido.*

NAPOLEÓN III: Los diputados de la Cámara estarán conformes con el Segundo Imperio, tras venir, después de su Golpe de Estado, Luis Napoleón. Veinte meses después, todos estarán de acuerdo en que habrá sido un error. Así que, los representantes engañarán a Napoleón III, simulando un odio que el pueblo no siente.

PROFECÍA 332 (XI-97) 1.852-1.873

Par Ville-Franche, Mascon en desarroy [1]	*Por Villefranche, Mâcon en desorden*
Dans les fagots seront soldats cachez,	*En las hacinas estarán soldados ocultos,*
Changer de temps en prime pour le Roy,	*Cambiar de tiempo en premio para el Rey,*
Par de Chalon et Moulins tous hachez. [2]	*Por Chalons y Moulins todos destrozados.*

LAS INSURRECCIONES DEL HAMBRE. NAPOLEÓN III: Por Villefranche y Mâcon en desorden, en las hacinas estarán ocultos los soldados para sorprender a los revoltosos, en 1.846. Habrá tiempos de cambio, en beneficio de Napoleón III, tras la insurrección de la miseria de 1.848, como por Chalons y Moulins, en la que serán todos destrozados.

1.- Villefranche y Mâcon: Ciudades del Este de Francia.
2.- Châlons-sur-Saône y Moulins: Ciudades de Francia.

PROFECÍA 333 (III-14) 1.852-1.873

Par le rameau du vaillant personnage,	*Por la rama del valiente personaje,*
De France infime, par le pere infelice:	*De Francia ínfima, por el padre infeliz:*
Honneurs, richesses, travail en son vieil aage,	*Honores, riquezas, trabajo en su envejecida edad,*
Pour avoir creu le conseil d´homme nice.	*Por haber creído el consejo del hombre necio.*

NAPOLEÓN III: De la rama del valiente corso, Luis Napoleón será emperador de una Francia, en situación ínfima, por culpa de Luis Felipe, el padre infeliz: Tendrá honores, riquezas, y dificultades de todo tipo en su prematura vejez, por hacer caso de necios e ineptos, como el Duque de Mosny, su hermanastro Persigny, Maupas, y Saint-Arnaus.

PROFECÍA 334 (III-68) 1.854-1.855

Peuples sans chef d´Espaigne d´Italie,	*Pueblos de España, de Italia, sin jefe,*
Morts, profligez dedans le Cheronese, [1]	*Muertos, esparcidos dentro del Quersoneso,*
Leur dict trahy par legere folie,	*Su tratado traicionado por ligera locura,*
Le sang nager par tout à la traverse.	*La sangre nadar por todo el obstáculo.*

TRAMPA DE SEBASTOPOL: Los pueblos de España e Italia tendrán un vacío de poder, mientras habrá muertos, esparcidos dentro del Quersoneso Táurico. El Tratado de Adrianópolis traicionado y las relaciones ruso-turcas exacerbadas por la ligereza irresponsable de ingleses y franceses, la sangre se derramará por toda la fortificada Sebastopol.

1.- Cheronese: Es "Quersoneso", nombre griego de varias penínsulas: Q-Tracio, Gallípoli; Q-Táurico, Crimea; Q-Címbrico, Jutlandia. Más concreto aún, es "Querson", ciudad del antiguo Q-Táurico, Crimea, cerca de Sebastopol.

PROFECÍA 335 (IV-73) 1.856-1.858

Le nepveu grand par force prouvera,
Le pache fait du coeur pusillanime, [1]
Ferrare [2] et Ast [3] le duc esprouvera, [4]
Par lors qu´au soir sera la pantomime. [5]

El sobrino grande por la fuerza aprobará,
La paz hecha del corazón pusilánime,
Ferrara y Asti el jefe pondrá a prueba,
Cuando por la noche será la pantomima.

EL ATENTADO DE ORSINI: El sobrino de Napoleón, por la fuerza aprobará el Tratado de París. El poco valor del corazón pusilánime que tiene, lo pondrá a prueba, Felice Orsini, nacido cerca de Ferrara, y jefe del Piamonte durante la República de 1.849, cuando, Napoleón III, acompañado de su esposa, saldrá por la noche de la Opera.

1.- pache: Del latín "pax, pacis", paz.
2.- Ferrara: Ciudad del Norte de Italia (Emilia).
3.- Asti: Ciudad de Italia (Piamonte)
4.- duc: Del latín "dux, ducis", jefe, guía, conductor".
5.- En la "pantomima", la mímica, aquí el canto, sustituye a la expresión verbal.

PROFECÍA 336 (X-96) 1.853-1.857

Religion du nom des mers vaincra,
Contre la secte fils Adaluncatif, [1]
Secte obstinée deplorée craindra
Des deux blessez par Aleph et Aliph. [2]

Religión del nombre de los mares vencerá,
Contra la secta hijo Adalid turco,
Secta obstinada deplorada temerá
De los dos heridos por hebreos y árabes.

LA GUERRA DE CRIMEA: La Cristiandad, vencerá a los llamados "terror de los mares", contra la secta de Selím II, el hijo del Adalid turco. El imperio otomano decaerá, hasta que, en 1.853, el clero griego obstinado en dominar los Santos Lugares, temerá ser sustituido por la deplorada religión ortodoxa. Los dos bandos saldrán malparados, por los lugares hebreos, y Francia invadirá la Kabilia, dominada por árabes.

1.- Adaluncatif: Viene del árabe Ad-dalid, Adalid, caudillo de la gente de guerra y la terminación árabe "catif", también relativa a "turco".
2.- Aleph y Aliph: Se trata de "Alef", primera letra del alfabeto hebreo y de "Alif", primera letra del alfabeto árabe.

PROFECÍA 337 (V-10) 1.858

Un chef Celtique dans le conflict blessé,
Aupres de cave voyant siens mort abattre:
De sang et playes et d´ennemis pressé,
Et secourus par incogneus de quatre.

Un jefe Francés en el conflicto herido,
Cerca de hueco viendo a los suyos muerte abatir:
De sangre y heridas y de enemigos cercado,
Y socorrido por desconocidos de cuatro.

ATENTADO DE ORSINI: Napoleón III, herido en el atentado, cerca del hueco abierto por las explosiones, verá a los de la escolta y curiosos, que la muerte abatirá: Lleno de sangre, con heridas leves, y el peligro de los enemigos rondando, será socorrido por desconocidos, tras el estallido de cuatro bombas lanzadas por Orsini.

PROFECÍA 338 (VIII-12) 1.859-1.860

Apparoistra auprés de Buffalore
L´haut et procere entré dedans Milan,
L´abbé de Foix avec ceux de Sainct Morre [1]
Feront la forbe habillez en vilan.

Aparecerá cerca de Buffalore
El alto y prócer entrado dentro de Milán,
El abad de Foix con los de Santa Liga
Harán la insurrección vestidos de villano.

NAPOLEÓN III Y VÍCTOR MANUEL EN MILÁN. GARIBALDI: Aparecerá cerca de Buffalore, el ejército francés. Napoleón III y Víctor Manuel, entrarán dentro de Milán. Garibaldi, lo mismo que el legendario Gastón de Foix, contra la Santa Liga, llevará a sus camisas rojas a la guerra de villanos contra barones, "gorros" contra "sombreros".

1.- Morre: Del latín "mora-ae", unidad militar espartana. Alianza o liga militar.

PROFECÍA 339 (IV-4) 1.859-1.870

L´impotent Prince faché, plaincts et querelles	*El impotente Príncipe enfadado, lamentos y querellas*
De rapts et pillé, par Coqz et par Libyques:	*De raptos y saqueos, por Franceses y por Líbicos:*
Grand est par terre mer infinies voilles,	*El Grande es por tierra, mar infinitas velas,*
Seure Italie sera chassant Celtiques.	*Hermana Italia estará expulsando Célticos.*

FRANCISCO II DE BORBÓN. NAPOLEÓN III: El impotente Francisco II, estará enfadado por los lamentos y querellas italianos, tras la ola de raptos, violaciones y saqueos, de los soldados franceses y argelinos al servicio de Francia: Napoleón III estará por tierras italianas, y la armada francesa, inglesa, austríaca e italiana, en el Mar Mediterráneo. En 1.870, Prusia vencerá a Napoleón III e Italia estará expulsando a los franceses.

PROFECÍA 340 (III-37) 1.859- 1.870

Avant l´assaut l´oraison prononcée,	*Ante el asalto la oración pronunciada,*
Milan prins d´Aigle par embusches deceus,	*Milán tomada del Aguila por embustes arteros,*
Muraille antique par canons enfoncée,	*Muralla antigua por cañones derruida,*
Par feu et sang à mercy peu receus.	*Por fuego y sangre de gracia poco receptor.*

NAPOLEÓN III EN MILÁN. BOMBARDEO DE LA PORTA PÍA: Ante el asalto al Estado Pontificio, en 1.860, Pío IX excomulgará a Napoleón III, que habrá tomado Milán con embustes arteros. En 1.870, la muralla de la Porta Pía, será derruida por los cañones. Las tropas del Papa serán masacradas a sangre y fuego, sin recibir gracia alguna.

PROFECÍA 341 (V-3) 1.859-1.870

Le successeur de la Duché viendra,	*El sucesor del Ducado vendrá,*
Beaucoup plus outre que la mer de Toscane:	*Mucho más allá que la mar de Toscana:*
Gauloise Branche la Florence tiendra,	*Francesa Rama la Florencia tendrá,*
Dans son giron d´accord nautique Rane.	*En su regazo de acuerdo náutica Rana.*

VÍCTOR MANUEL II, REY DE ITALIA: El sucesor del Ducado de Saboya, extenderá su dominio, mucho más allá de los márgenes de Toscana: Florencia, capital del nuevo Estado, le verá como Rey de Italia, con la sangre de los Borbones, acunado por las tropas piamontesas y Cavour, político del Piamonte, cuyo escudo lleva incluida una rana.

PROFECÍA 342 (VII-19) 1.860-1.882

Le fort Nicene ne sera combatu, [1]	*El fuerte Niceno no será combatido,*
Vaincu sera par rutilant metal,	*Vencido será por rutilante metal,*
Son faict sera un long temps debatu,	*Su hecho será un largo tiempo debatido,*
Aux citadins estrange espouvantal.	*A los ciudadanos extranjero despreciable.*

GARIBALDI Y SUS HAZAÑAS: El patriota de Niza, no será batido en campaña. Sólo será vencido por la ruindad de unos, y el robo de otro. Sus hazañas serán admiradas y debatidas durante mucho tiempo. El bravo condottiero pasará sus últimos días en Caprera, a cuyos ciudadanos parecerá un extranjero despreciable, por su penosa miseria.

1.- Nicene: Derivado de la palabra francesa "Nice", Niza. Quiere decir "natural de Niza".

JOSÉ GARCÍA ÁLVAREZ

PROFECÍA 343 (VII-31) 1.860

De Languedoc, et Guienne plus de dix
Mille voudront les Alpes repasser:
Grands Allobroges [1] marcher contre Brundis, [2]
Aquin [3] et Bresse les viendront recasser.[4]

De Languedoc, y Guyena más de diez
Mil querrán los Alpes volver a pasar:
Grandes Alóbroges marchar contra Brindisi,
Aquino y Brescia les vendrán a descomponer.

GARIBALDI Y LOS 1.000: Del Languedoc y de Guyena más de diez, serán mil los que querrán, los Alpes volver a pasar: Marcharán camino de Marsala, y después de la capitulación de Mesina, irán camino de Nápoles, donde entrarán, y después de deshacer a sus adversarios, ocuparán rápidamente la Calabria y las Pullas.

1.- Allobroges: Los Alóbroges, antiguo pueblo de la Galia Narbonense.
2.- Brundis: Es Brindis o Brindisi, ciudad de Italia. En latín, "Brundisium".
3.- Aquin: Es Aquino, localidad perteneciente a la región napolitana.
4.- recasser: Romper de nuevo, descomponer.

PROFECÍA 344 (IX – 3) 1.860-1.870

La magna vaqua à Ravenne grand trouble, [1]
Conduict par quinze enserrez à Fornase: [2]
A Rome naistra deux monstres à teste double
Sang, feu, deluge, les plus grand à l'espase.

La magna vaca en Rávena gran turbación,
Conducida por quince encerrados en Fornase:
En Roma nacerán dos monstruos de cabeza doble
Sangre, fuego, diluvio, los más grandes por el espacio.

GARIBALDI EN CAPRERA. PÍO IX: La gran marcha de los estandartes con vacas, que pondrá en Rávena gran turbación, será conducida por los quince confinados en Caprera: En Roma, fracasará el proyecto de separación de Iglesia y Estado, y Pío XI no podrá disociar los dos planos, temporal y espiritual, de la monarquía pontificia. Habrá un diluvio de sangre y fuego, y los más grandes se disputarán el espacio temporal del Papado.

1.- Rávena: Ciudad del Norte de Italia (Emilia). En 754 pasó a los dominios pontificios.
2.- Fornase: Del latín "Fornax-acis", horno. Referida al calor tórrido de la isla de Caprera, en la costa NE de Cerdeña, célebre por la residencia de Garibaldi.

PROFECÍA 345 (IV-16) 1.860-1.870

La cité franche de liberté fait serve, [1]
Des profligez et resveurs fait Asyle:
Le Roy changé à eux non si proterve, [2]
De cent seront devenus plus de mille.

La ciudad franca de libertad hecha sierva,
De los proscritos y soñadores hace Asilo:
El Rey cambiado para ellos no tan obstinado,
De cien llegarán a ser más de mil.

GARIBALDI EN GÉNOVA: La ciudad de Génova, que de la libertad había pasado a ser sierva por la tropa francesa de Bonaparte, acogerá a los proscritos y soñadores de Garibaldi: El rey cambiado, Víctor Manuel II, no será para ellos tan obstinado como Francisco II, gracias a la osadía de los que, de cien, llegarán a ser más de mil.

1.- En 1.808, Génova será incorporada al imperio francés como República Ligur, por Napoleón Bonaparte.
2.- proterve: Del latín "protervus-a-um", violento, obstinado, impetuoso, desvergonzado, perverso.

PROFECÍA 346 (VII bis-1) 1.870

Renfort de sièges manubis [1] et maniples [2]
Changez le sacre et passe sur le prosne, [3]
Prins et captifs n'arreste les prez triples, [4]
Plus par fonds mis eslevé, mis au trosne. [5]

Refuerzo de sedes saqueadas y manipuladas
Cambiado lo sagrado y pasado sobre lo predicado,
Cogidos y cautivos detiene los sacerdotales,
Más por heredad puesto elevado, puesto en el trono.

FIN DEL PODER TEMPORAL DEL PAPADO: Pío IX verá reforzado el ataque a los Estados Pontificios, como un colofón al tiempo de sedes saqueadas y manipuladas, en el que Bonaparte habrá cambiado lo sagrado y pasado sobre lo predicado, y los religiosos cogidos, detenidos y cautivos: por la heredad del que había sido elevado y puesto en el trono de la Iglesia, Pío VII.

1.- manubis: Del latín "manubiae-iarum", parte del botín asignado al general, saqueo.
2.- maniples: Síncopa del francés "manipulées", manipuladas.
3.- prosne: Epéntesis del francés "prône", plática, prédica, sermón.
4.- prez triples: Es "pretriples", derivado de "prêtre", sacerdote, con paragoge por exigencias de rima, con el significado de "sacerdotales", clérigos, religiosos.
5.- fonds: Alude a la "heredad" o patrimonio.

PROFECÍA 347 (XI-24) 1.868-1.873

Le Mercurial non de trop longue vie, [1]
Six cens et huict et vingt, grand maladie,
Et encor pis danger de feu et d´eau, [2]
Son grand amy lors luy sera contraire, (Falso)
De tels hazards se pourroit bien distraire, (Falso)
Mais bref, le fer luy fera son tombeau.

El Mercurial no de muy larga vida, (1)
Entre seiscientos ocho y veinte, gran enfermedad, (3)
Y aún más peligrosa que el fuego y el agua, (2)
Su gran amigo entonces le estará en contra, (Falso)
De tales riesgos podría muy bien pasarse, (Falso)
Pero, en breve, el acero le hará su tumba. (4)

GOBIERNO Y ASESINATO DEL GENERAL PRIM: Cuarteta alterada por Vicent Seve de Beaucaire. El Gobierno y la vida del General Prim, durarán poco. Una trama criminal será para él más peligrosa que el fuego y la revolución. Escapará de los riesgos de la gran epidemia bélica, pero, en breve, un atentado le hará bajar a la tumba.

1.- Llama "El Mercurial" al general Prim, por ser de personalidad mercuriana y desarrollar gran parte de su gobierno bajo la regencia de Mercurio.
2.- "fuego" es sinónimo de "ardor bélico", y "agua", oleada revolucionaria.

PROFECÍA 348 (X-82) 1.870

Cris, pleurs, larmes viendront avec couteaux,
Semblant fuir, donront dernier assault:
L´entour parques planter profonds plateaux,
Vifs repoussez et meurdris de prinsault.

Gritos, llantos, lágrimas vendrán con cuchillos,
Pareciendo huir, darán último asalto:
Alrededor parques plantar profundas plataformas,
Vivos rechazados y muertos en el asalto.

SITIOS DE METZ Y PARÍS: Gritos, llantos, lágrimas vendrán con las armas, cuando, en Metz, pareciendo retirarse los prusianos, darán un último asalto: Alrededor de los parques plantarán sus baterías en profundas plataformas, bombardeando la capital, que se entregará, tras rechazarlos vivamente, con infinidad de muertos en el asalto.

PROFECÍA 349 (VII-39) 1.870

Le conducteur de l´armée Françoise,
Cuidant perdre le principal phalange,
Par sus pavé de l´avaigne et d´ardoise,
Soy parfondra par Gennes gent estrange.

El conductor del ejército Francés,
Evitando perder la principal falange,
Por encima pavimento de roca y pizarra,
Se acabará para Génova gente extranjera.

LA BATALLA DE SEDÁN: El conductor del ejército francés, Mac-Mahon, evitando perder la mayor parte de sus hombres, se replegará hacia el Mosa, por un terreno de roca y pizarra, que permitirá a los alemanes rodearlo en Sedán. Mientras, conseguida la unidad italiana, los franceses se retirarán de Liguria y Génova se verá libre de gente extranjera.

JOSÉ GARCÍA ÁLVAREZ

PROFECÍA 350 (IV-55) 1.870

Quand la corneille sur tout de brique joincte, [1]
Durant sept heures ne fera que crier:
Mort presagée de sang statue taincte,
Tyran meurtry, aux Dieux peuple prier.

Cuando la corneja sobre el tejado de ladrillo junto,
Durante siete horas no hará más que gritar:
Muerte presagiada, de sangre estatua teñida,
Tirano muerto, a los Dioses pueblo rogar.

CAÍDA DEL RÉGIMEN DE NAPOLEÓN III: Cuando el telégrafo comunicará la capitulación de Napoleón III, durante siete horas no hará más que sonar: Será presagiada la muerte del Imperio, como con el que tiñera de sangre las estatuas de los templos. Muerte, esta vez definitiva, de una estirpe de tirano. El pueblo francés rogará a Dios por ello.

1.- El profeta compara, por su similitud, al telégrafo con la corneja.

PROFECÍA 351 (X-7) 1.870

Le grand conflict qu´on appreste à Nancy, [1]
L´Aemathien dira tout je soubmets, [2]
L´isle Britanne par vin, sel en solcy,
Hem [3]. mit [4]. deux Phi [5]. longtemps ne tiendra Metz.

El gran conflicto que se apresta en Nancy,
El Emaciano dirá todo yo lo someto,
Inglaterra por vino, sal en abundancia,
Hems. mi. dos Phi. largo tiempo no tendrá Metz.

ENTREGA DE METZ: El gran conflicto que se apresta en Lorena, será calculado por el Canciller Otto Bismarck, que todo lo someterá a sus maquinaciones. Inglaterra se preocupará por su comercio, al margen de una guerra que, tras el despacho de Ems, movilizará un millón de soldados, hasta que Francia no tendrá la fortaleza de Metz.

1.- Nancy: Ciudad del NE de Francia, antigua capital de Lorena.
2.- Emaciano: ya expresado en cuartetas anteriores.
3.- Hem: Modificación de Ems, balneario alemán en el Palatinado cerca de Coblenza.
4.- mi. : Abreviatura del término latino "mitto", enviar (legatos ad aliquem o alicui m., enviar una embajada a uno)
5.- Phi: Fi (letra griega). Su valor numérico es de 500.000. Por tanto, "dos Fi", un millón.

PROFECÍA 352 (II-25) 1.870

La garde éstrange trahira forteresse,
Espoir et umbre de plus hault mariage:
Garde deceuë fort prinse dans la presse,
Loire, Saone, Rosne, Gar à mort outrage.

La guardia extraña traicionará la fortaleza,
Esperanza y sombra de más alto maridaje:
Guardia engañada fuerte tomado en la presa,
Loira, Saona, Ródano, Gard en muerte ultrajados.

TRAICIÓN DE BAZAINE: La guardia, de forma extraña, traicionará la fortaleza de Metz, por la esperanza de Bazaine de conseguir lo que ambicionaba, a la sombra de los germanos: Engañada la guardia, el fuerte será tomado, tras un terrible cerco. Los ejércitos del Loira, del Norte, del Este, serán vencidos, y los ciudadanos franceses, muertos y vejados.

PROFECÍA 353 (II-92) 1.870

Feu couleur d´or du ciel en terre veu,
Frappé du haut nay, faict cas marveilleux:
Grand meurtre humain: prinse du grand neveu,
Morts d´espectacles eschappé l´orgueilleux.

Fuego color de oro del cielo en tierra visto,
Golpeado del alto nacido, hecho caso maravilloso:
Gran muerte humana: presa del gran sobrino,
Muertos de espectáculos escapado el orgulloso.

CAPITULACIÓN DE SEDÁN: Será vista una aurora boreal, días antes de la Capitulación de Napoleón III, hecho visto como un caso maravilloso: Gran mortandad humana, presa del gran sobrino del corso. Los Tribunales Marciales de 1.871, darán grandes espectáculos de muerte, de los que habrá escapado el orgulloso.

PROFECÍA 354 (VI-47)   1.870

Entre deux monts les deux grands assemblez
Delaisseront leur simulté secrette,
Brucelle et Dolle par Langres accablez, [1]
Pour à Malignes executer leur peste. [2]

Entre dos montes los dos grandes reunidos
Abandonarán su simulación secreta,
Bruselas y Dole por Langres agobiados,
Para hacia Malinas ejecutar su peste.

CAPITULACIÓN DE NAPOLEÓN III: Entre dos montes de los accesos de Cazal, Napoleón III y Bismarck reunidos, abandonarán su simulación secreta. Los franceses han sido agobiados hacia el norte y el sur, por los alemanes entrados por Langres, para luego ir ambos ejércitos hacia Malinas a ejecutar su epidemia bélica en la explanada de Sedán.

1.- Dole y Langres: Localidades del Oeste de Francia.
2.- Malinas: Ciudad belga provincia de Amberes.

PROFECÍA 355 (IV-65)   1.870-1.873

Au deserteur de la grand forteresse,
Apres qu´aura son lieu habandonné,
Son adversaire fera si grand proüesse,
L´Empereur tost mort sera condamné.

Al desertor de la gran fortaleza,
Después que habrá su lugar abandonado,
Su adversario hará tan gran proeza,
El Emperador pronto muerto será condenado.

TRAICIÓN DE BAZAINE: Al desertor de la gran fortaleza de Metz, después que habrá abandonado su puesto, su adversario prusiano hará un rotundo éxito. Napoleón III pronto estará muerto, tras ser condenado al destierro.

PROFECÍA 356 (VIII-99)   1.870-1.871

Par la puissance des trois Rois temporels, [1]
En autre lieu sera mis le sainct siege: [2]
Où la substance de l´esprit corporel,
Sera remis et receu pour vray siege.

Por la potencia de los tres Reyes temporales,
En otro lugar será puesta la santa sede:
Donde la sustancia del espíritu corporal,
Será repuesto y recibido por verdadera sede.

PÍO IX Y LA PÉRDIDA DEL PODER TEMPORAL: Por la potencia de Felipe II, Napoleón y Víctor Manuel II, la santa sede quedará confinada en el Vaticano: Donde la sustancia del espíritu que animará el cuerpo de Pío IX, hará que sea repuesto como Papa en el lugar, que será recibido por verdadera sede.

1.- Paradójicamente, tres importantes reyes de tres naciones católicas de la Tierra, despojarán al Papado de sus bienes terrenales.
2.- En 1.870, la sede de los Papas se trasladó desde el Palacio del Quirinal al Vaticano, hoy día, el Estado más pequeño del mundo.

PROFECÍA 357 (III-50)   1.870-1.871

La republique de la grande cité,
A grand rigueur ne voudra consentir,
Roy sortir hors par trompette cité,
L´eschelle au mur, la cité repentir.

La república de la gran ciudad,
En gran rigor no querrá consentir,
Rey salir fuera por trompeta a ciudad,
La escala en el muro, la ciudad arrepentirse.

EL SITIO DE PARÍS: París, la gran ciudad de la República, en gran rigor por el ataque de Moltke, no querrá consentir en rendirse. La marcha de Napoleón III al cautiverio, como un clarinazo de trompeta, llegará a la ciudad de París, que tendrá que arrepentirse de su negativa a capitular.

JOSÉ GARCÍA ÁLVAREZ

PROFECÍA 358 (I-15) 1.870-1.871

Mars nous menasse par la force bellique
Septante fois fera le sang espandre: [1]
Auge et ruyne de l´Ecclesiatique,
Et plus ceux qui d´eux rien voudront entendre.

Marte nos amenaza por la fuerza bélica,
Setenta veces hará la sangre esparcir:
Auge y ruina del Eclesiástico,
Y más aquellos que de ellos nada querrán oír.

TRAS LA GUERRA DE 1.870: Marte amenazará con la fuerza bélica, y muchas veces hará la sangre esparcir: El tiempo irá llevando auge y ruina al sector eclesiástico, y más a aquellos que de ellos nada querrán oir.

1.- Utiliza lo de "setenta veces", recordando lo dicho por Jesús, para indicar que serán muchas veces.

PROFECÍA 359 (IV-47) 1.870-1.871

Le noir farouche quand aura assayé
Sa main sanguine par feu, fer, arc tendus,
Trestout le peuple sera tant effrayé,
Voir les plus grans par col et pieds pendus.

El negro feroz cuando habrá asaltado
Su mano sanguinaria por fuego, hierro, arco tendido,
Muy pronto el pueblo estará tan aterrorizado,
Ver los más grandes por cuello y pies suspendidos.

EL "CANCILLER DE HIERRO": Otto von Bismarck, rudo, gigantesco, arrogante en su negro uniforme de Canciller, asaltará a Francia, a la que su mano sanguinaria llevará los horrores de la guerra. Muy pronto, el pueblo francés estará grandemente aterrorizado, al ver a los más importantes personajes del país ahorcados y torturados.

PROFECÍA 360 (VI-13) 1.870-1.871

Un dubieux ne viendra loing du regne, [1]
La plus grand part le voudra soustenir,
Un capitole ne voudra point qu´il regne,
Sa grande charge ne pourra maintenir.

Un dudoso no vendrá lejos del reino,
La mayor parte le querrá sostener,
Un Capitolio no querrá en absoluto que él reine,
Su gran carga no podrá mantener.

PÍO IX SIN PODER TEMPORAL: Un hombre dudoso, accederá al Papado y la mayor parte de los países católicos le querrá sostener, pero, un Capitolio, el italiano, no querrá en absoluto que él reine, y la gran carga que suponía el Patrimonio de San Pedro, él no podrá mantener.

1.- Dubieux: Del latín "dubius-a-um", vacilante, indeciso, dudoso.

PROFECÍA 361 (II-44) 1.870-1.871

L´aigle poussée entour de pavillons,
Par autres oyseaux d´entour sera chassée:
Quand bruit des cymbres [1] tube et sonnaillons, [2]
Rendront le sens de la dame insensée.

El águila empujada en torno de pabellones,
Por otros pájaros de alrededor será expulsada:
Cuando ruido de los Cimbrios trompetas y esquilones,
Devolverán el sentido de la dama insensata.

FRANCIA, SIN NAPOLEÓN III: Napoleón III será empujado hacia Sedán donde, rápidamente, le cercarán. Se rendirá ante las águilas germanas apostadas alrededor, y será expulsado: Cuando el fragor de la batalla y los ataques continuos de la caballería de los prusianos, devolverán el sentido de la sensatez a Francia.

1.- Cimbrios: Antiguo pueblo germánico aposentado en la orilla del Elba. (2) Tube: Del latín "tuba-ae", trompeta, trompa.

PROFECÍA 362 (I-8) 1.870-1.871

Combien de fois prinse cité solaire [1]	*Cuántas veces tomada ciudad solar,*
Sera changeant les lois barbares et vaines:	*Será cambiando las leyes bárbaras y vanas:*
Ton mal s´approche. Plus sera tributaire	*Tu mal se aproxima. Más será tributaria*
La grand Hadrie recourira tes veines. [2]	*La gran Adria recorrerá tus venas.*

EL KARMA HISTÓRICO DE REIMS: Cuántas veces será tomada la ciudad de Reims, y, en todas ellas, será cambiando sus leyes por otras extranjeras, bárbaras y vanas: Su mal se aproxima. Será vejada por los ejércitos prusianos, pero será más tributaria con los alemanes. En la 3ª G. M., las tropas de Italia recorrerán sus arterias principales.

1.- "ciudad solar" es toda aquella donde tiene lugar la coronación de los soberanos galos.
2.- Adria: Ciudad de Italia.

PROFECÍA 363 (V-45) 1.870-1.875

Le grand Empire sera tost desolé,	*El gran Imperio será pronto desolado,*
Et translaté pres d´arduenne [1] silve, [2]	*Y trasladado cerca de la ardenosa selva,*
Les deux bastards par l´aisné decollé,	*Los dos bastardos por el mayor desalojado,*
Et regnera Aenobarb nez de milve. [3]	*Y reinará Enobarbo nariz de milano.*

LA III REPÚBLICA: El Segundo Imperio será pronto desolado, y trasladado Napoleón III cerca de la zona boscosa de las Ardenas. Desterrado el Emperador, el republicano Thiers, cederá el puesto al monárquico Mac Mahon, que no podrá impedir la instauración definitiva de la III República, a pesar de querer restaurar la Monarquía de los Borbones.

1.- arduenne: Del latín "Arduenna-ae", las Ardenas (selva de la Galia).
2.- silve: Del latín "silva-ae", bosque, selva.
3.- milve: Del latín "milvus-i", milano, pájaro de presa. Con "nez de milve", nariz de milano, alude a la peculiar prominencia nasal de los Borbones.

PROFECÍA 364 (VI-95) 1.870-1.875

Par dectracteur calomnié à puis nay,	*Por detractor calumniada apenas nacida,*
Quand seront faicts enormes et martiaux:	*Cuando serán hechos enormes y marciales:*
La moindre part dubieuse à l´aisnay,	*La menor parte dudosa con el mayor,*
Et tost au regne seront faicts partiaux.	*Y pronto al reino serán hechos parciales.*

LOS TRIBUNALES MARCIALES EN PARÍS: Apenas nacida la III República, será criticada por Bismarck, cuando serán cometidos hechos horrendos por los tribunales marciales: La Asamblea estará recelosa de Thiers, que cederá el poder a Mac Mahon, y con éste, los republicanos votarán la Constitución de 1.875, que instalará la III República.

PROFECÍA 365 (X-51) 1.871

Des lieux plus bas du pays de Lorraine,	*De los lugares más bajos del país de Lorena,*
Seront des basses Allemaignes unis:	*Serán de las bajas Alemanias unidos:*
Par ceux du siege Picards, Normans, du Maisne	*Por aquellos de la sede Picardía, Normandos, del Maine*
Et aux cantons se seront reünis.	*Y a los cantones se habrán reunido.*

ALEMANIA SE ANEXIONA ALSACIA Y LORENA: Francia cederá la Alsacia y una parte de Lorena, y serán unidas al Sur de Alemania: Por las campañas prusianas en tierras francesas y suizas, con la dispersión del primer ejército del Loira, en Loigny, del 2º en Le Mans, la derrota del ejército del Norte en San Quintín y el del Este, en Suiza confinado.

JOSÉ GARCÍA ÁLVAREZ

PROFECÍA 366 (II-77) 1.871

Par arcs feux, poix et par feux repoussez, [1]
Cris hurlements sur la minuit ouys:
Dedans sont mis par les rempars cassez,
Par canicules les traditeurs fuys. [2]

Por arcos fuego, pez y por fuegos rechazados,
Gritos, lamentos sobre la medianoche oídos:
Dentro son puestos por las murallas destruídas,
Por canículas los traidores desaparecidos.

GUERRA CIVIL EN FRANCIA: Por obuses incendiarios y sustancias inflamables serán rechazados los combatientes. Gritos y lamentos serán oídos sobre la medianoche: Los comuneros resistirán dentro de las barricadas, pero, destruidas éstas, sucumbirán en su último bastión, el cementerio de Père Lachaise. El ejército de Versalles ejecutará a 20.000 hombres, por incendiarios y traidores.

1.- Con "arcos de fuego" el profeta se refiere a las curvas luminosas que los obuses incendiarios de los cañones trazaban en el aire.
2.- Traditeurs: Del latín "trado-didi-ditum", traicionar.

PROFECÍA 367 (X-71) 1.871

La terre et l´air geleront si grand eau, [1]
Lors qu´on viendra pour Jeudy venerer [2]
Ce qui sera jamais ne fut si beau,
Des quatre parts le viendront honorer.

La tierra y el aire helarán tan grande agua,
Cuando se vendrá por Jueves venerar
Lo que jamás será ni fue tan bello,
De las cuatro partes le vendrán a honrar.

GUERRA CIVIL EN FRANCIA: Una intensa ola de frío gélido azotará a Francia, cuando se vendrá a venerar los sagrados recuerdos que trae el Jueves Santo. Será la sublevación y la discordia, lo que jamás fue ni será tan bello, lo que los franceses de las cuatro partes del país vendrán a honrar y apoyar.

1.- Con "agua" alude a la Revolución.
2.- En la Semana Santa de 1.871, ebullía la insurrección de la Comuna.

PROFECÍA 368 (II-70) 1.871

Le dard du ciel fera son estendue,
Morts en parlant grande execution,
La pierre en l´arbre la fiere gent rendue, [1]
Bruit humain monstre purge expiation. [2]

El dardo del cielo hará su extensión,
Muertos hablando gran ejecución,
La piedra en el árbol la fiera gente rendida,
Ruido humano monstruo purga expiación.

LA "SEMANA SANGRIENTA": Los obuses incendiarios, dardos luminosos, se extenderán en el cielo de París. Los muertos, tras los juicios orales, la gran ejecución, serán 20.000. La dura y elevada represión rendirá a la Comuna de París, y la represalia monstruosa de Thiers, hará purgar y expiar a los sublevados los desastres de la guerra civil.

1.- Metáfora de algo duro y elevado.
2.- Con "ruido", alude al "fragor" bélico.

PROFECÍA 369 (II-73) 1.871-1.873

Au lac Fucin [1] de Benac [2] le rivage,
Prins du Leman [3] au port de l´Orguion, [4]
Nay de trois bras predict bellique image,
Par trois couronnes au grand Endymion. [5]

Al lago Faucin de Benanc la orilla,
Tomado del Leman al puerto de Argonne,
Nacido de tres brazos predice bélica imagen,
Por tres reinados al sueño eterno.

EL GOBIERNO DE THIERS: Del lago cercano al Col de Faucille, en la línea Besançon-Nancy, es decir, del Leman hasta el puerto montañoso de Argonne, será tomado por los alemanes. El Gobierno nacido de las asambleas, altos funcionarios y militares, augura guerra. Thiers, que ha pasado por tres reinados, mandará a muchos al sueño eterno.

1.- Fucin: De "Faucille", sistema montañoso cercano al lago Leman.
2.- Benac: Palabra compuesta con las abreviaturas de Besançon y Nancy, dos ciudades del Este de Francia.

3.- Leman: Lago de Ginebra.
4.- Orguion: De Argonne, región de colinas boscosas del NE de Francia.
5.- Endimión: Mit. Hijo de Etilio y de Calice, y nieto de Júpiter, personificación del sueño eterno y de la hermosura.

PROFECÍA 370 (V-82) 1.871-1.873

Au conclud pache hors de la forteresse,	*Al concluirse paz fuera de la fortaleza,*
Ne sortira celuy en desespoir mis:	*Saldrá aquél que en desesperación puesto:*
Quant ceux d´Arbois ¹, de Langres, contre Bresse, ²	*Cuando los de Arbois y de Langres, contra Bresse,*
Auront mont Dolle, bouscade d´ennemis. ⁴	*Tendrán en monte de Dôle, emboscada de enemigos.*

CONDENA DEL MARISCAL BAZAINE: Concluida la guerra y hecha la paz, fuera de la fortaleza de Metz saldrá el Mariscal Bazaine, puesto en desesperación al ser condenado a muerte: Por cobarde, traidor, y responsable de la muerte de sus hombres, en Gravelotte y Saint-Privat, en una emboscada de sus enemigos prusianos, que venían de Bresse.

1.- Arbois: Ciudad del Este de Francia.
2.- Bresse: Es La Bresse, pequeña región del Este de Francia.
3.- Dolle: Es Dôle, ciudad del Este de Francia, próxima a Dijon.
4.- bouscade: Aféresis, por necesidades métricas, del término francés "embuscade", emboscada, asechanza.

PROFECÍA 371 (I-96) 1.871-1.900

Celui qu´aura la charge de destruire	*Aquél que tendrá la carga de destruir*
Temples, et sectes, changez par fantasie:	*Templos, y sectas, cambiados por fantasía:*
Plus aux rochers qu´aux vivans viendra nuire,	*Más que a las rocas a los vivientes vendrá a dañar,*
Par langue ornée d´oreilles ressasie.	*Por lengua adornada de orejas recobrada.*

LA GUERRA CIVIL Y LA "BELLE ÉPOQUE": Thiers, aquél que tendrá la carga de destruir, hará que templos, palacios, calles, sean cambiados por fines políticos o por esplendor y fantasía: Más que a las piedras, a los vivientes vendrá a dañar. Por la lengua viperina grata a las orejas maliciosas, será recobrada una época de materialismo y diversión, llamada la "Belle Epóque".

PROFECÍA 372 (VI-87) 1.871-1.878

L´Election faicte dans Francfort,	*La Elección hecha en Francfort,*
N´aura nul lieu, Milan s´opposera:	*No tendrá ningún lugar, Milán se opondrá:*
Le sien plus proche semblera si grand fort,	*El suyo más próximo parecerá tan gran fuerte,*
Qu´outre le Rhin és maresch cassera. ¹	*Que más allá del Rhin sus flujos llevará.*

PÍO IX Y LEÓN XIII: Con el Tratado de Francfort, Pío IX, no tendrá ningún lugar de soberanía temporal, a pesar de que se opondrá, desde lo de Milán: Su sucesor en el Pontificado, León XIII, dará a la Iglesia un vigoroso impulso. Su cuerpo doctrinal tendrá una gran expansión y más allá del Rhin sus influencias llevará.

1.- maresch: Derivado del latín "mare-is", mar. En sentido figurado, el profeta alude a sus mareas, a sus flujos y reflujos.

PROFECÍA 373 (VI-52) 1.873-1.875

En lieu du grand qui sera condamné,
De prison hors, son amy en sa place:
L´espoir Troyen en six mois joins mort né, [1]
Le Sol à l´urne seront peins fleuve en glace.

En lugar del grande que será condenado,
De prisión fuera, su amigo en su puesto:
La esperanza Troyana en seis meses juntos muerta nacida,
El Sol en la urna serán penas río en hielo.

MAC MAHON Y LA III REPÚBLICA: En lugar de Napoleón III, que será condenado de la prisión al destierro, su amigo el Mariscal Mac Mahon, estará en su puesto: La esperanza monárquica en una nueva Restauración, nacida durante los seis primeros meses de su mandato, no será realizada. La Monarquía será enterrada, al ser votada la Constitución, tras la institución republicana, en las urnas, en el penoso invierno de 1.875.

1.- El profeta simboliza a los troyanos con la monarquía francesa.

PROFECÍA 374 (VI-55) 1.881

Au chalmé Duc, en arrachant l´esponce, [1]
Voile Arabesque voir, subit descouverte:
Tripolis Chio et ceux de Trapesonce, [2]
Duc prins, Marnegro et la cité deserte.

Al calmado Duque, arrancándole la esperanza,
Vela Arabesca ver, súbitamente descubierta:
Trípoli, Chio y los de Trebisonda,
Duque tomado, Mar Negro y la ciudad desierta.

INVASIÓN FRANCESA DE TUNICIA: Tres siglos contemplarán al templado D. Juan de Austria perdiendo la esperanza, cuando verá a la flota turca, súbitamente descubierta: La guerra de Liberación griega, la ruso-turca, la de Crimea, habrán pasado, cuando en 1.881, mientras las luchas balcánicas se suceden en las márgenes del Mar Negro, los franceses ocuparán Tunicia, dejando los turcos desierta la ciudad de Túnez, como cuando la tomó D. Juan de Austria.

1.- Con "Duc", designa a un Jefe, con menor rango que Rey.
2.- Trapesonce: Se refiere a Trebisonda, Ciudad de Turquía.

PROFECÍA 375 (VII-32) 1.882

Du mont Royal naistra d´une casane, [1]
Qui cave, et compte viendra tyranniser,
Dresser copie de la marche Millane,
Fauence, Florence d´or et gens espuiser. [2]

Del monte Real nacerá de una choza,
Que cueva, y condado vendrá a tiranizar,
Levantar ejército para la marcha Milanesa,
Faenza, Florencia de oro y gentes esquilmar.

LA MUERTE DE GARIBALDI: Llegará muy alto al lado del Rey de Cerdeña, a pesar de que nacerá de humilde cuna. Que será tan dictador como Carlos Alberto, tirano de la región del Piamonte. Reclutará un ejército de voluntarios para marchar sobre Milán, y esquilmará a las gentes de Faenza y Florencia. Morirá en la isla de Caprera.

1.- casane: De "case", choza, cabaña.
2.- Faenza: Ciudad de Italia (Emilia). Florencia: Ciudad de Italia (Toscana).

PROFECÍA 376 (VIII-9) 1.882-1.887

Pendant que l´Aigle et le Coq à Savone, [1]
Seront unis, Mer, Levant et Ongrie, [2]
L´armée à Naples, Palerme, Marque d´Ancone, [3]
Rome, Venise par Barbe horrible crie. [4]

Mientras que el Aguila y el Gallo en Savona,
Estarán unidos, Mar, Levante y Hungría,
El ejército en Nápoles, Palermo, Marca de Ancona,
Roma, Venecia por Revolución horrible grita.

LAS NUEVAS COALICIONES CONTRA FRANCIA: Mientras Napoleón mandará en Francia e Italia, varias naciones se unirán contra Francia, en la Triple Alianza y en el Pacto del Mediterráneo, tras la crisis de los Balcanes y el conflicto austro-húngaro motivado por Bulgaria. Lo mismo tendrá lugar, el año de la muerte del héroe nizardo, que llevará su ejército a Nápoles, Sicilia y las Marcas, cuando Roma y Venecia, por la Revolución, gritarán horriblemente.

1.- Napoleón llevó el Aguila a Francia, cuyo símbolo es el Gallo. Savona : Ciudad de Italia (Liguria)

2.- Mar Mediterráneo, Levante de Europa y Hungría.

3.- Nápoles: Ciudad de Italia, capital de la Campania. Palermo: Ciudad y puerto del Norte de Sicilia. Ancona: Capital de la provincia de Las Marcas.

4.- Barbe: De Aenobarbo, simbolizando la Revolución, el movimiento republicano.

PROFECÍA 377 (IV-25) 1.808-1.898

Corps sublimes sans fin à l´oeil visibles: [1]
Obnubiler viendront par ces raisons:
Corps, front comprins, sans chef et invisibles,
Diminuant les sacrées oraisons.

Cuerpos sublimes sin fin al ojo visibles:
A ofuscar vendrán por estas razones:
Cuerpos, frente comprendidos, sin jefe e invisibles,
Disminuyendo las sagradas oraciones.

PROGRESO CIENTÍFICO EN EL SIGLO XIX: Un sinfín de cuerpos sublimes, visibles para el ojo humano: ondas electromagnéticas, rayos X, teoría electrónica, invasión de la célula, vendrán a ofuscar por estas razones: Abrirán un mundo de imágenes, libres e invisibles, de ideas y filosofías, disminuyendo el valor de la oración y la divinidad.

1.- Desde la polarización de la luz, por Malus, en 1.808, hasta el descubrimiento del Radium por los Curie, en 1.898.

PROFECÍA 378 (IV-71) 1.898-1.914

En lieu d´espouse les filles trucidées, [1]
Meurtre à grand faute ne sera superstile, [2]
Dedans le puits vestules inondées,
L´espouse etaient pur hauste [3] d´Aconile. [4]

En lugar de esposa las doncellas asesinadas,
Muerte ante gran falta no estará evidencia,
Dentro del pozo vestigios inundados,
La esposa muerta por el asta de Lucheni.

LA TRAGEDIA DE MAYERLING. MUERTE DE SISI: En lugar de su esposa, Rodolfo, hijo de Francisco José de Austria, tendrá amoríos con doncellas, que morirán asesinadas. También morirá él, de forma enigmática. La muerte del Príncipe, ante la gran falta, no tendrá evidencias. Dentro de un pozo quedarán sumergidos los vestigios. Más tarde, la esposa del Emperador austríaco, será muerta por la lima del anarquista Lucheni, cerca de Lucerna, en Suiza.

1.- trucidées: Del latín "trucido", asesinar. Eran conocidos los "pactos suicidas" del Príncipe Rodolfo con las doncellas que cortejaba.

2.- superstile: Del latín "superstes-stitis", testigo, evidencia.

3.- hauste: De "haste", asta, y "haute", aguda. Nostradamus vio la lima con mango de madera, como "un asta aguda".

4.- Aconile: Anagrama de doble significado, con alteración metaplásmica: De Lucerna, con relación a Suiza, donde fue asesinada Isabel de Austria, y de Lucheni, el apellido de su asesino.

PROFECÍA 379 (II-10) 1.900

Avant long temps le tout sera rangé
<u>Nous esperons un siecle bien senestre:</u> *
L´estat des masques et des seuls bien changé;
Peu trouveront qu´à son rang vueille estre.

Antes de largo tiempo todo será arreglado
<u>*Esperamos un siglo muy siniestro:*</u>
El estado de las máscaras y de los solitarios muy cambiado;
Pocos encontrarán que a su rango quieran volver.

COMIENZOS DEL SIGLO XX: Antes de largo tiempo todo será arreglado. Se espera un siglo muy siniestro: El estado de los hipócritas, de los clérigos y los prepotentes, será muy cambiado. Pocos encontrarán que a su rango quieran volver.

* Nueva señal para determinar un nuevo siglo: el XX.

PROFECÍA 380 (III-18) 1.900-1.914

Apres la pluye laict assez longuette,	*Después de la lluvia láctea bastante prolongada,*
En plusieurs lieux de Rheims le ciel touché:	*En varios lugares de Reims por el cielo tocado:*
O quel conflict de sang pres d´eux s´appreste,	*¡Oh, qué conflicto de sangre cerca de ellos se apresta!*
Pere et fils Roys n´oseront approché.	*Padre e hijo Reyes no osarán aproximarse.*

VÍSPERAS DE LA PRIMERA GUERRA MUNDIAL: Después del período, bastante prolongado, de prosperidad, en varios lugares de Reims, en el Marne, habrá terribles bombardeos: Será grande el conflicto de sangre, que cerca de ellos se apresta. A esa ciudad, donde se coronaba a los reyes de Francia, éstos no osarían aproximarse.

PROFECÍA 381 (I-67) 1.900-1.999

La grand famine que ie sens approcher,	*La gran hambre que yo siento aproximarse,*
Souvent tourner, puis estre universelle,	*A menudo rondará, después será universal,*
Si grande et longue qu´on viendra arracher	*Tan grande y larga que se vendrá a arrancar*
Du bois racine, et, l´enfant de mamelle.	*Del bosque la raíz y al niño del pecho.*

LA GRAN HAMBRUNA DEL SIGLO XX: El hambre que él siente aproximarse, a menudo rondará, después será universal. Tan grande y larga será, que se vendrá a arrancar del bosque la raíz y al niño del pecho de su madre.

PROFECÍA 382 (IX-5) 1.900-1.947

Tiers doibt du pied au premier semblera [1]	*Tercer dedo del pie al primero parecerá*
A un nouveau Monarque de bas haut, [2]	*A un nuevo Monarca de bajo en alto,*
Qui Pyse et Luques Tyran occupera [3]	*Que Pisa y Lucca el Tirano ocupará*
Du precedent corriger le deffaut.	*Del precedente corregir el defecto.*

VÍCTOR MANUEL III, REY DE ITALIA: Víctor Manuel III se parecerá a su padre, Humberto I, en su gobierno, y llevará de lo bajo a lo alto a un nuevo gobernante, Benito Mussolini, que, tras las protestas en Pisa y Lucca, como un tirano, el poder ocupará, hasta que el rey le hará caer en 1.943, corrigiendo el defecto del tiempo precedente.

1.- El ingenio de Nostradamus asocia las tres I de III (tercero) de Víctor Manuel con la I (primero) de su padre, Humberto.
2.- Benito Mussolini, de hijo de un herrero socialista (bajo) llegará a Duce de Italia (alto).
3.- Pisa y Lucca: Ciudades de Italia central (Toscana).

PROFECÍA 383 (XI-58) 1.901-1.918

Sangsuë en peu de temps mourra, (Falso)	*Sanguijuela en poco tiempo morirá, (Falso)*
Sa mort bon signe nous donra, (Falso)	*Su muerte buen signo nos dará, (Falso)*
Pour l´accroissement de la France,	*Para el crecimiento de Francia, (1)*
Alliances se trouveront,	*Alianzas se encontrarán, (2)*
Deux grands Royaumes se joindront,	*Dos grandes Reinos se juntarán, (4)*
François aura sur eux puissance.	*Francés tendrá sobre ellos poder. (3)*

ALIANZAS DE FRANCIA: Profecía transformada por Vicent Seve de Beaucaire. Para el crecimiento de Francia, formará alianza con Rusia a finales del siglo XIX y luego, en 1.904, la Entente Cordial con Inglaterra. Después del acuerdo franco-alemán sobre el Congo, el poderío francés gobernará sobre los marroquíes de forma absoluta. Esta alianza anglo-francesa se reforzará en 1.914, para hacer frente a la agresión alemana.

PROFECÍA 384 (VIII-49) 1.911-1.918

Satur au boeuf, iove en l´eau, Mars en fleiche, [1]	*Saturno en Tauro, Júpiter en Escorpio, Marte en flecha,*
Six de Fevrier mortalité donra,	*El seis de Febrero mortandad dará,*
Ceux de Sardaigne [2] à Bruge [3] si grand breche	*Los de Cerdaña a Brujas harán tan gran brecha*
Qu´à Ponteroso [4] chef Barbarin [5] mourra.	*Que a Mar Rojo jefe Bárbaro morirá.*

LA 1ª GRAN GUERRA DEL SIGLO XX: Saturno en Tauro, Júpiter en Escorpio y Marte en Sagitario, el 6 de Febrero de 1.911, mortandad dará. Los de Cerdaña, hasta Bélgica, harán tan gran brecha, como desquite de lo hecho por el jefe Bismarck, el que llevará la muerte al pueblo musulmán del Africa Oriental, cercano al Mar Rojo.

1.- Tauro es el toro, Escorpio es un signo de agua, y Sagitario es el Arquero.
2.- Cerdaña: Comarca francesa de los Pirineos Orientales.
3.- Bruge: Es Bruges, en flamenco "Brugge". Capital de la provincia belga de Flandes Occidental.
4.- Ponteroso: De "ponte", del latín "pontus", mar, y "roso", de "roseus-a-um", rosado, rojo. Así pues, Mar Rojo.
5.- Barbarin: Para designar a los árabes, turcos, musulmanes...

PROFECÍA 385 (X-47) 1.902-1.914

De Bourze [1] ville à la Dame Guyrlande, [2]	*De Bouc ciudad a la República Aduladora,*
L´on mettra sus par la trahison faicte	*Se le pondrá encima por la traición hecha*
Le grand prelat de Leon [3] par Formande, [4]	*El gran prelado de León por Sagrada Forma,*
Faux pellerins et ravisseur deffaicte.	*Falsos peregrinos y raptor deshecho.*

EL PONTIFICADO DE PÍO X: Francia romperá sus relaciones con el Vaticano durante el gabinete Combes, y no las reanudará hasta que, tras la invasión por Marsella, ciudad cercana a Port de Bouc, a la República aduladora de Vichy se le pondrá la mano encima por la traición hecha. El gran Prelado, fogoso Pío X, por su amor a la Sagrada Forma, no querrá que los del clero sean falsos peregrinos y su encíclica "Pascendi" deshará a los raptores de la fe.

1.- De Bouc: Se refiere a Port de Bouc, en el Sur de Francia.
2.- Dame Guyrlande: "Dame" es República y "Guyrlande" es de "guirlandeur", adornar, y familiarmente, adular. Llama, pues, "República Aduladora", al Gobierno de Vichy.
3.- de León: Alude a este animal, como un símil de la energía y fogosidad del Papa Pío X.
4.- Formande: De "forme", forma, formato, sagrada forma, un poco alterada por necesidades de rima.

PROFECÍA 386 (VII-23) 1.902-1.931

Le Royal sceptre sera contrainct de prendre	*El Real cetro estará obligado de tomar*
Ce que ses predecesseurs avoyent engagé,	*Lo que sus predecesores habían comprometido,*
Puis que l´anneau on fera mal entendre,	*Después que el anillo se hará mal entender,*
Lors qu´on viendra le palais saccager.	*Cuando se vendrá el palacio a revolver.*

EL REINADO DE ALFONSO XIII: El Real cetro estará obligado a tomar, comprometido por la herencia de sus predecesores. Después que el anillo Real haya tomado, se hará mal entender, y tendrá que abandonar España, cuando, al triunfar los republicanos en las elecciones municipales de 1.931, el palacio Real se vendrá a revolver.

PROFECÍA 387 (VIII-21) 1.903-1.911

Au port de Agde trois fustes entreront [1]
Portant l´infect, non foy, et pestilence, [2]
Passant le pont mil milles embleront,
Et le pont rompre à tierce resistance.

En el puerto de Agde tres fustas entrarán
Llevando la infección, no fe, y pestilencia,
Pasando el puente mil millares temblarán,
Y el puente romper a tercera resistencia.

LA OCUPACIÓN DE FEZ: En el puerto de Agde, tres navíos de guerra franceses entrarán, pertrechándose para apoyar al ejército galo por tierras argelinas en dirección a Fez, llevando la epidemia bélica a los infieles. Un millón de argelinos, en la zona de paso, temblarán, después que haya sido vencida su resistencia, luego de tres confrontaciones.

1.- Agde: Ciudad y puerto al Sur de Francia.
2.- Con "infección" y "pestilencia", se refiere a la "epidemia bélica".

PROFECÍA 388 (II-65) 1.905-1.914

Le parc [1] enclin grande calamité,
Par l´Hesperie [2] et Insubre [3] fera,
Le feu en nef [4], peste et captivité,
Mercure en l´Arc Saturne fenera. [5]

El parque inclinado a gran calamidad,
Por España e Insalubre hará,
El fuego en nave, peste y cautividad,
Mercurio en Sagitario, Saturno fenecerá.

SE ABRE LA PUERTA DEL APOCALIPSIS: El parque militar estará inclinado a la gran calamidad. Por España, la violencia hará de ella un país insalubre. La Iglesia será presa del fuego, de la epidemia bélica, de la cautividad. Mercurio en Sagitario, en oposición con Saturno, el orbe fenecerá.

1.- parc: Se refiere a "parque militar", con material de guerra.
2.- Hesperia: Nombre que los antiguos griegos dieron a Italia y después a España.
3.- Insubre: Viene de "Insalubre", insalubre, insano, malsano.
4.- nef: Significa la "nave" de la Iglesia, por la barca de Pedro.
5.- Esta posición astrológica está en Diciembre de 1.913 y se refuerza en Diciembre de 1.914.

PROFECÍA 389 (I-40) 1.520-1.914

La trombe fausse dissimulant folie,
Fera Bisance un changement de loix.
Histra d´Egypte, qui veut que l´on deslie,[1]
Edict changeant monnoye et aloys. [2]

La tromba falsa disimulando locura,
Hará en Bizancio un cambio de ley.
Matriz de Egipto, que quiere que se le desligue,
Edicto cambiando moneda y quilates.

TURQUÍA Y EGIPTO. CUATRO SIGLOS DE HISTORIA: Solimán II el Magnífico, el impetuoso falso, disimulando una cabeza que no regirá demasiado bien, desplegará en el interior de sus dominios una importante acción legislativa, hasta 1.914 en que, bajo el protectorado francés, Egipto será desligada de la soberanía otomana, pasando por la época de reformas públicas de Muhammad Alí, en Egipto, reducido a una extensión territorial originaria de los límites actuales.

1.- Histra: Síncopa del griego "hystéra", la matriz.
2.- aloys: Del francés "aloi", ley de los metales, quilate. En sentido figurado, "calidad de las cosas".

PROFECÍA 390 (II-62) 1.905-1.918

Mabus puis tost alors mourra, viendra, [1]	*Mabus después pronto entonces morirá, vendrá,*
De gens et bestes une horrible defaite,	*De gentes y bestias una horrible destrucción,*
Puis tout à coup la vengeance on verra,	*Después, todo de golpe, la venganza se verá,*
Cent, main, soif, faim, quand courra la comete.	*Cien, mano, sed, hambre, cuando corra el cometa.*

CAÍDA DEL ZARISMO EN RUSIA: El reino fabuloso de Nicolás II de Rusia, pronto morirá. Vendrá una horrible destrucción de personas y bestias. Después, de golpe, se verá la venganza, tras cientos de discursos, apretones de mano, mientras el pueblo padecerá hambre y sed, sobre todo en el año 1.910, cuando corra en el cielo el cometa de Halley.

1.- Mabus: Viene de "Mab", la reina de las hadas en las leyendas Célticas. Se alude a un reino fabuloso, fantástico.

PROFECÍA 391 (VI-18) 1.907-1.918

Par les Phisiques le grand Roy delaissé,	*Por los Físicos el gran Rey descuidado,*
Par sort non art de l´Ebrien est en vie, [1]	*Por suerte, no arte, del Ebrio está con vida,*
Luy et son genre au regne hault poussé, [2]	*El y su especie al reino alto empujado,*
Grace donné à gent qui Christ envie. [3]	*Gracia dada a gente que Cristo envía.*

ENFERMEDAD DEL ZAREVICH. LA MUERTE DE RASPUTÍN: Por los Médicos de la Corte, el hijo menor de Nicolás II, será descuidado, y según ellos, por suerte y no arte, del borracho Rasputín, está con vida. El monje taumaturgo, junto a los suyos, será enviado al Más Allá. Esa es la gracia dada a la gente que Cristo envía.

1.- Ebrien: Del latín "ebrius", ebrio, embriagado, borracho.

2.- Forma alegórica de expresar que han muerto.

3.- Rasputín, personaje injustamente calumniado por la historia adulterada por aquellos que le odiaban. Su don especial permitió prolongar la vida al zarevich Alejo.

PROFECÍA 392 (II-41) 1.910-1.914

La grand estoille par sept jours bruslera,	*La gran estrella por siete días arderá,*
Nuée fera deux soleils apparoir,	*Nacida hará dos soles aparecer,*
Le gros mastin toute nuict hurlera, [1]	*El grueso mastín toda la noche aullará,*
Quand grand Pontife changera de terroir.	*Cuando gran Pontífice cambiará de territorio.*

EL COMETA DE HALLEY. MUERTE DEL PAPA PÍO X: En Mayo de 1.910, el cometa de Halley brillará unos siete días, dando la sensación, al aparecer, de que habrá dos soles en el firmamento. La noche del 1 al 2 de Agosto de 1.914, el telégrafo no dejará de sonar, comunicando el comienzo de la 1ª G. M., que ya habrá causado estragos, cuando Pío X cambiará el territorio terrestre por el del Más Allá.

1.- En esta ocasión, el profeta hizo un símil entre el telégrafo y el perro nocturno, por su función particular de alerta.

PROFECÍA 393 (I-65) 1.914

Enfant sans mains jamais veu si gran foudre, [1]	*Niño sin manos jamás visto tan gran rayo,*
L´enfant Royal au jeu [2] d´oesteuf [3] blessé,	*El hijo Real al fuego de balazo herido,*
Au puy brises fulgures allant mouldre,	*Al pozo brisas fulgurantes yendo a moler,*
Trois souz les chaines par le milieu troussez.	*Tres bajo las cadenas por el medio atados.*

ATENTADO DE SARAJEVO: De la pistola del joven Gavrilo Prinzip saldrá un gran rayo mortal, cuando hará fuego contra el hijo de Rey, el Archiduque Francisco Fernando, herido de muerte por el balazo. La Humanidad se hundirá en el pozo siniestro de la Primera Gran Guerra, cuyos vendavales ardientes irán a demoler el mundo. Princip, Cabrinovic y Grabez, serán declarados culpables de asesinato y traición y sentenciados a 20 años de cárcel.

1.- Nostradamus vio al final del brazo del joven Gavrilo un revólver del que salía fuego, y no una mano.
2.- jeu: Es "feu", fuego.
3.- d´oesteuf: De "oestre", moscardón, y "oeuf", huevo. Un balazo, tiene "zumbido" de moscardón y la forma de un pequeño "huevo".

PROFECÍA 394 (V-19) 1.914

Le grand Royal d´or, d´airain augmenté,	El grande Real de oro, de bronce aumentado,
Rompu la pache, par jeune ouverte guerre: [1]	Rota la paz, por nueva abierta guerra:
Peuple affligé par un chef lamenté,	Pueblo afligido por un jefe lamentable,
De sang barbare sera couverte terre.	De sangre bárbara será cubierta tierra.

EL ATENTADO DE SARAJEVO: El Archiduque Francisco Fernando, que querrá parecer de oro, siendo en realidad bronce aumentado, morirá, y será rota la paz por una nueva guerra abierta: Serbia, será un pueblo afligido y hallado responsable, por la muerte del lamentable Archiduque. De forma bárbara, de sangre será cubierta toda la tierra.

1.- En esta ocasión, la palabra francesa "jeune", joven, se traduce por su significado de "nueva".

PROFECÍA 395 (XI-26) 1.914-1.918

Deux freres sont de l´ordre Ecclesiastique, (Falso)	Dos hermanos son de la orden Eclesiástica, (Falso)
Dont l´un prendra pour la France la pique, (Falso)	De los cuales uno tomará por Francia las armas, (Falso)
Encor un coup, si l´an six cens et six, [1]	Otra vez, si el año seiscientos seis,
N´est affligé d´une grand´maladie,	Está afectado por grave enfermedad,
Les armes en main jusques six cens et dix, [2]	Mantendrá las armas en la mano hasta el seiscientos diez,
Guieres plus loing ne s´estendant sa vie.	No extendiéndose su vida mucho más lejos.

LA PRIMERA GUERRA MUNDIAL: Alterada por el de Beaucaire. En 1.914-18, con el Catolicismo liberal, el Unitarismo, sectas netamente sociales, otra vez como si fuera el año seiscientos seis, con expansión humanista, religiones nuevas y fanatismo religioso, el mundo estará afectado por una grave enfermedad, y mantendrá las armas en la mano cuatro años, no extendiéndose su vida mucho más lejos.

1.- Este año, muy cercano al despertar religioso de Mahoma, señala una época de parecidas caracterícticas a la de la 2ª década del siglo XX.
2.- Este año se forma añadiendo al anterior 4 años más, los mismos que duró la 1ª G.M., a la que se refiere.

PROFECÍA 396 (V-89) 1.914-1.918

Dedans Hongrie par Boheme, Navarre,	Dentro de Hungría por Bohemia, Navarra,
Et par banniere faincts seditions: [1]	Y por bandera hechas sediciones:
Par fleurs de lys pays portant la barre, [2]	Por flores de lis país llevando la barra,
Contre Orleans fera esmotions. [3]	Contra Orleans hará emociones.

LA PRIMERA GUERRA MUNDIAL: En el pasado, dentro de Hungría por causa de Bohemia, igual que en Navarra, en defensa de su causa, serán hechas sublevaciones: En 1.914-18, de nuevo se verán a los defensores de la soberanía gala en el país que lleva una barra en el escudo, Lorena, después de que hasta Orleans habrá llegado el pánico.

1.- Par bannière: Por bandera. Expresión que significa: levantarse en rebeldía, alzar el pabellón, sublevarse por una causa.
2.- Flores de lis: Símbolos de la soberanía francesa.
3.- Orleans: Ciudad de Francia, junto al Loira.

PROFECÍA 397 (II-88) 1.914

Le circuit du grand faict reuineux,	*El circuito del gran hecho ruinoso,*
Le nom septiesme du cinquiesme sera: [1]	*El número séptimo del quinto será:*
D´un tiers plus grand l´estrange belliqueux,	*De un tercio más grande el extranjero belicoso,*
Monton [2], Lutece [3], Aix [4] ne garentira.	*Creciendo, París, Aix no garantizará.*

LA PRIMERA CONTIENDA PLANETARIA: En el devenir del gran hecho ruinoso para la Humanidad, estarán en conflicto bélico siete grandes países, de cinco que comenzarán: Más de un tercio de Francia será invadida por el belicoso ejército alemán, y creciendo su avance, la seguridad de París y hasta la de Aix, no se podrá garantizar.

1.- Nostradamus vio comenzar la Gran Guerra a Alemania, Gran Bretaña, Francia, Rusia y Austria-Hungría, a la que más adelante se añadieron Estados Unidos e Italia.
2.- Es "Monton", del francés "Monter", subir, llegar, crecer, ascender.
3.- Lutece: Es Lutecia, o Lutetia Parisiorum. Antiguo nombre de París.
4.- Aix: Es Aix-les-Bains, Ciudad francesa, departamento de Saboya.

PROFECÍA 398 (XI-20) 1.914-1.918

Celuy qui à par, plusieurs fois, (Falso)	*Aquel que ha, por varias veces, (Falso)*
Tennu la cage et puis les bois, (Falso)	*Tenido la caja y después los palos, (Falso)*
R'entre à son premier estre	*Volverá a su primer ser*
Vie sauve peu apres sortir,	*Vida salvaje poco después surgir,*
Ne se sçachant encor cognoistre,	*No sabiéndose aún reconocer,*
Cherchera subiet pour mourir. [1]	*Buscará sufrimiento para morir.*

LA PRIMERA GRAN GUERRA: El hombre volverá a su primer ser, tan bestial como al principio de su evolución y poco después surgirá la vida salvaje entre los habitantes de la Tierra. El ser humano, no sabiéndose aún reconocer como portador de un pequeño trozo de Dios, buscará el odio, el sufrimiento para morir.

1.- subiet: Del francés "subir", sufrir.

PROFECÍA 399 (XI-19) 1.914

Six cens et cinq, six cens et six et sept, [1] (Falso)	*El seiscientos cinco, seiscientos seis y el siete, (Falso)*
Nous monstrera jusques l´an dix sept,	*Nos mostrarán hasta el año diecisiete, (2)*
Du boutefeu lire, hayne et envie,	*La cólera, el odio y el deseo, (1)*
Soubz l´olivier d´assez long temps caché, [2]	*Bajo el olivo desde mucho tiempo escondidos, (4)*
Le Crocodil sur la terre a caché, (Falso)	*El Cocodrilo en la tierra ha escondido, (Falso)*
Ce qui estoit mort, sera pour lors en vie.	*Lo que estaba muerto, estará desde entonces con vida. (3)*

LAS PASIONES LATENTES SE DESATAN: Profecía retocada por Vicent Seve de Beaucaire. La cólera, el odio y el deseo de violencia, nos mostrarán hasta el año 1.917, que lo que estaba muerto, estará desde entonces con vida, y que, bajo la apariencia del olivo de la paz, los deseos de guerra estarán, desde mucho tiempo, escondidos.

1.- Seve vuelve a introducir tres cantidades con las que luego querrá endosar a Enrique IV los hechos de la cuarteta.
2.- En este verso, la última palabra ha sido alterada por el manipulador, impidiendo la rima con el verso 2º.

PROFECÍA 400 (I-64) 1.914-1.918

De nuict Soleil penseront avoir veu,
Quand le pourceau demy homme on verra.
Bruit, chant, bataille au Ciel battre aperceu,
Et bestes brutes à parler l'on orra.

De noche el Sol pensarán haber visto,
Cuando el puerco mitad hombre se verá.
Ruido, canto, batalla en el Cielo batir apercibido,
Y bestias brutas se oirán hablar.

LA PRIMERA GUERRA MUNDIAL: De noche, el Sol pensarán haber visto, por las bengalas y los fogonazos de las armas, cuando se verán hombres con cascos de vuelo y máscaras antigás, que parecerán cerdos mitad hombres. Fragor bélico, cantos de guerra, batir de la batalla en el cielo, y se oirán hablar teléfonos y transmisores.

QUINTA CENTURIA

Desde la Primera Guerra Mundial hasta la Segunda Guerra Mundial

(1.914-1.919)

PROFECÍA 401 (XI-51) 1.914-1.918

La ville qu´avoit en ses ans,	*La ciudad que había en sus años,*
Combatu l´injure du temps,	*Combatido la injuria del tiempo,*
Qui de son vainqueur tient la vie, (Falso)	*Que de su vencedor posee la vida, (Falso)*
Celuy qui premier l´a surprist, (Falso)	*Aquél que primero la ha sorprendido, (Falso)*
Que peu apres François réprist, [1]	*Que poco después los Franceses retomaron,*
Par combats encor affoiblie.	*Por combates será todavía debilitada.*

RESPIRO PARA MARSELLA: Profecía alterada por Vicent Seve de Beaucaire. La ciudad de Marsella, que, en sus años anteriores, había combatido la injuria del tiempo, y que, poco después, los franceses retomaron, durante la Primera Guerra Mundial estará a salvo del conflicto; pero, todavía será debilitada en la 2ª G. M., y aún después, en la 3ª.

1.- No es la primera vez que Vicent Seve, para acomodar los versos a la composición métrica de la sextilla, ha alterado el final de algún o algunos versos, cambiando o sustituyendo palabras, hasta conseguir la rima por él deseada y el efecto buscado.

PROFECÍA 402 (V-18) 1.914-1.918

De dueil mourra l´infelix [1] prosligé, [2]	*De duelo morirá el infeliz prolijo,*
Celebrera son vitrix l´hecatombe: [3]	*Celebrará su vencedora la hecatombe:*
Pristine loy, franc edict redigé,	*Prístina ley, franco edicto redactado,*
Le mur et Prince au septiesme iour tombe.	*El muro y el Príncipe al séptimo día cae.*

MUERTE DE LEÓN XIII. PÍO X: De duelo morirá el infeliz y prolijo León XIII, y celebrará su vencedora, la hecatombe: Pío X, verá aprobada en Inglaterra la ley que reconoce a los católicos la igualdad religiosa, parecida a la antigua que, en 1.598, se vio redactada en el país franco con el Edicto de Nantes. Tras la muerte del Archiduque, al séptimo día de comenzado el verano de 1.914, caerá el obstáculo que impedía la Gran Guerra.

1.- infelix: Del latín "infelix", desgraciado, infeliz. El profeta llama a León XIII, "infeliz", por sus aspiraciones incumplidas.
2.- prosligé: De "prolixe", prolijo, esmerado con exceso, de mucho celo.
3.- vitrix: Del latín "victrix-icis", victorioso, vencedora.

PROFECÍA 403 (IX-55) 1.914-1.918

L´horrible guerre qu´en l´Occident s´appreste,	*La horrible guerra que en Occidente se apresta,*
L´an ensuivant viendra la pestilence	*El año siguiente vendrá la pestilencia*
Si fort horrible, que jeune, vieux ne beste,	*Tan fuerte, horrible, que joven, viejo ni bestia,*
Sang, feu, Mercure, Mars, Jupiter en France.	*Sangre, fuego, Mercurio, Marte, Júpiter en Francia.*

EL GAS ASFIXIANTE DE 1.915: El mundo verá la terrible guerra que se apresta en Occidente, y el año siguiente vendrá la pestilencia, una nube mortal de gas asfixiante. Tan fuerte y horrible, que toda vida humana y animal, se extinguirá. La conjunción de Mercurio, Marte y Júpiter, en Piscis, propiciará la sangre y el fuego bélico, en Francia.

PROFECÍA 404 (II-71) 1.914- 1.918

Les exilez en Sicile viendront,	*Los exilados en Sicilia vendrán,*
Pour délivrer de faim la gent estrange,	*Para librar de hambre la gente extranjera,*
Au point du jour les Celtes lui faudront [1]	*Al despuntar del día los Celtas le necesitarán*
La vie demeure à raison Roy se range.	*La vida permanece en razón Rey se coloca.*

ITALIA ENTRA EN LA GUERRA MUNDIAL: Los proscritos de Sicilia vendrán, a la llamada de Mussolini. Para librar del hambre a ciertas comarcas sometidas a la gente extranjera, Sonnini planteará a Austria sus reivindicaciones. Pronto, los aliados necesitarán la ayuda de Italia, y como la vida en ella permanece igual, el Rey Víctor Manuel III, que se oponía en principio, se pone en razón, y dará su conformidad.

1.- Celtas: Individuos de una nación que se estableció en parte de la antigua Galia, de las Islas Británicas y también de España. En este caso, se refiere a los aliados franco-británicos.

PROFECÍA 405 (IX- 70) 1.914-1.918

Harnois trenchans dans les flambeaux cachez,	*Arneses cortantes en las antorchas escondidos,*
Dedans Lyon le jour du Sacrement,	*Dentro de Lyón el día del Sacramento,*
Ceux de Vienne seront trestous hachez	*Los de Viena serán muy pronto asesinados,*
Par les cantons Latins,[1] Mascon ne ment. [2]	*Por los cantones Latinos, Mâcon no engaña.*

BOMBARDEOS SOBRE FRANCIA: No habrá nada tan horrible, desde los sucesos de 1.871, dentro de Lyón, el día del Corpus. Será muy pronto, tras los de Viena asesinados. Por las comarcas del río Isonzo, los italianos serán rechazados por los austríacos, que no podrán penetrar en Mâcon, pues su maniobra no engaña al ejército aliado.

1.- En Octubre de 1.917, los Imperios Centrales rompen el frente italiano, y tras la derrota de Caporetto, tiene lugar la retirada italiana detrás del río Piave.
2.- Mâcon: Es la "Matiscó" de los antiguos. Ciudad de Francia, a orillas del Saona.

PROFECÍA 406 (X-8) 1.914-1.918

Index et poulse parfondera le front [1]	*Indice y pulgar surcará la frente*
De Senegalia l'a Comte à son fils propre, [2]	*De Senegalia el Condado a su hijo propio,*
La Myrnamée [3] par plusieurs de prin front [4]	*La Atrincherada por varios de prominente frente*
Trois dans sept jours blesses mors.	*Tres en siete días heridos de muerte.*

LAS BATALLAS DEL MARNE Y AISNE: El pueblo de Francia se persignará, ante la invasión alemana. Del territorio del Sena, enviará a sus propios hijos hacia el Marne. La batalla del Aisne, guerra atrincherada, será guiada desde el aire por varios aviadores aliados dirigiendo los disparos de la artillería. Tres divisiones serán aniquiladas en siete días.

1.- El profeta describe el gesto instintivo del que se encuentra en apuro y preocupación y busca el amparo de Dios.
2.- Senegalia la Comte: Traducible por "la comarca francesa del Sena".
3.- Myrnamée: Es "Minamée", y significa "Zona minada", y en este caso "atrincherada".
4.- Con "varios de prominente frente", describe los aviadores de frente "agrandada", por los cascos de vuelo y las gafas prominentes.

PROFECÍA 407 (IV-9) 1.914-1.918

Le chef du camp au milieu de la presse,	*El jefe del campo en medio de la tenaza,*
D´un coup de fleche sera blessé aux cuisses, [1]	*De un flechazo será herido en los flancos,*
Lors que Geneve en larmes et detresse, [2]	*Cuando Ginebra en lágrimas y desconsuelo,*
Sera trahie par Lozan et Souisses. [3]	*Será traicionada por Lausana y Suizas.*

LA BATALLA DEL MARNE: El jefe del campo alemán verá el peligro de caer en medio de la tenaza del ejército anglo-francés, al quedar expuesto su ejército para ser atacado en los flancos, cuando Ginebra, desconsolada por no poder intervenir en la guerra, será contrariada por la oposición de Lausana y otras regiones suizas.

1.- En sentido figurado, reseña el ataque en los flancos.
2.- Ginebra: Ciudad de Suiza. Los ginebrinos lamentaban no intervenir, porque pensaban que esto los alejaba del interés de los demás países.
3.- Lausana: Ciudad de Suiza, en la orilla Norte del lago de Ginebra.

PROFECÍA 408 (III-1) 1.914-1.918

Après combat et bataille navalle,	*Después combate y batalla naval,*
Le grand Neptune à son plus haut befroy:	*El gran Neptuno en su más alta exaltación:*
Rouge adversaire de peur viendra pasle,	*Rojo adversario de miedo vendrá a palidecer,*
Mettant le grand Ocean en effroy.	*Poniendo el gran Océano en espanto.*

BATALLAS DEL MARNE Y DE LOS DARDANELOS: La Batalla del Marne y la naval de los Dardanelos, tendrán lugar después que, en Mayo de 1.914, Neptuno estará en Cáncer, es decir, en su más alta exaltación: El adversario ruso estará aterrado, poniendo los alemanes el Mediterráneo y el Océano Atlántico, en espanto.

PROFECÍA 409 (IV-81) 1.914-1.918

Pont on fera promptement de nacelles,	*Puente se hará prontamente de barquichuelas,*
Passer l´armée du grand Prince Belgique: [1]	*Pasar el ejército del gran Príncipe belga:*
Dans profondrez, et non loing de Brucelles, [2]	*En profundidad y no lejos de Bruselas,*
Outre passez, detrancher sept à picque.	*Otro pasará, descuartizará siete con espada.*

LA BATALLA DE MONS: Se hará prontamente un puente con barquichuelas, para pasar las fuerzas de Sir French al territorio del rey belga, Alberto I: En profundidad y hasta cerca de Bruselas, otra unidad británica penetrará, al final de la guerra, y en Mons se enfrentarán a Ludendorff, general distinto a Moltke, que, en 1.914, destruirá los fortines de Lieja con el avance de sus siete ejércitos.

1.- Alberto I, subió al trono de Bélgica en 1.909, al morir su tío Leopoldo II.
2.- Bruselas: Capital de Bélgica.

PROFECÍA 410 (II-37) 1.915

De ce gran nombre que l´on envoyra, [1]
Pour secourir dans le fort assiegez,
Peste et famine tous le devorera,
Hors mis septante qui seront profligez.

De este gran número que se le envía,
Para socorrer al fuerte asediado,
Peste y hambre a todos devorará,
Fuera puestos setenta que serán rescatados.

EL INFIERNO DE GALLÍPOLI: Del gran número de hombres que se envía al Estrecho de los Dardanelos, para auxiliar a los rusos, y socorrer a Serbia, país asediado por Alemania, Austria y Bulgaria, pocos regresarán con vida. La enfermedad y el hambre los devorará a todos. Sólo setenta serán rescatados y puestos fuera del infierno de Gallípoli.

1.-El Estrecho de los Dardanelos comunica el Mar Mediterráneo con el de Mármara. Hoy pertenece a Turquía.

PROFECÍA 411 (V-47) 1.915

Le grand Arabe marchera bien avant, [1]
Trahy sera par les Bisantinois: [2]
L´antique Rodes luy viendra au devant [3]
Et plus grand mal par austre Pannonois. [4]

El gran Árabe marchará bastante antes,
Descubierto será por los Bizantinos:
La antigua Rodas le vendrá al encuentro
Y más grande mal por otros Panonios.

LA CAMPAÑA DE GALLÍPOLI: Los jefes Árabes del Sur y Este de Palestina iniciarán bastante antes una revuelta contra los turcos, pero el plan aliado será descubierto por los otomanos: Tendrán que evacuar a sus fuerzas a la región griega. Será un terrible fracaso británico en la 1ª G. M., con un mal mayor para sus otros aliados, los rusos.

1.- La palabra "Arabe", alude, generalmente, al pueblo árabe.
2.- Bizantinos: Naturales de Bizancio (Constantinopla).
3.- Rodas: Isla griega del Mar Egeo, la mayor del Dodecaneso.
4.- Panonios: Naturales de Panonia, antigua región de Europa. Por extensión, los rusos.

PROFECÍA 412 (VI-91) 1.915

Du conducteur de la guerre navale,
Rouge effrené, severe, horrible grippe,
Captif eschappé de l´aisné dans la baste: [1]
Quand il naistra du grand un fils Agrippe. [2]

Del conductor de la guerra naval,
Rojo desenfrenado, severo, horrible gripe,
Cautivo escapado del mayor en la marina:
Cuando él nacerá del grande un hijo Agripa.

LA CÓLERA DE WINSTON CHURCHILL: Del conductor de la guerra naval, Churchill, será la cólera, por el severo revés en Gallípoli, agravado por una horrible gripe. Será el fracaso del que, cautivo y escapado en la guerra de los boers, llegará a ser Ministro de Marina, cuando, en 1.911, fue nombrado por el Rey, Primer Lord del Almirantazgo.

1.- baste: Es "bate", abreviatura de "batellerie", transporte por barcos, conjunto de barcos, marina, armada.
2.- Agripa: Antiguo general y almirante romano, yerno del emperador Augusto.

PROFECÍA 413 (IV-92) 1.915

Teste trenchée du vaillant capitaine, [1]
Sera gettée devant son adversaire:
Son corps pendu de la classe à l´antenne, [2]
Confus fuira par rames à vent contraire.

Cabeza cortada del valiente capitán,
Será arrojada delante su adversario:
Su cuerpo suspendido de la tropa en la entena,
Confuso huirá por remos en viento contrario.

EL FRACASO INGLÉS EN GALLÍPOLI: La cabeza cortada del oficial británico, caído en poder de los turcos, será arrojada por éstos delante de su adversario: Su cuerpo suspendido en la entena de un navío otomano, a la vista de la tropa, la desmoralizará, y el exiguo resto del ejército inglés, huirá confuso por el mar, en dirección contraria.

1.- Los dos versos primeros se refieren a la suerte que corrían los oficiales británicos que caían vivos en manos de los turcos.
2.- Churchill será suspendido y expulsado de su cargo del cuerpo de la armada, "el de la tropa de la entena".

PROFECÍA 414 (VI-41) 1.916

Le second chef du regne ¹ d´Annemarc, ²	*El segundo jefe del reino a Dinamarca,*
Par ceux de Frize et l´isle Britannique, ³	*Por los de Frisia y la isla Británica,*
Fera despendre plus de cent mille marc,	*Hará gastar más de cien mil marcos,*
Vain esploicter voyage en Italique.	*Vano explotar viaje en Italia.*

MUERTE DE LORD KITCHENER: El segundo jefe del reino británico, que irá hacia Dinamarca, por Holanda y desde Inglaterra, hará gastar más de cien mil marcos para ayudar a los rusos. Será en vano, al explotar en su viaje el crucero "Hampsire", tras su intervención en el pacto secreto de Londres, por el que en Italia se decide entrar en la guerra.

1.- Considera a Kitchener, como "segundo jefe del reino", por su cargo de Ministro de la Guerra.
2.- Annemarc: Viene de "Danmark", Dinamarca.
3.- Frize: Es "Frisia", provincia del NO de Holanda.

PROFECÍA 415 (VII-4) 1.916

Le Duc1¹ de Langres ² assiegé dedans Dolle, ³	*El Jefe de Langres, sitiado dentro de Dôle,*
Accompagné d'Autun et Lyonois: ⁴	*Acompañado de Autún y Lyoneses:*
Geneve ⁵, Ausbourg ⁶, joinct ceux de Mirandole, ⁷	*Ginebra, Augsburgo, junto a los de Mirandola,*
Passer les monts contre les Anconnois. ⁸	*Pasar los montes contra los Ancones.*

LA BATALLA DE VERDÚN: El Jefe Francés, Mariscal Pétain, será sitiado en la fortaleza de Verdún, al norte de Dôle, acompañado de fuerzas de Autún y Lyón: Soldados procedentes de Ginebra, irán contra los alemanes, junto a los de Mirandola, cuando los de los Imperios Centrales pasarán los montes contra los italianos orientales.

1.- Duc: En latín, de "dux-ducis", jefe.
2.- Langres: C. de Francia en el Alto Marne.
3.- Dôle: C. de Francia, en el Jura.
4.- Autún y Lyón: Ciudades de Francia.
5.- Geneve: Ginebra, C. de Suiza.
6.- Augsburgo: C. de Baviera.
7.- Mirandola: C. de Italia, en la prov. de Módena, en la Emilia.
8.- Ancones: Naturales de Ancona, C. de Italia.

PROFECÍA 416 (VI-85) 1.916-18

La grand'cité de Tharse par Gaulois ¹	*La gran ciudad, de Tracia, por Franceses*
Sera destruite, captifs tous à Turban: ²	*Será destruida, cautivos todos de Musulmán:*
Secours par mer du grand Portugalois, ³	*Socorros por mar del gran Portugués,*
Premiers d' esté le jour du sacre Urban. ⁴	*Primeros de verano el día del sagrado Urbano.*

OCUPACIÓN DE BEIRUT. EL C.E.P. LA BATALLA DEL SOMME: La gran ciudad de Beirut, cerca de Tracia, será destruida por Bonaparte, antes de quedar todos cautivos del Musulmán: En 1.916, lo será, tras la ayuda, por mar, de las fuerzas expedicionarias de Portugal, y la batalla del Somme, a primeros de verano, por el día de San Urbano.

1.- Tharse: Es un anagrama de "Thrase", Tracia.
2.- Turban: Es "Turbante", prenda usada por el pueblo musulmán.
3.- El 9 de Marzo de 1.916, Alemania declaró la guerra a Portugal que mandó fuerzas al frente francés.
4.- El día de San Urbano, se celebra el 25 de Mayo.

JOSÉ GARCÍA ÁLVAREZ

PROFECÍA 417 (VI-65) 1.916-17

Cris et bureau demie ouverte guerre,
De nuict seront assaillis et pillez,
Le bureau prins passera par la serre,
Son temple ouvert, deux au plastre grillez. [3]

Gritos y despacho mediada la abierta guerra,
De noche serán abordados y pillados,
El despacho tomado pasará por la prensa,
Su templo abierto, dos en la palestra quemados.

LOS INTENTOS DE PAZ: Gritos de protesta y el despacho de Wilson, motivarán los sondeos de paz del coronel House, mediada la abierta guerra. De noche, los embajadores serán abordados y pillados por sorpresa. El despacho tomado pasará por la prensa. Será infructuoso. Abierta la guerra de nuevo, Joffre y Nivelle fracasarán en la palestra bélica.

1.- plastre: Es una abreviatura de "palestre", palestra, la lucha, lugar donde se lucha.

PROFECÍA 418 (VI-5) 1.917

Si gran famine par unde pestifere, [1]
Par pluye longue le long du polle arctique, [2]
Samatobryn cent lieux de l'hemisphere, [3]
Vivront sans loy exempt de pollitique.

Tan gran hambre por onda pestífera,
Por lluvia larga a lo largo del polo ártico,
Cuerpos destrozados cien lugares del hemisferio,
Vivirán sin ley exentos de política.

HAMBRE EN RUSIA: Un hambre espantosa, por la marejada bélica revolucionaria, como un largo diluvio, se extenderá a lo largo del Círculo Polar Artico. Habrá cuerpos destrozados en cien lugares del hemisferio Norte, y los bolcheviques vivirán prácticamente sin ley, ni interés por la política.

1.- unde: Onda. Marejada violenta.
2.- pluye: Lluvia. Describe el diluvio bélico.
3.- Samatobryn: Es "Somatobrise", cuerpo-destrozado, por la fusión de "Somato", somático, del cuerpo, y "brise", roto, destrozado.

PROFECÍA 419 (VII-18) 1.917-1.918

Les assiegez couloureront leurs paches,
Sept jours apres feront cruelle issuë,
Dans repoulsez, feu sang. Sept mis à l'hache,
Dame captive qu' avoit la paix tissuë.

Los sitiados disimularán sus armas,
Siete días después harán cruel salida,
En rechazados, fuego sangre. Siete puestos en el hacha,
República cautiva que tenía la paz tejida.

LAS BATALLAS DE MESSINES Y TERCERA DE YPRES: Los aliados disimularán sus armas, y excavarán galerías bajo los alemanes. Siete días después, tras hacerles saltar con TNT, harán una cruel salida, para rematar a los supervivientes. Un mes después, en Ypres, los aliados serán rechazados a sangre y fuego. Siete divisiones serán puestas fuera de combate. La República Francesa será cautiva de la guerra, ya que tenía la paz tejida, a finales de 1.916.

PROFECÍA 420 (VII-7) 1.917

Sur le combat des grands chevaux legers,
On criera le grand croissant confond:
De nuict tuer monts, habits de bergers,
Abismes rouges dans le fossé profond.

Sobre el combate de los grandes caballos ligeros,
Se gritará el gran creciente confundido:
De noche matar en montes, moradas de pastores,
Torbellinos rojos en la fosa profunda.

LA REVOLUCIÓN BOLCHEVIQUE: Sobre el tiempo de la batalla de Cambray, con el uso, por primera vez, de "los grandes caballos ligeros", los tanques, se gritará en Rusia, ante la gran confusión creciente: De noche se matará en los montes, en las moradas de los pastores. Los torbellinos revolucionarios abrirán para ellos una profunda fosa.

PROFECÍA 421 (IV-12) 1.918

Le camp plus grand de route mis en fuite,	*El campo mayor de ruta puesto en fuga,*
Guaires plus outre ne sera pourchassé:	*Mucho más allá no será perseguido:*
Ost recampé et legion reducte,	*Hueste dejada en cuadro y legión reducida,*
Puis hors des Gaules du tout sera chassé.	*Después fuera de las Galias del todo será arrojado.*

LA RENDICIÓN DEL EJÉRCITO ALEMÁN: En Septiembre de 1.918, la mayor parte del ejército alemán puesto en desbandada fuga, mucho más allá no será perseguido: La capitulación será dura y en ella se exigirá el desarme de la tropa y la drástica reducción del ejército, y después, fuera de Francia, será del todo arrojado el enemigo germano.

PROFECÍA 422 (III-57) 1.628-1918

Sept fois changer verrez gens Britannique,	*Siete veces cambiar veréis gente británica,*
Taints en sang en deux cens nonante ans:	*Tintos en sangre en doscientos noventa años:*
France non point par appuy Germanique,	*Francia no cuenta por apoyo germánico,*
Aries [1] doubte son pole Bastarnan. [2]	*Aries duda su polo Bastardánico.*

LOS 7 CAMBIOS DE INGLATERRA: Siete veces se verá cambiar a la gente británica, tintos en sangre en doscientos noventa años: Francia no cuenta con el apoyo germánico, e Inglaterra duda de entrar en guerra con Alemania, su hermana bastarda.

1.- Aries: Entre los países que controla este signo zodiacal se encuentre Inglaterra.
2.- Bastarnan: Relativo a "batard", bastardo, alude a Alemania como hermana bastarda, por el parentesco entre las Monarquías inglesa y alemana.

PROFECÍA 423 (I-52) 1.918

Les deux malins de Scorpion conjoincts, [1]	*Los dos malignos de Escorpión conjuntos,*
Le grand seigneur meurdry dedans la salle: [2]	*El gran señor asesinado dentro de la sala:*
Peste à l'Eglise par le nouveau Roy joinct,	*Peste en la Iglesia por el nuevo Rey juntado,*
L'Europe basse et Septentrionale.	*La Europa baja y septentrional.*

ASESINATO DEL ZAR NICOLÁS II DE RUSIA: Los dos malignos de Escorpio, Marte y Plutón, conjuntos, el gran señor de todas las Rusias será asesinado dentro de la sala: Una virulenta persecución tendrá lugar contra la Iglesia, por el nuevo mandatario, Lenin. Su fuerza llegará de Norte a Sur de Europa, con toda influencia y celeridad.

1.- Meses antes del asesinato, Marte y Plutón, regentes de Escorpio, estarán en conjunción maléfica.
2.- Este verso, parece indicar que sólo será asesinado Nicolás II. De todas formas, ver la cuarteta 450.

PROFECÍA 424 (IV-82) 1.918-42-44

Amas s'approche venant d' Esclavonie, [1]	*Montón se aproxima que viene de Rusia,*
L'Olestant vieux cité ruynera: [2]	*Stalin la vieja ciudad arruinará:*
Fort desolée verra sa Romanie, [3]	*Muy desolada verá su Rumanía,*
Puis la grand flamme estaindre ne sçaura.	*Después la gran llama extendida no apagará.*

STALIN. INVASIÓN RUSA DE RUMANIA: Un montón de discordia que se aproxima, viene de Rusia. Stalin, la vieja ciudad arruinará: Muy desolada verá su Rumanía. Después, la gran llama de odio extendida, no apagará.

1.- Esclavonia: Eslavonia. Antigua región integrada en el Imperio Romano. Designa a Rusia, cuya lengua procede de los antiguos eslavos.
2.- L' Olestant: Es un anagrama. Quiere decir "El Stalin".
3.- Romania: Rumanía. República del SE de Europa.

JOSÉ GARCÍA ÁLVAREZ

PROFECÍA 425 (VII-25) 1.918

Par guerre longue tout, l'exercite expuiser, [1]
Que pour soldats ne trouveront pecune, [2]
Lieu d'or, d'argent, cuir on viendra cuser,
Gaulois aerain, signe croissant de Lune. [3]

Por guerra larga todo, el ejército agotar,
Que para soldados no encontrarán pecunio,
En lugar de oro, de plata, cuero se vendrá a usar,
Gálico aéreo, signo creciente de Luna.

CRISIS ECONÓMICA AL FINAL DE LA 1ª G. M.: Por guerra larga, todo lo agotará el ejército, y ni para pagar a los soldados encontrarán dinero. En lugar de oro y plata, se usará papel moneda, un capital flotante francés, cuando empezará un período creciente de gran intensidad política.

1.- exercite: Del latín "exercitus-us", ejército, tropas.
2.- pecune: Del latín "pecunia-ae", riqueza, fortuna, dinero.
3.- La influencia lunar puede determinar efervescencias políticas.

PROFECÍA 426 (IV-79) 1.918-1.944-45

Sang Royal fuis, Monhurt, Mas, Eguillon, [1]
Remplis seront Bourdelois les Landes, [2]
Navarre, Bygorre poinctes et eguillons, [3]
Profonds de faims, vorer de Liege glandes. [4]

Sangre Real huye, Montguyon, Mas, Aiguillon,
Ocupadas serán Bordeleses las Landas,
Navarra, Bigorre picas y lanzas,
Exhaustos de hambre, devorar de Lieja bellotas.

HUIDA DEL KAISER GUILLERMO II: Guillermo II huye. Situación igual a la de 1.944-45, con la contraofensiva aliada por Montguyon, a lo largo del Garona por Aiguillon, Burdeos y las Landas, y los combates en el Sur de Francia. La victoria se deberá a los hambrientos defensores de Lieja, que impedirán la aplicación del Plan Schlieffen.

1.- Localidades del SO de Francia.
2.- Bordelés: Antigua comarca de Francia. Cap. Burdeos. Las Landas: región del SO de Francia.
3.- Navarra y Bigorre: En los Pirineos franceses.
4.- Lieja: C. de Bélgica, a orillas del Mosa.

PROFECÍA 427 (X-52) 1.918

Au lieu où Laye et Scelde se marient, [1]
Seront les nopces de long temps maniées:
Au lieu d'Anvers où la crappe charient,
Jeune vieillesse consorte intaminée.

En el lugar donde Lys y Escalda se unen,
Serán las nupcias largo tiempo preparadas:
En el lugar de Amberes donde las basuras corren,
Joven vieja consorte contaminada.

EL ARMISTICIO DE COMPIÉGNE: En Gante, ciudad donde se juntan los ríos Lys y Escalda, los aliados se unen para dar el golpe definitivo a los alemanes, mientras, en Compiégne, los delegados de los países beligerantes, se reúnen para firmar el armisticio, largo tiempo preparado: En Mons, con lluvias que arrastran basuras y cadáveres, una unidad británica aún se batirá. La diminuta Bélgica, como vieja aliada, será contaminada por el conflicto hasta el final.

1.- Laye: Es el Lys. Scelde : Viene del a. Schelde, el Escalda. En la confluencia de ambos ríos se encuentra Gante.

PROFECÍA 428 (IX-79) 1.919

Le chef de classe par fraude stratageme,
Fera timide sortir de leurs galleres,
Sortis meurtris chef renieux de cresme,
Puis para l'embusche lui rendront les salere.

El jefe de la flota por engaño estratagema,
Hará intimidación salir de sus galeras,
Salidos muertos jefe renegados flor y nata,
Después por la emboscada le devolverán la moneda.

LA MATANZA DE AMRITSAR: El jefe de la flota inglesa, Nelson, por engaño y estratagema, con la intimidación del fuego hará salir de sus galeras a los marinos franco-españoles. Este engaño se repetirá en Amritsar, cuando las tropas británicas disparan contra la flor y nata de los rebeldes salidos desarmados, por la negativa del jefe inglés a concederles el perdón. Después, por medio de emboscadas, los indios le devolverán la moneda.

PROFECÍA 429 (XI-2) 1.919

Que d'or, d'argent fera despendre,
Quand Comte voudra ville prendre, [1]
Tant de mille et mille soldats, [2]
Tuez, noyez, sans y rien faire,
Dans plus forte mettra pied terre, (Falso)
Pigmée ayde des Censuarts. (Falso)

Cuánto oro, cuánta plata hará desembolsar, (1)
Cuando el Conde querrá la villa tomar, (3)
Tantos miles y miles de soldados, (2)
Muertos, ahogados, sin hacer allí nada, (4)
Más firmemente pondrá pie a tierra, (Falso)
Un pigmeo ayudado por los Centauros. (Falso)

REPARACIONES DE GUERRA DE ALEMANIA: Profecía alterada por Vicent Seve de Beaucaire.¡Cuánto oro y cuánta plata hará desembolsar a Alemania su derrota, y cuántos miles y miles de soldados, cuando el Conde Von Moltke querrá la ciudad de París tomar, perderán la vida sin ninguna culpa!

1.- Aparte de la cesión de bienes y equipo que Alemania y sus aliados hicieron a sus vencedores, la cantidad determinada como deuda en la Conferencia de Boulogne, fue de ¡269 mil millones de marcos-oro!, a pagar en 42 anualidades.
2.- Verso afectado en su terminación.

PROFECÍA 430 (VIII-30) 1.919

Dedans Tholoze non loing de Beluzer, [1]
Faisant un puys loing, palais d'espectacle
Thresor trouvé, un chacun ira vexer,
Et en deux locz [2] tout et pres de l'usacle. [3]

Dentro de Toulouse, no lejos de Belusió,
Haciendo un abismo lejos palacio de espectáculo,
Tesoro encontrado, cada uno irá a vejar,
Y en dos paradas muy cerca del templo.

FIN DE LA PRIMERA GUERRA MUNDIAL: Dentro de Toulouse, llegarán las disensiones internas, cuando, no lejos de Belusió, se producirá lo que, haciendo un abismo, llevará lejos el teatro de operaciones. Encontrado el tesoro de la paz, cada uno irá a vejar a los vencidos germanos, y, tras dos aplazamientos, se firmará el Tratado oficial en el Salón de los Espejos del Palacio de Versalles.

1.- Beluzer: Belusió, ciudad de Yugoslavia situada al Este de Sarajevo.
2.- locz: Viene de "lock", paro, parada forzada.
3.- El profeta suele denominar como "templo" el edificio donde se realizan actos políticos o culturales: templo de la política, templo de saber, etc.

PROFECÍA 431 (IX-1) 1.919

Dans la maison du traducteur de Bourc, [1]
Seront les lettres trouvées sur la table,
Borgne, roux, blanc, chenu tiendra de cours, [2]
Qui changera au nouveau Connestable.

En la casa del traductor de Bouc,
Serán los escritos encontrados sobre la mesa,
Tuerto, rojo, blanco, canoso tendrá de curso,
Que cambiará al nuevo Condestable.

LOS TRATADOS DE PAZ DE VERSALLES: En la casa del profeta, Francia, serán encontrados los documentos de los Acuerdos de Paz sobre la mesa del palacio de Versalles, que serán firmados por el inglés Lloyd George, el americano Wilson, el italiano Orlando y el francés Clemenceau, que cambiará Ministros y provocará renovaciones.

1.- Nostradamus se cita a sí mismo, y el nombre de Bouc, que corresponde a Port-de-Bouc, muy cercano a su localidad.
2.- Particularidades físicas que caracterizaban a los "4 Grandes".

JOSÉ GARCÍA ÁLVAREZ

PROFECÍA 432 (V-66)   1.919-1.920

Sous les antiques edifices vestaux, [1]	*Bajo los antiguos edificios vestales,*
Non esloignez d'aque duct ruine:	*No alejados del acueducto ruinoso:*
De Sol et Lune sont les luisans meteaux,	*De Sol y Luna son los lucientes metales,*
Ardante lampe Trian dor butine. [2]	*Ardiente lámpara Trianón botín de oro.*

FIESTAS VESTALES EN ROMA. TRATADOS DE PAZ DE VERSALLES: Bajo los antiguos edificios vestales, no alejados del acueducto ruinoso, en Roma, se celebrarán las fiestas: De luz y colorido, como los relucientes metales de las ardientes lámparas del Palacio Trianón, testigos del botín de oro que se llevarán los triunfadores aliados.

1.- El 7 de Junio comienzan en Roma las fiestas de Vesta.
2.- Trianón: Dos palacios (Grand T. y Petit T.) de recreo, en el parque de Versalles, hechos construir por Luis XIV y Luis XV. En el Grande fue firmado, en 1.920, el tratado de Paz entre los aliados y Hungría.

PROFECÍA 433 (III-78)   1.919-1.920

Le chef d'Escosse, avec six d'Allemagne, [1]	*El jefe de Estados Unidos, con seis de Alemania,*
Par gens de mer Orientaux captif: [2]	*Por gentes de mar Orientales, cautivo:*
Traverseront le Calpre et Espagne, [3]	*Atravesarán Gibraltar y España,*
Present en Perse au nouveau Roy craintif.	*Presente en Persia al nuevo Rey temible.*

TRATADOS DE PAZ: El presidente de Estados Unidos, Thomas Wilson, firmará con seis de Alemania, sendos tratados de paz, que harán libres a gentes del Mediterráneo oriental, hasta entonces cautivo: Desde que, las flotas turcas atravesarán más allá de Gibraltar y España, teniendo en Persia como nuevo dirigente, al temible Solimán el Magnífico.

1.- Con el "jefe de Escocia", se refería el profeta al Presidente de los Estados Unidos, por descender de ellos.
2.- El profeta dice "Orientales", por referirse, a la vez, al Mediterráneo Oriental y a los pueblos orientales.
3.- Calpre: Es "Calpe", antiguo nombre de Gibraltar.

PROFECÍA 434 (I-14)   1.921-ss

De gent esclave chansons, chants et requestes, [1]	*De gente eslava canciones, cantos y requerimientos,*
Captifs par Princes et Seigneurs aux prisons:	*Cautivos por Príncipes y Señores en las prisiones:*
A l'advenir par idiots sans testes,	*En el porvenir por idiotas sin cabeza,*
Seront receuz par divines oraisons.	*Serán recibidos por divinas oraciones.*

LA EXTENSIÓN DEL COMUNISMO: De gente eslava, se celebrarán en Moscú los Congresos de la Internacional, entre himnos, canciones y requerimientos, y, luego, de personajes importantes, se llenarán de presos las cárceles moscovitas: En el porvenir, la ideas comunistas serán recibidas por idiotas sin cabeza, como divinas oraciones.

1.- "De gent esclave", es "De gente eslava". El Antiguo nombre de Rusia era "Esclavonia", el país de los eslavos.

PROFECÍA 435 (V-26)   1.921-1.945

La gent esclave par un heur martial, [1]	*La gente eslava por una suerte marcial,*
Viendra en haut degré tant eslevée:	*Vendrá en alto grado tan elevada:*
Changeront Prince, naistra un Provincial,	*Cambiarán Príncipe, nacerá un Provinciano,*
Passer la mer copie aux monts levée. [2]	*Pasar el mar ejército en los montes reclutado.*

EL AUGE RUSO: La gente rusa, en dificultades por culpa de las guerras, adoptará una serie de medidas, desde la NEP y Gosplan (1921-27) a los Planes Quinquenales, que llevarán a Rusia a un alto nivel: Sustituirán el régimen zarista con Lenin, hasta la posterior etapa de expansión rusa, antes y después de su enfrentamiento con Alemania, en la 2ª G. M.

1.- Ver la cuarteta anterior.
2.- copie: Del latín "copia-ae", ejército, tropa.

PROFECÍA 436 (I-81)   1.920-1.922

D'humain troupeau neuf seront mis à part,	*Del humano rebaño nueve serán puestos aparte,*
De iugement et conseil separez,	*De juicio y consejo separados,*
Leur fort sera divisé en depart,	*Su fuerza será dividida en la partida,*
Kappa, Thita, Lambda mor bannis esgarez. [1]	*Kappa, Theta, Lambda, muertos confinados extraviados.*

LA LIBERACIÓN DE TURQUIA: Mustafá Kemal y ocho de sus principales partidarios serán puestos aparte, irán de juicio, y los consejeros favorables a Kemal separados del disuelto Parlamento. Pero, el Movimiento Nacional Kemalista resurgirá, dividida la fuerza que lo combate, por la partida de las tropas francesas de ocupación, tras el fracaso griego en Inönü y Sakaria, en 1.921, con gran número de muertos, confinados y desaparecidos.

1.- Kappa, Theta, Lambda: Son, respectivamente, las letras décima, octava y undécima del alfabeto griego.

PROFECÍA 437 (II-49)   1.920-1.923

Les Conseillers du premier monopole,	*Los Consejeros del primer monopolio,*
Les conquerants seduits par la Melite: [1]	*Los conquistadores seducidos por la Melita:*
Rodes, Bisance pour leurs exposants [2] pole, [3]	*Rodas, Bizancio para sus exposiciones polémicas,*
Terre faudra les poursuivans de fuite.	*Tierras necesitará los perseguidores de huida.*

MUSTAFÁ KEMAL: Los diputados y consejeros favorables a Mustafá Kemal, en su primera Presidencia de la Asamblea Nacional, serán deportados a Malta, por las fuerzas aliadas: Kemal, que utilizará, en sus exposiciones polémicas contra aliados y griegos, el hecho de que han ocupado tierras de Asia Menor, en 1.921-22, arrojará de ellas a los griegos y hará deponer al sultán, siendo elegido en Octubre de 1.923, Primer Presidente de la República de Turquía.

1.- Melite: Del latín "Melita-ae", Melita, isla de Malta.
2.- exposants: Del latín "expono-posui-positum", sacar fuera, exponer, poner de manifiesto, explicar.
3.- pole: Apócope del francés "polémique", polémica.

PROFECÍA 438 (V-12)   1.920-34-39

Auprès du lac Leman sera conduite, [1]	*Cerca del lago Leman será conducida,*
Par grace estrange cité voulant trahir:	*Por gracia extranjero ciudad queriendo traicionar:*
Avant son meurtre à Ausbourg la gran suitte, [2]	*Antes de su muerte de Habsburgo la gran sucesión,*
Et ceux du Rhin la viendront invahir.	*Y los del Rhin la vendrán a invadir.*

LA SEDE DE LA SDN EN GINEBRA: Cerca del Lago Leman, será conducida, después que, por favorecer las apetencias alemanas, Viena sea la ciudad a la que se quiere traicionar: Antes de su muerte, en 1.934, el Canciller Dollfuss habrá sucedido a Carlos I de Habsburgo, y poco después los nazis invadirán Austria para anexionarla a Alemania.

1.- Lemán: Lago de Ginebra.
2.- Los Habsburgo reinaron en Austria-Hungría hasta 1.918, cuando Carlos I, sobrino segundo del emperador Francisco José, presionado por la revolución, fue desterrado a la isla de Madera.

PROFECÍA 439 (V-91) 1.921-1.934

Au grand marché qu'on dict des mesongiers, [1]	*En el gran mercado que se dice de los falaces,*
Du tout Torrent [2] et champ Athenien: [3]	*Del todo Torrente y campo Ateniense:*
Seront surprins par les chevaux legiers, [4]	*Serán sorprendidos por los caballos ligeros,*
Par Albanois [5] Mars, Leo, Sat, un versien. [6]	*Por Albanés Marte, Leo, Saturno, un acuariano.*

LA GUERRA GRECO-TURCA: Tras una conferencia que se dirá falaz e ilusoria, por el Tratado de Ankara, Turquía recuperará todo el territorio ocupado por los griegos: Tras el fracaso griego en Inönü, Sakaria, y Dumlupinar, donde serán sorprendidos por los carros de combate de Mustafá Kemal. El Pacto Balcánico terminará la guerra greco-turca en 1.934, cuando Marte estará en Leo, opuesto a Saturno en Acuario.

1.- mesongiers: De "mesonger", "mentiroso" "falaz".
2.- Territorio de la Tracia oriental ocupado por los griegos y recuperado por Turquía en 1.923.
3.- Athenien: Ateniense, de Atenas.
4.- Los carros de combate ligeros.
5.- Albanois: Albanés. Referido al Pacto Balcánico, en 1.934.
6.- versien: Del francés "verseau", Acuario, signo del Zodíaco. Esa posición astrológica se dio, efectivamente, en 1.934.

PROFECÍA 440 (V-84) 1.921-1.945

Naistra du gouphre et cité immesurée,	*Nacerá del torbellino y ciudad inmensurable,*
Nay de parents obscurs et tenebreux: [1]	*Nacido de padres oscuros y tenebrosos:*
Qui la puissance du grand Roy reverée, [2]	*Que la potencia del gran Rey reverenciada,*
Voudra destruire par Rouen et Evreux. [3]	*Querrá destruir por Rouen y Evreux.*

ADOLF HITLER: DE LA NADA A LA CÚSPIDE: Nacerá del torbellino de la 1ª Guerra Mundial, y en la ciudad inmensurable de Berlín, nacido de padres secretos y tenebrosos: Que, ansiando la potencia reverenciada del Emperador, desencadenará la 2ª G. M., en la que querrá destruir el Occidente, hasta más allá de Rouen y Evreux.

1.- Coincide con lo expuesto en el libro "Profecías del Papa Juan XXIII", de Pier Carpi, en su página 113: "avanza el hijo de la Bestia parido un año en el secreto". Se sospecha que Adolfo Hitler, no era hijo del funcionario de aduanas, sino que éste le había adoptado.
2.- Hitler reunió todo el poder en su mano con los títulos de Führer y Reich-skanzler.
3.- Rouen y Evreux: Ciudades francesas en Normandía.

PROFECÍA 441 (III-67) 1.921-45

Une nouvelle secte de Philosophes,	*Una nueva secta de Filósofos,*
Mesprisant mort, or, honneurs et richesses,	*Despreciando muerte, oro, honores y riquezas,*
Des monts Germains ne seront limitrophes,	*De los montes Germanos no serán limítrofes,*
A les ensuyvre auront appuy et presses.	*A los que les sigan tendrán apoyo y prensa.*

EL PARTIDO NAZI: Un nuevo partido, conocido como "nazi", despreciando muerte, oro, honores y riquezas, desbordará las fronteras germanas. Sus seguidores tendrán apoyo, publicidad y posibilidad de rápida promoción.

PROFECÍA 442 (III-42) 1.922-45

L'enfant naistra à deux dents en la gorge, [1]	*El niño nacerá con dos dientes en la garganta,*
Pierres en Tuscie par pluy tomberont, [2]	*Piedras en Tuscia por lluvia caerán,*
Peu d'ans apres ne sera bled ni orge, [3]	*Pocos años después no estará trigo ni cebada,*
Pour saouler ceux qui de faim failliront.	*Para saciar los que de hambre morirán.*

MUSSOLINI. HAMBRE EN ITALIA: Nacerá un líder, que desangrará a muchos, hasta que la lluvia de bombas aliadas caerán sobre las regiones de Etruria y Umbría. Pocos años después, por la esterilidad de los campos de las comarcas italianas, no se producirá ni trigo ni cebada suficientes para saciar a los que, de hambre, morirán.

1.- Expresión simbólica, para designar a un líder sanguinario, un vampiro desangrador.
2.- Tuscia: Antigua provincia de Italia, que se extendía por Umbría y Etruria.
3.- Desde 1.944, períodos de sequía y olas de frío azotaron a diversas naciones de Europa.

PROFECÍA 443 (VI-10) 1.922-39

Un peu de temps les temples des couleurs,	*En poco tiempo los templos de los colores,*
De blanc et noir des deux entremeslée:	*De blanco y negro de los dos entremezclada:*
Rouges et jaunes leur embleront les leurs,	*Rojos y amarillos les parecerán los suyos,*
Sang, terre, peste, feu d'eau affollée.	*Sangre, tierra, peste, fuego de agua enloquecida.*

EL PONTIFICADO DE PÍO XI: En poco tiempo, los templos serán despojados de sus obras de arte y tesoros, tras los Pactos de Letrán, donde la vestimenta, de blanco y negro, de los dos, Papa y Mussolini, estará entremezclada: A Pío XI, los indígenas rojos y amarillos de América y Asia, le parecerán sus propios hermanos, pero, tras su muerte, la tierra se llenará de sangre, enfermedades, y el diluvio de fuego de gente enloquecida.

PROFECÍA 444 (X-65) 1.922-45

O vaste Rome ta ruyne s'approche,	*¡Oh, vasta Roma! tu ruina se aproxima,*
Non de tes murs, de ton sang et substance:	*No de tus muros, de tu sangre y sustancia:*
L'aspre par lettres fera si horrible coche, [1]	*El áspero por cartas hará tan horrible marca,*
Fer poinctu mis à tous jusques au manche.	*Hierro afilado puesto a todos hasta el mango.*

LA RUINA DE ROMA. LOS CRÍMENES DE CHURCHILL: El profeta verá los sufrimientos de Roma con el régimen fascista, y percibirá, próxima, su ruina. No la de sus muros, sino la de sus moradores y esencia: Hasta que, el colérico Churchill, por las cartas, dejará la marca horrible de sus crímenes, haciendo asesinar a todos los que lo saben.

1.- Denomina el "áspero" a Churchill, por su particular carácter. Alude a la correspondencia que le compromete y que se supone estaba en poder de Mussolini. La acusación es terminante: "horrible marca, cochinada". En el libro de Pier Carpi, en la página 127, dice: "El traidor de la tierra de los ángeles ha perdido las cartas. Un día aparecerán. Ha matado para recuperarlas". Y en la 119: "La tierra de los ángeles llora y su caudillo va a cometer una traición. Un día se conocerán otras cartas". (Angleterre: tierra de los ángeles). Ver la cuarteta 483.

PROFECÍA 445 (X-28) 1.922-45

Second et tiers qui font prime musique, [1]	*Segundo y tercero que hacen primera música,*
Sera par Roy en honneur sublimée,	*Será por Rey en honor sublimada,*
Par grasse et maigre presque demy eticque [2]	*Por grasa y magra casi semi-ética*
Raport de Venus faulx rendra deprimée.	*Relación de Amor falso volverá deprimida.*

LA POLÍTICA FASCISTA DE MUSSOLINI: El Gobierno dirigido por Giolitti, segundo tras la caída de Nitti, y tercero del reinado de Victor Manuel III, será sustituído por la política fascista de Mussolini, recibida por el Rey con todos los honores. Pero, por favorecer a los ricos y perjudicar a los pobres, esta política demostrará que es poco ética, poniendo de relieve que el amor que el Duce decía tener a Italia es falso, y ello la volverá deprimente para el pueblo.

1.- Modo simbólico de referirse, a los que dirigen la orquesta de la política del poder.
2.- Nostradamus utiliza esta construcción de "grasa" refiriéndose a lo que, vulgarmente, se conoce como "gente gorda" o rica, y "magra", para designar a la "gente flaca" o pobre.

PROFECÍA 446 (V-7) 1.923

Du Triumvir seront trouvez les os, [1]
Cherchant profond thresor aenigmatique,
Ceux d'alentour ne seront en repos, [2]
Ce concaver marbre et plomb metallique.

Del Triumviro serán encontrados los huesos,
Buscando profundo tesoro enigmático,
Los del alrededor no estarán en reposo,
Este concavar mármol y plomo metálico.

LA TUMBA DE TUTANKHAMON: Serán encontrados los huesos del rey llamado Tutankhamon, buscando el profundo tesoro enigmático. Lord Carnavón morirá de forma súbita e inexplicable, y los de su alrededor no estarán en reposo. Serán víctimas de este afán de excavar los sagrarios de mármol y plomo metálico.

1.- En Roma, se llamaba "triumviro" a cada uno de los 3 políticos coaligados para ejercer el poder.
2.- Unas veintidós personas, relacionadas con el descubrimiento de la tumba de Tutankhamon, perderían la vida en circunstancias trágicas, con frecuencia inexplicables.

PROFECÍA 447 (III-76) 1.923 y ss.

En Germanie naistront diverses sectes,
Sapprochant fort de l'heureux paganisme,
Le coeur captif et petites receptes,
Feront retour à payer le vray disme.

En Germania nacerán diversas sectas,
Aproximándose muchísimo al dichoso paganismo,
El corazón cautivo y pequeñas recepciones,
Harán volver a pagar el verdadero diezmo.

LAS SECTAS NAZIS ALEMANAS: En Alemania, nacerán diversas organizaciones: la S.S., el N.S., D.A.P., las Juventudes Hitlerianas, la S.A..., que harán renacer antiguos ritos y costumbres paganas. Sus seguidores, cautivos de la nueva ideología, obtendrán pocas ventajas, y tendrán que volver a pagar el tributo, incluso hasta de la misma muerte.

PROFECÍA 448 (V-5) 1.923-33

Sous ombre faincte d'oster de servitute, [1]
Peuple et cité l'usurpera luy mesme:
Pire fera par fraux de jeune pute, [2]
Livre au champ lisant le faux proësme. [3]

Bajo sombra fingida de quitar servidumbre,
Pueblo y ciudad la usurpará él mismo:
Peor hará por fraude de joven podredumbre,
Libro al campo leyendo el falso proemio.

HITLER Y SU LIBRO "MI LUCHA": Bajo afirmaciones fingidas de quitar la servidumbre al pueblo, Hitler usurpará, él mismo, el poder y la ciudad de Berlín: Peor lo hará, por el fraude a los jóvenes del NSDAP, utilizándoles para la podredumbre que se propondrá, con el apoyo de los que atraerá con la lectura de su capcioso libro "Mein Kamp".

1.- servitute: Del latín "sevitus-utis", servidumbre, esclavitud.
2.- pute: Del latín "puteo-ui", estar podrido, heder.
3.- proësme: Del latín "proemium-ii", proemio, prólogo, prefacio, introducción, preludio.

PROFECÍA 449 (III-58) 1.889-1945

Aupres du Rhin des montaignes Noriques [1]
Naistra un grand de gens trop tard venu, [2]
Qui defendra Saurome [3] et Pannoniques, [4]
Qu'on ne sçaura qu'il sera devenu. [5]

Cerca del Rhin de las montañas Nóricas
Nacerá un grande de gentes demasiado tarde venido,
Que defenderá Sarmacia y Panónicas,
Que no se sabrá lo que de él habrá llegado a ser.

ADOLF HITLER, EL FÜHRER: Cerca del Rhin y de los Alpes Nóricos, nacerá Adolf Hitler, de unas gentes para los que habrá venido demasiado tarde, que defenderá lo de Polonia y Hungría, y que no se sabrá lo que de él habrá llegado a ser.

1.- Los Alpes Nóricos se extienden desde Austria hasta Hungría.
2.- Nueva alusión a los padres secretos de Hitler. Ver la 440.

3.- Saurome: De "sauramate", sármata, natural de Sarmacia. Su parte europea comprendía lo ocupado hoy por Rusia y Polonia.
4.- Pannoniques: De Panonia, región de Europa Central. En 893, en poder de los magiares o húngaros.
5.- Se refiere al enigma planteado alrededor de la muerte de Hitler.

PROFECÍA 450 (IV-7) 1.924

Le mineurs fils du grand et hay Prince, [1]	*El hijo menor del grande y odiado Príncipe,*
De Lepre aura à vingt ans grande tache,	*De Lepra tendrá a los veinte años gran mancha,*
De dueil sa mere mourra bien triste et mince,	*De dolor su madre morirá muy triste y delgada,*
Et il mourra la où tombe cher lache.	*Y él morirá allí donde cae, amado, despreciable.*

LA MUERTE DE ALEXEI ROMANOV: El hijo menor del grande y odiado señor ruso, a sus veinte años, tendrá una dolencia terrible y mortal. De dolor su madre morirá, muy triste y delgada. Y él morirá también, allí donde cae de su silla de ruedas, en el lugar donde habrá vivido de incógnito, amado por su madre, pero de forma despreciable.

1.- Ver la cuarteta 423.

PROFECÍA 451 (X-36) 1.925-28-45

Apres le Roy du Soucq guerres parlant, [1]	*Después el Rey del South guerras hablando,*
L'isles Harmotique le tiendra à mespris: [2]	*Las islas Armónico le tendrá a menosprecio:*
Quelques ans bons rongeant un et pillant, [3]	*Algunos años buenos desgastando uno y robando,*
Par tyrannie à l'Isle changeant pris. [4]	*Por tiranía a la Isla cambiando toma.*

EL MARISCAL CHANG-KAI-CHEK: Después de la represión británica, Chang-Kai-Chek hará la guerra que unificará a toda China. Las islas del Pacífico le reconocerán, excepto Japón, que le tendrá a menosprecio: Algunos años buenos tendrá Gran Bretaña, desgastando y robando por su tiranía, pero el Mariscal chino, cambiando el gobierno, recuperará territorios perdidos, incluso la isla de Formosa, tras vencer al Japón.

1.- Soucq: Transcripción de "South", término que encabeza el nombre de diversas localidades de Gran Bretaña.
2.- Harmotique: Del francés "Harmonique", Armónico, referido al océano Pacífico al que indentifica con "Armonioso".
3.- Las reformas británicas, les reservarán determinados sectores.
4.- La Isla: Se refiere a Formosa, devuelta a China en 1.945.

PROFECÍA 452 (I-58) 1.925-40

Trenché le ventre naistra avec deux testes,	*Rajado el vientre nacerá con dos cabezas,*
Et quatre bras, quelques ans entiers vivra? [1]	*Y cuatro brazos ¿cuántos años enteros vivirá?*
Jour qui Alquiloye celebrara ses festes, [2]	*Día que Aguila celebrará sus fiestas,*
Fossen, Turin [3], chef Ferrare suyvra. [4]	*Fossano, Turín, jefe Ferrara seguirá.*

NACIMIENTO DEL PARTIDO NAZI: Nacerá en Alemania, con dos nombres, Nacional-Socialista, y los cuatro brazos de la cruz gamada ¿cuántos años enteros vivirá? El día que el Führer celebrará festivamente su triunfo sobre los franceses, en Junio de 1.940, Mussolini le seguirá, enviando los ejércitos italianos por Fossano y Turín.

1.- Cruz gamada o svástica. Antiguo emblema indoerupeo con cuatro brazos doblados en ángulo recto. Adoptado por el Partido Nazi.
2.- Alquiloye: Viene del latín "aquila": el águila. Con este nombre, entre otros, designa a Hitler.
3.- Fossano y Turín: Ciudades del NO de Italia.
4.- A veces, el profeta hace uso del sinécdoque, tomando el todo por la parte o viceversa. Dice "Jefe de Ferrara", refiriéndose a "Jefe de Italia".

PROFECÍA 453 (VIII-44) 1.925-37

Le procrée naturel d'Ogmion, [1]
De sept à neuf du chemin destorner
A roy de longue et amy aumy hom,
Doit à Navarre [2] fort de Pau prosterner. [3]

El procreado natural de Elocuencia,
De siete a nueve del camino desviar
A rey de mucho y amigo de medio hombre,
Debe de Navarra fuerte de Pau prosternar.

HITLER ELIMINA A SU ADVERSARIOS. GUERNICA: Hitler, el procreado con elocuencia natural, desviará del camino hacia el poder, de siete a nueve adversarios de relieve. Al dueño de Alemania, y amigo del pequeño hombre, Franco, debe el fuerte pueblo, al lado de Navarra y debajo de Pau, el terrible bombardeo que le hará postrar.

1.- Ogmion: Se refiere a Ogmius, dios de la elocuencia entre los galos.
2.- Navarra: Región y provincia de N. de España, limitada por Aragón, Castilla la Vieja, País Vasco y Francia.
3.- Pau: C. del SO de Francia, cap. del dep. de Basses-Pyrénées.

PROFECÍA 454 (VIII-47) 1.926

Lac Trasmenien portera tesmoignage, [1]
Des conjurez sarez dedans Perouse, [2]
Un despolle contrefera le sage,
Tuant Tedesq [3] le sterne et minuse. [4]

Lago Trasimeno llevará testimonio,
De los conjurados situados dentro de Perusa,
Uno de ellos perderá el juicio,
Anulando a Molesto lo externo y minúscula.

ATENTADO CONTRA MUSSOLINI: El lago Trasimeno será testigo de los conjurados situados dentro de Perusa. Uno de ellos, Violeta Gibson, en tratamiento psiquiátrico, perderá el juicio y herirá levemente a Mussolini, en la nariz. Causa minúscula, usada por los "camisas negras", anulando la publicidad externa de la molesta Oposición.

1.- Trasmenien: Trasimeno, lago de Umbría (Italia).
2.- Perusa: Perugia. C. de Italia Central.
3.- Tedesq: Del latín "taedet", desagradar, molestar.
4.- minuse: Del latín "minus", menos, poco, demasiado poco. Apócope de "minusculus", minúsculo.

PROFECÍA 455 (VIII-63) 1.926

Quand l'adultere [1] blessé sans coup aura, [2]
Meurdry la femme et le fils par despit,
Femme assoumée l'enfant estranglera:
Huict captifs prins, s'estouffer sans respit.

Cuando el adúltero herido sin golpe habrá,
Muerta la mujer y el hijo por despecho,
Mujer abatida, al niño estrangulará:
Ocho cautivos tomados, degollarse sin tregua.

CRÍMENES FASCISTAS: Cuando el adúltero Mussolini habrá sido herido, sin golpe grave, por Violeta Gibson, por despecho, los camisas negras matarán a mujeres e hijos de los opositores al Duce. Abatida la mujer irlandesa, la multitud fascista linchará a Autco Zambosi, un niño de 15 años, que disparará también contra el Duce, en Bolonia, sin herirle: Acto seguido, ocho dirigentes de partidos políticos contrarios, serán cautivos y ejecutados sin tregua alguna.

1.- Mussolini, era adúltero, no sólo por sus relaciones ilícitas con Clarette Petacci, sino también con otras mujeres, estando casado.
2.- "Herido sin golpe": Es una manera de describir un balazo de escasas consecuencias, de refilón.

PROFECÍA 456 (II-93) 1.927-34 / 1.939-45

Bien prés du Tymbre [1] presse la Lybitine, [2]
Un peu devant grand inondation: [3]
Le chef du nef prins, mis à la sentine, [4]
Chasteau, palais en conflagration.

Bien cerca del Tíber presa la Libitina,
Un poco antes de gran inundación:
El jefe de la nave preso, puesto en la sentina,
Castillo, palacio en conflagración.

REPRESIÓN FASCISTA. PÍO XII: Muy cerca del Tíber hará presa la Libitina, la diosa de los muertos, un poco antes de la 2ª Guerra Mundial, la gran inundación bélica que anegará al mundo: El jefe de la Iglesia, Pío XII, confinado y retenido, ayudará a todo necesitado, en una época de profundo conflicto entre el Vaticano y el Quirinal.

1.- Tymbre: Tíber, río que pasa por Roma.
2.- Lybitine: Del latín, "Libitina-ae", Libitina, diosa de los muertos, la muerte.
3.- Utiliza lo acuoso para referirse a la guerra. Así, la Guerra Mundial, es la "gran inundación".
4.- La sentina es la cavidad inferior de la nave. Puesto en ella, es una forma de decir que el Papa está retenido, confinado, coaccionado.

PROFECÍA 457 (II-68) 1.928-40

De l'Aquilon les efforts seront grands, [1]
Sur l'Ocean sera la porte ouverte:
Le regne en l'isle sera reintegrand,
Tremblera Londres par voille descouverte.

De Rusia los esfuerzos serán grandes,
Sobre el Océano estará la puerta abierta:
El reino en la isla será repuesto,
Temblará Londres por vela descubierta.

EL RESURGIR DE RUSIA: Los esfuerzos de Rusia serán grandes y su política exterior, le abrirá las puertas de Occidente hasta el Atlántico: En Gran Bretaña, morirá Jorge V y el reino será repuesto con su hermano Jorge VI. Baldwin será sustituido por Chamberlain, hasta que Londres temblará ante el posible desembarco germano en Inglaterra.

1.- Aquilón: Viento del Norte. Con esta palabra, Nostradamus suele aludir a Rusia.

PROFECÍA 458 (V-78) 1.929

Les deux unis ne tiendront longuement,
Et dans treize ans au Barbare Satrappe, [1]
Aux deux costez feront tel perdement,
Qu'un benira la Barque et sa cappe. [2]

Los dos unidos no se mantendrán largamente,
Y en trece años al Bárbaro Sátrapa,
A los dos costados harán tal pérdida,
Que uno bendecirá la Barca y su capa.

CONCORDATO DE LETRÁN: Italia y el Vaticano, tras los Pactos de Letrán, no se mantendrán unidos largo tiempo, y, pasados trece años, Hitler, producirá la ruptura del Concordato en perjuicio de los dos lados, lo cual repercutirá en el pontificado de Pío XII, que dignificará la Iglesia en lo interno y en lo externo.

1.- Sátrapa: En la antigua Persia, gobernador con amplios poderes militares y civiles.
2.- Una vez más alude a la Iglesia.

PROFECÍA 459 (X-53) 1.930-39

Les trois pelices de long s'entrebatron, [1]
La plus grand moindre demeurera à l'escoute:
Le grand Selin n'en sera plus patron, [2]
Le nommera feu peltre [3] blanche routte. [4]

Los tres casacas largas se entrevistarán,
La más grande la menor permanecerá a la escucha:
El gran Selím no será de allí más patrón,
Le denominará fuego pasajero blanca ruta.

ALIANZAS EUROPEAS: Los tres casacas largas se entrevistarán. El de la potencia mayor, hablará, el de la menor permanecerá a la escucha: Turquía, ya no tendrá más dominio sobre los Estrechos del Mediterráneo Oriental, tras la guerra greco-turca, que se le denominará conflicto pasajero, y que no impedirá que esa ruta siga liberada.

1.- s'entrebation: De "entre-battre" y "entrevoir", entrevistar. Normalmente, serán tres los representantes de las naciones vestidos de frac: La Conferencia de los Tres, en 1.927, el Pacto de los Tres, de 1.934, el Pacto de Ayuda Mutua, en 1.939.
2.- Selím: Nombre de sultanes turcos. "Gran Selím", es Turquía.
3.- peltre: De "pèlerin" o "pelrén", peregrino, pasajero, viajero.
4.- blanche: Blanca. Utiliza este color como símbolo de libertad, libre, liberado o liberal.

PROFECÍA 460 (IV-97) 1.932-69

L'an que Mercure, Mars, Venus retrógrade, [1]
Du grand Monarque la ligne ne faillit: [2]
Esleu du peuple l'usitant pres de Gagdole, [3]
Qu'en paix et regne viendra fort envieillir.

El año que Mercurio, Marte, Venus retrógrado,
Del gran Monarca la línea no fallar:
Elegido del pueblo lusitano cerca de Grândola,
Que en paz y reino vendrá fuerte a envejecer.

OLIVEIRA SALAZAR EN PORTUGAL: El año que Mercurio, Marte y Venus estarán retrógrados, la línea de gobierno de Antonio de Oliveira Salazar seguirá siendo la misma: Elegido, una y otra vez, Jefe de Gobierno del pueblo lusitano, cerca de Grândola, es decir, en Lisboa, en paz y con gran poder en el reino luso vendrá a envejecer.

1.- En Mayo de 1.937, Mercurio está en Tauro, Marte en Sagitario y Venus en Aries. Los tres, retrógrados.
2.- Llama también "Monarca", a un Jefe de Gobierno, relevante.
3.- Gagdole: De "Grândola", población de Portugal, en la región de Setúbal, y cercana a Lisboa.

PROFECÍA 461 (XI-5) 1.933-45

Celuy qui la Principauté
Tiendra par grande cruauté
A la fin verra grand phalange:
Par coup de feu tres-dangereux, (Falso)
Par accord pourroit faire mieux, [1]
Autrement boira suc d'Orange. (Falso)

Aquél que el Principado (1)
Sostendrá con gran crueldad (3)
Gran falange al fin alcanzará: (2)
Por tiro muy peligroso (Falso)
Por pacto podría obrar mejor, (4)
De lo contrario beberá jugo de Naranja. (Falso)

HITLER Y SU RÉGIMEN DE TERROR: Profecía alterada por Vicent Seve de Beaucaire. Adolf Hitler, aquél que asumirá la Presidencia del Reich y el mando supremo del gran ejército alemán, al fin alcanzará: Sostendrá su mandato con gran crueldad. Hubiera obrado mejor si hubiera pactado con las otras naciones europeas.

1.- Terminaciones alteradas para lograr la rima.

PROFECÍA 462 (IX-71) 1.933-44

Aux lieux sacrez animaux veu à trixe, [1]
Avec celuy qui n'osera le jour, [2]
A Carcassonne pour disgrace propice [3]
Sera posé pour plus ample sejour.

En los lugares sagrados animales visto en aflicción,
Con aquél que no osará el día,
A Carcasona por desgracia propicia
Será puesto por más amplia estancia.

EL ANTISEMITISMO NAZI: Hasta en los lugares sagrados tratados como animales, el pueblo judío será visto en aflicción, con aquél que no osará salir de día, Adolf Hitler. A Carcasona, llegará la persecución, propiciada por la desgracia de los franceses derrotados, con lo cual el antisemitismo será puesto en el país galo más largo tiempo.

1.- trixe: Síncopa del latín "tristis-e", triste, afligido, y del francés "trisser", triplicar, dando idea de una "gran aflicción".
2.- Es conocida la aversión que sentía Hitler a salir de día por temor a sufrir atentados.
3.- Carcasona: Cap. del dep. del Aude, en el Canal du Midi.

PROFECÍA 463 (VI-84) 1.933-45

Celuy qu'en Sparthe Claude ne peut régner, [1]
Il fera tant par voye seductive:
Que du court, long, le fera araigner,
Que contre Roy fera sa perspective.

Aquél que, como en Esparta Claudio, no puede reinar,
Hará tanto por vía seductora:
Que del corto, largo, le hará arañar,
Que contra Rey hará su perspectiva.

HITLER, EL NUEVO CLAUDIO: Hitler, que, como en Esparta, Claudio, no tendrá nobleza ni linaje para reinar en Alemania, llegará al poder por medio de la vía seductora: "Arañará" puestos desde su cargo de sargento hasta la más alta cima, valiéndose de todos los medios para acabar con todo aquél que contra él haga su perspectiva.

1.- Claudio, hermano mayor de Germánico. El profeta establece cierto paralelismo histórico entre él y Hitler.

PROFECÍA 464 (V-2) 1.934-45

Sept conjurez au banquet feront luire,	*Siete conjurados en el banquete harán lucir,*
Contre les trois le fer hors de nauire:	*Contra los tres el hierro fuera del navío:*
L'un les deux classes au grand fera conduire,	*El uno las dos clases al grande hará conducir,*
Quand par le mail [1]. Dernier au front lui tire. [2]	*Cuando por el mazo. Ultimo a la frente le dispara.*

LA "NOCHE DE LOS CUCHILLOS LARGOS": Hitler y otros seis, en 1.934, harán lucir sus armas en el banquete contra Ernst Röhm, Gregor Strasser y el general Von Schleicher, para echarles fuera del navío del poder: En 1.944, por el político Karl Goerdeler, y el general B'eck, se hará conducir al Führer a Rastenburg, donde Stauffenberg le pondrá una bomba. Escapará ileso. No así en el último, cuando uno de sus principales secuaces, a la frente le dispara.

1.- Las bombas de mano alemanas, tenían forma de mazo.
2.- Ver pág. 123 de libro de Pier Carpi, antes mencionado. Allí dice el Papa Juan XXIII: "El hijo de la Bestia ha sobrevivido a tres atentados. No al cuarto. Le sirven para matar a quienes odia. Pero le llega su fin. Encerrado en su cubil..." Véase la cuarteta 689.

PROFECÍA 465 (II-55) 1.934

Dans le conflict le grand qui peu valloit,	*En el conflicto el grande que poco valía,*
A son dernier fera cas merveilleux,	*A su último hará caso maravilloso,*
Pendant qu'Hadrie verra ce qu'il falloit, [1]	*Mientras que Hadria verá lo que le era preciso,*
Dans le banquet pongnale l'orgueilleux.	*En el banquete apuñala al orgulloso.*

HITLER, DE SARGENTO A REICHSKANZLER: En el conflicto que habrá en Alemania, Hitler, el que poco valía, hará algo que asombrará: reprimirá a la oposición de derechas, en la "noche de los cuchillos largos", mientras Italia verá lo que le es preciso, y Petrus Kalemen matará en el banquete al orgulloso Alejandro I de Yugoslavia.

1.- Hadrie: Es Adria, C. italiana del Veneto. Es la Atria o Hadria o Hatria de los antiguos. Por extensión, Italia.

PROFECÍA 466 (VI-67) 1.934-45

Au grand Empire parviendra tout un autre,	*Al gran Imperio vendrá otro distinto,*
Bonté distant plus de félicité:	*Bondad distante más de felicidad:*
Regi par un issu non loing du peautre,	*Regido por uno surgido no lejos de populacho,*
Corruer regnes grande infelicité.	*Corromper reinos gran infelicidad.*

HITLER EN EL PODER: Muerto Hindenburg en 1.934, a la Presidencia del Reich vendrá Adolf Hitler, distante de la bondad y más de proporcionar felicidad a sus semejantes: El país alemán será regido por uno surgido no lejos del populacho, que irá a corromper reinos y a llevar una gran infelicidad a numerosas naciones.

PROFECÍA 467 (VI-99) 1.934-39

L'ennemy docte se tournera confus,	*El enemigo docto se volverá confuso,*
Grand camp malade, et de faict par embusches:	*Gran campo enfermo, y deshecho por emboscadas:*
Monts Pyrenées et Poenus luy seront faicts refus [1]	*Montes Pirineos y Poenus le habrán hecho rehuso*
Proche du fleuve decouvrant antiques oruches. [2]	*Próximo del río descubriendo antiguas rudezas.*

DERRUMBE DE LA REPÚBLICA ESPAÑOLA: El régimen republicano, enemigo docto de la Monarquía, se volverá confuso, desfallecerá en el campo de batalla, y será deshecho por las emboscadas de Franco: Le habrán hecho rehuso Africa y las zonas pirenaicas. Cerca del Ebro terminará la guerra, con represalia franquista contra los que hayan cometido crímenes de guerra.

1.- Poenus: Del latín "Poenus-a-um", de Cartago, cartaginés. Cartago es antigua colonia en el N. de Africa.

2.- oruches: De las francesas "rucher", encañonar, o de "rudes", rudos. En ambos casos, relativo a los métodos duros de represión franquista para con los vencidos.

PROFECÍA 468 (III-81) 1.934-45

Le grand criard sans honte audacieux,	*El gran gritón sinvergüenza audaz,*
Sera esleu gouverneur de l'armee:	*Será elegido gobernador del ejército:*
La hardiesse de son contentieux,	*La intrepidez de su contienda,*
Le pont rompu, cité de peur pasmee.	*El puente roto, ciudad de miedo aterrorizada.*

ADOLF HITLER: Hitler, con sus discursos vociferantes, su falta de escrúpulos, su cínica audacia, tendrá, en 1.941, el mando supremo del ejército: La intrepidez de su contienda, los puentes destruídos sobre los ríos de Polonia, la ruptura de la línea Maginot, causarán el terror de la ciudades polacas, de Rotterdam, de París, y de tantas otras.

PROFECÍA 469 (X-48) 1.934

Du plus profond de l'Espaigne enseigne,	*De lo más profundo de la España enseña,*
Sortant du bout et des fins de l'Europe,	*Saliendo de término y de los confines de Europa,*
Troubles passant aupres du pont de Laigne, [1]	*Tumultos pasando cerca del puente de Llanes,*
Sera deffaicte par bande sa grand troupe.	*Será deshecha por banda su gran tropa.*

FRANCO. LA REVUELTA DE ASTURIAS: De Galicia, lo más occidental de España, llevará su enseña, saliendo desde el término y confines de Europa, es decir, a través del Estrecho de Gibraltar, tras los tumultos reprimidos en Asturias, cerca de Llanes, en Octubre de 1.934, con pocos soldados de su gran tropa.

1.- Llanes: Municipio de España, prov. de Oviedo. Su nombre francés lo transcribe el profeta, como "Laigne".

PROFECÍA 470 (XI-44) 1.934-44

La belle rose en la France admirée, (Falso)	*La bella rosa en Francia admirada, (Falso)*
D'un très grand Prince à la fin désirée, (Falso)	*De un muy gran Príncipe al fin deseada, (Falso)*
Six cens et dix, lors naistront ses amours [1]	*Seiscientos y diez, entonces nacerán sus amores (1)*
Cinq ans après, sera d'un grand blessée,	*Cinco años después, será de un grande herida, (2)*
Du trait d'Amour, elle sera enlassée,	*Del trato de Amor, ella será abrazada, (4)*
Si à quinze du Ciel reçoit secours.	*Si en quince del Cielo recibe socorros. (3)*

DE LAS ALIANZAS A LA 2ª G.M.: Profecía manipulada por Vicent Seve de Beaucaire. En 1.934, como sobre el año 610, con la dinastía merovingia, nacerá el "romance político" de Unión Nacional en Francia, y el Pacto de no agresión de Alemania con Polonia, que, cinco años después, será lesionada por Hitler. Francia, si en 1.915 recibe socorros del Cielo, del trato de Amor divino no dispondrá en la 2ª G. M. y ella será abrazada por la tragedia.

1.- Tiempo endosado a Enrique IV por el adulador Vicent Seve. Ver cuartetas anteriores.

PROFECÍA 471 (XI-11) 1.934-39

Durant ce siecle on verra deux ruisseaux, [1]
Tout un terroir innonder de leurs eaux,
Et submerger par ruisseaux et fontaines: (Falso)
Coups et Moufrin [2] Beccoyran [3], et ales [4]
Par le gardon bien souvent travaillez, (Falso)
Six cens et quatre alez, et trente moines.

Durante este tiempo se verán dos riachuelos, (1)
Inundar todo un territorio con sus aguas, (3)
Y sumergir por torrentes y fontanas: (Falso)
Golpes en Moufrin Beconiano, y rápido (2)
En el cardillo muy a menudo trabajado, (Falso)
Seiscientos cuatro idos, y treinta menos. (4)

CRISIS EUROPEAS: Profecía manipulada por Vicent Seve de Beaucaire. Durante este tiempo se verán dos revueltas, la de Asturias, y la "noche de los cuchillos largos". Huelgas y ocupaciones en el Maine-et-Loire, donde está Bécon, rápido se extenderán por casi todo el territorio nacional. Serán seiscientos cuatro los diputados idos de los diferentes Gobiernos, incluido el Daladier, a pesar de ganar un voto de confianza, al tener la oposición treinta votos menos.

1.- Con "riachuelos", se refiere a pequeñas agitaciones sociales.
2.- Moufrin: Del francés "Moufle", aparejo, instrumentos, herramientas. Alude a un Sindicato obrero.
3.- Beccoyran: De Bécon, en la comarca del Maine y Loira.
4.- ales: Del latín "ales-itis", ligero, rápido.

PROFECÍA 472 (V-69) 1.935-36

Plus ne sera le grand en faux sommeil,
L'inquiétude viendra prende repos:
Dresser phalange d'or, azur et vermeil,
Subjuguer Affrique, la ronger jusques os.

Más no estará el grande en falso sueño,
La inquietud vendrá a tomar reposo:
Levantar falange de oro, azul y rojo,
Subyugar Africa, roerla hasta los huesos.

INVASIÓN ITALIANA DE ABISINIA: Víctor Manuel III, ya no estará con la pesadilla de que el Duce pudiera derribarle del trono, y su inquietud vendrá a tomar reposo: Mussolini, tras levantar un ejército de los tres sectores del pueblo italiano, le proclamará emperador de Abisinia, a la que invadirá y roerá hasta los huesos.

PROFECÍA 473 (III-62) 1.936-39

Proche del duero [1] par mer Cyrenne close, [2]
Viendra percer les grands monts Pyrenées.
La main plus courte et sa percés gloze, [3]
A Carcassonne conduira ses menées. [4]

Cerca del Duero por mar Cirene cerrado,
Vendrá a cruzar los grandes montes Pirineos.
La mano más corta y su manifiesta glosa,
A Carcasona conducirá sus mesnadas.

MARCHA TRIUNFAL DE FRANCO: Cerca del Duero, tras venir de Africa, por mar cerrado, vendrá a cruzar los grandes montes Pirineos. Con fuerzas más escasas y su manifiesta glosa, Franco conseguirá triunfar en la contienda, y hasta los límites con territorio francés conducirá sus ejércitos.

1.- Duero: río de la Península Ibérica.
2.- Cirene: Ant. Cap. de la Cirenaica, región de Africa del Norte.
3.- gloze: Es la voz francesa "glose", glosa.
4.- Carcasona: Cap. del dep. francés del Aude, en el Canal du Midi.

PROFECÍA 474 (V-52) 1.936-39

Un Roy fera qui donra l'opposite,	*Un Rey hará que dará la oposición,*
Les exilez eslevez sur le regne:	*Los exiliados alzados sobre el reino:*
De sang nager la gent caste hyppolite, [1]	*De sangre nadar la gente casta Hipólita,*
Et florira long temps sous telle enseigne.	*Y florecerá largo tiempo bajo tal enseña.*

LA CAÍDA DE LA REPÚBLICA ESPAÑOLA: Un Rey, Alfonso XIII, hará que se proclame la República, al dar motivos para la oposición del pueblo, hasta que los generales confinados se alzarán sobre el país: En sangre nadará la gente de la casta del vencedor de Hipólita, y florecerá, largo tiempo, bajo el régimen franquista, un gobierno autoritario.

1.- Hipólita: Reina de las amazonas, vencida por Hércules. El profeta, vuelve a hacer una bella síntesis, recordando que el E. de Gibraltar fue abierto por Hércules, cuyas columnas son los montes Calpe (España) y Abila (Marruecos), lugares clave en la guerra civil.

PROFECÍA 475 (V-55) 1.936-39

De la Felice Arabie contrade, [1]	*De la Fértil Arabia región,*
Naistra puissant de loy Mahométique,	*Nacerá potente de la ley Mahomética,*
Vexer l'Espaigne, conquester la Grenade,	*Vejar España, conquistar Granada,*
Et plus par mer à la gent Lygustique. [2]	*Y luego por mar de la gente Ligústica.*

EL NACIMIENTO DE FRANCO COMO CAUDILLO: En Junio de 1.936, de la fértil región de Marruecos, nacerá un potente Jefe ayudado de gente mahometana, que vejará a la España republicana, conquistará Granada, y luego, por mar, recibirá la ayuda de la gente italiana.

1.- Felice: Del latín "Felix-icis", fecundo, fértil.
2.- Ligústica: De Liguria, región de Italia.

PROFECÍA 476 (III-20) 1.936-39

Par les contrees du grand fleuve Bethique, [1]	*Por las comarcas del gran río Bético,*
Loin d'Ibere [2] au royaume de Grenade: [3]	*Lejos del Ebro al reino de Granada:*
Croix repoussees par gens Mahometiques,	*Cruces rechazadas por gentes Mahometanas,*
Un de Cordube trahira la contrade. [4]	*Uno de Córdoba traicionará la comarca.*

LA GUERRA CIVIL ESPAÑOLA: Por las comarcas del gran río Bético, el Guadalquivir, las tropas de Franco llevarán la guerra lejos, del Ebro hasta el reino de Granada: En esas tierras andaluzas donde los cristianos fueron rechazados por las gentes mahometanas, cuando uno de Córdoba traicionará a la comarca.

1.- Bético: De Betis, antiguo nombre del Guadalquivir, río de Andalucía, en España.
2.- Ibere: Del latín "Iberus", Ebro, río español.
3.- Granada: Prov. Esp. de Andalucía.
4.- Córdoba: Prov. Esp. de Andalucía.

PROFECÍA 477 (VI-19) 1.936-39

La vraye flamme engloutira la dame, [1]	*La verdadera llama engullirá a la dama,*
Que voudra mettre les Innocens à feu,	*Que querrá meter los Inocentes en fuego,*
Pres de l'assaut l'exercite s'enflamme, [2]	*Cerca del asalto el ejército se inflama,*
Quant dans Seville monstre en boeuf sera veu. [3]	*Cuando en Sevilla monstruo en buey será visto.*

EL ALZAMIENTO NACIONAL: Una auténtica llamarada de violencia engullirá a la República. En ese fuego se meterá a muchas víctimas inocentes. Cerca del asalto a la península, el ejército de Africa se inflama con la arenga del general Franco, que se levantará contra el gobierno del Frente Popular, cuando en Sevilla serán vistas las corridas de toros.

1.- Con "dama", el profeta designa a la República.
2.- exercite: Del latín "exercitus-us", ejército, tropas.
3.- El profeta ve como "monstruo", un toro de lidia, con el lomo cubierto de banderillas. También puede ser una censura a la "fiesta taurina".

PROFECÍA 478 (III-8) 1.936-39

Les Cimbres joints avecques leurs voisins, [1]	*Los Alemanes juntos con sus vecinos,*
Depopuler viendront presque l'Espaigne:	*A despoblar vendrán casi la España:*
Gens amassez, Guienne et Limosins, [2]	*Gentes reunidas, Guyena y Limousin,*
Seront en ligue, et leur feront campaigne.	*Estarán en liga, y les harán campaña.*

LAS BRIGADAS INTERNACIONALES: Los alemanes, junto con sus vecinos, los italianos, vendrán casi a despoblar España: Gentes reunidas, la mayoría voluntarios de varias regiones francesas, y de otros lugares, lucharán a favor de la República española, y les harán campaña.

1.- Los Cimbrios: Pueblo germánico.
2.- Regiones francesas, del SO y Centro.

PROFECÍA 479 (IV-3) 1.936-39

D'Arras et Bourges, de Brodes grans enseignes, [1]	*De Arras y Bourges, de Rodez grandes enseñas,*
Un plus grand nombre de Gascons battre à pied, [2]	*Un más grande número de Gascones batirse en pie,*
Ceux long du Rosne saigneront les Espaignes: [3]	*Los de lo largo del Ródano sangrarán las Españas:*
Proche du mont où Sagonte s'assied. [4]	*Próximo del monte donde Sagunto se asienta.*

VOLUNTARIOS FRANCESES EN LA G. C. E.: De toda Francia irán grandes contingentes a la guerra española, y un mayor número de gascones combatirán en infantería. Los de lo largo del Ródano, dejarán su sangre en las tierras de España: Abierta la ofensiva nacional en Levante, en Junio de 1.938, se marcharán, cinco meses después.

1.- Arras: C. del N. de Francia / Bourges: C. de Francia central. / Brodes: prótesis de Rodez, en el Sur de Francia.
2.- Gascones: De Gascuña, antigua Región de SO de Francia.
3.- Ródano: Río europeo.
4.- Sagunto: Ciudad de Valencia, en el Levante español.

PROFECÍA 480 (X-25) 1.936-37

Par Nebro [1] ouvrir de Brisanne passage, [2]	*Por Neurótico abrir de Britania travesía,*
Bien esloignez el rago fara muestra,	*Bien alejados la pasión hará muestra,*
Dans Pelligouxe sera commis l'outrage [3]	*En Alta mar será cometido el ultraje*
De la grand dame assise sur l'orchestra. [4]	*De la gran dama sentado sobre la orquesta.*

ABDICACIÓN DE EDUARDO VIII: Tildado de obseso por la "sangre azul" británica, dejará Inglaterra e iniciará la travesía en dirección a Dinamarca, donde piensa casarse con la bella señora Simpson. Bien alejados, la pasión hará muestra en alta mar, y la llamada "la boda del siglo", constituirá un ultraje para la casa real inglesa. Pero, el rey, preferirá el amor de la gran dama norteamericana, a estar dirigiendo su país.

1.- Nebro: Apócope de "névrosé", neurótico.
2.- Brisanne: Es "Britannie", Britania, nombre antiguo de Inglaterra.
3.- Pelligouxe: De "Pélagien", pelagiano (Altar mar)
4.- Simboliza la acción de dirigir el ritmo de un país, de empuñar la batuta del gobierno.

PROFECÍA 481 (III-24) 1.936-39

De l'entreprinse grande confusión.	*De la empresa gran confusión.*
Perte de gens, thresor innumerable:	*Pérdida de gentes, tesoro innumerable:*
Tu n'y dois faire encore tension,	*Tú no debes hacer aún allí tensión,*
France à mon dire fais que sois recordable.	*Francia, de mi decir haz que sea recordable.*

CONSEJO A FRANCIA: 1.936: De la sangrienta guerra civil española brotará gran confusión, pérdida de gentes y medios: Francia no debe hacer aún allí tensión, y sí lo posible para que sea recordado ese consejo.

PROFECÍA 482 (X-9) 1.937-39

De Castillon [1] figuieres jour de brune, [2]	*De Castilla higueras día de bruma,*
De femme naistra souverain prince [3]	*De mujer infame nacerá soberano príncipe*
Surnom de chausses perhume luy posthume [4]	*Sobrenombre de Socialistas para él mismo y después de él*
Onc Roy ne fut si pire en sa province. [5]	*Nunca hubo un Rey tan peor en su provincia.*

EL GOBIERNO DE NEGRÍN: De Castilla a la zona mediterránea, en un día brumoso, se trasladará Negrín, que nacerá de una mujer de clase humilde y será elegido Jefe de Gobierno. El Partido con el sobrenombre de "Socialistas", conseguirá el Poder para él mismo y otros después de él. Nunca hubo un Gobernante peor en España.

1.- Castillon: Castilla, región española.
2.- La higuera es un árbol típico de las zonas mediterráneas.
3.- Juan Negrín procedía de una muy modesta familia.
4.- Establece una analogía entre la palabra francesa "Souliers", zapatos (nombre de calzados) y "Socialistas", el partido político de Negrín.
5.- Con "Rey", denomina a monarcas, a Presidentes y Jefes de Gobierno.

PROFECÍA 483 (III-41) 1.937-40

Bossu sera esleu par le conseil,	*Concorvado será elegido por el consejo,*
Plus hideux monstre en terre n'apperceu,	*Más horrible monstruo en tierra no apercibido,*
Le coup voulant crevera l'oeil, [1]	*El golpe queriendo reventará el ojo,*
Le traistre au Roy pour fidele receu. [2]	*El traidor al Rey por fiel recibido.*

CHAMBERLAIN Y CHURCHILL: El concorvado Chamberlain, será elegido por el Consejo. No será percibido en la tierra un monstruo más horrible. Cuando Hitler masacrará al pueblo polaco, recibirá el golpe sabiéndolo, pero se hará el ciego. Le sucederá, en 1.940, Winston Churchill, el traidor al Rey, que, sin embargo, por fiel será recibido.

1.- "El golpe queriendo" y "reventará el ojo" son dos formas metafóricas para decir que consintió el hecho traumático, que ya sabía iba a ocurrir y luego se hizo el ciego, el desentendido.
2.- La traición de Churchill es confirmada en varias cuartetas. Ver la *PROFECÍA 444.*

PROFECÍA 484 (VI-90) 1.938

L'honnissement puant abominable	*El deshonor pestilente, abominable*
Apres le faict sera felicité:	*Después del hecho será felicitado:*
Grand excusé, pour n'estre favorable,	*Grande excusado, por no serle favorable,*
Qu'à paix Neptune ne sera incité.	*Que en paz Neptuno no estará incitado.*

LOS VERGONZOSOS PACTOS DE MUNICH: El deshonor más pestilente y abominable, después del hecho, farsa indigna, será felicitado: Hitler será excusado, cuando atacará Polonia, por no serle favorable lo pactado, mientras que en paz querrá estar Inglaterra, el país de Neptuno, que no entrará en guerra hasta que no estará incitado a ello.

PROFECÍA 485 (VIII-54) 1.938

Soubs la couleur du traicte mariage,
Fait magnanime par grand Chyren [1] Selin, [2]
Quintin, Arras recouvrez au voiage
D'espagnols fait second banc macelin. [3]

Bajo el pretexto del tratado alianza,
Hecho magnánimo por gran Chirén Inglaterra,
Quintin, Arras albergados en el viaje
De españoles hecha segunda carnicería.

DALADIER, EN LONDRES: Bajo el pretexto del tratado de alianza, y el motivo generoso de una solución pacífica para la crisis checa, el primer Ministro de Francia, Daladier, marchará a Londres, siendo albergados en el viaje, en Quintín y Arrás, cuando, de españoles, estará siendo hecha, la segunda carnicería del siglo.

1.- Chyren: Denominación de dinastía, referido al personaje que ostenta el poder en Francia,.
2.- Selín: Inglaterra, antigua "Selinunte sícula".
3.- banc macelin: Del francés "banc", banco, y del latín "mascellius-ii", carnicero. Es decir, banco de carnicero, carnicería.

PROFECÍA 486 (VIII-20) 1.938-39

Le faux message par election fainte
Courir par urben rompue pache arreste,
Voix acheptees, de sang chapelle tainte, [1]
Et à un autre l'empire contraicte.

El falso mensaje por elección fingida
Correr por ciudad roto paz perdida,
Voces aceptadas, de sangre capilla teñida,
Y a un otro el imperio contenido.

LA CONFERENCIA DE MUNICH: El falso acuerdo, hecho por elección fingida, que correrá por la ciudad de Munich, será roto y con ello, la paz perdida. Las voces considerando aceptadas las propuestas del Führer alemán, se verán desvirtuadas cuando, la sangre de los polacos y checos deje teñida hasta la capilla de los templos. Nadie hará nada y así espolearán el deseo de imperio contenido de Hitler.

1.- "acheptees": de "acceptar", aceptar.

PROFECÍA 487 (VII-28) 1.938-39

Le capitaine conduira grande proye [1]
Sur la montaigne des ennemis plus proche:
Environné, par feu fera telle voye
Tous eschappez, or trente mis en broche.

El capitán conducirá gran avanzada
Sobre la montaña de los enemigos más próxima:
Rodeado, por fuego hará tal camino
Todos escapados, menos treinta puestos en navaja.

OFENSIVA NACIONALISTA EN CATALUÑA: Muñoz Grandes conducirá la gran avanzada de sus tropas sobre los Pirineos, las montañas más próximas de los enemigos: Rodeado el territorio catalán, por el fuego de artillería, hará gran brecha en el bando republicano. Todos los del Gobierno escaparán, menos treinta, puestos en el filo de la navaja.

1.- proye: Es "proie", apócope del p.p. de "proicio", verbo latino. Significa avanzado, saliente, desbordante, etc.

PROFECÍA 488 (I-34) 1.938-39

L'oyseau de proye volant à la fenestre,
Avant conflict faict aux François pareure,
L'un bon prendra, l'un ambigu sinistre:
La partie foible tiendra par bon augure.

El pájaro de presa volando a la ventana,
Antes conflicto hace a los Franceses remedio,
El uno bueno tomará, el uno ambiguo desastre:
La parte débil tendrá por buen augurio.

LOS TRATADOS DE PAZ: Hitler aguardará como ave rapaz al acecho. Ante el posible conflicto, los pactos de Munich remediarán la intranquilidad de los franceses. Inglaterra tomará como bueno el Tratado, y Rusia permanecerá indiferente, o presintiendo el desastre: Invadida la parte débil, Polonia, su reserva mostrará ser un acertado augurio.

PROFECÍA 489 (III-38) 1.938

La gent Gauloise et nation estrange,	*La Gente Gálica y nación extranjera,*
Outre les monts, morts, prins et profligez,	*Más allá de los montes, muertos, presos y afligidos,*
Au moins contraire et proche de vendange,	*En el menos contrario y próximo de vendimia,*
Par les seigneurs en accord redigez.	*Por los señores el acuerdo firmado.*

DESCALABRO DE LAS BRIGADAS INTERNACIONALES: La gente francesa y demás extranjeros, más allá de los Pirineos, serán muertos, presos y afligidos, en Septiembre de 1.938, tiempo climáticamente menos contrario y cercano a la vendimia. Ese mismo mes, por Hitler, Mussolini, Daladier y Chamberlain, será firmado el acuerdo de Munich.

PROFECÍA 490 (III-83) 1.938-40

Les longs cheveux [1] de la Gaule Céltique; [2]	*Los largos cabellos de la Galia Céltica;*
Accompagnez d'estranges nations:	*Acompañados de extranjeras naciones:*
Mettront captif la gent Aquitanique, [3]	*Meterán cautiva la gente Aquitánica,*
Pur succomber à leurs intentions.	*Por sucumbir a sus intenciones.*

LA FARSA DE MUNICH: Los representantes políticos de Francia, acompañados de los de otras naciones extranjeras, Alemania, Italia e Inglaterra, harán la farsa de Munich: Apenas dos años después, las tropas germanas pondrán cautiva hasta la gente de Aquitania, por sucumbir el Gobierno francés, a las intenciones de Hitler.

1.- El profeta recuerda la larga peluca de los políticos y embajadores de su tiempo.
2.- Galia Céltica: El país de los celtas establecidos entre el Rhin y los Pirineos.
3.- Aquitánica: De Aquitania, invadida por uno de los pueblos germánicos pertenecientes a la familia gótica, los visigodos. El profeta considera a los alemanes, etnia común con los aquitanos franceses.

PROFECÍA 491 (II-54) 1.938-43

Par gent estrange et Romains loingtaine, [1]	*Por gente extranjera y Romanos alejada,*
Leur grand cité apres eaux fort troublée,	*Su gran ciudad después de aguas fuerte turbada,*
Fille sans trop different domaine, [2]	*Hija sin demasiado diferente dominio,*
Prins chef, terreur n'avoir esté riblée.	*Prisionero jefe, terror no haber sido grato.*

ITALIA, TRAS LOS ACUERDOS DE MUNICH: Por culpa de los dirigentes extranjeros e italianos, la paz será alejada del mundo. Italia, verá después su gran ciudad, Roma, fuertemente turbada por el diluvio bélico. Mussolini, diferente con su hija, sin demasiado dominio sobre ella, será prisionero, por no haber sido grato su régimen de terror.

1.- Con "Romanos", suele aludir a los italianos y "gente extranjera", los de otras naciones.
2.- Esposa del Conde Ciano.

PROFECÍA 492 (I-46) 1.938-40

Tout apres d'Aux, de Lestore et Mirande, [1]	*Muy cerca de Auch, de Lectoure y Mirande,*
Grand feu du ciel en trois nuicts tombera:	*Gran fuego del cielo en tres noches caerá:*
Cause adviendra bien stupende et Mirande, [2]	*Causa sucederá mucha estupefacción y Mirande,*
Bien peu apres la terre tremblera.	*Muy poco después la tierra temblará.*

SIGNOS EN EL CIELO EN VÍSPERAS DE LA 2ª G.M.: Muy cerca de Auch, de Lectoure y de Mirande, se verán en el cielo nocturno, las estelas del Gale, del Herschel-Rigollet y el Kulin: Y algo sucederá que llenará de gran estupefacción: La invasión de Polonia por los ejércitos de Hitler. Hasta Mirande, muy poco después, la tierra temblará.

1.- Auch, Lectoure, Mirande: Localidades del Sur de Francia.

2.- Stupende: Es el latín "stupens-ntis", dejar estupefacto.

PROFECÍA 493 (II-48) 1.928-39

La grand copie qui passera les monts,	*La gran tropa que pasará los montes,*
Saturne en l'Arcq tournant du poisson Mars: [1]	*Saturno en Sagitario volviendo de Piscis, Marte:*
Venins cachez soubs testes de saulmons, [2]	*Venenos ocultos bajo cabezas de salmones,*
Leur chief pendu à fil de polemars. [3]	*Su jefe suspendido en hilo de polea.*

VÍSPERAS DE LA 2ª G.M. EN FRANCIA: El ejército alemán pasará los montes, tras estar Saturno en Sagitario y Marte, volviendo de Piscis: Los venenos estarán ocultos bajo las cabezas de los salmones, para acabar con la vida del Jefe de Francia, Pétain, cuando su gobierno estará pendiente de un hilo, bajo la extorsión germana.

1.- "Arcq", es el Arquero Sagitario, y "Poisson", pez, Piscis.

2.- En 1.940 se intentó envenenar a Pétain, hecho poco conocido. Ver la 531.

3.- Forma metafórica de expresar que está pendiente de un hilo.

PROFECÍA 494 (VI-20) 1.919-39

L'union faincte sera peu de durée,	*La unión hecha será poco duradera,*
Des uns changez reformez la pluspart,	*Unos cambiados, reformados la mayor parte,*
Dans les vaisseaux sera gent endurée,[1]	*En los bajeles estará gente endurecida,*
Lors aura Rome un nouveau liepart.	*Entonces habrá en Roma un nuevo leopardo.*

FRACASO DE LA SOCIEDAD DE NACIONES: La unión hecha en 1.919, será poco duradera. Los pactos serán, unos cambiados y reformados la mayor parte. En los timones de los países estará gente endurecida, que llevarán al mundo a una Segunda y más terrible conflagración. Entonces habrá en Roma un nuevo gobernante.

1.- De 1.922 a 1.936, docena y media de gobiernos europeos son dictatoriales, muchos de ellos tras sendos golpes de Estado. "Gente endurecida", dice el profeta.

PROFECÍA 495 (XI-53) 1.915-39

Plusieurs mourront avant que Phoenix meure, [1]	*Muchos morirán antes de que Fénix muera, (1)*
Jusques six cents septante est sa demeure,	*Hasta seiscientos setenta está su residencia, (3)*
Passé quinze ans, vingt et un, trente-neuf,	*Pasados quince años, veintiuno, treinta y nueve, (2)*
Le premier est subjet à maladie, (Falso)	*El primero está sujeto a enfermedad, (Falso)*
Et le second au fer danger de vie, (Falso)	*Y el segundo al hierro peligro de vida, (Falso)*
Au feu à l'eau est subjet trente-neuf.	*Al fuego al agua está sujeto treinta y nueve. (4)*

LA SINIESTRA PRIMERA MITAD DEL SIGLO XX: Profecía manipulada por Vicent Seve de Beaucaire. Muchos morirán antes de que Hitler muera. Pasados quince años del siglo, el mundo estará envuelto en la 1ª G. M., y transcurridos veintiuno más, tras ésta, se llegará al año treinta y nueve, y estará su residencia hasta después de matar varios cientos de oficiales de su propio país, en el diluvio de fuego, al que el orbe estará sujeto, en 1.939.

1.- Phoenix: Fénix, ave fabulosa que los antiguos creyeron que renacía de sus cenizas. Tenía la forma de un águila que se quemaba en su nido con los rayos del Sol, cercano su fin. Es evidente la similitud con Hitler, el del águila, muerto en su bunker.

PROFECÍA 496 (I-89) 1.936-40

Tous ceux de Illerde seront dans la Moselle, [1]	*Todos los de Alemania estarán en el Mosela,*
Mettant à mort tous ceux de Loire et Seine,	*Poniendo en muerte a todos los del Loira y Sena,*
Le cours [2] marin viendra pres d´Haute-velle, [3]	*La incursión marina llegará cerca de Hauteville,*
Quand Espagnols ouvrira toute veine.	*Cuando Españoles abrirán toda vena.*

DE LA GUERRA CIVIL ESPAÑOLA A LA MUNDIAL: Todos los de Alemania estarán en el Mosela, matando a todos los del Loira y Sena, hasta la incursión marina, en Normandía primero, y después en el Sur de Francia, que llegará cerca de Hauteville, cuando los españoles se desangrarán.

1.- Illerde: Paragoge de "Iller", río alemán. Los de "Illerda", serán, pues, los de Alemania.
2.- cours: En sentido militar significa "incursión", "correría".
3.- Haute-velle: Es Hauteville, localidad francesa, cerca de la frontera suiza.

PROFECÍA 497 (I-82) 1.919-1.939

Quand les colonnes de bois grande tremblée,	*Cuando los pilares de madera gran temblor,*
D´austere conduicte, couverte de rubriche, [1]	*De austeridad conducida, cubierta de tierra roja,*
Tant vuidera dehors grande assemblée,	*Tanto vaciará fuera de gran asamblea,*
Trembler Vienne et le pays d´Austriche.	*Temblar Viena y el país de Austria.*

LA Iª G. M., SEMILLA DE LA 2ª: Cuando los pilares de madera de los puentes temblarán al paso de las columnas motorizadas germanas, Francia, conducida austeramente, verá su tierra enrojecida por la sangre, como consecuencia de tanto rencor como se vaciará fuera del Tratado de Versalles, tras temblar Viena y todo el país de Austria.

1.- rubriche: Del latín "rubrica-ae", tierra roja, almogre. En sentido figurado, quiere decir "tierra ensangrentada".

PROFECÍA 498 (V-92) 1.939

Apres le siege tenu dix sept ans,	*Después de la sede tenida diecisiete años,*
Cinq changeront en tel revolu terme:	*Cinco cambiarán en tal revolución terminada:*
Puis sera esleu de mesme temps,	*Después será elegido al mismo tiempo,*
Qui des Romains ne sera trop conforme.	*Quien de los Romanos no estará demasiado conforme.*

ELECCIÓN DE PÍO XII: Después de la sede tenida diecisiete años por Pío XI, vendrá la época que irá situando la revolución de Mercurio, Venus, Júpiter, Saturno y Urano, terminada en la conjunción con el Sol del 10 de Mayo de 1.941: Después, al mismo tiempo, será elegido Pío XII, con un Papado en desacuerdo con los dirigentes italianos.

PROFECÍA 499 (XI-15) 1.939-1.958

Nouveau esleu patron du grand vaisseau,	*Nuevo elegido patrón del gran bajel, (1)*
Verra long temps briller le cler flambeau,	*Verá largo tiempo brillar la clara antorcha, (3)*
Qui sert de lampe à ce grand territoire,	*Que sirve de lámpara a este gran territorio, (2)*
Et auquel temps armez sous son nom, (Falso)	*Y en aquel tiempo armados bajo su nombre, (Falso)*
Joinctes à celles de 1´heureux de Bourbon, (Falso)	*Juntos a aquellas del dichoso Borbón, (Falso)*
Levant, Ponant, et Couchant sa mémoire.	*Levante, Poniente, y ocultando su memoria. (4)*

PÍO XII, EL PASTOR ANGÉLICUS: Otra cuarteta manipulada por Vicent Seve de Beaucaire. Pío XII, será el nuevo elegido como patrón del gran navío de la Iglesia Católica, que sirve de luz a este gran territorio del mundo, que verá brillar durante largo tiempo la clara antorcha de su Pontificado, en Levante y Poniente, ocultando luego su memoria.

PROFECÍA 500 (V-56) 1.939-1.958

Par le trespas du tres vieillard Pontife,
Sera esleu Romain de bon aage,
Qui sera dict que le siege debiffe,
Et long tiendra et de picquant ouvrage.[1]

Por la muerte del muy viejo Pontífice,
Será elegido Romano de buena edad,
Que será dicho que la Sede desfigura,
Y largo la tendrá y de picante obra.

MUERTE DE PÍO XI. ELECCIÓN DE PÍO XII: Por la muerte del octogenario Pío XI, será elegido el Cardenal romano, ya sesentón, Eugenio Pacelli, con el nombre de Pío XII. Que de él será dicho que la Sede desfigura, por aquellos que le odiarán por su integridad, y largo tiempo tendrá su Pontificado, lleno de santa prudencia e incidente obra.

1.- picquant: Epéntesis del francés "piquant", picante, punzante. En sentido figurado, incidente, polémica.

SEXTA CENTURIA

Desde el comienzo de la 2ª Guerra Mundial hasta el desembarco de Normandía
(1.939-1.944).

PROFECÍA 501 (XI-1) 1.939

Siècle nouveau, alliance nouvelle,
Un Marquisat mis dedans la nacelle, [1]
A qui plus fort des deux l´emportera;
D´un Duc d´un Roy, gallere de Florence, (Falso)
Port à Marseille, Pucelle dans la France, (Falso)
De Catherine fort chef on rasera.

Siglo nuevo, alianza nueva, (1)
Un Marquesado puesto dentro de la navecilla, (3)
A quien más fuerte de los dos lo obtendrá; (2)
De un Duque de un Rey, galera de Florencia, (Falso)
Puerto en Marsella, Doncella en Francia, (Falso)
De Catalina fuerte jefe se arrasará. (4)

PÍO XII Y LA 2ª GUERRA MUNDIAL: Alterada por Vicent Seve de Beaucaire. Siglo nuevo, alianza nueva. Quien sea más fuerte de los dos bloques, obtendrá el predominio. Dentro de la Iglesia será puesto un Papa, de sangre y porte aristocrático, Pío XII. Un poderoso Jefe de Estado, Adolf Hitler, arrasará a la Francia de Catalina de Médicis.

1.- Con la palabra "navecilla", el profeta se refiere a la Iglesia.

PROFECÍA 502 (II-82) 1.939

Par faim la proye fera loup prisonnier,
L'assaillant lors en estreme detresse,
Le nay ayant au devant le dernier,
Le grand n'eschappe au milieu de la presse.

Por hambre la presa hará lobo prisionero,
Asaltándole entonces en extrema habilidad,
El nacido teniendo por delante el último,
El grande no escapa en medio de la urgencia.

LA RENDICIÓN DE MADRID: Por hambre, el ejército rebelde intentará rendir a Madrid, alrededor de la cual estará prisionero de su afán. Sólo lo conseguirá, tras la extrema habilidad de Franco, nacido como nuevo Jefe de España, teniendo por delante, en la huida, el último Gobierno de la República. Julián Besteiro, no escapa, en medio de la urgencia.

PROFECÍA 503 (XI-10) 1.939-1.945

Ambassadeur pour une Dame, (Falso)	*Embajador para una Dama, (Falso)*
A son vaisseau mettra la rame, (Falso)	*En su bajel pondrá el remo, (Falso)*
Pour prier le gran medecin:	*Para rogar al gran médico: (2)*
Que de l'oster de telle peine,	*Que le prive de tal dolor, (1)*
Mais en ce s'opposera Royne	*Más a esto se opondrá la Reina (3)*
Grand peine avant qu'en veoir la fin.	*Gran disgusto antes de ver el final. (4)*

EL CONSEJO DEL PROFETA: Profecía alterada por Vicent Seve de Beaucaire. El mundo, para que le prive de tal dolor, debe unirse para rogar al gran médico, Dios, que no estalle la 2ª G. M.: Más a esto se opondrá la Iglesia, Reina de la Cristiandad, y su vicario Pío XII, que tendrá un gran disgusto antes de ver el final.

PROFECÍA 504 (IX-81) 1.939

Le Roy rusé entendra ses embusches	*El Rey astuto entenderá sus trampas*
De trois quartiers ennemis assaillir,	*De tres cuarteles enemigos asaltar,*
Un nombre estrange larmes de coqueluches [1]	*Un nombre extraño lágrimas de capuchas*
Viendra Lemprin du traducteur saillir. [2]	*Vendrá el Negrín del traductor saltar.*

EL TRIUNFO FINAL DE FRANCO: El astuto Franco vislumbrará las trampas, luego que, tres cuarteles, de la Montaña, de Santa María de la Cabeza, y en Málaga, los enemigos asaltarán. El Generalísimo acabará con los padecimientos de los religiosos, mientras el Gobierno de Negrín huirá a la tierra del profeta, Francia.

1.- Lo de "un nombre extraño" lo dice por la denominación "de la Cabeza", dada a la Virgen.
2.- Lemprin: El profeta escribió "Le negrin", refiriéndose a Negrín. El editor, tomaría la "en" por una "m" y la "p" por una "g".

PROFECÍA 505 (VII bis-2)1.939

L'Occidente libre, les Isles Britanniques,	*El Occidente libre, las Islas Británicas*
Le recognu passer le bas, puis haut	*El reconocido pasar lo bajo, después alto*
Ne content triste Rebel [1]. corss [2]. Escotiqùes [3]	*No contento triste Rebeldía corsa Escolásticos*
Puis rebeller par plus et par nuict chaut.	*Después rebelar por más y por noche cálida.*

MUERTE DEL PAPA PÍO XI: El Occidente libre, y las Islas Británicas, en peligro, cuando el reconocido vicario de Cristo, Pío XI, pasará lo bajo y después lo alto del sufrimiento. No contento, sino triste, por la rebeldía de Mussolini contra los religiosos, morirá el 9 de Febrero de 1.939. Después vendrá la rebeldía mayor contra la paz planetaria, por una noche cálida de Septiembre de ese mismo año.

1.- Rebel: Apócope de "Rébellion", rebelión, rebeldía.
2.- corss.: De "corse", corso, natural de Córcega. En tiempo del profeta estaba bajo la influencia italiana.
3.- Escotiques: Forma sincopada del francés "Scolastiques", Escolásticos.

PROFECÍA 506 (I-19) 1.939

Los que serpens viendront circuir l'are, [1]	*Cuando serpientes vendrán a circundar el área,*
Le sang Troyen vexé par les Espaignes: [2]	*La sangre Troyana vejada por las Españas:*
Par eux grand nombre en sera fait tare,	*Por ellos gran número será de ella hecha merma,*
Chef fuict, caché au mares dans les saignes. [3]	*Jefe huye, escondido en los mares de sangre.*

FINAL DE LA GUERRA CIVIL ESPAÑOLA: Cuando los astutos alemanes vendrán a circundar el área francesa, el régimen republicano, ya habrá sido vejado por las tierras de España: Por ellos, será hecha la merma de gran número de vidas, y, al final, Negrín huye, tras haberse protegido en los mares de sangre.

1.- Símil aludiendo a las astucia alemana en las Ardenas.

2.- La República, habrá creado conflicto a la Monarquía española, de linaje francés, cuyos reyes tienen por antecesor a Francus, el principe troyano.

3.- fuict: Es de "fuir", huir.

PROFECÍA 507 (II-39) 1.939

Un an devant le conflict Italique,	*Un año antes del conflicto Itálico,*
Germains, Gaulois, Espagnols pour le fort,	*Germanos, Galos, Españoles por el fuerte,*
Cherra l'escolle maison de republique,	*Revolverá la escuela casa de república,*
Oú hors mis peu, seront suffoquez mors.	*Donde fuera puestos poco, serán sofocados muertos.*

FIN DE LA GUERRA CIVIL ESPAÑOLA: Un año antes del conflicto bélico entre gente italiana, alemanes y franceses, los españoles estarán dominados por el poderoso general Franco, que revolverá la estructura republicana y excluirá a sus partidarios del poder, los desterrará, los encarcelará, los reprimirá y los matará, todo en poco tiempo.

PROFECÍA 508 (IX-25) 1.939

Passant les ponts, venir pres des rosiers,	*Pasando los puentes, venir cerca de los rosales,*
Tard arrivé plutost [1] qu'il cuydera, [2]	*Tarde llegando antes que él golpeará,*
Viendront les nouses [3] Espanols à Beziers, [4]	*Vendrán los raquíticos Españoles a Beziers,*
Qu´ a icelle chasse emprinse cassera.	*Que en esta caza empresa fracasará.*

HUIDA DE LOS REPUBLICANOS: Pasando los pasos pirenaicos, los franceses los verán venir, cerca del tiempo de los rosales, en la primavera de 1.939, huyendo de la represalia fascista, que habrá llegado tarde para ellos. Vendrán los desnutridos españoles a Beziers, por cientos de miles; que, en esta captura, la empresa franquista fracasará.

1.- plutost: Es el término francés "plutôt", antes, primero.

2.- cuydera: Del latín "cudo-di-sum", golpear, batir.

3.- nouses: Del francés "nouer", que en sentido figurado significa "ponerse raquítico".

4.- Beziers: C. del S. de Francia, en el Canal du Midi.

PROFECÍA 509 (VI-12) 1.939-40

Dresser copies pour monter à l'Empire, [1]	*Levantar tropas para subir al Imperio,*
Du Vatican le sang Royal tiendra: [2]	*Del Vaticano la sangre Real tendrá:*
Flamans, Anglois, Espagne avec Aspire, [3]	*Flamencos, Ingleses, España con Áspero,*
Contre l'Italie et France contendra. [4]	*Contra Italia y Francia contenderá.*

FRANCO, JEFE DEL ESTADO. LA 2ª G. M.: El general Franco, que levantará tropas para subir al Poder, hasta del Vaticano será reconocido como Jefe del Estado español: Los flamencos e ingleses, mientras España estará con el represor Franco, contra Italia y a favor de Francia, contenderán.

1.- copies: Del latín "copia-ae", tropas, fuerzas militares.

2.- Los Jefes de Estado son "un sangre Real", es decir, un monarca.

3.- Aspire: Epéntesis de Apre, áspero, rudo, duro.

4.- contendra: Del latín "contendo-tendi-tentum", luchar, rivalizar, contender, disputar.

PROFECÍA 510 (III-69) 1.939-40

Gran exercite conduict par iouvenceau, [1]
Se viendra rendre aux mains des ennemis,
Mais le vieillard nay au demi pourceau,
Fera Chalon et Mascon estre amis. [2]

Gran ejército conducido por jovenzuelo,
Se vendrá a rendir a manos de los enemigos,
Pero el viejo nacido al medio puerco,
Hará a Châlons y Mâcon ser amigos.

FRANCO Y PÉTAIN: La España republicana, ante un gran ejército conducido por un general muy joven, Franco, se vendrá a rendir a manos de los enemigos, pero, el viejo Pétain, recién nacido como Presidente, plegado al semi-bestial Hitler, hará que los franceses confraternicen con las fuerzas del Eje.

1.- Franco, general de pequeña estatura, muy joven, parecía un «jovenzuelo».
2.- Châlons y Mâcon: Châlons-sur-Marne, a la altura de Paris, y a Mâcon, a la altura de Vichy, indica la situación del país, con la separación entre la «Francia ocupada» y la «Francia de Vichy».

PROFECÍA 511 (VI-25)1.939

Par Mars contraire sera la monarchie, [1]
Du grand pescheur en trouble ruyneux, [2]
Jeune noir rouge prenda la hierarchie,
Les prodieurs iront jour bruyneux.

Por Guerra contraria será la monarquía,
Del gran pescador trastornada ruina,
Joven negro rojo tomará la jerarquía,
Los traidores irán día brumoso.

PÍO XII Y LA 2ª G. M: Por la 2ª G. M., contraria será la monarquía del Papa Pío XII, a que la Humanidad sea trastornada y puesta en ruina, por el hombre joven, vestido de negro, con el brazalete rojo nazi, que tomará la jerarquía en Alemania, Hitler, luego que los alemanes, traidores a los acuerdos de Munich, irán a invadir Polonia, un día brumoso.

1.- Mars: Es Marte, Dios de la Guerra.
2.- Alude a la Iglesia y a la barca del pescador, el discípulo de Jesús.

PROFECÍA 512 (VI-3) 1.939

Fleuve qu'esprouve le nouveau nay Celtique,
Sera en grande de l'Empire discorde:
Le jeune Prince par gent Ecclesiastique,
Ostera le sceptre coronal de concorde.

Río que es prueba el nuevo nacido Céltico,
Será por grande del Imperio discordia:
El joven Príncipe por gente Eclesiástica,
Quitará el cetro coronal de concordia.

NUEVO CONFLICTO MUNDIAL: Nueva riada bélica, es prueba para el recién nacido Jefe del Estado, Pétain, cuando será provocada, por el grande del Imperio alemán, Hitler, la discordia: Tras la derrota de la República que quitará el cetro y la hegemonía de la corona al joven rey español Alfonso XIII, apoyado por gente Eclesiástica.

PROFECÍA 513 (II-24) 1.939-43

Bestes farouches de faim fleuves tranner,
Plus part du champ encontre Hister sera, [1]
En caige de fer le grand fera treisner,
Quand rien enfant de Germain observera.

Bestias enfurecidas de hambre ríos vadear,
Mas parte del campo en contra de Hister estará,
En caja de hierro él grande hará arrastrar,
Cuando nada el hijo de Germania observará.

LA OFENSIVA ALEMANA. SU FRACASO EN RUSIA: Como bestias enfurecidas por el hambre, los alemanes vadearán los ríos de Europa. La mayor parte de su territorio, en contra de los del Danubio, estará. Stalin hará de su país una fortaleza de hierro, a la que arrastrará al Führer, que no percibirá nada hasta que se estrellará en ella.

1.- Hister: Nombre latino del río Danubio.

PROFECÍA 514 (V-85) 1.939-45

Par les Sueves et lieux circonvoisins, [1]
Seront en guerre pour cause des nuées: [2]
Gamp marins locustes [3] et confins, [4]
Du Leman fautes seront bien desnuées.

Por los Suevos y lugares circunvecinos,
Estarán en guerra por causa de los despojos:
Gámbaros marinos, langostas y confines,
Del Leman faltas serán muy desnudadas.

INICIO DE LA 2ª G. M.: Los alemanes y los países circundantes entrarán en guerra, por sentirse despojados los germanos: Barcos, submarinos, aviones..., hasta los confines del mundo llevarán el horror. Los errores de la Sociedad de Naciones, del lago Leman, quedarán muy al desnudo.

1.- Suevos: Pueblo germánico, establecido entre el Elba y el Oder.

2.- Se refiere a los despojos sufridos por los alemanes, «desnudos» por la Paz de Versalles.

3.- Los «gámbaros», camarones marinos, figura original para describir los «monstruos» militares del mar.

4.- locustes: Del latin «iocusta-ae», langosta. Otra figura para describir a las aeronaves, de tipo apocalíptico.

PROFECÍA 515 (II-40) 1.939-45

Un peu apres non point longue intervalle,
Par mer et terre sera faict grand tumulte.
Beaucoup plus grande sera pugne navalle,
Feux, animaux, qui plus feront d'insulte.

Un poco después sin ningún largo intervalo,
Por mar y tierra será hecho un gran tumulto.
Mucho más grande será pugna naval,
Fuegos, animales, que más harán de insulto.

LA SEGUNDA GUERRA MUNDIAL: Un poco después, sin ningún largo intervalo, tras ser invadida Polonia, un gran tumulto se extenderá por tierra y por mar. Mucho más grande será la pugna naval, por los mortíferos submarinos. Además de las armas de fuego, serán los hombres embrutecidos como animales, los que más ultrajes harán.

PROFECÍA 516 (IV-41) 1.939-45

Gymnique [1] sexe [2] captive par hostage, [3]
Viendra de nuict custodes decevoir,
Le chef du camp deceu par son langage,
Lairra à la gente, fera piteux à voir.

Danza bélica sexenio cautiva por adversario,
Vendrá de noche custodios a sorprender,
El jefe del campo frustrado por su lenguaje,
Abandonará por la gente, dará pena de verlo.

LA FRUSTRACIÓN DE PÉTAIN: La danza bélica tendrá cautiva a la Humanidad un sexenio, por el adversario de la paz, Hitler, que vendrá de noche para sorprender a sus custodios: El jefe del campo francés, Pétain, frustrado por su amenaza oral, abandonará su orgullo por su pueblo, dará pena verlo.

1.- Gymnique: Es «gimnica», la lucha de los atletas, y a las danzas imitadas. En este caso, «danza bélica».

2.- sexe: Abreviatura del latín «sexennium-ii», espacio de seis años, sexenio.

3.- hostage: Del latín «hostis-is», extranjero, enemigo de guerra, adversario.

PROFECÍA 517 (IX-94) 1.939-41

Foibles galeres seront unies ensemble,
Ennemis faux le plus fort en rempart:
Faible assaillies Vratislave tremble, [1]
Lubecq [2] et Mysne [3] tiendront barbare part. [4]

Débiles galeras estarán unidas conjuntamente,
Enemigos falsos el más fuerte en defensa:
Débiles asaltados Bratislava tiembla,
Lübeck y Maine tendrán bárbara parte.

EL ATAQUE ARROLLADOR DE HITLER: Las barcas estarán unidas conjuntamente, para que los alemanes vadeen los ríos polacos. Tras lo amañado por los "enemigos falsos", Inglaterra tendrá que defenderse: Asaltados los polacos, Bratislava tiembla, y también el N. de Europa, Francia y Africa del Norte, tendrán su parte de atrocidad.

1.- Bratislava: Cap. de Eslovaquia.

2.- Lübeck: C. del NO de Alemania.

3.- Mysne: Anagrama de «Mysen», localidad al S. de Oslo y también Maine, en Francia.

4.- Con la palabra «bárbaro», el profeta suele referirse al pueblo musulmán o a su territorio.

PROFECÍA 518 (XI-14) 1.939-40

Au grand siège encore grands forfaits, (Falso)	*En el sitio aún grandes fechorías, (Falso)*
Recommençant plus que jamais (Falso)	*Recomenzando más que nunca, (Falso)*
Six cents et cinq sur la verdure,[1]	*Seiscientos y cinco sobre el verdor,*
La prise et reprise sera,	*La conquista y reconquista será,*
Soldats es champs jusqu'en froidure,	*Soldados están campaña hasta el frío,*
Puis après recommencera.	*Luego después recomenzará.*

INVASIÓN ALEMANA: Profecía alterada por Vicent Seve de Beaucaire. Sobre la primavera de 1.939, Hitler emprenderá la reconquista de los territorios que considera suyos y la conquista de los que no lo son. Los soldados estarán en campaña hasta el invierno. Luego habrá un compás de espera y, después, la lucha recomenzará.

1.- Con el número 605, sustituyó otras palabras, pero esto no altera el sentido del verso. Tal vez una, pueda ser «recomenzando», palabra del verso falso anterior. Alude sin duda a los sucesos, en las primaveras de 1.939 y 1.940, con la expresión «sobre el verdor».

PROFECÍA 519 (VIII-35) 1.940

Dedans l'entrée de Garonne et Bayse, [1]	*Dentro de la entrada de Garona y Bayse,*
Et la forest non loing de damazan, [2]	*Y el bosque no lejos de de-Marsan,*
Du marsaves gelées, puis gresle et bise	*Campos helados, después granizo y ventisca,*
Dordonnois [2] gelle par erreur de Mezan. [4]	*Dordoña helada por error de Mezán.*

HIELO Y ESPANTO EN EL SUROESTE DE FRANCIA: Dentro de la entrada del río Garona y sus afluentes, y en el bosque no lejos de Mont-de-Marsan, los campos helados, después serán azotados por la tormenta y el vendaval de la guerra hasta el suroeste del país, por el error francés cometido en la zona de Metz.

1.- Garona: Río del SO de Francia.
2.- damazan: Es «demazan», comarca «demarsana», la zona de Mont-de-Marsan, en Las Landas.
3.- Dordoña: Dep. del SO de Francia.
4.- Mezan: Es «Metzan», zona de Metz, ciudad del NE de Francia.

PROFECÍA 520 (X-34) 1.940

Gaulois qu'empire par guerre occupera,	*Galo que imperio por guerra ocupará,*
Par son beau frere mineur sera trahy, [1]	*Por su cuñado menor será traicionado,*
Par cheval rude voltigeant trainera,	*Por caballo rudo volteado, arrastrado,*
Du fait le frere long temps sera hay.	*Del hecho el hermano largo tiempo será odiado.*

LA TRAGEDIA DE PÉTAIN: El Mariscal Pétain, que ocupará el Poder, por la guerra, será traicionado por uno de menor rango dentro de la familia militar. Por una situación tan difícil de controlar como un caballo salvaje, será volteado y arrastrado. Culpable del hecho, Laval, de la familia política del Mariscal, será largo tiempo odiado.

1.- En el tiempo de su huida a Londres, De Gaulle era un personaje menor, del que no se consideraba posible su mandato.

PROFECÍA 521 (III-53) 1.940

Quand le plus grand emportera le pris,
De Nuremberg, d'Ausbourg et ceux de Basle
Par Agrippine chef Frankfort repris, [1]
Traverseront par Flamant jusqu'en Gale.

Cuando el más grande se llevará al atacado,
De Nuremberg, de Ausburgo y los de Basilea,
Por Agripina jefe Frankfurt apresado,
Atravesarán por Flandes hasta la Galia.

ATAQUE ALEMÁN A FRANCIA E INGLATERRA: Cuando Inglaterra se llevará al atacado rey de Noruega, tendrá que defenderse de los alemanes, que cruzarán la República francesa, país por el Jefe alemán apresado. Los germanos llevarán el ataque más allá del Canal, después que atravesarán por los Países Bajos hacia Francia.

1.- Alude a Agripina, esposa de Enobarbo, para referirse a la República francesa.

PROFECÍA 522 (VI-30) 1.940

Par l'apparence de faincte saincteté,
Sera trahy aux ennemis le siege:
Nuict qu'on cuidot dormir en seureté,
Pres de Braban marcheront ceux de Liege. [1]

Por la apariencia de fingida santidad,
Será engañado a los enemigos el sitio:
Noche que se creía poder dormir en seguridad,
Cerca de Brabante marcharán los de Lieja.

INVASIÓN DE LOS PAISES BAJOS: Por la apariencia fingida de su honor, firmará Hitler en Munich, y luego le será escamoteado a sus enemigos el sitio por donde atacará: La noche del 9 al 10 de Mayo de 1.940, que los habitantes creían poder dormir en seguridad, los alemanes iniciarán violentos ataques aéreos sobre los Países Bajos y los invadirán.

1.-Brabante: Antigua región de los Países Bajos.

PROFECÍA 523 (IX-87) 1.940

Par la forest du Touphon essartée, [1]
Par hermitage sera posé le temple, [2]
Le Duc [3] d'Estempes [4] par sa ruse inventée, [5]
Du mont Lehoci prelat donra exemple. [6]

Por la selva del Tufón desbrozada,
Por ermita será puesto el templo,
El Jefe de Etampes por su astucia inventada,
Del monte Celio prelado dará ejemplo.

LOS TEMORES DE PÉTAIN. LA PRUDENCIA DE PÍO XII: Por los bosques desbrozados y las calizas de las Ardenas entrarán los alemanes, y en Vichy será puesto el Gobierno de París. Pétain será el Jefe, por la astuta amenaza imaginada por Hitler. Cerca del monte Celio, en Roma, el Papa Pío XII, dará ejemplo de prudencia.

1.- Touphon: Del latin «Tophus-i», toba, piedra caliza. Alude a las Ardenas, con mármol, piedra caliza metamórfica.
2.- Simboliza que algo grande se empequeñece.
3.- Duc: Del latín «dux-cis», guía, jefe, caudillo.
4.- Estempes: Es Etampes, C. al S. de París.
5.- Pétain creyó que oponerse a los nazis era hacer más grande el desastre de Francia.
6.- Es «Lehoci» , «Leoci», un anagrama de «Celio», monte de Roma.

PROFECÍA 524 (X-50) 1.940

La Meuse au jour terre de Luxembourg, [1]
Decouvrira Saturne et trois en lurne: [2]
Montaigne et pleine, ville, cité et bourg,
Lorrain deluge, trahison par grand hurne. [3]

El Mosa al día tierra de Luxemburgo,
Descubrirá Saturno y tres en la urna:
Montaña y llanura, villa, ciudad y pueblo,
Lorena diluvio, traición por grande consumada.

LA BATALLA DE FRANCIA: Cruzando el Mosa los alemanes, al día siguiente de ocupar la tierra de Luxemburgo, Francia descubrirá las pruebas duras, y tras salir tres dirigentes en la urna electoral:

Se luchará en la montaña y en la llanura, en toda villa, ciudad y pueblo, tras el diluvio bélico sobre Lorena, con la traición por Hitler consumada.

1.- Mosa: Río de Europa occidental.
2.- Saturno, es el planeta del Karma.
3.- Lorena: Región y antigua prov. de Francia.

PROFECÍA 525 (II-14) 1.940

A Tours, Gien, gardé seront yeux penetrants, [1]	*De Tours, Gien, guardado serán ojos penetrantes,*
Descouvriront de loing la grande sereine:	*Descubrirán de lejos la gran serenidad:*
Elle et sa suite au port seront entrans, [2]	*Ella y su enlace al puente estarán entrando,*
Combat, poussez, pussance souveraine.	*Combate, empujados, potencia soberana.*

INVASIÓN ALEMANA DE FRANCIA: En la 1ª G. M., el Loira, de Tours a Gien, será guardado por ojos penetrantes, que descubrirán la guerra de lejos y tendrán gran serenidad: En 1.940, como si ella tuviera su enlace con la 2ª, verán que los alemanes estarán entrando al puente del río, y serán empujados al combate por el poder de la fuerza.

1.- Tours y Gien: Localidades francesas a orillas del Loira.
2.- No es «port», sino «pont», puente.

PROFECÍA 526 (IV-80) 1.940

Pres du grand fleuve, grand fosse, terre egeste, [1]	*Cerca del gran río, gran fosa, tierra sacada,*
En quinze pars sera l'eau divisée:	*En quince partes será el agua dividida:*
La cité prinse, feu, sang, cris, conflict mettre,	*La ciudad tomada, fuego, sangre, gritos, conflicto poner,*
Et la plus part concerne au collisée. [2]	*Y la mayor parte concierne en la colisión.*

ROTURA DE LA LÍNEA MAGINOT: La "Línea Maginot," cerca del Rhin, con grandes excavaciones, fortificaciones y multitud de canales, será rota: París será tomada por los alemanes, poniendo un conflicto de fuego, sangre y gritos en todo el país, e implicando a la mayoría de los franceses en el choque.

1.- egeste: De «egero-gessi-gestum», sacar, extraer, excavar.
2.- collisée: De «collido-lisi-lisum», colisionar, chocar.

PROFECÍA 527 (VI-98) 1.940

Ruyné aux Volsques de peur si fort terribles, [1]	*Arruinada en los Vosgos de miedo tan fuerte terribles,*
Leur grand cité taincte, faict pestilent:	*Su gran ciudad manchada, hecha pestilente:*
Piller Sol, Lune, et violer leurs temples: [2]	*Saquear oro, plata, y violar sus templos:*
Et les deux fleuves rougir de sang coulant. [3]	*Y los dos ríos enrojecer de sangre corriendo.*

PÁNICO EN LOS VOSGOS: Arruinada la "línea Maginot" en los Vosgos habrá un miedo muy fuerte, por las terribles consecuencias. La población verá cómo París, su gran ciudad, es deteriorada por los invasores: Saquearán el oro, la plata, y violarán sus templos: Y los dos ríos, Mosa y Marne, como el Aisne y el Somme, correrán enrojecidos de sangre.

1.- Vosgos: Cordillera del NE de Francia.
2.- El oro y la plata, son metales relacionados con el Sol y la Luna, respectivamente.
3.- Episodios sangrientos transcurren entre los ríos Mosa y Marne. La ruptura de los frentes del Aisne y el Somme, provocarán el pánico.

PROFECÍA 528 (VII-20) 1.940

Ambassadeurs de la Toscane langue, [1]	*Embajadores de la Toscana lengua,*
Avril et May Alpes et mer passée,	*Abril y Mayo Alpes y mar pasados,*
Celuy de veau exposera l'harangue,	*Aquél que de becerro expondrá la arenga,*
Vie Gauloise ne venant effacer. [2]	*Vía Gálica viniendo a eclipsar.*

MUSSOLINI AYUDA A HITLER: Embajadores, como Ciano Galeazzo, no impedirán que, entre Abril y Mayo de 1.940, sean pasados los Alpes y el mar, por aquél que, con embestida de becerro, expondrá la arenga, Mussolini; pero, el ejército vía país galo, tendrá que eclipsar su ofensiva, por el armisticio franco-alemán en Compiègne, el 22 de Junio.

1.- Ciano Galeazzo, yerno de Mussolini y Ministro del Exterior de Italia, nació en la Toscana.
2.- En sentido figurado.

PROFECÍA 529 (III-7) 1.940

Les fugitifs, feu du ciel sus les piques,	*Los fugitivos, fuego del cielo sobre las picas,*
Conflict prochain des corbeaux s'esbatans,	*Conflicto próximo de los cuervos regocijando,*
De terre on crie, aide, secours celiques,	*De tierra se grita, ayuda, socorros celestes,*
Quand pres des murs seront les combattans.	*Cuando cerca de los muros estarán los combatientes.*

LA BATALLA DE FRANCIA: Los franceses irán fugitivos, mientras los bombarderos alemanes lanzarán del cielo fuego infernal sobre las máquinas de guerra. El conflicto próximo hará el regocijo de los cuervos, mientras, de tierra, se grita pidiendo ayuda, socorro de la aviación, cuando ya estarán cerca de los muros de París los combatientes germanos.

PROFECÍA 530 (XII bis-65) 1.940

A tenir fort par fureur contraindra,	*A mantenerse fuerte por furor obligará,*
Tout coeur trembler, Langon advent terrible: [1]	*Todo corazón temblar, Langon suceso terrible:*
Le coup de pied mille pieds se rendra, [2]	*El golpe de pie mil pies se volverá,*
Gyrond, Garond, ne furent plus horribles. [3]	*Gironda, Garona, no fueron más horribles.*

EL FUROR DE CHURCHILL: A mantenerse fuerte, por furor, Churchill a su pueblo obligará. Todo corazón temblará en el país inglés, cuando hasta Langon llegue el hecho terrible de la derrota francesa: La invasión germana se volverá vertiginosa, y llegará a la Gironda y el Garona, donde los hechos que se producirán, nunca fueron más horribles.

1.- Langon: Localidad francesa en el SO de Francia, a orillas del Garona.
2.- Forma simbólica de decir que una invasión recorrerá rápidamente gran distancia.
3.- Gironda: Estuario formado por la confluencia de los ríos franceses Garona y Dordoña, en el SO de Francia.

PROFECÍA 531 (VII-42) 1.940

Deux de poisson saisis nouveaux venus,	*Dos de los peces cogidos nuevos venidos,*
Dans la cuisine du grand Prince verser,	*En la cocina del gran Príncipe entregar,*
Par le soüillard tous deux au faict cogneus,	*Por el desaguadero todos dos al hecho conocidos,*
Prins que cuidoit de mort l'aisné vexer. [1]	*Preso quien deseaba, de muerte, al antes nacido vejar.*

ATENTADO CONTRA PÉTAIN: Dos de los peces recién llegados, entregados en la cocina del palacio presidencial, por el desaguadero, los dos, conocido el hecho, querrán hacerlos desaparecer, y será preso quien deseaba, de muerte, a la antigua gloria de Francia, Pétain, perjudicar.

1.- Nostradamus puede llegar mas lejos que la misma Historia. De este hecho, sólo hubo algunas filtraciones y rumores.

PROFECÍA 532 (XI-54) 1.940

Six cent et quinze, vingt, gran Dame mourra, [1] (Falso)	*Seiscientos y quince, veinte, gran Dama morirá, (F)*
Et peu après un fort long temps plouvra (Falso)	*Y poco después un muy largo tiempo lloverá (Falso)*
Plusieurs pays, Flandres et Angleterre [2]	*Varios países, Flandes e Inglaterra (1)*
Seront par feu et par fer affligez,	*Serán por fuego y por hierro afligidos (2)*
De leurs voisins longuement assiégés	*De sus vecinos largamente asediados (4)*
Contraints seront de leur faire la guerre.	*Constreñidos serán de hacerles la guerra. (3)*

LA CAMPAÑA ALEMANA DE OCCIDENTE: Es otra cuarteta retocada por Vicent Seve de Beaucaire. Varios países, entre ellos Flandes e Inglaterra, serán afligidos por los ataques bélicos, y serán constreñidos a hacerles la guerra a sus vecinos los alemanes, de los que estarán largamente asediados.

1.-Verso falso. Seve ignoraba que Enrique IV moriría en 1610.
2.- Flandes: Región costera franco-belga-holandesa.

PROFECÍA 533 (V-98) 1.940

A quarante huict degré climaterique,	*A cuarenta y ocho grados climáticos,*
Afin de Cáncer si grande seicheresse: [1]	*Al fin de Cáncer tan gran sequedad:*
Poisson en mer, fleuve, lac cuit hectique, [2]	*Pez en mar, río, lago, cocido, héctico,*
Bearn, Bigorre par feu ciel en detresse. [3]	*Bearn, Bigorre por fuego cielo en angustia.*

OLA DE CALOR EN FRANCIA: Los termómetros llegarán a cuarenta y ocho grados, y a finales de Cáncer, en Julio, habrá una gran sequedad: Los peces en el mar, en los ríos y en los lagos, morirán cocidos por la alta temperatura. Hasta las comarcas francesas de Bearn y Bigorre, habrá llegado la angustia por los bombardeos germanos.

1.- Cáncer: Cuarto signo del Zodíaco (22 de Junio a 24 de Julio).
2.- héctico: Dícese de la fiebre propia de las enfermedades consuntivas.
3.- Bearn y Bigorre: Regiones del SO de Francia comprendidas en el dep. de los Altos Pirineos.

PROFECÍA 534 (II-86) 1.940

Naufrage à classe pres d'onde Hadriatique, [1]	*Naufragio de la flota cerca de la onda Adrática,*
La terre tremble, esmüe sus l'air en terre mis, [2]	*La tierra tiembla, estremecida bajo el aire en tierra puesto,*
Egypte tremble augment Mahometique, [3]	*Egipto tiembla por aumento mahometano,*
L'Herault soy rendre à crier est commis. [4]	*El Heraldo volverse a gritar ha comenzado.*

LA GUERRA EN ÁFRICA DEL NORTE: Será hundida la flota francesa cerca del mar Adriático, mientras la tierra de Malta tiembla, estremecida por los bombardeos. Egipto tiembla por el aumento del conflicto en el territorio mahometano. Los medios de comunicación volverán a gritar que ha comenzado la guerra, en otro nuevo continente.

1.- Onde Hadriatique: Es el mar Adriático, parte del Mediterráneo.
2.- Malta forma parte de un grupo de 5 islas en el Mediterráneo, a 90 kms. al S. de Sicilia.
3.- Mahometique: Se refiere a «Mahometano», o que profesa el mahometismo.
4.- Heraldo: Mensajero.

LAS PROFECÍAS DE NOSTRADAMUS

PROFECÍA 535 (II-61) 1.940-41

Enge [1], Tamins [2], Gironde [3] et la Rochelle, [4]
O sang Troyen [5] Mort au post de la flesche,[6]
Derrier le fleuve au fort mise l'eschelle,
Pointes feu grand meurtre sus la bresche.

Enghien, Támesis, Gironda y la Rochela,
¡Oh, sangre Troyano Muerto después de la flecha!
Detrás del río al fuerte puesta la escala,
Dardos fuego gran muerte bajo la brecha.

EXPANSIÓN ALEMANA. INVASIÓN DE GRECIA: Desde Bélgica, los alemanes alcanzarán la costa atlántica por la Gironda y la Rochela, mirando hacia Inglaterra. En Abril de 1.941, invadirán Grecia. ¡0h, cuánta sangre desde el troyano Héctor muerto por Aquiles, que después morirá por la flecha de Paris! Desde Sofía, detrás del río Iskar, al territorio griego harán la escalada, y sus armas de fuego harán una gran mortandad, tras la brecha en la «línea Metaxas».

1.- Enge: Abreviatura de «Enghien», localidad de Bélgica.
2.- Tamins: Es el Támesis, río de Inglaterra.
3.- Gironda: Estuario del Garona y el Dordoña, en el SO de Francia.
4.- La Rochella: La Rochelle. C. del O. de Francia.
5.- Troyano: Natural de Troya, antigua cap. de la Tríade sobre una colina.
6.- Post.- Adverbio latino: después, luego, detrás. En vez de "port".

PROFECÍA 536 (IV-32) 1.940-41

Es lieux et temps chair au poisson donra lieu, [1]
La loy commune sera faite au contraire:
Vieux tiendra fort puis osté du milieu,
Le Panta chiona Philon mis fort en arrière. [2]

En lugares y tiempos carne al pescado dará lugar,
La ley común será hecha al contrario:
El viejo tendrá fortaleza, después apartado del medio,
Los Comunistas puestos muy atrás.

LA CAÍDA DE LA III REPÚBLICA: Serán los tiempos y lugares en que, el materialismo carnal, dará lugar al deseo de espiritualidad. Con una nueva Constitución, Francia pasará de un régimen parlamentario a otro presidencialista: El viejo Mariscal tendrá fortaleza, pero, después será quitado del medio y los Comunistas tendrán dificultades.

1.- Expresión que marca la sustitución del materialismo por la enseñanza espiritual que, en la época de Piscis, trajo el «pescador de hombres».
2.- Le Panta chiona Philon: Expresión griega que significa que, «todo es común para todos», base de la doctrina comunista.

PROFECÍA 537 (II-21) 1.941

L'ambassadeur envoyé par biremes, [1]
A my chemin d'incogneus repoulsez;
De les renfort viendront quattre triremes, [2]
Cordes et chaines en Negrepont troussez. [3]

El embajador enviado por birreme,
A medio camino de desconocido frenado;
De los refuerzos vendrán cuatro trirremes,
Cuerdas y cadenas en Mar Negro recogidos.

NUEVO FRACASO INGLÉS: Como en tiempos de Lord Kitchener, embajador enviado por barco y a medio camino, por un peligro desconocido, frenado, en 1.941, los ingleses, en las Termópilas, serán barridos por los alemanes, a pesar de los refuerzos de cuatro navíos, siendo recogidos, los no atrapados, en el Mar Negro, Grecia o Creta.

1.- Birreme: Galera con dos órdenes de remos.
2.- Trirreme: Barco antiguo con tres filas de remos.
3.- Negrepont: Es el Mar Negro, el antiguo Ponto Euxino, mar interior unido al Mediterráneo oriental por el Bósforo, el Mar de Mármara y los Dardanelos.

PROFECÍA 538 (X-66) 1.940-41

Le chef de Londres par regne l'Americh, [1]	*El jefe de Londres por reino la América,*
L'Isle d'Escosse t'empiera par gelées:	*La Isla de Escocia empeorará por helada:*
Roy Reb [2] auront un si faux Antechrist, [3]	*Rey Rebeldes tendrán un tan falso Anticristo,*
Qui les mettra trestous dans la meslée. ·	*Que los meterá a todos en la refriega.*

ROOSEVELT Y STALIN: El Presidente de los Estados Unidos, Roosevelt, creará el Consejo Nacional de Defensa, cuando, hasta en Escocia empeorará la situación por la helada: Los revolucionarios rusos tendrán de Presidente a Stalin, un Anticristo tan falso que, con la «Gran guerra patriótica», los meterá a todos en la refriega.

1.- Denomina al Presidente norteamericano "jefe de Londres" por su ascendencia.
2.- Roy Reb: "Reb" es abreviatura del latín "rebellis-e", revoltoso, rebelde, revolucionario, puede traducirse, por "Rey de los revolucionarios".
3.- Nostradamus llama «Anticristo» a Stalin, por su conducta diabólica y porque lidera a los bolcheviques ateos.

PROFECÍA 539 (X-31) 1.941

Le sainct empire viendra en Germanie, [1]	*El santo Imperio vendrá en Alemania,*
Ismaëlites trouveront lieux ouverts: [2]	*Ismaelitas encontrarán lugares abiertos:*
Anes voudront aussi la Carmanie, [3]	*Años querrán también la Armenia*
Les soustenans de terre tous couverts.	*Los resistentes de tierra todos cubiertos.*

LA INVASIÓN ALEMANA: El Santo Imperio de Rusia, vendrá a ser objetivo en Alemania, mientras los musulmanes encontrarán sus lugares abiertos a la terrible guerra: En los años siguientes, los germanos querrán también todos los territorios hasta Armenia. Todos los que resistan serán enterrados.

1.- Germania: Nombre latino de Alemania.
2.- Ismaelitas: Dícese de los árabes, agarenos o sarracenos, como descendientes de Ismael, hijo de Abraham y de su esclava Agar.
3.- Carmanie: Se refiere a Armenia, región montañosa al SE del Mar Negro.

PROFECÍA 540 (XI-47) 1.941

Le grand d'Hongrie, ira dans la nacelle, [1]	*El grande de Hungría, irá en la nave, (3)*
Le nouveau né, fera guerre nouvelle,	*El último nacido, hará nueva guerra, (1)*
A son voisin qu'il tiendra assiegé,	*A su vecino al cual tendrá sitiado, (2)*
Et le noireau avec son altesse, (Falso)	*Y el moreno con su alteza, (Falso)*
Ne souffrira, que par trop ou le presse, (Falso)	*Y sufrirá por ello, que por demasiado presionado (F)*
Durant trois ans ses gens tiendra rangé.	*Durante tres años a sus gentes mantendrá alineadas. (4)*

EL PROTAGONISMO ALEMÁN: Profecía manipulada por Vicente Seve de Beaucaire. 1.941. Rommel, reciente genio militar, hará la nueva guerra del desierto, mientras Hitler tendrá sitiado a su vecino el Mariscal Pétain. Rudolf Hess irá en avión hacia la Gran Bretaña, y durante tres años, el Führer mantendrá a sus gentes alineadas en Francia.

1.- Expone una localización, identificando a la Alemania de la 2ª G. M. con uno de los Imperios Centrales de la 1ª G.M.

PROFECÍA 541 (VIII-15) 1.941

Vers Aquilon grands efforts par hommasse	*Hacia Aquilón grandes esfuerzos por hombruna*
Presque l'Europe et l'univers vexer,	*Casi Europa y el universo vejar,*
Les deux eclyses mettra en telle chasse,	*Las dos iglesias pondrá en tal persecución,*
Et aux Pannons vie et mort renforcer.	*Y a los Panones vida y muerte reforzar.*

LA AGRESIÓN HITLERIANA: El día 22 de Junio de 1.941, hacia Rusia iniciarán su avance más de 150 divisiones alemanas. Casi toda Europa y el mundo, Hitler querrá vejar. Las dos iglesias, hebrea y católica, perseguirá ferozmente y los húngaros serán masacrados por el ejército alemán.

PROFECÍA 542 (VIII-40) 1.941

Le sang du Juste par Taurer [1] la daurade, [2]
Pour se venger contre les Saturnins [3]
Au nouveau lac plongeront la maynade,
Puis marcheront contre les Albanins.

La sangre del Justo por Tarabulus la dorada,
Para vengarse contra los Rusos
En el nuevo lago zambullirán la mesnada,
Después marcharán contra los Albaneses.

LA "OPERACIÓN BARBARROJA": Adolf Hitler, se considerará un Federico I, el que irá donde había sido derramada la sangre de Cristo-Jesús, por Tarabulus, la de la dorada arena. Para vengarse contra los rusos, zambullirán sus tropas en el nuevo lago de hielo que forman las nevadas estepas rusas, tras marchar contra los de Albania.

1.- Taurer: Abreviatura de «Tarabulus», antiguo nombre de Trípoli. Se llama «trípoli» a la sílice pulverulenta amarillo-rojiza (la dorada)
2.- Federico I Barbarroja, emperador de Alemania, encabezó la 3ª Cruzada.
3.- Saturninos: Saturno, planeta que controla a Rusia.

PROFECÍA 543 (II-91) 1.941

Soleil levant un grand feu lon verra,
Bruit et clarté vers Aquilon tendants, [1]
Dedans le rond mort et cris l´on orra,
Par glaive feu, faim, mort les attendans.

Al salir el Sol un gran fuego se verá,
Ruido y claridad hacia Rusia tendientes
Dentro el círculo muerte y gritos se le oirá,
Por espada, fuego, hambre, muerte les aguardan.

LA GUERRA EN LA UNIÓN SOVIÉTICA: Al salir el Sol del día 22 de Junio de 1.941, un gran incendio bélico se verá, cuyo ruido y claridad irán en dirección hacia Rusia. Hasta dentro del Círculo Polar Artico llegará la muerte y se oirán los gritos de los combatientes. La muerte les aguardará, por las armas de fuego y el hambre.

1.- Aquilón: Viento del Norte. Con este nombre, generalmente, Nostradamus suele referirse a Rusia.

PROFECÍA 544 (III-23) 1.941

Si France passe outre mer Lygustique, [1]
Tu te verras en isles et mers enclos: [2]
Mahomet contraire plus mer Hadriatique,
Chevaux et asnes [3] tu rongeras les os. [4]

Si Francia pasas más allá mar Liguria,
Tú te verás en islas y mares encerrada:
Mahometano contrario más mar Adriático,
Caballos y Asnos tú roerás los huesos.

ADVERTENCIA DESOÍDA POR FRANCIA: Es clara: "Si pasas, Francia, más allá del mar de Liguria, tú te verás en islas y mares encerrada": Francia la desoirá y tendrá dificultades en Siria y Líbano. El pueblo mahometano le será contrario y más aún los alemanes del mar Adriático. Los combates entre los de Vichy y de la "Francia libre" llevarán la ruina y el hambre a estos países musulmanes.

1.- Lygustique: Liguria, Región del Norte de Italia.
2.- Siempre que Francia ha atravesado los mares e islas del Mediterráneo oriental, se ha encontrado con graves problemas.
3.- Los franceses de Vichy y los de la "Francia libre" usaban estas caballerías en sus desplazamientos.
4.- Con "roer los huesos", simboliza el arruinar a alguien, arrasarlo, desgastarlo, despojarlo totalmente.

PROFECÍA 545 (III-12) 1.941

Par le tumeur de Heb [1], Po, Tag, Timbre, et Rome, [2]
Et par l´estang Leman et Aretin: [3]
Les deux grands chefs et citez de Garonne,
Prins, morts, noyez. Partir humain butin.

Por la aflicción de Hebrón, Po, Taglio, Tíber, y Roma,
Y por el lago Leman y Arezzo:
Los dos grandes jefes y ciudades de Garona,
Apresados, muertos, ahogados. Partir humano botín.

EL DOLOR DE FRANCIA: Por la aflicción que producirán los sucesos de Oriente Medio, y los procedentes del lago Leman, y de Italia, el mal de Francia se incrementará: Los dos grandes jefes,

Rommel y Montgomery, lucharán, y los de las ciudades del Garona habrán sido apresados, muertos, ahogados, y Francia repartida como un botín humano.

1.- Heb: Abreviatura de Hebrón, Ciudad de Jordania. Ubica por esta zona los combates entre las tropas de Vichy y de la "Francia libre", en 1.941.
2.- Tag: Abreviatura de Taglia de Po, localidad italiana.
3.- Aretin: Es el territorio italiano de Arezzo, en Toscana.

PROFECÍA 546 (IV-68) 1.941

En lieu bien proche non esloigné de Venus, [1]
Les deux plus grands de l´Asie et d´Affrique,
Du Ryn [2] et Hister qu´on dira sont venus, [3]
Cris, pleurs à Malte et costé Lygustique. [4]

En lugar muy próximo no alejado de Venus,
Los dos más grandes de Asia y Africa,
Del Rhin y del Danubio que se dirá son venidos,
Gritos, llantos en Malta y costa Ligústica.

LA GUERRA EN EL MEDITERRÁNEO: En lugar muy próximo, no alejado del territorio que rige Venus, implicados ya los dos más grandes de Asia y Africa, japoneses y musulmanes, se extenderá el conflicto promovido por los venidos del Rhin y del Danubio, habrá gritos y llantos en la isla de Malta y la costa de Génova.

1.- El planeta Venus rige Chipre y Asia Menor.
2.- Rhin: Río de Europa Occidental. Atraviesa a Alemania.
3.- Hister: Nombre antiguo del río Danubio, que nace en Alemania.
4.- Lygustique: Del latín "ligusticus", ligurino, perteneciente a Liguria, región de Italia.

PROFECÍA 547 (II-78) 1.941

Le grand Neptune du profond de la mer, [1]
De gent Púnique [2] et sang Gaulois meslé: [3]
Les Isles à sang pour le tardif ramer,
Plus luy nuira que l´occult mal célé.

El gran Neptuno del profundo de la mar,
De gente Púnica y sangre gala mezclada:
Las Islas en sangre por el tardío remar,
Más le dañará que lo oculto mal celado.

LA GUERRA GENERALIZADA: Se verá el dominio del gran Neptuno del fondo del mar invadido por los submarinos. En el Norte de Africa, la masacre de gente musulmana y sangre francesa mezclada: Creta y las Islas del Dodecaneso tintas en sangre, en la retirada inglesa en barcos pesqueros de lento remar, mientras el general Wavell sufrirá reveses a manos de Rommel, que dañará más su prestigio militar que el material bélico perdido sin tiempo de ocultarlo.

1.- Neptuno, dios del mar.
2.- Púnique: Es Púnica, gente cartaginesa, de Cartago.
3.- Gaulois: Gala, francesa.

PROFECÍA 548 (IV-26) 1.941

Lou grand eyssame se levra d´abelhos, [1]
Que non sauran don te siegen venguddos: [2]
Deuech [3] l´ebousq, lou gach dessous las treilhos, [4]
Ciutard trahido per cinq lengos non nudos. [5]

El gran enjambre de abejas se elevará,
Que no sabrán de dónde han venido: /emparrado,
Sacado del nido les sorprende, lo oculto debajo el
Ciudad traicionada por cinco delegados no descu biertos.

ATAQUE SORPRESA A PEARL HARBOUR: El gran escuadrón de bombarderos japoneses se elevará sobre la flota estadounidense, que no sabrán de dónde han venido: Sacado de las cubiertas donde irá escondido, oculto debajo del emparrado construido con ese fin. Pearl Harbour será traicionada por cinco delegados no descubiertos por la Historia.

1.- Simboliza una gran escuadrilla de aviones.
2.- Venguddos: Arcaismo que significa "venidos".
3.- Deuech: Es Denech. Viene de "denicher", sacar del nido.
4.- Ebousq: De "ebouriffer", sorprender.

5.- Lengos non nudos: Expresión latina formada por "Lengos", de "lego", delegar, "non", adverbio, no, y "nudos", de "nudo", desnudar, descubrir, mostrar, y que puede traducirse por "delegados no descubiertos".

PROFECÍA 549 (IV-75) 1.941-1.942

Prest à combattre fera defection,	*Presto a combatir hará defección,*
Chef adversaire obtiendra la victoire:	*Jefe adversario obtendrá la victoria:*
L´arriere garde fera defension,	*La retaguardia hará defensa,*
Les defaillans mort au blanc territoire.	*Los desfallecientes muertos en blanco territorio.*

LA OFENSIVA SOVIÉTICA DE INVIERNO: Presto a combatir, ante Moscú, el ejército alemán tendrá que aplazarlo. Los rusos se repondrán y el general Zhukov obtendrá la victoria: La retaguardia germana hará defensa contra los ataques de los guerrilleros rusos. Los desfallecientes, enfermos y heridos, serán muertos en el blanco territorio.

PROFECÍA 550 (IX-56) 1.940-1.942

Camp pres de Noudam [1] passera Goussan ville, [2]	*Campamento cerca de Noudam pasará Goussan ciudad,*
Et à Malotes laissera son enseigne, [3]	*Y a Malteses dejará su marca,*
Convertira en instant plus de mille,	*Convertirá en instante más de mil,*
Cherchant les deux remettre en chaine et legne.	*Buscando los dos poner en cadena y argolla.*

BOMBARDEOS SOBRE MALTA: El campamento germano cerca del Cabo Norte, tras pasar por el paralelo cercano a la ciudad de Gusselby. Y a los malteses dejarán su marca, con un ataque aéreo que, en un instante se convertirá en más de mil. Rommel y Montgomery medirán sus fuerzas en el desierto, buscando los dos someter a su adversario.

1.- Noudam: Entre "Nougare", anagrama de Noruega y "Nordkapp", Cabo Norte.
2.- Goussan: Es "Gusselby", localidad sueca, situada en el mismo paralelo que Oslo, capital de Noruega.
3.- Malotes: Viene del francés "maltais", maltés, natural de Malta.

PROFECÍA 551 (VI-80) 1.941-1.942

De Fez le regne parviendra à ceux d´Europe, [1]	*Desde Fez el reino llegará a los de Europa,*
Feu leur cité, et lame trenchera:	*Fuego su ciudad, y espada cortará:*
Le gran d´Asie terre et mer à grand troupe,	*El grande de Asia tierra y mar con gran tropa,*
Que bleux, pers, croix, à mort de chassera. [2]	*Que azules, perseguir, cruz, a muerte excavará.*

INVASIÓN JAPONESA EN ASIA: Desde el reino de Marruecos, la guerra llegará a los de Europa, el fuego incendiará sus ciudades y se matará a sus pobladores: El Japón iniciará una ofensiva por tierra y mar, con grandes fuerzas, persiguiendo a los de la cruz y excavando la tumba de todo aquél que se le oponrá por las azules aguas del Pacífico.

1.- Fez: Ciudad de Marruecos.
2.- pers: Abreviatura de la palabra francesa "persécuter", perseguir, acosar, molestar.

JOSÉ GARCÍA ÁLVAREZ

PROFECÍA 552 (X-32) 1.940-1.942

Le grand empire chacun en devoit estre,
Un sur les autres le viendra obtenir:
Mais peu de temps sera son regne et estre,
Deux ans aux naves se pourra soustenir. [1]

El gran imperio cada uno debe ser de él,
Uno sobre los otros le vendrá a obtener:
Pero poco tiempo será su reino y ser,
Dos años en las naves se podrá sostener.

PRECARIEDAD DEL IMPERIO FRANCÉS: Cada uno pensará que el gran imperio francés, debe ser de él. Caído Daladier y dimitido Reynaud, obtendrá la jefatura del Estado el Mariscal Pétain: Pero, poco tiempo durará su gobierno y mandato, y, apenas dos años, por la flota, el Imperio se podrá sostener.

1.- Naves: Del latín "navis-is", nave, embarcación.

PROFECÍA 553 (II-52) 1.941-1.942

Dans plusieurs nuits la terre tremblera,
Sur le printemps deux efforts suite,
Corinthe [1], Ephese aux deux mers nagera, [2]
Guerre s´esmeut par deux vaillants de luite.

En varias noches la tierra temblará,
Sobre la primavera dos esfuerzos sucesivos,
Corinto, Efeso en los dos mares nadará,
Guerra suscitada por dos valientes de lucha.

LA "OPERACIÓN MARITA": Durante varias noches la tierra de Belgrado temblará. Sobre la primavera, los alemanes harán dos esfuerzos sucesivos para ocupar, primero Yugoslavia y luego Grecia. Esta operación se extenderá desde Corinto a Efeso, y hará nadar la sangre en los mares Jónico y Egeo, mientras en los desiertos de Africa del Norte se desarrollará la guerra suscitada entre dos valientes luchadores, Rommel y Montgomery.

1.- Corinto: Ciudad y puerto del Peloponeso.
2.- Efeso: Antigua ciudad griega de la costa jónica del Mar Egeo.

PROFECÍA 554 (V-54) 1.940-1.942

Du pont Euxine [1], et la grand´Tartarie, [2]
Un Roy sera qui viendra voir la Gaule,
Transpercera Alane et l´Armenie, [3]
Et dans Bisance lairra sanglante Gaule. [4]

Del Ponto Euxino y la gran Tartaria,
Un Rey será quien vendrá a ver la Galia,
Atravesará Alano y Armenia,
Y en Bizancio dejará sangrienta Vara.

OFENSIVA DE HITLER: Del Mar Negro y de Rusia será invasor el Führer, que vendrá a Francia. Su ejército atravesará Europa como el pueblo Alano y llegará hasta Armenia, y en Bizancio dejará caer su sangrienta vara bélica.

1.- Ponto Euxino: Nombre antiguo del Mar Negro.
2.- Tartaria: República autónoma de la U.R.S.S. Por extensión, Rusia.
3.- Alane: Nombre del pueblo alano en alemán.
4.- Bizancio: Constantinopla. La mayor ciudad de Turquía.

PROFECÍA 555 (III-87) 1.942

Classe Gauloise n´aproches de Corsegne. [1]
Moins de Sardaigne tu t´en repentiras: [2]
Trestous mourrez frustrez de l´aide grogne,
Sang nagera, captif ne me croiras.

Flota Francesa no te aproximes a Córcega.
Menos de Cerdeña o tú te arrepentirás de ello:
Pronto todos moriréis privados de la ayuda deseada,
Sangre nadará, cautivo no me creerás.

ADVERTENCIA A LA FLOTA FRANCESA: También clara: " Flota Francesa, no te aproximes a Córcega. Menos de Cerdeña o tú te arrepentirás de ello": Advierte a los marinos franceses, en Tolón, que pronto todos morirán, si lo hacen, privados de la ayuda deseada, y su sangre flotará en el mar y muchos serán cautivos, si no creen lo que les dice.

1.- Córcega: Isla del Mediterráneo occidental.
2.- Cerdeña: Isla del Mediterráneo, situada al Sur de Córcega.

PROFECÍA 556 (I-55) 1.941-1.942

Soubz l´opposite climat Babylonique, [1]	*Bajo el opuesto clima Babilónico,*
Grande sera de sang effusion,	*Grande será de sangre la efusión,*
Que terre et mer, air, ciel sera inique,	*Que tierra y mar, aire, cielo será inicuo,*
Sectes, faim, regnes, pestes, confusion.	*Sectas, hambre, reinos, pestes, confusión.*

EL EXTERMINIO JUDÍO: Bajo un clima opuesto, igual al babilónico del pasado, será grande la efusión de sangre del pueblo judío. Que en tierra, mar, aire y cielo, será un ambiente inicuo, por culpa de la monstruosa guerra, con la desidia de los partidos políticos, el hambre, la lucha y odio entre las naciones, las enfermedades y la confusión.

1.- Babilonia, región antigua del Asia anterior. Uno de sus reyes, Nabucodonosor II, redujo a los judíos a cautiverio.

PROFECÍA 557 (IX-82) 1.942-1.943

Par le deluge et pestilence forte, [1]	*Por el diluvio y pestilencia fuerte*
La cité grande de long temps assiegée,	*La ciudad grande por largo tiempo asediada,*
La sentinelle et garde de main morte,	*La centinela y guardia de mano muerta,*
Subite prins, mais de nul outragée.	*Súbitamente preso, pero de ninguno ultrajada.*

LA BATALLA DE STALINGRADO: Por el diluvio de fuego y la fuerte epidemia bélica será Stalingrado por largo tiempo asediada. Una lucha, de continua centinela y guardia, con la muerte de unos a manos de otros. Súbitamente cercado, el ejército alemán no podrá retirarse, por orden de Hitler, no permitiendo que la arrogancia alemana sea ultrajada.

1.- Con "diluvio" y "pestilencia", simboliza el diluvio bélico, la virulencia bestial que empuja a los hombres a matarse.

PROFECÍA 558 (II-100) 1.942-1.943

Dedans les isles si horrible tumulte,	*Dentro de las islas tan horrible confusión,*
Bien on n´orra qu´une bellique brigue,	*Pronto no habrá más que una bélica pugna,*
Tant grand sera des predateurs l´insulte,	*Tan grande será de los depredadores el insulto,*
Qu´on se viendra ranger à la grand ligue.	*Que se vendrá a alinear en la gran liga.*

CAPITULACIÓN ALEMANA EN ÁFRICA: Dentro de las islas de Malta habrá una horrible confusión, con los bombardeos alemanes. Pronto, no habrá más que una pugna bélica en el Mediterráneo y Norte de Africa. Tan grande será la humillación de los depredadores alemanes, que capitularán los alineados en el Eje, el 13 de Mayo de 1.943.

PROFECÍA 559 (VIII-56) 1.943

La bande foible le terre occupera	*La banda débil la tierra ocupará*
Ceux du hault lieu feront horribles cris,	*Los del alto lugar harán horribles gritos,*
Le gros troupeau d´estre coin troublera,	*El grueso rebaño de seres rincón estorbará,*
Tombe pres D. nebro descouvers les escris[1]	*Tumba cerca Dniéper. Narev descubiertos los escritos.*

EXTERMINIO JUDÍO. LAS FOSAS DE KATYN: El débil pueblo judío estará repartido por la Tierra. Los altos dirigentes alzarán contra él horribles clamores. El grueso rebaño de seres, en cualquier rincón estorbará. Se hallará una tumba cerca del Dniéper, en Katyn, antes de ser descubiertos los escritos del acuerdo polaco-soviético de 1.941.

1.- D. nebro: Anagrama de "D. Narev", unión de Dniéper y Narev, dos nombres de ríos separados con un punto.

PROFECÍA 560 (I-9) 1.943

De l´Orient viendra le coeur Punique [1]	*De Oriente vendrá el corazón Púnico*
Fascher Hadrie [2], et les hoirs Romulides,[3]	*Hostigar Adriático y los herederos de Rómulo,*
Accompagné de la classe Libyque,	*Acompañado del ejército Libio,*
Tremblez Melites et proches Isles vuides. [4]	*Temblad Malteses y próximas Islas saqueadas.*

DESEMBARCO ALIADO EN SICILIA: Desastre alemán del Frente Oriental, en Kursk. El ejército aliado vendrá por territorio de Cartago a Sicilia. Hostigará a los del Adriático y a las fuerzas italianas de Guzzoni. Montgomery irá acompañado de Patton, por el territorio libio. Temblarán los habitantes de Malta y las Islas cercanas serán saqueadas.

1.- Púnico: Cartaginés, de Cartago.
2.- Hadria: Antigua ciudad de la región veneciana de la que viene el nombre del mar Adriático.
3.- Rómulo: Legendario fundador y primer rey de Roma.
4.- Melitas: Del latín "Melita-ae", Melita, de Malta.

PROFECÍA 561 (VII-6) 1.943

Naples, Palerme et toute la Sicile,	*Nápoles, Palermo y toda la Sicilia,*
Par main barbare sera inhabitée,	*Por mano bárbara será deshabitada,*
Corsicque, Salerne et de Sardeigne l´Isle,	*Córcega, Salerno y de Cerdeña la Isla,*
Faim, peste, guerre, fin de maux intentée.	*Hambre, peste, guerra, fin de males intentado.*

DESEMBARCOS ALIADOS EN ITALIA: La costa de Nápoles, Palermo y toda Sicilia, será deshabitada, por las barbaridades cometidas por los soldados africanos que acompañan a los anglo-americanos. La Italia Meridional, incluyendo las Islas, no habrían sufrido hambre, peste, guerra, si los intentos de paz hubiesen fructificado antes.

PROFECÍA 562 (VIII-8)1.943

Pres de Linterne, dans de tonnes fermez, [1]	*Cerca de Linterni, en toneles cerrados,*
Chivaz [2] fera pour l´Aigle la menée, [3]	*Chivo hará por l´Aquila la conducción,*
L´esleu cassé luy ses gens enfermez,	*El elegido quebrantado él sus gentes encerrados,*
Dedans Tutin rapt espouse emmenée. [4]	*Dentro de Turín rapto esposa llevada.*

LA CAÍDA DE MUSSOLINI: Cerca de la localidad de Terni, el Duce será encerrado en una bodega, en el Gran Sasso. Su conducción, como chivo expiatorio, se hará por l´Aquila. El elegido como Jefe de Italia será quebrantado, y él y sus más íntimos colaboradores, encerrados, mientras su esposa será raptada por los alemanes y llevada a Turín.

1.- "Linterne" es un anagrama de "Trentine" (Trentino).
2.- En sentido figurado, "chivo expiatorio".
3.- Mussolini pasa por la localidad de L´Aquila y es recatado con "el águila" (avión).
4.- Tutin: Es Turín, ciudad del NO de Italia, capital del Piamonte.

PROFECÍA 563 (VI-38) 1.943-1.945

Aux profligez de paix les ennemis,	*A los ansiosos de paz los enemigos,*
Apres avoir l´Italie superée,	*Después de tener la Italia superada,*
Noir sanguinaire, rouge sera commis,	*Negro sanguinario, rojo será designado,*
Feu, sang verser, eau de sang colorée.	*Fuego, sangre verter, agua de sangre coloreada.*

OFENSIVA ALIADA EN ITALIA: A los ansiosos de paz, los alemanes, ahora enemigos, les harán una feroz represalia, y después de tener superada a Italia, rescatarán a Mussolini, que será designado Presidente de la República de Saló, y un fuego bélico terrible verterá sangre, de tal forma, que el agua de los ríos quedará coloreada.

PROFECÍA 564 (V-22) 1.943

Avant qu´à Rome grand aye rendu l´ame, [1]	*Antes de que en Roma haya muerto el grande,*
Effrayeur grande à l´armée estrangere:	*Espanto grande ante el ejército extranjero:*
Par escuadrons l´embusche pres de Parme,	*Por escuadrones la emboscada cerca de Parma,*
Puis les deux rouges ensemble feront chere.	*Después los dos rojos conjuntamente harán querida.*

ITALIA CAMBIA DE FRENTE: Antes de que en Roma haya muerto el régimen de Víctor Manuel III, habrá un espanto grande ante el ejército germano: Por escuadrones de partisanos se tenderán emboscadas a los alemanes cerca de Parma. Después, jefes alemanes e italianos, rojos de ira por el armisticio, planearán conjuntamente la acción querida.

1.- Rendir el alma, expirar, morir.

PROFECÍA 565 (IX-54) 1.943

Arrivera au port de Corsibonne, [1]	*Llegará al puerto Corso de Bonifacio,*
Pres de Ravenne qui pillera la dame,	*Cerca de Rávena que saqueará la dama,*
En mer profonde legar [2] de la Ulisbonne [3]	*En mar profundo delegado de Lisboa*
Sous roc cachez raviront septante ames.	*Bajo roca escondidos arrebatarán setenta almas.*

LA LIBERACIÓN DE CÓRCEGA: Llegará el ejército aliado al puerto de Bonifacio, en Córcega, patria del que, nacido como genio militar cerca de Rávena, saqueará a la República. En alta mar, a Londres, el delegado Fummi, tras la escala de Lisboa. Los alemanes en Córcega, escondidos bajo la roca, les harán setenta bajas, en una emboscada.

1.- Corsibonne: de «Corsi», corso, y «bonne», apócope de Bonifacio. Se refiere al puerto de Bonifacio en Córcega.

2.- legar: De «lego», delegar, enviar en misión.

3.- Ulisbonne: Prótesis de la palabra «Lisbonne», Lisboa.

PROFECÍA 566 (VII-34) 1.940-43

En gran regret sera là gent Gauloise, [1]	*En gran pesar estará allá gente Gálica,*
Coeur vain, leger croira temerité:	*Corazón vano, ligero creerá temeridad:*
Pain, sel, ne vin, eau, venin ne cervoise, [2]	*Pan, sal, ni vino, agua, veneno no cerveza,*
Plus grand captif, faim, froid, necessité.	*Más grande cautivo, hambre, frío, necesidad.*

HAMBRUNA EN FRANCIA: En gran pesar estará allá la gente francesa, mientras el corazón vano y ligero de Hitler creará la temeridad de poder dominar el mundo: El pueblo francés, que no tendrá los alimentos más indispensables, sólo el veneno de la amargura, mientras Pétain estará cautivo de los germanos, pasará hambre, frío y necesidad.

1.- Gauloise: Galo. Francés.

2.- Simbolismo para indicar el veneno de la amargura (el amargor de la cerveza).

PROFECÍA 567 (IV-22) 1.943

La gran copie qui sera dechassée, [1]
Dans un moment fera besoing au Roy,
La foy promise de loing sera faussée,
Nud se verra en piteux desarroy.

La gran tropa que será capturada,
En un momento hará necesidad al Rey,
La fe prometida de lejos será falseada,
Desnudo se verá en lastimosa perturbación.

HUIDA DE VÍCTOR MANUEL III: La tropa italiana será capturada por los alemanes, en un momento de necesidad para Víctor Manuel III, que huirá con la familia real y el Gobierno Badoglio a Brindisi. La fe prometida antaño por Hitler, demostrará ahora ser falsa, cuando el Duce, despojado de todo, se verá en lastimosa perturbación.

1.- copie: Del latín «copia-ae», militarmente significa tropas, fuerzas militares.

PROFECÍA 568 (VII-30) 1.943

Le sac s'approche, feu, grand sang espandu,
Po, grand fleuves, aux bouviers l'entreprinse, [1]
De Gennes, Nice apres long attendu, [2]
Foussan, Turin, à Sauillan la prinse. [3]

El saqueo se aproxima, fuego, mucha sangre esparcida,
Po, gran río, a los vaqueros la empresa,
De Génova, Niza después de larga espera,
Fossano, Turín, en Savigliano la presa.

SAQUEOS Y MUERTE EN ITALIA: El saqueo se aproxima, el fuego, mucha sangre esparcida, cuando los alemanes llevarán el terror, la rapiña y la muerte a los ganaderos de las comarcas del gran río Po. También será la hora de Génova y Niza, después de larga espera, lo mismo que en Fossano, Turín y en Savigliano, donde harán presa los germanos.

1.- Po: Río de Italia.
2.- Génova: Ciudad de Italia, capital de Liguria.
3.- Ciudades del Noroeste de Italia.

PROFECÍA 569 (IX-22) 1.943

Roy et sa cour au lieu de langue halbe, [1]
Dedans le temple vis à vis du palais
Dans le jardin Duc de Mantor et l'Albe,
Albe et Mantor poignard langue et palais.

El Rey y su corte en el lugar de lengua belga,
Dentro del templo frente a frente del palacio,
En el jardín Duque de Mantua y el Alba,
Alba y Mantua puñal, lengua y palacio.

LOS DIVERSOS OCUPANTES DEL QUIRINAL: Víctor Manuel II y su Corte estarán en el lugar donde estuvo el que fue terror de los de lengua belga. Dentro del edificio, enfrente del palacio, Mussolini será destituido por Víctor Manuel III, que luego le verá partir, preso, en el mismo jardín que estuvieran los Duques de Mantua y Alba. Los germanos, como el de Alba y el de Mantua, usarán las armas en Roma, y su lengua se oirá en el palacio.

1.- halbe: Anagrama mal transcrito de la palabra «belga».

PROFECÍA 570 (VIII-27)1.942-1.944

La voye auxelle [1] l'un sur l'autre fornix [2]
Du muy [3] deser hors mis brave et genest, [4]
L'escript d'Empereur de Phenix
Veu à celuy ce qu'à nul autre n'est.

La vía auxiliar el uno sobre la otra fornica
Del mucho deseo fuera puesto bravo y bien nacido,
El escrito del Emperador, del Fénix
Ve en él lo que en ningún otro no es.

LOS "CAMPOS DE CONCEPCIÓN" ALEMANES: La procreación, por relaciones carnales de parejas seleccionadas, será casi una obsesión de las S.S., que daría lugar a niños de "raza pura", la exaltación de la raza aria, expresa en el libro de Adolf Hitler, el Führer, que contempla a su autor siendo capaz de llevar a cabo lo que ningún otro.

1.- auxelle: Del latín «auxilium-ii», auxilio.

2.- fornix: Del latín «fornix-icis», burdel, lugar donde se fornica.
3.- muy: Voz castellana, que proviene del latín «multus». Muy, mucho.
4.- genest: Del latín «gigno, genui, genitum», engendrar, dar bien a luz, crear, nacer bien.

PROFECÍA 571 (V-63) 1.944

De vaine emprinse l'honneur indue plaincte, [1]	*De vana empresa el honor indebido lamenta,*
Galliots errans par latins, froid, faim, vagues,	*Galeotes errantes por latinos, frío, hambre, olas,*
Non loing du Tymbre de sang la terre taincte,	*No lejos del Tíber, de sangre la tierra teñida,*
Et sur humains seront diverses plagues.[2]	*Y sobre humanos estarán diversas plagas.*

DESEMBARCO ALIADO EN ITALIA: De vana empresa, lo emprendido como una cuestión de honor, se lamentará, cuando los aliados, como galeotes errantes, se dirigirán hacia las costas italianas, soportando frío, hambre y marejadas. No lejos del Tíber, la tierra será teñida de sangre y sobre los humanos estarán el rigor de la guerra y el invierno.

1.- emprinse: Forma sincopada del francés «entreprise», empresa.
2.- plagues: Del latín «plaga-ae», plaga, calamidad.

PROFECÍA 572 (V-48) 1.944

Apres la grande affliction du sceptre, [1]	*Después de la gran aflicción del cetro,*
Deux ennemis par eux seront defaicts:	*Dos enemigos por ellos serán deshechos:*
Classe d'Affrique aux Pannons viendra naistre [2]	*Ejército de Africa en los Panones vendrá a nacer*
Par mer et terre feront horribles faicts.	*Por mar y tierra harán horribles hechos.*

EL DECLIVE ALEMÁN: Después de la gran aflicción de Pedro II de Yugoslavia y Jorge II de Grecia, los enemigos germanos serán deshechos por los aliados, en Francia y en Italia: Luego que, el ejército alemán de Africa volverá a resurgir en los territorios húngaros y por mar y por tierra harán hechos horribles.

1.- «gran aflicción del cetro», el pesar de los monarcas balcánicos.
2.- Pannons: Es «Panones», de Panonia. Hoy es Hungría.

PROFECÍA 573 (I-29) 1.944

Quand le poisson terrestre et aquatique	*Cuando el pez terrestre y acuático*
Par force vague au gravier sera mis,	*Por la fuerza de la ola en la playa será puesto,*
Sa forme estrange suave et horrifique,	*Su forma extraña, suave y horrorosa,*
Par mers aux murs bien tost les ennemis.	*Por mar en los muros muy pronto los enemigos.*

EL "DÍA D": Cuando el tanque anfibio, por la fuerza de las olas será puesto en la playa, su forma extraña, será suave para unos y horrorosa para otros. Venidos por el mar, muy pronto encontrarán los enemigos en los acantilados.

PROFECÍA 574 (V-99) 1.943-1.944

Milan, Ferrare, Turin, et Aquilleye, [1]	*Milán, Ferrara, Turín y Aquileya,*
Capue, Brundis vexez par gents Celtique: [2]	*Capua, Brindisi vejadas por gente Céltica:*
Par le Lyon et phalange aquilée [3]	*Por el León y falange aguilada*
Quant Rome aura le chef vieux Britannique.	*Cuando Roma tendrá el jefe viejo Británico.*

EL SUFRIMIENTO ITALIANO: Milán, Ferrara, Turín y Aquileya, Capua y Brindisi, serán vejadas por la gente céltica: Por ingleses y norteamericanos, igual que por los alemanes y las falanges de Mussolini, cuando en Roma entrará el veterano Mariscal de Campo inglés, Montgomery.

1.- Aquilea: Aquileia, C. italiana de la provincia de Udine.
2.- Brundis: Del latín «Brundisium-ii», Brindis o Brindisi, C. de Italia (Apulia), puerto en el Adriático.
3.- aquilée: Del latín «aquila-ae», águila, insignia de las legiones.

PROFECÍA 575 (VI-58) 1.940-1.944

Entre les deux monarcques esloignez,
Lorsque le Sol [1] par Selin clair perdue, [2]
Simulté grande entre deux indignez, [3]
Qu'aux Isles et Sienne la liberté rendue. [4]

Entre los dos monarcas alejados,
Cuando el Sol por Selín claridad perdida,
Enemistad grande entre dos indignados,
Que a las Islas y Sena la libertad devuelta.

CHURCHILL Y HITLER. SU RUPTURA: Entre Churchill y Hitler, distanciados, cuando, sometido Pétain, por Inglaterra se vea perdida la claridad de la paz, surgirá una gran enemistad entre los dos, ahora indignados, prolongando una guerra que durará más allá del tiempo en que, a las islas del Mediterráneo y al Sena, les haya sido devuelta la libertad.

1.- Con «Sol», designa a los Reyes y Jefes de Estado de Francia.
2.- Selín: Se refiere a Inglaterra, antigua «Selinunte sícula».
3.- Simulté: Del latín «simultas-atis», enemistad, odio, rivalidad.
4.- Sienne: Alteración de «Seine», Sena, río que pasa por París.

PROFECÍA 576 (VIII-29) 1.944

Au quart pillier l'on sacre à Saturne, [1]
Par tremblant terre et deluge fendu,
Soubs l'edifice Saturnín trouvée urne, [2]
D'or Capion [3] ravy et puis rendu. [4]

Al cuarto pilar se le consagra a Saturno,
Por temblante tierra y diluvio hendido,
Bajo el edificio Saturnino encontrada urna,
De oro, Capion arrebatado y después devuelto.

DESTRUCCIÓN Y SAQUEO EN MONTE CASSINO: El 24 de Enero, que corresponde al 4° grado de Acuario, signo que rige Saturno, los aliados dominarán en Anzio. Por los temblores de tierra y el diluvio de fuego, Monte Cassino será destruido. Los tesoros guardados bajo el Monasterio, serán arrebatados a los monjes y después devueltos.

1.- Saturno, es regente de Acuario. Inicia su influencia el 21 de Enero. Por tanto, el "4° pilar" o 4° grado de este signo, será el día 24 del mismo mes.
2.- Monte Cassino: Monasterio de Italia, en Lacio. Le llama "edificio Saturnino", por ser lugar de prueba.
3.- Capion: Del latín "cappa", capa, cuyo diminutivo es "cappella", capucha. Congregación religiosa.
4.- La palabra "rendu", de "rendre", rendido, devuelto.

PROFECÍA 577 (II-50) 1.940-1.944

Quand ceux d'Hainault, de Gand et de Bruxelles, [1]
Verront à Langres le siège devant mis, [2]
Derrier leurs flancs seront guerres cruelles,
La playe antique sera pis qu'ennemis.

Cuando los de Hainaut, de Gante y de Bruselas,
Verán en Langres el asedio delante puesto,
Detrás de sus flancos serán guerras crueles,
La playa antigua será peor que enemigos.

DE LOS PAÍSES BAJOS A NORMANDÍA: Cuando los de Hainaut, de Gante y de Bruselas, verán en Langres el asedio alemán delante puesto, detrás de sus líneas habrán crueles y violentos ataques aéreos, hasta que los aliados desembarcarán en la playa antigua de Normandía, acción mucho más sangrienta para ellos que para los alemanes.

1.- Ciudades belgas.
2.- Langres: Ciudad del Este de Francia, en el Alto Marne.

PROFECÍA 578 (X-81) 1.944

Mis tresor temple citadins Hesperiques, [1]
Dans iceluy retiré en secret lieu:
Le temple ouvrir le liens fameliques,
Reprens, ravis, proye horible au milieu.

Puesto tesoro templo ciudadanos ingleses,
En aquel retirado en secreto lugar:
El templo abrir los cerrojos hambrientos,
Recobrados, arrebatados, presa horrible en medio.

RECUPERACIÓN DE RELIQUIAS RELIGIOSAS: Será puesto el tesoro robado en el templo, por los servicios de seguridad ingleses, en un lugar alejado y secreto: Hambrientos de codicia, abrirán los cerrojos de los templos y se llevarán los objetos de valor. Serán recobrados, arrebatados a saqueadores y ladrones, con muertes por medio.

1.- Hespérides: Islas del Atlántico. Según unos, las Canarias, según otros, las Islas de Cabo Verde o las Islas Británicas.

PROFECÍA 579 (I-78) 1.944

D´un chef vieillard naistra sens hebeté, [1]
Degenerant par sçavoir et par armes:
Le chef de France par sa soeur redouté,
Champ divisez, concedez aux gens d´armes.

De un jefe viejo nacerá sentido embrutecido,
Degenerando por saber y por armas:
El jefe de Francia por su hermana reducido,
Campo dividido, concedido a los invasores.

DE GAULLE SUCEDE A PÉTAIN: De un Jefe de Estado viejo, Pétain, nacerá otro, de sentido pragmático y prepotente, De Gaulle, degenerando el mandato del primero, por la astucia y por las armas de Hitler: El Presidente de Francia, por su hermana europea reducido, será dividido el territorio francés, concedido a los invasores alemanes.

1.- Este término es usado en el doble sentido de "embrutecer" y "atontar", como "prepotencia" y "senilidad".

PROFECÍA 580 (I-13) 1.944

Les exilez par ire, haine intestine,
Feront au Roy grand conjuration:
Secret mettront ennemis par la mine,
Et ses vieux siens contre eux sedition.

Los exiliados por ira, odio interno,
Harán al Rey gran conjuración:
Secreto pondrán enemigos por la apariencia,
Y sus ancianos contra ellos sedición.

EL COMPLOT CONTRA HITLER: Militares, políticos y exiliados, llevados por la ira y el odio interno, harán contra Hitler la gran conjura: El complot será preparado en secreto por los que son enemigos del dictador, aunque en apariencia no lo sean, y los viejos generales, contra Hitler y sus nazis, harán sedición.

PROFECÍA 581 (V-100)1.940-1.944

Le boutefeu par son feu attrapé, [1]
De feu du ciel à Carcas et Cominge, [2]
Foix, Aux, Mazere, haut vieillart eschappé, [3]
Par ceux de Hasse, des Saxon et Turinge. [4]

El botafuego por su fuego atrapado,
De fuego del Cielo a Carcasona y Compiègne,
Foix, Auxerre, Marcigny, alto anciano escapado,
Por los de Hessen, de Sajonia y Turingia.

LA IRA DE CHURCHILL Y EL SECUESTRO DE PÉTAIN: El iracundo Winston Churchill, por el fuego bélico se verá atrapado, tras el bombardeo germano hasta Carcasona, y el armisticio de Compiègne. Yendo los aliados por Foix, Auxerre y Marcigny, el anciano mariscal Pétain habrá escapado, obligado por los de Alemania.

1.- Botafuego: Entre otros significados, persona irritable.
2.- Carcasona y Compiègne: Localidades francesas.
3.- Localidades francesas.
4.- Hessen, Sajonia y Turingia: Estado, región oriental y región central, de Alemania, respectivamente.

PROFECÍA 582 (IX-53) 1.942-1.944

Le Neron jeune dans les trois cheminées [1]
Fera de paiges vifs pour azdoir jetter,
Hereux qui loing sera de tels menées,
Trois de son sang le feront mort guetter.

El Nerón joven en las tres chimeneas
Hará de pajes vivos para alumbrado arrojar,
Dichoso el que lejos estará de tales llevadas,
Tres de su sangre le harán muerte acechar.

HITLER, EL NERÓN NAZI: El nuevo Nerón, en los tres hornos de Dachau, Birkenan y Auschwitz, hará que jóvenes judíos sean antorchas vivas para alumbrar las orgías de los satánicos carniceros.

Dichoso será el que lejos estará de ser llevado a tales infiernos, bajo el mando del Satanás nazi, al que tres de los suyos intentarán suprimir.

1.- Nerón, Lucio Domicio. Emperador romano, sucesor de Claudio. Cruel y depravado, cometió todo tipo de horrores.

PROFECÍA 583 (V-76) 1.918-1944

En lieu libere tendra son pavillon,
En ne voudra en citez prendre place:
Aix, Carpen, l'Isle Volce, Mont Cavaillon, [1]
Par tous ses lieux abolira sa trasse.

En lugar libre tendrá su pabellón,
No querrá por ello en ciudades tomar plaza:
Aix, Carpentras, L'Isle Vaucluse, Monte Cavaillón,
Por todos esos lugares borrará su rastro.

TÁCTICAS SIMILARES DE FOCH Y MONTGOMERY: El Mariscal francés, Foch, tendrá su pabellón militar al aire libre. No querrá por ello asentarse en ciudades: Montgomery, preferirá también los espacios abiertos. Desde ellos dirigirá los reconocimientos sobre localidades de Provenza, borrando de todos esos lugares su rastro.

1.- Ciudades de Provenza, en Francia.

PROFECÍA 584 (IX-76) 1.944

Avec le noir Rapax et sanguinaire, [1]
Yssu du peaultre de l'inhumain Neron, [2]
Emmy deux fleuves main gauche militaire,
Sera meurtry par Ione chaulveron.

Con el negro Rapaz y sanguinario,
Surgido de la yacija del inhumano Nerón,
En medio de dos ríos el ala izquierda militar,
Será fenecida por Joven quemado.

ATENTADO DE STAUFFENBERG: Se atentará contra el Führer de negro uniforme, rapaz y sanguinario, surgido de la yacija del inhumano Nerón, en Rastenburg, entre el Vístula y el Niemen, mientras la tropa alemana en suelo ruso será fenecida, por medio del joven oficial Stauffenberg, pero sólo saldrá con ligeras heridas y quemaduras.

1.- Hitler vestía uniforme militar de color negro.
2.- Ver la cuarteta 582. Nerón y Hitler son encarnaciones distintas de una misma entidad espiritual, si la palabra «yacija» se toma con el significado de «fosa». Y, es fácil ver el paralelismo de sus respectivas actuaciones.

PROFECÍA 585 (III-60) 1.944

Par toute Asie grand proscription,
Mesme en Mysie, Lysie et Pamphylie: [1]
Sang versera par absolution, [2]
D'un jeune noir remply de felonnie. [3]

Por toda Asia gran proscripción,
Lo mismo en Misia, Licia y Panfilia   :
Sangre verterá por liberación,
De un joven negro repleto de felonía.

REPRESALIAS DE HITLER: Por toda Asia Menor, en 1.940-41, habrá gran proscripción. En 1.944, ocurrirá lo mismo en Misia, Licia y Panfilia: Esta vez serán oficiales y políticos alemanes, librados de la sangre que verterá el Tribunal Popular, de los que buscarán su liberación, por medio de un joven oficial, del de negro, repleto de felonía, Hitler.

1.- Antiguas regiones de Asia Menor.
2.- absolution: Del latín «absolvo-solvi-solutum», soltar, liberar, dejar libre.
3.- Frecuentemente, Hitler solía vestir de negro.

PROFECÍA 586 (I-71) 1.944

La Tour Marine trois fois prise et reprise, [1]
Par Espagnols, Barbares, Ligurins: [2]
Marseille et Aix, Arles par ceux de Pise, [3]
Vast, feu, fer, pillé Avignon des Thurins. [4]

La Torre Marina tres veces tomada y reconquistada,
Por Españoles, Bárbaros, Ligures:
Marsella y Aix, Arlés por los de Pisa,   /Turingios.
Devastación, fuego, hierro, saqueado Aviñón de los

LA OPERACIÓN "DRAGOON": La alta y acantilada costa de Provenza será tres veces tomada y reconquistada, por españoles, musulmanes e italianos: En 1.944, con la Operación «Dragoon», Marsella, Aix y Arlés, tomadas por los italianos, con devastación, fuego, guerra y saqueo germano de Aviñón, volverán a ser reconquistadas.

1.- Ver la 298.
2.- Ligures: Habitantes de Liguria, región del N. de Italia.
3.- Pisa: C. de Italia peninsular (Toscana). Por extensión, con los de Pisa se refiere a los italianos.
4.- Turingios: Pobladores da Turingia, región de Alemania central. Por extensión, los alemanes.

PROFECÍA 587 (I-18) 1.941-44

Par la discorde negligence Gauloise	*Por la discordia negligencia Gálica*
Sera passage à Mahommet ouvert:	*Será paso a Mahometano abierto:*
De sang trempé la terre et mer Senoise,	*De sangre empapada la tierra y mar Senense,*
Le port Phocen de voiles et nefs couvert. [1]	*El puerto foceano de velas y naves cubierto.*

INDEPENDENCIA DE SIRIA Y LÍBANO: Por la discordia entre Vichy y la «Francia libre», en 1941, y la negligencia gala bajo control alemán, será abierto el paso a la independencia, en Siria y Líbano, al pueblo mahometano: De sangre estará empapada la región del Sena, y el puerto de Marsella se habrá visto cubierto de buques de guerra aliados.

1.- Foceano: De Focea, antigua colonia griega de Asia Menor, que a su vez fundó otras, entre ellas Massalia (Marsella).

PROFECÍA 588 (III-82) 1.944

Erins [1], Antibor, villes autour de Nice, [2]	*Lérins, Antibes, ciudades alrededor de Niza,*
Seront vastées fort par mer et par terre:	*Serán muy devastadas por mar y por tierra:*
Les sauterelles terre et mer vent propice, [3]	*Las langostas tierra y mar viento propicio,*
Prins, morts, troussez, pillez sans loy de guerre.	*Presos, muertos, troceados, saqueados, sin ley de guerra.*

DESEMBARCO ALIADO EN EL SUR DE FRANCIA: Las islas de Lérins, Antibes y las ciudades alrededor de Niza, serán muy devastadas por mar y tierra: Por aire, tierra y mar, el viento será propicio a los aliados y habrá muchos prisioneros, muertos, destrozados y saqueados, sin tener en cuenta la ley de la guerra.

1.- En unas ediciones, «Erins», y en otras «Freins». Aféresis y anagrama, están referidas a «Lérins», grupo de islas francesas de la Costa Azul.
2.- Antibes y Niza: Ciudades francesas de la Costa Azul.
3.- Nostradamus ve también a los aviones como «langostas».

PROFECÍA 589 (III-99) 1.944

Aux champs herbeux d'Alein et du Varneigue, [1]	*En los campos herbosos de Alleins y del Vernègues,*
Du mont Lebron proche de la Durance, [2]	*Del monte Léberon próximo de la Durance,*
Camps de deux parts conflict sera si aigre,	*Campos de dos partes conflicto será tan agrio,*
Messopotamie defaillira en la France. [3]	*Mesopotamia desfallecerá en Francia.*

LA OPERACIÓN "DRAGOON": Las tropas aliadas llegarán a los campos herbosos de Alleins y del Vernègues a través del Monte Léberon próximo de la cuenca del Durance, desalojando a los alemanes. Será un conflicto muy agrio y duro para ambos bandos, mientras en la región de la antigua Mesopotamia se debilitará el mandato de Francia.

1.- Alleins y Vernègues: Comunidades en Provenza.
2.- El monte Léberon está situado en los Alpes Bajos.
3.- Mesopotamia: Antigua región del Asia occidental. Hoy forma el Irak. Nostradamus identifica el Líbano en esta región.

JOSÉ GARCÍA ÁLVAREZ

PROFECÍA 590 (II-5) 1.940-44

Qu'en dans poisson, fer et lettre enfermée	*Cuando en pez, hierro y letra encerrada*
Hors sortira, qui puis fera la guerre,	*Fuera saldrá quien después hará la guerra,*
Aura par mer sa classe bien ramée,	*Tendrá por mar su flota bien remada,*
Apparoissant pres de Latine terre.	*Apareciendo cerca de Latina tierra.*

DE COMPIÈGNE A DE GAULLE: Cuando, en un navío inglés, mientras en un vagón de ferrocarril, en Compiègne, se firma el armisticio, saldrá fuera de Francia quien después hará la guerra, De Gaulle, que tendrá luego, por mar, la bien gobernada flota anglo-americana, apareciendo cerca de la tierra italiana.

PROFECÍA 591 (IV-93) 1.944

Un serpent veu proche du lict Royal, [1]	*Una serpiente vista próxima del lecho Real,*
Sera par dame [2] nuict chiens n'abayeront: [3]	*Será para república noche perros no ladrarán:*
Lors naistre en France un Prince tant Royal,	*Entonces nacerá en Francia un Príncipe tan Real,*
Du ciel venu tous les Princes verront.	*Del cielo venido todos los Príncipes verán.*

GOBIERNO PROVISIONAL DE DE GAULLE: La tentación de ostentar el Poder acechará a De Gaulle, la noche del 19 de Agosto, que será para la república de alegría general y los medios de información permanecerán mudos: Entonces nacerá en Francia De Gaulle, tan Real como venido del cielo, a diferencia de todos los anteriores Gobernantes.

1.- Forma alegórica de referirse a la tentación, aludiendo a la serpiente del Paraíso, de ostentar el máximo poder.
2.- Con «dama», alude generalmente a una República.
3.- «Perros no ladrarán», es para expresar que los medios de información no avisarán de lo que sucede.

PROFECÍA 592 (III-74) 1.944

Naples, Florence, Favence, et Imole, [1]	*Nápoles, Florencia, Fayence e Imola,*
Seront en termes de telle fascherie,	*Estarán en términos de tal desavenencia,*
Que pour complaire aux malheureux de Nolle, [2]	*Que por favorecer a los desdichados de Nola,*
Plainct d'avoir faict à son chef moquerie.	*Lamentado de haber hecho a su jefe mofa.*

LA OFENSIVA ALIADA: Los aliados pasarán Nápoles, Florencia, y mientras los franco-americanos irán por Fayence, estarán por Imola. Alemanes e italianos estarán en términos de gran desavenencia, porque los germanos querrán favorecer a los desdichados de la Campania, luego que el pueblo italiano habrá lamentado el haber hecho mofa a su jefe.

1.- Favence: «Fayence», localidad francesa en Var.
2.- Nola: Ciudad cercana al Vesubio, en la Campania italiana.

PROFECÍA 593 (X-23) 1.944

Au peuple ingrat faictes les remonstrances,	*Al pueblo ingrato hechas las amonestaciones,*
Par lors l'armée se saisira d'Antibe,	*Por entonces la armada se apoderará de Antibes,*
Dans l'arc Monech feront les doleances	*En el arco de Mónaco harán las quejas*
Et à Freius l'un l'autre prendra Ribe.	*Y en Frejus el uno al otro tomará ribera.*

OFENSIVA ALIADA EN LA COSTA AZUL: Al pueblo ingrato, que sólo querrá ver la traición de Pétain, hechas las amonestaciones. Por entonces, el ejército aliado se apoderará de Antibes. La Institución de la Paz, en Mónaco, protestará por las crueldades de la ocupación, y en la zona costera de Frejus los aliados sustituirán a los alemanes.

PROFECÍA 594 (IX-97) 1.944

De mer copie en trois pars divisée,
A la seconde les vivres failleront,
Desesperez cherchant champs Helisées, [1]
Premiers en breche entrez victoire auront.

De mar tropa en tres partes dividida,
A la segunda los abastecimientos faltarán,
Desesperados buscando campos Elíseos,
Primeros en brecha entrados victoria tendrán.

LA LIBERACIÓN DE PARÍS: La tropa venida del mar estará dividida entre americanos, ingleses y franceses. A la fuerza inglesa le faltarán los abastecimientos y los de la Francia Libre irán desesperados buscando los campos Elíseos. Los soldados de Rol-Tonguy, de la Resistencia, y de Leclercq, primeros en entrar en la brecha, obtendrán la victoria.

1.-Campos Elíseos: Célebre avenida de París.

PROFECÍA 595 (IV-17) 1.944

Changer à Beaune, Nuy, Chalons et Dijon, [1]
Le duc voulant amender la Barrée [2]
Marchant pres fleuve, poisson, bec de plongeon [3]
Verra la queue: porte sera serrée.

Cambiar a Beaune, Nuits, Chalon y Dijon,
El jefe queriendo mejorar la Barrême
Marchando cerca río, pez, pico de zambullida
Verá la cola: puerta será cerrada.

OFENSIVA ALIADA EN EL RÓDANO, SAONA Y RHIN: Las tropas americanas cambiarán de dirección hacia los territorios de la Borgoña, destino Dijon, después que el general Patch, queriendo mejorar el éxito de la operación, irá por la zona de Barrême camino de Grenoble. Marchando cerca del Rhin, verán los submarinos aliados sumergirse en la bahía de Fos. De ellos se verá la quilla: luego de haber cerrado la puerta de su torreta.

1.- Localidades de la antigua Borgoña.
2.- Barrême: Pequeña localidad en la Alta Provenza.
3.- Nostradamus describía a los aviones como «pájaros» y a los submarinos como "peces".

PROFECÍA 596 (III-49)1.940-1.944

Règne Gaulois tu seras bien changé,
En lieu estrange est translaté l'empire:
En autres moeurs et loix seras rangé,
Roan, et Chartres te feront bien du pire.

Reino Galo tú serás muy cambiado,
En lugar extranjero es trasladado el imperio:
En otras costumbres y leyes serás colocado,
Ruán, y Chartres te harán mucho peor.

GOBIERNO DE DE GAULLE EN EL EXILIO: El país francés será invadido por los alemanes, por los que será muy cambiado. En lugar extranjero, Londres, es trasladado el Imperio francés, con De Gaulle: Entre las costumbres y leyes inglesas será colocado, y luego vendrán los aliados por Ruán y Chartres, y el daño aún será mucho mayor.

PROFECÍA 597 (VIII-65) 1.940-1.944

Le vieux frustré du principal espoir,
Il parviendra au chef de son empire:
Vingt mois tiendra le regne à grand pouvoir, [1]
Tiran, cruel en delaissant un pire.

El viejo frustrado de la principal esperanza,
El llegará a jefe de su imperio:
Veinte meses tendrá el reino en gran poder,
Tirano, cruel dejando uno peor.

PÉTAIN, SUSTITUIDO POR DE GAULLE: El viejo Mariscal tenía la esperanza, de la que será frustrado, de hacer de Francia un Estado fuerte, cuando él llegara a Jefe de su Imperio: Veinte meses tendrá el país galo, en su gran poder, el tirano cruel, Hitler, que luego será expulsado, dejando el dominio a De Gaulle, peor que Pétain.

1.- De Noviembre de 1.942, con la Francia libre ocupada, hasta Normandía, en Junio de 1.944, transcurren veinte meses.

JOSÉ GARCÍA ÁLVAREZ

PROFECÍA 598 (IV-58) 1.943-1.944

Soleil ardent dans le gosier coller, [1]	*Sol ardiente en la garganta aplicar,*
De sang humain arrouser terre Etrusque: [2]	*De sangre humana empapar tierra Etrusca:*
Chef seille d'eaue, mener son fils filer, [3]	*Jefe reacción, llevar su hijo a marchar,*
Captive dame conduicte en terre Turque.	*Cautiva dama conducida en tierra turca.*

REPRESIÓN EN LA TOSCANA. LA "GUERRA TOTAL" DE HITLER: Se sentirán los italianos, como si se les aplicara el Sol ardiente en la garganta, y de sangre humana se empapará la tierra de la Toscana: Hitler tendrá una reacción de violencia demoníaca y obligará a los adultos germanos a llevar a sus hijos, aún niños, para marchar al combate, amenazándoles con encarcelar a sus mujeres o ser conducidas a tierra turca.

1.- Metáfora para expresar la resecación de la garganta por el miedo.
2.- Etrusca: De Etruria, hoy Toscana, poblada en la Antigüedad por los etruscos.
3.- Seille d'eaue: Cubo de agua, expresión simbólica para representar una «reacción» violenta individual.

PROFECÍA 599 (IX-74) 1.940-1.944

Dans la cité de Fertsod homicide, [1]	*En la ciudad de Feschaux homicida,*
Fait et fait multe beus arant ne macter,	*Hecho y hecho multitud bueyes arando no matar,*
Retour encore aux honneurs d'Artemide, [2]	*Retorno aún a los horrores de Artemisa,*
Et à Vulcan corps morts sepulturer. [3]	*Y en Vulcano cuerpos muertos sepultar.*

HOLOCAUSTO DEL PUEBLO JUDÍO: En la ciudad de Feschaux, la invasión homicida. Multitud de hechos horribles se sucederán, y los nazis matarán a los judíos que no estén arando con los bueyes. Aún un retorno a los horrores del pasado, con un sepulcro como el de Artemisa, y en sus hornos crematorios, los cuerpos muertos serán sepultados.

1.- Fertsod: Es «Feschaux», localidad luxemburguesa cercana a la frontera con Francia.
2.- Artemide: «Artemisa» de Halicarnaso, construyó un sepulcro llamado Mausoleo.
3.- Vulcano: Hijo de Júpiter y de Juno. Los poetas situaron su fragua en las entrañas del Etna.

PROFECÍA 600 (VI-86)1.944

Le grand Prelat un jour apres son songe	*El gran Prelado un día después de su sueño*
Interpreté au rebours de son sens, [1]	*Interpretado al revés de su sentido,*
De la Gascongne [2] luy surviendra un monge [3]	*De la Gascuña le sucederá un sacerdote*
Qui fera eslire le grand Prelat de Sens. [4]	*Que hará elegir el gran Prelado de Sena.*

MONSEÑOR RONCALLI, EN FRANCIA: El gran Prelado Pío XII, un día después de su visión, interpretada por la Curia al revés de su sentido, en la que le sucederá un sacerdote que él hará elegir como Nuncio Apostólico de su Santidad en la ciudad del Sena, nombrará para el cargo a Monseñor Roncalli, que será enviado a la tierra de Francia.

1.- Pío XII elige al que menos se espera la Curia: a Monseñor Roncalli que le ha sido mostrado en la visión.
2.- Gascuña: Antigua región. Por extensión, Francia
3.- monge: Del castellano «monje», religioso, fraile, sacerdote.
4.- Sens: De «Seine», Sena, río que pasa por París.

SÉPTIMA CENTURIA

Desde el desembarco de Normandía hasta el estallido de la bomba atómica sobre Hiroshima (1.944-1.945).

PROFECÍA 601 (I-68)   1.944

O quel horrible et mal'heureux tourment,
Trois innocens qu'on viendra à livrer,
Poison suspecte, mal gardé tradiment,
Mis en horreur par bourreaux enyvrez.

¡Oh, qué horrible y desgraciado tormento!
Tres inocentes que se vendrá a entregar,
Veneno sospechoso, mal guardada traición,
Puestos en horror por verdugos embriagados.

ARDEA, ORADOUR Y MARZABOTTO: ¡Oh, qué horrible y desgraciado tormento!, de las inocentes poblaciones de Ardea, Oradour y Marzabotto, entregadas al furor homicida. Sospechosos de envenenar a oficiales alemanes, de cometer traición manifiesta contra el III Reich, serán puestos en el horror por verdugos nazis embriagados.

PROFECÍA 602 (IV-19)   1.944

Devant Roüan [1] d'Insubres mis le siege, [2]
Par terre et mer enfermez les passages:
D'Haynaut et Flandres, de Gand et ceux de Liege,[3]
Par dons lenees raviront les rivages.

Delante de Ruán de Insubros puesto el asedio,
Por tierra y mar cerrados los caminos:
De Hainaut y Flandes, de Gante y los de Lieja,
Por concesiones, lanchas desembarcarán en las orillas.

LAS OFENSIVAS ALIADAS: Delante de Ruán, del Milanesado, será puesto el asedio. Por tierra y por mar serán cerrados los caminos: Hasta las regiones de Bélgica serán liberadas por los aliados, por ir cediendo los alemanes, luego que las lanchas aliadas desembarcarán en las orillas de las costas francesas e italianas.

1.- Ruán: Rouen. Ciudad de Francia.
2.- Insubros: Pobladores celtas de la antigua región cuya capital era Mediolanum, la Milán de hoy. El Milanesado.
3.- Regiones y ciudades de Bélgica.

PROFECÍA 603 (IX-38) 1.944

L'entrée de Blaye par Rochelle et l'Anglois, [1]
Passera outre le grand Aemathien, [2]
Non loing d'Agen attendra le Gaulois, [3]
Secours Narbonne deceu par entretien. [4]

La entrada de Blaye por Rochela y el Inglés,
Pasará más allá el gran Emaciano,
No lejos de Agen aguardará el Galo,
Socorros Narbona decepcionado por el entretenimiento.

EL AVANCE ALIADO EN FRANCIA: Columnas aliadas harán la entrada por Blaye y la Rochela y el ejército del inglés Churchill pasará más allá de donde llegara el general Wellington. No lejos de Agen, en Burdeos, aguardará el ejército de De Gaulle, decepcionado, porque se retrasan los socorros que espera de Narbona.

1.- Blaye y La Rochela: Localidades del Oeste de Francia.
2.- Emaciano: Nombre con el que suele nombrar a generales tesoneros.
3.- Agen: C. de Francia a orillas del Garona.
4.- Narbona: C. del Sur de Francia, dep. de Aude.

PROFECÍA 604 (X-68) 1.944

L'armée de mer devant cité tiendra,
Puis partira sans faire longue allée:
Citoyens grande proye en terre prendra,
Retourner classe reprendre grande emblée. [1]

El ejército de mar delante ciudad se mantendrá,
Después partirá sin hacer larga ida:
Ciudadanos gran presa en tierra tomará,
Volver ejército a retomar gran embestida.

LA FRANCIA LIBRE TOMA PARÍS : El ejército de Leclercq, procedente del mar, se mantendrá delante de París, donde se rendirán los alemanes. Después, partirá y llegará a la frontera alemana en poco tiempo: Los ciudadanos de la resistencia capturarán en las calles gran número de alemanes, y el ejército retomará la ofensiva con un gran empuje.

1.- classe: Del latín «classis-is», ejército.

PROFECÍA 605 (III-9) 1.944

Bourdeaux, Roüan et la Rochelle joints,
Tiendront autour la grande mer Occeane,
Anglois, Bretons, et les Flamans conjoints,
Les chasseront jusqu'au pres de Roüane.

Burdeos, Ruán y La Rochela juntos,
Tendrán alrededor la gran mar Oceana,
Ingleses, Bretones y los Flamencos conjuntos,
Les arrojarán hasta cerca de Ruán.

EXPULSIÓN GERMANA DE LA MURALLA DEL ATLÁNTICO: Los alemanes realizarán la fortificación de la costa francesa atlántica. Burdeos, Ruán, y La Rochela juntos, tendrán alrededor el Océano Atlántico, para detener la invasión aliada. Pero, anglo-americanos, franceses y belgas aliados, les arrojarán de la zona hasta cerca de Ruán.

PROFECÍA 606 (V-34) 1.944

Du plus profond de l'Occident Anglois,
Où est le chef de l'Isle Britannique:
Entrera classe dans Gyronde[1] par Blois,[2]
Par vin et sel, feux cachez aux barriques.

De lo más profundo del Occidente Inglés,
Donde está el jefe de la Isla Británica:
Entrará flota en Gironda por Blois,
Por vino y sal, fuegos escondidos en las barricas.

APOYO DE LA FLOTA ANGLO-AMERICANA: De lo más profundo del Oeste inglés, Estados Unidos, y de Inglaterra: Una flota anglo-americana entrará en la Gironda, por Blois, llevando escondidos en las barricas, tomados por vino y sal, armas, municiones y explosivos, con destino a las tropas francesas que han ocupado Burdeos.

1.- Gironda: Estuario del Garona y el Dordoña.
2.- Blois: Cap. del dep. francés Loir-et-Cher, a orillas del Loira.

PROFECÍA 607 (III-19) 1.944

En Luques [1] sang et laict viendra plouvoir, [2]
Un peu devant changement de preteur:
Grand peste et guerre faim et soif fera voir,
Loin où mourra leur Prince recteur.

En Lucca sangre y leche vendrá a llover,
Un poco delante cambio de pretor:
Gran peste y guerra, hambre y sed hará ver,
Lejos donde morirá su Príncipe rector.

LA "LÍNEA GÓTICA" Y LA MUERTE DE ROMMEL: En Lucca, la Toscana italiana, habrá un alternativo forcejeo de guerra y tregua. Un poco antes, se producirá el cambio de fortuna de Rommel: Hará ver a Hitler los horrores de la guerra que caerán sobre Alemania si no dimite. Llegará demasiado lejos y morirá por orden de su Führer.

1.- Luques: Es Lucca, C. de Italia central (Toscana).
2.- Simboliza la guerra con «sangre» y la paz, o la tregua, con «leche».

PROFECÍA 608 (IV-44) 1.944

Deux gros de Mende, et de Roudés et Milhau, [1]
Cahours, Limoges, Chartres [2] malo [3] sepmano [4]
De nuech [5] l'intrado [6], de Bourdeaux [7] un cailhau,[8]
Par Perigort [9] au toc de la campano. [10]

Dos principales de Mende y de Rodez y Millau,
Cahors, Limoges, Chartres calamidad séptima legión,
De noche la entrada, de Burdeos un guijarro,
Por Perigord al toque de la campana.

LA TOMA DE BURDEOS: De Gaulle y Montgomery liberarán el SE del Macizo Central francés, tras su ofensiva por tierras de Lot, Lemosin y Haute-Vienne, luego del desastre del VII ejército alemán cerca de Chartres. Los franceses, de noche, entrarán en Burdeos, un pequeño obstáculo, dada la escasa resistencia de los germanos, que se retirarán por las tierras de Perigord, sonando la hora de su derrota.

1.- Localidades francesas.
2.- Localidades francesas.
3.- malo: Del latín «malum-i», mal, calamidad.
4.- sepmano: Abrev. del latino «seltimani-orum», soldados de la 7ª Legión.
5.- nuech: De «nuit», noche.
6.- intrado: Del latín «intro», entrar.
7.- Burdeos: C. de Francia.
8.- cailhau: De «caillou», guijarro, piedra.
9.- Perigort: Antig. región de Francia.
10.- «Al toque de campana»: en sentido figurado, «ha sonado la hora».

PROFECÍA 609 (XI-18) 1.944

Considerant la triste Philomelle (Falso)
Qu'en pleurs et cris sa peine renouvelle, (Falso)
Racourcissant par tel moyen ses jours,
Six cens et cinq, elle en verra l'issue, [1]
De son tourment, ja la toile tissue,
Par son moyen senestre aura secours.

Considerando la triste Filomela (Falso)
Que con gritos y llantos su dolor renueva (Falso)
Acortando por tal medio sus días, (2)
En seiscientos cinco, verá la salida, (1)
De su tormento, y ya la tela tejida, (3)
Por su medio siniestro tendrá auxilios. (4)

LA TRAMA CONTRA HITLER : Profecía alterada por Vicent Seve de Beaucaire. Cierto sector político-militar alemán verá la salida al conflicto, en la muerte de Hitler, acortando, por tal medio, sus días de sufrimiento a Alemania. Y ya tejida la trama, tendrá auxilios de su suerte siniestra, y saldrá ileso del atentado de Stauffenberg.

1.- Vicent Seve ha sustituido las palabras «su dolor», colocadas en el 2º verso falso, por el número «seiscientos cinco».

PROFECÍA 610 (IX-90) 1.944

Un capitaine de la grand Germanie [1]	*Un capitán de la gran Alemania*
Se viendra rendre par simulé secours: [2]	*Se vendrá a rendir por simulada ayuda:*
Au Roy des Roys [3] ayde de Pannonie, [4]	*Al Rey de Reyes ayuda de Hungría,*
Que sa révolte fera de sang grand cours.[5]	*Que su revuelta hará de sangre gran curso.*

EL SUICIDIO DEL MARISCAL ROMMEL: Rommel, un capitán de la Gran Alemania, se avendrá a rendirse y se suicidará, tras un simulacro de ayuda a su país: Se unirá así a las víctimas del pueblo que crucificó al Rey de Reyes, exterminado por el III Reich, con ayuda de Hungría, que en su revuelta antisemita hará un gran derramamiento de sangre.

1.- Germania: Alemania.
2.- Hitler obligó a Rommel a suicidarse, amenazándole. Dio a la publicidad que se suicidaba por su fracaso y como ayuda a la patria.
3.- Se dijo: «Que su sangre caiga sobre nosotros y sobre nuestros hijos».
4.- Panonia: Región antigua de Europa. Hungría.
5.- Entre 4 y 6 millones de judíos fueron exterminados en los campos de Auschwitz, Chelmno, Belzec, Sobibor y Treblinka.

PROFECÍA 611 (X-49) 1.944

Jardin du monde [1] auprés de cité neufve,[2]	*Jardín del mundo cerca de ciudad nueva,*
Dans le chemin des montagnes cavées:	*Por el camino de las montañas socavadas:*
Sera saisi et plongé dans la cuve,	*Será tomado y sumergido en la cuba,*
Beuvant par force eaux soulphre envenimées.	*Bebiendo por fuerza aguas con azufre envenenadas.*

SUIZA, EN LA 2ª G. .M.: El jardín del mundo, por su belleza, estará cerca de Neuchâtel, la ciudad nueva, donde se llegará por los túneles de San Gotardo y el Simplón: Será tomado y sumergido en la cuba contaminada, al verse forzados sus habitantes a beber las aguas de sus ríos envenenadas con azufre, por los fugitivos alemanes.

1.- Llama a Suiza «Jardín del mundo", por su belleza y colorido.
2.- Neuchâtel, en Suiza, significa «ciudad nueva».

PROFECÍA 612 (VIII-13) 1.944

Le croisé frere par amour effrenée, [1]	*El atravesado hermano por pasión desenfrenada,*
Fera par Praytus [2] Bellorophon mourir,[3]	*Hará por Pretus Belerofonte morir,*
Classe à mil ans la femme forcenée, [4]	*Clasificado de mil acusados la mujer loca,*
Beu le breuvage, tous deux apres perir.	*Bebe el brebaje, ambos después perecer.*

EL SUICIDIO DE ROMMEL: El coronel Dollmann, con una envidia desenfrenada hacia Rommel, hará que éste pueda morir en el desierto, repitiéndose la leyenda de Corinto. Clasificado luego, entre mil acusados de conspiración, anunciará a su mujer, loca de dolor, que se suicidará para que a ellos no les molesten. Bebe el cianuro que Burgdorf y Meisel le darán, y después perecerá.

1.- Dollmann es «hermano» de Rommel, por ser alemán y militar.
2.- Praytus : De "Pretorio", antiguo tribunal, y "Preto", rey de Argos.
3.- Bellorophon: «Belerofonte», héroe mítico griego. Rommel, como él, triunfó también.
4.- ans: Abreviatura de «annonce», acusado.

PROFECÍA 613 (VIII-91) 1.944

Frymy [1] les champs des Rodanes entrées, [2]
Ou les croysez seront presque unis, [3]
Les deux brassieres en pisees rencontrées
Et un grand nombre par deluge punis.

Con disimulo los campos de los Rodaneses entrados,
Donde los cruzados estarán casi unidos,
Las dos columnas en huellas reencontradas
Y un gran número por diluvio castigados.

AVANCE ALIADO POR EL RÓDANO: De forma encubierta, las tropas aliadas entrarán en los campos de la comarca del Ródano, donde los americanos y los franceses estarán casi unidos, unos tomando Grenoble y otros liberando Tolón y Marsella. Los rastros de las dos columnas militares se reencontrarán en Lyón y después en Dijon. Un gran número de combatientes y civiles serán castigados por el diluvio bélico desatado.

1.- Frymy: De «Frime», simulación, con disimulo.
2.- Ródano: Río europeo.
3.- Los aliados son «les Croisez», los cruzados, por estar en la misma cruzada de liberación.

PROFECÍA 614 (V-1) 1.944

Avant venüe de ruine celtique,
Dedans le temple deux parlementeront, [1]
Poignard coeur, d'un monté au coursier, et picque,
Sans faire bruit le grand enterreront.

Antes venida de ruina céltica,
Dentro del templo dos parlamentarán,
Puñal corazón, de uno montado al corcel, y lanza,
Sin hacer ruido al grande enterrarán.

LA MUERTE DEL MARISCAL ROMMEL: Antes de la ruina de Alemania, dentro del palacio de Vichy, Rommel y Hitler parlamentarán. La ira del Führer despertará, con las exigencias del caballero militar, al que obligará a suicidarse. Sin sonar los verdaderos motivos de su muerte, enterrarán al grande del Afrikakorps, el 18 de Octubre de 1.944.

1.- El profeta suele llamar «templos» a los palacios y edificios culturales o políticos.

PROFECÍA 615 (III-33) 1.940-44

En la cité où le loup entrera,
Bien pres de là les ennemis seront:
Copie estrange grand pays gastera, [1]
Aux murs et Alpes les amis passeront. [2]

En la ciudad donde el lobo entrará,
Muy cerca de allí los enemigos estarán:
Tropa extranjera gran país asolará,
En los muros y Alpes los amigos pasarán.

DE HITLER EN PARÍS A LA INVASIÓN ALIADA : En la ciudad de París, donde entrará el feroz Adolf Hitler, muy cerca de allí estarán las tropas del 18° ejército alemán: La tropa germana, el gran país francés asolará, hasta que los aliados desembarcarán en las costas fortificadas de Normandía y pasarán los Alpes.

1.- Copie: Del latín «copia-ae», tropas. Ejército.
2.- Con «murs», muros, alude a los acantilados de Normandía.

PROFECÍA 616 (VIII-83) 1.944

Le plus grand voile hors du port de Zara, [1]
Pres de Bisance fera son entreprise, [2]
D'ennemy perte et l'amy ne sera
Le tiers à deux fera grand pille et prinse. [3]

La más grande vela fuera del puerto de Zara,
Cerca de Bizancio hará su empresa,
De enemigo pérdida y el amigo no estará
El tercero a dos hará gran pillaje y presa.

FIN DE LA GUERRA EN LOS BALCANES: Una gran flota aliada bloqueará las costas del Adriático, fuera del puerto de Zara, en Croacia, y las cosas serán muy diferentes a cuando Hitler llevará su invasión cerca de Turquía. Ahora, será Hitler y no Mussolini, el que tendrá las pérdidas hechas por el enemigo, y no estará para apoyarle el amigo Duce, el que hará gran pillaje y saqueo a dos países balcánicos, Grecia y Yugoslavia.

1.- Zara: C. y puerto de Yugoslavia (Croacia). Ahora, Zadar.
2.- Bizancio: La actual Constantinopla.
3.- Mussolini es el «tercero», tercer gobierno de Italia en el siglo XX, después de Nitti y Giolitti, bajo el reinado de Víctor Manuel «tercero».

PROFECÍA 617 (IX-88) 1.944

Calais, Arras,[1] secours à Theroanne, [2]
Paix et semblant simulera l'escoute, [3]
Soulde d'Alobrox [4] descendra par Roane, [5]
Destornay peuple qui defera la routte.[6]

Calais, Arrás, ayuda de Noruega,
Paz y apariencia simulará la cercena,
Tropa de Alobrox descenderá por Roanne,
Disciplinado pueblo que deshará la ruta.

EL REPLIEGUE ALEMÁN: Los aliados, en su ofensiva por el Norte de Francia, contarán con la ayuda de Noruega, a la que los alemanes, tras la apariencia de paz, tratarán de suprimir, disimuladamente. Descenderán por Roanne, en el Loira, retrocediendo, las tropas del disciplinado pueblo alemán, que deshará la ruta emprendida cuatro años antes.

1.- Calais y Arrás: Ciudades del Norte de Francia.
2.- Theroanne: Anagrama de «Norvège» , Noruega.
3.- escoute: De «ecourter», cercenar.
4.- Alobrox: Los «Alobroges», pueblo celta, cuya etnia más importante eran los galos, desplazados después por los germanos.
5.- Roane: Es «Roanne», c. francesa en el dep. del Loira.
6.- Destornay: Del francés «Dètors», destorcido, derecho. Fig. disciplinado.

PROFECÍA 618 (IX-69) 1.944

Sur le mont de Bailly [1] et la Bresle [2]
Seront cachez de Grenoble les fiers,[3]
Ontre Lyon, Vien [4], eulx si grand gresle, [5]
Langoult en terre restra un tiers.[6]

Sobre el monte de Baignes y la Bresles,
Estarán ocultos de Grenoble los fieros,
Más allá de Lyón, Viena, ellos tan gran granizada,
Langosta en tierra quedará un tercio.

LA OFENSIVA ALIADA EN EL FRENTE OCCIDENTAL: Sobre los montes de Baignes y por Bresles irán los aliados, mientras los fieros soldados del general Patch, estarán ocultos, tras la toma de Grenoble, esperando a los del general Lattre de Tassigny, para ir más allá de Lyón, hacia el territorio germano, llevando con ellos una gran tormenta bélica, apoyados por sus escuadrillas aéreas, de las que sólo un tercio quedará en tierra.

1.- Bailly: De «Baignes», localidad cercana a Burdeos.
2.- Bresle: Es «Bresles», localidad al Norte de París.
3.- Grenoble: Cap. del Isère, en los Alpes del Delfinado.
4.- Lyón: C. en la confluencia del Ródano y el Saona.
5.- Viena: C. cap. de Austria.
6.- Los bombarderos «Lancaster», que atacaban las ciudades alemanas, alcanzaban el millar de aparatos. El profeta veía como una plaga de langosta, simbolismo apocalíptico.

PROFECÍA 619 (IV-59) 1.943-1.945

Deux assiegez en ardente ferveur,
De soif estaincts pour deux plaines tasses,
Le forte limé, et un vieillard resveur,
Aux Genevois de Nira monstra trasse. [1]

Dos asediados en ardiente fervor,
De sed agotados por dos llenas tazas,
El fuerte limado y un anciano soñador,
En los Ginebrinos de Irán muestra rastro.

LA RUINA DEL EJE. LOS ACUERDOS DE IRÁN: Alemania e Italia asediados, tras su ardiente fervor, y sed de conquista, estarán extenuados por dos tazas llenas, «derrota bélica-ruina financiera».

Hitler será limado y un anciano soñador, Pétain, desterrado, luego de los acuerdos de Irán, base de la Conferencia de Yalta y la ginebrina ONU.

1.- Nira: Anagrama de Irán.

PROFECÍA 620 (VI-82) 1.932-1.945

Par les deserts de lieu libre et farouche,	*Por los desiertos de lugar libre y feroz,*
Viendra errer nepveu du grand Pontife: [1]	*Vendrá errar nuevo del gran Pontífice:*
Assomé à sept avecques lourde souche,	*Muerto a palos por siete con pesado garrote,*
Par ceux qu'apres occuperont le Cyphe. [2]	*Por aquellos que después ocuparán el Poder.*

AMARGURAS DE PÍO XI Y PÍO XII: Por los desiertos pasillos de un Vaticano, libre y a la vez ferozmente acosado, vendrá a errar, de nuevo, Pío XII: Lo mismo que Pío XI, destrozado por siete años finales de continuo golpear, también el Papa que le sucederá, será afligido por aquellos que, después de los Pactos de Letrán, ocuparán el Poder.

1.- Nepveu: Anagrama de «neuve», nuevo.
2.- Es «Cyme», del latín «Cyma-ae», cima, cumbre, cúspide, culminación.

PROFECÍA 621 (IV-20) 1.940-1.945

Paix, uberté long temps lieu loüera,	*Paz, abundancia largo tiempo lugar alabará,*
Par tout son regne desert la fleur de lys: [1]	*Por todo su reino desierto la flor de lis:*
Corps morts d'eau, terre là lon apportera,	*Cuerpos muertos de agua, tierra allí se les llevará,*
Sperants vain heur d'estre là ensevelis.	*Esperando en vano hora de ser allí enterrados.*

AFRICANOS MUERTOS EN LA 2ª G. M.: La paz y la abundancia largo tiempo en el lugar se alabará, por todo lo que es, como su reino en el desierto, para la soberanía de Francia: A él serán llevados los cuerpos de sus nativos muertos en el agua o en la tierra, esperando en vano la hora de ser enterrados allí donde murieron.

1.- La flor de lis, es el símbolo de la monarquía francesa.

PROFECÍA 622 (IV-98) 1.914-18 / 1.943 /1.939-45

Les Albanois passeront, dedans Rome, [1]	*Los Albaneses pasarán, dentro de Roma,*
Moyennant Langres demipler assublés, [2]	*Mediando Langres semidespoblada segura,*
Marquis et Duc ne pardonnes à l'homme, [3]	*Marqués y Duque no perdonan al hombre,*
Feu, sang, morbilles point d'eau, faillir les blés.	*Fuego, sangre, muertos sin agua, faltar los trigales.*

HECHOS REPETIDOS EN LAS DOS G. M.: Invadidos los albaneses, los alemanes pasarán dentro de Roma. Mediando Langres, en la invasión de Francia, será semi-despoblada sin remedio. Como en 1.914-18, con Hindenburg y Sir Jhon French, no perdonarán al enemigo, con una trágica repetición de fuego, sangre, muertos, sedientos y hambrientos.

1.- Albaneses: De Albania.
2.- Langres: C. del E. de Francia.
3.- Marqués y Duque, dos jefes de distinto bando.

PROFECÍA 623 (II-8) 1.943-1.945

Temples sacrez prime façon Romaine,	*Templos sagrados primera hechura Romana,*
Rejetteront les goffres fondements,	*Rechazarán los profundos fundamentos,*
Prenant leurs lois premieres et humaines,	*Tomando sus leyes primeras y humanas,*
Chassant, non tout, des saincts les cultements.	*Desechando, no todo, de los santos los cultos.*

AGRAVIOS A LA IGLESIA CATÓLICA: Los templos sagrados de antiguo estilo Romano serán víctimas de las apetencias sacrílegas de nazis y fascistas, que rechazarán los profundos fundamentos de la Iglesia, poniendo primero por delante sus leyes humanas y blasfemas, desechando, aunque no podrán del todo, el culto de los santos.

PROFECÍA 624 (II-83) 1.944-45

Le gros traffic d'un grand Lyon changé,
La plus part tourne en pristine ruine,
Proye aux soldats par pille vendange:
Par Jura [1] mont et Sueve bruine. [2]

El importante tráfico de un gran Lyón cambiado,
La mayor parte se torne en antigua ruina,
Presa a los soldados por saqueo vendimia:
Por Jura monte y Suevia neblina.

LA CIUDAD DE LYÓN DETERIORADA POR LA GUERRA: El importante tráfico de tropas, que habrán cambiado en la gran ciudad de Lyón, hará que la mayor parte de ella se torne en antigua ruina. Será presa de los soldados aliados en el tiempo de la vendimia: Que seguirán por la cadena montañosa del Jura y los territorios neblinosos de Suevia.

1.- Jura: Cadena montañosa de Europa central.
2.- Suevia: Nombre latino de Suabia, antigua región de Alemania.

PROFECÍA 625 (IV-52) 1.944-1.945

En cité obsesse aux murs hommes et femmes, [1]
Ennemis hors le chef prest à soy rendre:
Vent sera fort encontre les gensdarmes,
Chassez seront par chaux, poussière, et cendre.

En ciudad atormentada hombres y mujeres a los muros,
Enemigos fuera el jefe presto a rendirse:
El viento será fuerte en contra de los gendarmes,
Expulsados serán por cal, polvo y ceniza.

LIBERACIÓN DE NANTES: En Nantes, ciudad atormentada por el enemigo alemán, hombres y mujeres saldrán a las murallas, cuando los enemigos alemanes se irán fuera, al rendirse pronto el jefe del destacamento alemán: El viento de la libertad será fuerte en Francia, en contra de sus guardianes, que serán expulsados por la fuerza de las armas.

1.- Nantes, ciudad del O. de Francia, cap. del dep. del Loire-Atlántique.

PROFECÍA 626 (IV-42) 1.944-1.945

Geneve [1] et Langres par ceux de Chartres et Dole, [2]
Et par Grenoble captif au Montlimard, [3]
Seysset [4], Losanne, par fraudulente dole, [5]
Les trahiront par or soixante marc.

Ginebra y Langres por los de Chartres y Dole,
Y por Grenoble cautivo al Montelimar,
Seyssel, Lausana, por fraudulento engaño,
Les traicionarán por oro, sesenta marcos.

EL ENGAÑO SUIZO: Los territorios franceses hasta Ginebra y Langres serán ocupados por los que vienen de Chartres y Dole, después de haber liberado a Grenoble, lugar cautivo de los alemanes, una vez pasado Montelimar. Los de Seyssel y Lausana, por fraudulento engaño, les traicionarán por una elevada cantidad de oro y dinero.

1.- Geneve: Ginebra, C. de Suiza, a orillas del lago Lemán.
2.- Langres, Chartres y Dole: Localidades francesas.
3.- Grenoble y Montelimar: Localidades francesas.
4.- Seysset: Es Seyssel, en la Alta Saboya.
5.- Losanne: Lausana, C. de Suiza, en el lago de Ginebra.

PROFECÍA 627 (IV-72)   1.944-1.945

Les Artomiques par Agen [1] et l'Estore, [2]
A sainct Felix feront leur parlement:
Ceux de Basas viendront à la mal'heure, [3]
Saisir Condon et Marsan promptement.

Los Atómicos por Agen y Lectoure,
En Saint Felix harán su parlamento:
Los de Bazas vendrán en mala hora,
Tomar Condom y Marsan prontamente.

RECONQUISTA DEL SUDOESTE DE FRANCIA: Los soldados franceses, llenos de energía, avanzan por Agen y Lectoure, luchando en Saint-Félix-de Foucade, mientras, el resto de los aliados parlamentarán: Los alemanes, procedentes de Bazas, vendrán en retirada, y los aliados tomarán Condom y Mont-de-Marsan rápidamente.

1.- Agen: C. a orillas del Garona.
2.- L'Estore: Es Lectoure, en el dep. de Gers.
3.- Bazas: Localidad en la Gironda.

PROFECÍA 628 (VIII-92)   1.943-1.945

Loing hors du regne mis en hazard voyage
Grand ost duyra pour soy l'occupera,
Le Roy tiendra les siens captif ostage
A son retour tout pays pillera.

Será puesto lejos fuera del reino en azaroso viaje
Gran hueste dará para sí lo ocupará,
El Rey tendrá los suyos cautivo rehén
A su retorno todo país saqueará.

LA CAÍDA DE MUSSOLINI: Benito Mussolini será puesto fuera de Italia en un azaroso viaje. El ejército alemán dará las represalias y ocupará para sí territorio italiano. Hitler tendrá a los familiares del «Duce» cautivo como rehenes. A su retorno, Mussolini será una marioneta en manos del Führer alemán, que saqueará todo el país italiano.

PROFECÍA 629 (IV-76)   1.944-1.945

Les Nictobriges [1] par ceux de Perigort [2]
Seront vexes, tenant jusques au Rosne, [3]
L'associé de Gascons [4] et Begorne, [5]
Trahir le temple, le prestre estant au prosne.

Los Hitlerianos por los de Perigord
Serán vejados, teniendo hasta el Ródano,
La asociación de Gascones y Bigorra,
Traicionar el templo, el sacerdote estando predicando.

LIBERACIÓN DEL SUDOESTE DE FRANCIA: Los de Hitler, por los que vienen de Perigord, serán derrotados, teniendo que retirarse hasta el Ródano. Ahora, será diferente a 1.940, cuando la asociación de Gascones y los de Bigorra serán humillados por los germanos, que llegarán a profanar sus templos, estando el sacerdote predicando.

1.- Nictobriges: De «Nicto», del latín «níctor», agitar, y de «briges», del francés «brigue», intriga, complot. Algo así, como «los del agitador e intrigante», es decir, «los Hitlerianos».
2.- Perigort: Es Perigord, antigua región del SO de Francia (Dordoña)
3.- Ródano: Río que pasa por Francia.
4.- Gascones: De Gascuña, ant. región del SO de Francia.
5.- Begorne: Es Bigorra, región del SO de Francia.

PROFECÍA 630 (VII-27)   1.944-1.945

Au cainct de Vast la grand cavalerie,
Proche à Ferrage empeschee au bagage,
Prompt à Turin feront tel volerie,
Que dans le fort raviront leur hostage.

Al lado de Vasto la gran caballería,
Próxima a Ferrara impedida al bagaje,
Pronto en Turín harán tal rapacidad,
Que en el fuerte robarán su rehén.

OPERACIONES ALIADAS EN ITALIA: Al lado de Vasto, en los Abruzzos, estarán las grandes columnas aliadas, de tanques y transportes de todo tipo, que, cerca de Ferrara, verán impedida su marcha por las tierras délticas. Pronto, en Turín, harán todo tipo de desmanes, después que los alemanes liberen a Mussolini de la prisión del Gran Sasso.

PROFECÍA 631 (IV-37)   1.944-1.945

Gaulois par saults, monts viendra penetrer,	*Galo por asalto, montes vendrá a penetrar,*
Occupera le grand lieu de l'Insubre, [1]	*Ocupará el gran lugar del Milanesado,*
Au plus profond son ost fera entrer,	*A lo más profundo su hueste hará entrar,*
Gennes [2], Monech [3] pousseront classe rubre. [4]	*Génova, Mónaco empujarán ejército pelirrojo.*

MOVIMIENTOS DE TROPAS EN EL MILANESADO: Tomado todo el territorio galo por asalto, el ejército aliado penetrará por los Alpes y ocupará el vasto lugar del Milanesado. A lo más profundo hará entrar a su hueste, en 1.945, cuando por Génova y hasta Mónaco, las fuerzas del ejército norteamericano empujarán a los alemanes.

1.- Insubre: Insubria. Se refiere al Milanesado.
2.- Génova: C. de Italia.
3.- Mónaco: Principado independiente en la Costa Azul.
4.- rubre: Del latín «ruber-bra-brum», rojo. Con «ejército rojo», se refiere al norteamericano, cuyos soldados verá con su aspecto pelirrojo.

PROFECÍA 632 (V-40)   1.940-1.945

Le sang Royal sera si tres meslé, [1]	*El sangre Real estará tan muy embrollado,*
Contraints seront Gaulois [2] de l'Hesperie: [3]	*Contenidos serán por Galos los de Italia:*
On attendra que terme soit coulé,	*Se aguardará que término sea ligado,*
Et que memoire de la voix soit perie.	*Y que memoria de la voz sea muerta.*

LOS HORRORES DE LA OCUPACIÓN : El Mariscal Pétain estará muy embrollado y coacciona-do por los alemanes, a pesar de que los italianos serán contenidos por los franceses: Se aguardará a que el término de la guerra sea asegurado, para restañar heridas y que en la memoria de los franceses sea acallada la voz de los horrores de la ocupación.

1.- Presidentes y Jefes de Estado, tienen categoría Real.
2.- Gaulois: Galo, de la Galia.
3.- Hesperia: Nombre que los antiguos griegos dieron a Italia.

PROFECÍA 633 (I-83)   1.940-1.945

La gent estrange divisera butins,	*La gente extranjera dividirá botines,*
Saturne en Mars son regard furieux, [1]	*Saturno pondrá en Marte su mirada furiosa,*
Horrible estrange aux Toscans et Latins, [2]	*Horrible extranjero a los Toscanos y Latinos,*
Grecs qui seront à frapper curieux.	*Griegos que serán con golpear notable.*

EL TERROR NAZI EN LOS PUEBLOS OCUPADOS: La gente extranjera germana, dividirá el botín francés, cuando Saturno-Marte, iniciarán su conjunción maléfica, reforzada en 1.942 y 1.944, cuando el horrible invasor alemán atacará a los italianos y otros pueblos latinos, como los griegos, que serán golpeados de forma notable.

1.- La conjunción maléfica de Saturno y Marte, activa en Enero de 1.940, se dará en Aries, morada del segundo, propulsor de un gran fuego y furor bélico. Se repetirá en Tauro durante Enero-Febrero de 1.942, y en Géminis, en Marzo de 1.944, con sus oposiciones intercaladas. Proceso generador de agresión y violencia.
2.- Los «Toscanos», naturales de Toscana, y por extensión, los italianos.

PROFECÍA 634 (X-60) 1.943-1.945

Je pleure Nisse, Mannego, Pize, Gennes,
Savonne, Sienne, Capue, Modene, Malte;
Le dessus sang, et glaive par estrennes,
Feu, trembler terre, eau, malheureuse nolte.

Yo lloro Niza, Maniago, Pisa, Génova,
Savona, Siena, Capua, Módena, Malta;
Encimá de sangre y espada por añadidura,
Fuego, temblar tierra, agua, desgraciada coalición.

BOMBARDEO ALIADO SOBRE ITALIA: Las ciudades, tierras e islas italianas, sufrirán bajo los brutales bombardeos de los aviones aliados. Encima de padecer el furor homicida de los hombres, por añadidura, habrán de soportar las calamidades producidas por sus artefactos infernales, y los azotes de la Naturaleza, en desgraciada coalición.

PROFECÍA 635 (III-100) 1.942-1.945

Entre Gaulois le dernier honnoré,
D'homme ennemy sera victorieux:
Force et terroir en moment exploré
D'un coup de traict quand mourra l'envieux.

Entre los Franceses el último honrado,
De hombre enemigo será victorioso:
Fuerza y territorio en momento explosivo
De un golpe de flecha cuando morirá el envidioso.

DE GAULLE: Entre los franceses, el último en intervenir, Charles De Gaulle, será honrado, una vez que, la guerra terminada, del hombre enemigo, Adolf Hitler, será victorioso: Tendrá fuerza y dominio en un momento explosivo, cuando, de un atentado, morirá el Almirante Darlan.

PROFECÍA 636 (V-68) 1.940-1.945

Dans le Danube [1] et du Rin viendra boire [2]
Le grand Chameau, ne s'en repentira: [3]
Trembler du Rofne, et plus fort ceux de Loire, [4]
Et pres des Alpes Coq le ruinera. [5]

En el Danubio y del Rhin vendrá a beber
Por lo del Norte de Africa, de ello se arrepentirá:
Temblar del Ródano, y más fuerte los del Loira.
Y cerca de los Alpes Gallo le arruinará.

LA EQUIVOCACIÓN DE BENITO MUSSOLINI: En el Danubio y del Rhin, beberá el agua el ejército de Mussolini, con las fuerzas del Eje. Por lo del Norte de Africa, de ello se arrepentirá: Los germanos harán temblar a los del Ródano y más fuerte aún a los del Loira, y cerca de los Alpes, las tropas de De Gaulle arruinarán el poder ofensivo del Eje.

1.- Danubio: Río de Europa.
2.- Rhin: Río de Europa.
3.- El gran Camello: El Norte de Africa, con sus grandes desiertos y camellos.
4.- Ródano y Loira: Ríos que cruzan el territorio francés.
5.- Alpes: Cadena montañosa que separa la Europa mediterránea de la central.

PROFECÍA 637 (III-29) 1.944-1.945

Les deux neveux en divers lieux nourris: [1]
Navale pugne, terre peres tombez,
Viendront si haut eslevez enguerris,
Venger l'injure, ennemis succombez.

Los dos nuevos en diversos lugares nutridos:
En naval pugna, en tierra padres caídos,
Vendrán tan alto elevados aguerridos,
Vengar la injuria, enemigos sucumbidos.

LOS "NOVATOS" DE LA 2ª G. M. : Los dos bandos se verán nutridos con nuevos soldados jóvenes, los «novatos», venidos de diversos lugares: En la pugna de Normandía, en tierra firme, donde sus padres han caído, se les verá tomando el relevo. Destacarán por su valor y heroísmo, intentando vengar las injurias, con enemigos sucumbidos.

1.- neveux: Palabra alterada. No es de «neveu», sobrino. Es de «neuve», nuevo, novicio, novato.

JOSÉ GARCÍA ÁLVAREZ

PROFECÍA 638 (VI-33) 1.945

Sa main derniere par Alus sanguinaire, [1]
Ne se pourra par la mer guarentir:
Entre deux fleuves craindre main militaire,
Le noir l'ireux le fera repentir.

La última acción sanguinaria por Alushta,
No se podrá por la mar garantizar:
Entre dos ríos temerá mano militar,
El negro irritado le hará arrepentir.

LA CONFERENCIA DE YALTA: La última acción sanguinaria, el lanzamiento de la bomba atómica, se fraguará en Yalta, por Alushta, en Crimea, con la excusa de que no se podrá garantizar el paso por el Pacifico: Luego que, entre el Vístula y el Niemen, Hitler temerá la mano militar y que el de negro, irritado, a Rommel, le hará arrepentirse.

1.- Alus: Se refiere a «Alushta», localidad cercana a Yalta, en la Península de Crimea.

PROFECÍA 639 (VIII-64) 1.939-1.945

Dedans les Isles les enfans transportez,
Les deux de sept seront en desespoir,
Ceux du terroüer en seront supportez,
Nom [1], pelle prins des ligues fuy l'espoir. [2]

Dentro de las Islas los niños serán transportados,
Los dos de siete estarán en desespero,
Los del terror de él habrán soportado, /esperanza.
Numeroso, suerte tomados de los aliados huida la ‾‾‾‾

EPISODIOS DE UNA GUERRA QUE ACABA : Dentro de las Islas, los niños ingleses serán transportados. Alemania y Japón, dos de los siete en la contienda, estarán en desesperación. Los del terror, de él habrán soportado, numeroso, y por la suerte de la guerra, tomados sus territorios, una vez huida la esperanza de ganarla.

1.- Nom: Apócope del término francés «nombreux», numeroso.
2.- pelle: Del latín «pellis-is», suerte.

PROFECÍA 640 (IV-78)   1.940-1.945

La grand'armée de la pugne civile,
Pour de nuict parme à l'estrange trouvée, [1]
Septante neuf meurtris dedans la ville,
Les estrangers passez tout à lespée.

El gran ejército de la resistencia civil,
Por la noche en medio del extranjero encontrada,
Setenta y nueve muertos dentro de la ciudad,
Los extranjeros pasados todos a la espada.

LA RESISTENCIA CONTRA LOS NAZIS: El gran ejército de la resistencia civil, por la noche será encontrado en medio del extranjero germano. Tendrá gran éxito, exceptuando el alzamiento partisano de Varsovia, con decenas de muertos dentro de la ciudad. Al final, todos los alemanes invasores serán aniquilados.

1.- El daño mayor hecho por la resistencia a los alemanes, fue en sus incursiones, golpes de mano y emboscadas nocturnas.

PROFECÍA 641 (I-72) 1.944-45

De tout Marseille des habitans changée,
Course et poursuitte jusque aupres de Lyon,
Narbon, Toloze, par Bourdeaux outragée
Tuez captifs presque d'un million.

De todo Marsella de los habitantes cambiada,
Carrera y persecución hasta cerca de Lyón,
Narbona, Toulouse, por Burdeos ultrajada
Muertos, cautivos cerca de un millón.

RETIRADA ALEMANA DE FRANCIA: Mientras los aliados ocuparán Marsella, los alemanes la abandonarán, habiendo carrera de unos y persecución de otros hasta cerca de Lyón. Por Narbona, por Toulouse, por Burdeos ultrajada, entre muertos y cautivos, habrá cerca de un millón.

PROFECÍA 642 (IX-4) 1.942-1.945

L'an ensuyvant descouverts par deluge,	*El año siguiente descubiertos por diluvio,*
Deux chefs asleuz, le premier ne tiendra	*Dos jefes elegidos, el primero no tendrá*
De fuyr ombre à l'un d'eux le refuge,	*De huir sombra para uno de ellos el refugio,*
Saccagee case qui premier maintiendra.	*Saqueada casa que primero mantendrá.*

RETIRADA ALEMANA: El año siguiente, serán descubiertos por un diluvio los cadáveres de Katyn, luego que Francia, aunque gobernada por Pétain y Hitler, el primero de ellos no tendrá Poder. A la hora de huir, para uno de ellos estará la sombra del refugio de Berlín, una vez saqueada la casa, en la que Pétain mantendrá su gobierno.

PROFECÍA 643 (III-21) 1.939-1.945

Au Crustamin par mer Hadriatique, [1]	*En el Crustamin por mar Adriático,*
Apparoistra un horrible poisson,	*Aparecerá un horrible pez,*
De face humaine et la fin aquatique,	*De faz humana y la cola acuática,*
Qui se prendra dehors de l'ameçon.	*Que se pondrá fuera del anzuelo.*

LA GUERRA SUBMARINA: En la ruta de los cruceros por el mar Adrático, bajo la corteza líquida aparecerá un horrible "pez" armado con mortíferos torpedos, con faz humana y la cola acuática, como símbolo de humanos tripulantes en una nave marina sumergible, que se pondrá, fuera del alcance del "anzuelo" de las cargas de profundidad.

1.-Crustamin: Síntesis del término latino «Crusta-ae», corteza, del francés «croiseur», Crucero, y del también francés «chemin», camino, ruta. Con una sola palabra, el profeta quiere decir: «bajo la corteza líquida en la ruta de los Cruceros».

PROFECÍA 644 (II-31) 1.943-1.945

En Campanie [1] le Cassilin fera tant, [2]	*En Campania el Casilino hará tanto,*
Qu'on ne verra que d'aux les champs couvers:	*Que no se verá más que de aguas los campos cubiertos:*
Devant apres la pluye de longtemps,	*Más adelante después la lluvia de largo tiempo,*
Hors mis les arbres rien l'on verra de verts.	*Fuera puesto los árboles nada se les verá verdes.*

EL MOVIMIENTO DE RESISTENCIA EN ITALIA: En Campania, por Casilino, hará tanto Garibaldi, que no se verá más que, de revoluciones, los campos cubiertos : Después, más adelante, durante la 2ª G. M., el movimiento partisano, puesto fuera de la ley, será hostigado en los bosques con bombardeos y lanzallamas, que agostarán los árboles.

1.- Campania: Región de la antigua Italia. Su capital, Nápoles.
2.- Casilino: De «Casilinum-i», Casilino, C. de Campania.

PROFECÍA 645 (X-94) 1.945

De Nismes, d'Arles, et Vienne contemner, [1]	*De Nimes, de Arlés, y Viena contaminar,*
N'obey tout à l'edict d'Hespericque: [2]	*No obedece todo a la ley de Occidente:*
Aux labouriez pour le grand condamner,	*A los laboradores por el grande condenar,*
Six eschappez en habit seraphicque. [3]	*Seis escapados en hábito seráfico.*

CONDENA DE COLABORACIONISTAS Y NAZIS: Los aliados atacarán Viena, tras la invasión del Sur de Francia. Los rusos pondrán un dirigente, que no obedece del todo a los deseos de Occidente: A los "colaboracionistas", De Gaulle condenará, y a los de Hitler, en un juicio del que escaparán seis culpables, disfrazados con hábitos religiosos.

1.- Nimes y Arlés: Ciudades del Sur de Francia.
2.- Hespericque: Las Hespérides, para referirse a Inglaterra y al Occidente.

3.- seráfico: Perteneciente al serafín. Dícese de la orden franciscana: Según numerosos testigos, algunos de los personajes que rodeaban a Hitler en sus últimos días, abandonaron el búnker de Berlín, luciendo ornamentos sagrados, vestimentas rituales religiosas. Ver la 693.

PROFECÍA 646 (III-48)   1.925-1.945

Sept cens captifs attachez rudement,	*Setecientos cautivos ligados rudamente,*
Pour la moitié meurtrir, donné le fort:	*Por la mitad herir, dado el fuerte:*
Le proche espoir viendra si promptement,	*La próxima esperanza vendrá tan prontamente,*
Mais non si tost qu´une quinziesme mort.	*Pero no tan pronto como una decimoquinta muerte.*

VEINTE AÑOS DE TIRANIA FASCISTA EN ITALIA: Setecientos cautivos, atados rudamente, la mitad heridos, habrá en las cárceles de Roma, después del poder dado a Mussolini por el Parlamento: La próxima esperanza de los italianos vendrá muy pronto, pero, no tan pronto como para evitar la muerte de quince italianos en Milán.

PROFECÍA 647 (X-64)   1.944-1.945

Pleure Milán, pleure Lucques, Florance,	*Llora Milán, llora Lucca, Florencia,*
Que ton gran Duc sur le char montera,	*Que tu gran Duce sobre el carro subirá,*
Changer le siege prese de Venise s´advance,	*Cambiar la sede cerca de Venecia se avanza,*
Lors que Colonne à Rome changera.	*Cuando Colonna por Roma cambiará.*

CAÍDA DEL FASCISMO: Las ciudades del Norte de Italia lloran por sus terribles matanzas, en el tiempo que el cadáver del Duce sobre el camión subirá, tras cambiar la sede a la República de Saló, y cerca de Venecia se avanza, por parte del ejército aliado, cuando en la Plaza Colonna habrá alegría, por el cambio en Roma, del fascismo.

PROFECÍA 648 (II-85)   1.944-1.945

Le vieux plain barbe soubs le statut severe,	*El viejo pleno barba bajo el estatuto severo,*
A Lyon [1] faict dessus l´Aigle Celtique, [2]	*A Lyón hace encima el Aguila Céltica,*
Le petit grand trop outre persevere,	*El pequeño grande demasiado más allá persevera,*
Bruit d´arme au ciel, mer ronge Lygustique. [3]	*Ruido de armas en el cielo, mar enrojece Ligústica.*

LA "GUERRA TOTAL" DE HITLER: El viejo de plena barba bajo el estatuto severo del Führer, a Lyón llegarán los aliados, cuando comienza la ofensiva alemana encima de las Ardenas. Hitler, el pequeño, luego grande, perseverará más allá de lo razonable, mientras los combates aéreos y en el mar, enrojecerán las costas de Génova.

1.- Lyón : Ciudad francesa en la confluencia del Ródano y el Saona.
2.- El Aguila Céltica : Figuraba en los estandartes de las legiones hitlerianas.
3.- Ligústica : Se refiere a Génova.

PROFECÍA 649 (III-52)   1.944-1.945

En la campagne sera si longue pluie, [1]	*En la campaña será tan larga lluvia,*
Et en la Poüille si grande siccité, [2]	*Y en la Ultrajada tan grande sequedad,*
Coq verra l´aigle, l´aisle mal accomplie, [3]	*El gallo verá el águila, el ala mal realizada,*
Par Lyon mise sera en extremité. [4]	*Por Lyón puesta será en extremidad.*

LA DERROTA DE ALEMANIA: En la campaña final de la guerra, será tan largo el diluvio de fuego para los germanos, y en Alemania, tan grande el ultraje por su derrota en la gran sequedad de Africa, que el ejército francés verá el ejército alemán, con "el ala tocada", tras la operación "Dragoon", que llevará la ofensiva hasta los confines de Lyón.

1.- Con "pluie", lluvia, suele referirse al "diluvio" bélico.
2.- Poüille : Afrenta, ultraje, humillación.
3.- El Gallo y el Aguila, símbolos de la República Francesa y el Tercer Reich alemán, respectivamente.
4.- Lyón : Ciudad francesa en la confluencia del Ródano y Saona.

PROFECÍA 650 (VIII-48) 1.944-1.945

Saturne en Cancer, Jupiter avec Mars, [1]	*Saturno en Cáncer, Júpiter con Marte,*
Dedans Fevrier Caldondon [2] salvaterre: [3]	*Dentro de Febrero de Italia a Lisboa:*
Sault [4] Castallon [5] assailly de trois pars,	*Sault Fortificación asaltada por tres partes,*
Pres de Verbiesque conflit mortelle guerre. [6]	*Cerca de Verbier conflicto mortal guerra.*

ROTURA DE LA "LÍNEA GÓTICA": Saturno en Cáncer y Júpiter con Marte, las tropas aliadas tomarán Pisa y luego Florencia, tras lo de Anzio, días después de la condena de Dino Grandi, que, dentro de Febrero de 1.943, se trasladará de Italia a Lisboa: Es el final de lo que empezó, cuando Francia, rota la "Línea Maginot", en dirección a Sault, será asaltada por tres partes, y que luego terminará cerca de Verbier, con el conflicto de una guerra mortal.

1.- El 6 de Julio de 1.944, Saturno está en el signo de Cáncer y Júpiter y Marte, en conjunción en el signo de Leo, y el 18 de Abril de 1.945, Júpiter y Marte, en oposición, en los signos de Virgo y Piscis, respectivamente.
2.- Caldondon :"Caldaro", localidad en el Trentino. Por extensión, Italia.
3.- Salvaterre : "Salvaterra de Magos", cerca de Lisboa.
4.- Sault : Localidad en Provenza.
5.- Castallón : Del latín "castellum-i", fortín, fortaleza, fortificación. La "línea Maginot".
6.- Verbiesque : Paragoge de "Verbier", pueblo de Suiza, cercano a la frontera franco-italiana.

PROFECÍA 651 (XI-17) 1.945

Au mesme temps un grand endurera, (Falso)	*Al mismo tiempo un grande endurecerá, (Falso)*
Joyeux mal sain, l´an complet ne verra, (Falso)	*Alegre malsano, el año completo no verá, (Falso)*
Et quelques uns qui seront de la feste,	*Y algunos unos que estarán en la fiesta, (2)*
Feste pour un seulement, à ce jour,	*Fiesta para uno solamente, en ese día, (1)*
Mais peu apres sans faire long sejour,	*Pero poco después sin hacer larga estancia, (3)*
Deux se donront, l´un l´autre de la teste. [1]	*Dos se darán, uno a otro en la cabeza. (4)*

ÚLTIMO ATENTADO CONTRA HITLER: Cuarteta manipulada por Vicent Seve de Beaucaire. Es 20 de Abril de 1.945. En ese día, habrá una fiesta para Adolf Hitler, con motivo de su cumpleaños, y algunos que estarán en ella, le agasajarán, pero, poco después, sin tardar mucho tiempo, dos se darán disparos, uno a otro, en la cabeza.

1.- Ver las cuartetas 684, 688 y 689.

PROFECÍA 652 (IX-31) 1.945

Le tremblement de terre à Mortara, [1]	*El temblor de tierra en Mortara,*
Cassich [2] sainct George à demy perfrondrez: [3]	*Cassino San Jorge medio derrumbado:*
Paix assoupie, la guerre esveillera,	*Paz adormecida, la guerra despertará,*
Dans temple à Pasques abysmes enfondrez.	*En templo en Pascua abismos desfondados.*

LA GUERRA FINAL EN EL NORTE DE ITALIA: La tierra temblará en Mortara, y por donde fueron los de San Jorge, irán en retirada los alemanes, ya Monte Cassino medio derrumbado: Tras un período de paz adormecida, la guerra despertará. El templo en Pascua, el Norte de Italia se hundirá en los abismos sin fondo de la violencia.

1.- Mortara : Localidad italiana en el Piamonte.

JOSÉ GARCÍA ÁLVAREZ

2.- Cassich : "Cassino", de Monte Cassino, abadía benedictina de Italia meridional.
3.- Compañía de San Jorge, ejército Condottiero italiano.

PROFECÍA 653 (V-46) 1.930-1.945

Par chapeaux rouges querelles et nouveaux scismes, [1]	*Para sombreros rojos querellas y nuevos cismas,*
Quand on aura esleu le Sabinois: [2]	*Cuando se habrá elegido al Sabinés :*
On produira contre lui grands sophismes, [3]	*Se producirá contra él grandes sofismas,*
Et sera Rome lesée par Albannois. [4]	*Y será Roma lesionada por Albaneses.*

LA IGLESIA Y EL PUEBLO BAJO MUSSOLINI: Para la gente de Iglesia habrá querellas y nuevos cismas, cuando se habrá elegido a Mussolini: Se producirá contra el pueblo italiano, el ataque de grandes sofismas del fascismo. Y Roma será lesionada, como lo fuera por los del Duque de Alba.

1.- Los "sombreros rojos" son los "capelos" de ese color, de los Cardenales de la Iglesia Católica.
2.- Sabinés: "Sabino", de Sabina, antigua región de Italia Central. Al ser Mussolini, de Predappio, Forli, por la proximidad, le denomina así.
3.- Sofisma : Argumentación falsa con apariencia de verdadera.
4.- Albaneses : Llama así a los partidarios del Duque de Alba, general del emperador Carlos I y de Felipe II, de España.

PROFECÍA 654 (X-70) 1.945

L´oeil par object fera telle excroissance, [1]	*El ojo derramará abundante llanto,*
Tant et ardente que tombera la neige,	*Tanto y ardiente que cederá la nieve,*
Champ arrousé viendra en decroissance, [2]	*Campo regado vendrá en decrecimiento,*
Que le primat succombera à Rege. [3]	*Que el primado sucumbirá en Reggio.*

EL CARDENAL SCHUSTER Y MUSSOLINI: El ojo derramará abundante llanto, tanto y tan ardiente, que cederá la nieve. Este campo regado, como la guerra, irá decreciendo, cuando el Cardenal Schuster hará llegar una carta de Mussolini al cuartel general aliado, en dirección a Reggio; pero, su misiva despertará indiferencia, y él sucumbirá.

1.- Metáfora: La "excrecencia del ojo", por el "derramamiento de lágrimas", el llanto.
2.- Nuevo simbolismo : "Campo regado", por inundación bélica, a la vez que tierra regada por las lágrimas.
3.- Rege : Es "Reggio di Calabria", al Sur de Italia.

PROFECÍA 655 (III-22) 1.945

Six jours l´assaut devant cité donné:	*Seis días el asalto delante ciudad dado:*
Livree sera forte et aspre bataille:	*Librada será fuerte y áspera batalla:*
Trois la rendront et à eux pardonné,	*Tres la rendirán y por ellos perdonado,*
Le reste à feu et sang tranche taille.	*El resto a fuego y sangre destrozado.*

LA CONQUISTA DE VENECIA POR LOS ALIADOS: A los seis días delante de la ciudad de Venecia, el asalto será dado: Será librada una fuerte y áspera batalla : Los anglo-franco-americanos, del ejército aliado, rendirán la ciudad, que será respetada y perdonado el enemigo alemán que se entrega. El resto, a sangre y fuego será aniquilado.

PROFECÍA 656 (IV-34) 1.944-1.945

Le grand mené captif d´estrange terre, [1]	*El grande llevado cautivo de extranjera tierra,*
D´or echaîné au Roy Chiren offert: [2]	*De oro encadenado al Rey Chirén ofrecido:*
Qui dans Ausone, Millan perdra la guerre, [3]	*Que en Ausonia, Milán perderá la guerra,*
Et tout son ost mis à feu et à fer.	*Y toda su hueste puesta en fuego y en hierro.*

EL SECUESTRO DE PÉTAIN: Pétain será llevado cautivo a tierra alemana, con intención de ser ofrecido al Jefe de Gobierno francés, encadenado, a cambio de oro: Será inútil, puesto que, en Italia, tras los últimos reveses en Milán, Alemania perderá la guerra, y verá a toda su hueste diezmada.

1.- Aquí emplea la palabra "extranjeros" para designar a los alemanes.
2.- Chiren : De "Chéri", y quiere decir "querido", "deseado". En esta ocasión, Charles De Gaulle es un "Roy Cheri", es decir, un "Rey deseado" por los franceses.
3.- Ausonia: Antiguo nombre de Italia.

PROFECÍA 657 (IV-66)   1.944-1.945

Sous couleur fainte de sept testes rasées, [1]	*Bajo color fingido de siete cabezas rapadas,*
Seront semez divers explorateurs,	*Serán nombrados diversos exploradores,*
Puits et fontains de poisons arrousées,	*Pozos y fuentes de venenos rociados,*
Au fort de Gennes humains devorateurs.	*En el fuerte de Génova humanos devoradores.*

CAPITULACIÓN ALEMANA EN ITALIA: Bajo el hábito con que fingen ser siete monjes benedictinos, serán nombrados diversos exploradores, antes del desembarco aliado cerca de Anzio. Luego los pozos y las fuentes de Italia del Norte y Suiza, serán rociados de venenos por los germanos, tras ser expulsados de la fortificación de la "línea gótica" y de Génova, los humanos devoradores de vidas y territorios.

1.- Lo de "cabezas rapadas", es una referencia al pelo corto que llevaban los monjes benedictinos.

PROFECÍA 658 (II-72)   1.945

Armée Celtique en Italie vexée, [1]	*Armada Céltica en Italia vejada,*
De toutes parts conflict et grande perte,	*En todas partes conflicto y gran pérdida,*
Romains fuis, ô Gaule repoussée,	*Romanos huidos, ¡oh Galia rechazada !*
Pres du Thesin [2] Rubicon pugne incerte.[3]	*Cerca del Tesino Rubicón pugna incierta.*

HUMILLACIÓN ALEMANA EN ITALIA: La tropa alemana, en Italia será vencida y humillada. En todas partes habrá conflicto y grandes pérdidas. Los alemanes huirán de los territorios italianos, una vez rechazados en Francia, tras la ruptura de la "línea gótica", que acabará con la pugna incierta mantenida cerca del Tesino y del Rubicón.

1.- El profeta llama "Armada Céltica" al ejército alemán, por su ascendencia celta.
2.- Tesino : Ticino. Río de Suiza e Italia.
3.- Rubicón : Pequeño río del Apenino, antigua frontera entre la Italia propiamente dicha y la Galia Cisalpina.

PROFECÍA 659 (VIII-82)   1.945

Ronge long, sec faisant du bon valet,	*La larga erosión, duro haciendo del buen lacayo,*
A la parfin n´aura que son congie,	*Al fin no tendrá más que su despedida,*
Poignant poyson, et lettres au collet [1]	*Punzante veneno, y cartas al cuello*
Sera saisi eschappé en dangie. [2]	*Será cogido escapado en peligro.*

HUIDA DE MUSSOLINI. LAS CARTAS DE CHURCHILL: La larga erosión de la guerra en el Norte de Italia, haciendo duro el cargo del buen lacayo de Hitler, Mussolini, al fin, no tendrá más alternativa que su huida. Churchill, sentirá el punzante veneno del desasosiego, y hará por recuperar las cartas que pueden echarle un dogal al cuello, en poder del Duce, pero, escapado éste, será cogido por los partisanos y puesto en peligro de muerte.

1.- En el libro de Pier Carpi, ya citado, en su página 119 dice : "La tierra de los ángeles llora y su caudillo va a cometer una traición. Un día se conocerán otras cartas, cuando se descubra el secreto del amigo del hijo de la Bestia, que volará de noche hacia la tierra de los ángeles". Rudolf Hess, el amigo de Hitler, claro está.
2.- Ver la cuarteta 690.

PROFECÍA 660 (II-33) 1.945

Par le torrent qui descend de Veronne, [1]	*Por el torrente que desciende de Verona,*
Par lors qu´au Pau guidera son entrée: [2]	*Que por entonces al Po guiará su entrada:*
Un grand naufrage, et non moins en Garonne, [3]	*Un gran naufragio, y no menos en Garona,*
Quand ceux de Gennes marcheront leur contrée.[4]	*Cuando los de Génova marcharán a su encuentro.*

EXPULSIÓN ALEMANA DE ITALIA: Por el aluvión bélico en el río que desciende de Verona, el Adigio, huirán los alemanes, luego que, por entonces, la rotura de la "línea gótica", guiará la entrada aliada hacia la cuenca del Po: Un gran descalabro germano, y no menos que en el Garona, cuando los que vienen de Génova marcharán a su encuentro.

1.- Verona : Ciudad de Italia.
2.- Po : Río de Italia.
3.- Garona : Río del SO de Francia.
4.- Génova : Ciudad italiana.

PROFECÍA 661 (IX-39) 1.945

En Arbissel à Veront et Carcari, [1]	*En Brescia a Verona y Carcasona,*
De nuict conduicts par Savone attraper, [2]	*De noche conducidos por Savona atrapar,*
Le vif Gascón [3] Turby [4], et la Scerry [5]	*Lo vivo Gascón Perturbado, y la Muerte*
Derrier mur vieux et neuf palais griper.	*Detrás del muro viejo y nuevo palacio arrebatar.*

OFENSIVA FINAL ALIADA: En Brescia estarán los aliados, tras haber llegado a Verona, y Carcasona alcanzarán, conducidos de noche por Savona, mientras a lo vivo, hasta el territorio Gascón será perturbado, y la muerte, detrás del muro viejo y el nuevo palacio, la vida de los últimos invasores arrebatará.

1.- Arbissel es un anagrama de Brescia, en el N. de Italia, y Carcari (Carcasi) es Carcasona, en el Aude francés.
2.- Savone: C. del N. de Italia.
3.- Gascón : De Gascuña, antigua región del SO de Francia.
4.- Turby : Del latín "turba-ae", confusión, o de "turbo" 1 tr., agitar, perturbar.
5.- Scerry : Del francés "scieur", segadora, La Segadora de vidas, la Muerte.

PROFECÍA 662 (IX-95) 1.945

Le nouveau faict conduira l´exercite, [1]	*El nuevo hecho conducirá al ejército,*
Proche apamé jusqu´auprés du rivage, [2]	*Próximo a desfallecido hasta cerca de la orilla,*
Tendant secours de Milannoille eslite,	*Pretendiendo socorros de la Milanesa élite,*
Duc yeux privé à Milan fer de cage. [3]	*Duce ojos privado en Milán caja de hierro.*

RETIRADA ALEMANA. MUERTE DE MUSSOLINI: El nuevo cariz de la guerra, conducirá al ejército alemán, muy mermado de fuerzas, hasta cerca de la orilla del lago Garda. Pretendiendo, en vano, ayuda de los jerarcas fascistas milaneses, el Duce será muerto y llevado a Milán en un camión blindado.

1.- exercite : Del latín "exercitus-us", ejército, tropas.
2.- apamé : De "a" y el participio pasivo del verbo "pâmer", pasmarse, desfallecer.
3.- Pier Carpi, en su libro, dice en la página 128 : "El disfrazado será colgado por los pies en la ciudad del edicto. Pero nadie sabrá jamás cómo fue muerto. La orden llegó de lejos". Véanse las cuartetas 659, 664, 668 y 690.

PROFECÍA 663 (II-23) 1.943-1.945

Palais, oyseaux, par oyseau dechassé, [1]	*Palacios, pájaros, por pájaro derribados,*
Bien tost apres le Prince parvenu:	*Inmediatamente después del Príncipe haber llegado:*
Combien qu´hors fleuve ennemy repoulsé,	*Cuánto que fuera del río enemigo rechazado,*
Dehors saisi trait d´oyseau soustenu.	*De fuera sometido tratado de pájaro sostenido.*

EL SUFRIMIENTO DE ITALIA: Bombardeos, edificios destruidos y combates aéreos, tendrán lugar, inmediatamente después de haber llegado Mussolini a la R. de Saló: ¡Cuánto costará que el enemigo alemán sea rechazado fuera del río Po, sometido por los de fuera a un bombardeo sostenido, hasta que firme el tratado de capitulación!

1.- El profeta ve a los bombarderos y cazas, como pájaros.

PROFECÍA 664 (VII-17) 1.945

Le Prince rare de pitié et clemence	*El Príncipe escaso de piedad y clemencia*
Viendra changer par mort grand cognoissance [1]	*Vendrá a cambiar por muerte gran conocimiento*
Par grand repos le regne travaillé, [2]	*Por gran reposo el reino trabajado,*
Lors que le grand tost sera estrillé. [3]	*Cuando el grande pronto será castigado.*

EL EPISTOLARIO SECRETO: Churchill, escaso de piedad y clemencia, vendrá a cambiar, por muerte, el epistolario secreto con sus traiciones, por el gran reposo de no perder en el reino británico, el prestigio por el que tanto ha trabajado, cuando Mussolini, pronto será castigado.

1.- Nostradamus, supo percibir todo lo que hasta hoy se ha conseguido ocultar, incluida la cartera negra de Mussolini, con el "gran conocimiento".
2.- Churchill tenía un gran interés en hacerse con los documentos que portaba Mussolini. Su tranquilidad (gran reposo) dependía de ello. De ahí sus dos viajes por el lago de Como, donde muchos testigos le vieron buscar ansioso.
3.- Ver las cuartetas 659, 662, 668 y 690.

PROFECÍA 665 (VI-31) 1.943-1.945

Roy trouvera ce qu´il desiroit tant,	*El Rey encontrará lo que él deseaba tanto,*
Quand le Prelat sera reprins à tort: [1]	*Cuando el Prelado será reprobado sin razón:*
Responce au Duc le rendra mal content,	*Respuesta al Duce le pondrá descontento,*
Qui dans Milan mettra plusieurs à mort.	*Que en Milán llevará a varios a la muerte.*

DESTITUCIÓN DE MUSSOLINI. EJECUCIONES DE MILÁN : El rey Víctor Manuel III, encontrará lo que él tanto deseaba, el motivo para arrestar a Mussolini, cuando el Papa Pío XII será reprobado sin razón: Más adelante, la respuesta al Duce por los aliados, le pondrá descontento, en un tiempo en que, en Milán, se llevará a varios a la muerte.

1.- Del Papa Juan XXIII, dice en la página 80 del libro de Pier Carpi : "El vicario oirá injustas acusaciones por haber tenido la dignidad de callar y por el valor demostrado con la prudencia que salvó al mundo".

PROFECÍA 666 (VI-100) 1.945

Fille de l´Aure, asyle du mal sain,	*Hija de la Aurora, asilo del malsano,*
Où jusqu´au ciel se void l´amphitheatre: [2]	*Donde hasta el cielo se ve el anfiteatro:*
Prodige veu, ton mal est fort prochain, [3]	*Prodigio visto, tu mal está muy próximo,*
Seras captive, et des fois plus de quatre. [4]	*Serás cautiva, y más de cuatro veces.*

LA BESTIA [1]. LA ÉPOCA FINAL DEL MUNDO: Hija de la aurora de un nuevo tiempo, la Tierra será asilo del Maligno, la Bestia y sus sicarios, donde, hasta en el cielo, se verán las farsas y tragedias: Visto el prodigio de los nuevos ingenios bélicos, su fin está muy próximo, aunque antes será cautiva de todo tipo de abominaciones, muchas veces.

1.- El número 666 tiene relación con la Bestia Apocalíptica.
2.- El profeta vio el "prodigio" de la "Bestia de la cabeza roja", y la diabólica obra, en la llamada "Guerra de las Galaxias".
3.- Misiles con cabeza nuclear, capaces de llevar la muerte a miles de kilómetros de distancia: ese es el "prodigio" infernal de esta generación maldita.
4.- En la segunda mitad del siglo XX, la Tierra ha sido cautiva, muchas veces, de guerras continuas y horrendas, y lacras terribles y abominables: droga, crimen, aborto, sodomía y otras no menos degenerativas.

JOSÉ GARCÍA ÁLVAREZ

PROFECÍA 667 (IX-2) 1.924-1.945

Du hault du mont Aventin voix ouye,	*De lo alto del monte Aventino voz oída,*
Vuydez vuidez de tous les deux costez:	*¡Huid ! ¡Huid ! de todos las dos partes:*
Du sang des rouges sera l´ire assomie,	*De la sangre de los rojos será la ira saciada,*
D´Arimin [1] Prato [2], Columna debotez. [3]	*De Rimini a Prato, en Colonna desestimada.*

FIN DE MUSSOLINI: El 26 de Agosto de 1.924, en lo alto del monte Aventino, tras el asesinato de Giacomo Matteoti, será oída la voz de los diputados socialistas y fascistas, exigiéndose mutuamente, el abandono de la Cámara: Si el fascismo seguirá desangrando a Italia, de la sangre de los comunistas "rojos" será saciada la ira del nazismo. Hasta que, la vida comenzada en Predappio, entre Rimini y Prato, será desestimada, luego "finita", en la Piazza Colonna.

1.- Arimin : Del latín "Ariminum", Rimini, ciudad del NE de Italia.
2.- Prato : Ciudad de Italia, provincia de Florencia. Predappio está situado en la línea entre Rimini y Prato.
3.- "Colonna" en italiano, es "Columna" en latín.

PROFECÍA 668 (V-9) 1.943-1.945

Jusques au fond la grand arq demolüe,	*Hasta el fondo la gran arcada demolida,*
Par chef captif l´amy anticipé:	*Por jefe cautivo el amigo anticipado:*
Naistra de dame front, face chevelüe, [1]	*Nacerá de república frente, rostro cabelludo,*
Lors par astuce Duc [2] à mort attrapé.[3]	*Entonces por astucia, Duce en muerte atrapado.*

OCUPACIÓN DE ROMA. LA MUERTE DE MUSSOLINI : Hasta el fondo de los antiguos monumentos de Roma, ocuparán los alemanes, luego que, cautivo Mussolini, se ha anticipado la amistad aliada: El Duce, renacerá al frente de la República de Saló, para huir con el rostro barbudo. Entonces, a pesar de su astucia, será atrapado por la muerte.

1.- "dama", la República.
2.- Duc : De "Dux ducis", guía, jefe. Mussolini era el "Duce".
3.- Ver las 659, 662, 664 y 690.

PROFECÍA 669 (IX-77) 1.945

Le regne prins le Roy conviera	*El reino tomado el Rey invitará*
La dame prinse à mort jurez à sort,	*La dama tomada en muerte jurados a suerte,*
La vie à Royne fils on desniera, [1]	*La vida a Reina hijo se le negará,*
Et la pellix au fort de la confort.	*Y la pelliza al fuerte de la ayuda.*

FINAL DEL "DUCE" Y DE LA MONARQUÍA: Tomado el país italiano, se invitará al Rey a abandonarlo, después que Clara Petacci será muerta con Mussolini, porque ambos se habían jurado correr la misma suerte. La vida de la Monarquía, a Víctor Manuel III se le negará, por haber cobijado con su ayuda al poderoso "Duce".

1.- Italia considera a la Monarquía, indigna de continuar, por "el cobijo" que el Rey ha dado al gobierno del "Duce".

PROFECÍA 670 (VI-16) 1.940-1.945

Ce que ravy sera de jeune Milve, [1]	*El que cautivado será del joven Milvio,*
Par les Normans [2] de France et Picardie,[3]	*Por los Normandos de Francia y Picardía,*
Les noirs du temple du lieu de Negrisilve, [4]	*Los negros del templo del lugar de Africa,*
Feront aulberge et feu de Lombardie. [5]	*Harán albergue y fuego de Lombardía.*

LA AMBICIÓN DE MUSSOLINI: El que cautivado será por el joven vencedor en el puente Milvio, se unirá a los que irán por los territorios normandos, de Francia y Picardía. Con los negros uniformes, será enemigo del templo, y mandará tropas a Africa. Verá su error cuando los alemanes ocuparán Italia y llevarán el fuego bélico hasta Lombardía.

1.- Milvio : Puente sobre el Tíber, en Roma, donde Constantino venció a Majencio, en el año 312.
2.- Normandos: Naturales de Normandía, región del NO de Francia.
3.- Picardía: Región del N. de Francia.
4.- Negrisilve : De "negri", negro, y "silve", selva. Alude a Africa, lugar de "negros y selva".
5.- Lombardía: Región del N. de Italia.

PROFECÍA 671 (III-56) 1.945

Montauban, Nismes, Avignon et Besier, [1]
Peste, tonnerre et gresle à fin de Mars, [2]
De Paris pont, Lyon mur, Montpellier,
Depuis six cens et sept-vingt trois pars.

Montauban, Nimes, Aviñón y Beziers,
Peste, tronada y granizo a fin de Marzo,
De París puente, Lyón muro, Montepellier,
Después seiscientos y siete-veinte tres partes.

ALEMANIA ACORRALADA. LA TOMA DE BERLÍN: El Sur de Francia, sufrirá la epidemia de las tormentas bélicas, a finales de Marzo de 1.945. Los germanos serán desalojados de los puentes de París, de los muros de Lyón, de Montpellier. Después de cientos de ejecutados por lo de Stauffenberg, Berlín será tomada por Este, Oeste y Sur.

1.- Ciudades del Sur de Francia.
2.- Calamidades y fenómenos atmosféricos, aluden a la "epidemia o tormenta bélica".

PROFECÍA 672 (II-66)   1.943-1.945

Par grands dangiers le captif eschapé,
Peu de temps grand a fortune changée:
Dans le palais le peuple est attrapé,
Par bon augure la cité assiegée.

Por grandes peligros el cautivo escapado,
Poco de tiempo grande a fortuna cambiada:
En el palacio el pueblo es atrapado,
Por buen augurio la ciudad asediada.

EL FINAL DE MUSSOLINI: Tras pasar por grandes peligros, el cautivo Mussolini, habrá escapado. Al poco tiempo, la fortuna del Duce será cambiada: De vivir en el palacio, vendrá a morir, cuando es atrapado, a manos del pueblo, alegre por el buen augurio que representa la ciudad romana asediada por los aliados.

PROFECÍA 673 (VIII-81)   1.945

Le neuf empire en desolation,
Será changé du pole aquilonaire, [1]
De la Sicile viendra l´esmotion
Troubler l´emprise à Philip, tributaire.

El nuevo imperio en desolación,
Será cambiado del polo aquilonario,
De la Sicilia vendrá la alteración
Turbar la empresa a Philippe, tributario.

EL DESASTRE ALEMÁN: El nuevo Imperio del III Reich estará en desolación, después que será cambiado su rumbo en la contienda, tras los reveses en el frente de Rusia. De Sicilia le vendrá la alteración, después que Hitler turbará el gobierno de Philippe Pétain, haciéndolo tributario de los nazis.

1.- Con su referencia al Aquilón, el fuerte viento del Norte, el profeta alude a Rusia.

JOSÉ GARCÍA ÁLVAREZ

PROFECÍA 674 (VI-96)   1.944-1.945

Grande cité à soldats abandonnée,	*Gran ciudad a soldados abandonada,*
Onc n´y eut mortel tumult si proche:	*Nunca hubo allí mortal tumulto tan próximo:*
O quelle hideuse mortalité s´approche,	*¡Oh, qué horrible mortandad se aproxima !*
Fors une offense n´y sera pardonnée.	*Ni siquiera una ofensa será allí perdonada.*

ROMA OCUPADA. LA GRAN MORTANDAD FINAL: La gran ciudad de Roma será abandonada a los soldados aliados. Nunca hubo tan cercano a ella un tumulto tan mortal: ¡Oh, qué horrible mortandad se aproxima !... Ni siquiera una ofensa será allí perdonada.

PROFECÍA 675 (IV-1)   1.945

Cela du reste de sang non espandu,	*Por lo del resto de sangre no derramada,*
Venise quiert secours estre donné,	*Venecia quiere que socorro le sea dado,*
Apres avoir bien long temps attendu,	*Después de haber aguardado muy largo tiempo,*
Cité livree au premier cornet sonné.	*Ciudad entregada al primer cuerno sonado.*

LA LIBERACIÓN DE VENECIA: Por salvar aquel resto de sangre aún no derramada, Venecia quiere que un pronto socorro le sea dado. Después de haber aguardado mucho tiempo, la ciudad será entregada por los alemanes a los aliados, tras las primeras escaramuzas, una vez que éstos rompen la "línea gótica", cerca de Bolonia, en Abril de 1.945.

PROFECÍA 676 (III-11)   1.945

Les armes battre au ciel longue saison,	*Las armas batir en el cielo larga estación,*
L´arbre au milieu de la cité tombé: [1]	*El árbol en medio de la ciudad caído:*
Verbine, rogne, glaive, en face tyson, [2]	*Palabrería, roña, espada, en faz tizón,*
Lors le Monarque d´Hadrie succombé. [3]	*Entonces el Monarca de Hadria sucumbido.*

LA DERROTA ALEMANA: Los ataques aéreos interminables, sobre ciudades germanas, las convertirán en montones de escombros: La palabrería de Hitler, no evitará a Alemania, la enfermedad, la acción de las armas, los comandos o combatientes con la faz tiznada. Entonces, el Jefe del Gobierno de Italia, Mussolini, ya habrá sucumbido.

1.- Simboliza una ciudad afectada por un bombardeo.
2.- A finales de la 2ª G. M. fue empleada la táctica de "tierra quemada", y la intervención de comandos, "con la cara tiznada".
3.- Hadria : Es la Atria, Hadria o Hatria de los antiguos. Se refiere a Italia.

PROFECÍA 677 (V-67)   1.945

Quand chef Perouse [1] n´ofera sa tunique [2]	*Cuando el Jefe de Italia no ofrecerá su ayuda*
Sens au couvert tout nuds expolier,	*Sentidos a cubierto todo desnudos expoliar,*
Seront prins sept faict Aristocratique, [3]	*Serán tomados siete hecho Aristocrático,*
Le pere et fils morts par poincte au colier. [4]	*El padre y el hijo muertos por punta en garganta.*

EL FINAL DE HITLER Y DE MUSSOLINI: Cuando Mussolini no ofrecerá su ayuda a los aliados, los italianos se sintieron a cubierto, pero, serán del todo despojados y expoliados por los alemanes, después que el Duce y varios de sus colaboradores serán arrestados por el Rey. Al final, Hitler, su "padre político" y él, morirán trágicamente.

1.- Perusa : Perugia. Ciudad de Italia.
2.- "No ofrecerá su túnica", simboliza que no ofrecerá su fuerza, su ayuda.
3.- "hecho Aristocrático", porque fue llevado a cabo por el rey Víctor Manuel III, personalmente.
4.- "Por punta en garganta", alude a que ambos murieron de forma violenta. Mímicamente, se representa con un gesto en el que el dedo índice resbala a lo largo del cuello a la altura de la garganta.

PROFECÍA 678 (III-32) 1.942-1.945

Le grand sepulchre du peuple Aquitanique, [1]	*El gran sepulcro del pueblo Alemán,*
S´approchera aupres de la Toscane:	*Se aproximará después de la Toscana:*
Quand Mars sera pres du coing Germanique, [2]	*Cuando Marte estará cerca del suelo Germánico,*
Et au terroir de la regent Mantuane. [3]	*Y en el territorio de la regencia Mantuana.*

EL APLASTAMIENTO DE LA ALEMANIA NAZI: Una gran sepulcro aguarda al pueblo alemán, se aproximará para él, después de la ofensiva aliada procedente de la Toscana : Cuando Marte estará cerca del suelo germánico, y en el territorio de Leo regido por el Sol, que controla la zona mantuana.

1.- Aquitania fue invadida por los visigodos, pueblo germánico.

2.- Desde 1.942, Marte afectará negativamente a los alemanes, en Stalingrado. Su conjunción con Urano, en 1.943-44, propiciará los grandes bombardeos sobre Alemania, las reconquistas americanas y el avance ruso. El desastre final, en Diciembre de 1.944, la conjunción Marte-Sol, en oposición a Urano.

3.- Leo, donde gobierna el Sol, controla los países de Francia e Italia. Con la zona de Mantua designa el Norte de Italia, relacionándolo con la Galia Cisalpina.

PROFECÍA 679 (V-58) 1.945

De l´aqueduct [1] d´Uticense [2], Gardoing, [3]	*Del acueducto de Uticense, al Garda,*
Par la forest et mont inaccesible,	*Por el bosque y monte inaccesible,*
Emmy du port sera tasché au poing, [4]	*Enemigo del puerto será atado al puño,*
Le chef nemans qui tant sera terrible.	*El jefe incluso que tanto será terrible.*

ANIQUILAMIENTO DEL PODERÍO NAZI: Del diluvio bélico del Norte de Africa, hasta la guerra en el Norte de Italia, tras su invasión por los bosques y montes inaccesibles de las Ardenas, el enemigo alemán irá cediendo ante la ofensiva aliada, una vez que será maniatado por los desembarcos aliados. Incluso Hitler, que será tan terrible, sucumbirá.

1.- "acueducto", simboliza el "diluvio bélico".

2.- Uticense : De Utica, antigua ciudad de Africa del Norte

3.- Garda : El mayor lago italiano en el Norte de Italia.

4.- "tasché au poing" : se traduce por "atado al puño", equivalente a "maniatado", doblegado, sometido.

PROFECÍA 680 (VIII-57) 1.918-1.945

De soldat simple parviendra en empire,	*De soldado simple llegará al imperio,*
De robe contre parviendra à la longue [1]	*De vestido en contra llegará a la larga*
Vaillant aux armes en eglise ou plus pyre,	*Valiente con las armas en iglesia donde más peor,*
Vexer les prestres comme l´eau fait l´esponge.	*Vejar los sacerdotes como el agua hace la esponja.*

FINAL DEL APOGEO DE HITLER: De simple soldado, llegará a tener el imperio alemán bajo su mando. De ser un don nadie, a la más alta cima del poder. Valiente con las armas, con la Iglesia es con quien será peor. Vejará a los sacerdotes y lo absorberá todo, como con el agua hace la esponja. Morirá como vivirá.

1.- Frase peculiar con la que el profeta quiere expresar el ascenso desde una posición humilde a otra de grandeza.

PROFECÍA 681 (VI-37) 1.945

L´oeuvre ancienne se parachevera, [1]
Du toict chera sur le grand mal ruyne:
Innocent faict mort on accusera,
Nocent caché, taillis à la bruyne. [2]

La obra antigua se terminará,
Del techo caerá sobre el grande mal ruina:
Inocente hecho muerte se acusará,
Culpable escondido, desvanecido en la bruma.

EL FINAL DE HITLER: La obra antigua de Judas Iscariote se terminará, cuando, encima del techo del bunquer de Berlín, caerá sobre Hitler el mal y la ruina: De hecho inocente, su muerte se certificará, mientras el culpable, estará escondido, y luego, desvanecido en la bruma.

1.- Hitler, hará de instrumento ejecutor de un pueblo, que después pidió al karma una restitución acorde con el daño causado al Cristo. Cuenta saldada.

2.- En la página 123 del libro de Pier Carpi dice: "atención al último que salió de la madriguera. Será difícil acabar con él y prepara nuevos infortunios para el mundo. El conoce el verdadero rostro de la Bestia".

PROFECÍA 682 (I-100) 1.945

Longtemps au ciel sera veu gris oyseau,
Aupres de Dole et de Toscane terre: [1]
Tenant au bec un verdoyant rameau
Mourra tost grand et finira la guerre.

Largo tiempo en el cielo será visto pájaro gris,
Cerca de Dole y de Toscana tierra:
Teniendo en el pico un verdeante ramo
Morirá pronto grande y terminará la guerra.

EL FIN DE LA GUERRA EN EUROPA: Largo tiempo, se verá en el cielo aviones aliados, con su gris estructura, cerca de Dole y de la tierra de Toscana: Se estará garantizando la paz, llegada pronto, cuando Hitler morirá y terminará la guerra.

1.- Dole: Ciudad francesa en el departamento de Jura, a orillas del Doubs. La patria de Pasteur.

PROFECÍA 683 (XI-21) 1.945

L´autheur des maux commencera régner, (Falso)
En l´an six cens et sept sans espargner [2] (Falso)
Tous les subjects qui sont à la sangsue, [3]
Et puis après s´en viendra peu à peu,
Au franc pays r´allumer son feu,
S´en retournant d´où elle est issue.

El autor de los males comenzará a reinar, (Falso)
En el año seiscientos y siete sin perdonar (Falso)
Todos los sujetos que son de su sangre, (2)
Y luego después se vendrá poco a poco, (1)
Al franco país encender su fuego, (3)
Volviéndose allí de donde ha salido. (4)

LA TRÁGICA PARADOJA DE ADOLF HITLER. [1] **:** Profecía alterada por Vicent Seve de Beaucaire. Hitler se vendrá, poco a poco, a la cima del Poder. Sin saberlo, hará exterminar a todos los que son de su sangre, los judíos, tras ir al país francés a encender su fuego bélico, volviéndose allí de donde ha partido, Alemania.

1.- Hitler era judío, aunque no lo supo hasta el final. Recuérdese que era hijo adoptivo. En la obra de Pier Carpi, en la página 113 se lee : "Avanza el hijo de la Bestia, parido un año en el secreto".

2.- Endosa una nueva profecía a Enrique IV, situándola en el 1.607.

3.- sangsue : Con "sang", del latín "sanguis-inis", sangre, y "sue", de "suus-a-um", suyo, expresa que son de "su sangre", de su mismo origen, parentesco, descendencia, raza o partido político.

PROFECÍA 684 (IV-45) 1.945

Par conflict Roy, regne abandonnera,
Le plus grand chef faillira au besoing,
Mors prosligez peu en rechapera,
Tous destranchez, un en sera tesmoing. [1]

Por conflicto Rey, reino abandonará,
El más grande jefe fallará en la necesidad,
Muertos, heridos, pocos escaparán de ello,
Todos destrozados, uno será de ello testigo.

ABDICACIÓN DE VÍCTOR MANUEL III: Por el conflicto creado, Víctor Manuel III abandonará su reino, después que, como Mussolini, fallará a Italia en la necesidad. Luego que, muertos o heridos, pocos alemanes escaparán ante el ataque aliado a Berlín. En la Cancillería, todos serán destrozados, menos uno, que será testigo de ello.

1.- Ver el Libro de Pier Carpi, "Las Profecías del Papa Juan XXIII", de Ediciones m. r., página 123, y la cuarteta 681.

PROFECÍA 685 (IX-17)   1.939 -1.945

Le tiers premier pis que ne fit Neron, [1]	*El tercero primero peor que él no fue Nerón,*
Vuidez vaillant que sang humain respandre:	*Vacío de valor que sangre humana derramar:*
R'edifier fera le forneron,	*Reedificar hará el horno,*
Siecle d'or mort, nouveau Roy grand esclandre.	*Siglo de oro muerto, nuevo Rey grande escandalizar.*

LOS CRÍMENES DEL TERCER REICH: Hitler, Führer del III Reich, primero que hará suyo todo el poder, peor que él no fue Nerón. Un ser cobarde, que sangre humana derramará: Hará reedificar los hornos crematorios, acabará con la prosperidad, la ruina invadirá las naciones y el nuevo César producirá grandes escándalos.

1.-Ver cuartetas anteriores.

PROFECÍA 686 (XI-49)   1.945

Venus et Sol, Júpiter et Mercure (Falso)	*Venus y Sol, Júpiter y Mercurio (Falso)*
Augmenteront le genre de nature (Falso)	*Aumentarán el género de naturaleza (Falso)*
Grande alliance en France se fera,	*Gran alianza en Francia se hará, (1)*
Et du Midy la sangsue de mesme, [1]	*Y del Mediodía la de su misma sangre, (2)*
Le feu esteint par ce remede extreme	*El fuego extinto por este remedio extremo (4)*
En terre ferme Olivier plantera. [2]	*En tierra firme Olivo plantará. (3)*

LA PAZ EN FRANCIA: Profecía intervenida por Vicent Seve de Beaucaire. Una gran alianza con la U.R.S.S. en Francia se hará, en Diciembre de 1.944, y tras el desembarco del Mediodía francés, la caída de la Justicia sobre los de su misma sangre. Una Paz firme se implantará, extinto el fuego de la guerra, por el remedio extremo de arrasar Alemania.

1.- Ver la 683; los de «la sangre suya», sus correligionarios políticos, sus paisanos.
2.- La rama de Olivo: la Paz.

PROFECÍA 687 (IX-14)   1.945

Mis en planure chauderon d'infecteurs,	*Puesto en llanura caldero de infectadores,*
Vin, miel et huile, et bastis sur fourneaux,	*Vino, miel y aceite, y construidos sobre hornos,*
Seront plongez, sans mal dit mal facteurs	*Serán sumergidos sin maldicho malhechores*
Sept, fum. estaint au canon des borneaux. [1]	*Séptimo humo extinguido al cañón de los límites.*

RECONSTRUCCIÓN DE LOS CAMPOS FRANCESES: En las llanuras puesto, el contenido de los bombarderos, destruirán las producciones de vino, miel, aceite y cereales panificables, y sus pobladores serán sumergidos en la guerra sin tener tiempo ni de maldecir a los malhechores que la han causado. Lo que Dios había creado el séptimo día, volverá a florecer, una vez extinguido el humo al cañón y expulsados de los límites del país, los agresores.

1.- Sept: Apócope de la palabra francesa «Septième», séptimo. Dentro del diario de la Creación, el profeta se refiere al día de descanso, en el que luce en todo su esplendor la obra del Creador que, desgraciadamente, tantas veces será después destruida por el hombre.

PROFECÍA 688 (IX-84) 1.945

Roy exposé parfaira l'hecatombe,	*El Rey expuesto completará la hecatombe,*
Apres avoir trouve son origine, [1]	*Después de haber encontrado su origen,*
Torrent ouvrir de marbre et plomb la tombe,	*Torrente abrir de mármol y plomo la tumba,*
D'un grand Romain d'enseigne Medusine. [2]	*De un gran Romano de enseña Medusina.*

EL FINAL DE HITLER. ORIGEN JUDÍO DEL FÜHRER: El Führer expuesto a la muerte, completará la hecatombe, después de haber encontrado su origen judío. El torrente bélico abrirá el bunker, convertido en una tumba de mármol y plomo, a semejanza de un emperador Romano, cuya enseña fuera una hidra venenosa.

1.- Antes de morir Hitler, su asesino le reveló que era judío y la identidad de sus auténticos padres. Ver las cuartetas 651, 683 y 689.
2.- Medusina: De «Medusa», una de las tres hermanas Gorgonas, monstruos mitológicos, con cabelleras de serpientes.

PROFECÍA 689 (II-42) 1.945

Coq, chiens et chats de sang seront repeus, [1]	*Gallos, perros y gatos de sangre serán ahítos,*
Et de la playe du tyran trouvé mort,	*Y de la herida del tirano encontrado muerto,*
Au lict d´un autre jambes et bras rompus, [2]	*En el lecho de otro piernas y brazos destruidos,*
Qui n´avoit peu mourir de cruel mort. [3]	*Que no había podido morir de muerte peor.*

LA AUTÉNTICA MUERTE DE HITLER: La guerra finaliza, con abundancia de sangre derramada, incluso de la herida del tirano Adolf Hitler, encontrado muerto en el lecho de otro, Goebbels, con el cuerpo semidestruido por el fuego. Que no había podido morir de una muerte peor, uno de los criminales más grandes de la Historia.

1.- Simboliza la gran efusión de sangre derramada.
2.- En el libro de Pier Carpi, pág. 123 , dice: "El hijo de la Bestia ha sobrevivido a tres atentados. No al cuarto... Le llega su fin, encerrado en su cubil, abrazado a la mujer de otro". El cuerpo carbonizado que había en la litera, abrazado a la señora Goebbels, no era el de su marido. Este, mató a Hitler y lo hizo pasar por él, desfigurando el cuerpo. Luego, salió del bunker disfrazado con un hábito religioso y desapareció. El genio criminal del "Micrófono" del III Reich, esta vez, se superó.
3.- Ver la 651, 683 y la 688.

PROFECÍA 690 (VI-61) 1.945

Le grand tappis plié ne monstrera,	*El gran tapiz plegado no mostrará,*
Fors qu' à demy la pluspart de l'histoire:	*Sino a medias la mayor parte de la historia:*
Chassé du regne loing aspre apparoistra, [1]	*Ahuyentado del reino lejos áspero aparecerá,*
Qu'au faict bellique chacun le viendra croire. [2]	*Que al hecho bélico cada uno le vendrá a creer.*

LA IMPOSTURA DE CHURCHILL: El gran telón plegado del teatro bélico, no mostrará, sino a medias, la mayor parte de la Historia: Ahuyentado por la zozobra, el áspero Churchill, lejos de su reino aparecerá, buscando las cartas comprometedoras que el Duce llevaba. Desconocidas sus traiciones, al finalizar la guerra tendrá el crédito de todos.

1.- Con «áspero», alude a Churchill, de conocido carácter colérico.
2.- En la página 127 del libro de Pier Carpi, dice : "El traidor de la Tierra de los ángeles ha perdido las cartas. Un día aparecerán. Ha matado para recuperarlas". Ver las cuartetas 659, 661, 662, 664 y 668.

PROFECÍA 691 (IX-26) 1.945

Nice sortie sur nom de lettres aspres, [1]	*Niza salida sobrenombre de las cartas ásperas,*
La grande cappe fera present non sien:	*La gran capa hará presente no suyo:*
Proche de vultry [2] aux murs de vertes capres [3]	*Cerca de Volturno a los muros de verdes alcaparras*
Apres Plombin le vent à bon essien. [4]	*Después de Plúmbeo el viento en buen eje.*

FRANCIA, DESPUÉS DE LA GUERRA: Francia, pese a su heroicidad en la operación salida de Niza, no asistirá a la Conferencia de Yalta, llena de asperezas y documentos repletos de cinismo. La

Iglesia hará presente, que no es suyo ese beneplácito a los nazis que se le atribuye injustamente: Cerca del Volturno iniciada, terminará la ofensiva aliada que llegará a los Alpes mediterráneos, y después del vendaval de plomo, todo irá sobre ruedas.

1.- Son públicos los documentos intercambiados por Roosevelt, Churchill y Stalin, en Yalta. Prueban, entre otras cosas, las incitaciones de Roosevelt al líder soviético para que fusilara masivamente a los 50.000 oficiales alemanes apresados..
2.- Vultry: De Volturno, río de Italia.
3.- «Muros de verdes alcaparras», designa las murallas alpinas hasta el Mediterráneo, donde se da la alcaparra.
4.- «El viento Plúmbeo», es, en sentido figurado, la guerra como «vendaval de plomo».

PROFECÍA 692 (XI-23)   1.939 -1.945

Quand la grand nef, la proüe et gouvernail, [1]	*Cuando la gran nave, la proa y el timón, (1)*
Du franc pays et son esprit vital,	*Del franco país y su espíritu vital, (3)*
D'escueils et flots par la mer secoüee,	*De escollos y oleajes por la mar sacudida, (2)*
Six cens et sept, et dix coeur assiegé (Falso)	*Seiscientos siete, y diez corazón asediado (Falso)*
Et des reflus de son corps affligé, (Falso)	*Y reflujos de su cuerpo afligido, (Falso)*
Sa vie estant sur ce mal renoüee.	*Su vida estando sobre este mal reanudada. (4)*

REVIVIFICACIÓN DE LA IGLESIA CATÓLICA: Vicent Seve de Beaucaire, altera una nueva cuarteta. Cuando la Iglesia Católica, sacudida en su dirección y gobierno, por los escollos y oleajes de la marejada bélica, verá fuera del país francés al invasor alemán, su espíritu vital recuperará, estando su vida, sobre este mal, reanudada.

1.- La gran nave: La Iglesia, la que el profeta simboliza así por lo de la barca del pescador Pedro.

PROFECÍA 693 (III-54)   1.945

L'un des plus grands fuyera aux Espaignes [1]	*Uno de los más grandes huirá a las Españas*
Qu'en longue playe apres viendra saigner,	*Que de él larga llaga después vendrá a sangrar,*
Passant copies par les hautes montaignes, [2]	*Pasando tropas por las altas montañas,*
Devastant tout, et puis en paix regner.	*Devastando todo, y después en paz reinar.*

LAVAL HUYE A ESPAÑA: Uno de los más grandes de Vichy, que de él provendrá una larga llaga por la que después vendrá a sangrar su país, huirá a España, luego que los aliados, pasando sus tropas por las altas montañas que las separan de Alemania, han ido devastándolo todo, y después reinará la paz.

1.- El 2 de Mayo de 1.945, Pierre Laval, su esposa y 4 fugitivos de Vichy, llegaron a Barcelona, pretendiendo entregarse a la ONU. Franco, no le acogió y le invitó a salir del país español.
2.- Copies: Del latín «copia-ae», en pl. fuerzas, tropas.

PROFECÍA 694 (IX-67)   1.945

Du hault des monts à l'entour de Lizere [1]	*Del alto de los montes alrededor de Lizzano*
Port à la roche Valent cent assemblez [2]	*Puerto en la roca Valiente cien reunidos*
De Chasteauneuf Pierre late en douzere, [3]	*De Castillo Nuevo Pedro late en dulzura,*
Contre le Crest Romans foy assemblez.	*Contra el Credo Romano promesa asambleados.*

LA ALOCUCIÓN DE PÍO XII: Desde lo alto de los Alpes hasta el Golfo de Tarento, tras los desembarcos, Italia quedará liberada. Pío XII, y cien más, estarán reunidos en la Basílica de San Pedro. El corazón del Papa late en dulzura, y pedirá a los asambleados su promesa de que siempre se situarán frente a los que estén contra el Credo Romano.

1.- Lizere: Es Lizzano, localidad en el Golfo de Tarento.
2.- Valent: Del latín "valeo-ui", ser fuerte. Define la firmeza y el valor del Papa Pacelli. Ver la pág. 76 del libro de Pier Carpi. Dice: «Entre las nubes más tristes se alzará la paloma elegida, el duodécimo pío de perfil metálico. Unica paz en la guerra, única plegaria entre los aullidos de los lobos». Ver la cuarteta 665.
3.- La Basílica de San Pedro de Roma.

PROFECÍA 695 (VIII-24) 1.914 -1.945

Le lieutenant à l'entree de l'huys [1]
Assomera le grand de Parpignan, [2]
En se cuidant sauver à Montpertuis, [3]
Sera deceu bastard de Losignan. [4]

El teniente a la entrada del umbral
Abatirá el grande de Perpiñán,
Cuidando de salvarse a Monte Perdido,
Estará frustrado bastardo de Lyonesa.

CHARLES DE GAULLE, PRESIDENTE: El teniente Charles De Gaulle, después estará a la entrada del umbral de la Historia. Abatirá a Hitler hasta el límite de Perpiñán, mientras, cuidando de salvarse, pasará los Pirineos camino de España, el bastardo Laval, que estará frustrado, tras la expulsión definitiva de los alemanes de la zona lyonesa.

1.- huys: De «huis», puerta, portal. Históricamente hablando, umbral.
2.- Perpiñán: C. del S. de Francia.
3.- Monte Perdido: Montaña de los Pirineos (Huesca).
4.- Losignan: Anagrama alterado del francés «Lyonnaise», lionesa, de Lyón.

PROFECÍA 696 (X-14) 1.944 -1.945

Urnel [1] Vaucile sans conseil de soy mesmes [2]
Hardit timide, par crainte prins, vaincu,
Accompagné de plusieurs putains blesmes [3]
A Barcellonne aux chartreux convaincu. [4]

Ornato Vacilante sin consejo de sí mismo,
Osado tímido, por miedo preso, vencido,
Acompañado de varios corrompidos pálidos,
En Barcelona a los religiosos convencido.

LAS DUDAS DE PÉTAIN. HUIDA DE LAVAL: Pétain, ornato de Francia, estará vacilante, sin saber qué hacer. Quien antaño fuera osado, ahora será tímido, acuciado por el miedo, preso y vencido, en esa cárcel germana a orillas del Danubio, acompañado de varios de sus corrompidos colaboradores, pálidos de terror. En Barcelona estará Laval buscando asilo y será rechazado por Franco, convencido por su gobierno, para no molestar a los religiosos.

1.- Urnel: De «orner», ornar.
2.- Vaucile: De «vacillant-e», vacilante, indeciso.
3.- putains: Del latin «puteo-ui», ester podrido, corrompido, heder.
4.- Ver la 693.

PROFECÍA 697 (II-27) 1.934 -1.945

Le divin verbe sera du ciel frappé,
Qui ne pourra proceder plus avant:
Du reserrant le secret estoupé, [1]
Qu'on marchera par dessus et devant.

El divino verbo será del cielo golpeado,
Que no podrá proceder antes:
Del agresor el secreto detenido,
Que se marchará por encima y delante.

LA TRAMA ATÓMICA CRIMINAL: El Amor Divino será golpeado por el artefacto atómico lanzado del cielo, que no habrá podido utilizarse antes: Del agresor Hitler, el secreto de Enrique Fermi, habrá detenido sus planes, hasta que se marchará por encima de Hiroshima, dejando caer delante, el horrendo ingenio nuclear.

1.- estoupé: De «estouper», cerrar la boca a otro, impedir, detener.

PROFECÍA 698 (V-64) 1.945

Les assemblez par repos du grand nombre,
Par terre et mer conseil contre mandé:
Pres de l'Autonne Gennes [1], Nice de l'ombre [2]
Par champs et villes le chef contrebandé.

Los reunidos por reposo del gran número,
Por tierra y mar acuerdo retransmitido:
Cerca del Otoño Génova, Niza en la sombra,
Por campos y ciudades el jefe contrabandeado.

LA CONFERENCIA DE POTSDAM: Los reunidos, por reposo de la Gran Guerra, por tierra y mar, el acuerdo habrán retransmitido: En Potsdam, Francia quedará en la sombra, a pesar de lo hecho, cerca del Otoño, de Niza a Génova, yendo su ejército victorioso por campos y ciudades, poniendo al del Jefe alemán contra las cuerdas.

1.- Génova: C. Italiana, cap. de Liguria. Por extensión, Italia.
2.- Niza: C. y puerto de Francia, en la Costa Azul.

PROFECÍA 699 (V-8) 1.945

Sera laissé feu vif, mort caché,
Dedans les globes horribles espouvantable, [1]
De nuict à classe cité en poudre lasché,
La cité à feu, l'ennemy favorable.

Será dejado fuego vivo, muerte escondida,
Dentro de los globos horribles, espantoso,
De noche en naval ciudad en polvo dejada,
La ciudad en fuego, el enemigo favorecido.

BOMBAS ATÓMICAS SOBRE JAPÓN: "Será dejado fuego vivo, la muerte escondida dentro de los globos horribles. ¡Espantoso !" No se puede describir mejor. De noche, en la ciudad naval de Hiroshima, reducida a polvo. Tres días después, Nagasaki probará el fuego atómico. No cabe duda de qué enemigo será favorecido por esta canallada.

1.- Ver la página 127 del libro de Pier Carpi. Nueva coincidencia entre los dos profetas : "La gran arma estallará en Oriente, produciendo llagas eternas. La infame cicatriz no se borrará jamás de la carne del mundo". ¡Espantoso !-dice Nostradamus.

PROFECÍA 700 (III-6) 1.945

Dans le temple clos le foudre y entrera,
Les citadins dedans leur fort grevez:
Chevaux, boeufs, hommes, l'onde mur touchera
Par faim, soif, soubs les plus foibles armez.

En el templo cerrado el rayo allí entrará,
Los ciudadanos dentro de su fuerte gravados:
Caballos, bueyes, hombres, la onda muro tocará
Por hambre, sed, bajo los más débiles armados.

BOMBA ATÓMICA EN HIROSHIMA Y NAGASAKI: En el templo cerrado, incluso, el rayo atómico entrará. Los ciudadanos que habrá dentro, serán dañados por su fuerza: Caballos, bueyes, hombres, la onda nuclear tocará. Por hambre, sed, bajo los escombros, una población inerme morirá.

OCTAVA CENTURIA

Desde el estallido de la bomba atómica hasta el asesinato del Papa Juan Pablo I
(1.945-1.978)

PROFECÍA 701 (VI-51) 1.945

Peuple assemblé, voir nouveau expectacle,
Princes et Roys par plusieurs assistans,
Pilliers faillir, murs, mais comme miracle
Le Roy sauvé et trente des instans.

Pueblo reunido, ver nuevo espectáculo,
Príncipes y Reyes por varios asistentes,
Pilares fallar, muro, pero como milagro
El Rey salvado y treinta de los presentes.

EL PROCESO DEL MARISCAL PÉTAIN: El pueblo francés estará reunido para ver un nuevo espectáculo. Entre los asistentes se encontrarán altos personajes. Se habrá derrumbado el régimen pronazi de Vichy y condenado a muerte a su antiguo Jefe, pero, como de milagro, Pétain será salvado de la muerte y treinta de los presentes.

PROFECÍA 702 (VII-24) 1.945

L'ensevely sortira du tombeau, [1]
Fera de chaines lier le fort du pont, [2]
Empoisonné avec oeufs de Barbeau, [3]
Grand de Lorraine par le Marquis [4] du Pont. [5]

El sepultado saldrá de la tumba,
Hará de cadenas atar el fuerte del mar,
Emponzoñado con huevos de Barbudo,
Grande de Lorena por el Marqués del Puente.

PARTIDA DE PÉTAIN HACIA LA ISLA DE YEU: El sepultado en vida, saldrá camino de la tumba, al condenarle a cadena perpetua en el Fuerte marino de Portalet. Después que el Reino Unido sufra la ponzoña mortal de las bombas volantes alemanas, y de que Pétain sea sustituido por De Gaulle, en el Puente de mando del Gobierno Francés.

1.- Final del mariscal, de su régimen y su marcha al cautiverio mortal.
2.- Es «port», puerto.
3.- El «Barbudo», describe la estela de las bombas volantes, que parecían huevos con cola de Cometa (Barbudo).
4.- Aquí, De Gaulle no es «Rey», sino «Marqués», porque no tiene la Jefatura definitiva de Francia, sino la provisional.
5.- Pont: Aquí es «puente» con mayúscula, por significar el Puente de Mando, el Poder.

JOSÉ GARCÍA ÁLVAREZ

PROFECÍA 703 (XI-37)   1.945

Foible et puissant seront en grand discord,	*Débil y potente estarán en gran discordia, (1)*
Plusieurs mourront avant faire l'accord	*Muchos morirán antes de hacer el acuerdo, (3)*
Foible au puissant vainqueur se fera dire, (Falso)	*Débil al poderoso vencedor se hará decir, (Falso)*
Le plus puissant au jeune cedera,	*El más potente al joven cederá, (2)*
Et le plus vieux des deux decedera,	*Y el más viejo de los dos morirá, (4)*
Lors que l'un d'eux envahira l'Empire. (Falso)	*Cuando uno de ellos invadirá el Imperio. (Falso)*

LA CAÍDA DEL MARISCAL PÉTAIN: Profecía manipulada por Vicent Seve de Beaucaire. Durante la 2ª G. M., el general De Gaulle y el Mariscal Pétain estarán en gran discordia, pero, al final de ella, el más potente, al joven cederá. Muchos morirán antes de hacer el acuerdo de paz, y el más viejo de los dos, política y personalmente, morirá.

PROFECÍA 704 (VI-40)   1.945

Grand de Magonce pour grande soif estaindre, [1]	*Grande de Maguncia para gran sed extinguir,*
Sera privé de sa grand'dignité:	*Será privado de su gran dignidad:*
Ceux de Cologne si fort se viendront plaindre,	*Los de Colonia tan fuerte se vendrán a lamentar,*
Que le gran groppe au Rhin sera jetté.	*Que el gran grupo al Rhin será arrojado.*

REPRESALIA ALIADA CONTRA ALEMANIA: El país germano, para extinguir la gran sed de venganza de los aliados, será privado de su gran dignidad: Los de Colonia, se lamentarán por las vejaciones de que serán objeto por parte de los vencedores, una vez que los alemanes hayan sido arrojados al otro lado del Rhin.

1.- Magonce: Es Maguncia, C. alemana, en la confluencia del Rhin y del Main. Por extensión, Alemania.

PROFECÍA 705 (IV-91)   1.945

Au Duc Gaulois contrainct battre au duelle, [1]	*Al Jefe Galo forzado a batirse en duelo,*
La nef Mellele monech n'approchera, [2]	*La nave «La Melosa» a Mónaco no se aproximará,*
Tort accusé, prison perpétuelle,	*Sin razón acusado, prisión perpetua,*
Son fils regner avant mort taschera. [3]	*Antes muerte hijo su reinar manchará.*

EL CALVARIO DEL MARISCAL PÉTAIN: Al Jefe galo, forzado a batirse en duelo con Hitler, le llevarán en la nave «Amiral-Mouchez», una de las que a Mónaco no se aproximará. Sin razón, será acusado, y condenado a prisión perpetua, porque antes manchará su gobernar, que consentir la muerte de su pueblo, un hijo para él.

1.- Con «Jefe», alude a todo mandatario que no tenga rango de Rey.
2.- El barco que conducía al Mariscal, era el «Amiral-Mouchez». «Mouche», es «Mosca», insecto atraido por la miel. De ahí «Mellele», permutación de «Le Mielleux», La Melosa.
3.- La Historia suele ser injusta. El viejo Mariscal se debatía entre coacciones y chantajes, para evitar mayores daños a su pueblo.

PROFECÍA 706 (VII-2)   1.945

Par Mars [1] ouvert Arles le donra guerre, [2]	*Por combate abierto Arlés le dará guerra,*
De nuict seront les soldats estonnez:	*De noche serán los soldados sorprendidos:*
Noir, blanc à l'Iude dissimulez en terre, [3]	*Negro, blanco al Judío disimulados en tierra,*
Sous la fainte ombre traistres verez et sonnez.	*Bajo la fingida sombra traidores veréis y oiréis.*

LIBERACIÓN DE LOS JUDÍOS: Por combate abierto hacia Arlés, le dará guerra favorable a los aliados, cuando, de noche, serán los soldados germanos sorprendidos: Expulsados los de negro, la resistencia liberará a los judíos escondidos en sótanos y, bajo la fingida pantalla del bien de Francia, serán vistos y oídos los traidores.

LAS PROFECÍAS DE NOSTRADAMUS

1.- Marte: dios mitológico de la guerra. Alude al combate, la lucha.
2.- Arlés: Ciudad francesa en el delta del Ródano.
3.- Con el color «negro», se refiere al uniforme de los jefes alemanes, y el «blanco», por los pañuelos de la Resistencia, el color que él asigna a lo liberal.

PROFECÍA 707 (XI-48)   1.918-1.945

Du vieux Charon[1] on verra le Phoenix, [2]	*Del viejo Caronte se verá al Fénix, (1)*
Estre premier et dernier de ses fils,	*Ser el primero y el último de sus hijos, (3)*
Reluire en France, et d'un chacun aymable,	*Relucir en Francia, de una guisa muy amable, (2)*
Regner long temps, avec tous les honneurs, (Falso)	*Reinará largo tiempo, con todos los honores, (Falso)*
Qu'auront jamais eu ses predecesseurs, (Falso)	*Que jamás habrán tenido sus predecesores, (Falso)*
Dont il rendra sa gloire memorable.	*A quienes su gloria convertirá en memorable. (4)*

AUGE Y CAÍDA DEL MARISCAL PÉTAIN: Profecía alterada por Vicent Seve de Beaucaire. Del «infierno» de Verdún, Pétain se verá elevado a la cima del prestigio y del Poder, y lucirá en Francia, de una guisa muy amable; pero, luego, pasará de ser el primero al último de sus hijos, debido a quienes envidian su gloria, que le convertirá en memorable.

1.- Caronte: Carón, barquero del Aqueronte, río de los Infiernos.
2.- Fénix: Ave fabulosa, que los antiguos creyeron que renacía de sus cenizas. Fig. Lo que es exquisito o único en su clase.

PROFECÍA 708 (VIII-45)   1.945

La main escharpe et la jambe bandée, [1]	*La mano escarpiada y la pierna vendada,*
Longs puis nay de Calais portera, [2]	*Lejos después nacido de Calais llevará,*
Au mot du guet la mort sera tardée, [3]	*A la palabra del general la muerte será aplazada,*
Puis dans le temple à Pasques saignera. [4]	*Después en el templo en Pascua sangrará.*

CONMUTACIÓN DE LA PENA DE MUERTE DE PÉTAIN: Pétain estará atado de pies y manos. Cuando se llevará lejos, lo nacido de Calais, a la palabra del general De Gaulle, la muerte del Mariscal Pétain será aplazada, tras el último intento alemán, en la Navidad anterior, con la ofensiva sangrienta en las Ardenas.

1.- Expresión metafórica.
2.- Calais: C. y puerto francés.
3.- guet: Centinela, guardia. Con polainas de media pierna, que aguarda. Describe bien, al general De Gaulle.
4.- La ofensiva alemana de las Ardenas se inicia en las vísperas de la Navidad de 1.944, y estando los templos en plena celebración navideña (el templo en Pascua).

PROFECÍA 709 (VIII-32)   1.945

Garde toi Roy [1] Gaulois de ton nepveu, [2]	*Guárdate Rey Galo de tu sobrino,*
Qui fera tant que ton unique fils [3]	*Que hará tanto que tu único hijo,*
Sera meurtry à Venus faisant voeu,[4]	*Será muerto en Venus haciendo súplica,*
Accompagné de nuict que trois et six.	*Acompañado de noche que tres y seis.*

EJECUCIÓN DE LAVAL: Aconseja a Pétain que se guarde de su "pariente" político, que hará tanto al pueblo que para él es como su hijo: Laval será ejecutado, implorando perdón, alegando que todo lo había hecho por amor a Francia, cuando, lo cierto es que, acompañado de tres a seis nazis, irá de noche a ejecutar a sus paisanos.

1.- Con Rey, designa a los Jefes de Estado.
2.- Ve «parentesco» político de Laval, llamado por Pétain para asumir el cargo de vicepresidente del Consejo.
3.- Ver la 705.
4.- Venus, que simboliza el Amor, es regente de Libra, que marca el tiempo en que fue ajusticiado Laval.

PROFECÍA 710 (IX-47) 1.944 -1.945

Les soubz signez d'indigne delivrance,
Et de la multe auront contre advis: [1]
Change monarque mis en perille pence,
Serrez en cage se verront vis à vis.

Los infrascritos de indigna concesión,
Y de la pena tendrán contra avisados:
Cambio monarca puesto en grave peligro,
Encerrados en jaula se verán frente a frente.

PROCESOS CONTRA LOS "COLABORACIONISTAS": Los señalados como culpables de concesión indigna, serán avisados de la pena que tendrán de condena: Su cambio al bando de Hitler, habrá puesto en grave peligro la integridad de Francia. Encerrados en la cárcel, los traidores se verán frente a frente con la Justicia y después, la muerte.

1.- multe: Del latín «multa-ae», multa, pena, condena.

PROFECÍA 711 (VIII-3) 1.945

Au fort chateau de Vigilanne et Resviers [1]
Sera serré le puisnay de Nancy:
Dedans Turin seront ards les premiers
Lors que de dueil Lyon sera transy.

En el fuerte castillo de Vigilante e Iluso
Será encerrado el después nacido de Nancy:
Dentro de Turín serán los primeros ardores
Cuando Lyón será transido de dolor.

LA PRISIÓN DEL MARISCAL PÉTAIN: En el Fuerte de Portalet, de vigilante de los valores morales de Francia, y soñador iluso, será encerrado Pétain, el nacido héroe después de Verdún: Atrás queda el incendio mundial, con los primeros ardores dentro de Turín, previos a la invasión italiana, cuando Lyón será transido de dolor por los germanos.

1.- Vigilante e Iluso: Los dos con mayúscula, indicando que aluden a un personaje importante.

PROFECÍA 712 (X-84) 1.945

Le naturelle à si haut non bas,
Le tard retour fera maris contens:
Le Recloing ne sera sans debats, [1]
En employant et perdant tout son temps.

Lo natural en tan alto no baja,
El tardo retorno hará maridos contentos:
La Apertura no será sin debates,
Empleando y perdiendo todo su tiempo.

LA PAZ EN EUROPA: Como lo natural en una contienda, como la 2ª Guerra Mundial, que tan alto ha llegado, es que no remita con facilidad, el tardo retorno a sus hogares hará felices a los maridos: La apertura de la Paz no será sin debates, donde los representantes de las potencias vencedoras andarán empleando y perdiendo todo su tiempo.

1.- Recloing: Del latín «recludo», abrir.

PROFECÍA 713 (IV-30) 1.939-45

Plus onze fois Lune Sol ne voudra, [1]
Tous augmenté et baissez de degré:
Et si bas mis que peu or on coudra, [2]
Qu'aprés faim, peste, descouvert le secret.

Más de once veces la Luna el Sol no querrá,
Todos aumentados y bajados de grado:
Y tan bajo será puesto que poco oro se coserá,
Que después hambre, peste, descubierto el secreto.

CALAMITOSA SITUACIÓN, TRAS LA 2ª G. M.: Más de once eclipses se verán sobre Francia, en diversos aspectos y en grados distintos, cuando la 2ª G. M. abrirá sus fauces: Y tan bajo será puesto el nivel económico, que, al terminar, habrá una terrible escasez. Que, después de tanta hambre y calamidad, se descubrirá la verdad sobre esto.

1.- En París, de 1.925 a finales de la 2ª G.M., se vieron unos 17 o 18 eclipses.
2.- Utiliza la forma simbólica de «poco oro se coserá», como contraste con los tiempos de esplendor en que los vestidos se cosían con hebras de oro.

PROFECÍA 714 (IV-61) 1.945

Le vieux mocqué et privé de sa place,	*El viejo burlado y privado de su lugar,*
Par l'estranger qui le subornera,	*Por el extranjero que le sobornará,*
Mains de son fils mangées devant sa face, [1]	*Manos de su hijo comidas delante de su cara,*
Le frére à Chartres, Orleans, Roüen, trahira. [2]	*El hermano en Chartres, Orleans, Ruán, traicionará.*

EJECUCIÓN DE LAVAL: Será ejecutado Pierre Laval, político sesentón, engañado y privado de su lugar por el extranjero que le sobornará. Se le condenará de las atrocidades cometidas contra el pueblo, que habría de ser como su hijo, y de que traicionará a su país, hasta que el ejército francés, con el aliado, liberará las diversas regiones de Francia.

1.- Simboliza las atrocidades cometidas contra al pueblo.
2.- Con «hermano», alude al ejército formado por los países aliados con Francia, a De Gaulle, y al ejército francés.

PROFECÍA 715 (VIII-95) 1.945

Le seducteur sera mis à la fosse,	*El seductor será puesto en la fosa,*
Et estaché jusques à quelque temps,	*Y atado durante algún tiempo,*
Le clerc uny le chef avec sa crosse	*El clero unido el jefe con su báculo*
Pycante droite attraira les contens. [1]	*Prudente diestra atraerá los contentos.*

AUTONOMÍA DE PÍO XII: El seductor será puesto en la fosa, y atado durante algún tiempo, el demonio que instiga a los hombres a destruirse. El clero estará unido, y su jefe, el Papa Pío XII, recobrará su autoridad, y con prudente mano diestra, atraerá el contento de muchos.

1.- Pycante: Del francés «picaro», pícaro, astuto. En sentido figurado, «prudente».

PROFECÍA 716 (X-15) 1.945

Pere duc vieux d'ans et de soif chargé,	*Padre jefe viejo cargado de años y de sed,*
Au jour extreme fils desniant l'esguiere	*En el día extremo hijo denegando el vaso*
Dedans le puis vif mort viendra plongé,	*Dentro del pozo vivo, muerte vendrá sumergido,*
Senat au fil la mort longue et legere.	*Senado al hijo la muerte larga y ligera.*

LA AMARGURA DE PÉTAIN: Padre de Francia, el viejo Mariscal, cargado de años y de sed de comprensión, en el día extremo, verá al pueblo, su hijo, denegando el vaso del perdón. Sumergido vivo, dentro del pozo de Yeu, pronto le vendrá la muerte. El electorado francés mandará a su «hijo militar», De Gaulle, a una larga ausencia del Poder.

PROFECÍA 717 (XI-36) 1.945

La grand rumeur qui sera par la France	*El gran rumor que estará por la Francia (1)*
Les impuissant voudront avoir puissance,	*Los impotentes querrán tener poder, (3)*
Langue enmiellée et vrays Caméléons, (Falso)	*Lengua enmielada y verdaderos Camaleones, (Falso)*
De boute feu, allumeurs de chandelles,	*De cizañero, faroleros de candelas, (4)*
Pyes et Geys, rapporteurs de nouvelles	*Urracas y arrendajos, transportadores de noticias (2)*
Dont la morsure semblera Scorpions. (Falso)	*Cuya mordedura parecerá de Escorpiones. (Falso)*

TRIUNFO DE LA IZQUIERDA: Profecía manipulada por Vicent Seve de Beaucaire. El gran rumor que se extenderá por Francia, a través de los medios de información, será el triunfo de la izquierda en las elecciones de Octubre. Los no poderosos querrán tener poder, pasando de ser un grupo clandestino y cizañero, a brillar con luz propia.

PROFECÍA 718 (IV-6) 1.945

D'habits nouveaux apres fait la treuve,	*Después de hábitos nuevos hecha la tregua,*
Malice tramme et machination:	*Malicia, trama y maquinación:*
Premier mourra qui en fera la preuve,	*Primero morirá quien hará de ello la prueba,*
Couleur Venise insidiation. [1]	*Color Venecia insidiación.*

CAPITULACIÓN JAPONESA: Después de los nuevos hábitos de matar en las dos ciudades japonesas, será hecha la tregua, como fruto de la malicia, la trama y la maquinación: Primero morirá quien habrá querido de ello hacer la prueba, Hitler, habrá sido cambiado el color militar de Venecia y celebrado Conferencias llenas de insidia.

1.- insidiation: Del latín «insidiae», insidia, perfidia, traición, manejos ocultos.

PROFECÍA 719 (III-47) 1.945

Le vieux Monarque deschassé de son regne,	*El viejo Monarca expulsado de su reino,*
Aux Oreients son secours ira querre:	*En busca su socorro irá a los Orientes:*
Pour peur des croix ployera son enseigne,	*Por miedo de las cruces plegará su enseña,*
En Mitylene ira par port et par terre. [1]	*En Mitilena irá por puerto y por tierra.*

EL ÚLTIMO DESTINO DE PÉTAIN: El viejo Mariscal Pétain, expulsado de su gobierno, buscando socorrer a sus paisanos, irá hacia el Este, camino del territorio germano: Por miedo a la masacre, que los de las cruces gamadas pueden hacer con su pueblo, plegará su enseña, y, luego, será llevado por mar y por tierra a la isla de Yeu.

1.- Mytilene: Del latín «mitylus-i», almeja, mejillón. El principal recurso de la isla de Yeu es la cría de estos moluscos.

PROFECÍA 720 (X-19) 1.945

Jour que sera par Royne saluée,	*Día que será por Reina saludada,*
Le jour apres le salut, la priere:	*El día después la salvación, la plegaria:*
Le compte fait raison et valbuée,	*La cuenta hecha con razón y balbuceada,*
Par avant humble oncques ne fut si fiere.	*Por antes humilde nunca no fue tan fiera.*

LA PAZ EN EL MUNDO: El día 2 de Septiembre, la Paz será saludada como soberana. El día después de la salvación, será hecha la plegaria: Hecha la cuenta, con la razón serena y la garganta entrecortada, de lo que esa guerra ha costado, se valorará el precio de esa paz, que si antes parecía insignificante, nunca fue tan fieramente deseada como ahora.

PROFECÍA 721 (IV-29) 1.945

Le Sol [1] caché eclipse par Mercure, [2]	*El Sol oculto eclipsado por Mercurio,*
Ne sera mis que pour le ciel second:	*No será puesto más que por el cielo segundo:*
De Ulcan [3] Hermes sera faicte pasture, [4]	*De Vulcano Hermes será hecho pasto,*
Sol sera veu pur, rutilant et blond.	*Sol será visto puro, rutilante y dorado.*

EL FINAL DE LA 2ª LOCURA PLANETARIA: Nueva cuarteta alegórica. La Vida, será eclipsada por la Razón desatinada, y no será puesto en su lugar más que el espacio de la Muerte: Esa Razón desquiciada, será pasto del fuego bélico por ella desatado. Cuando, la Humanidad firme la paz, será vista la Vida, brillando pura, rutilante y dorada.

1.- Sol: Representa la Vida.

2.- Mercurio: Representa, a nivel astrológico, la inteligencia, la razón.

3.- Ulcan: Vulcano, dios latino. Los poetas situaron su fragua en las entrañas del Etna.

4.- Hermes: Dios griego, hijo de Zeus y Maya.

PROFECÍA 722 (V-36) 1.945

De soeur le frere par simulte faintise [1]
Viendra mesler rosee en myneral:
Sur la placente donne à vieille tardive,
Meurt, le goustant sera simple et rural.

De hermana por simulado fingimiento del hermano
Se vendrá a mezclar rocío en mineral:
Sobre la placenta dada a vieja tardía,
Muerte, gustándole será simple y rural.

EL MUNDO DESOLADO POR EL ODIO: Nueva cuarteta simbólica. La Paz agredida por el disimulado fingimiento de su hermano, el Odio, se vendrá a regar de lágrimas la tierra, como doloroso rocío que se mezcla con el mineral: Desde la vida nacida sobre la placenta, hasta la de edad avanzada, habrán caído bajo la guadaña de la Muerte, con deleite diabólico, hasta en los más recónditos lugares, donde la existencia será simple y rural.

1.- El profeta considera que, tanto la paz, como el odio, son engendrados por el mismo progenitor: el corazón.

PROFECÍA 723 (IX-98) 1.945

Les affligez par faute d'un seul taint,
Contremenant à partie opposite,
Aux Lygonnois mandera que contraint
Seront de rendre le grand chef de Molite. [1]

Los abrumados por culpa de uno sólo callado,
Contrallevando a parte opuesta,
En los Lyoneses mandará que apremien
Habrán de rendir el gran jefe Demoledor.

NUREMBERG. LA MUERTE DE PATTON: Los abrumados por culpa de uno sólo, Hitler, ya callado, serán acusados de los crímenes cometidos contra la parte opuesta. Después morirá Patton, el que mandará que apremien a los aliados, en los territorios lyoneses, para tomar Tréveris, cuyos defensores habrán de rendirse al gran jefe «Demoledor».

1.- de Molite: Molite es del latín «molo-ui-itum», moler. Será, pues, «de-Moledor», y si hay un adjetivo que puede aplicarse con toda justicia al general Patton, es, sin duda, el de «Demoledor».

PROFECÍA 724 (XI-32) 1.945

Vin à foison, tres-bon pour les gendarmes (Falso)
Pleurs et soupirs, plainctes cris et alarmes (Falso)
Le Ciel fera ses tonnerres pleuvoir
Feu, eau et sang, le tout meslé ensemble,
Le Ciel de sol, en fremit et en tremble,
Vivant n'a veu ce qu'il pourra bien veoir.

Vino en abundancia, muy bueno para los gendarmes (F)
Llantos y suspiros, quejas gritos y alarmas (Falso)
El Cielo hará sus tronadas llover (1)
Fuego, agua y sangre, todo mezclado conjuntamente, (2)
El Cielo de suelo, en frenesí y en temblor, (4)
Viviente no ha visto lo que podrá bien ver. (3)

EL MUNDO DESTROZADO TRAS LA 2ª G. M.: Alterada por el de Beaucaire. El Cielo con sus tormentas y bombas, hará llover fuego, agua y sangre, todo mezclado conjuntamente. Ningún viviente había visto lo que ahora podrá ver bien, cuando lo caído del cielo al suelo, lo pondrá todo en frenesí y temblor, sobre todo, por Hiroshima y Nagasaki.

PROFECÍA 725 (IV-85) 1.945

Le charbon blanc du noir sera chaffé,
Prisonnier faict mené au tombereau:
More Chameau sus pieds entrelassez,
Lors le puisné sillera l'aubereau. [1]

El carbón blanco del negro será encendido,
Prisionero hecho llevado al volquete:
Moro Camello sobre pies entrelazados,
Entonces el después nacido surcará el agua coloreada.

ADELANTOS TÉCNICOS DERIVADOS DE LA 2ª G. M.: El carbón blanco, la gasolina, obtenida del negro petróleo, será encendido, tras ser hecho prisionero y llevado al volquete: El moro, antes en camello, irá en un vehículo de ruedas entrelazadas. Entonces, el nacido en la postguerra, surcará mares y océanos, con mayor rapidez y seguridad.

1.- aubereau: De «aubère», overo (color) y de «eau» agua. Es «el agua coloreada» y alude a la de mares y océanos.

PROFECÍA 726 (III-40) 1.945

Le grand theatre se viendra redresser,	*El gran teatro se vendrá a restaurar,*
Les dez jettez et les rets ja tendus,	*Los dados arrojados y las redes ya tendidas,*
Trop le premier en glaz viendra lasser,	*Demasiado el primero en agonía vendrá a dejar,*
Par arc prostrais de long temps ja fendus.	*Por arco postrado de largo tiempo ya hendido.*

LA RECONSTRUCCIÓN DEL MUNDO: Otra alegoría. El gran teatro del mundo, escenario de terribles tragedias bélicas, se vendrá a restaurar, una vez desarrollado el juego de la guerra y tendidas las redes que capturarán tantas vidas. Demasiado el orbe en agonía vendrá a dejar, por las armas, ya en reposo, después de largo tiempo de lucha.

PROFECÍA 727 (VII bis-5) 1.945

Vent chaut, conseil, pleurs, timidité,	*Viento cálido, consejo, llantos, intimidación,*
De nuict au lit assaylly sans les armes,	*De noche en el lecho asaltado sin las armas,*
D'oppression grande calamité,	*De opresión gran calamidad,*
Lepithalme converty pleurs et larmes. [1]	*El epitalamio convertido llantos y lágrimas.*

GRAVE SITUACIÓN EN ITALIA: El viento cálido del verano de 1.945 azotará a una Italia con un lamentable estado, tras la muerte del asaltado de noche por los partisanos, estando inerme en el lecho. Tiempos de opresión, tras la gran calamidad bélica. El epitalamio por la alianza de los pueblos, se verá convertido en Italia, en llantos y lágrimas.

1.- epitalamio: Poema para celebrar las fiestas de la boda y entonar alabanzas en honor de la alianza de los esposos.

PROFECÍA 728 (X-78) 1.943-45

Subite joye en subite tristesse,	*Súbita alegría en súbita tristeza,*
Sera à Rome aux graces embrassées,	*Estará en Roma a las gracias abrazados,*
Dueil, cris, pleurs, larm, sang excellent liesse	*Duelo, gritos, llantos, lágrimas, sangre excelentealborozo*
Contraires bandes surprinses et troussées.	*Contrarias bandas sorprendidas y destrozadas.*

EL SUFRIMIENTO DE ITALIA: La súbita alegría por la caída de Mussolini, se cambiará en súbita tristeza, por las represalias alemanas, hasta que estará en Roma el ejército aliado y los fascistas acogidos a los indultos. Duelo, gritos, llantos, lágrimas y sangre, se convertirán en gran alborozo, cuando las fuerzas contrarias serán sorprendidas y destrozadas.

PROFECÍA 729 (II-6) 1.945

Aupres des portes et dedans deux citez	*Cerca de los puertos y dentro de dos ciudades*
Seront deux fleaux et onc n'apperceu un tel, [1]	*Serán dos azotes y nunca se ha percibido uno tal,*
Faim, dedans peste, de fer hors gens boutez,	*Hambre, dentro peste, de hierro fuera gente arrojada,*
Crier secours au grand Dieu immortel.	*Gritar socorros al gran Dios inmortal.*

TRAS EL HOLOCAUSTO NUCLEAR: Cerca de los puertos y dentro de Hiroshima y Nagasaki, serán dejados dos azotes, y nunca se había percibido un hecho tal. En los años venideros, además de los efectos de la bomba, desde fuera sobre la gente arrojada, habrá hambre y enfermedad dentro del país, que gritará pidiendo ayuda al gran Dios inmortal.

1.- Ver la cuarteta 699.

PROFECÍA 730 (II-51) 1.945-46

Le sang du juste à Londres fera faute,
Bruslez par foudres de vingt trois les six, [1]
La dame antique cherra de place haute, [2]
De mesme sectes plusieurs serront occis.

La sangre del justo en Londres hará falta,
De veinte y tres seis serán ajusticiados,
La dama antigua caerá de alta posición,
De la misma secta varios serán muertos.

JUICIO A COLABORACIONISTAS Y NAZIS: La sangre de un dirigente justo hará falta en Londres, cuando, de veintitrés personajes relevantes de Vichy, seis serán ajusticiados. El Tercer Reich, como la antigua República de Weimar, caerá de su alta posición, y del mismo partido nazi, varios serán sentenciados a muerte.

1.- Los colaboracionistas comparecerán ante un Alto Tribunal de Justicia, con 108 casos en total, de los que se consideraron de máxima relevancia, veintitrés. De éstos, aparte Pétain, se consideran más destacados, los ajusticiados Laval, Benoist-Méchin, Brinon, Darnand, Pucheu y Vallat.
1.- Con la palabra «dama», el profeta denomina a la República.

PROFECÍA 731 (IX-59) 1.945-46

A la Ferté [1] prendra la Vidame [2]
Nicole tenu rouge qu'avoit produit la vie, [3]
La grand Loyle naistra que fera clame, [4]
Donnant Bourgogne à Bretons par ennuie. [5]

A la Fértil tomará la Enviudada
Nicolás traje rojo que había producido la vida,
La gran Ley le nacerá que hará clamor,
Dando Borgoña a Bretones por enojo.

RECONSTRUCCIÓN FRANCESA. LA DIMISIÓN DE DE GAULLE: El Gobierno Provisional tomará medidas para hacer fértil a Francia, y recurrirá a los Bancos, el San Nicolás de traje rojo, que, otras veces, había producido el renacimiento del país. La nueva Ley, que nacionaliza entidades, hará brotar un gran clamor, y dando las elecciones para la Asamblea Nacional, la victoria a los republicanos en diversas regiones, De Gaulle se enojará y presentará su dimisión.

1.- Ferté: Del francés "fertile", fértil.
2.- Vidame: Vidamo (título). Derivación del francés "vidual", viudal, simbolizando una Francia "viuda", por no tener Presidente electo.
3.- Nicole: Es Nicolás de Bari, San Nicolás, Santa Claus, los Magos.
4.- No es "Loyle", sino «Loy le». La Ley.
5.- Borgoña y Bretaña, regiones francesas.

PROFECÍA 732 (VII-3) 1.945-46

Apres de France la victoire navale,
Les Barchinons, Saillinons, les Phocens, [1]
Lierre d'or, l'enclume derré dedans la balle, [2]
Ceux de Ptolon au fraud seront consens. [3]

Después de Francia la victoria naval,
Los Barquinones, Salinones, los Focenos,
Vinculadura de oro, el yunque desarrollado dentro la bala,
Los de Tolón al fraude estarán de acuerdo.

RECONSTRUCCIÓN EN FRANCIA: Después de la victoria de Francia, tras los desembarcos, y libres los territorios norteafricanos, adriáticos y focenos, se vinculará al Estado la Banca, se desarrollará el trabajo interno, como arma de reconstrucción, y la guerra al fraude, medidas con las que, hasta los del Sur del país, estarán de acuerdo.

1.- Barquinones: Del latín "Barcas-ae", los Barcas de Cartago, en el Norte de Africa. Salinones: Del latín «Salonae-arum», Salona, C. de Dalmacia (Yugoslavia). Focenos: De Focea, antigua colonia griega de Asia Menor, que fundó, entre otras de los países mediterráneos, Massalia (Marsella).
2.- derré: Término abreviado del francés "dérouler", desarrollar.
3.- Tolón: C. y puerto, en el Sur de Francia.

JOSÉ GARCÍA ÁLVAREZ

PROFECÍA 733 (II-38) 1.945-46

Des condamnez sera fait un grand nombre,
Quand les Monarques seront conciliez:
Mais l'un d'eux viendra si malencombre, [1]
Que guere ensemble ne seront raliez.

De los condenados será hecho un gran número,
Cuando los Monarcas estarán conciliados:
Pero, uno de ellos vendrá a estar tan mal estorbado,
Que simulacro en conjunto no estarán reunidos.

EL PROCESO DE NUREMBERG: En Nuremberg será hecho un gran número de condenados, cuando los Jefes de Estado estarán conciliados: Pero, uno de ellos, Rudolf Hess, vendrá a estar tan obstruido en su declaración, que acusará al jurado de simulacro. Y eso fue, pues, los verdaderos culpables, no estarán reunidos en el juicio.

1.- malencombre: De "mal", mal, y "encombre", de "encombrer", estorbar. Puede traducirse por "malamente estorbado".

PROFECÍA 734 (X-1) 1.945-46

A l'ennemy, l'ennemy foy promise,
Ne se tiendra, les captifs retenus:
Prins, preme mort, et le reste en chemise, [1]
Damné le reste pour estre soustenus.

Al enemigo, el enemigo fe prometida,
No se tendrá, los cautivos retenidos:
Presos, primeros muertos, y el resto en camisa,
Condenado el resto para ser colgados.

EL PROCESO DE NUREMBERG: Al enemigo nazi, que su enemigo aliado habrá prometido condenar, para sostener la fe del mundo, no se le juzgará en el tiempo previsto, y los cautivos serán retenidos en prisión: Presos, los más relevantes se suicidarán, y el resto será despojado de todo derecho, hasta que será condenado para ser colgados.

1.- "Dejar en camisa": Es el despojo de alguien. Similar al castellano y popular "dejar en cueros".

PROFECÍA 735 (XI-30) 1.945-46

Dans peu de temps Medecin du grand mal, (Falso)
Et la Sangsüe d'ordre et rang inégal, (Falso)
Mettront le feu à la branche d'Olive, [1]
Poste courir, d'un et d'autre costé,
Et par tel feu leur Empire accosté,
Se r'alumant du franc finy salive. [2]

En poco tiempo Médico del gran mal, (Falso)
Y la sangre suya de orden y rango desigual, (Falso)
Pondrán el fuego en la rama de Olivo, (2)
Posta correr, de uno y de otro lado, (1)
Y por tal fuego su Imperio abordado, (3)
Reavivándose del franco terminada saliva. (4)

LA CRISIS COLONIAL DE FRANCIA: Profecía transformada por Vicent Seve de Beaucaire. El correo llevará de un lado a otro la noticia de que las naciones pondrán el fuego bélico en tiempo de paz. Pero, por tal fuego, su Imperio colonial será abordado, en Indochina, Siria, el Líbano, y Argelia, reavivándose la angustia del pueblo francés.

1.- La rama de Olivo es el símbolo de la Paz.
2.- "Saliva terminada", es una expresión de un estado de boca y garganta resecas de tanto tragar saliva, producido por un estado de angustia, de temor, de preocupación.

PROFECÍA 736 (VI-17) 1.945-46

Apres les limes bruslez les asiniers, [1]
Contraints seront changer habits divers,
Les Saturnins [2] bruslez par les meusniers, [3]
Hors la pluspart qui ne sera couvers. [4]

Después de la libertad ejecutados los asesinos,
Obligados estarán cambiar hábitos diversos,
Los Saturninos quemados por los del Mosa,
Fuera la mayor parte que no estará cubiertos.

CULPABLES SIN CASTIGO: Después de la libertad y ejecutados los asesinos, los países estarán obligados a cambiar hábitos diversos. Diezmados los alemanes por los rusos, juzgados los de Nuremberg, la mayor parte de los criminales de guerra, habrán quedado fuera del proceso, que sólo ha condenado a los pocos que no estarán a cubierto.

LAS PROFECÍAS DE NOSTRADAMUS

1.- asiniers: Del francés "assassiner", asesinar.
2.- Los Saturninos: Los rusos. Rusia es uno de los países que rige Saturno.
3.- meusniers: De «Meuse», Mosa, río que afluye al Rhin. Alude a los alemanes.
4.- En la pág. 134 del libro de Pier Carpi, dice: "Injusto Nuremberg. Los asesinos están ausentes. Algunos de ellos ocupan sillones de juez. Esta sombra se extiende hasta muy lejos ".

PROFECÍA 737 (X-80) 1.946

Au regne grand du grand regne regnant,	En el reino grande del grande reino reinante,
Par force d'armes les grands portes d'airain	Por fuerza de armas las grandes puertas de bronce
Fera ouvrir, le Roy et Duc ioignant,	Hará abrir, el Rey y Jefe lindante,
Port demoly [1], nef à fons, our serain. [2]	Puerto demolido, nave a pique, urdido cerrarle.

LA DIMISIÓN DE GAULLE: En Francia, el Führer del Imperio alemán, que, por la fuerza de las armas, las grandes puertas de bronce de Versalles hará abrir, teniendo el país a Hitler y Pétain, lindantes. De Gaulle, pondrá rumbo a buen puerto, pero, éste será demolido, y su nave se irá a pique, cuando los de izquierda, habrán urdido cerrarle el paso.

1.- our: Apócope de "ourdir", urdir, tramar.
2.- serain: Forma incorrecta del verbo "serrer", cerrar, encerrar, apretar, ceñir.

PROFECÍA 738 (II-47) 1.945-46

L'ennemy grand vieil dueil meurt de poison,	El enemigo grande viejo doliente muerte de veneno,
Les souverains par infiniz subjuguez:	Los soberanos por infinitos sojuzgados:
Pierres [1] plouvoir, cachez soubs la toison: [2]	Piedras llover, ocultos bajo el vellocino:
Par mort articles en vain sont alleguez.	Por muerte artículos en vano son alegados.

PÉTAIN APENADO. NUREMBERG: Pétain estará dolorido como Napoleón, el enemigo, muerto envenenado, de los soberanos, por sus ejércitos "infinitos", sojuzgados: El peso de la condena caerá, y los más responsables, ocultos bajo la piel de la honorabilidad: Por muerte de los condenados, los artículos de Ginebra en vano son alegados.

1.- El profeta emplea el término "piedras" como sinónimo de "un peso".
2.- Con la palabra "vellocino" da idea de aquellos que aparentan ser honorables, cubiertos con la piel del cordero, aunque debajo esconden el lobo.

PROFECÍA 739 (II-22) 1.944-46

Le camp Ascop d'Europe partira. [1]	El campamento Tropa de Europa partirá.
S'adioignant proche de l'Isle submergée: [2]	Acercándose próximo de la Isla sumergida:
D'Arton classe phalange pliera, [3]	De Artois ejército falange replegará,
Nombril du monde plus grand voix subrogée. [4]	Ombligo del mundo más grande voz sustituida.

SUSTITUCIÓN DEL GENERAL DE GAULLE: La fuerza aliada partirá, acercándose, de Sicilia, próximo a Tolón, donde la flota francesa fuera sumergida: De Artois, el ejército alemán se replegará, y capitulará en París, ombligo del mundo, donde la voz del más grande del país, "Le Général", será sustituida, cuando dimitirá en Enero de 1.946.

1.- Ascop: Anagrama de "Copia", del latín "copia-ae", tropas, fuerzas.
2.- Utiliza «Isla» para designar a Sicilia.
3.- Arton: Es Artois, antigua región del norte de Francia.
4.- París ha sido durante siglos "el ombligo", el centro del mundo.

PROFECÍA 740 (V-83) 1.945-46

Ceux qui auront entreprins subvertir,
Non pareil regne, puissant et invincible:
Feront par fraude, nuicts trois advertir,
Quant le plus grand á table lira Bible.

Los que tendrán proyecto destruir,
No igual reino, potente e invencible:
Harán por fraude, noches tres advertir,
Cuando el más grande en la mesa leerá la Biblia.

LA REPÚBLICA ITALIANA: Los que tendrán proyecto de destruir la Monarquía, dirán que no a un reino igual al habido con el que ansiaba ser potente e invencible: Harán marchar al Rey, por fraude, tras advertirle tres noches con amenazas, y caer su régimen, cuando su hijo Humberto II, jurará ante la Biblia puesta en la mesa, su renuncia al trono.

PROFECÍA 741 (I-37) 1.945-46

Un peu devant que le Soleil s'absconse [1]
Conflict donné, grand peuple dubiteux,
Prosligez, port marin ne fait response, [2]
Port et sepulcre en deux estranges lieux. [3]

Un poco antes de su ocaso Real
Conflicto dado, gran pueblo dudoso,
Desarrollados, puerto marino no hace respuesta,
Puerto y sepulcro en dos extranjeros lugares.

LAS DUDAS DEL GENERAL DE GAULLE: Un poco antes de su ocaso gubernativo, ya terminado el conflicto bélico, por la decisión electoral del pueblo francés, De Gaulle estará dudoso, igual que, tras los procesos desarrollados contra los colaboracionistas, porque, antes de salir Pétain del puerto marino, no dará respuesta a la oferta española de asilo al viejo mariscal, por lo que éste irá al encuentro del sepulcro, tras su estancia en dos lugares extranjeros.

1.- El ocaso es cuando el Sol se esconde al transponer el horizonte.
2.- Prosligez: Del latín «prosilio», desarrollarse, crecer.
3.- Entre Agosto y Noviembre de 1.945, Pétain fue recluido en el fuerte de Portalet y después trasladado a la isla de Yeu.

PROFECÍA 742 (VI-45) 1.945-1.946

Le gouverneur du regne bien sçavant,
Ne consentir voulant a faict Royal:
Mellile [1] classe par le contraire vent [2]
Le remettra à son plus desloial.

El gobernador del reino será muy cauto,
No queriendo consentir en el hecho Real:
Suave clase por el contrario viento
Lo confiará a su más desleal.

LA POLÍTICA ECONÓMICA DE PLEVEN: De Gaulle aceptará la política cauta y sencilla propuesta por René Pleven, no queriendo consentir en proclamar una nueva República: Esta política suave será un error, que se comprenderá al soplar vientos contrarios, al confiar De Gaulle al país a la 4ª República, la más nefasta y desleal.

1.- Mellile: Del latín «mel mellis», miel, dulzura, suavidad.
2.- Classe: Del latín «classis-is», clase, división, grupo.

PROFECÍA 743 (IX-92) 1.945-1.946

Le Roy voudra en cité neufve entrer,
Par ennemis expugner l'on viendra
Captif libere sauls dire et perpetrer,
Roy dehors estre, loin d'ennemis tiendra.

El Rey querrá entrar en ciudad nueva,
Se le vendrá a expugnar por enemigos
Cautivo liberado falso decir y perpetrar,
Rey estar fuera, lejos de enemigos se mantendrá.

DE GAULLE, ALEJADO DEL GOBIERNO DE FRANCIA: De Gaulle querrá entrar en la nueva París libre, como Jefe de Estado. Su deseo será expugnado por sus enemigos políticos, tras ser el país liberado, y decir Pétain que es falso que haya perpetrado lo que se le imputa. De Gaulle estará fuera del poder, y lejos de sus adversarios se mantendrá.

PROFECÍA 744 (VIII-61)   1.946

Jamais par le decouvrement du jour
Ne parviendra au signe sceptrifere
Que tous ses sieges ne soient en seiour,
Portant au coq don du Tao armifere. [1]

Jamás por el descubrimiento del día
No llegará al signo cetrífero
Que todas sus sedes no sean en permanencia,
Llevando al gallo don del Taormina armífero.

MAURICE THOREZ, EXCLUIDO DEL GOBIERNO BLUM: Jamás por el descubrimiento de lo que es claro como la luz del día, la verdad, se llegará al Poder. Thorez será excluido del gobierno, porque verá más urgente que conceder créditos militares para Indochina, que todas las ciudades francesas dejen de estar en la permanencia mísera, por el último derroche hecho, llevando el ejército francés la ayuda de las armas, camino del territorio de Taormina.

1.- Tao: Letras iniciales de Taormina, ciudad de Sicilia, provincia de Mesina.

PROFECÍA 745 (IV-39)   1.947

Les Rhodiens demanderont secours, [1]
Par le neglet de ses hoyrs delaissée, [2]
L'empire Arabe revalera son cours,
Par Hesperies la cause redressée. [3]

Los Rodianos demandarán ayuda,
Por la negligencia de sus herederos dejada,
El imperio Arabe ratificará su curso,
Por Occidente la causa enderezada.

DEVOLUCIÓN DE RODAS A GRECIA: Los habitantes de Rodas pedirán ayuda, ya que la isla, por la negligencia de sus herederos de Grecia, habrá sido dejada en poder de Italia, que, con la Conferencia de París, abandonará el imperio árabe de Etiopía, que ratificará su curso histórico, al restablecer en el trono al Negus Haile Selassie. Por la intervención de Occidente la causa rodiana será enderezada, al devolver Rodas y el Dodecaneso a Grecia.

1.- Habitantes de Rodas, isla griega del Mar Egeo.
2.- Antigua colonia griega, Rodas, arrebatada a Bizancio por los caballeros de la Orden de Malta, hasta que caerá bajo dominio turco y luego italiano.
3.- Hespérides: Islas del Atlántico, Occidente.

PROFECÍA 746 (V-21)   1.922-1.947

Par le trespas du Monarque Latin,
Ceux qu'il aura par regne secourus:
Le feu luyra divisé le butin,
La mort publique aux hardis incourus.

Por el fallecimiento del Monarca Latino,
Los que él habrá por reino socorrido:
El fuego lucirá divisado el botín
La muerte pública a los valientes incursos.

MUERTE DE VÍCTOR MANUEL III: Por el fallecimiento del Monarca Italiano, Víctor Manuel III, terminará una época aciaga para Italia, por culpa de los que él, durante su reinado, habrá respaldado: El fuego bélico lucirá, desde que Mussolini habrá divisado el botín, hasta la muerte pública a los valientes miembros de la resistencia, en Milán.

PROFECÍA 747 (VII-5)   1.947

Vin sur la table en sera respandu, [1]
Le tiers n'aura celle qu'il pretendoit:
Deux fois du noir de Parme descendu, [2]
Perouse à Pize fera ce qu'il cuidoit.

Vino sobre la mesa será derramado,
El tercero no tendrá aquello que él pretendía:
Dos veces del negro de Parma descendido,
Perusa a Pisa hará lo que él deseaba.

EL INFORTUNIO ITALIANO: Italia tendrá verdadera mala suerte con el rey Víctor Manuel III y Mussolini, que no tendrá aquello que él pretendía: Dos veces, los del negro uniforme, habrán descendido de Parma, y mientras los aliados avanzan desde Perusa a Pisa, verá que el Duce hará lo que el Führer deseaba.

1.- Simboliza lo superticioso del vino derramado en la mesa, asociado a la mala suerte.
2.- Los alemanes descenderán dos veces por el Norte de Italia: una como amigos de los italianos y otra como enemigos, después del armisticio de Badoglio.

PROFECÍA 748 (V-16) 1.947

A son hault pris plus la lerme sabée, [1]
D'humaine chair par mort en cendre mettre,
A l'Isle Pharos [2] par Croisars perturbée, [3]
Alors qu'à Rhodes paroistra dur espectre. [4]

A su alto precio más la lágrima saboreada,
De humana carne por muerte en cenizas poner,
A la Isla Faros por Cruzados perturbada,
Mientras que en Rodas aparecerá duro espectro.

DEVOLUCIÓN A GRECIA DE RODAS Y EL DODECANESO: A su más alto precio, por la lágrima saboreada, se habrá pagado, tras la carne humana muerta y reducida a cenizas por los nazis de la cruz gamada, que llevarán la perturbación hasta la isla de Faros, en Egipto, mientras que en Rodas aparecerá el duro espectro de la cruel guerra.

1.- De «savée», del francés «saveur», sabor.
2.- Pharos: Del latín Pharos (-us) -i, Faros, isla de Egipto.
3.- Cruzados: Los que llevaban el brazalete con la cruz gamada, la Gestapo o S.S.
4.- Rodas: Isla griega del Mar Egeo, la mayor del Dodecaneso.

PROFECÍA 749 (III-86) 1.947-1.948

Un chef d'Ausonne aux Espagnes ira, [1]
Par mer sera arrest dedans Marseille,
Avant sa mort un long temps languira,
Apres sa mort on verra grand merveille. [2]

Un Jefe de Italia a las Españas irá,
Por mar será detenido dentro de Marsella,
Antes de su muerte un largo tiempo languidecerá,
Después de su muerte se verá gran maravilla.

LA MUERTE DE VÍCTOR MANUEL III. LA TELEVISIÓN: Morirá Víctor Manuel III, Rey de Italia, cuyo ejército irá a España por mar, en ayuda de Franco, y luego será detenido dentro de Marsella. Antes de su muerte languidecerá un largo tiempo. Después de su muerte, se verá una gran maravilla: la televisión.

1.- Ausonne: Es Ausonia, antiguo nombre de Italia.
2.- El 10 de Junio de 1.948, se inaugura en Barcelona la XVI Feria Internacional de Muestras. En el Palacio de Experiencias, la casa «Phillips» tiene instalada una sala de exhibiciones de un novísimo sistema de televisión.

PROFECÍA 750 (IX-51) 1.947-1.948

Contre les rouges sectes se banderont,
Feu, eau, fer, corde par paix se minera, [1]
Au point mourir ceux qui machineront,
Fors un que monde sur tout ruynera. [2]

Contra las rojas sectas se alinearán,
Fuego, agua, hierro, espíritu por paz se consumirá,
Al punto de morir los que maquinaron,
Excepto uno que el mundo sobre todo arruinará.

LA "GUERRA FRIA": Contra los del comunismo oriental, los llamados "rojos", los países del capitalismo occidental, se alinearán, una vez acabados los avatares bélicos de la guerra mundial, cuyo espíritu se consumirá por la paz, obtenida al punto de morir los que maquinaron el horror, excepto uno que el mundo, sobre todo, arruinará.

1.- corde: Del latín "cor cordis", inteligencia, espíritu, talento.
2.- No todos murieron en el bunker de Berlín. Un siniestro personaje escapó, sigiloso, de la "madriguera", como revela el Libro de Pier Carpi, en su página 123: "atención al último que salió de la madriguera. Será difícil acabar con él y prepara nuevos infortunios para el mundo. El conoce el rostro de la Bestia".

PROFECÍA 751 (X-54) 1.948

Née en ce monde par concubine fertive,	*Nacida en este mundo por concubina furtiva,*
A deux hault mise par les tristes nouvelles,	*A dos alto puesta por las tristes noticias,*
Entre ennemis sera prinse captive,	*Entre enemigos estará tomada cautiva,*
Amenée à Malings et Bruxelles.	*Llevada a Malinas y Bruselas.*

EL NACIMIENTO DEL NUEVO ESTADO JUDÍO: Nacida de la inmigración clandestina a Palestina, tras la comisión anglo-americana, la nación judía, será puesta en alto sufrimiento por las tristes noticias de actos terroristas. Entre enemigos árabes, estará cautiva, tras ser llevada a Bruselas, propuesta de Alianza entre Francia, el Benelux y Gran Bretaña.

PROFECÍA 752 (VIII bis-4) 1.949-63

Beaucoup de gens voudront parlementer,	*Mucha gente querrá parlamentar,*
Aux grands seigneurs qui leur feront la guerre,	*Con los grandes señores que les harán la guerra,*
On ne voudra en rien les escouter,	*No se querrá en nada escucharles,*
Helas si Dieu n'envoye paix en terre.	*¡Ay, si Dios no envía paz a la tierra!*

EL "EQUILIBRIO DEL TERROR": Mucha gente querrán parlamentar con las grandes potencias que les harán la guerra, principalmente EE.UU. y la U.R.S.S., pero, no se querrá escucharles en nada, y la tensión internacional alcanzará cotas tan elevadas, que habrá peligro de otra conflagración mundial, si Dios no envía paz a la tierra.

PROFECÍA 753 (I-47) 1.949

Du lac Leman les sermons fascheront,	*Los sermones del lago Leman enojarán,*
Des jours seront reduicts par des semaines, [1]	*Los días serán acompañados por semanas,*
Puis mois, puis an, puis tous defailliront	*Después meses, luego años, después todos desfallecerán,*
Les Magistrats damneront leurs loix vaines.	*Los Magistrados condenarán sus leyes vanas.*

CONVENCIONES DE GINEBRA: Los discursos y repetido fracaso de la Liga de Naciones, en Ginebra, junto al lago Leman, enojarán a las gentes. El tiempo pasará infructuosamente y sus reglas, desembocarán en un desfallecimiento colectivo, por su incapacidad probada. Sus convenciones, sus intereses egoístas, y sus directrices vanas serán condenados.

1.- reduicts: Del latín «reduco-duxi-ductum», hacer volver, conducir de nuevo, acompañar.

PROFECÍA 754 (X-35) 1.945-51

Puisnay Royal flagrand d'ardant libide,[1]	*Después nacido Real flagrante de ardiente líbido,*
Pour se jouyr de cousine germaine: [2]	*Para gozarse de su prima germana:*
Habit de femme [3] au temple d'Artemide: [4]	*Vestido de mujer al templo de Artemisa:*
Allant meurdry par incognu du Maine. [5]	*Yendo apagado por desconocido del Maine.*

ATTLE Y LAWRENCE. BIDAULT: El después elegido, Clement Attle, estará flagrante de ardiente deseo de gozar con la humillación germana: Vestido de toga, el inglés Lawrence juzgará a los depredadores nazis en el Palacio de Justicia de Nuremberg: Yendo a las urnas, De Gaulle será apagado por un desconocido del Maine, Georges Bidault.

1.- «Después nacido», quiere decir «después elegido», el "sucesor".
2.- Simboliza una relación de parentesco entre Inglaterra y Alemania, y entre las dos Alemanias separadas.
3.- La toga es el traje talar de los magistrados.
4.- Artemisa: Diosa griega, de la naturaleza virgen y de la caza.
5.- Bidault, último jefe del Gobierno Provisional de Francia, en 1.946, nació a la izquierda del Loira, que riega la región del Maine.

JOSÉ GARCÍA ÁLVAREZ

PROFECÍA 755 (VI-73) 1.948-52

En cité grande un moyne et artisan, [1]
Pres de la porte logez et aux murailles,
Contre Modene secret, cave disant, [2]
Trahis faire sous couleur d'espousailles. [3]

En ciudad de un grande un monje y artesano,
Cerca de la puerta alojado y en las murallas,
Contra Módena secreto, cueva diciendo,
Traición hacer bajo pretexto de alianzas.

LA TRAICIÓN A LOS PATRIOTAS ITALIANOS: En Milán, ciudad de Pío IV, Carlos Borromeo y Felipe Neri, monje y artesano, cerca de la puerta alojado y en las murallas, el ejército aliado, que irá en secreto contra Módena, por donde le han ido diciendo los refugiados en las cuevas. De poco servirá el heroísmo de los patriotas italianos, cuando el gobierno republicano, bajo el pretexto de alianzas, hará traición a los valientes partisanos.

1.- El Oratorio de Felipe Neri, sería hoy "cultura del ocio". De ahí, lo de "artesano".
2.- Módena: C. del Norte de Italia.
3.- Dice en el libro de Pier Carpi, pág. 122: "descienden de las montañas flores rojas y blancas. Europa, éstos son tus mejores hijos, que un día serán traicionados. Porque los jefes que creerán abatir seguirán en el poder, serán los mismos de siempre. Abatirán a los títeres del dinero, no a sus dueños".

PROFECÍA 756 (XI-22) 1.953

Cil qui dira, descouvrissant l'affaire, (Falso)
Comme du mort, la mort pourra bien faire, (Falso)
Coups de poignard par un qu'auront induit, [1]
Sa fin sera pis qu'il n'aura fait faire
La fin conduit les hommes sur la terre,
Gueté partout, tant le jour que la nuit.

Pestaña que dirá, descubriendo el negocio, (Falso)
Como del muerto, la muerte podrá bien hacer, (F)
Golpes de puñal por uno que habrán inducido, (1)
Su fin será peor que él no habrá hecho hacer, (2)
La finalidad conduce los hombres sobre la tierra, (4)
Acechado por todo, tanto por el día como de noche. (3)

EL ASESINATO DE STALIN: Profecía manipulada por Vicent Seve de Beaucaire. Golpes de puñal serán asestados por uno al que otros habrán inducido, matando a Stalin, en su «dacha» cerca de Moscú. Su fin, no será peor de lo que él habrá hecho hacer a otros, tras vivir acechado por todo, tanto por el día como de noche. Será víctima de la finalidad que conduce a los hombres sobre la tierra: la soberbia, la maldad, la ambición, el egoísmo y el crimen.

1.- Se decía que Stalin había fallecido de apoplejía. Una vez más, la videncia llega más allá que la Historia. Y, vuelve a coincidir el profeta con el Papa Juan XXIII, en la pág. 134 del libro de Pier Carpi: «El pequeño zar muere asesinado en la oscuridad de su cubil. Pero, algunos de sus asesinos ya estaban muertos y los demás, en parte, se matarán entre sí».

PROFECÍA 757 (VIII-76) 1.945-1.953

Plus Macelin [1] que roy en Angleterre [2]
Lieu obscur nay par force aura l´empire:
Lasche sans foy sans loy saignera terre,
Son temps [3] s´aproche si pres que je souspire. [4]

Más carnicero que rey en Inglaterra
Lugar oscuro nacido por fuerza tendrá el imperio:
Cobarde sin fe, sin ley, desangrará la tierra,
Su tiempo se aproxima tan cerca que yo suspiro.

HARRY TRUMAN, PRESIDENTE DE EE.UU.: Más carnicero que gobernante, en el país con raíces en Inglaterra, nacido en un oscuro hogar de Missouri, por fuerza tendrá el Poder, a la muerte de Roosevelt: Cobarde sin fe, y sin ley, desangrará la tierra con su política agresiva. El profeta verá tan cercano su tiempo fatídico, que suspira.

1.- Macelín: Del latín "macellius-ii", carnicero.
2.- Estados Unidos tiene sus raíces en Inglaterra.
3.- El tiempo de Truman, promotor del holocausto nuclear japonés, estará cercano al final de la Humanidad actual.
4.- En la página 127, Pier Carpi, le describe bien, igual que a su antecesor, Roosevelt: "Tú, hijo de Lutero, no verás el fin de la destrucción. Y tu sucesor cometerá más crímenes que tú, si ello es aún posible".

PROFECÍA 758 (X-63)   1.945-1.956

Cydron [1], Raguse [2], la cité au sainct Hieron, [3]	*Sidra, Ragusa, la ciudad al santuario Hierón,*
Revendira le mendicant secours:	*Revenderá el mendigado socorro:*
Mort fils de Roy par mort de deux heron, [4]	*Muerto hijo de Rey por muerte de dos garzas,*
L'Arabe, Ongrie feront un mesme cours. [5]	*El Árabe, Hungría harán un mismo curso.*

LA INDEPENDENCIA DE LIBIA: Tras el avance por el Norte de Africa y a través de Sicilia, estadounidenses y británicos establecerán bases en el suelo libio como pago del socorro mendigado por Libia para librarse de las fuerzas del Eje: Muerto Mussolini y la Monarquía de Víctor Manuel III y su hijo, Libia tendrá su independencia con Idris I, que conseguirá la retirada de los franceses, cuando Turquía y Hungría, tendrán similares dificultades.

1.- Cydron: Es el Golfo de Sidra, en el Norte de Africa.
2.- Ragusa: C. de Sicilia.
3.- Hieron: Nombre de dos tiranos que tendrán su santuario en Siracusa.
4.- Dos «garzas reales», dos personajes de rango monárquico.
5.- Con el Árabe, el profeta suele referirse a Turquía.

PROFECÍA 759 (II-19)   1.948-67

Nouveaux venus lieu basty sans defence,	*Nuevos venidos a lugar construido sin defensa,*
Occuper la place par lors inhabitable:	*Ocupar la plaza por entonces inhabitable:*
Pres, maisons, champs, villes prendre á plaisance	*Prados, casas, campos, ciudades tomar a placer*
Faim, peste, guerre, arpen long labourable.	*Hambre, peste, guerra, amplia extensión laborable.*

REGRESO DE JUDÍOS A PALESTINA: Los nuevos venidos a Palestina, instalarán los «Kibbutz», ciudades sin murallas, ocuparán un desierto, hasta entonces inhabitable: Prados, casas, campos y ciudades, tomarán a placer, pero, el hambre, la enfermedad y la guerra, serán eternos compañeros en su amplia extensión agrícola.

PROFECÍA 760 (VIII-89)   1.946-58

Pour ne tomber entre mains de son oncle, [1]	*Para no caer entre las manos de su tío,*
Qui ses enfans par regner trucidez, [2]	*Que sus hijos para gobernar aplastados,*
Orant au peuple mettant pied sur Peloncle [3]	*Rogando al pueblo poniendo pie sobre Líbano*
Mort et traisné entre chevaux bardez.	*Muerto y arrastrado entre caballos acorazados.*

LA CRISIS DEL LÍBANO: Para no caer entre las manos de Nasser, luego que, para gobernar, los hijos de su pueblo han sido aplastados, Camille Chamoun clamará a la ONU, porque la RAU estará incitando al pueblo a rebelarse, poniendo pie sobre el Líbano las tropas de las Naciones Unidas y EE.UU., una vez que el Líbano sea arrastrado a la lucha contra Israel, con la que firmará un armisticio, entre el peligro de los tanques acorazados israelíes.

1.- Con «tío», establece parentesco en 2° grado, pues Chamoun es cristiano y Nasser es árabe, aunque ambos estados son hermanos.
2.- trucidez: Del latín «trucido»: matar, aplastar, asesinar...
3.- Peloncle: De «pel» como principio de «pêle-mêler», mezclar, y «oncle», tío. El profeta contempla al Líbano, como país donde se da una "mezcla da familias" musulmanas y cristianas.

PROFECÍA 761 (IV-99) 1.954-56

L'aisné vaillant de la fille du Roy, [1]	*El primogénito valiente de la hija del Rey,*
Repoussera si profond les Celtiques, [2]	*Empujará tan profundo los Célticos,*
Qu'il mettra foudres, combien en tel arroy [3]	*Que él pondrá rayos, cuanto en tal desconcierto,*
Peu et loing, puis profond ès Hespériques. [4]	*Poco y lejos, después profundo de las Hespérides.*

NASSER, Y LA CRISIS DE SUEZ: El osado Nasser gobernará la República de Egipto, nacida del depuesto rey Faruk, y empujará profundamente las reformas del país, sojuzgado por los alemanes. Hará estallar la tormenta de la Crisis, al nacionalizar, de forma inesperada y desconcertante, el Canal de Suez. Lo que empieza por poco, llegará lejos, con la acción militar franco-británica, condenada después por los EE.UU. y la ONU.

1.- Aquí, «primogénito» es el primero que nace como Primer ministro, e «hija», la República nacida de la Monarquía.
2.- A los alemanes, de origen germano, les llama Célticos.
3.- Utiliza una aféresis: «arroi», en lugar de «désarroi», desorden, desconcierto, perturbación.
4.- Hespérides: Islas del Atlántico. Con «lo profundo» se refiere a Estados Unidos, en el extremo del Atlántico.

PROFECÍA 762 (X-30) 1.939-58

Nepveu et sang du saint nouveau venu, [1]	*Sobrino y sangre del santo nuevo venido,*
Par le surnom soustient arcs et couvert [2]	*Por el sobrenombre sostiene arcos y cubierto /do*
Seront chassez et mis à mort chassez nu,	*Serán perseguidos y puestos en muerte expulsados despoja-*
En rouge et noir convertiront leur vert. [3]	*En rojo y negro convertirán su verde.*

PÍO XII, UN PONTÍFICE SANTO [4]: De familia religiosa y sangre como la del santo Pío X, el nuevo venido con el sobrenombre de Pío XII, sostiene su prudencia ante la guerra, y será cubierto de críticas. Muchos serán los perseguidos, muertos, expulsados y despojados, por unos seres enloquecidos, que en sangre y luto convertirán su esperanza.

1.- Utiliza «oncle», tío, o «neveu», sobrino, pare referirse a familia o corporación.
2.- Por su postura prudente, Pío XII será duramente criticado, difamado y calumniado.
3.- «rojo», «negro» y «verde» simbolizan la sangre, el luto y la esperanza, respectivamente.
4.- En la página 80 del libro de Pier Carpi, dice: "Las cartas de Barcelona hablarán un día de un silencio cargado de acción y el décimo segundo será santo y nunca los habrá más santos que él". Ver las cuartetas 665 y 694.

PROFECÍA 763 (II-90) 1.956

Par vie et mort changé regne d'Ongrie,	*Por vida y muerte cambiado reino de Hungría,*
La loy sera plus aspre que service:	*La ley será más áspera que servicial:*
Leur grand cité d'urlements plaincts et crie,	*Su gran ciudad de alaridos, llantos y gritos,*
Castor et Pollux ennemis dans la lice. [1]	*Cástor y Pólux enemigos en la liza.*

LA REVOLUCIÓN HÚNGARA: De la vida a la muerte pasará Hungría, y la ley de los carros de combate rusos, será más dura que servicial: Durante las jornadas de revuelta, su gran ciudad, Budapest, se llenará de alaridos, llantos y gritos. Dos países hermanos serán enemigos en la fratricida lucha.

1.- Cástor y Pólux: Héroes griegos, hermanos gemelos, los llamados «Dios-curos», hijos de Zeus y de Leda.

PROFECÍA 764 (VI-29) 1.958

La vefve saincte entendant les nouvelles, [1]	*La viuda santa oyendo las noticias,*
De ses rameaux mis en perplex et trouble: [2]	*De sus ramas puesta en perplejidad y turbación:*
Qui sera duict appaiser les querelles,	*Que será conducida a apaciguar las querellas,*
Par son pourchas des razes sera comble.	*Por su persecución de las razas estará colmada.*

LA V REPÚBLICA: La Asamblea Nacional, viuda en 1.946, por la dimisión de De Gaulle, por las noticias que llegan de sus colonias, será puesta en perplejidad y turbación: En 1.958, la V República, será conducida por De Gaulle a apaciguar las querellas, y acabar con la crisis de la IV, que , por su persecución de las razas estará colmada de odio.

1.- Llama «santa» a la Asamblea Nacional, institución sagrada para los franceses.
2.- Nostradamus describe a las colonias como «ramas» que salen del «tronco» nacional.

PROFECÍA 765 (VII-36) 1.954-58

Dieu, le ciel, tout le divin verbe à l'onde, [1]	*Dios, el cielo, todo el divino verbo en la onda,*
Porté par rouges [2] sept razes à Bizance, [3]	*Llevado por rojos siete razas de Bizancio,*
Contre les oingts trois cens de Trebisconde [4]	*Contra los ungidos trescientos de Trebisonda*
Deux loix mettront, et horreur, puis credence.	*Dos leyes meterán, y horror, después creencia.*

EL CONFLICTO DE CHIPRE: Dios, el cielo y todo el divino verbo serán invocados en la revolución, llevada a Chipre por revolucionarios de las siete razas, incluyendo los de Turquía. Será como una repetición del pasado, con la matanza del arzobispo Kyprianos y sus cientos de sacerdotes a manos de los turcos, que los someterán a dos leyes, la del horror, después de la que les obligaba a hacer la «declaración de fidelidad».

1.- Con «onda», alude a la ola revolucionaria.
2.- Con «rojos», a los revolucionarios.
3.- Bizancio: Constantinopla.
4.- Trebisonda: C. de Turquía, a orillas del Mar Negro.

PROFECÍA 766 (V-87) 1.958

L'an que Saturne hors de servage, [1]	*El año que Saturno fuera de servidumbre,*
Au francs terroir sera d'eau inondé: [2]	*A los francos el territorio será de agua inundado:*
De sang Troyen sera son mariage, [3]	*De sangre Troyana será su alianza,*
Et sera seur d'Espaignols circondé.	*Y será hermana de Españoles cercado.*

DE GAULLE, Y LA V REPÚBLICA: El año que Saturno estará fuera de servidumbre, a los franceses les será inundado su territorio de violencia: Con la UNR, De Gaulle será Presidente de la V República, tras su éxito electoral de 1.958, y Francia tendrá una actitud fraterna con el país de los españoles, cercado por el peligro de la bancarrota.

1.- Un astro, en un signo que rige otro planeta , está en «servidumbre». A primeros de l.959, Saturno entrará en «su casa» de Capricornio y saldrá de Sagitario, la de Júpiter.
2.- El «agua», símil de avenida de violencia.
3.- «sangre troyana», como «movimiento republicano».

PROFECÍA 767 (II-9) 1.950-60

Neuf ans le regne le maigre en paix tiendra,	*Nueve años el reino el flaco en paz tendrá,*
Puis il cherra en soif si sanguinaire,	*Después él estallará en sed tan sanguinaria,*
Pour luy grand peuple sans foy et loy mourra,	*Por él gran pueblo sin fe y ley morirá,*
Tué par un beaucoup plus debonnaire.	*Sustituido por uno mucho más benévolo.*

EL GOBIERNO DE MENDERES EN TURQUÍA: Nueve años, el magro Menderes, mantendrá el país en paz. Después, en él, estallará una gran sed sanguinaria, por el levantamiento militar de 1.960. Arrojado del poder, morirá, por haber traicionado la fe del pueblo y violado las leyes de la Constitución. Será sustituido por otro mucho más benévolo.

PROFECÍA 768 (VI-24) 1.955-61

Mars et le sceptre se trouvera conjoinct, [1]	*Marte y el Sol se encontrará conjuntos,*
Dessoubs Cáncer calamiteuse guerre, [2]	*Bajo Cáncer calamitosa guerra,*
Un peu apres sera nouveau Roy oingt,	*Un poco después será nuevo Rey ungido,*
Qui par longtemps pacifiera la terre.	*Quien por largo tiempo pacificará la tierra.*

HASSÁN II: Marte y el Sol conjuntos, bajo la influencia de Cáncer, tiene lugar la calamitosa guerra argelina. Un poco después, en Marruecos, en 1.961, será elegido nuevo Rey, Hassán II, que tratará de crear una Federación del Mogreb e intentará llevar la paz por largo tiempo a las tierras del Norte de Africa.

1.- sceptre: El cetro del Monarca. Aquí, el Sol, el Astro-Rey.
2.- En Julio de 1.955, Marte y el Sol conjuntos en Cáncer.

PROFECÍA 769 (III-59) 1.962

Barbare empire par le tiers usurpé, [1]	*Bárbaro imperio por el tercero usurpado,*
La plus grand part de son sang mettra á mort:	*La más grande parte de su sangre pondrá en muerte:*
Par mort senile par luy le quart frappé,	*Por muerte senil, por él el cuarto golpeado,*
Pour peur que sang par le sang ne soit mort.	*Por miedo de que sangre por la sangre no sea muerta.*

LA INDEPENDENCIA DE ARGELIA: El Norte de Africa, conquistado por la III República, y la mayor parte de sus nativos, muertos: Por decadencia, con lo de Argelia, la IV República será golpeada, hasta que, De Gaulle, les concederá la independencia, por el temor de que nueva sangre, hiciera inútil la sangre derramada hasta entonces.

1.- Con "bárbaro", suele referirse al mundo musulmán, ya que "berberí", viene del árabe "barbari", bárbaro, beréber.

PROFECÍA 770 (IX-96) 1.954-62

Dans cité entrer exercit desniée,	*En ciudad entrar ejército rechazado,*
Duc entrera par persuasion, [1]	*Jefe entrará por persuasión,*
Aux foibles portes clam armée amenée,	*A los débiles puertas clamor ejército llevado,*
Mettront feu, mort, de sang effusion.	*Pondrán fuego, muerte, de sangre efusión.*

LA GUERRA DE LIBERACIÓN ARGELINA: En la ciudad de Argel entrará el ejército francés y el levantamiento será rechazado. Con Guy Mollet, que entrará con persuasión, a los débiles argelinos les será llevado hasta las puertas el clamor del ejército. Pondrán el fuego de la guerra, la muerte, y habrá gran efusión de sangre.

1.- Duc: Del latín "dux ducis", jefe, caudillo, general.

PROFECÍA 771 (X-85) 1.960-63

Le vieil tribun [1] au point de la trehemide [2]	*El viejo tribuno al borde de la angustia*
Sera pressée, captif ne delivrer,	*Será apresado, cautivo no liberar,*
Le vueil non vueil, le mal parlant timide, [3]	*El viejo no viejo, el mal hablando intimida,*
Par legitime à ses amis livrer.	*Por legítimo a sus amigos entregar.*

AMINTORE FANFANI: El viejo Gronchi, al borde de la angustia, preso de la impotencia, porque el país está cautivo de la crisis y no lo puede liberar. Amintore Fanfani, viejo experto político, no en edad, acabará con el mal, con conversaciones y "apertura a la izquierda". Así frenará la influencia de los fascistas, reconocidos como legítimos.

1.- En la antigua Roma, el "tribuno" era un representante de la plebe.
2.- trehemide: Del latín "tremisco", temblar de miedo, estremecerse, angustiarse.
3.- "vueil non vueil", de "vieux", viejo. Así, pues, "El viejo no viejo".

PROFECÍA 772 (IV-62)   1.958-63

Un coronel machine ambition,
Se saisira de la plus grande armée:
Contre son prince fainte invention,
Et descouvert sera sous sa ramée.

Un coronel planea ambición,
Se apoderará de la mayor armada:
Contra su príncipe hace maquinación,
Y descubierto será bajo su enramada.

GOLPES DE ESTADO EN IRAK: Un coronel, Abd ul-Karim Kassem, lleno de ambición, planea un golpe de Estado, y se apoderará de la mayor parte del ejército: Contra su rey Faisal II hará la conspiración y será nombrado Primer Ministro. Por otro golpe de Estado, el coronel Aref, se hará dueño del poder y Kassem morirá asesinado bajo su revuelta.

PROFECÍA 773 (IX-36)   1.963

Un grand Roy prins entre les mains d'un Joyne,
Non loing de Pasque confusion coup cultre: [1]
Perpet captifs temps que foudre en la huine, [2]
Lors que trois freres se blesseront et murtre. [3]

Un gran Rey tomado entre las manos de un joven,
No lejos de Pascua confusión golpe cuchillo:
Perpetuos cautivos tiempos que rayo en la bruma,
Cuando tres hermanos se herirán y muerte.

ASESINATO DE JOHN KENNEDY: El gran Presidente, tomado entre las manos de un joven, no lejos de Navidad, será muerto por un disparo en momentos de confusión: Los humanos serán perpetuos cautivos de unos tiempos en que el rayo mortal estará en la oscuridad, cuando tres a los hermanos Kennedy herirán y habrá muerte.

1.- cultre: Del latín "culter-tri", cuchillo.
2.- huine: Es "bruine", bruma, niebla. En sentido figurado, oscuridad, impunidad, invisibilidad.
3.- En las pág. 138-139 del libro de Pier Carpi, dice así: "Caerá el presidente y caerá el hermano. Serán tres quienes disparen contra el presidente. El tercero de ellos estará entre los tres que atacarán al segundo".

PROFECÍA 774 (VI-59)   1.958-63

Dame en fureur par rage d'adultere, [1]
Viendra à son Prince conjures non de dire: [2]
Mais bref cognen sera le vitupere,
Que seront mis dix sept a rnàrtyre.

Dama en furor por rabia de adulterio,
Vendrá a su Príncipe conjuras no de decir:
Pero breve conocido será el vituperio,
Que serán puestos diecisiete en martirio.

LIBIA. LA INDEPENDENCIA DE ARGELIA: Libia tendrá una nueva Constitución en 1.963. Argelia con Ben Bella, tras la conjura "ultra" de 1.958, sin decir las atrocidades cometidas: Pero, pronto será conocido del pueblo francés, que provocará la caída del gobierno Pflimlin, por permitir que diecisiete argelinos sean martirizados.

1.- Con "dama", alude a la "República", y una "Constitución". Ingenioso simbolismo: el Parlamento libio (el esposo) dirige "sus amores" políticos hacia otra nueva Constitución
2.- Con "Príncipe", designa a veces a Presidentes o Jefes de Gobierno de naciones "menores".

PROFECÍA 775 (IX-73)   1.957-64

Dans Foix [1] entrez Roy cerulée Tunban, [2]
Et regnera moins evolu Saturne, [3]
Roy Turban blanc Bizance [4] coeur ban, [5]
Sol, Mars, Mercure [6] pres la hurne. [7]

En Foix entrado Rey cerúleo Turbante,
Y reinará menos evolucionado Saturno,
Rey Turbante blanco Bizancio corazón expulsado,
Sol, Marte, Mercurio cerca de Acuario.

HABIB BURGUIBA: En 1.957, el Presidente tunecino, entrará por el Sur de Francia, en visita política. Gobernará con un Saturno menos evolucionado. Dirigente de un país libre, el poderío francés será expulsado de Argelia, y Turquía con problemas internos, cuando el Sol, Marte y Mercurio estarán conjuntos en Capricornio, cerca de Acuario.

1.- Foix: C. del Sur de Francia.

2.- cerúleo: De tinte azulino.

3.- Tunicia logra su independencia, con Saturno en Escorpio, y Burguiba al frente del país. En 1.969 es reelegido, con Saturno en Aries. Son signos en los que Saturno está negativo.

4.- Bizancio: Constantinopla, C. de Turquía.

5.- ban: De «bannir», expulsar.

6.- En Enero de 1.964, el Sol, Marte y Mercurio estarán en conjunción en Capricornio.

7.- hurne: Es «urne», urna, caja, vaso. Simboliza un estanque. Acuario.

PROFECÍA 776 (X-99)   1.945-65

La fin le loup, le lyon boeuf et l'asne,	*El fin el lobo, el león, buey y el asno,*
Timide dama seront avec mastins: [1]	*Tímido gamo estarán con mastines:*
Plus ne cherra à eux la douce manne,	*Más no caerá para ellos el dulce maná,*
Plus vigilance et custode aux mastins.	*Más vigilancia y custodia de los mastines.*

PROBLEMAS POSTBÉLICOS: Una alegoría. Con el fin del lobo Hitler, el león, el buey y el asno, es decir, el resto de los países, estarán en concordia. Los países débiles, «el tímido gamo», estarán en armonía con los fuertes, «los mastines»: No por ello, caerá más para ellos el dulce maná del bienestar. Con la formación de sistemas de múltiples alianzas y el conflicto Este-Oeste, será cuando más vigilancia y custodia de sus intereses tendrán los países fuertes.

1.- dama: Del latín «dama-ae», gamo.

PROFECÍA 777 (I-97)   1.959-65

Ce que fer, flamme n'a sçeu parachever,	*Lo que hierro, llama no ha sabido consumar,*
La douce langue au conseil viendra faire:	*La dulce lengua en el consejo lo vendrá a hacer:*
Par repos, songe, le Roy fera resver,	*Por reposo, sueño, el Rey hará ilusionar,*
Plus l'ennemy en feu, sang militaire.	*Más el enemigo en fuego, sangre militar.*

LA INDEPENDENCIA DE ARGELIA: Lo que armas, fuego, no han sabido consumar, la suave diplomacia de De Gaulle, en el consejo, lo vendrá a hacer: Por el cese de la lucha, se realiza un sueño, cuando el Presidente de Francia hará ilusionar a los de Argelia, proclamando su independencia. La República Democrática Popular de Argelia, tendrá de presidente a Ben Bella, hasta que otra vez habrá sangre con el golpe militar de su enemigo el coronel Boumedienne.

PROFECÍA 778 (VI-54)   1.954-65

Au poinct du jour au second chant du coq, [1]	*Al despuntar del día, al segundo canto del gallo,*
Ceux de Tunes [2], de Fez [3] et de Begie, [4]	*Los de Túnez, de Fez y de Bujía,*
Par les Arabes captif le Roy Maroq, [5]	*Por los Arabes cautivo el Rey Marruecos,*
L'an mil six cens et sept de Liturgie.	*El año mil seiscientos y siete, de Liturgia.*

CAÍDA DE BEN BELLA. MOHAMED V: Al despuntar el día, el mundo asistirá al segundo conflicto del pueblo francés, tras la 2ª G.M., con movimientos independentistas en Túnez, Marruecos y Argelia. Por sus adversarios árabes, Ben Bella será confinado a perpetuidad, mientras que Marruecos, con el Rey Mohamed V, se denominará Reino de Marruecos, en lugar de Imperio Jerifiano, que tuvo su apogeo hacia el año mil seiscientos siete, de la Era Cristiana.

1.- El Gallo, símbolo del pueblo francés.

2.- Túnez: Estado independiente del N. de Africa.

3.- Fez: C. antigua cap. de Marruecos.

4.- Begie: Es Bujía o Béjaia, C. de Argelia

5.- La palabra «Roy», "Rey", designa al Presidente Ben Bella y a Mohamed V.

PROFECÍA 779 (X-57)   1.962-65

Le sublevé ne cognoistra son sceptre, [1]
Les enfans jeunes des plus grands honnira:
Oncques ne fut un plus ord cruel estre,
Pour leurs espouses à mort noir bannira.

El sublevado no conocerá su cetro,
Los hijos jóvenes de los más grandes avergonzará:
Nunca no fue un más orden cruel ser,
Por sus esposas a muerte negro desterrará.

LA CAÍDA DE AHMED BEN BELLA: El sublevado Ben Bella no podrá alcanzar el poder en 1.945, ni tampoco cuando la tortura de los hijos jóvenes de los argelinos, avergonzará al pueblo de Francia: Será en 1.962, con la República Democrática Popular de Argelia. Nunca hubo un orden más cruel, y aplastará las insurrecciones en la Kabilia, dando muerte a las esposas de los insurrectos, hasta que acabará con su sombrío régimen el coronel Boumedian.

1.- El profeta suele utilizar la palabra «cetro», para simbolizar el Poder.

PROFECÍA 780 (I-53)   1.965

Las qu'on verra gran peuple tourmenté,
Et la loy saincte en totale ruine,
Par autres loix toute la Chrestienté,
Quand d'or d'argent trouve nouvelle mine.

¡Ay! Cuando se verá gran pueblo atormentado,
Y la ley santa en total ruina,
Por otras leyes toda la Cristiandad,
Cuando de oro, de plata encuentre nueva mina.

EL MUNDO, TRAS EL CONCILIO VATICANO II: Cuando se verá al gran pueblo judío atormentado, y en total ruina el mandamiento divino de amor al prójimo, por otras leyes se regirá toda la Cristiandad, tras el Concilio Vaticano II, cuando la Humanidad encontrará en la ambición y en la vanidad que proporciona el vil metal, la nueva mina.

PROFECÍA 781 (X-93)   1.962-65

La barque neufve recevra les voyages, [1]
Là et aupres transferont l'Empire:
Beaucaire, Arles [2] retiendront les hostages, [3]
Pres deux colonnes [4] trouvées de Porphire. [5]

La barca nueva recibirá los viajes,
Allí y luego transferirán el Imperio:
Beaucaire, Arlés retendrán los rehenes,
Cerca dos columnas encontradas de Porfirio.

EL VATICANO II: El Concilio Vaticano II, recibirá a los prelados viajeros. Allí, de San Pedro de Roma, luego transferirán los nuevos esquemas al mundo cristiano: Como en el tiempo de invasión en Provenza, cuando les retendrán como rehenes, el Papado será criticado desde cerca del Estrecho de Gibraltar hasta la tierra de Porfirio, la lejana Tiro.

1.- Con «barca», designa a la Iglesia de Pedro.
2.- Localidades francesas en Provenza.
3.- hostages: De «otages», rehenes.
4.- Calpe y Abila son las dos «columnas de Hércules», el Estrecho de Gibraltar.
5.- Porfirio: Filósofo neoplatónico, nacido en Tiro. Aludiéndole, el profeta fija una extensión de terreno y el hecho de que se distinguió por sus ataques al Cristianismo, como en este tiempo conciliar.

PROFECÍA 782 (X-42)   1.948-67

Le regne humain d'Anglique geniture, [1]
Fera son regne paix union tenir:
Captive guerre demy de sa closture,
Long temps la paix leur fera maintenir.

El reino humano de Angélica progenie,
Hará su reino paz unión tener:
Cautiva guerra mitad de su clausura,
Largo tiempo la paz le hará mantener.

EL NUEVO ESTADO JUDÍO: Israel, el reino humano de Angélica progenie, proclamado como Estado, en 1.948, hará a su pueblo tener paz y unión: Cautiva de la guerra en la que es rechazado el ataque de la Liga árabe, a mitad del recién proclamado Estado israelí y las escaramuzas de 1.956, largo tiempo la paz le hará mantener.

1.- Llama a Israel, reino de «Angélica progenie», por su ascendencia bíblica y relación de sus antepasados con los Angeles.

PROFECÍA 783 (V-43) 1.948-67

La grand ruine des secrez ne s'esloigne,	*La gran ruina de los sagrados no se aleja,*
Provence, Naples, Sicille, Seez et Ponce,	*Provenza, Nápoles, Sicilia, Suez y Ponza,*
En Germanie, au Rhin et la Cologne, [1]	*En Alemania, en el Rhin y Colonia,*
Vexez à mort par tous ceux de Magonce. [2]	*Vejados en muerte por todos los de Maguncia.*

LA RECONSTRUCCIÓN ALEMANA: La gran ruina no se aleja de los lugares sagrados de Palestina, tras los males de la 2ª G. M., que continuarán en las costas del Mediterráneo, con crisis permanentes, mientras que en Alemania se reconstruirá en el Rhin y Colonia, los más vejados por todos los puestos en muerte por los alemanes.

1.- Germania: Nombre latino de Alemania.
2.- Maguncia: C. cap. de Renania-Palatinado. Por extensión, Alemania.

PROFECÍA 784 (III-97) 1.967

Nouvelle loy terre neuve occuper,	*Nueva ley tierra nueva ocupar,*
Vers la Syrie, Judee et Palestine:	*Hacia Siria, Judea y Palestina:*
Le grand empire barbare corruer, [1]	*El gran imperio bárbaro derrumbarse,*
Avant que Phebés son siècle determine. [2]	*Antes que Febe su siglo determine.*

TERRITORIOS ÁRABES OCUPADOS POR ISRAEL: Israel querrá que sean reconocidos jurídicamente los nuevos territorios conquistados en la península del Sinaí, la Cisjordania y las alturas del Golán: El poderío árabe estará debilitado y se derrumbará antes de que la Luna su tiempo determine.

1.- corruer: Del latín «corruo-rui», derrumbarse, caer.
2.- Phebés: Del francés «Phebus», Febo. El Sol. Febe, es epíteto de Artemisa, diosa lunar. La Luna rige en el signo de Cáncer, a partir del 22 de Junio. La guerra árabe-israelí tuvo lugar entre el 5 y 10 de Junio de 1.967.

PROFECÍA 785 (IX-60) 1.967

Conflit Barbar en la Cornere noire, [1]	*Conflicto Bárbaro en el Sur de Africa,*
Sang espandu, trembler la Dalmatie,	*Sangre derramada, temblar la Dalmacia,*
Grand Ismael mettra son promontoire, [2]	*Gran Ismael pondrá su promontorio,*
Ranes [3] trembler, secours Lusitanie. [4]	*Ranas temblar, socorro Lusitania.*

DISCORDIAS EN LAS COLONIAS LUSAS DE ULTRAMAR: El conflicto greco-turco, tendrá su réplica en el Sur de Africa, con sangre derramada, mientras temblarán las costas adriáticas, cuando el poder musulmán se instalará en las colonias sudafricanas. Los colonos portugueses temblarán ante la población negra, y tendrán refuerzos de Portugal.

1.- Cornere: Del latín «cornu-us», extremo, punta.
2.- Ismael: Hijo de Abraham y de Agar. Padre de los ismaelitas o árabes.
3.- Las ranas simbolizan a los pueblos que desean luchar por su independencia.
4.- Lusitania: Provincia romana. Corresponde al actual Portugal.

PROFECÍA 786 (III-27) 1.950-69

Prince Lybinique puissant en Occident, [1]	*Príncipe Libio potente de Occidente,*
François d'Arabe viendra tant enflammer,	*Francés de Arabe vendrá tanto inflamar,*
Sçavant aux lettres sera condescendent,	*Instruido con las letras será condescendiente,*
La langue Arabe en François translater.	*La lengua Arabe de Francés trasladar.*

MOHAMED IDRIS I, SOBERANO DE LIBIA: Un príncipe libio independizará a su país de un potente de Occidente. El país francés cederá ante las inflamadas exigencias del monarca árabe, y sus tropas abandonarán el país. Hombre instruido, Mohamed Idris I, será condescendiente con las letras, y hará traducir a la lengua árabe obras en francés.

1.- Libia: Reino independiente del N. de Africa entre el Mediterráneo, Túnez, Sahara, Sudán y Egipto.

PROFECÍA 787 (I-11) 1.946-69

Le mouvement de sens, coeur, pieds et mains	*El movimiento de los sentidos, corazón, pies y manos*
Seront d'accord Naples, Lyon, Sicile	*Estarán de acuerdo Nápoles, Lyón, Sicilia*
Glaives, feux, eaux puis aux nobles Romains,	*Espadas, fuegos, aguas después a los nobles Romanos,*
Plongez, tuez, morts par cerveau debile.	*Ahogados, asesinados, muertos por cerebro débil.*

CRISIS DE POSTGUERRA EN ITALIA Y FRANCIA: Un movimiento social afin, en sus ideas, sentimientos y acciones, será paralelo en Italia y Francia, con crisis, huelgas y disturbios, que despúes acuciarán a Roma, con insurrecciones cruentas en Calabria, y frecuentes cambios de gobierno, por la mala gestión del descerebrado Luigi Einaudi.

PROFECÍA 788 (III-91) 1.958-69

L'arbre qu'estoit par long temps mort seché,	*El árbol que estuvo por largo tiempo muerto seco,*
Dans une nuict viendra à reverdir:	*En una noche vendrá a reverdecer:*
Cron Roy malade, Prince pied estanché,	*Duro Rey enfermo, Príncipe paso estancado,*
Criant d'ennemis fera voile bondir.	*Gritando, de enemigos hará pretexto indignar.*

AUGE FRANCÉS. CAÍDA DE DE GAULLE: Nuevo simbolismo. Tras largo tiempo estéril, con el sí de De Gaulle, en una noche de 1.958, el país francés vendrá a reverdecer: Tras el duro golpe del Referendum, el Presidente, enfermo, dará paso al delfín Pompidou a un país estancado, gritando, por el pretexto de sus enemigos que le ha indignado.

PROFECÍA 789 (VI-79) 1.968-69

Pres de Tesin les habitans de Loyre,	*Cerca de Tesino los habitantes de Loira,*
Garonne et Saone, Seine, Tain et Gironde, [1]	*Garona y Saona, Sena, Taintignies y Gironda,*
Outre les monts dresseront promontoire,	*Más allá de los montes levantarán promontorio,*
Conflit donné, Pau granci, submergé onde. [2]	*Conflicto dado, Po encarnado, sumergido ola.*

CRISIS Y DISTURBIOS EN FRANCIA E ITALIA: Lo que ocurre cerca del Tesino, le sucede a los habitantes del Loira y demás comarcas, desde Taintignies a la Gironda. Más allá de los Apeninos, pasará como en París, donde se levantarán barricadas. El conflicto dado en Francia, será como un sarampión que, por el Po, penetrará en Italia.

1.- Tain: Abreviatura de Taintignies, localidad al SE de Lille. El profeta quiere decir «de un extremo a otro de Francia».
2.- granci: Del francés «garancer», teñir de encarnado, rojo claro, color de los eritemas de ciertas enfermedades infecciosas, como el sarampión.

PROFECÍA 790 (I-66) 1.968-69

Celuy qui lors portera les nouvelles,	*Aquél que entonces llevará las noticias,*
Apres un il viendra respirer,	*Después de uno él vendrá respirar,*
Viviers, Tournon, Montferrant [1] et Pradelles,[2]	*Viviers, Tournon, Montfort y Pradelles,*
Gresles et tempeste le fera souspirer.	*Granizadas y tempestad le hará suspirar.*

TRIUNFO ELECTORAL DE DE GAULLE: Tras las noticias de que las elecciones de Junio las ha ganado «Le Général», éste vendrá a respirar con tranquilidad, cuando parece terminar la crisis en todo el país hasta los Países Bajos, con problemas estudiantiles y nacionalistas. Alejada la tormenta de huelgas, el pueblo francés podrá suspirar de alivio.

1.- Viviers, y Tournon y Pradelles son pequeñas localidades francesas.
2.- Montferrant: Es Montfort, en Holanda.

PROFECÍA 791 (IV-57) 1.962-69

Ignare enuie au grand Roy supportée,	*Cuestión enojosa al gran Rey presentada,*
Tiendra propos deffendre les escripts:	*Tendrá propósito de defender los escritos:*
Sa femme non femme par un autre tentée, [1]	*Su mujer no mujer por un otro tentada,*
Plus double deux ne fort ne cris.	*Más doble dos no fuerte no grita.*

EL TEMOR DE GAULLE: La cuestión enojosa, reformar la Constitución, será presentada a De Gaulle. Tendrá el propósito de defender el texto inicial de la de 1.958: Francia, su segunda esposa, puede ser regida por otro. En 1.968, tal vez no venza como hizo con Masrane y Châtelet, por más del doble de votos. Y, sin Poder, no podrá oirse su voz.

1.- Francia es para De Gaulle, su segundo amor, como su segunda esposa, y no quiere que sea mal conducida por otro.

PROFECÍA 792 (XI-25) 1.969-70

Six cens et six, six cens et neuf, (Falso)	*Seiscientos seis, seiscientos nueve, (Falso)*
Un Chancelier gros comme un boeuf, (Falso)	*Un Canciller grueso como un buey, (Falso)*
Vieux comme le Phoenix du monde, [1]	*Viejo como el Fénix del mundo, (1)*
En ce terroir plus ne luyra,	*En este territorio más no lucirá, (2)*
De la nef d'oubly passera	*De la nave de olvido pasará (4)*
Aux champs Elisiens faire ronde.	*En los campos Elíseos hacer ronda. /3)*

EL ECLIPSE FINAL DEL GENERAL DE GAULLE: Profecía alterada por Vicent Seve de Beaucaire. El viejo general Charles De Gaulle, que ha sido como el Fénix del mundo, ya no brillará más en el territorio francés, y después de su larga y sólida estancia en los Campos Elíseos, de la nave del Poder, al olvido pasará.

1.- Fénix: Ave fabulosa que renacía de sus propias cenizas. De Gaulle, tras «quemarse» en 1.946, renació en 1.958.

PROFECÍA 793 (V-49) 1.969

Nul de l'Espaigne, mais de l'antique France,	*Ninguno de España, sino de la antigua Francia,*
Ne sera esleu pour le tremblant nacelle,	*Será elegido para la temblorosa navecilla,*
A l'ennemy sera faicte fiance,	*Al enemigo será hecha fianza,*
Qui dans son regne sera peste cruelle.	*Que en su reino será peste cruel.*

GEORGES POMPIDOU SUCEDE A DE GAULLE: Ninguno de España, con dictadura, sino de la antigua Francia, será elegido para la temblorosa navecilla del Poder, tras irse De Gaulle, enemigo de la 4ª República, al que se dará toda la confianza, y que, en su gobierno, afrontará la epidemia cruel de Argelia, y manifestaciones, revueltas y huelgas.

PROFECÍA 794 (IV-53) 1.968-70

Les fugitifs et bannis revoquez,	*Los fugitivos y proscritos revocados,*
Peres et fils grand garnissant les hauts puits,	*Padres e hijos grande llenándose los profundos pozos,*
Le cruel pere et les siens suffoquez, [1]	*El cruel padre y los suyos sofocados,*
Son fils [2] plus pire submergé dans le puits. [3]	*Su hijo más peor sumergido en el pozo.*

CAÍDA Y MUERTE DE DE GAULLE: Los fugitivos y proscritos de la O.A.S. indultados, en la Kabilia, habrán estado llenándose profundos pozos, con los cadáveres de padres e hijos insurrectos. Ben Bella y los suyos serán sofocados. A De Gaulle le sucederá Pompidou, peor que "Le Général", que, al año siguiente, bajará al sepulcro.

1.- Denomina «padre», al «tutor institucional» de un país.
2.- Llama a Pompidou «hijo» de De Gaulle, por ser de la familia política que él encabeza.
3.- "Sumergido en el pozo": Contempla: la crisis del país francés, el hundimiento político de De Gaulle y su bajada a la fosa.

PROFECÍA 795 (VI-11) 1.947-70

Des sept rameaux à trois seront reduicts, [1]	*De las siete ramas en tres serán reducidas,*
Les plus aisnez seront surprins par mort,	*Los más mayores serán sorprendidos por muerte,*
Fratricidez le deux seront seduicts,	*Fratricidados los dos serán atraídos,*
Les conjurez en dormans seront morts.	*Los conjurados, estancado, serán muertos.*

ÉPOCA DE CRISIS EN ITALIA: Italia perderá sus principales colonias, tras la muerte de la Monarquía de Víctor Manuel III y su hijo. Los italianos serán atraídos por una violencia fratricida, con los separatismos sicilianos, los atentados neofascistas y anarquistas, los insurrectos calabreses muertos, cuando el país estará estancado por las crisis.

1.- Tras la 2ª G.M. y los tratados posteriores, Italia perderá siete importantes «ramas» coloniales de su «tronco» nacional: Eritrea, Somalia, Libia, Dodecaneso, Tirol, Istria, y Trieste. Este verso es también una nueva pista para indicar el proceso de desordenación, en el que las siete columnas o montones de cuartetas (ramas), serán reducidas a tres.

PROFECÍA 796 (IV-87) 1.964-73

Un fils du Roy tant de languages apprins, [1]	*Un hijo del Rey tantas lenguas aprendidas,*
A son aisné au regne different:	*A su primogénito en el reino diferente:*
Son pere beau au plus grand fils comprins,	*Su suegro al mayor hijo incluido,*
Fera perir principal adherant.	*Hará perecer principal partidario.*

CONSTANTINO II DE GRECIA: Constantino II, es hijo del Rey de un país con tantas lenguas extranjeras aprendidas, que dejará a su primogénito un reino diferente al que él heredó: Su suegro, Federico IX de Dinamarca, le habrá incluido en su familia como al hijo mayor. El Golpe de Estado de 1.967, creará un Gobierno militar y serán reducidos los principales partidarios del rey.

1.- Constantino II, nació en Atenas en 1.940. El país fue ocupado por los italianos en Octubre de ese año, y por los alemanes, en Abril del año siguiente. Después llegarían los ingleses, con lo que el principito tuvo una infancia entre diversidad de lenguas extranjeras.

PROFECÍA 797 (VIII-96) 1.948-74

La Synagogue sterile sans nul fruit, [1]	*La Sinagoga estéril sin ningún fruto*
Sera receuë entre les infideles [2]	*Será recibida entre los infieles*
De Babylon la fille du porsuit [3]	*De Babilonia la hija del perseguido*
Misere et triste lui trenchera les aisles.	*Mísera y triste le cortará las alas.*

ISRAEL ENTRE LOS ÁRABES. GOLDA MEIR: El Estado de Israel, será infructuoso para los árabes, y su proclamación será recibida con rechazo entre los infieles. Golda Meir, vendrá de Estados

Unidos, y perderá el poder, al dimitir, entristecida, por problemas físicos y morales, que truncarán su vuelo político al frente del gobierno israelí.

1.- Asamblea de fieles bajo la ant. ley judía.
2.- Ve a los árabes como «los infieles», frente a la fe de los judíos.
3.- «Babilonia» alude a grandes enclaves con costumbres paganas: Roma, París, EE.UU. , etc. Golda Meir es "la hija del perseguido", hija del pueblo judío.

PROFECÍA 798 (IV-96) 1.949-73

La soeur aisnée de l'Isle Britannique	*La hermana mayor de la Isla Británica*
Quinze ans devant le frere aura naissance: [1]	*Quince años delante del hermano hará nacimiento:*
Par son promis moyennant verrifique,	*Por su promesa mediante verificación,*
Succedera au regne de balance.	*Sucederá en el reino de balanza.*

ENTRADA DE INGLATERRA EN EL MERCADO COMÚN: Inglaterra, la mayor de las Islas Británicas, ingresará en el Mercado Común, quince años después del nacimiento de éste: Por su promesa de cumplir las condiciones mediante verificación de los otros miembros. Le sucederán, en el reino europeo del Comercio, R. U., Irlanda y Dinamarca.

1.- Del 1 de Enero de 1.958, inicio de la C.E.E., al 1 de Enero de 1.973, en que Inglaterra se incorpora, pasan 15 años.

PROFECÍA 799 (XI-35) 1.973

Dame par mort grandement attristée,	*Dama por muerte grandemente entristecida, (1)*
Mére et tutrice au sang qui l'a quitée,	*Madre y tutora de la sangre que le ha quitado, (3)*
Dame et seigneurs, faicts enfants orphelins,	*Dama y señores, hechos niños huérfanos, (2)*
Par les aspics et par les Crocodilles, (Falso)	*Por los áspides y por los Cocodrilos, (Falso)*
Seront surpris forts, Bourgs, Chasteaux, Villes, (F)	*Serán sorprendidos fuertes, Burgos, Castillos, Villas, (F)*
Dieu tout-puissant les garde des malins.	*Dios todopoderoso les guarda de los malignos. (4)*

LA TRISTEZA DE GOLDA MEIR: Profecía alterada por Vicent Seve de Beaucaire. Golda Meir, estará grandemente entristecida. Ella y sus ministros estarán consternados por tantos niños hechos huérfanos, y se sentirá madre y tutora de ellos, por la sangre que la guerra les ha quitado, rogando a Dios todopoderoso les guarde de los malignos.

PROFECÍA 800 (V-53) 1.940-FUTURO

La loy du Sol et Venus contendus[1]	*La ley de la Vida y el Amor contenidas*
Appropriant l'esprit de prophetie,	*Apropiando el espíritu de profecía,*
Ne l'un ne l'autre ne seront entendus,	*Ni lo uno ni lo otro serán entendidos,*
Par sol tiendra la loy du grand Messie. [2]	*Por la ley del gran Mesías Vida se tendrá.*

DESCUBRIMIENTOS BIOLÓGICOS: Con sus trabajos de Biología, creyendo que la ley de la Vida y el Amor están contenidas en sus parámetros absurdos, científicos necios se estarán apropiando el espíritu de profecía. Pero, ni lo uno ni lo otro serán entendidos, porque sólo por la Ley del Gran Mesías, Jesucristo, se tendrá verdadera Vida.

1.- El Sol es generador de Vida y Venus, planeta del Amor.
2.- Censura a los científicos engreídos que no ven más allá de la materia. La Vida proviene del Sol, una glándula endocrina del gran Cuerpo macrocósmico, que segrega un fluido realmente operante, el Amor.

NOVENA CENTURIA

Desde el asesinato del Papa Juan Pablo I hasta el comienzo de la Tercera Guerra Mundial
(1.978-Futuro)

PROFECÍA 801 (IV-11)   1.978

Celuy qu´aura couvert de la gran cappe,
Sera induict à quelque cas patrer: [1]
Les douze rouges viendront souiller la nappe,
Soubs meurtre, meurtre se viendra perpetrer.

Aquél que estará cubierto de la gran capa,
Será inducido a que en caso alguno pastorear:
Los doce rojos vendrán a mancillar el manto,
Bajo muerte, asesinato se vendrá a perpetrar.

ASESINATO DE JUAN PABLO I: Juan Pablo I, aquél que estará cubierto con la gran capa de Pontífice de la Iglesia, será inducido por los de la Curia a que renuncie a su deseo de pastorear: Los doce Cardenales, la noche del 28 de Septiembre, vendrán a mancillar el manto papal, y bajo una aparente muerte natural, un asesinato se vendrá a perpetrar.

1.- patrer: Del francés "pâtre", pastor. En la página 89 del libro de Pier Carpi, puede leerse: "Gritará en su corazón y hablará con dulzura... La lucha será dura...Osará hacer lo nunca hecho". Lo "nunca hecho" era dedicar los tesoros de la Iglesia para ayuda de los pobres. Luego, añade: " Se equivocará, pero será para bien". Esa "equivocación", le costará la vida. Ver la cuarteta 803.

PROFECÍA 802 (VII-35)   1.939-78

La grande pesche viendra plaindre, plorer,
D'avoir esleu, trompez seront en l'aage: [1]
Guiere avec eux ne voudra demourer,
Deceu sera par ceux de son langage.

La gran pecadora vendrá a lamentarse, deplorar,
De haber elegido, engañados serán en la edad:
Guiar con ellos no querrá demorar,
Decepcionado será por los de su lenguaje.

DECEPCIÓN DE JUAN PABLO I: La Curia, la gran pecadora, vendrá a lamentarse, a deplorar haber elegido a Juan Pablo I, engañados por su apariencia en el tiempo de la elección: Albino Luciani querrá ser guía de todos sin demora, pero será decepcionado por los que habrían de ser de su mismo lenguaje.

1.- Juan Pablo I era un Pontífice Santo. Quería una Iglesia nueva, diferente, una Casa Acogedora para los pobres de este mundo. Eso no gustó a los de la Curia, que pensaron, equivocadamente, que podrían manejarlo a su antojo. Pero, ¡Dios hablaba por Albino Luciani!

PROFECÍA 803 (X-12) 1.978

Esleu en Pape, d´esleu sera mocqué,	*Elegido Papa, de elegido será mofado,*
Subit soudain esmeu prompt et timide,	*De pronto súbitamente emocionado dispuesto y tímido,*
Par trop bon doux à mourir provoqué,	*Por demasiado bueno, dulce, a morir provocado,*
Crainte estainte la nuict de sa mort guide. [1]	*Temor extinguido la noche de a su muerte guiado.*

ASESINATO DE JUAN PABLO I: Elegido Papa, será mofado por aquellos electores que lo consideran un error. Súbitamente emocionado y tímido, de pronto, estará dispuesto a llevar a cabo su labor. Por demasiado bueno y dulce, a morir será provocado, quedando extinguido el temor, la noche de su muerte, de los que a ella le conducen.

1.- Véase la cuarteta 801.

PROFECÍA 804 (I-99) 1.978-79

Le grand monarque que fera compagnie	*El gran monarca que hará compañía*
Avec deux Roys unis par amitié:	*Con dos Reyes unidos por amistad:*
O quel souspir fera la grand mesgnie, [1]	*¡Oh, que suspiro hará la gran mesnada!,*
Enfans Narbon à l'entour, quel pitié.	*Hijos Narbona alrededor ¡qué piedad!*

LOS ACUERDOS DE CAMP DAVID: El Presidente de EE.UU., Jimmy Carter, que hará compañía al egipcio, Anuar El Sadat, y al israelí, Menahem Begin, conseguirá que ambos queden unidos por un pacto de amistad: Gran suspiro de alivio dará la comunidad internacional y hasta los de alrededor de Narbona celebrarán actos piadosos por esa paz.

1.- La palabra «mesnada», en sentido figurado puede significar compañía, junta, congregación, colectividad.

PROFECÍA 805 (III-77) 1.979

Le tiers climat sous Aries comprins, [1]	*El clima tercero bajo Aries comprendido,*
L'an mil sept cens vingt et sept en Octobre,	*El año mil setecientos veintisiete, en Octubre,*
Le Roy de Perse par ceux d'Egypte prins:	*El Rey de Persia por los de Egipto tomado:*
Conflit, mort perte: à la croix grand opprobre.[2]	*Conflicto, muerte pérdida: a la cruz gran oprobio.*

DESTRONAMIENTO DEL SAH DE IRÁN: El clima hostil en Irán, en Abril de 1.979, será como con Abbas III, el año 1.727, y la revuelta religiosa en Octubre de 1.978 contra Phalevi, parecida a la que acabó con los Sefis, cuando el sah de Persia, ayudado por los de Egipto, será destronado: Habrá conflicto, muerte, pérdida: A la cruz, un gran oprobio.

1.- Aries: Primer signo del Zodiaco, desde el 20 de Marzo al 21 de Abril.
2.- Se humillará a EE.UU. con los rehenes.

PROFECÍA 806 (I-70) 1.978-1.979

Pluie, faim, guerre, en Perse non cessée,	*Lluvia, hambre, guerra, en Persia no cesada,*
La foy trop, grande trahira le monarque:	*La fe demasiado grande traicionará al monarca:*
Par la finie en Gaule commencée,	*Por la terminación en Galia comenzada,*
Secret augure pour à un estre parque.	*Secreto augurio para una existencia precaria.*

CAÍDA DEL SHA. REZA PAHLEWI: Todo tipo de desastres no cesarán en Persia. El fanatismo de su pueblo, traicionará a Reza Pahlewi: Por el fin, con éxito, de la insurrección de Jhomeini comenzada en Francia, el Sah será destronado y el país irá, confirmando el secreto augurio de Khafani, a la guerra con Irak, y a una existencia precaria.

PROFECÍA 807 (I-17)   1.959-1.999

Par quarante ans l'Iris n'apparoistra, [1]	*Por cuarenta años el Iris no aparecerá,*
Par quarante ans tous les jours sera veu:	*Por cuarenta años todos los días será visto:*
La terre arride en siccité croistra,	*La tierra árida en sequía crecerá,*
Et grand deluges quand sera apperceu. [2]	*Y gran diluvio cuando será apercibido.*

CUARENTA AÑOS DE FALSA PAZ. LA GRAN SEQUÍA: Tras la 2ª G.M., por cuarenta años no aparecerá la paz, aunque, en esos cuarenta años, todos los días será vista, en apariencia: La tierra, cada vez más árida, en sequía crecerá, y entonces, un gran diluvio bélico, la tercera guerra mundial, se desatará, cuando todo eso será percibido.

1.- Alude al arco iris en el sentido de «paz», el fin del "diluvio" bélico. Su país, que toma como referencia, no se verá envuelto en una guerra con todas las de la ley, desde 1.959, cuando De Gaulle concede a los argelinos la autodeterminación. A partir de ahí, cuenta los 40 años de esa paz aparente.
2.- Otra vez volverá el tiempo de Noé, tras la última confrontación de dimensión mundial, el tercer ¡ay! del Apocalipsis.

PROFECÍA 808 (VII-14) 1.960-FUTURO

Faux exposer viendra topographie, [1]	*Falso exponer vendrá topografía,*
Seront les cruches des monurents ouvertes:	*Serán los recintos de los monumentos abiertos:*
Pulluler secte, saincte philosophie, [2]	*Pulular secta, santa filosofía,*
Pour blanches, noire et pour antiques vertes. [3]	*Por blancas, negra y por antiguas verdes.*

NUEVAS PROFANACIONES EN GIZEH. LAS SECTAS: Exponiendo falsamente que vendrán a hacer topografía, serán abiertos los recintos de las pirámides de Egipto: Habrá un gran pulular de sectas, junto a santa filosofía, doctrinas y enseñanzas verdaderas y falsas, correspondientes a las distintas razas, terrestres y extraterrestres.

1.- Nuevos "arqueólogos" ocultando su verdadera condición: profanadores de tumbas y ambiciosos buscadores de tesoros.
2.- Sectas de fanáticos, junto a movimientos mesiánicos.
3.- Con antiguas verdes, se refiere a las orientales y extraterrestres: «hombrecillos verdes»...

PROFECÍA 809 (I-49)   1.988-1.997

Beaucoup avant telle menées,	*Mucho antes de tales sucesos,*
Ceux d'Orient par la vertu lunaire: [1]	*Los de Oriente por la virtud lunar:*
L'an mil sept cens feront grand emmenées,	*El año mil setecientos harán grandes cambios,*
Subiuguant presque le coing Aquilonaire. [2]	*Subyugando casi el rincón Aquilonar.*

LA PERESTROIKA: Mucho antes de los sucesos finales, los del Este de Europa tendrán discordias revolucionarias: Como el año mil setecientos, con los cambios del Zar Pedro I, Gorbachov desarrollará su «Perestroika». Habrá graves conflictos, subyugando casi, ese rincón Septentrional.

1.- La Luna se relaciona con las revoluciones, revueltas y disturbios populares violentos.
2.- Nagorno-Karabaj, la matanza de Sumgait, la rebelión de Azerbaiján, el Golpe de Estado de 1.991, la guerra con Chechenia, conturbarán el país del Aquilón, viento del Norte: Rusia.

PROFECÍA 810 (IX-50)   1.989-1.996

Mandosus tost viendra à son haut regne, [1]	*El Dominante pronto vendrá a su alto reino,*
Mettant arriere un peu les Norlaris: [2]	*Poniendo detrás un poco los Norteamericanos:*
Le rouge blesme, le masle à l'interregne, [3]	*El rojo lívido, vigoroso en el interregno,*
Le jeune crainte et frayeur Barbaris. [4]	*El joven teme y espanto Bárbaros.*

GOBIERNO SOCIALISTA EN ESPAÑA: Felipe González pronto llegará a lo más alto de su poder, poniendo detrás, un poco, la influencia de los Norteamericanos: El fascismo lívido de rabia, tan vigoroso en el interregno. El joven dirigente teme un Golpe de Estado, y habrá espanto por las discordias de Occidente con países árabes.

1.- «mandosus», de "sus-mande," super-mandón, dominante, prepotente, describe bien al personaje.

2.- Norlaris: Con «Nord», nor, Norte, y «laris», de «Lar, laris», Lares, Dioses: «los que se creen dioses del Norte», los norteamericanos.

3.- Interregno: Tiempo en que un Estado está sin Rey. En este caso, el franquista.

4.- Entre otras, la guerra irano-iraquí, la del Líbano, la «Intifada», la Guerra del Golfo, etc.

PROFECÍA 811 (III-80) 1.979-FUTURO

Du regne Anglois le digne dechassé, [1]	*Del reino inglés el digno despedido,*
Le conseiller par ire mis à feu:	*El consejero por ira puesto en fuego:*
Ses adherans iront si bas tracer,	*Sus adherentes irán tan bajo a trazar,*
Que le bastard sera demy receu. [2]	*Que el bastardo será a medias recibido.*

LA INDEPENDENCIA DE RHODESIA: Del gobierno inglés se habrá despedido el digno Harold Wilson. El general británico Peter Walls, llevado por la ira, querrá encender la discordia: Sus adherentes, lo mismo que los blancos, tendrán un índice tan bajo de aceptación, que hasta el representante norteamericano, en el futuro, a medias será recibido.

1.- Llama al ex-Premier británico Harold Wilson "el digno", por ser nombrado Caballero de la muy noble Orden de la Jarretera.

2.- Al representante norteamericano "el bastardo", porque EE.UU. es algo así como un hijo natural de Inglaterra, según el parecer del profeta.

PROFECÍA 812 (VIII-70) 1.989

Il entrera vilain, meschant infame	*El entrará villano, mezquino, infame*
Tyrannisant la Mesopotamie:[1]	*Tiranizando la Mesopotamia:*
Tous amis fait d'adulterine [2] dame, [3]	*Todos amigos hecho de adulterina dama,*
Terre horrible noir de phisonomie. [4]	*Tierra horrible negro de fisonomía.*

LA MUERTE DEL AYATOLLAH JHOMEINI: El entrará en el Poder como un personaje villano, mezquino e infame, tiranizando a esa región de Mesopotamia: Todos amigos, a pesar del hecho, de la falsa república islámica. Irán será una tierra horrible, por culpa del individuo de fisonomía oscura y siniestra, llamado Jhomeini, que morirá en 1.989.

1.- Mesopotamia: Antigua región de Asia. Hoy, Irak.

2.- adulterine: Del latín «adulterinus-a-um», bastardo, falso.

3.- Con «dama», alude a la República.

4.- noir: negro, oscuro, sombrío. En sentido figurado: abominable, perverso, siniestro.

PROFECÍA 813 (III-26) 1.970-1.997

Des Roys et Princes dresseront simulacres,	*Reyes y Príncipes establecerán simulacros,*
Augures, creuz eslevez aruspices,	*Augures, creídos elevados arúspides,*
Corne victime doree, et d'azur, d'acre,	*Cuerno, víctima dorada, y de azul, de acre,*
Interpretez seront les extipices. [1]	*Interpretados serán los presagios.*

FALSAS CONVERSACIONES DE PAZ: Los dirigentes de las naciones establecerán simulacros de paz y seguridad. Los augures abundarán, y serán creídos elevados arúspides, que hablarán de un futuro de guerra, de víctimas en la arena dorada, en el cielo azul, en la acre tierra. Interpretados serán los presagios.

1.- Tiempo de arduo trabajo para el autor de esta obra, patentada en 1.991, y pulida al máximo en los años siguientes mientras la iba ofreciendo a multitud de editoriales.

PROFECÍA 814 (III-63) 1.965-FUTURO

Romain pouvoir sera du tout à bas,	*El poder Romano estará del todo abajo,*
Son grand voisin imiter les vestiges:	*Su gran vecino imitar los vestigios:*
Occultes haines civiles et debats,	*Ocultos odios civiles y debates,*
Retarderont aux boufons leurs folies.	*Retardarán a los bufones sus locuras.*

CRISIS DEL PAPADO Y DEL GOBIERNO ITALIANO: Tras el Concilio Vaticano II, el Poder del Papado Romano se irá degradando, hasta que estará abajo del todo. Su gran vecino, el Gobierno de Italia, imitará sus huellas: Odios civiles ocultos y debates, retardarán a los dirigentes bufones sus locuras.

PROFECÍA 815 (IV-33) 1.980-FUTURO

Jupiter [1] joinct plus Venus [2] qu'a la Lune, [3]	*Júpiter unido más Venus que a la Luna,*
Apparoissant de plenitude blanche: [4]	*Apareciendo de plenitud blanca:*
Venus cachée sous la blancheur Neptune [5]	*Venus oculta bajo la blancura Neptuno*
De Mars frappée par la gravee branche. [6]	*De Marte golpeada por la pesada rama.*

TIEMPOS DE CORRUPCIÓN Y DEGENERACIÓN: El Poder estará más unido al bajo instinto que a la Razón, apareciendo en los momentos de plenitud republicana y liberal: La pasión insana estará oculta bajo el aspecto honesto de la pureza fingida, y entonces la Tierra será golpeada por la pesada vara de la nueva guerra planetaria.

1.- Júpiter: Simboliza el Poder.
2.- Venus: amor, generación y vida. Pero, con mal aspecto significa lo contrario: corrupción, lujuria, degeneración y eclosión de los instintos bajos.
3.- Luna: la mente, la razón.
4.- La blancura lunar, identificable con tiempos de República.
5.- Neptuno: la pureza, portador de luz para el espíritu. Mal aspectado, representa la impureza.
6.- Marte: Dios de la guerra.

PROFECÍA 816 (I-63) 1.945-FUTURO

Les fleurs passez diminue le monde,	*Las flores pasadas, disminuido el mundo,*
Long temps la paix terres inhabitées,	*Largo tiempo la paz tierras deshabitadas,*
Seur marchera par Ciel, terre, et onde,	*Hermana marchará por Cielo, tierra y onda,*
Puis de nouveau les guerres suscitées.	*Después, de nuevo, las guerras suscitadas.*

TIEMPOS DE POSTGUERRA: Resumen. La primera mitad del siglo XX habrá marchitado la belleza, disminuido el mundo. Largo tiempo, la paz relativa se extenderá por las tierras deshabitadas por las contiendas, luego que su hermana, la guerra, marchará por cielo, tierra y mar. Después, de nuevo, las guerras serán suscitadas a nivel universal.

PROFECÍA 817 (VIII-bis-2) 1.986-FUTURO

Plusieurs viendront et parleront de paix, [1]	*Muchos vendrán y hablarán de paz,*
Entre Monarques et Seigneurs bien puissants,	*Entre Monarcas y Señores muy potentes,*
Mais no sera accordé de si près,	*Pero no será acordada tan pronto,*
Que ne se rendent plus qu'autres obeissants.	*Que no se hacen más que otros obedientes.*

LAS ESTÉRILES CONVERSACIONES DE PAZ: Muchos vendrán y hablarán de paz, entre Jefes de Estado y dirigentes muy poderosos del planeta. Pero, la paz no será acordada tan pronto, porque dichos gobernantes de la Tierra no serán más obedientes de la Ley de Dios, que otros habidos anteriormente.

1.- Hay una progresiva euforia verbal de paz y seguridad, mientras la violencia se extiende por toda la Tierra. El Apóstol Pablo, vio este tiempo, en su carta 1ª a los Tesalonicenses: «Cuando se hable de paz y seguridad, entonces, de improviso, los sobrevendrá la ruina, como los dolores de parto a la preñada, y no escaparán».

PROFECÍA 818 (V-96) 1.970-FUTURO

Sur le milieu du grand monde la rose,	*Sobre la mitad del gran mundo la rosa,*
Pour nouveaux faicts sang public espandu:	*Por nuevos hechos sangre pública expandida:*
A dire vray on aura bouche close,	*A decir verdad se tendrá boca cerrada,*
Lors au besoing viendra tard l'attendu.	*Entonces en necesidad vendrá tarde el esperado.*

ACONTECIMIENTOS SOCIALES SANGRIENTOS: Sobre la mitad del mundo, el partido de la rosa, el socialista, por nuevos hechos trágicos, atentados, accidentes, masacres deportivas, asesinatos de psicópatas, pruebas secretas militares, la sangre pública será expandida: A decir verdad, los gobiernos del mundo tendrán la boca cerrada. Entonces, en la necesidad, verán sus errores, pero vendrá tarde para ellos, el esperado.

1.- *TIEMPOS DE GRAN CORRUPCIÓN. ATENTADOS TERRORISTAS. HALLAZGOS Y DESCUBRIMIENTOS. DESASTRES NATURALES. ***

PROFECÍA 819 (VIII-14) 1.980-FUTURO

Le grand credit d'or et d'argent l'abondance	*El gran crédito de oro y de plata la abundancia*
Fera aveugler par libide l'honneur:	*Hará cegar por líbido el honor:*
Sera cogneu d'adultère l'offence,	*Será conocida de adulterio la ofensa,*
Qui parviendra à son grand deshonneur.	*Que llevará a su gran deshonor.*

TIEMPOS DE CORRUPCIÓN Y DEGRADACIÓN: El gran crédito de dinero en abundancia, hará cegar el sentido del honor, por lo que será grato al instinto: Será conocida la ofensa de adulterio de Reyes, Jefes de Estado y grandes personajes, que les llevará a su gran deshonor, y no producirán más efecto que la morbosidad general.

PROFECÍA 820 (X-76) 1.980-FUTURO

Le grand Senat discernera la pompe,	*El gran Senado discernirá la pompa,*
A l'un qu'apres sera vaincu chassez,	*A uno que después será vencido, expulsado,*
Ses adherans seront à son de trompe	*Sus partidarios serán a son de trompa*
Biens publiez, ennemis dechassez.	*Bienes publicados, enemigos desterrados.*

CORRUPCIÓN POLÍTICA: La últimas décadas del siglo XX contemplarán una gran corrupción política. Será frecuente ver, cómo el Parlamento investigará la pompa de uno, que después será vencido, expulsado de su cargo, sus partidarios trompeteando, publicados los bienes que ha obtenido con su corrupción y, como enemigos, desterrados.

---

* A partir de ahora, ante la complejidad de los hechos venideros, las profecías no guardarán una sucesión numérico-cronológica, sino que estarán repartidas, por su afinidad, en diferentes apartados paralelos en el tiempo. Eso sí, dentro de cada apartado, habrá un progreso sucesivo hacia el final de todo, más o menos regular.

PROFECÍA 821 (IX-12) (FUTURO)

Le tant d'argent de Diane et Mercure, [1]	*El resto de plata de Diana y Mercurio,*
Les simulachres au lac seront trouvez: [2]	*Los simulacros en el lago serán encontrados:*
Le figulier cherchant argille neuve	*El alfarero buscando arcilla nueva*
Luy et les siens d'or seront abbreuvez.	*El y los suyos de oro serán colmados.*

HALLAZGO DE UN TESORO ARQUEOLÓGICO: Restos de plata, de antiguos templos de Diana y Mercurio, en monedas y joyas, serán encontrados en un lago: Un alfarero, buscando arcilla nueva, descubrirá el valioso tesoro. Por este hallazgo, él y su familia serán espléndidamente recompensados.

1.- tant: Es apócope de la palabra francesa «tantième», tanto, parte. Fig., resto.
2.- A aquellas cosas que representan valor, como billetes, monedas, joyas, el profeta suele llamarles «simulacros», de oro o de plata.

PROFECÍA 822 (IX-24) (FUTURO)

Sur le palais au rochier des fenestres	*Sobre el palacio al forzar unas ventanas*
Seront ravis les deux petits royaux,	*Serán raptados los dos pequeños reales,*
Passer aurelle [1] Luthece [2], Denis cloistres, [3]	*Pasar aire de París, a los claustros de Denis,*
Nonnain [4], mallods avaller verts noyaux. [5]	*Monjas, malvadas, harán tragar nueces verdes.*

EL RAPTO DE LOS DOS PRÍNCIPES: Sobre el palacio, al forzar unas ventanas, serán raptados los dos pequeños príncipes. Pasarán París por el aire y serán encerrados en los claustros de Saint-Denis, donde monjas malvadas, les harán tragar nueces verdes.

1.- aurelle: Del latín «aura-ae», brisa, aire, cielo.
2.- Luthece: Del latín «Lutetia-ae» o «L. Parisiorum», Lutecia, hoy París.
3.- Saint-Denis: Abadía con las tumbas de los reyes de Francia.
4.- Nonnain: De «nonne», monja.
5.- mallods: De «mal», malvado, y «lods», miserable.

PROFECÍA 823 (I-30) (FUTURO)

La nef estrange par le tourment marin	*La nave extraña por la tormenta marina*
Abordera pres de port incogneu:	*Abordará cerca de un puerto desconocido:*
Nonobstant signes de rameau palmerin, [1]	*No obstante signos de ramo palmerin,*
Apres mort pille bon advis tard venu.	*Después de muerte recibe buen aviso tarde venido.*

TRÁGICA EQUIVOCACIÓN EN UN PUERTO DE MAR: La nave extraña, por la tormenta marina, abordará cerca de un puerto desconocido: A pesar de sus signos de paz, después de la muerte de su tripulación, se recibe el aviso, tarde venido, de que eran buenas sus intenciones.

1.- Ramo de palmera, símbolo de paz.

PROFECÍA 824 (IX-48) (FUTURO)

La grand cité d'Occean maritime	*La gran ciudad del Océano marítima*
Environnée de marets en christal:	*Rodeada de mareas en cristal:*
Dans le solstice hyemal et la prime,	*Entre el solsticio invernal y la primavera,*
Sera tentée de vent espouvantal.	*Será probada de viento espantoso.*

NUEVA YORK AZOTADA POR UN TERRIBLE CATACLISMO: La gran ciudad en la costa del Océano, será rodeada de mareas en sus torres encristaladas: Entre el solsticio de invierno y la primavera será puesta a prueba por un viento espantoso.

PROFECÍA 825 (I-21) (FUTURO)

Profonde argile blanche nourrit rocher,	*Profunda arcilla blanca nutre la roca,*
Qui d'un abysme istra lacticineuse,	*Que de un abismo saldrá lechosa,*
En vain troublez ne l'oseront toucher,	*En vano turbados no osarán tocarla,*
Ignorant estre au fond terre argilleuse.	*Ignorando ser en el fondo tierra arcillosa.*

UNA SEÑAL ARCILLOSA: Una profunda arcilla blanca comenzará a brotar de la roca, que parecerá que, de un abismo, saldrá una sustancia lechosa. Los científicos tratarán, en vano, de averiguar la causa, y turbados por no conseguirlo, no osarán tocarla, ignorando que, en el fondo, sólo será una simple tierra arcillosa.

PROFECÍA 826 (X-33) (FUTURO)

La faction cruelle à robbe longue,	*La facción cruel en vestido largo,*
Viendra cacher souz les pointus poignards:	*Vendrá a ocultar debajo los afilados puñales:*
Saisir Florence le duc et lieu diphlongue,	*Coger Florencia el jefe y lugar inflamado,*
Sa descouverte par immurs et flangnards.	*Su descubrimiento por inmaduros y desleales.*

INCREMENTO DEL TERRORISMO ÁRABE: La facción cruel de terroristas, enfundados en vestidos largos, ocultarán sus mortíferas armas debajo de los largos ropajes: Se tratará de coger al jefe en Florencia y el lugar se convertirá en un infierno. Su descubrimiento por inmaduros y desleales.

PROFECÍA 827 (X-59) (FUTURO)

Dedans Lyon vingt-cinq d'une halaine, [1]	*Dentro de Lyón veinticinco de una aspiración,*
Cinq citoyens Germains, Bressans, Latins: [2]	*Cinco ciudadanos Germanos, Brescianos, Latinos:*
Par dessous noble conduiront longue traine [3]	*Por debajo noble conducirán larga galería*
Et descouverts par abbois de mastins.	*Y descubiertos por ladridos de mastines.*

ATENTADO FRUSTRADO EN LYÓN: Dentro de la ciudad de Lyón, veinticinco tendrán una misma aspiración. Cinco serán ciudadanos alemanes, y los restantes, italianos y de otros países latinos: Por debajo de donde estará situado el noble personaje, excavarán una larga galería, y serán descubiertos por los ladridos de unos mastines.

1.- halaine: Es «haleine», aliento, respiración. En sentido figurado, anhelo, aspiración.
2.- Brescianos: Habitantes de Brescia. Por extensión, italianos.
3.- traine: Arrastramiento, rastra, reguero. En sentido figurado, pasadizo, galería (por los que se suele ir arrastrándose).

PROFECÍA 828 (VII-21) (FUTURO)

Par pestilente inimitié Volsicque, [1]	*Por pestilente enemistad Volsique,*
Dissimulée chassera le tyran,	*Disimulada expulsará el tirano,*
Au pont de Sorgues se fera la traffique [2]	*En el puente de Sorgues se hará la encerrona*
De mettre à mort luy et son adherant.	*De poner en muerte a él y su adherente.*

ATENTADOS, ANTES DE LA 3ª GUERRA MUNDIAL: Habrá atentados graves, antes de que, por epidémica enemistad bélica, a la gente de los Vosgos, tras la invasión disimulada, expulsará el tirano. En la zona de paso de Provenza se hará la encerrona, con la que se tratará de poner en muerte al país francés y a su adherente.

1.- Volsicque: Alude al territorio de Los Vosgos, «Vosgósique» o «Vosgósico», y también a los antiguos pueblos del Lacio y Etruria, los «Volscos» y los «Volsinos» (en latín, «Volsci» y «Volsinii»), es decir a los italianos.
2.- Sorgues: Localidad francesa, cercana al Ródano.

PROFECÍA 829 (V-28) (FUTURO)

Le bras pendant à la jambe liée,
Visage pasle, au sein poignard caché:
Trois qui seront jurez de la mesleé,
Au grand de Gennes sera le fer lasché.

El brazo pendiendo a la pierna ligado,
Semblante pálido, en el seno puñal oculto:
Tres que estarán juramentados de la refriega,
Al grande de Génova será el hierro dejado.

ATENTADO EN ITALIA: El brazo colgando atado a la pierna, el semblante pálido, en el pecho herido con un arma oculta: Tres individuos, conjurados para asesinarle, en la refriega, dejarán malherido al pro-hombre italiano.

PROFECÍA 830 (XI-28) (FUTURO)

L'an mil six cens et neuf ou quatorziesme, (Falso)
Le vieux Charon fera Pasques en Caresme, (Falso)
Six cens et six, par escrit le mettra [1]
Le Medecin, de tout cecy s'estonne,
A mesme temps assigné en personne
Mais pour certain l'un d'eux comparoistra.

El año mil seiscientos nueve o catorce, (Falso)
El viejo Caronte hará Pascuas en Cuaresma, (Falso)
Seiscientos seis, por escrito lo pondrá (2)
La Medicina, de todo eso se asombrará, (1)
Al mismo tiempo asignado en persona (3)
Pero por cierto uno de ellos comparecerá. (4)

PROLIFERACIÓN BIOGENÉTICA: Profecía alterada por el de Beaucaire. La Medicina, asombrará al mundo. Trasplantes, vida por probeta, clonación, experimentos sacados del Averno, lo pondrá por escrito en periódicos y revistas. Al mismo tiempo, «insignes» de la ciencia serán entrevistados. Pero, para decir la verdad, uno de ellos comparecerá.

1.- La expresión «seiscientos seis» de este verso es cambiada por el adulador Vicent Seve. En origen estaba «El viejo Caronte» del verso anterior. Caronte es el «barquero del Averno», en la mitología griega, etrusca y romana.

PROFECÍA 831 (X-67) (FUTURO)

Le tremblement si fort au mois de May,
Saturne, Caper, Jupiter, Mercure au boeuf: [1]
Venus, aussi Cancer [2], Mars en Nonnay,[3]
Tombera gresle lors plus grosse qu'un oeuf.

El temblor tan fuerte en el mes de Mayo,
Saturno, Aries, Júpiter, Mercurio en Tauro:
Venus, también Cáncer, Marte en Destierro,
Caerá granizo entonces más grueso que un huevo.

GRANDES CATACLISMOS SOBRE EL MUNDO: El fortísimo temblor tendrá lugar en el mes de Mayo, cuando Saturno y Mercurio estarán en Tauro y Júpiter en Aries: También Venus estará en Cáncer y Marte en Destierro. Entonces caerá un granizo más grueso que un huevo.

1.- Caper: Del latín «caper-pri», macho cabrío, el carnero, Aries. En Mayo de 1.999, Saturno y Mercurio estarán en Tauro y Júpiter en Aries.
2.- Venus estará en Cáncer y Marte en Destierro (Nonnay), al estar en Libra, que es el signo opuesto al que es su domicilio, Aries.
3.- Nonnay: Del adv. de negación «non», no, y de «nai», del adj. « näif «, natural. Es "no natural" "no activo", "en inactividad", "en Debilidad".

PROFECÍA 832 (VII-37) (FUTURO)

Dix envoyez, chef de nef mettre à mort,
D'un adverty, en classe guerre ouverte,
Confusion chef, l'un se picque et mord, [1]
Leryn [2], stecades nefs, cap dedans la nerte.[3]

Diez enviados, jefe de nave poner en muerte,
De uno advertido, en ejército guerra abierta,
Confusión jefe, uno se le hiere y muere,
Lerins, estoqueadas naves, capitán dentro la claridad.

ATENTADO CONTRA UN JEFE MILITAR: Diez enviados, poner en muerte al Jefe de la nave. De uno advertido, el ejército en guerra abierta. En la confusión, el jefe será herido y muere. En las islas Lerins, atacadas las naves, el capitán tendrá claro que no podrán contar con el factor sorpresa.

1.- mord: Del latín «mordeo», morder (el polvo), morir.
2.- Lerins: Islas francesas en el Mediterráneo.

3.- Nerte: De «nette», neto, limpio, claro, transparente.

PROFECÍA 833 (IV-60)   (FUTURO)

Les sept enfans en hostage laissez,	*Los siete niños en rehén dejados,*
Le tiers viendra son enfant trucider, [1]	*El tercero vendrá su niño a matar,*
Deux par son fils seront d'estoc percez,	*Dos por su hijo serán de estoque atravesados,*
Gennes, Florence, les viendra enconder. [2]	*Génova, Florencia los vendrá a amarrar.*

EL DRAMA DE LOS 7 NIÑOS SECUESTRADOS: Siete niños serán dejados en rehén. El tercer niño que matarán los secuestradores, si no acceden a lo que piden, será el propio hijo de un alto personaje, tras matar a dos de ellos, por delante de él. Los hechos se precipitarán, los niños serán rescatados y los asesinos capturados en Génova y Florencia.

1.- trucider: Del latín «trucido», degollar, asesinar, matar.
2.- enconder: Es «encorder», atar con cuerdas, amarrar

PROFECÍA 834 (IX-57)   (FUTURO)

Au lieu de Drux un Roy reposera, [1]	*En el lugar de Dreux un Rey reposará,*
Et cherchera loy changeant d'Anatheme, [2]	*Y buscará ley cambiando de Anatema,*
Pendant le ciel si tresfort tonnera,	*Mientras el cielo tan fortísimo tronará,*
Portee neusve Roy tuera soy-mesme. [3]	*Impulsado nueva Rey matará a sí mismo.*

"SUICIDIO" DE UN JEFE DE ESTADO: Un Jefe de Estado reposará en Dreux, y buscará cambiar la ley sin ser tachado de anatema. Mientras, desde el cielo, tan fortísimo será el bombardeo que, impulsado por la nueva situación creada, el Jefe se "suicidará".

1.- Drux: Es Dreux, C. Francesa al O. de París.
2.- Anatema es sinónimo de maldición, de hereje, y, en grado leve, críticas y censuras.
3.- Puede interpretarse al pie de la letra, o bien, en sentido figurado, que se «suicidará» políticamente, dimitiendo.

PROFECÍA 835 (VIII-10)   (FUTURO)

Puanteur grande sortira de Lausanne, [1]	*Hedor grande saldrá de Lausana,*
Qu'on ne sçaura l'origine du fait:	*Que no se sabrá el origen del hecho:*
Lon mettra hors toute la gent loingtaine,	*Se pondrá fuera toda la gente lejana,*
Feu veu au ciel, peuple estranger desfait.	*Fuego visto en el cielo, pueblo extranjero deshecho.*

CONTAMINACIÓN DE LOS LAGOS SUIZOS: Un gran hedor saldrá de Lausana, y no se sabrá el origen del hecho: Se pondrá fuera toda la gente lejana, visto el fuego en el cielo, con el pueblo extranjero deshecho.

1.- Lausana: Ciudad de Suiza, en la orilla Norte del lago de Ginebra.

PROFECÍA 836 (IX-32)   (FUTURO)

De fin phorphire profond collon trouvée,	*De fino pórfido profunda columna encontrada,*
Dessouz la laze escripts capitolin:	*Debajo la desgarradura escritos capitolinos:*
Os poil retors Romain force prouvée,	*Huesos, pelo retorcido Romano fuerza probada,*
Classe agiter au port de Methelin. [1]	*Flota agitar en el puerto de Metelín.*

DESCUBIERTA UNA ANTIGUA TUMBA ROMANA: Será encontrada una columna de fino pórfido, y debajo de la desgarradura habrá unos escritos capitolinos: Los huesos y pelo retorcido hallados, revelarán que se trata de la tumba de un antiguo personaje romano de probada fuerza. La flota se agitará en el puerto siciliano de Catania.

1.- Methelín: Relativo a Catania, en Sicilia, isla que tuvo de antiguo gobernador el cónsul romano P.Cecilio Metelo.

PROFECÍA 837 (VI-66) (FUTURO)

Au fondement de la nouvelle secte, [1]	*A la fundación de la nueva secta,*
Seront les os du grand Romain trouvez, [2]	*Serán los huesos del gran Romano encontrados,*
Sepulchre en marbre apparoistra couverte,	*Sepulcro en mármol aparecerá cubierto,*
Terre trembler en Auril, mal enfoüez.	*Tierra temblar en Abril, mal sepultados.*

FUNDACIONES, DESCUBRIMIENTOS Y TERREMOTOS: A la fundación de la nueva secta, serán encontrados los restos del gran personaje romano en un sepulcro de mármol, que aparecerá cubierto, al temblar la tierra en Abril, y quedar desenterrados.

1.- Una "secta" : Un partido político, grupo sectario o movimiento mesiánico. En el libro de Pier Carpi, en su pág. 188: «Siete de Grecia hacia el mundo, después de la visión y palabras nuevas conquistarán la tierra. Repetidas por Cristo. Repetidas por sus nuevos hijos. Será un momento de renacimiento...»
2.- Véase la cuarteta 836.

PROFECÍA 838 (III-65) (FUTURO)

Quand le sepulchre du gran Romain trouvé, [1]	*Cuando el sepulcro del gran Romano encontrado,*
Le jour apres sera esleu Pontife,	*El día después será elegido Pontífice,*
Du Senat gueres il ne sera prouvé,	*Del Senado apenas él no será aprobado,*
Empoisonné, son sang au sacré scyphe. [2]	*Envenenado, su sangre al sagrado cáliz.*

ELECCIÓN DE UN NUEVO PAPA: Cuando el sepulcro del gran Romano habrá sido encontrado, el día después será elegido un Pontífice, que apenas será aprobado por el Cónclave, con el mismo talante del que fuera envenenado, yendo su sangre al sagrado cáliz de los mártires, Albino Luciani.

1.- Ver las cuartetas 836 y 837.
2.- scyphe: Del latín «scyphus-i», copa. En este caso, cáliz.

PROFECÍA 839 (VIII-25) (FUTURO)

Coeur de l'amant ouvert d'amour fertive	*Corazón del amante abierto de amor ferviente*
Dans le ruisseau [1] fera ravir la Dame: [2]	*En el arroyo hará cautivar a la Dama:*
Le demy mal contrefera lassive,	*El medio maligno falsificará lascivia,*
Le pere à deux privera corps de l'ame. [3]	*El padre a dos privará cuerpos del alma.*

PERSONAJE DERRIBADO POR CALUMNIA: El corazón de un candidato electoral estará lleno de amor por su país y en la agitada campaña por la elección cautivará al electorado de la República: Un maligno medio de comunicación falsificará un escándalo de lascivia y el padre privará a los dos, político y supuesta amante, de la vida.

1.- Con "arroyo", caudal pequeño de agua, simboliza la moderada agitación de las elecciones, que no llegarán a ser tumultuosas.
2.- Con «Dama», designa a la República.
3.- Literalmente, parece que el padre los matará; pero, también cabe la posibilidad de que contemple una muerte «política», y el presidente de su partido los expulse del mismo.

PROFECÍA 840 (IX-23) (FUTURO)

Puisnay joüant au fresch dessous la tonne, [1]	*El después nacido jugando al fresco bajo la glorieta,*
Le hault du toict du milieu sur la teste,	*Lo alto del techo del medio sobre la cabeza,*
Le pere Roy [2] au temple saint Solonne, [3]	*El padre Rey al templo santo Solone,*
Sacrifiant sacrera fum de feste.	*Sacrificando consagrará humo de fiesta.*

GRAVE ACCIDENTE DEL HIJO DE UN JEFE DE ESTADO: El hijo menor de un Jefe de Estado estará jugando al fresco bajo una glorieta, cuando lo alto del techo caerá y le golpeará en la mitad de la cabeza. Aunque herido, se salvará. El padre, irá al templo santo donde coronarán a los monarcas, consagrando una misa para festejarlo.

1.- dessous la tonne: Se refiere a "debajo de la glorieta".
2.- Con "Rey" designa también a los Jefes de Estado.
3.- Solonne: Llama "Sol" (el Astro Rey) al Rey de Francia. Se refiere, pues, a un templo donde tiene lugar la coronación de los monarcas franceses.

PROFECÍA 841 (VI-27)   (FUTURO)

Dedans les Isles de cinq fleuves à un, [1]
Par le croissant du grand Chyren Selin, [2]
Par les bruynes de l'air fureur de l'un,
Six eschapez, cachez fardeaux de lyn.

Dentro de las Islas de cinco ríos en uno,
Por el creciente del gran Chirén Selín,
Por las lloviznas del aire furor de uno,
Seis escapados, ocultos en fardos de lino.

ATENTADO EN INGLATERRA: Dentro de las Islas Británicas, por el incremento del Poder Musulmán, por las sustancias químicas vertidas en el aire, será el furor de uno. Seis escaparán, ocultos en fardos de lino.

1.- Cinco grandes ríos del mundo formarán parte de un sólo Imperio: el Británico. Son: el Ganges, el Nilo, el Níger, el Indo y el Támesis.
2.- Expresión para designar al representante de una rama dinástica. En este caso, la musulmana de la creciente Selene (Selina).

PROFECÍA 842 (VI-35)   (FUTURO)

Pres de Rion, et proche à blanche laine, [1]
Aries, Taurus, Cáncer, Leo, la Vierge, [2]
Mars, Jupiter, le Sol ardra grand plaine,
Bois et citez lettres cachez au cierge. [3]

Cerca de Riom, y próximo a blanca lana,
Aries, Tauro, Cáncer, Leo, Virgo,
Marte, Júpiter, el Sol arderá gran llama,
Bosques y ciudades, cartas escondidas en el cirio.

APARECEN LOS EPISTOLARIOS SECRETOS: Cerca de Riom, y próximo al tiempo de las ovejas del Señor, con las ofensivas de primavera y verano, tras la posición de Marte, Júpiter y el Sol en el signo de Piscis, arderá una gran hoguera bélica por bosques y ciudades, cuando serán encontradas las cartas escondidas en el cirio.

1.- Rion: Es Riom, localidad francesa.
2.- Sucesión de signos astrológicos desde el 21 de Marzo al 21 de Agosto.
3.- La correspondencia de Hitler-Churchill-Mussolini, o las cartas de Juan Pablo I. Como dice el libro de Pier Carpi, en su pág. 119: "Un día se conocerán otras cartas". O, en la 149: "Ha llegado la hora de las cartas". Y, en la pág. 80: "Las cartas de Barcelona hablarán un día de un silencio cargado de acción".

PROFECÍA 843 (III-51)   (FUTURO)

Paris conjure un grand meurtre commettre,
Blois le fera sortir en plein effect:
Ceux d'Orleans voudront leur chef remettre,
Angers, Troyes, Langres, leur feront un meffait.

París conjura un gran homicidio cometer,
Blois le hará salir en pleno efecto:
Los de Orleans querrán su jefe reponer,
Angers, Troyes, Langres, le harán una fechoría.

ATENTADO FRUSTRADO EN FRANCIA: En París habrá una conjura para cometer un gran homicidio, en Blois saldrá a la luz la trama criminal: Los de Orleans querrán reponer a su jefe en el Poder, pero la parte Norte de Francia le harán sufrir un fuerte revés.

PROFECÍA 844 (XI-13)   (FUTURO)

L'aventurier six cens et six ou neuf, (Falso)
Sera surpris par fiel mis dans un oeuf, (Falso)
Et peu apres sera hors de puissance
Par le puissant Empereur general,
Qu'au monde n'est un pareil ny esgal,
Dont un chascun luy rend obeissance.

El aventurero seiscientos seis o nueve, (Falso)
Será sorprendido por hiel puesta en un huevo, (Falso)
Y poco después estará fuera del poder (1)
Por el poderoso Emperador general, (2)
Que en el mundo no es uno parecido ni igual, (4)
Al cuál cada uno le rinde obediencia. (3)

EL ÚLTIMO EMPERADOR DE CHINA: Profecía adulterada por Vicent Seve de Beaucaire. Y poco después, China estará fuera de todo poder occidental, por el poderoso Emperador general, al que cada uno le rendirá ciega obediencia. Que en el mundo jamás habrá existido uno igual, ni parecido.

2.- GUERRA ÁRABE-ISRAELÍ. GUERRA EN ORIENTE. FIN DEL PODER MUSULMÁN. LUCHA INTERNA EN EL ISLAM.

PROFECÍA 845 (III-35) (FUTURO)

Du plus profond de l'Occident d'Europe, [1]
De pauvres gens un jeune enfant naistra, [2]
Qui par sa langue seduira grande troupe,
Son bruit au regne d'Orient plus croistra.

De lo más profundo del Occidente de Europa,
De pobres gentes un joven niño nacerá,
Que por su lengua seducirá a mucha gente,
Su ruido en el reino de Oriente más crecerá.

PROTAGONISMO DE UN PRESIDENTE NORTEAMERICANO: De lo más profundo del Occidente de Europa, es decir, Estados Unidos, un hombre joven, que, de niño, de familia humilde nacerá, con sus discursos seducirá a mucha gente, y su popularidad en Oriente, cada vez más crecerá.

1.- El país más al Occidente de Europa es la Gran Bretaña. Pero, lo más profundo, es decir, «profundizando en el Atlántico», se llega a Estados Unidos.
2.- Esta cuarteta , revisada en 1.997, señala, sin duda, al Presidente norteamericano, Bill Clinton o a su sucesor.

PROFECÍA 846 (X-95) (FUTURO)

Dans les Espaignes viendra Roy tres puissant, [1]
Para mer et terre subjugant or Midy:
Ce mal fera, rabaissant le croissant,
Baisser les aisles à ceux du Vendredy. [2]

A las Españas vendrá Rey muy potente,
Por mar y tierra subyugando luego el Mediodía:
Este mal hará, rebajando el creciente,
Bajar las alas a los del Viernes.

EL PRESIDENTE DE EE.UU. EN ESPAÑA: A España vendrá el muy poderoso Presidente de EE.UU. que, por mar y por tierra, estará luego subyugando a los países del Norte de Africa, especialmente a Libia: Este dirigente, mal hará, rebajando el poder creciente de la media luna y haciendo bajar las alas a los que tienen por día santo el Viernes.

1.- Se trata, sin duda, de Bill Clinton o de su sucesor.
2.- Aquellos cuyo día santo es el Viernes, son los musulmanes.

PROFECÍA 847 (I-38) (FUTURO)

Le Sol et l'Aigle au victeur paroistront, [1]
Response vaine au vaincu l'on asseure,
Par cor ny cris harnois n'arresteront, [2]
Vindicte paix par mors si acheve à l'heure.

El Sol y el Aguila al vencedor aparecerán,
Respuesta vana al vencido se le asegura,
Por cuerpos ni gritos arneses detendrán,
Venganza paz por muerte tan acabada en la hora.

GUERRA EN ORIENTE MEDIO: El honor y la gloria aparecerán para el vencedor de la breve guerra entre árabes, judíos y norteamericanos. Respuesta vana al vencido se le asegura. Los muertos y heridos no detendrán la lucha, por el deseo de venganza de los musulmanes, que no querrán paz, aunque todo acabe con la muerte de todos ellos.

1.- El Sol y el Aguila, son símbolos de honor, gloria y grandeza.
2.- Dice el libro de Pier Carpi, en su página 148: «Un gran relámpago en Oriente. No oiréis el trueno; todo será inesperado. Esto sucederá cuando muera un caudillo en Oriente y maten a un caudillo en Occidente. Al sur de Lutero». Y en la 104: «La media luna, la estrella y la cruz se enfrentarán».

PROFECÍA 848 (IX-30) (FUTURO)

Au port de Puola [1] et de sainct Nicolas, [2]	*Al puerto de Pola y de San Nicolás,*
Peril Normande [3] au goulfre Phanatique, [4]	*Peligro Normando en el golfo Fanático,*
Cap. de Bisance rues crier helas, [5]	*Capital de Bizancio calles gritar lamentos,*
Secors de Gaddes [6] et du grand philippique. [7]	*Ayuda de Cádiz y del gran filípico.*

LA GUERRA DE LOS DOS GOLFOS: A Yugoslavia y de Rusia, el conflicto. El peligro yanqui, en el Golfo Pérsico, sobre Husseim, otra vez al Golfo de Sidra, contra el libio Gaddafi. En las calles de la capital Bizancio, habrá lamentaciones, como las habrá en España por la ayuda de la base de Rota, en Cádiz, y el apoyo del gobierno español.

1.- Puola: Es Pola, ciudad y puerto de Yugoslavia.
2.- San Nicolás es patrón de Rusia.
3.- Normando: De «Northmen», hombres del Norte. Son los norteamericanos, cuyas tierras fueron alcanzadas por el normando Leif Eriksson, hijo de Erico el Rojo.
4.- El coronel Gaddafi y el Presidente iraquí Saddam Husseim, son llamados fanáticos por la propaganda occidental.
5.- Cap.: apócope de «Capital», capital.
6.- Gades: Colonia fenicia en España, Cádiz, con la base militar de Rota.
7.- "gran Filípico": España, país de dirigentes Felipes.

PROFECÍA 849 (VII-40) (FUTURO)

Dedans tonneaux hors oingts d'huile et gresse	*Dentro de toneles por fuera untados de aceite y grasa*
Seront vingt un devant le port fermez,	*Estarán veintiuno delante del puerto cerrado,*
Au second guet par mort feront proüesse,	*Al segundo relevo por muerte harán proeza,*
Gaigner les portes, et du guet assommez.	*Ganar las puertas y los de la guardia muertos.*

GOLPE DE MANO EN UN PUERTO DE MAR: Dentro de toneles untados por fuera de aceite y grasa, estarán veintiuno, delante del puerto cerrado. Harán la proeza de matar al segundo relevo de los centinelas, siendo ganadas las entradas a los recintos portuarios y muertos los de la guardia que los vigilarán.

PROFECÍA 850 (VIII-74) (FUTURO)

En terre neusve bien avant Roy entré, [1]	*En tierra nueva mucho antes Rey entrado,*
Pendant subjets lui viendront faire acueil,	*Mientras súbditos le vendrán a hacer acogida,*
Sa perfidie aura tel rencontré	*Su perfidia habrá tal desafiado,*
Qu'aux citadins lieu de feste et recueil.	*Que a los ciudadanos lugar de fiesta y meditación.*

ACLAMADO EL JEFE DE ESTADO DE ISRAEL: En la tierra nueva, ya de los judíos, mucho antes del Jefe de Estado elegido, mientras sus súbditos vendrán a hacerle el recibimiento, su perfidia habrá de tal manera desafiado la tradición de sus ancestros, que a los ciudadanos les parecerá Jerusalén, más un lugar de fiesta y orgía, que de meditación.

1.- El 14 de mayo de 1.948, será proclamado el nuevo Estado de Israel, la "tierra nueva" de los judíos.

PROFECÍA 851 (VI-88) (FUTURO)

Un regne grand demoura desolé,	*Un reino grande quedará desolado,*
Aupres de l'Hebro se seront assemblées: [1]	*Cerca del Ebro se estarán asambleados:*
Monts Pyrenees le rendront consolé,	*Montes Pirineos le habrán consolado,*
Lors que dans May seront terres tremblées.	*Cuando en Mayo las tierras temblarán.*

DOLOR EN ESPAÑA: El gran país español quedará desolado, cuando cerca del Ebro estarán reunidos: Hasta los montes Pirineos les habrán consolado, cuando, en Mayo, estarán las tierras temblando.

1.- "l'Hebro" puede referirse, a Hebrón, al S. de Jerusalén, y al Ebro, río español. Problemas graves en ambos lugares.

PROFECÍA 852 (II-43) (FUTURO)

Durant l'estoille chevelue apparente, [1]	*Durante la estrella cabelluda aparente,*
Les trois grands princes seront faits ennemis: [2]	*Los tres grandes príncipes serán hechos enemigos:*
Frappez du ciel paix terre trémulente, [3]	*Golpeada del cielo paz, tierra temblorosa,*
Pau, Timbre undans, serpent sur le bort mis. [4]	*Po, Tíber agitado, serpiente sobre el borde puesta.*

GUERRA EN EL MEDITERRÁNEO. 3ª G. M.: Durante el tiempo de la estrella cabelluda aparente, los dirigentes de EE.UU., Israel y los Árabes habrán sido hechos enemigos: Golpeada la paz, por terribles bombardeos, la tierra temblará sin cesar. Desde el Po hasta el Tíber, estará agitado, cuando Satán se pondrá sobre sus orillas.

1.- Puede ser un cometa o un artefacto espacial ardiendo.
2.- En el libro de Pier Carpi, en su Pág. 104: «La media luna, la estrella y la cruz se enfrentarán».
3.- trémulent: Del francés «trémuler», temblar.
4.- undans: Del verbo latino «undo», agitarse, inundar.

PROFECÍA 853 (III-3) (FUTURO)

Mars [1] et Mercure et l' argent joint ensemble,[2]	*Marte y Mercurio y la plata conjuntos,*
Vers le Midy extreme siccité:	*Hacia el Mediodía extrema sequedad:*
Au fond d'Asie on dira terre tremble,	*Al fondo de Asia se dirá tierra temblar,*
Corinthe [3], Ephese lors en perplexité. [4]	*Corinto, Efeso, entonces en perplejidad.*

SEQUÍA Y VIOLENCIA EN EL MEDITERRÁNEO: Cuando la guerra, el saqueo y la codicia irán unidos, hacia el Mediodía de Europa, habrá una extrema sequedad: Al fondo de Asia, se dirá que la tierra temblará. Entonces, por gran tensión y discordia, la zona de Corinto y Efeso mantendrá a todos en perplejidad.

1.- Marte: Dios romano de la guerra.
2.- Mercurio: Dios romano del comercio, identificado con Hermes, el dios griego, protector de los ladrones.
3.- Corinto: C. y puerto del Peloponeso, en el golfo de su nombre.
4.- Efeso: Antigua C. griega de la costa jónica del Mar Egeo.

PROFECÍA 854 (VII-22) (FUTURO)

Les citoyens de Mesopotamie,[1]	*Los ciudadanos de Mesopotamia,*
Irez encontre amis de Tarraconne, [2]	*Idos al encuentro amigos de Tarragona,*
Jeux, rits, banquets, toute gent endormie,	*Juegos, rituales, banquetes, toda gente adormecida,*
Vicaire au Rosne [3], prins cité, ceux de D'Ausone. [4]	*Vicario al Ródano, tomada ciudad, los de Ausonia.*

ATAQUE ÁRABE A ISRAEL: Los ciudadanos de Irak, por los idos a su encuentro con la ayuda de sus amigos de España, serán masacrados, por lo que los árabes marcharán contra Israel, cuando, tras juegos, rituales, banquetes y todo tipo de festejos pascuales, toda la gente estará adormecida. El Papa se dirigirá al Ródano, tomada Lyón por los de Italia.

1.- Mesopotamia: Ant. región del Asia Occidental. Hoy, forma el Irak.
2.- Tarraconne: Se refiere a Tarraco-onis, Tarragona. Por extensión, España.
3.- Vicario de Cristo, el Papa.
4.- Ausonia: Región antigua de Italia. Por extensión, el país italiano.

PROFECÍA 855 (I-92) (FUTURO)

Sous un la paix par tout sera clamée,	*Bajo uno la paz por todo será aclamada,*
Mais non long temps pille et rebellion,	*Pero no largo tiempo saqueo y rebelión,*
Par refus ville, terre et mer entamée, [1]	*Por rechazo ciudad, tierra y mar lastimada,*
Mort et captifs le tiers d'un million.	*Muertos y cautivos el tercio de un millón.*

LA ÚLTIMA GUERRA DE ISRAEL: Bajo uno, la paz será aclamada por todo el territorio de Israel, pero no largo tiempo después habrá saqueo y rebelión. Por el rechazo de sus defensores, Jerusalén será lastimada por tierra y mar, en una cruenta contienda que producirá, entre muertos y cautivos, el tercio de un millón.

1.- Ver San Lucas, cap. 19, vers. 41-44, y San Lucas, cap. 21, vers. 20-24.

PROFECÍA 856 (V-25) (FUTURO)

Le Prince Arabe Mars, Sol, Venus, Lyon,	*El Príncipe Arabe, Marte, Sol, Venus, Leo,*
Regne d'Eglise par mer succombera:	*Reino de Iglesia por mar sucumbirá:*
Devers la Perse bien pres d'un million,	*Hacia Persia muy cerca de un millón,*
Bizance, Egypte, ver. serp. [1] invadera. [2]	*Bizancio, Egipto, ver. serp. invadirá.*

LA OFENSIVA ÁRABE. IRÁN INVADE TURQUÍA Y EGIPTO: Un Jefe de Estado árabe iniciará la guerra, tras el tiempo en que Marte, el Sol y Venus se encuentren en Leo. El Reino de la Iglesia, por el mar sucumbirá: Hacia Irán, muy cerca de un millón de soldados, Turquía y Egipto, por un ser diabólico, invadirá.

1.- ver. serp.: Abreviatura de «versus serpens», expresión latina que significa «inclinado hacia la serpiente», ser diabólico o satánico.
2.- invadera: Del latín «invado», invadir, atacar, acometer.

PROFECÍA 857 (IV-51) (FUTURO)

Un Duc cupide son ennemy ensuyvre,[1]	*Un Jefe codicioso a su enemigo perseguirá,*
Dans entrera empeschant la phalange, [2]	*Dentro entrará impidiendo a la falange,*
Hastez à pied si pres viendront poursuyvre,	*Acosados a pie tan cerca vendrán a perseguir,*
Que la journée conflite pres de Gange. [3]	*Que la jornada conflictiva cerca del Ganges.*

DESCALABRO MILITAR CERCA DEL GANGES: Un codicioso Jefe militar perseguirá a su enemigo. Entrará dentro de un lugar donde el enemigo le cercará impidiendo la retirada de su ejército. Acosados, huirán a pie, pero, tan de cerca les vendrán a perseguir, que la jornada conflictiva terminará con un descalabro cerca del río Ganges.

1.- Duc: Del latín «dux, ducis», Jefe, caudillo, general.
2.- phalange: Del latín «phalanx-ngis», falange, ejército, tropa.
3.- Ganges: Río de la India. Es el río sagrado de los hindúes.

PROFECÍA 858 (VIII-59) (FUTURO)

Par deux fois hault, par deux fois mis à bas [1]	*Por dos veces alto, por dos veces puesto abajo*
L'orient aussi l'occident foiblira	*El oriente también el occidente debilitará*
O on adversaire apres plusieurs combats,	*¡Oh, un adversario después de varios combates,*
Par mer chassé au besoing faillira.	*Por mar perseguido de necesidad fallecerá!*

LA GUERRA EN ORIENTE: Por dos veces alto, por dos veces abajo, habrá sido puesto el mundo, tras las guerras mundiales y la correspondiente paz. Una nueva contienda planetaria estallará y el Oriente, lo mismo que Occidente, se debilitará. Como lo hará cierto adversario que, después de varios combates, perseguido por mar, de necesidad fallecerá.

1.- Dato que corrobora los 2 repartos de cuartetas realizadas por el profeta, colocando las situadas en lo alto de los montones, en la parte baja de las nuevas columnas de profecías.

PROFECÍA 859 (V-86) (FUTURO)

Par les deux testes, et trois bras separés,
La cité grande par eaux sera vexée: [1]
Des grands d'entr'eux par exil esgarés,
Par teste Perse Bisance fort pressée.

Por las dos cabezas y tres brazos separados,
La ciudad grande por aguas será vejada:
Unos grandes de entre ellos por exilio eliminados,
Por cabeza Persa Bizancio muy presionada.

FRANCIA DIVIDIDA. REVOLUCIÓN POPULAR: Francia estará gobernada por dos dirigentes y los franceses separados por tres tendencias políticas diferentes. París será vejada por la revolución popular: Varios de sus líderes, por medio del exilio, serán eliminados, mientras, por el dirigente iraní, Turquía será muy presionada.

1.- Emplea el término «aguas» para designar la «avalancha popular», la «ola» insurrecta, el «torrente» revolucionario.

PROFECÍA 860 (X-61) (FUTURO)

Betta [1], Vienne, Emorre [2] Sacarbance, [3]
Voudront livrer aux Barbares Pannone: [4]
De feu et sang en cité de Bisance [5]
Les conjurez descouverts par matrone.

Belta, Viena, Emona, Sakarvano,
Querrán entregar a los Bárbaros Hungría:
A fuego y sangre en ciudad de Bizancio
Los conjurados descubiertos por matrona.

LA INVASIÓN DE TURQUÍA: Los invasores ocuparán desde Noruega hasta el Mar Negro, y querrán entregar Hungría a los árabes: Entrarán a sangre y fuego en Bizancio. Los conjurados serán descubiertos por una matrona.

1.- Belta: Zona de los estrechos Belt (Grande y Pequeño) que unen el Mar del Norte con el Mar Báltico.
2.- Emorre: Emona, localidad búlgara a orillas del Mar Negro.
3.- Sacarbance: Se refiere al Sistema «Sakarvano», aludiendo al Macizo Skarvet, en Noruega.
4.- Pannone: Es Panonia, región de Europa Central. Hungría.
5.- Bisance: Bizancio, antiguo nombre de Constantinopla. En turco, Istambul.

PROFECÍA 861 (IX-91) (FUTURO)

L'horrible peste Perynte [1] et Nicopolle, [2]
Le Cherfonnez [3] tiendra et Marceloyne,[4]
La Thessalie [5] vastera l'Amphipolle, [6]
Mal incogneu, et le refus d'Anthoine. [7]

La horrible peste Peristera y Nicópolis,
El Quersoneso tendrá y Macedonia,
La Tesalia devastará la Anfípolis,
Mal desconocido y el rehuso de Antonio.

GRECIA INVADIDA POR IRÁN: La horrible guerra asolará el territorio heleno desde las Islas Espóradas hasta el archipiélago Jónico. El ejército persa se apoderará del Quersoneso y Macedonia, devastará la Tesalia y la Anfípolis, haciendo uso de armas bacteriológicas, mientras el dirigente italiano rehusará intervenir.

1.- Perynte: Es Peristéra, isla griega en el Mar Egeo.
2.- Nicopolle: aféresis de "Jónico" y "polis","Nicópolis", y se refiere al archipiélago Jónico.
3.- Cherfonnez: Chersonèse, Quersoneso, nombre griego de algunas penínsulas.
4.- Marceloyne: Es Macédoine, Macedonia, antigua región de Grecia.
5.- Tesalia: Región histórica de Grecia Central.
6.- Amphipolle: Es Anfípolis y demás ciudades de la antigua Tracia.
7.- Con Antonio, compara al triumviro romano Marco Antonio, con el futuro dirigente italiano.

PROFECÍA 862 (II-4) (FUTURO)

Depuis Monech jusqu'aupres de Sicile,
Toute la plage demourra desolée,
Il n'y aura faux-bourg, cité, ne ville,
Que par Barbares pillée soit et vollée.

Desde Mónaco hasta cerca de Sicilia,
Toda la playa quedará desolada,
No habrá allí barrio, ciudad, ni villa,
Que por Bárbaros no sea saqueada y robada.

SAQUEO ÁRABE EN LAS COSTAS ITALIANAS: Desde Mónaco hasta cerca de Sicilia, toda la playa quedará desolada, y no habrá allí barrio, ni ciudad, ni villa, que por las tropas musulmanas no sea saqueada y robada.

PROFECÍA 863 (VI-78) (FUTURO)

Crier victoire du grand Selin croissant,[1]
Par les Romains sera l'Aigle clamé,
Ticcin, Milan et Gennes y consent,
Puis par eux mesmes Basil grand reclamé. [2]

Gritar victoria del gran Selín creciente,
Por los Romanos será el Aguila aclamada,
Ticino, Milán y Génova en ello consienten,
Después por ellos mismos Basilea gran reclamada.

TRIUNFO ÍTALO-GERMANO Y MUSULMÁN: Se gritará la victoria musulmana, mientras, por los romanos será aclamada el Aguila. La parte Norte de Italia en ello consienten. Después, por ellos mismos, reclamarán hasta Suiza.

1.- La "media Luna", símbolo musulmán con el cuarto creciente.
2.- Basil: Basilea, ciudad suiza.

PROFECÍA 864 (III-31) (FUTURO)

Aux champs de Mede, d'Arabe et d'Armenie [1]
Deux grands copies trois fois s'ássembleront, [2]
Pres du rivages d'Araxes la mesgnie, [3]
Du grand Soliman en terre tomberont.

En los campos de Media, de Arabia y de Armenia
Dos grandes ejércitos tres veces se convocarán,
Cerca del río Araxes la mesnada,
Del gran Solimán en tierra caerán.

LOS ÁRABES DERROTADOS POR LOS ISRAELITAS: En los campos de Media, de Arabia y de Armenia, dos grandes ejércitos tres veces se confrontarán. Cerca del río Araxes la tropa del gran Jefe mahometano caerá derrotada.

1.- Media: Región de la ant. Persia.
2.- copies: De "copia-ae", tropas, fuerzas.
3.- Araxes: Araxes o Aras, río de Armenia.

PROFECÍA 865 (II-96) (FUTURO)

Flambeau ardant au ciel soir fera veu,
Pres de la fin et principe du Rosne,
Famine, glaive, tard le secours pourveu,
La Perse tourne envahir Macedoine. [1]

Antorcha ardiente en el cielo de noche será vista,
Cerca del fin y principio del Ródano,
Hambre, espada, tarde el socorro previsto,
Persia vuelve a invadir Macedonia.

LA 3ª G. M.. GRECIA INVADIDA POR IRÁN: Una antorcha ardiente en el cielo de noche será vista, cerca del fin y principio del Ródano. Hambre, ruido de armas, tardío el socorro previsto. Irán vuelve a invadir Macedonia.

1.- Macedonia: Antigua región de Grecia.

PROFECÍA 866 (V-70) (FUTURO)

Des regions subjectes à la Balance [1]
Feront troubler les monts par grande guerre,
Captifs tout sexe deu et tout Bisance,
Qu'on criera à l'aube terre à terre.

Unas regiones sujetas a la Justicia
Harán turbar los montes por gran guerra,
Cautivos de todo sexo y toda Bizancio,
Que se gritará en el alba tierra a tierra.

LA OFENSIVA ALIADA: Las regiones alemanas e italianas, estarán sujetas a la Justicia, tras turbar los montes por la gran guerra. Habrá tantos cautivos de todo sexo, y en toda Turquía, que se gritará en el alba de tierra en tierra.

1.- La Balanza, símbolo de la Justicia.

PROFECÍA 867 (V-13) (FUTURO)

Par grand fureur le Roy Romain Belgique,	*Por gran furor el Rey Romano Bélgica,*
Vexer voudra par phalange barbare:	*Vejar querrá por falange bárbara:*
Fureur grinssant chassera gent Lybique	*Furor rechinando expulsará gente líbica,*
Depuis Pannons [1] jusques Hercules [2] la hare.[3]	*Desde Hungría hasta Gibraltar la costa.*

EL FUROR DEL FUTURO DUCE: Por gran furor, el Jefe del Estado italiano hasta Bélgica querrá vejar por la tropa musulmana: Rechinando de furor, se expulsará a la gente libia, desde Hungría hasta las costas de Gibraltar.

1.- Panonia: Nombre antiguo de Hungría.

2.- La costa de Hércules: Se refiere al Estrecho de Gibraltar.

3.- hare: Apócope del latín "harena-ae", arenal, costa, ribera. El término francés "are", es área.

PROFECÍA 868 (IX-42) (FUTURO)

De Barcelonne, de Gennes et Venise,	*De Barcelona, de Génova y Venecia,*
De la Secille peste Monet unis: [1]	*De la Sicilia peste Mónaco unidos:*
Contre Barbare classe prendront la vise,	*Contra Bárbara flota tomarán la puntería,*
Barbar poulsé bien loing jusqu'à Thunis.	*Bárbaro empujado bien lejos hasta Túnez.*

DERROTA DE LA FLOTA MUSULMANA: De Barcelona, de Génova y Venecia vendrán al puerto de Sicilia, unidos para combatir a los que habrán llevado la epidemia bélica hasta Mónaco: Contra la flota musulmana apuntarán sus armas, y el árabe será empujado muy lejos, hasta Túnez.

1.- Monet: Mónaco, principado independiente en la Costa Azul, minúsculo Estado bajo la protección de Francia.

PROFECÍA 869 (XI-34) (FUTURO)

Princes et Seigneurs tous se feront la guerre,	*Príncipes y Señores todos se harán la guerra, (1)*
Cousin germain le frère avec le frère,[1]	*Primo hermano, el hermano con el hermano, (3)*
Finy l'Arby de l'heureux de Bourbon, (Falso)	*Terminado el Arby del feliz Borbón, (Falso)*
De Hierusalem les Princes tant aymable,	*De Jerusalén los Príncipes tan amable, (4)*
Du fait commis enorme et execrable	*Del hecho cometido enorme y execrable (2)*
Se ressentiront sur la bourse sans fond (Falso)	*Se resentirán sobre la bolsa sin fondo (Falso)*

LA 3ª G. M.. LUCHA INTERNA EN EL ISLAM: Alterada por el de Beaucaire. Todos los dirigentes se harán la guerra, luego del hecho cometido, enorme y execrable. La guerra fratricida entre países árabes, hará el regocijo de los Gobernantes de Israel.

1.- En la página 171 del libro de Pier Carpi, dice: «Cuando se divida el Islam y los hijos de Mahoma luchen contra los hijos más secretos de Fátima».

PROFECÍA 870 (III-98) (FUTURO)

Deux royals freres si fort guerroyeront,[1]	*Dos reales hermanos tan fuerte guerrearán,*
Qu'entre eux sera la guerre si mortelle:	*Que entre ellos será la guerra tan mortal:*
Qu'un chacun places fortes occuperont,	*Que cada uno plazas fuertes ocuparán,*
De regne et vie sera leur grand querelle.	*De reino y vida será su gran querella.*

GUERRAS FRATRICIDAS ÁRABES: Dos poderes árabes hermanos tan fuerte guerrearán, que entre ellos la guerra será terriblemente mortal: Que cada uno ocupará plazas fuertes del otro. De problemas territoriales y diferentes criterios de vida, será su gran querella.

1.- Véase la cuarteta 869. Nueva coincidencia entre Juan XXIII y Nostradamus.

PROFECÍA 871 (III-95) (FUTURO)

La loy Moricque on verra deffaillir,	*La ley Morisca se verá desfallecer,*
Apres une autre beaucoup plus seductive:	*Después de otra mucho más seductora:*
Boristhennes premier viendra faillir, [1]	*Boristenes primero vendrá a fallar,*
Par dons et langue une plus attractive.	*Por dones y lengua una más atractiva.*

LA NUEVA TENDENCIA MUSULMANA: El fundamento mahometano se verá desfallecer, después de otra tendencia islámica mucho más seductora: La zona del Mar Negro será la primera que vendrá a fallar a la antigua ley, seducida por los privilegios y libertad de expresión de la nueva, una más atractiva, más liberal y transigente.

1.- Boristenes: Antiguo nombre del Dniéper, río ruso europeo.

PROFECÍA 872 (XI-16) (FUTURO)

En Octobre six cens et cinq, (Falso)	*En Octubre seiscientos cinco, (Falso)*
Pourvoyeur du monstre marin,	*Proveedor del monstruo marino,*
Prendra du souverain le cresme	*Tomará del soberano la crema*
Ou en six cens et six, en Juin, (Falso)	*O en seiscientos seis, en Junio, (Falso)*
Grand'joye aux grands et au commun	*Gran alegría a los grandes y a la comunidad*
Grands faits apres ce grand baptesme.	*Grandes hechos después de este gran bautismo.*

CONVERSIÓN DE LOS JUDÍOS: Alterada por Seve de Beaucaire. Proveedor del monstruoso conflicto en el Mediterráneo, de cuya soberanía tomará lo mejor, el poder musulmán será eliminado. Gran alegría para los grandes y la comunidad internacional, por la conversión del pueblo judío. Después de este gran bautismo, los grandes hechos finales.

3.- *MUERTE DE JUAN CARLOS I. GOLPE MILITAR EN ESPAÑA.*

PROFECÍA 873 (II-20) (FUTURO)

Freres et seurs en divers lieux captifs,	*Hermanos y hermanas en diversos lugares atraídos,*
Se trouveront passer pres du monarque:	*Se encontrarán pasando cerca del monarca:*
Les contempler ses rameaux ententifs,	*Contemplarán sus rasgos atentos,*
Deplaisant voir menton, front, nez, les marques. [1]	*Deplorando ver las marcas en mentón, frente, nariz.*

MUERTE Y FUNERAL DE JUAN CARLOS I: Hermanos y hermanas de sangre, linaje y nacionalidad, de diversos lugares atraídos, se encontrarán pasando cerca del monarca Juan Carlos I, Rey de España: Contemplarán atentos sus rasgos, deplorando ver las marcas en el mentón, la frente y la nariz, causadas por la agresión criminal.

1.- En la página 80 del Libro de Pier Carpi, dice lo siguiente: "Las cartas de Barcelona hablarán un día de un silencio cargado de acción y el decimosegundo será santo y nunca los habrá más santos que él. Será el día de la muerte del conde que fue Rey, en Barcelona. Los lirios caerán rojos de sangre, pero los claveles no quedarán sin mácula..." La muerte del monarca español será producida, posiblemente, por el estallido de una bomba camuflada, o por un proyectil explosivo. (Ver las cuartetas 874, 875 y 876).

PROFECÍA 874 (X-43) (FUTURO)

Le trop bon temps trop de bonté royalle,	*El demasiado buen tiempo de demasiada bondad real,*
Fais et deffais prompt subit negligence:	*Hace y deshace pronto con súbita negligencia:*
Legiers croira faux d'espouse loyalle,	*Ligero creerá el fallo de la esposa leal,*
Luy mis à mort par sa benevolence.	*El puesto en muerte por su benevolencia.*

MUERTE DE JUAN CARLOS I.: El demasiado buen tiempo de demasiada bondad real, habrá permitido a los gobiernos bajo la corona española, hacer y deshacer, y pronto, con súbita negligencia:

El Rey creerá que es un ligero fallo de una Democracia que le es leal, y él será puesto en muerte por su benevolencia.

PROFECÍA 875 (IX-34) (FUTURO)

Le part soluz mary sera mittré, [1]
Retour conflict passera sur la thuille: [2]
Par cinq cens un trahyr sera tiltré, [3]
Narbon et Saulce [4] par contaux avons d'huille.[5]

El parto solucionado marido será mitrado,
Retorno conflicto pasará sobre el tejado:
Por quinientos un traidor será titulado,
Narbona y Sauldre por contados tenemos aceite.

GOLPE DE ESTADO EN ESPAÑA: Realizado el Golpe de Estado, el militar engendrador será nombrado Jefe del Gobierno. El retorno del conflicto, pasará por alto el logro democrático: Será tildado de traidor por la mayoría de los componentes de las Cámaras. Cerradas las fronteras, por la 3ª G. M., el SE. de Francia tendrá escasez de aceite.

1.- Simboliza un hecho doloroso «parto» (El golpe militar), y un "marido engendrador" (El golpista).
2.- thuille: Es «tuile», teja, tejado. En sen. fig, "lugar alto".
3.- Congresistas y senadores hispanos disconformes con el Golpe de Estado.
4.- Territorio del SE. francés, hasta la línea Pirineos-Loira (El Sauldre es uno de sus afluentes)
5.- contaux: De «conter», contar. Se usa la expresión «por litros contados", dando idea de escasez.

PROFECÍA 876 (V-14) (FUTURO)

Saturne et Mars en Leo Espaigne captive,[1]
Par chef Lybique au conflict attrapé,
Proche de Malthe, Heredde prinse vive,[2]
Et Romain sceptre sera par Coq frappé. [3]

Saturno y Marte en Leo España cautiva,
Por jefe Libio al conflicto atrapado,
Cerca de Malta, Israel tomada viva,
Y por Romano cetro será Gallo golpeado.

DICTADURA EN ESPAÑA. GUERRA MEDITERRÁNEA Y MUNDIAL: Profecía-resumen. Saturno retrógrado y Marte en Leo, España estará cautiva de un nuevo dictador. Por el Jefe libio, el Mediterráneo será atrapado en el conflicto, cerca de Malta, Israel será tomada a lo vivo, y por el Poder italiano, el país francés, golpeado.

1.- En el Otoño de 1.998, Saturno retrogradará hacia la casa de Marte y éste estará en Leo. Mala señal para el tiempo futuro.
2.- Heredde: Es «Herode», del latín «Herodes-ae», Herodes, rey judío. Sería, pues, Israel, «el reino de Herodes».
3.- Gallo: Símbolo de Francia.

PROFECÍA 877 (VI-60) (FUTURO)

Le Prince hors de son terroir Celtique, [1]
Sera trahy, deceu par interprete:
Roüan, Rochelle par ceux de l'Armorique [2]
Au port de Blaue deceus par moyen et prestre. [3]

El Príncipe fuera de su territorio Céltico,
Será traicionado, engañado por intérprete:
Ruán, la Rochela por los de la Armadura
En el puerto de Blaye engañados por monjes y clérigos.

ENGAÑO A FELIPE DE BORBÓN. LA INVASIÓN DE FRANCIA: El Príncipe Felipe de Borbón, fuera de su territorio español, será traicionado, engañado por un intérprete: Ruán y la Rochela serán tomados por los de la Division Blindada alemana, luego que, en el puerto de Blaye serán engañados por espías disfrazados de monjes y clérigos.

1.- Céltico: Los Celtas ocuparon el NO. de España, y por ello, Asturias, Principado de Felipe de Borbón.
2.- Armorique: Del latín «armo», armar.
3.- Blaye: Puerto francés en el estuario de la Gironda.

JOSÉ GARCÍA ÁLVAREZ

PROFECÍA 878 (IV-10) (FUTURO)

Le jeune Prince accusé faulsement,
Mettra en trouble le camp et en querelles: [1]
Meurtry le chef pour le soustenement,
Sceptre apaiser: puis guerir escroüelles. [2]

El joven Príncipe acusado falsamente,
Pondrá en turbación el campo y en querellas:
Dañado el jefe por el sostenimiento,
Cetro apaciguar: después curar escrúpulos.

UN TRONO SIN REY: El joven Príncipe Felipe, acusado falsamente, pondrá en turbación el territorio hispano y en querellas a sus pobladores: Atacado el jefe militar por el sostenimiento de su postura, intentará a los del cetro apaciguar: después intentará subsanar los escrúpulos de los españoles.

1.- camp: Del latín «campus-i», campo, sitio, lugar, territorio.
2.- Palabra compuesta con «scru» de «scrupule», escrúpulo, y el pronombre personal «elles», ellas, significando «escrúpulo de ellas», es decir, el escrúpulo de las gentes.

PROFECÍA 879 (VI-1) (FUTURO)

Autour des monts Pyrennées grand amas,
De gent estrange secourir Roy nouveau:
Prés de Garonne du gran temple du Mas, [1]
Un Romain chef la craindra dedans l´eau.

Alrededor de los montes Pirineos gran tropel,
De gente extranjera socorrer Rey nuevo:
Cerca del Garona del gran templo del Mas,
Un Romano jefe la temerá dentro del agua.

EUROPA CONTRA EL GOLPISTA. LA 3ª G.M.: Alrededor de los montes Pirineos habrá un gran tropel de gente extranjera, dispuesta a socorrer al Gobierno legítimo contra el nuevo Dictador: Cerca del Garona, destruido el gran enclave militar de Más, la población francesa temerá la invasión de un Jefe de Estado italiano, iniciada desde el mar.

1.- Más: Se trata de la localidad francesa de Más-d´Agenais, en el cantón de Lot-et-Garonne.

PROFECÍA 880 (VIII bis-5) (FUTURO)

Plusieurs secours viendront de tous costez
De gens loingtains qui voudront resister,
Ils seront tout à coup bien hastez,
Mais ne pourront pour ceste heure assister.

Muchos socorros vendrán de todos lados
De gentes lejanas que querrán resistir,
Ellos estarán de pronto muy precisados,
Pero no podrán por aquella hora asistir.

AYUDA EXTRANJERA FRUSTRADA POR LA 3ª G. M.: Muchos socorros vendrán de todos lados, hacia España, de gentes lejanas que querrán resistir al nuevo dictador. Pero, ellos estarán, de pronto, muy precisados, y no podrán ya, en aquella hora, asistir al gobierno español derribado.

PROFECÍA 881 (IX-8) (FUTURO)

Puisnay Roy fait son pere mettra à mort, [1]
Apres conflict de mort tres inhonneste:
Escrit trouvé, soupçon donra remort,
Quand loup chassé pose sur la couchette.

Después nacido Rey hecho su padre pondrá en muerte,
Después de conflicto de muerte muy deshonesta:
Escrito encontrado, sospecha dará remordimiento,
Cuando lobo cazado pose sobre la colchoneta.

CAPTURA DEL ASESINO DE JUAN CARLOS I: El benjamín del Rey Juan Carlos, tras el hecho que a su padre llevará a la muerte, después del conflicto creado por el Golpe de Estado, pedirá que se castigue a los culpables, de muerte muy vejatoria: Encontrado el escrito, la sospecha de su error le dará remordimiento, cuando será capturado el portador del mismo, un feroz profesional del crimen, colocado sobre una camilla, tras ser herido.

1.- Con la expresión «Puisnay Roy», el profeta, puede referirse al benjamín del Rey Juan Carlos, y al Jefe Golpista.

PROFECÍA 882 (VII-11)   (FUTURO)

L'enfant Royal contemnera la mere, [1]	*El infante Real despreciará a la madre,*
Oeil, pieds blessez, rude inobeissant,	*Ojo, pies heridos, rudo desobediente,*
Nouvelle á dame estrange et bien amere, [2]	*Noticia a dama extranjera y muy amarga,*
Seront tuez des siens plus de cinq cens.	*Serán muertos de los suyos más de quinientos.*

EL SUFRIMIENTO DE UNA REINA: El Príncipe despreciará a la madre, tendrá un ojo y los pies heridos, tras ser rudo, desobediente. La noticia será dada a la dama extranjera y será muy amarga. Serán muertos de los suyos más de quinientos.

1.- contemnera: Del latín «contemno», menospreciar, despreciar, desdeñar.

2.- Esta cuarteta puede contener un pronóstico desafortunado para dos monarquías europeas de rancia estirpe: la inglesa y la española.

PROFECÍA 883 (VI-92)   (FUTURO)

Prince de beauté tant venuste, [1]	*Príncipe de belleza tan elegante,*
Au chef menee, le second faict trahy:	*Al jefe llevado, el segundo hecho traicionado:*
La cité au glaive de poudre face aduste,	*La ciudad con la espada de pólvora faz adusta,*
Par trop grand meurtre le chef du Roy hay.	*Por demasiada gran muerte el jefe del Rey odiado.*

FELIPE DE BORBÓN PROPUESTO PARA REY: El elegante y bien proporcionado Felipe de Borbón, propuesto al jefe golpista, él y el país, por un segundo hecho será traicionado: Madrid, irritada con el abuso de las armas de fuego, mantendrá la faz adusta, y por los demasiados muertos, el jefe que ocupará el lugar del Rey, será odiado.

1.- venuste: Del latín «venuste», con gracia, con elegancia.

PROFECÍA 884 (VIII-39)   (FUTURO)

Qu'aura esté par Prince Bizantín, [1]	*Quien habrá estado por Principe Bizantino,*
Sera tollu par Prince de Tholouse: [2]	*Estará en clamor por Príncipe de Tolosa:*
La foy de Foix par le chef Tholentín [3]	*La fe de Foix por el jefe Toledano*
Luy faillira, ne refusant l'espouse. [4]	*Le fallará, no rehusando la esposa.*

CLAMOR Y RECELO POR EL GOLPE DE ESTADO EN ESPAÑA: Quien habrá estado indignado por lo del Presidente del Gobierno Palestino, estará en clamor por lo del Presidente de Gobierno de España: El pueblo francés no confiará en el Jefe del Gobierno Militar español, al no querer rehusar la Dictadura.

1.- Palestina fue dominio de los turcos. Por eso, el profeta llama a su Jefe de Estado, «Príncipe Bizantino».

2.- Tholouse: Tolosa, ciudad española. Por extensión, España.

3.- Tholentin: «Toledano», de Toledo, ciudad española.

4.- Utiliza "adulterio", "esposa», etc., para citar la deslealtad, sustitución, o unión, enlace, de un gobierno en su relación con una Constitución, una República, una Dictadura, etc...

PROFECÍA 885 (IX-45)   (FUTURO)

Ne sera soul jamais de demander,	*No estará cansado jamás de pedir,*
Grand Mendosus obtiendra son empire [1]	*Gran Dominante obtendrá su imperio*
Loing de la cour fera contremander,	*Lejos de la corte hará contraordenar,*
Pymond, Picard, Paris, Tyron le pire. [2]	*Piamonte, Picardía, París, Tirol lo peor.*

DICTADURA EN ESPAÑA. LA INVASIÓN DE FRANCIA: El Gobierno español, no estará jamás cansado de pedir libertad, cuando un gran dictador militar obtendrá el Poder, tras el Golpe preparado lejos de la Corte. No será mejor tiempo para Francia, que, invadida por los que vendrán de Italia y Alemania, tendrá que enfrentarse a lo peor.

1.- Ver la 810. El «Dominante» es Felipe González. El «Gran Dominante», el Jefe militar golpista.

2.- Tyron: Es Tyrol, Tirol, región de los Alpes ítalo-austríacos. Señala la procedencia de los invasores germanos. También puede ser Tyran, tirano en francés.

4.- VÍSPERAS DE LA TERCERA GUERRA MUNDIAL.

PROFECÍA 886 (VIII bis-3) (FUTURO)

Las quelle fureur, hélas quelle pitié,	*¡Ay, qué furor! ¡Ay, qué piedad,*
Il y aura entre beaucoup de gens:	*Habrá entre mucha gente!:*
On ne vit onc une telle amitié,	*No se vio nunca una tal amistad,*
Qu'auront les loups à courir diligens.	*Como tendrán los lobos a correr diligentes.*

EL FINAL DE LO APARENTE EN EUROPA: ¡Cuánto furor materialista y, a la vez, qué piedad religiosa habrá entre mucha gente!: Nunca se vio una amistad tal entre los pueblos de Europa, como tendrán los que, pronto, serán como lobos dispuestos a correr diligentes hacia su presa.

PROFECÍA 887 (II-95) (FUTURO)

Les lieux peuplez seront inhabitables,	*Los lugares poblados serán inhabitables,*
Pour champs avoir grande división:	*Por campos haber gran división:*
Regnes livrez à prudents incapables,	*Reinos entregados a prudentes incapaces,*
Lors les grands freres mort et dissention. [1]	*Entonces los grandes hermanos muerte y disensión*

DESASTRES DE TODO TIPO: Los lugares antes poblados serán inhabitables. Por la propiedad de los territorios habrá gran división: Los gobiernos entregados, en vez de a los prudentes, a los incapaces. Entonces, los grandes hermanos del Mediterráneo, de Europa, del mundo, se pondrán en muerte y disensión.

1.- El conflicto balcánico, inter-étnico y fratricida. La guerra en el Mediterráneo entre los descendientes de Abrahám (israelitas, árabes y cristianos). La Tercera Guerra Mundial, entre hermanos intercontinentales. Y después, la guerra entre razas.

PROFECÍA 888 (IV-50) (FUTURO)

Libra [1] verra regner les Hesperies, [2]	*Libra verá reinar las Hespérides,*
De ciel et terre tenir la Monarchie,	*De cielo y tierra tener la Monarquía,*
D'Asie forces nul ne verra peries,	*De Asia fuerzas ninguno verá perecidas,*
Que sept ne tiennent par rang la hierarchie.[3]	*Que siete no tienen por rango la jerarquía.*

EL DESPERTAR DE CHINA: Cierto equilibrio, verá reinar a Occidente, con soberanía sobre cielo y tierra. Las fuerzas de China, ninguno creerá verlas perecidas, que ya no son sólo siete los países con jerarquía sobre los demás.

1.- Libra: La Balanza, el equilibrio, la justicia.
2.- Hespérides: Islas del Atlántico. El profeta suele referirse a las Islas Británicas y también a Occidente.
3.- Los siete principales países: Alemania, Francia, Italia, Inglaterra, Rusia, EE.UU. y Japón. (Ver las 891 y 893).

PROFECÍA 889 (IX-37) (FUTURO)

Pont et moulins en Decembre versez,	*Puente y molinos en Diciembre derribados,*
En si haut lieu montera la Garonne:	*En tan alto lugar subirá el Garona:*
Murs, edifice, Tholose renversez,	*Muros, edificios, Toulouse derruidos,*
Qu'on ne sçaura son lieu autant matronne.	*Que no se sabrá su lugar ni matrona.*

GRAVES HECHOS EN EL SO. DE FRANCIA: Puentes y molinos, en Diciembre serán derribados, de tan alto como será el nivel al que subirá el río Garona: Muros y edificios serán derruidos en Toulouse por efecto de una nueva guerra, que nacerá inesperadamente.

PROFECÍA 890 (V-93) (FUTURO)

Sous le terroir du rond globe lunaire, [1]	*Bajo el territorio del redondo globo lunar,*
Lors que sera dominateur Mercure: [2]	*Cuando será dominador Mercurio:*
L'Isle d'Escosse fera un luminaire, [3]	*La Isla de Escocia hará un luminar,*
Qui les Anglois mettra à desconfiture.	*Que a los Ingleses pondrá en desventura.*

LA INCUBACIÓN DE LA 3ª GUERRA MUNDIAL: Bajo el predominio de la plena influencia lunar, se incubará una violencia homicida, que se irá acrecentando, cuando será dominador Mercurio: Hasta la Isla de Escocia hará su luminaria, en una sangrienta confrontación que a los ingleses pondrá en desventura.

1.- La Luna ejerce una gran influencia sobre la masa, aumenta el nerviosismo y la agresividad, propicia el ambiente de discordia.

2.- Mercurio potencia, en sus relaciones adversas con la Luna, la ofuscación de la razón, el detonante que activa las declaraciones de guerra entre las naciones.

3.- El profeta emplea la palabra «luminar» con sentido figurado, como «luminaria», fuego, incendio, hoguera, antorcha, señal de guerra.

PROFECÍA 891 (X-44) (FUTURO)

Par lors qu'un Roy sera contre les siens,	*Por cuando un Rey estará contra los suyos,*
Natif de Bloye subjuguera Ligures, [1]	*Nativo de Blois subyugará Ligures,*
Mammel [2], Cordube [3] et les Dalmatiens, [4]	*Memel, Córdoba y los Dálmatas,*
De sept puis l'ombre à Roy estrennes [5] et le mures. [6]	*De siete después la sombra a Rey opresiones y muertes.*

TIEMPOS DE GUERRA PARA FRANCIA: Por el tiempo en que un Presidente francés estará contra los suyos, hasta el nativo de Blois subyugará la gente de Italia, tras los graves problemas en Rusia, España y Yugoslavia, por la nueva ruptura de siete países, que traerá al dirigente galo un período sombrío, con opresiones y muertes.

1.- Ligures: De Liguria, región del N. de Italia. Por ext., italianos.

2.- Mammel: Se refiere a Memel, ciudad de la URSS (Lituania).

3.- Cordube: Es Córdoba, C. de España.

4.- Dalmatiens: Son los dálmatas, pobladores de Dalmacia, región de Yugoslavia.

5.- estrennes: Epéntesis de una de las formas del francés «étreindre», apretar, estrechar, oprimir.

6.- mures: Forma sincopada del francés "mourir", morir.

PROFECÍA 892 (I-3) (FUTURO)

Quand la lictiere du tourbillon versée, [1]	*Cuando la litera del torbellino volcada,*
Et seront faces de leurs manteaux couverts,	*Y estarán rostros de sus mantos cubiertos,*
La republique par gens nouveaux vexée,	*La república por gentes nuevas vejada,*
Lors blancs et rouges jugeront à l'envers. [2]	*Entonces blancos y rojos jugarán a la inversa.*

TIEMPOS DE DISCORDIA, ANTES DE LA 3ª G. M.: Cuando se extienda el torbellino revolucionario, y estarán los rostros cubiertos por pañuelos, la república francesa será vejada por nuevas gentes. Entonces, conservadores y liberales jugarán sus bazas políticas, con sus ideas a la inversa.

1.- La palabra "tourbillon", "torbellino", del latino "turbo", extrae su sentido de "desórdenes", "perturbaciones", "confusión", etc.

2.- Los "blancos" son los monárquicos, los conservadores, y los "rojos" son los republicanos, los comunistas, los liberales.

PROFECÍA 893 (II-18) (FUTURO)

Nouvelle et pluye subite, impetueuse, [1]	*Nueva y lluvia súbita, impetuosa,*
Empeschera subit deux exercites:	*Impedirá de súbito a dos ejércitos:*
Pierre, ciel, feux faire la mer pierreuse,	*Piedra, cielo, fuegos hacer la mar pétrea,*
La mort de sept terre et marin subites. [2]	*La muerte de siete tierra y mar, de pronto.*

LA 3ª G. M. IMPIDE LA GUERRA DE LAS RAZAS: Una nueva y súbita guerra, impetuosa, impedirá, de súbito, la lucha a los ejércitos de Occidente y China: Las bombas, los combates en el cielo, los fuegos de los misiles, harán que el mar se cubra de escombros. La ruptura de siete países, llevará la muerte, de pronto, por tierra y por mar.

1.- Utiliza "lluvia", por "diluvio bélico".
2.- De nuevo, se enfrentarán los siete países más relevantes en las guerras anteriores: Francia, Italia, Alemania, Inglaterra, Rusia, EE.UU. y Japón. (Ver la cuarteta 891)

PROFECÍA 894 (VIII-17) (FUTURO)

Les bien aisez subit seront desmis,	Los bien asentados súbitamente serán depuestos,
Par les trois freres le monde mis en trouble: [1]	Por los tres hermanos el mundo puesto en turbación:
Cité marine saisiront ennemis, [2]	Ciudad marítima asaltarán enemigos,
Faim, feu, sang, peste, et de tous maux le double.	Hambre, fuego, sangre, peste, y de todos los males el doble.

GOLPES DE ESTADO Y GUERRAS: Los políticos bien asentados en el Poder, serán súbitamente depuestos. El mundo será puesto en turbación por la guerra entre cristianos, árabes e israelitas: La ciudad marítima francesa asaltarán los enemigos, y de todos los males, hambre, fuego, sangre derramada, enfermedad... habrá el doble.

1.- Ver la cuarteta 847.
2.- Esta ciudad marina podría ser Marsella, Toulon o Niza.

PROFECÍA 895 (II-80) (FUTURO)

Apres conflict du lesé l'eloquence,	Después conflicto del lesionado la elocuencia,
Par peu de temps se trame faint repos;	Por poco tiempo se trama fingido reposo;
Point l'on n'admet les grands à délivrance,	Punto no se le admite los grandes en entrega,
Des ennemis sont remis à propos.	Enemigos son remitidos a propósito.

INFRUCTUOSA LABOR DIPLOMÁTICA.: Después del deterioro de la labor diplomática, estallará el conflicto, ya que, por poco tiempo se tramará una fingida calma. Se llegará a un punto en que ésta ya no se admite y los grandes se entregarán a una guerra planetaria, en la que los contendientes habrán sido hechos enemigos a propósito.

PROFECÍA 896 (X-16) (FUTURO)

Heureux au regne de France, heureux de vie,	Felices en el reino de Francia, felices de vida,
Ignorant sang, mort, fureur et rapine,	Ignorando sangre, muerte, furor y rapiña,
Par non flateurs serás mis en envie,	Por no aduladores serás puesto en envidia,
Roy desrobé, trop de foye en cuisine.	Rey despojado, demasiado fuego en cocina.

FRANCIA FELIZ, EN VÍSPERAS DE TRAGEDIA: Felices serán en el reino de Francia, por la vida que disfrutan, ignorando la avalancha de sangre, muerte, furor y rapiña que se les avecina. Por no ser aduladores, el país será objeto de la envidia, su Presidente despojado, y demasiado fuego bélico en el hogar de los franceses.

PROFECÍA 897 (I-25) (FUTURO)

Perdu, trouvé, caché de si long siecle,	Perdido, encontrado, escondido tan largo siglo,
Sera pasteur demy Dieu honoré:	Será pastor semi-dios honrado:
Ains que la Lune acheve son grand siecle, [1]	Antes que la Luna acabe su gran siglo,
Par autres vents sera deshonoré.	Por otros vientos será deshonrado.

LA NUEVA TRAGEDIA DE FRANCIA: Perdido, encontrado, escondido el Amor durante tan largo siglo, será el pastor de la Iglesia, como un semi-dios honrado: Como sucediera, antes de que la Luna acabara su gran siglo, con la guerra franco-prusiana de 1.870, el país francés, por otros vientos de guerra será deshonrado.

1.- Según la cronología tradicional, la Luna comenzaba su período de regencia (su gran siglo) sobre el año 1.525, y era relevada por el Sol, sobre 1.879, sucediendo a éste, Saturno.

PROFECÍA 898 (VIII-bis-6) (FUTURO)

Las quel de siront Princes estrangers,	*¡Ay, lo que apetecerán los Príncipes extranjeros!*
Garde toy bien qu'en ton pays ne vienne	*Guárdate bien de que ello a tu país no venga*
Il y auroit de terribles dangers	*Habría terribles peligros*
En maints contrees, mesme en la Vienne.[1]	*En muchas comarcas, lo mismo en la Vienne.*

ADVERTENCIA DEL PROFETA A FRANCIA: ¡Ay, las apetencias de ciertos Jefes de Estado! Francia deberá guardarse de que ello a su país no venga, pues habría terribles peligros en muchas comarcas, lo mismo que en la de Vienne, una de las más castigadas por los invasores. Pero, Francia no escuchará esta vez al profeta.

1.- Vienne: Nombre de río y Departamentos de Francia. En ellos, la Historia ha contemplado acontecimientos terribles. En esta ocasión, la ciudad de La Vienne, a la orilla izqda., del Ródano, será una de las más castigadas, por ser zona de entrada y salida de los invasores.

PROFECÍA 899 (X-5) (FUTURO)

Albi et Castres feront nouvelle ligue, [1]	*Albi y Castres harán nueva liga,*
Neuf Arriens Lisbon et Portugues, [2]	*Nuevos Arrianos Lisboa y Portugueses,*
Carcas, Tholose consumeront leur brigue,	*Carcasona, Toulouse consumirán su intriga,*
Quand chef neuf monstre de Lauragues. [3]	*Cuando jefe nuevo monstruo de Lauragnais.*

INTRIGAS POLÍTICAS. LA INVASIÓN DE FRANCIA: Los departamentos del Tarn harán una nueva coalición y habrá nuevos líderes de la libertad en tierras portuguesas. Los políticos galos terminarán su intriga en el Sur, cuando el nuevo Jefe dirigente inhumano y cruel, llevará el nuevo monstruo bélico, a la región del Garona.

1.- Albi y Castres: Localidades francesas.
2.- Arrianos: De Arriano, libertador griego que luchó contra los alanos.
3.- Región del Sur de Francia, por el Aude y el alto Garona.

PROFECÍA 900 (IV-94) (FUTURO)

Deux grands freres seront chassez d'Espaigne,	*Dos grandes hermanos serán expulsados de España,*
L'aisné vaincu sous les monts Pyrenées:	*El mayor vencido bajo los montes Pirineos:*
Rougir mer, Rosne, sang Leman d'Alemaigne	*Enrojecer mar, Ródano, sangre Leman de Alemania*
Narbon, Blyterre [1], d'Agath, contaminées. [2]	*Narbona, Beziers, de Agar, contaminadas.*

EXPULSIÓN DE DOS PERSONAJES DE ESPAÑA. LA 3ª G. M.: Dos grandes hermanos de España serán expulsados. El mayor será vencido bajo los montes Pirineos: Enrojecerá el mar, el Ródano, por la sangre derramada, tras la invasión, desde el Leman, que harán los de Alemania. Hasta Narbona y Beziers serán contaminadas por los efectos de la epidemia bélica, en la que participarán los hijos de Agar, los musulmanes.

1.- Blyterre: Es la localidad francesa de Béziers, a la que los romanos pusieron el nombre de Julia Biterra.
2.- Agath: Es Agar, esclava egipcia y segunda mujer de Abraham, madre de Ismael. Los musulmanes la veneran como madre de los ismaelitas o árabes.

DÉCIMA CENTURIA

Desde la tercera guerra mundial hasta el fin de esta Generación.

5.- *LA TERCERA GUERRA MUNDIAL*

PROFECÍA 901 (XI-46) (FUTURO)

Le pourvoyeur mettra tout en desroutte (Falso)
Sangsüe et loup, en mon dire n'escoutte (Falso
Quand Mars sera au signe du Mouton [1]
Joint à Saturne, et Saturne à la Lune, [2]
Alors sera ta plus grande infortune,
Le Soleil lors en exaltation. [3]

El proveedor pondrá todo en desorden (Falso)
Sanguijuela y lobo, en mi decir no escucha (Falso
Cuando Marte estará en el signo de Aries (1)
Junto a Saturno, y Saturno a la Luna, (2)
Entonces será tu más grande infortunio, (4)
El Sol entonces en exaltación. (3)

LA 3ª G. M., LA GRAN TRIBULACIÓN: Alterada por el de Beaucaire. Cuando la guerra estará en la primavera, junto a durísimas pruebas proporcionadas por la mente trastornada, en momentos en que la vida brillará en apogeo y esplendor, entonces será el mayor infortunio de Francia y de la Tierra.

1.- Marte simboliza la guerra y Aries rige el comienzo de la primavera.
2.- Saturno es el Señor del Karma, de las pruebas duras, y la Luna simboliza la mente que, influida por Saturno, se trastorna.
3.- El Sol simboliza la Vida y, en exaltación, su apogeo.

PROFECÍA 902 (X-87) (FUTURO)

Grand Roy viendra prendre port pres de Nisse,
Le gran empire de la mort si en fera
Aux Antipolles [1] posera son genisse, [2]
Par mer la Pille tout esvanouyra.[3]

Gran Rey vendrá tomar puerto cerca de Niza,
El gran imperio de la muerte tanto de él hará
En las Antípodas pondrá su embestida,
Por mar la Despojada todo desvanecerá.

INVASIÓN DE FRANCIA POR EL MEDITERRÁNEO. LA 3ª G. M.: Un gran dirigente vendrá a desembarcar cerca de Niza, y el gran imperio de la muerte, tanto desde ese puerto hará, que, en las antípodas, pondrá su embestida, y por mar, la Muerte todo lo desvanecerá.

1.- Antípodas: Lugares diametralmente opuestos a otros.
2.- genisse: En francés, significa «becerra», ternera, como animales de «embestida».
3.- Pille: Adjetivo que significa «despojada». Va con mayúscula por aludir a «La muerte», el espectro descarnado.

PROFECÍA 903 (VI-44) (FUTURO)

De nuict par Nantes Lyris apparoistra, [1]
Des arts marins susciteront la pluye:
Arabiq goulfre grand classe parfondra,
Un monstre en Saxe naistra d'ours et truye. [2]

De noche por Nantes el Iris aparecerá,
Unas artes marinas suscitarán la lluvia:
Arábigo golfo gran flota profundizará,
Un monstruo en Sajonia nacerá de oso y cerda.

ESTALLIDO DE LA TERCERA GUERRA MUNDIAL: De noche por Nantes el invasor, todavía aparecerá la Paz, por el inesperado desembarco que suscitará el diluvio bélico: Será después que, en el Golfo árabe de Sidra, la gran flota americana profundizará, cuando en Alemania nacerá un fuerte y bestial dirigente, un monstruo inhumano.

1.- El Arco iris simboliza la Paz.
2.- Sajonia: Región de Alemania oriental. Por extensión, el país germano. Este verso, de forma metafórica, simboliza la destrucción, la barbarie y la bestialidad que reinarán.

PROFECÍA 904 (VII-10) (FUTURO)

Par le grand prince limitrophe du Mans, [1]
Preux et vaillant chef du grand exercite: [2]
Par mer et terre de Gallots et Normans, [3]
Caspre passer Barcelonne pillé Isle. [4]

Por el grande príncipe limítrofe de Le Mans,
Esforzado y valiente jefe del gran ejército:
Por mar y tierra de Galos y Normandos,
Cabrera pasar Barcelona saqueada Isla.

LA 3ª G.M., TRAS EL GOLPE HISPANO: Por el gran dirigente limítrofe de Le Mans, será enviado el esforzado y valiente jefe del gran ejército: Por el mar, y a través de la tierra de galos y normandos, avanzará el invasor, tras pasar el dictador hispano a Barcelona y ser tomada a la fuerza hasta la isla de Cabrera.

1.- Mans: Es Le Mans, C. del O. de Francia.
2.- exercite: Del latín «exercitus», ejército, tropas.
3.- Galos y Normandos: Son los franceses y daneses y noruegos, los antiguos vikingos.
4.- Caspre: Alude a Craparia, Cabrera, una de las islas del Archipiégago balear.

PROFECÍA 905 (X-37) (FUTURO)

L'assemblée grande pres du lac de Borget, [1]
Se rallieront pres de Montmelian: [2]
Marchans plus outre pensifs feront proget,
Chambry Moriane combat sainct Julian. [3]

La asamblea grande cerca del lago de Bourget,
Se reunirán cerca de Montmelián:
Marchando más allá pensativos harán proyecto,
Chambéry Maurienne combate Saint-Julián.

LA BATALLA DE SAN JULIÁN: La gran asamblea estará cerca del lago de Le Bourget y se reunirán cerca de Montmelián: Marchando más allá los ejércitos invasores, pensativos y preocupados los jefes del ejército francés, tendrán que hacer un plan de operaciones. El combate tendrá lugar entre Chambéry y Saint-Julièn-de-Maurienne.

1.- Borget: Es Le Bourget, lago de Saboya, cercano a Chambéry.
2.- Montmelián: Ciudad de Saboya cercana a Chambéry.
3.- Pequeña localidad en el Valle de Maurienne.

PROFECÍA 906 (I-90) (FUTURO)

Bourdeaux, Poictiers au son de la campagne,
A grande classe [1] ira jusqu' à l'Angon, [2]
Contre Gaulois sera leur tramontane, [3]
Quand monstre hideux naistra pres de Orgon. [4]

Burdeos, Poitiers al son de la campaña,
De gran ejército irá hasta Langon,
Contra Galos será su tramontana,
Cuando monstruo odioso nacerá cerca de Orgón.

AVANCE INVASOR HACIA EL OESTE DE FRANCIA: Desde Burdeos a Poitiers danzarán al son de la guerra, con el avance del gran ejército que irá hasta Langon. Contra los franceses será su vendaval bélico, cuando el monstruo odioso de la 3ª guerra planetaria nacerá cerca de Orgón, tras el desembarco italiano.

1.- classe: Del latín «clasis-is», ejército, flota.
2.- l'Angon: Es Langon, puerto del Garona.
3.- tramontana: Nombre dado al viento del Norte. Término usado por el profeta como sinónimo de vendaval bélico.
4.- Orgon: Localidad provenzana cercana a Marsella.

PROFECÍA 907 (IV-48)   (FUTURO)

Planure Ausonne fertile, spacieuse, [1]	*Llanura Ausonia fértil, espaciosa,*
Produira taons si tant de sauterelles, [2]	*Producirá tábanos como tantos saltamontes,*
Clarté solaire deviendra nubileuse,	*Claridad solar llegará a ser nublada,*
Ronger le tout, grand peste venir d'elles.	*Roerlo todo, gran peste venir de ellas.*

LOS MASIVOS ATAQUES DE LA AVIACIÓN ITALIANA: De la llanura fértil y espaciosa de Ausonia, despegarán ingentes masas de cazas y bombarderos en tal cantidad, que llegará a ser nublada la claridad solar, para destruirlo todo con la gran epidemia de fuego y muerte que de ellos vendrá.

1.- Ausonia: Antiguo nombre de Italia.
2.- Véase Apocalipsis. El profeta simboliza las máquinas voladoras.

PROFECÍA 908 (V-4)   (FUTURO)

Le gros mastin de cité dechassé, [1]	*El corpulento mastín de ciudad expulsado,*
Sera fasché de l'estrange alliance,	*Estará enfadado por la extraña alianza,*
Apres aux champs avoir le cerf chassé, [2]	*Tras haber en los campos el ciervo cazado,*
Le loup et l'ours se donront defiance. [3]	*El lobo y el oso se darán desconfianza.*

RECELO GERMANO-RUSO: Cuarteta simbólica. Un importante dirigente inglés, de la ciudad será expulsado. Estará enfadado por la extraña alianza de dos países. Tras haber aniquilado en los campos de batalla a países más débiles, entre Alemania y Rusia habrá desconfianza.

1.- El mastín, el bulldog inglés, símbolo del orgullo y tenacidad del pueblo británico.
2.- El ciervo, símbolo de animal frágil y pacífico. Designa, bien a Polonia, bien a Bélgica, o a las dos.
3.- El lobo y el oso, simbolizan, respectivamente, a Alemania y Rusia.

PROFECÍA 909 (VIII-88)   (FUTURO)

Dans la Sardaigne un noble Roy viendra,	*En la Cerdeña un noble Rey vendrá*
Qui ne tiendra que trois ans le Royaume,	*Que no tendrá más que tres años el Reinado,*
Plusieurs couleurs avec soy conjoindra,	*Varios colores consigo conjuntará,*
Luy mesme apres soin sommeil marrit [1] scome.[2]	*El mismo después sin sueño triste combate.*

EL NUEVO DUCE ITALIANO: En Cerdeña, vendrá un notable Jefe de Estado, que no tendrá más que tres años el Poder. Conjuntará consigo las diversas ideologías políticas del país. El mismo gobernante, después, sin su sueño, quedará abatido tras el revés en el combate.

1.- marrit: Apócope de la voz francesa «marri», afligido, triste.
2.- scome: De «scamma», combate, lucha.

PROFECÍA 910 (IX-80)   (FUTURO)

Le Duc voudra les siens esterminer, [1]	*El Jefe querrá a los suyos exterminar,*
Envoyera les plus forts lieux estranges,	*Enviará los más fuertes a lugares extranjeros,*
Par tyrannie Bize [2] et Luc ruiner, [3]	*Por tiranía Niza y Lucca arruinar,*
Puis les Barbares sans vin feront vendanges. [4]	*Después los Bárbaros sin vino harán vendimias.*

EL NUEVO MUSSOLINI: El Duce, querrá acabar con aquellos de los suyos que podrían inquietar su poder. Enviará a los más potentes generales de su ejército a lugares extranjeros. Por su tiranía, con

JOSÉ GARCÍA ÁLVAREZ

su maniobra bélica en el Mar Ligúrico invadiendo Francia, el mundo arruinará. Después, los árabes, sin vino, harán las vendimias.

1.- Duc: Del latín «dux-ducis», jefe. «Duce», nombre dado por el fascismo a Mussolini.
2.- Bize: Es Nice, Niza, C. y puerto francés.
3.- Luc: Apócope de Lucca, ciudad de Italia, en la Toscana.
4.- Con la palabra «Bárbaros», designa a los árabes, turcos, musulmanes.

PROFECÍA 911 (VIII-50)   (FUTURO)

La pestilence l'entour de Capadille, [1]
Une autre faim pres de Sagon s'apreste: [2]
Le chevalier bastard de bon senille,
Au grand de Thunes fera trancher la teste.

La pestilencia alrededor de Capendilla,
Otra hambruna cerca de Sagone se apresta:
El caballero bastardo de buena ancianidad,
Al grande de Túnez hará cortar la cabeza.

NUEVA HAMBRUNA SOBRE EL MUNDO: Tras la epidemia bélica alrededor de la zona capendillana del Aude, otra hambruna se apresta cerca del Golfo de Sagone: El caballero bastardo de avanzada edad, hará cortar la cabeza al grande de Túnez.

1.- Capadille: Es Capadilla o Capendilla, la zona de Capendu, localidad en el dep. del Aude.
2.- El profeta alude al golfo de Sagone, por ser un lugar cercano e intermedio entre Francia e Italia. Cerca de él pasará la armada italiana que se dirigirá a las costas del sur francés.

PROFECÍA 912 (V-35)   (FUTURO)

Par cité franche de la gran mer Seline, [1]
Qui porte encores à l'estomach la pierre, [2]
Angloisse classe viendra sous la bruine
Un rameau prendre, du grand ouverte guerre.

Por ciudad francesa de la gran mar Selina,
Que lleva aún en el estómago la piedra,
Inglesa armada vendrá bajo la niebla
Un ramo tomar, de la gran abierta guerra.

INGLATERRA ENTRA EN LA GUERRA: Por ciudad francesa del Océano Atlántico, irá el que lleva aún sin digerir el peso del rencor. Una armada inglesa vendrá bajo la niebla, tomando parte de la gran guerra abierta.

1.- El Atlántico, «la gran mar Selina», baña las costas de Inglaterra, (antigua Selinunte sícula).
2.- Como en las 116 y 368, marca con un nuevo jalón (la piedra) el final de otro siglo, el XX, con un proceso conflictivo que lo conducirá a su renovación: Occidente ha humillado durante muchos años a Alemania que, con este mal, se ha alimentado insanamente, llevando el peso de este rencor en el cuerpo.

PROFECÍA 913 (II-74)   (FUTURO)

De Sens[1], d'Autun viendront jusque au Rosne, [2]
Pour passer outre vers les monts Pyrenées,
La gent sortir de la marque d'Anconne [3]
Par terre et mer suivra à grand trainées.

De Sens, de Autun vendrán hasta el Ródano,
Para pasar más allá hacia los montes Pirineos,
La gente salir de la marca de Ancona
Por tierra y mar seguirá en gran arrastre.

LA GUERRA EN FRANCIA: De Sens, de Autún, vendrán hasta el Ródano, para pasar más allá, hacia los montes Pirineos. La gente que saldrá de Italia, por tierra y por mar seguirá en gran ofensiva.

1.- Sens: Localidad francesa.
2.- Autun: Localidad francesa.
3.- Ancona: C. italiana. Por extensión, Italia.

PROFECÍA 914 (IX-86) (FUTURO)

Du bourg Lareyne [1] parviendront droit à Chartres, [2]	*Del burgo Lareyne llegarán directo a Chartres,*
Et feront pres du pont Anthoni pause, [3]	*Y harán cerca del puente Anthoni pausa,*
Sept pour la paix cauteleux comme Martres [4]	*Siete por la paz cautelosos como Mártires*
Feront entrée l'armée à Paris clause.	*Harán entrada el ejército en París cerrado.*

EL SITIO DE PARÍS: Del Bourg-la-Reine llegarán directo a Chartres, y harán una pausa cerca del puente de Anthony. Siete, por la paz, tan cautelosos, como mártires, mientras los invasores harán la entrada en París cerrado.

1.- Bourg-la-Reine, en la línea Montrauge-Etampes.
2.- Chartres: Cap. del dep. Eure-et-Loir, sobre el Eure.
3.- Anthony, localidad cercana a Bourg-la-Reine.
4.- En la página 188 del libro de Pier Carpi, se puede leer: "Siete de Grecia hacia el mundo, después de la visión. Y palabras nuevas conquistarán la tierra. Repetidas por Cristo. Repetidas por sus nuevos hijos. Será un momento de renacimiento y de grandes cánticos".

PROFECÍA 915 (VIII-46) (FUTURO)

Pol mensolée mourra trois lieües du rosne, [1]	*Pol mersureano morirá tres leguas del Ródano,*
Fuis les deux prochains tarasc destrois: [2]	*Huye los dos próximos tarascones destruidos:*
Car Mars fera le plus horrible trosne, [3]	*Porque Marte hará el más horrible trono,*
De coq et d'aigle [4] de France freres trois. [5]	*De gallo y de águila de Francia hermanos tres.*

EL REINADO DEL HORROR: En St. Pol-sur-Mer morirá la invasión iniciada a tres leguas del Ródano, donde la población huye de los dos lugares próximos a Tarascón, destruidos: Porque, la guerra hará el más horrible reinado, cuando el ejército francés y el aliado de Francia, recrudecerán lo comenzado por los tres hermanos continentales.

1.- Pol mensolée: «Pol mersurée». Anagrama del territorio de St.. Pol-sur-Mer (Pol mersureano), al Norte del país.
2.- tarasc: «tarascones», lugares de Tarascón-sur-Rhône.
3.- Marte: Dios de la guerra.
4.- gallo y águila: Símbolos de Francia y EE.UU., respectivamente.
5.- Se refiere a tres países de la misma «familia» continental.

PROFECÍA 916 (II-87) (FUTURO)

Après viendra des estremes contrées,	*Después vendrá de las extremas comarcas,*
Prince Germain, dessus le trosne doré:	*Príncipe Germano, encima del trono dorado:*
La servitude et eaux rencontrées,	*La esclavitud y aguas reencontradas,*
La dame serve, son temps plus n'adoré. [1]	*La dama sierva, su tiempo más no adorado.*

EL SOMETIMIENTO DE FRANCIA: Después vendrá el sometimiento de las comarcas más extremas, por el dirigente germano, en la cima del Poder: La esclavitud y las inundaciones bélicas volverán a encontrarse, la República francesa será sierva y su tiempo de esplendor se acabará.

1.- Frecuentemente, con la palabra «dama», el profeta se refiere a la República.

PROFECÍA 917 (III-10) (FUTURO)

De sang et faim plus grand calamité,	*De sangre y hambre más grande calamidad,*
Sept fois s'appreste à la marine plage: [1]	*Siete veces se apresta en la marina playa:*
Monech de faim, lieu pris, captivité,	*Mónaco de hambre, lugar tomado, cautividad,*
Le grand mené croc enferrée cage. [2]	*El grande llevado gancho en ferrada jaula.*

LA SÉPTIMA TROMPETA Y LA GRAN TRIBULACIÓN: De sangre y hambre, la mayor calamidad, tras sonar siete veces la trompeta apocalíptica, se apresta por el desembarco italiano en la marina playa francesa: Desde que Mónaco sea tomado, habrá hambre y cautividad, hasta que el grande será llevado con el gancho a la jaula de hierro.

1.- "El séptimo ángel tocó la trompeta... Entonces fue abierto el templo de Dios...y hubo relámpagos, voces, truenos, terremotos y una fuerte granizada". (Apocalipsis, 11-19)

2.- El profeta engloba el cautiverio de un gran personaje terrenal, y el de Satanás.

PROFECÍA 918 (V-23)   (FUTURO)

Les deux contens seront unis ensemble, [1]	*Los dos contendientes estarán unidos conjuntamente,*
Quant la plupart à Mars seront conjoinct:	*Cuando la mayor parte a Marte serán conjuntos:*
Le grand d'Affrique en effrayeur et tremble,	*El grande de Africa en espanto y temblor,*
Duumvirat [2] par la classe [3] desioinct. [4]	*Duumvirato por el ejército desunido.*

ALIANZA RUSO-NORTEAMERICANA. SU RUPTURA FINAL: Los dos contendientes, Rusia y EE.UU., estarán unidos conjuntamente, cuando la mayor parte de los países del mundo serán convocados a la guerra: El grande de Africa estará en espanto y temblor, y ese duumvirato, a nivel de ejército, será desunido.

1.- contens: Del latín "contendo", luchar, rivalizar, contender.

2.- Duumvirato: Del latín "duumviratus", dignidad y cargo ejercido por dos magistrados romanos o duumviros.

3.- classe: Del latín "classis-is", ejército.

4.- desioinct: Del latín "disiungo-iunxi-iunctum", desunir.

PROFECÍA 919 (X-83)   (FUTURO)

De batailler ne sera donnné signe,	*De batallar será dada la señal,*
Du parc seront contraints de sortir hors:	*Del parque se verán constreñidos a salir fuera:*
De Gand l'entour sera cogneu l'ensigne, [1]	*De Gante alrededor será conocida la enseña,*
Qui fera mettre de tous les siens à morts.	*Que hará poner a todos los suyos en muerte.*

OFENSIVA ÍTALO-GERMANA: De batallar, será dada la señal, y los del parque militar se verán constreñidos a salir fuera: Alrededor de Gante se verá el estandarte alemán, que terminará por llevar a todos los suyos a la muerte.

1.- Gante: "Gand" en flamenco. Ciudad de Bélgica, antigua capital de Flandes, en la confluencia del Lys y del Escalda.

PROFECÍA 920 (XI-42)   (FUTURO)

La grand'Cité où est le premier homme,	*La gran Ciudad donde está el primer hombre, (1)*
Bien amplement la ville je vous nomme,	*Muy ampliamente la ciudad yo os nombro, (3)*
Tout en alarme, et le soldat és champs (Falso)	*Todo en alarma y el soldado en los campamentos (F)*
Par fer et eaue, grandement affligée, [1]	*Por hierro y agua, grandemente afligida, (2)*
Et à la fin, des François soulagée,	*Y al final, de los Franceses aliviada, (4)*
Mais ce sera des six cens et dix ans (Falso)	*Pero esto será en los seiscientos diez años (Falso)*

LA LIBERACIÓN DE PARÍS: Profecía deteriorada por Vicent Seve de Beaucaire. La gran ciudad donde está el primer hombre de Francia, por la contienda bélica y las revoluciónes internas, se verá grandemente afligida. Muy ampliamente se nombra la ciudad: París, que, al final, será liberada y aliviada de sus males por medio de los franceses.

1.- Otra vez más, emplea el término "agua" para significar la "ola revolucionaria", el "diluvio" bélico.

PROFECÍA 921 (X-41)   (FUTURO)

En la frontiere de Caussade et Charlus, [1]
Non guieres loing du fond de la vallée,
De ville Franche musique à son de luths,
Environnez combouls et grand mittée. [2]

En la frontera de Caussade y Caylus,
No muy lejos del fondo del valle,
De ciudad Franca música a son de laúdes,
Rodeados convoyes y gran ametrallamiento.

LA BATALLA DE LYÓN: Iniciada la marcha en la frontera entre Caussade y Caylus, llegando no muy lejos del fondo del valle del Ródano, tan cerca de la ciudad de Lyón, que se escuchará la música al son de los laúdes, los convoyes serán rodeados y habrá un gran ametrallamiento.

1.- Charlus: De "Caylus", localidad francesa que, con Caussade, están cercanas a la confluencia del Tarn con el Garona.
2.- mittée: Es "mitrée", de "mitrailler", ametrallar.

PROFECÍA 922 (III-39)   (FUTURO)

Les sept en trois mois [1] en concorde, [2]
Pour subjuguer des Alpes Apennines,
Mais la tempeste et Ligure coüarde, [3]
Les profligent en subites ruines. [4]

Los siete en tres sarmientos en concordia,
Para subyugar los Alpes Apeninos,
Pero la tempestad y Liguria cobarde,
Los abaten en súbitas ruinas.

DATO PARA LA CLAVE. LA PAZ FRUSTRADA: Los siete montones en que el profeta ha colocado las 1.000 cuartetas han quedado bien, al situarlas en tres montones. También los siete países beligerantes de la 3ª Guerra mundial intentarán la concordia, luego de tres meses para subyugar la región de los Alpes y Apeninos. Pero, la tormenta bélica y la cobardía de Liguria frustrarán dicho intento y los abatirán en súbitas ruinas.

1.- mois: "meses". También apócope del francés "moissine", sarmiento. Los sarmientos o montones del proceso de desordenación.
2.- Véase el desarrollo de la Clave.
3.- Liguria: Región del N. de Italia.
4.- profligent: Del latin "profligo", abatir, destruir, arruinar.

PROFECÍA 923 (VIII-34)   (FUTURO)

Apres victoire du Lyon au Lyon [1]
Sus la montagne de Iura Secatombe, [2]
Delves [3] et brodes septiesme million, [4]
Lyon, Ulme [5] à Mausol mort et tombe. [6]

Después de la victoria del León en Lyón
Sobre la montaña de Jura Hecatombe,
Aniquilados y brodiontina séptimo millón,
Lyón, Ulm en Mausoleo muerte y tumba.

GRAN MORTANDAD EN EL JURA Y EN LOS ALPES: Después de la violenta victoria aliada en Lyón, sobre los montes del Jura tendrá lugar una hecatombe. Los aniquilados entre esta zona y la de los Alpes, rondará la cifra de un séptimo de millón. Desde Lyón hasta Ulm se convertirá en un gigantesco mausoleo de muerte y tumba.

1.- El león, simboliza la fuerza, la violencia. El león inglés.
2.- Jura: Cadena montañosa de Europa Central.
3.- Delves: Del latín "deleo-evi-etum", destruir, aniquilar.
4.- brodes: Relativo a la antigua población brodiontina, que vivía en los Alpes.
5.- Ulm: Ciudad de Alemania.
6.- Mausol: Ya explicado anteriormente.

PROFECÍA 924 (X-11)   (FUTURO)

Dessous Jonchere du dangereux passage [1]
Fera passer le postume sa bande, [2]
Les monts Pyrens passer hors son bagage,
De Parpignan courira Duc [3] à Tende. [4]

Debajo de Junquera del peligroso paso
Hará pasar el póstumo su banda,
Los Montes Pirineos pasar fuera su bagaje,
De Perpiñán correrá Jefe a Tende.

FRANCIA LIBERADA DE INVASORES: Debajo del peligroso paso de la Junquera hará pasar el último Jefe aliado su tropa. Desde los Montes Pirineos llevará fuera del país su bagaje militar, y de Perpiñán, correrá el Jefe del ejército invasor hacia el Collado de Tende, en los Alpes Marítimos, con lo que Francia quedará liberada de enemigos.

1.- Jonchere: La Junquera, localidad española.
2.- postume: Del latín "postumus-a-um", último, póstumo.
3.- Duc: Del latín "dux-ducis", jefe, general.
4.- Tende: Uno de los collados de los Alpes Marítimos, más allá de Niza.

PROFECÍA 925 (X-86) (FUTURO)

Comme un gryphon viendra le Roy d'Europe, [1]
Accompagné de ceux d'Aquilon, [2]
De rouges et blancs conduira grand troupe, [3]
Et iront contre le Roy de Babylon. [4]

Como un grifo vendrá el Rey de Europa,
Acompañado de los de Aquilón,
De rojos y blancos conducirá gran tropa,
E irán contra el Rey de Babilonia.

OFENSIVA ALIADA CONTRA ITALIA: Como un grifo mitológico vendrá el Rey más importante de Europa, acompañado de rusos y norteamericanos. Conducirá un gran ejército de liberales y conservadores, e irán contra las fuerzas del Jefe del Estado italiano de Roma, la nueva Babilonia.

1.- gryphon: Del latín "gryphus", grifo, animal fabuloso, mitad águila, mitad león (el águila norteamericana y el león inglés).
2.- Aquilón: Viento del Norte. Alude a rusos y norteamericanos, pueblos del Norte.
3.- rojos y blancos: Colores liberales y conservadores, tendencias políticas que se alternan el poder en Inglaterra.
4.- Babilonia: Ciudad citada en el Apocalipsis, alusiva a ciudades del mundo actual, dominadas por el vicio y la corrupción. Aquí se refiere a Roma.

PROFECÍA 926 (VI-14) (FUTURO)

Loing de sa terre Roy perdra la bataille,
Prompt eschappé poursuivy suivant prins,
Ignare prins soubs la doree maille,
Soubs fainct habit et l'ennemy surprins. [1]

Lejos de su tierra el Rey perderá la batalla,
Pronto escapado perseguido y a continuación preso,
Ignorante preso bajo la dorada malla,
Bajo fingido hábito y el enemigo sorprendido.

APRESADO EL JEFE INVASOR: Lejos de su tierra, el Jefe del Estado invasor, perderá la batalla. Escapará, pero, pronto, será perseguido y, a continuación, preso. Ignorante de que quedaría atrapado bajo la dorada malla de sus sueños de gloria, forjados al ir sus espías bajo fingido hábito de monje, por la Gironda, y el enemigo será sorprendido.

1.- Ver la cuarteta 877.

PROFECÍA 927 (VII-33) (FUTURO)

Par fraude regne, forces expolier, [1]
La classe obsesse, passages à l'espie,
Deux saincts amis se viendront t'allier,
Esveiller hayne de long temps assoupie.

Por fraude reino, fuerzas expoliar,
El ejército obseso, pasos a la esperanza,
Dos fingidos amigos se vendrán a aliar,
Despertar odio de largo tiempo adormecido.

DERROTA ALEMANA. EL DESPERTAR DE CHINA: Por el fraude al país germano, las fuerzas aliadas le expoliarán, y derrotado el ejército obseso, se darán pasos hacia la esperanza. Dos países que fingen ser amigos, EE.UU. y Rusia, se aliarán contra China, ante el despertar del gigante, durante largo tiempo adormecido.

1.- Los aliados no cumplirán el convenio hecho con Alemania.

PROFECÍA 928 (III-71) (FUTURO)

Ceux dans les isles de long temps assiegez,
Prendront vigueur force contre ennemis:
Ceux par dehors morts de faim profligez,
En plus grand faim que jamais seront mis.

Los de dentro de las islas largo tiempo asediados,
Tomarán vigor fuerza contra enemigos:
Aquellos de fuera muertos de hambre derrotados,
En más grande hambre que nunca serán puestos.

CERCO DE HAMBRE AL PUEBLO JAPONÉS: Los japoneses, dentro de sus islas, largo tiempo asediados, resistirán con gran vigor y fuerza contra sus enemigos: Aquellos de fuera, los norteamericanos, saben que muertos de hambre serán derrotados, y en más hambre que nunca serán puestos.

6.- *REVOLUCIÓN EN FRANCIA.*

PROFECÍA 929 (VI-34) (FUTURO)

De feu volant la machination,
Viendra troubler au grand chef assiegez:
Dedans sera telle sedition,
Qu'en desespoir seront les profligez.

De fuego volante la maquinación,
Vendrá a turbar al gran jefe asediado:
Dentro estará tal sedición,
Que en desesperación estarán los derrotados.

REVOLUCIÓN FRANCESA APLASTADA: El fuego de los misiles lanzados por la maquinaria de guerra de sus enemigos, vendrá a turbar al gran jefe asediado: Dentro del lugar estará la gente de tal sedición, que estarán presos de la desesperación, sabiéndose derrotados.

PROFECÍA 930 (IV-83) (FUTURO)

Combat nocturne le vaillant capitaine,
Vaincu fuyra peu de gens prosligé:
Son peuple esmeu, sedition non vaine,
Son propre fils le tiendra assiegé.

Combate nocturno el valiente capitán,
Vencido huirá poco de gentes seguido:
Su pueblo emocionado, sedición no vana,
Su propio hijo le tendrá asediado.

CERCO A LOS INSURRECTOS: Tras el combate nocturno, el valiente capitán, vencido, huirá seguido de poca gente: Su pueblo emocionado, verá que la sedición no ha sido vana. Su propio hijo le tendrá asediado.

PROFECÍA 931 (VIII-1) (FUTURO)

Pau, nay, Loron plus feu qu'à san sera, [1]
Laude nager, fuir grand aux surrez: [2]
Les agassas entree refusera,
Pampon [3], Durance les tiendra enserrez. [4]

Po, nacido, Loirón más fuego que en sangre será,
El Aude nadar, huir grande a los sublevados:
Los molestos entrada rehusará,
Parpaillon, Durance les tendrá encerrados.

CERCO A LOS SUBLEVADOS FRANCESES: En el Po nacido, más fuego bélico en el territorio del Loira, que en sangre será bañado. El Jefe revolucionario tendrá que cruzar a nado el Aude y huir junto a los sublevados: Provenza rehusará la entrada a los molestos insurrectos, que serán cercados entre el macizo de Parpaillón y el río Durance.

1.- Loron: Forma sincopada aumentativa "Loiron", dada al gran territorio francés regado por el río Loira.
2.- Aude: Río del Sur de Francia.
3.- Pampon: Síncopa de Parpaillon, macizo francés al SE de los HAUTES-ALPES.
4.- Durance: Río francés, afluente del Ródano.

PROFECÍA 932 (IX-15)   (FUTURO)

Pres de Parpan les rouges detenus, [1]
Ceux du milieu parfondres menez loing:
Trois mis en pieces, et cinq mal soustenus,
Pour le Seigneur et Prelat de Bourgoing.

Cerca de Parpaillón los rojos detenidos,
Los del medio degradados llevados lejos:
Tres despedazados, y cinco mal sostenidos,
Por el Señor y Prelado de Borgoña.

REPRESIÓN CONTRA LOS INSURRECTOS: Cerca de Parpaillón los revolucionarios serán detenidos. Los de rango intermedio, degradados, serán llevados lejos: De los militares más relevantes, tres serán despedazados y cinco mal sostenidos por el Señor y Prelado de Borgoña.

1.- Parpan: Forma sincopada de "Parpaillon", macizo montañoso situado en el SE de Francia.

PROFECÍA 933 (IV-84)   (FUTURO)

Un grand d'Auxerre mourra bien miserable, [1]
Chassé de ceux qui sous luy ont esté:
Serré de chaines, apres d'un rude cable,
En l'an que Mars, Venus et Sol mis on esté. [2]

Un grande de Auxerre morirá muy miserable,
Expulsado por aquellos que bajo él han estado:
Amarrado con cadenas, después de un rudo cable,
En el año que Marte, Venus y el Sol puestos han sido.

LA MUERTE DE UN MANDO FRANCÉS: Un grande de Auxerre morirá de forma muy miserable, expulsado por aquellos que bajo su mando han estado: Amarrado con cadenas y después de un rudo cable, en el año que, por la guerra, el Amor y la Vida, han sido puestos en gran merma.

1.- Auxerre: Cap. del Dep. francés de Yonne. Por extensión, Francia.
2.- Marte, Venus y el Sol, son astros que simbolizan, respectivamente, la Guerra, el Amor y la Vida.

PROFECÍA 934 (IV-86)   (FUTURO)

L'an que Saturne en eau sera conjoinct, [1]
Avecques Sol, le Roy fort et puissant, [2]
A Reims et Aix sera receu et oingt,
Après conquestes meurtrira innocens.

El año que Saturno en agua estará conjunto,
Con el Sol, el Rey fuerte y poderoso,
En Reims y Aix será recibido y ungido,
Después de las conquistas martirizará a inocentes.

HONORES AL REPRESOR DE LA REVOLUCIÓN: El año en que la Revolución popular estará conjunta con un Gobernante despótico y absoluto, el Jefe de Estado fuerte y poderoso, en Reims y Aix será recibido y ungido, después de las conquistas en las que martirizará a inocentes.

1.- Saturno en agua, lo emplea como expresión de la tendencia que ha propiciado el astro para la agitación social, la revolución.
2.- El astro gobernante es el Sol. A veces, con él designa a un Monarca, a un Jefe de Estado o a una forma de Poder.

7.- FINAL DE LA TERCERA GUERRA MUNDIAL.

PROFECÍA 935 (VI-81)   (FUTURO)

Pleurs, cris et plaints, hurlemens, effrayeur,
Coeur inhumain, cruel, noir et transy:
Leman, les Isles, de Gennes les maieurs,
Sang espancher, frofaim, à nul mercy. [1]

Llantos, gritos y lamentos, alaridos, espanto,
Corazón inhumano, cruel, negro y gélido:
Leman, las Islas, de Génova los mayores,
Sangre derramar, frío, hambre, a ninguno gracia.

LA GUERRA CRUEL: Llantos, gritos y lamentos, alaridos, espanto, por un corazón inhumano, cruel, negro y gélido: Del Leman, de las Islas, de Génova los mayores, sangre derramada, frío, hambre, y no habrá gracia para nadie.

1.- frofaim: Palabra compuesta, por necesidades métricas, de las francesas "froid", frío, y "faim", hambre.

PROFECÍA 936 (IX-72) (FUTURO)

Encor seront lee saincts temples pollus,
Et expillez par Senat Tholosain,
Saturne deux trois cicles revolus, [1]
Dans Avril, May, gene de nouveau levain.

Aún serán los santos templos profanados,
Y saqueados por Senado Tolosino,
Saturno dos tres ciclos revolucionados,
En Abril, Mayo, gente de nueva levadura.

SAQUEO DE TEMPLOS. LAS DURAS PRUEBAS DE SATURNO: Aún serán los santos templos profanados y saqueados por el Gobierno de Toulouse. Saturno traerá pruebas durísimas en el número tres de los ciclos de su revolución, tras las otras dos anteriores guerras, fermentado en la primavera por gente de nueva levadura.

1.- Saturno, Señor del Karma, propone las pruebas que el mundo y sus habitantes han de pasar.

PROFECÍA 937 (V-62) (FUTURO)

Sur les rochers sang on verra pleuvoir [1]
Sol Orient, Saturne Occidental: [2]
Pres d'Orgon guerre, à Rome grand mal voir, [3]
Nefs parfondrees, et prins le Tridental. [4]

Sobre las rocas sangre se verá llover,
Sol Oriente, Saturno Occidental:
Cerca de Orgón guerra, en Roma gran mal ver,
Naves hundidas, y preso el Tridental.

LA GRAN SANGRÍA DE LA 3ª G. M.: Sobre las rocas, sangre se verá llover, con Vida en Oriente y Karma en Occidente: Cerca de Orgón la guerra, en Roma, el gran mal se verá, tras las naves hundidas y preso el Almirante.

1.- Simboliza la gran efusión de sangre derramada.
2.- El Sol, símbolo de Vida y Saturno, del Karma, de las pruebas a pasar.
3.- Orgón: Localidad francesa de Provenza.
4.- El Tridental: Alusivo al tridente de Neptuno, una persona con poder en los mares; un Almirante.

PROFECÍA 938 (X-6) (FUTURO)

Sardon [1] Nemans si hault desborderont [2]
Qu'on cuidera Deucalion renaistre, [3]
Dans le colosse la pluspart fuyront,
Vesta sepulchre feu estaint apparoistre.[4]

Sardón, Lemans tan alto desbordarán
Que se pensará Diluvio renacer,
En el coloso la mayor parte huirán,
Vesta sepulcro fuego extinguido aparecer.

LA GRAN MATANZA: De Cerdeña a Suiza, tan alto desbordarán la violencia, el terror y la muerte desatados, que se pensará que habrá renacido el Diluvio. En el colosal desastre, la mayor parte huirán, y una vez extinguido el fuego bélico, y los supervivientes regresen al hogar, aparecerá el inmenso sepulcro originado.

1.- Sardon: Territorio Sardo, de Cerdeña (de Italia).
2.- Nemans: Es «Leman», lago entre Francia y Suiza.
3.- Deucalión: Hijo de Prometeo y marido de Pirra. Es Noé. Alusivo al Diluvio.
4.- Vesta: Diosa romana, protectora del hogar.

PROFECÍA 939 (VIII-28) (FUTURO)

Les simulacres d'or et d'argent enflez, [1]
Qu'apres le rapt au feu furent jettez,
Au descouvert estaincts tous et troublez,
Au marbre escript, perscript interiettez.

Los simulacros de oro y de plata hinchados,
Que después del rapto al fuego fueron arrojados,
Al descubierto agotados todos y turbados,
En el mármol escrito, prescrito perecidos.

LA RUINA ECONÓMICA: Los billetes, los bonos, y demás medios económicos, de ellos repletos, que después del rapto de la paz, al fuego de la guerra serán arrojados, quedará al descubierto, terminada ésta, que están todos agotados, y estarán turbados, menos los perecidos, que, con su nombre en el mármol escrito, para ellos todo habrá terminado.

1.- Hasta el siglo XIX, cuando se adoptó el patrón oro y comenzó a circular una moneda de papel, sólo se utilizaban las monedas metálicas. Por ello, para el profeta, los billetes de banco eran «simulacros de las monedas de oro y de plata» que se utilizaban en su tiempo.

PROFECÍA 940 (III-79)   (FUTURO)

L'ordre fatal sempiternel par chaisne,	*El orden fatal sempiterno por cadena,*
Viendra tourner par ordre consequent:	*Vendrá a girar por orden consecuente:*
Du port Phocen sera rompue la chaisne, [1]	*Del puerto Foceno será rota la cadena,*
La cité prinse, l'ennemy quant et quant. [2]	*La ciudad tomada, el enemigo cuánto y cuánto.*

LA 3ª G. M., NUEVO ESLABÓN TRÁGICO EN LA CADENA DEL TIEMPO: El orden fatal sempiterno, encadenando sucesos, vendrá a girar, como consecuencia de un orden de causas: Tras la invasión del puerto marsellés, otra vez será rota la cadena. La ciudad de Marsella será tomada y cuánto y cuánto hará el enemigo en territorio francés.

1.- Foceno: Marsellés. Focea es nombre griego de Marsella.
2.- quant et quant: Del latín «quantus-a-um», cuánto y cuánto.

PROFECÍA 941 (XI-3)   (FUTURO)

La ville sans dessus dessous,	*La ciudad trastornada, (1)*
Renversée de mille coups [1]	*Derribada por mil golpes (3)*
De canons: et forts dessous terre:	*De cañones: y fuertes debajo tierra: (2)*
Cinq ans tiendra: le tout remis, (Falso)	*Cinco años resistirá: todo devuelto, (Falso)*
Et laschée à ses ennemis, (Falso)	*Y dejada a sus enemigos, (Falso)*
L'eau leur fera après la guerre.	*El agua les hará después la guerra. (4)*

LA DESTRUCCIÓN DE PARÍS: Profecía manipulada por Vicent Seve de Beaucaire. París, la ciudad trastornada con el tronar de los cañones: y sus más fuertes defensores puestos bajo tierra: Derribada por mil golpes, la revolución les hará después la guerra.

1.- Beaucaire, para convertir las cuartetas en sextillas, transpola términos de un verso auténtico a uno de sus añadidos.

PROFECÍA 942 (II-81)   (FUTURO)

Par feu du ciel la cité presque aduste, [1]	*Por fuego del cielo la ciudad casi quemada,*
L'urne [2] menace encor Deucalion, [3]	*La urna amenaza aún Deucalión,*
Vexées Sardaigne par la Punique fuste, [4]	*Vejada Cerdeña por la Púnica fusta,*
Apres que Libra lairra son Phaëton. [5]	*Después de que Libra dejará su Faetón.*

REVOLUCIÓN EN FRANCIA: Casi quemada París por el bombardeo aéreo, un nuevo Diluvio de revolución y muerte, le amenaza. Vejada Cerdeña por la flota musulmana, después que la guerra dejará paso a la Justicia.

1.- aduste: Del latín «aduro-ussi-ustum», quemar.
2.- urne: Recipiente antiguo, para sacar agua y conservar cenizas de muerto. Símbolo de revolución (el agua) y de muerte.
3.- Deucalión: Es Noé, el salvado del Diluvio.
4.- fuste: Del italiano «fusta», nave larga con vela y remos.
5.- Faetón: Hijo de Helios (El Sol) y Climene. Su carro abrazaba la Tierra. Símbolo de las guerras.

PROFECÍA 943 (XI-33) (FUTURO)

Bien peu apres sera tres-grand misere, (Falso)	*Muy poco después será muy gran miseria, (Falso)*
Du peu de bled, qui sera sur la terre, (Falso)	*Del poco trigo que estará sobre la tierra (Falso)*
Du Dauphine, Provence et Viverois,	*Del Delfinado, Provenza y Viviers, (1)*
Au Viverois est un pauvre presage,	*Al de Viviers es un pobre presagio, (2)*
Pere du fils, sera antropophage,	*Padre del hijo, será antropófago, (4)*
Et mangeront racine et gland du bois.	*Y comerán raíces y bellotas del bosque. (3)*

LA GRAN HAMBRUNA: Profecía manipulada por Vicent Seve de Beaucaire. De las regiones de Francia se apoderará la miseria. El hambre que acucia al de Viviers es un pobre presagio de la que se extenderá por la Tierra, y sus moradores comerán raíces y bellotas del bosque, llegando la escasez a tal extremo, que el padre, del hijo, será antropófago.

PROFECÍA 944 (XI-7) (FUTURO)

La sangsue [1] au loup se joindra, [2]	*La sangre suya al lobo se juntará,*
Lors qu 'en mer le bled defaudra, (Falso)	*Cuando en el mar el trigo faltará, (Falso)*
Mais le grand Prince sans envie,	*Pero el grande Príncipe sin apetencia,*
Par ambassade luy donra	*Por embajada le dará*
De son bled pour luy donner vie,	*De su trigo pare darle vida,*
Pour un besoin s'en pourvoira (Falso)	*Para una necesidad de él se proveerá (Falso)*

AYUDA A LA HAMBRIENTA EUROPA: Profecía casi destrozada por Vicent Seve de Beaucaire. La especie humana, tan feroz como el lobo, a su hambre atroz se juntará. Pero, el gran dirigente, sin apetencia alguna, por medio de su embajada dará de su trigo a la hambrienta Europa, para darle vida.

1.- La palabra "sangsue", compuesta de "sang", sangre y el genitivo latino "sue" de "suus-a-um", suyo, será "de su misma sangre", "de su especie".

2.- El lobo es considerado como un prototipo de animal sanguinario y agresor, pero también simboliza el hambre atroz.

PROFECÍA 945 (IV-15) (FUTURO)

D'où pensera faire venir famine,	*De donde pensará hacer venir hambre,*
De là viendra le rassasiement:	*De allí vendrá la hartura:*
L'oeil de la mer par avare canine	*La vista de la mar por avaro canino*
Pour de l'un l'autre donra huyle, froment.	*Para el uno y el otro dará aceite, trigo.*

AYUDA RUSA A EUROPA: De donde se pensará hacer venir el hambre, de allí vendrá la hartura: Rusia sólo pedirá una salida al mar, por satisfacer el ansioso colmillo de los hambrientos. Para el uno y el otro, dará aceite y trigo.

PROFECÍA 946 (XI-27) (FUTURO)

Celeste feu du costé d'Occident,	*Celeste fuego del lado de Occidente, (2)*
Et du Midy, courir jusques au Levant,	*Y del Mediodía, correr hasta Levante, (4)*
Vers demy morts sans poinct trouver racine (Falso)	*Gusanos medio muertos sin punto encontrar raíz (F)*
Troisièsme aage, à Mars le Belliqueux,	*Tercera edad, de Marte el Belicoso, (1)*
Des Escarboucles on verra briller feux,	*De los Carbunclos se verá brillar fuego (3),*
Aage Escarboucle, et à la fin famine (Falso)	*Edad Carbunclo, y al final hambre (Falso)*

FINAL DE LA 3ª G. M.: Profecía manipulada por Vicent Seve de Beaucaire. Final de la Tercera Edad de Marte el Belicoso, donde el celeste fuego de los misiles estará del lado de Occidente. Se verá brillar el fuego de los que son como carbunclos voladores, y, del Mediodía, la guerra se verá correr hasta Levante.

PROFECÍA 947 (VIII-97)   (FUTURO)

Aux fins du Var [1]changer le Pom potans, [2]	*En los finales del Var cambiar el Alto Poder,*
Pres du rivage les trois beaux enfans naistre,	*Cerca de la orilla los tres bellos niños nacer,*
Ruyne au peuple par aage competans	*Ruina al pueblo por edad competente*
Regne au pays changer plus voir croistre.[3]	*Reino al país cambiar más ver crecer.*

FINAL DE LA 3ª G. M.: En los confines del río Var, al cambiar el dominio de la guerra, terminará, lo que cerca de sus orillas comenzó por culpa de los que, como tres bellos niños nacerán, pero, luego llevarán la ruina al pueblo, cuando estarán en edad competente para ello. El nuevo Gobierno cambiará al país, y lo verá crecer cada vez más en prosperidad.

1.- Var: Río de Francia, que desemboca en el Mediterráneo.
2.- Pompotans: Forma sincopada del latín "pennipotens", de alas poderosas, que puede entenderse como "elevado Poder", o "alto Poder", o "Dominio".
3.- Doble significado: local y planetario.

PROFECÍA 948 (IV-36)   (FUTURO)

Les jeux nouveaux en Gaule redressez,	*Los juegos nuevos en Galia restablecidos,*
Apres victoire de l'Insubre champaigne: [1]	*Después de victoria de la Insubra campaña:*
Monts d'Espeire, les grands liez, troussez, [2]	*Montes de Hesperia, los grandes ligados, recogidos,*
De peur trembler la Romaigne et l'Espaigne.[3]	*De pavor temblar la Romaña y la España.*

NUEVOS PODERES EN FRANCIA: Los nuevos juegos de Poder serán restablecidos en Francia, después de la victoria aliada en la campaña italiana: Antes, por los montes de Italia, los grandes personajes serán capturados y apresados, y habrán temblado de pavor las gentes del Vaticano y España.

1.- Insubria: Patria de los insubros, en Italia.
2.- Hesperia: Antiguo nombre de Italia.
3.- Romaña: Ant. provincia italiana.

PROFECÍA 949 (VI-74)   (FUTURO)

La dechassée au regne tournera,	*La desechada al reino volverá,*
Ses ennemis trouvez des coniurez:	*Sus enemigos hallados conjurados:*
Plus que jammais son temps triomphera,	*Más que nunca su tiempo triunfará,*
Trois et septante à mort trop asseurez.	*Tres y setenta en muerte demasiado asegurados.*

LA PAZ VUELVE A FRANCIA: La paz, desechada, al pueblo francés volverá, tras ser hallados sus enemigos conjurados: Más que nunca su tiempo triunfará, tras tres años y setenta días, de muerte demasiado segura para todos.

PROFECÍA 950 (IV-24)   (FUTURO)

Ouy soubs terre saincte dame voix sainte, [1]	*Oída bajo tierra santa dama voz sagrada,*
Humaine flamme pour divine voir luire:	*Humana llama por divina ver lucir:*
Fera des seuls de leur sang terre tainte,	*Hará de los solos de su sangre tierra teñida,*
Et les saincts temples pour les impurs destruire.	*Y los santos templos por los impuros destruir.*

LA VOZ DE LA LIBERTAD: Oída la voz sagrada de la santa dama, ya bajo tierra, la humana llama de la libertad, por divina se verá lucir: Hará ganar la guerra por la que, de la sangre de los eclesiásticos, la tierra será teñida, y los santos templos, por los impuros, destruir.

1.- Se refiere a Juana de Arco.

LAS PROFECÍAS DE NOSTRADAMUS

PROFECÍA 951 (IX-66)   (FUTURO)

Paix, union sera et changement,
Estats, offices, bas haut et hault bien bas, [1]
Dresser voyage, le fruict premier tourment,
Guerre cesser, civil procez debats.

Paz, unión será y cambio,
Estados, ministerios, lo bajo alto y lo alto bien bajo,
Preparar viaje, el fruto primer tormento,
Guerra cesar, civiles procesos debates.

CAMBIOS, TRATADOS Y PROCESOS CIVILES: Paz, unión y cambios, serán en la Tierra. En los Estados y Ministerios, lo que estaba abajo subirá a lo alto, y al revés. Se prepararán viajes, para firmar tratados y obtener el fruto primero del cese de la guerra, tras el tormento que ha causado. Tras cesar la guerra, habrá procesos civiles y debates.

1.- Nuevo dato para la Clave: las cuartetas de la parte baja de los montones irán a lo alto de los nuevos y, al revés.

8.- LOS 2 PAPAS. LOS DOS TESTIGOS DEL SEÑOR.

PROFECÍA 952 (VI-93)   (FUTURO)

Prelat avare d´ambition trompé [1]
Rien ne sera que trop viendra cuider:
Ses messagers, et luy bien attrapé,
Tout au rebours voir qui le bois fendroit.

Prelado avaricioso de ambición engañado
Nada será más que lo que demasiado vendrá a cuidar:
Sus mensajeros, y él bien atrapado,
Todo al revés ver quien la leña cortar.

EL ÚLTIMO ANTIPAPA: Prelado avaricioso, de ambición engañado, nada será más importante que lo que demasiado vendrá a cuidar, su protagonismo personal: Sus mensajeros serán muertos, y él mismo bien atrapado, después que haya cambiado las creencias de tal modo que, hasta el más humilde leñador, lo verá todo al revés.

1.- En las páginas 92 y 93 de "Las Profecías del Papa Juan XXIII", dice: "¡Oh, torturado en el tormento, Padre viudo cuyo secreto conoce María!... Aún viajando te quedarás en el trono...tú callas cuando matan a tus pastores...Has roto la cadena y lo sabes...Lenguas distintas para el sacramento y lenguas distintas para la palabra...Has eliminado el exorcismo del sacramento y has visto el rostro de Satán...Tú que vienes de la niebla serás herido. No has sabido elegir, amonestar, atreverte, rezar... etc."

PROFECÍA 953 (II-28)   (FUTURO)

Le penultiesme du surnom du prophete,
Prendra Diane pour son jour et repos: [1]
Loin vaguera par frenetique teste,
Et delivrant un grand peuple d'impos.

El penúltimo del sobrenombre del profeta,
Tomará Diana por su día y reposo:
Lejos vagará por frenética cabeza,
Y pariendo un gran pueblo de impostores.

UN LUGAR DE RECREO PARA EL IMPOSTOR: El penúltimo de los Papas, del sobrenombre compuesto por los del profeta, utilizará el Vaticano, más bien para sus días de descanso: Lejos vagará, impulsado por su frenética cabeza, haciendo nacer un gran pueblo de impostores.

1.- El templo de Diana se hallaba en el monte Aventino, en Roma. Utiliza este término para señalar la ciudad eterna.

PROFECÍA 954 (III-94)   (FUTURO)

De cinq cens ans [1] plus compte lon tiendra, [2]
Celuy qu'estoit l'ornement de son temps,[3]
Puis à un coup grande clarté donra,
Que par ce siecle les rendra trescontens.

De quinientos años más cuenta se le tendrá,
Aquél que fuera el ornato de su tiempo,
Después, de golpe, gran claridad dará,
Que por este siglo les volverá muy contentos.

LA SANTIFICACIÓN DE UN PAPA RENACENTISTA: Después de quinientos años, más en cuenta se le tendrá, a aquél que fuera el ornato de su tiempo. Después, de golpe, se mostrará quien es, claramente cómo es, que, por la materialidad de este siglo, les volverá muy contentos.

1.- De finales del siglo XV hasta la posible santificación, más o menos transcurrirán "quinientos años".

2.- Un Papa, amigo de la pompa y la ostentación, como Alejandro VI, Julio II y León X, será beatificado. En el libro de Pier Carpi, páginas 80-81 dice: "Triste día, aquél que verá al loco convertido en Santo. Error de siglos, secreto".

3.- Hará santo al Papa más amante del fausto entre todos los del Renacimiento.

PROFECÍA 955 (VI-48)   (FUTURO)

La saincteté trop fainte et seductive,	*La santidad demasiado fingida y seductora,*
Accompagné d´une langue discrete:	*Acompañada de una lengua discreta:*
La cité vieille, et Parme trop hastive,	*La ciudad vieja, y Parma demasiado prematura,*
Florence et Sienne rendront plus desertes.	*Florencia y Siena quedarán más desiertas.*

LA FALSA SANTIDAD DEL ANTIPAPA: La santidad demasiado fingida y seductora, irá acompañada de una lengua discreta: La vieja ciudad, Roma, y Parma, asoladas de forma demasiado prematura, Florencia y Siena más desiertas.

PROFECÍA 956 (V-31)   (FUTURO)

Par terre Antique chef de la sapience,	*Por tierra Antigua jefe de la sabiduría,*
Qui de present est la rose du monde:	*Quien en el presente es la rosa del mundo:*
Pont ruiné, et sa grand'preeminence [1]	*Poder arruinado, y su gran preeminencia*
Sera subdite et naufrage des ondes.	*Será súbdita y náufraga de las ondas.*

LA RUINA DE LA IGLESIA: Por las tierras de la antigua sabiduría, irá el Jefe de una Iglesia que, en el presente del profeta, es como la rosa del mundo: Pero, esa Iglesia verá su poder arruinado, y su gran preeminencia será súbdita de Satanás y náufraga de las olas de un terrible mar de discordias internas y ataques externos.

1.- Nostradamus suele utilizar la palabra «Pont», en el sentido de "puente de mando", como sinónimo de "Poder".

PROFECÍA 957 (VI-21)   (FUTURO)

Quant ceux du polle artiq unis ensemble [1]	*Cuando los del polo ártico unidos conjuntamente,*
En Orient grand effrayeur et crainte,	*En Oriente gran espanto y temor,*
Esleu nouveau, soustenu le grand tremble,	*Elegido nuevo, sostenido el grande tiembla,*
Rodes, Bisance de sang Barbare taincte.	*Rodas, Bizancio de sangre Bárbara teñida.*

CHINA HACE TEMBLAR A ORIENTE: Cuando los del polo ártico estén unidos conjuntamente, en Oriente habrá gran espanto y temor. Elegido nuevo Papa, será sostenido lo que por el otro grande tiembla. Grecia y Turquía estarán teñidas de sangre, por la guerra musulmana.

1.- Rusia y las demás Repúblicas, tienen tierras lindando con el Océano Glacial Artico y cercanas al Polo Norte.

PROFECÍA 958 (X-3)   (FUTURO)

En apres cinq troupeau ne mettra hors, [1]	*Después cinco rebaño pondrá fuera,*
Un fuytif pour Penelon laschera, [2]	*Un fugitivo por Polonia dejará,*
Faux murmurer, secours venir par lors,	*Falso murmurar, socorros venir para entonces,*
Le chef le siege lors abandonnera.	*El jefe la sede entonces abandonará.*

EL ANTIPAPA ABANDONA LA SEDE: Después del bombardeo, con cinco Cardenales, el rebaño pondrá fuera. Un fugitivo nacido por Polonia, Roma dejará. Al ser falso el rumor de que los socorros iban a venir para entonces, el Jefe de la Iglesia, la Sede, entonces, abandonará.

1.- El rebaño de Cristo es la Iglesia.

2.- Penelon: Anagrama de «Polanes» o «Polenes». Los historiadores relacionan el nombre de Polonia con el de los «polenes», tribu que habitaba en la temprana Edad Media la región de la actual Polonia.

LAS PROFECÍAS DE NOSTRADAMUS

PROFECÍA 959 (III-13) (FUTURO)

Par foudre [1] en l'arche or et argent fondu, [2]
De deux captifs l'un l'autre mangera: [3]
De la cité le plus grand estendu,
Quand submergée la classe nagera. [4]

Por rayo en el arca oro y plata fundidos,
De dos cautivos el uno al otro comerá:
De la ciudad el mayor extendido,
Cuando sumergida la flota bogará.

HUIDA DEL ANTIPAPA: Por el rayo de la guerra, el oro y la plata de las arcas fundidos, de los dos bandos cautivos de la lucha, el uno al otro absorberá: De la ciudad de Roma, el más grande huirá, una vez extendido a Italia el conflicto bélico creado, cuando, sumergida su flota, hacia las costas de Francia bogará.

1.- El «rayo» simboliza un poder destructivo, de las armas o de un personaje.
2.- Es sinónimo de «vaciar las arcas».
3.- Aquí, «comerá», es sinónimo de «absorber», de «devorar» bélicamente uno a otro.
4.- classe: Del latín «classis-is», flota, ejército.

PROFECÍA 960 (IX-83) (FUTURO)

Sol vingt de Taurus [1] si fort terre trembler, [2]
Le grand theatre remply ruinera, [3]
L'air ciel et terre obscurcir et troubler,
Lors l'infidelle Dieu et saincts voguera.

Sol veinte de Tauro tan fuerte tierra temblar,
El gran teatro repleto arruinará,
El aire, cielo y tierra oscurecer y conturbar,
Entonces el infiel a Dios y santos bogará.

LA DESTRUCCIÓN DE ROMA. HUIDA DEL ANTIPAPA: El día 10 de Mayo, tan fuerte temblará la tierra, que la plaza de San Pedro, repleta de gente, arruinará. El aire, el cielo y la tierra se oscurecerán y conturbarán a las gentes. Entonces, el infiel a Dios y a los santos, bogará.

1.- El Sol recorre el signo de Tauro desde el 20 de Abril al 20 de Mayo. El grado veinte cae sobre el día 10 de este último mes.
2.- Ver la cuarteta 831.
3.- Llama a la plaza de San Pedro de Roma "el gran teatro", lugar donde se desarrollarán escenas relevantes de la Historia, como escenario donde ha mirado siempre la Cristiandad, y morada, en los últimos tiempos, de los grandes farsantes.

PROFECÍA 961 (IX-99) (FUTURO)

Vent Aquilon [1] fera partir le siege, [2]
Par murs getter cendres, chauls, et poussiere:
Par pluyes apres, qu'il leur fera bien piege,
Dernier secours encontre leur frontiere.

Viento Aquilón hará partir la sede,
Por muros arrojar cenizas, cal y polvo:
Por lluvias después, que les hará mucho daño,
Útimo socorro en contra su frontera.

TRASLADO DE LA SEDE PAPAL: El vendaval bélico ruso hará partir la sede de Roma, que verá sus muros derribar y todo convertido en cenizas, cal y polvo: Por lluvias torrenciales y revoluciones después, que les hará mucho daño, el último socorro aliado empujará al invasor alemán contra su frontera.

1.- El avance ruso será un verdadero vendaval, meteórico y sanguinario, que hará poner pies en polvorosa al Antipapa.
2.- Aquilón: El viento del Norte, violento e incontenible. Con esta palabra suele designar el profeta a Rusia.

PROFECÍA 962 (V-41) (FUTURO)

Nay sous les ombres et journee nocturne,
Sera en regne et bonté souveraine:
Fera renaistre son sang de l'antique urne, [1]
Renouvellant siecle d'or pour l'airain.

Nacido bajo las sombras y jornada nocturna,
Será en reino y bondad soberana:
Hará renacer su sangre de la antigua urna,
Renovando siglo de oro por el bronce.

EL PRÓXIMO PAPA: Nacido bajo momentos de oscuridad para el género humano y en jornada nocturna, será, como persona y en el gobierno de su reino, de una bondad soberana: Volverá a renacer su antigua personalidad espiritual, renovando en siglo de oro, por el de bronce, de los cañones.

1.- El nuevo Papa, correspondiente al lema malaquiniano «De Gloria Olivae», judío y de origen francés, será la reencarnación de Elías y Juan el Bautista, y uno de los dos Testigos del Señor citados en el Apocalipsis.

PROFECÍA 963 (V-75) (FUTURO)

Montera haut sur le bien plus à dextre,	*Subirá alto sobre el bien más a la diestra,*
Demourra assis sur la pierre quarrée,	*Permanecerá sentado sobre la piedra cuadrada,*
Vers le Midy posé à la fenestre,	*Hacia el Mediodía puesto a la ventana,*
Baston tortu [1] en main, bouche ferrée.[2]	*Bastón torcido en mano, boca ferrada.*

LA IGLESIA CON DOS PONTÍFICES: Subirá al solio Pontificio uno muy alto sobre el bien, más a la diestra de Cristo, mientras otro permanecerá sentado sobre el pedestal del Poder, hacia el Mediodía, donde seguirá puesto en la ventana con el báculo en la mano y la boca crispada en un gesto áspero y duro como el hierro.

1.- Describe el báculo pastoral como «bastón torcido».
2.- En la página 98 del libro de Pier Carpi dice: "Dos hermanos, ninguno de los cuales será Padre verdadero. La Madre enviudará" . Nostradamus y Juan XXIII coinciden otra vez.

PROFECÍA 964 (VIII-4) (FUTURO)

Dedans Monech le Coq sera receu,	*Dentro de Mónaco el Gallo será recibido,*
Le Cardinal de France apparoistra	*El Cardenal de Francia aparecerá*
Par Logarion [1] Romain sera deceu [2]	*Por Delegación Romana será decepcionado*
Foiblesse à l'Aigle, et force au Coq naistra. [3]	*Debilidad en Aguila, y fuerza al Gallo nacerá.*

EL PAPA FRANCÉS: Dentro de Mónaco, el Jefe francés será recibido. El Cardenal de Francia aparecerá como Papa. Por la Curia Romana será decepcionado, cuando habrá debilidad en el ejército alemán, y fuerza al francés nacerá.

1.- Logarion: Es «legation», del latín «legatio-onis», legación, embajada. En este caso, Curia.
2.- deceu: De «décevoir», frustrar, engañar, decepcionar.
3.- Emblemas de Alemania y Francia, respectivamente.

PROFECÍA 965 (VI-69) (FUTURO)

La pitié grande sera sans loing tarder,	*La piedad grande será sin mucho tardar,*
Ceux qui donnoient seront contraints de prendre:	*Los que daban serán obligados a tomar:*
Nuds, affamez de froid, soif, soy bander,	*Despojados, hambrientos de frío, sed, bandearse,*
Les monts passer commettant grand esclandre.	*Los montes pasar cometiendo gran alboroto.*

LOS 2 TESTIGOS. CAMBIA LA GUERRA: La gran piedad será sin tardar mucho. Los que daban sufrimiento serán obligados a tomar: Despojados, hambrientos, con frío, sed y bandos de resistencia desesperada, como los habitantes de los países que invadieron, al pasar los montes alpinos, camino de Francia, cometiendo gran alboroto internacional.

PROFECÍA 966 (IX-100) (FUTURO)

Navalle pugne nuit sera superée,	*Naval pugna noche será superada,*
Le feu, aux naves à l'Occident ruine	*El fuego, a las naves en Occidente ruina*
Rubrische neusve, la grand nef colorée, [1]	*Rúbrica nueva, la gran nave colorada,*
Ire à vaincu, et victoire en bruine.	*Ira en vencido y victoria en neblina.*

DESASTRE NAVAL. "DE GLORIA OLIVAE": Una batalla naval, durante la noche será desarrollada y el fuego supondrá la ruina para las naves de Occidente. El Papa «De Gloria Olivae», pondrá una rúbrica, dará un nuevo color a la nave de la Iglesia, cuando habrá ira en el vencido y victoria entre la niebla.

1.- Una derrota naval, un nuevo acuerdo. Una nueva elección, una nueva luz en la Iglesia.

PROFECÍA 967 (IX-41) (FUTURO)

Le grand Chyren soy saisir d'Avignon, [1]
De Rome lettres en miel plein d'amertume,
Lettre ambassade partir de Chanignon, [2]
Carpentras pris par duc noir rouge plume. [3]

El gran Chirén se apodera de Aviñón,
De Roma cartas dulces llenas de amargura,
Carta embajada partir de Champiñón,
Carpentras tomado por jefe negro roja pluma.

LAS CARTAS DE "DE GLORIA OLIVAE": El Presidente francés se apoderará de Aviñón. De Roma saldrán dulces cartas llenas de amargura. Una carta de embajada partirá de Champagne. Carpentras será tomado por el jefe de negro con roja pluma.

1.- «Chiren» es una denominación de dinastía aplicada, generalmente, a los reyes de Francia.
2.- Chanignon: síncopa alterada de la palabra «Champignon», referido al territorio de Champagne.
3.- Carpentras: Localidad francesa en el dep. de Vaucluse, en la Provenza.

PROFECÍA 968 (VII-8) (FUTURO)

Flora [1], fuis, fuis le plus proche Romain, [2]
Au Fesulan sera conflict donné: [3]
Sang espandu, les plus grands prins à main,
Temple ne sexe ne sera pardonné.

En Occidente, huye, huye el más próximo Romano,
En el Fesulán será conflicto dado:
Sangre expandida, los más grandes tomados en mano,
Templo ni sexo no será perdonado.

EL PAPA ABANDONA ROMA: En Occidente huye el Jefe del Estado más próximo de Roma. En la Toscana será dado el conflicto bélico: Sangre expandida, los más grandes capturados. Ni templo, ni sexo, serán perdonados.

1.- Flora: Diosa de los jardines y de las flores, esposa de Céfiro, suave viento de Poniente. Señala el Oeste, el Occidente.
2.- El Papa abandonará una Roma semi-destruida por terremotos y bombardeos.
3.- Fesulán: Del latín «Faesula-ae», Fésula, C. de Etruria, actual Fiésole.

PROFECÍA 969 (VIII-6) (FUTURO)

Clarté fulgure à Lyon apparante
Luyssant, print Malte, subit sera estainte:
Sardon [1], Mauris traitera decevante, [2]
Geneve à Londres à Coq trahison fainte.

Claridad fulgurante en Lyón apareciente
Luciendo, tomado Malta, súbitamente será extinguida:
Italia, Moriscos tratará falaz,
Ginebra a Londres a Gallo traición fingida.

EL PAPA "DE GLORIA OLIVAE": La claridad fulgurante de «De Gloria Olivae» aparecerá en Lyón. Luciendo, será llevado a Malta, y súbitamente será extinguida: Italia, los musulmanes tratará de forma falaz, tras su traición fingida en Ginebra, a Londres y a Francia.

1.- Sardón: «el País de los Sardos», Italia.
2.- Mauris: Del latín «maurus», moro. Los moriscos, los musulmanes.

PROFECÍA 970 (V-15) (FUTURO)

En navigant captif prins grand Pontife,
Grand aprets faillir les clercs tumultuez:
Second esleu absent son bien debife,
Son favory bastard à mort tué.

Navegando cautivo tomado gran Pontífice,
Grande después faltar los clérigos tumultuosos:
Segundo elegido ausente su bien desfigurado,
Su favorito bastardo en muerte aniquilado.

SECUESTRO DEL PAPA "DE GLORIA OLIVAE": Navegando, será cautivo, secuestrado, el gran Pontífice «De Gloria Olivae», elegido Papa, al faltar de Roma el Antipapa y estar los clérigos tumultuosos: Ausente, su bien será desfigurado por los sicarios de Satán, pero su favorito bastardo será puesto en muerte, aniquilado.

PROFECÍA 971 (V-44) (FUTURO)

Par mer le rouge sera prins de pyrates, [1]
La paix sera par son moyen troublée:
L'ire et l'avare commettra par sainct acte, [2]
Au grand Pontife sera l'armee doublée. [3]

Por mar el rojo será preso de piratas,
La paz será por su medio turbada:
La ira y la avaricia cometerá por santo acto,
Al gran Pontífice será la armada doblada.

EL RAPTO DEL PAPA TESTIGO: Por mar, vestido de Cardenal, será preso de los piratas. La paz, por ese medio, será turbada: La ira y la avaricia de los enemigos de su testimonio, cometerá esta acción, por el santo acto de decir la Verdad. Al otro Papa le será reforzada la protección.

1.- Color de la capa y birrete cardenalicios.
2.- Ver Apocalipsis, capítulo 11, versículo 10.
3.- Será un tiempo en el que habrá dos Papas: El Testigo del Señor, «De Gloria Olivae», y el Antipapa.

PROFECÍA 972 (X-56) (FUTURO)

Prelat royal son baissant trop tiré,
Grand flux de sang sortira par sa bouche, [1]
Le regne Anglicque par regne respiré,
Long temps mort vifs en Tunis comme souche.

Prelado real su crepúsculo demasiado deteriorado,
Gran flujo de sangre saldrá por su boca,
El reino Angélico por reino expresado,
Largo tiempo muerto vivo en Túnez como un vegetal.

MUERTE DEL PAPA "DE GLORIA OLIVAE": El Papa testigo, en el crepúsculo de su vida, demasiado deteriorado, un gran flujo de sangre saldrá por su boca, y ya no le quedará más destino que el reino de los Angeles, ese reino de Amor expresado por él al mundo, antes de estar largo tiempo enterrado vivo en Túnez, como un vegetal.

1.- Doble significado: uno material, otro espiritual y ambos reales.

PROFECÍA 973 (VIII-93) (FUTURO)

Sept mois sans plus obtiendra prelature
Par son decez grand scisme fera naistre:
Sept mois tiendra un autre la preture,
Pres de Venise paix union renaistre.

Siete meses sin más obtendrá la prelatura
Por su deceso gran cisma hará nacer:
Siete meses tendrá otro la pretura,
Cerca de Venecia paz, unión renacer.

LUCHAS INTESTINAS EN LA IGLESIA: Siete meses nada más obtendrá el Papa «De Gloria Olivae» el gobierno de la Iglesia. Por su muerte, un gran cisma hará nacer entre los Cardenales: Siete meses tendrá otro la Jefatura, y, cerca de Venecia, la paz y la unión volverá a renacer.

PROFECÍA 974 (III-72) (FUTURO)

Le bon vieillard tout vif ensevely,
Pres du grand fleuve par fausse soupçon: [1]
Le nouveau vieux de richesse ennobly,
Prins à chemin tout l'or de la rançon.

El buen anciano totalmente vivo sepultado,
Cerca del gran río por falsa sospecha:
El nuevo viejo de riqueza ennoblecido,
Toma en camino todo el oro del rescate.

LA MUERTE DE LOS DOS PAPAS. PEDRO EL ROMANO: El buen anciano «De Gloria Olivae», totalmente sepultado vivo, morirá. Cerca del gran río Ródano, será muerto el Antipapa, por la falsa sospecha: El nuevo viejo de riqueza espiritual ennoblecido, tomará, en camino hacia la Nueva Era, el pastoreo de lo más valioso del rescate.

1.- Ver la cuarteta 963.

PROFECÍA 975 (XI-12)   (FUTURO)

Six cens et cinq tres grand'nouvelle, (Falso)
De deux Seigneurs la grand querelle, (Falso)
Próche de Genaudan sera, [1]
A une Eglise apres l'offrande,
Meurtre commis, prestre demande [2]
Tremblant de peur se sauvera. [3]

Seiscientos cinco muy gran noticia, (Falso)
De dos Señores la gran querella, (Falso)
Próximo de Jerusalén será, (2)
En una Iglesia después de la ofrenda, (3)
Muerte cometida, sacerdote ruega (1)
Temblando de miedo se salvará. (4)

LA MUERTE DEL TESTIGO DEL SEÑOR: Alterada por Seve. La muerte cometida, cuando el sacerdote ruega, cerca de Jerusalén será, en una Iglesia después de la ofrenda, mientras el pueblo, temblando de miedo, se salvará.

1.- Genaudan: De "Gersaulen", anagrama de Jerusalén.
2.- En la pág., 101 del libro de Pier Carpi, dice: "El gran hermano de Oriente hará temblar el mundo desde la cruz invertida sin lirios. El nuevo Padre lo acometerá, pero dejará huérfana a la madre (La Iglesia)".
3.- Ver Apocalipsis, cap. 11, vers. 13.

PROFECÍA 976 (IX-11)   (FUTURO)

Le juste à tort à mort l'on viendra mettre
Publiquement, et du milieu estaint:
Si grande peste en ce lieu viendra naistre, [1]
Que les jugeans fuyr seront contraints.

El justo sin razón en muerte se le vendrá a poner
Públicamente, y del medio extinguido:
Tan gran peste en este lugar vendrá a nacer,
Que los jueces a huir serán obligados.

LA MUERTE DEL TESTIGO DEL SEÑOR: El justo, sin razón, en muerte se le vendrá a poner públicamente, y será quitado del medio: Tan gran mal, en este lugar vendrá a nacer, que los jueces se verán obligados a huir.

1.- Véase Apocalipsis, cap. 11 vers. 7-13.

PROFECÍA 977 (IV-49)   (FUTURO)

Devant le peuple sang sera respandu,
Que du haut ciel ne viendra esloigner,
Mais d'un long temps ne sera entendu,
L'esprit d'un seul le viendra tesmoigner.

Delante del pueblo sangre será derramada,
Que del alto cielo no vendrá distanciar,
Pero de un largo tiempo no será escuchado,
El espíritu de uno sólo le vendrá a testimoniar.

LA MUERTE DEL TESTIGO: Delante del pueblo, la sangre será derramada, del que, del alto cielo no se vendrá a distanciar, pero, durante un largo tiempo no será escuchado, y el espíritu de uno sólo, le vendrá a testimoniar.

PROFECÍA 978 (II-57)   (FUTURO)

Avant conflict le grand tombera:
Le grand à mort, mort, trop subite et plainte,
Nay mi parfaict, la plus part nagera, [1]
Aupres du fleuve de sang la terre tainte.

Antes de conflicto el grande caerá:
El grande a muerte, muerte demasiado súbita y sentida,
Nave imperfecta, la mayor parte nadará,
Cerca del río de sangre la tierra teñida.

EL NAUFRAGIO DE LA IGLESIA CATÓLICA: Antes del conflicto que destruirá a la Iglesia Católica, el Papa «De Gloria Olivae», caerá: El Pontífice santo será llevado a la muerte, muerte demasiado súbita y sentida. La nave imperfecta, con la mayor parte naufragará, cuando la tierra cerca del Ródano de sangre habrá sido teñida.

1.- Con "Nave", designa a la Iglesia, "la barca del pescador".

PROFECÍA 979 (VI-6) (FUTURO)

Apparoistra vers le Septentrion, [1]
Non loing de Cancer, l'estoille chevelue, [2]
Suze, Sienne, Boêce, Eretrion, [3]
Mourra de Rome grand, la nuict disperue.

Aparecerá hacia el Septentrión,
No lejos de Cáncer, la estrella cabelluda,
Susa, Siena, Beocia, Eretrión,
Morirá de Roma grande, la noche desaparecida.

GUERRA EN ITALIA Y EN EL MEDITERRÁNEO: Aparecerá hacia Septentrión, no lejos de Cáncer, la estrella cabelluda, cuando Italia, Grecia y el Mar Rojo temblarán. Morirá el grande de Roma, desaparecida la noche.

1.- Septentrión: Región situada en el Norte.
2.- Cáncer: Uno de los signos del Zodiaco. El Sol entra en ese signo el 21 de Junio.
3.- Susa, Siena, Beocia, Eretrión: Lugares referidos a Italia, Grecia, y la región del Mar Rojo (Erythraeum mare).

PROFECÍA 980 (IV-77) (FUTURO)

SELIN Monarque l'Italie pacifique, [1]
Regnes unis, Roy Chrestien du monde,
Mourant voudra coucher en terre blesique, [2]
Apres pyrates avoir chassé de l'ónde.

SELIN Monarca la Italia pacifica,
Reinos unidos, Rey Cristiano del mundo,
Muriendo querrá acostar en tierra de Blois,
Después de piratas haber expulsado de la onda.

LOS RESTOS DEL PAPA LLEVADOS A FRANCIA: El monarca inglés la Italia pacifica. Los países unidos, muriendo el Papa del mundo, se querrá hacer reposar sus restos en tierra francesa, después de haber expulsado a los piratas musulmanes del mar Mediterráneo.

1.- SELIN: INGLATERRA, «Puerto Selín» (Selinunte sícula).
2.- La tierra de Blois, capital de una antigua región llamada «Blesois». «De Gloria Olivae", nacerá en París y vivirá en Orleans. El libro de Pier Carpi, en su pág. 101: «Tu reinado será breve y grande, Padre. Será breve mas te llevará lejos, a la remota tierra donde naciste y serás enterrado. En Roma no querrán darte sepultura»...

PROFECÍA 981 (II-97) (FUTURO)

Romain Pontife garde de t´approcher
De la cité que deux fleuves arrouse,
Ton sang viendra aupres de là cracher,
Toy et les tiens quand fleurira la rose.

Romano Pontífice guarda de aproximarte
A la ciudad que dos ríos riegan,
Tu sangre vendrá cerca de allí a esputar,
Tú y los tuyos cuando florecerá la rosa.

MUERTE DE JUAN PABLO II EN LYÓN: Nostradamus advierte a Juan Pablo II, que procure no aproximarse a la ciudad que dos ríos riegan, Lyón. Le avisa de que se derramará allí su sangre, y de que él y los suyos morirán, cuando florecerá la primavera que llevará a una nueva Humanidad.

1.- La rosa es el símbolo del amor divino universal.

PROFECÍA 982 (II-35) (FUTURO)

Dans deux logis de nuict le feu prendra,
Plusieurs dedans ostouffez et rostis:
Pres de deux fleuves pour seul il adviendra:
Sol l'Arq [1], et Caper tous seront amortis. [2]

En dos edificios de noche el fuego prenderá,
Muchos dentro asfixiados y quemados:
Cerca de dos ríos para sólo él llegará:
Sol en Sagitario, y Aries todos estarán amortiguados.

ATENTADO MORTAL A JUAN PABLO II: En dos edificios, de noche, el fuego prenderá y, dentro de ellos, muchos morirán asfixiados y quemados: Cerca de dos ríos, el Ródano y el Saona, la muerte, para él sólo, llegará: El Sol estará en Sagitario y cuando llegue a Aries, todos estarán amortiguados por la muerte.

1.- l'Arq: El Arco, el Arquero, Sagitario.
2.- Caper: Del latín «caper-pri», macho cabrío, el carnero, Aries. Ver la 831.

PROFECÍA 983 (IX-68) (FUTURO)

Du mont Aymar [1] sera noble obscurcie, [2]
Le mal viendra au joinct de Saone et Rosne,
Dans bois cachez soldats jour de Lucie,[3]
Qui ne fut onc un si horrible throsne.

Del monte Aymar será noble oscurecida,
El mal vendrá en la confluencia de Saona y Ródano,
En bosque ocultos soldados día de Lucía,
Que no fue nunca un tan horrible trono.

MUERTE DE JUAN PABLO II: Del valle del Ródano, será la causa noble oscurecida, el mal vendrá en la confluencia del Saona y el Ródano, donde está Lyón. En el bosque ocultos los soldados el día de Santa Lucía, atentarán contra el Papa. Podrá decirse con razón, que nunca hubo un trono, en la sede de San Pedro, tan horrible como el suyo.

1.- Monte Aymar: Es Montelimar, localidad francesa en el Valle del Ródano.
2.- Nostradamus utiliza la palabra «noble», como sinónimo de la dignidad de la Iglesia, que por el hacer equivocado de este Papa, perderá su brillo.
3.- El día de Santa Lucía es el 13 de Diciembre.

PROFECÍA 984 (VIII-68) (FUTURO)

Vieux Cardinal par le jeune deceu,
Hors de sa charge se verra desarmé,
Arles ne monstres, double soit aperceu, [1]
Et liqueduct et le Prince embausmé. [2]

Viejo Cardenal por el joven frustrado,
Fuera de su cargo se verá inerme,
Arlés no monstruos, doble sea percibido,
Y jefes desaparecidos y el Príncipe embalsamado.

LA GUERRA DE LOS CARDENALES: El viejo Cardenal por el joven frustrado, fuera de su cargo se verá inerme, una vez que en Arlés ya no habrá monstruos, luego que el doble del horror sea percibido, y los Jefes habrán desaparecido y el último Príncipe estará embalsamado.

1.- Arlés: Ciudad francesa en el delta del Ródano.
2.- liqueduct: Palabra compuesta con las latinas «lique» y «duct». La primera, apócope de «liquesco», debilitarse, desaparecer, y la segunda, de «dux-ducis», jefe, caudillo.

9.- ÚLTIMOS TIEMPOS APOCALÍPTICOS. MANIFESTACIÓN EXTRATERRESTRE. LA PARUSÍA. EL JUICIO FINAL. EL FIN DEL MUNDO.

PROFECÍA 985 (VIII-69) (FUTURO)

Aupres de jeune le vieux ange baisser, [1]
Et le viendra surmonter à la fin: [2]
Dix ans esgaux aux plus vieux rabaisser,
De trois deux l´un huictiesme seraphin. [3]

Cerca del joven, el viejo, ángel bajar,
Y le vendrá a sobrepujar ante el fin:
Diez años iguales a los más viejos rebajar,
De tres, dos, uno octavo serafín.

CONTACTOS EXTRATERRESTRES: Cerca del joven, del viejo, el Angel bajará, y le vendrá a fortalecer ante el fin: Tiempos iguales a los diez años de los viejos conflictos mundiales, el censo del mundo rebajará. De tres "ayes", pasados dos, quedará uno, bajo el octavo Papa, cuando el serafín hará sonar la 7ª trompeta y romperá el séptimo sello.

1.- San Juan, capítulo 16, vers. 13.
2.- Los Guías extraterrestres, despertarán a parte de esta generación y le darán ánimos y fuerzas para superar los eventos finales.
3.- Los "ayes" apocalípticos corresponden a las guerras mundiales del siglo XX. Juan Pablo II es el 7º Papa desde el comienzo del mismo, y también el 8º, pues lo será a la vez que "De Gloria Olivae", testigo del Señor. Apocalipsis, capítulo 17, versículo 11.

PROFECÍA 986 (X-74) (FUTURO)

Au revolu du gran nombre septiesme, [1]	*Al cumplimiento del gran número séptimo,*
Apparoistra au temps ieux d´Hecatombe, [2]	*Aparecerá en el tiempo juegos de Hecatombe,*
Non esloigné du grand aage milliesme,	*No alejado de la gran edad milésima,*
Que les entrez sortiront de leur tombe.	*Que los entrados saldrán de su tumba.*

LA GRAN TRIBULACIÓN. EL JUICIO FINAL: Al cumplimiento del séptimo milenio de esta Humanidad, aparecerá en el tiempo juegos de Hecatombe, no alejado de la gran edad milésima, el año 2.000, en el que los sepultados saldrán de su tumba, para asistir al Juicio Final.

1.- El año 7.000, contando como 5.000 años antes de Cristo y 2.000 después de Cristo.
2.- Hecatombe: Sacrificio en el que es muy crecido el número de víctimas. Fig., mortandad de personas.

PROFECÍA 987 (II-56) (FUTURO)

Que peste et glaive n'a sçeu definer	*Que peste y espada no ha sabido finalizar*
Mort dans la puys sommet du ciel frappé:	*Muerte en el pozo, bóveda del cielo golpeada:*
L'Abbé mourra quand verra ruiner,	*El Abate morirá cuando verá arruinar,*
Ceux du nauffrage l'escueil voulant grapper.	*Los del naufragio el escollo queriendo agarrar.*

LOS TIEMPOS FINALES: Lo que la epidemia bélica y las armas no han sabido finalizar, lo hará la muerte que saldrá de los silos subterráneos, o desde la bóveda del cielo golpeada: El Papa testigo morirá, cuando verá al otro Papa, arruinar a la Iglesia, antes de morir también, y a los del naufragio eclesial, queriendo agarrar el escollo salvador.

PROFECÍA 988 (I-91) (FUTURO)

Les Dieux feront aux humains apparence, [1]	*Los Dioses harán a los humanos aparición,*
Ce qu'ils seront auteurs de gran conflict, [2]	*Lo que ellos serán autores de gran conflicto,*
Avant Ciel veu serain espée et lance,	*Antes Cielo visto sereno, espada y lanza,*
Que vers main gauche sera plus grand afflict. [3]	*Que hacia mano izquierda será más grande aflicción.*

MASIVA MANIFESTACIÓN EXTRATERRESTRE: Los Extraterrestres, Dioses y Angeles tradicionales, harán a los humanos una masiva aparición, con lo que Ellos serán autores de un gran conflicto. Esta manifestación, será en un cielo sereno, en el que antes habrán actuado las armas, que hacia el Oeste de Europa, será más grande la aflicción.

1.- Desde siempre, Seres superiores del espacio exterior, han tutelado la Tierra. Antes, les llamaban Dioses o Angeles. Ahora, Extraterrestres, Marcianos, Alienígenas.
2.- El libro de Pier Carpi, en la página 188 dice: "Los signos cada vez más numerosos. Las luces del cielo serán rojas, azules y verdes, y veloces. Crecerán."
3.- Ver Evangelio San Mateo, capítulo 25, versículos 41 a 46.

PROFECÍA 989 (X-72) (FUTURO)

L´an mil neuf cens nonante neuf sept mois, [1]	*El año mil novecientos noventa y nueve siete mes,*
Du ciel viendra un grand Roy d´effrayeur: [2]	*Del cielo vendrá un gran Rey de espanto:*
Resusciter le grand Roy d´Angolmois, [3]	*Resucitar el gran Rey de cuna Angélica,*
Avant apres Mars [4] regner par bon heur. [5]	*Antes, después Marte, reinar en buena hora.*

2ª VENIDA DE JESÚS.: Correrá el año 1.999, mes de Julio, cuando del cielo vendrá un gran Rey de espanto: Resucitará, entonces, el gran Rey de cuna Angélica, Jesús. Antes y después habrá guerra, y luego reinará en buena hora.

1.- Julio es el séptimo mes del año.
2.- Apocalipsis, capítulo 19, vers. 11 a 16.

3.- Angolmois: Es "Angelmois", de "Angélique", Angélico, y "moise", cuna. Así pues, "de cuna angélica".

4.- Marte: Dios de la guerra.

5.- Ver la Carta de Nostradamus a Enrique II.

PROFECÍA 990 (V-79) (FUTURO)

Par sacrée pompe viendra baisser les aisles,   *Por sagrada pompa vendrá a bajar las alas,*

Par la venüe du grand legislateur: [1]   *Por la venida del gran legislador:*

Humble haussera, vexera les rebelles,   *Al humilde alzará, vejará a los rebeldes,*

Naistra sur terre aucun aemulateur.   *Ningún emulador nacerá sobre la tierra.*

VENIDA DE JESÚS. EL JUICIO FINAL: Por la sagrada gloria y esplendor de su aparición, vendrá a bajar las alas a Satanás y a sus secuaces, que temblarán por la venida del Gran Legislador: Al humilde alzará, humillará a los rebeldes, y ningún imitador nacerá ya sobre la Tierra.

1.- Léase, en el Apocalipsis, el capítulo 20, versículos 11 a 15.

PROFECÍA 991 (XI-38) (FUTURO)

Par eaue, et par fer, et par grande maladie,   *Por agua, y por hierro, y por gran enfermedad, (3)*

Le pourvoyeur à l'hazard de sa vie,   *El proveedor en la suerte de su vida, (1)*

Sçaura combien vaut le quintal du bois, [1]   *Sabrá cuánto buitre el quintal del bosque, (2)*

Six cens et quinze, ou le dixneufiesme, (Falso)   *Seiscientos quince, o el decimonono, (Falso)*

On gravera d'un grand Prince cinquiesme, (Falso)   *Se grabará de un gran Príncipe quinto (Falso)*

L'inmortel nom, sur le pied de la Croix.   *El inmortal nombre, sobre el pie de la Cruz. (4)*

EL JUICIO FINAL: Profecía manipulada por Vicent Seve de Beaucaire. El proveedor de la suerte de su vida, el hombre, sabrá cuánto ser rapaz, y corrompido habrá en cada quintal de la selva que es el mundo, al que han azotado por la revolución, la guerra y los grandes males, olvidando el inmortal nombre, que fuera grabado sobre el pie de la Cruz.

1.- vaut: Apócope de «vautour», buitre. Fig., hombre rapaz y cruel. De «vautrer», entregarse a los vicios...

PROFECÍA 992 (V-50) (FUTURO)

L'an que les frères du lys seront en aage, [1]   *El año que los hermanos del Lis estarán en edad,*

L'un d'eux tiendra la grande Romanie: [2]   *Uno de ellos tendrá la gran Romagna:*

Trembler les monts, ouvert Latin passage, [3]   *Temblar los montes, abierto Latino paso,*

Pache marcher contre fort d'Armenie. [4]   *Paz marchar contra el fuerte de Armenia.*

LA HORA DE LOS JUSTOS. LA GUERRA CONTRA CHINA: El año en que los Justos, los hermanos de la Blanca Vestidura, estarán en el tiempo de actuar, uno de ellos, será el último obispo de Roma: Temblarán los montes y será abierto un Latino paso, cuando la paz se marchará al ir contra el fuerte en las regiones de Armenia.

1.- lys: Es lis, flor de lirio. Los hermanos del lirio blanco, la azucena, son los Justos, la Hermandad Blanca, los de «La Blanca Vestidura».

2.- Romagna: Región histórica del N. de Italia.

3.- Será una época de colosales terremotos.

4.- Pache: Del latín «pax», paz.

PROFECÍA 993 (VIII-77) (FUTURO)

L'antechrist trois bien tost annichilez, [1]
Vingt et sept ans sang durera sa guerre, [2]
Les heretiques morts, captifs exilez, [3]
Sang, corps humain, eau rogie, gresler terre.

El Anticristo tres muy pronto aniquilado,
Veintisiete años sangre durará su guerra,
Los heréticos muertos, cautivos exiliados,
Sangre, cuerpos humanos, agua enrojecida, granizar tierra.

FIN DEL ANTICRISTO: El Anticristo tres, tercero de los estamentos político-militar-religioso, será muy pronto aniquilado, tras veintisiete años de sangre que durará su guerra. Los herejes serán muertos, cautivos, exiliados. Habrá sangre, cuerpos humanos destrozados, agua enrojecida, al bombardear sobre la tierra.

1.- El Anticristo es el estado máximo de degradación moral con dominio general en el mundo
2.- El año 1.973 es clave, y los 27 últimos años del siglo XX son de dominio progresivo y pleno del Anticristo y sus sicarios.
3.- Los que tendrán ideas afines a las del Anticristo.

PROFECÍA 994 (VII-1) (FUTURO)

L'arc du tresor par Achilles deceu, [1]
Aux procrez sceu la quadrangulaire: [2]
Au faict Royal le comment sera sceu,
Corps veu pendu au veu du populaire. [3]

El arca del tesoro por Aquiles frustrado,
A los procreados comunicada la cuadrangular:
Al hecho Real el cómo será comunicado,
Cuerpo visto colgado a la vista del populacho.

DESCUBRIMIENTOS ANTIDILUVIANOS. LA "NUEVA JERUSALÉN": Descubierta el arca del tesoro frustrado al hombre por los antepasados, a los procreados de la Tierra, les será comunicada la ciencia de 4ª dimensión: A la venida de Jesús, será comunicado a los Justos cómo será su rescate, y el cuerpo de la «Nueva Jerusalén», será observado, suspendido en el aire, a la vista del populacho.

1.- Sitúa a los antepasados «por el tiempo de Aquiles».
2.- Se descubrirán restos de una civilización superior que pobló la Tierra y con una ciencia de 4ª dimensión. El libro de Pier Carpi, pág. 101: "Se abrirán las urnas en las criptas de debajo del tesoro y se descubrirán los pasos del primer hombre".
3.- Ver Apocalipsis, cap. 21, vers. 2 y ss.: «Y vi la ciudad santa, la nueva Jerusalén, que descendía del cielo.... etc».

PROFECÍA 995 (III-5) (FUTURO)

Pres loing defaut de deux grands luminaires,
Qui surviendra entre l'Avril et Mars:
O quel cherté: mais deux grands debonnaires
Par terre et mer secourrant toutes parts.

Cerca largo defecto de dos grandes luminarias,
Que tendrá lugar entre Abril y Marzo:
¡Oh, que carestía!: Pero dos grandes altruistas
Por tierra y mar socorriendo en todas partes.

LOS DOS ALTRUÍSTAS: Cerca del largo defecto luminoso del Sol y la Luna, que tendrá lugar entre Abril y Marzo: ¡Qué carestía habrá!: Pero, dos grandes altruístas irán por tierra y por mar socorriendo en todas partes.

PROFECÍA 996 (I-84) (FUTURO)

Lune obscurcie aux profondes tenebres, [1]
Son frere passe de couleur ferrugine,
Le grand caché long temps sous les tenebres, [2]
Tiedera fer dans la praye sanguine.

Luna oscurecida en profundas tinieblas,
Su hermano pasa de color ferruginoso,
El grande oculto largo tiempo bajo las tinieblas,
Entibiará hierro en la presa sanguinolenta.

OSCURECIMIENTO DEL SOL Y LA LUNA: La Luna oscurecida en profundas tinieblas, su hermano, el Sol, pasará a estar de color ferruginoso. El grande oculto durante largo tiempo bajo las tinieblas, entibiará hierro en la presa sanguinolenta.

1.- San Mateo, capítulo 24, vers. 29. San Marcos, capítulo 13, vers. 24. San Lucas, capítulo 21, vers. 25. Y Apocalipsis, capítulo 20.

2.- El planeta conocido por unos como "Hercólubus" y por otros como "la bola de la Redención" es bastante más grande que la Tierra y se acerca a ella cada 6.666 años. Al final de los tiempos, saldrá de las tinieblas y hará presa de las Almas de los impíos muertos, arrastrándolas con él.

PROFECÍA 997 (III-34) (FUTURO)

Quand le deffaut du Soleil lors sera,	*Cuando el defecto del Sol entonces será,*
Sur le plain jour le monstre sera veu,	*Sobre el pleno día el monstruo será visto,*
Tout autrement on l´interpretera,	*Muy de otro modo se le interpretará,*
Cherté n´a garde, nul n´y aura pourveu.	*Carestía no ha guardado, nadie habrá allí previsto.*

EL ASTRO PURIFICADOR. EL FIN DEL MUNDO: Cuando será el oscurecimiento del Sol, entonces, en pleno día, el monstruoso planeta errante, será visto. Su presencia será interpretada de otro modo por la engreída ciencia, que no habrá guardado contra la carestía, ni nadie, allí, habrá previsto lo cercano del final de la humanidad.

PROFECÍA 998 (X-73) (FUTURO)

Le temps present avecques le passé,	*El tiempo presente junto con el pasado,*
Sera jugé par grand Jovialiste: [1]	*Será juzgado por el gran Jupiteriano:*
Le monde tard luy sera lassé,	*El mundo tarde le será dejado,*
Et desloyl par le clergé iuriste.	*Y desleal por la clerecía jurista.*

EL JUICIO FINAL: El tiempo presente, junto con el pasado, será juzgado por Jesús, el gran Jupiteriano: El mundo, tarde se dará cuenta del mensaje que le será dejado, ocultado, en forma desleal, por el clero jurista.

1.- Jesús, es el ser-Dios de la Era de Piscis, cuyo regente es Júpiter. Por ello le llama "El gran Jupiteriano".

PROFECÍA 999 (X-98) (FUTURO)

La splendeur claire à pucelle ioyeuse	*El esplendor claro de doncella gozosa*
Ne luyra plus, long temps, sera sans sel [1]	*No lucirá más, largo tiempo, estará sin sal*
Avec marchans, ruffiens, loups odieuse,	*Con mercaderes, rufianes, lobos, odiosa,*
Tous pesle mesle monstre universel.	*Todos entremezclados monstruo universal.*

LA TIERRA SIN LUZ: El esplendor claro de la Tierra, doncella gozosa bajo las luminarias del cielo, ya no lucirá más, largo tiempo, en el que estará sin sal, con mercaderes, rufianes, lobos y demás gente odiosa que, todos entremezclados, serán arrastrados por el monstruo universal, el gigantesco, magnético y ferruginoso astro purificador.

1.- Véase Evangelio San Mateo, capítulo 5, versículo 13: "Vosotros sois <u>la sal</u> de la tierra..."

PROFECÍA 1.000 (II-45) (FUTURO)

Trop le ciel pleure l´Androgyn procrée, [1]	*Demasiado el cielo llora al Andrógino procreado,*
Pres de ciel sang humain respandu:	*Cerca de cielo sangre humana expandida:*
Par mort trop tard grand peuple recrée,	*Por muerte demasiado tarde gran pueblo recreado,*
Tard et tost vient le secours attendu.	*Tarde o temprano viene el socorro esperado.*

FIN DE LA GENERACIÓN HOMICIDA. ANUNCIO DE LA NUEVA HUMANIDAD: El vidente ya está al final de su profecía, en su último pronóstico. Hace, pues, un balance del negativo comportamiento del hombre de esta última generación. Dios le creó para que caminara por la senda del Bien, pero él eligió caminar en las tinieblas. Gran número de enviados angélicos han venido a la Tierra para intentar enderezar la torcida ruta de esta Humanidad de seres sanguinarios y crueles que, en vez de escucharles, les torturarán y les quitarán la vida. Demasiado, pues, llora el Cielo, por culpa de este Andrógino procreado. Han sido tantos los actos homicidas del Hombre, que, hasta cerca del cielo llega la sangre humana expandida: Cuando el hombre precipitará el final del Apocalipsis, obtendrá, como fruto de tantos errores, la muerte de su generación, demasiado tarde arrepentida. Otro gran pueblo planetario será recreado, el Reino de Dios en la Tierra, con aquellos que habrán perseverado en el Bien. Y es que, por muy brutal e inhumana que sea una generación, y por muy calamitosa que sea la situación en que coloca al orbe que habita, tarde o temprano viene el socorro esperado por aquellas personas justas y fieles al Creador, de parte de la Divinidad.

1.- Andrógino: Ser que conjuga ambos sexos. Condición de Seres Celestiales de dimensiones superiores. Así fue el ser originario que pobló la Tierra y fue dividido en los dos sexos que lo conformaban.

CAPÍTULO SEXTO

CUARTETAS AUTÉNTICAS EXCLUIDAS.
PRESAGIOS TOMADOS POR CUARTETAS.
CUARTETAS FALSAS.

En este capítulo están contenidos:

1º.- CUARTETAS AUTÉNTICAS EXCLUIDAS: Se trata de un número de cuartetas, que, al rebasar el millar, fueron excluidas por el profeta de sus Centurias. Al encontrarlas entre sus papeles, fueron incluidas en diversas ediciones.

1ª (I-31) 1.557-71

Tant d'ans en Gaule les guerres dureront,	*Tantos años en Galia las guerras durarán,*
Outre la course du Castulon monarque: [1]	*Más allá el curso del Castulón monarca:*
Victoire incerte trois grands couronneront,	*Victoria incierta tres grandes coronarán,*
Aigles [2], Coq, Lune, Lyon, Soleil en marque. [3]	*Aguilas, Gallo, Luna, Leo, Sol en marca.*

DE SAN QUINTÍN A LEPANTO: Tantos años en Francia las guerras durarán, más allá del curso del reinado del monarca español, Felipe II: Desde San Quintín, victoria incierta que Francia, España e Inglaterra coronarán con la paz de Cateau-Cambresis, hasta Lepanto, en época de regencia de la Luna, con el Sol en el signo de Leo, su casa.

1.- Castulon: De Castulo, ciudad antigua de España.
2.- Aguilas, Gallo: Símbolos de España y Francia.
3.- "Sol en marca": Metáfora que quiere decir "Sol en su signo, en su casa".

2ª (VII bis-3) 1.585-98

Les revasseurs se trouveront mocquez [1]	*Los raptores se encontrarán burlados*
Et les Vestales seront en fortes riegges, [2]	*Y las Vestales estarán en fuertes riesgos,*
Gris blancs et noirs [3] enfumez et froquez, [4]	*Grises blancos y negros ahumados y fruncidos,*
Seront remis, desmis, mis en leurs sieges.	*Serán repuestos, depuestos, puestos en sus sedes.*

DE LAS BARRICADAS A LA PAZ DE VERVINS: Los "Dieciséis", raptores del poder real, se encontrarán burlados y las doncellas de París estarán en fuertes riesgos. Sucediendo Enrique IV a Enrique III, las divergencias de católicos, extremistas y moderados, no lo solucionará. El Rey empleará todos los medios a su alcance, para conseguirlo.

1.- ravasseurs: De "ravisseurs", "raptores". Denomina así a los de la Liga.
2.- Vestales: En Roma, las doncellas que alimentaban el fuego del altar de Vesta.
3.- Con variados colores, simboliza las diversas tendencias de los "Políticos".
4.- enfumez y froquez: Hoscos y con el ceño fruncido, arrugado, por las divergencias entre los componentes del Partido de la Liga.

JOSÉ GARCÍA ÁLVAREZ

3ª (X-38) 1.644-55

Amour alegre non loing pose le siege,
Au sainct Barbare seront les garnisons:
Ursins [1] Hadrie pour Gaulois feront plaige, [2]
Pour peur rendus de l'armée, aux Grisons. [3]

Amor alegre no lejos pone la sede,
Al santo Bárbaro serán las guarniciones:
Ursinos Hadria por Galos harán querella,
Por miedo arrojados del ejército, a los Grisones.

EL PAPA INOCENCIO X: Inocencio X, "Jocunditas Crucis", pone la sede cerca de la Cruz, y a la herejía que proyecta un Dios bárbaro e injusto, le opondrá una enérgica defensa: En guerra, desde Polonia a Italia, por los franceses se sostiene la insurrección en Nápoles. Por miedo a los desertores del ejército, afluyen refugiados a Suiza y Prusia.

1.- Ursinos: De Ursus (Polonia).
2.- Hadria: Adria, C. de Italia, al Norte del Po.
3.- Grisones: Estado oriental de Suiza.

4ª (VII bis-4) 1.754-74

La stratageme simulte sera rare
La mort en voye rebelle par contree,
Par le retour du voyage Barbare [1]
Exalteront la protestante entree.

La estratagema simulada estará enrarecido
La muerte en vía rebelde por comarca,
Por el regreso del viaje Bárbaro
Exaltarán la protestante entrada.

MALESTAR POPULAR CON LUIS XV: La estratagema simulada del "Triumvirato", harán más tenso un ambiente, que estará enrarecido por la muerte en las comarcas francesas, en vía rebelde, por el regreso de un ejército derrotado en las colonias y la entrada triunfal de los protestantes ingleses en las bases y puertos franceses.

1.- Con "Bárbaro", define el terreno salvaje de América del Norte, de las Indias Occidentales, de Africa o de la India.

5ª (X-79) 1.776-89

Les vieux chemins seront tous embellis,
Lon passera á Menphis [1] somentrées, [2]
Se grand Mercure d'Hercules fleur de lys [3]
Faisant trembler terre, mer et contrées.

Los viejos caminos serán todos embellecidos,
Se pasará a Menfis encumbrados,
El gran Mercurio de Hércules flor de lis,
Haciendo temblar tierra, mar y comarcas.

REFORMAS EN FRANCIA: Los viejos caminos serán todos embellecidos, se pasará a la cumbre de la inspiración en el arte romano e incluso en el egipcio. Saint-Germain, Ministro de la Guerra de Luis XVI, trazará los cuadros militares con los que después Napoleón Bonaparte irá haciendo temblar tierras, mares y comarcas.

1.- Menfis: C. del antiguo Egipto.
2.- De sommet: Cumbre, cima.
3.- Llama a Saint-Germain, "El gran Mercurio", por la gran influencia que tuvo en su tiempo.

6ª (XII-52) 1.796-1.815

Deux corps, un chef, champs divisez en deux:
Et puis responde à quatre non ouys,
Petits pour grands, à Pertuis mal pour eux: [1]
Tour d'Aigues foudre, Pire pour Enssouis. [2]

Dos cuerpos, un jefe, campos divididos en dos:
Y después responder a cuatro no oídos,
Pequeños para grandes, en Pertús mal para ellos:
Torre de Agujas rayo, Peor para Seguidores.

EL RAYO DE LA GUERRA: Dos ejércitos, un jefe, Bonaparte, campos de batalla divididos en dos: Y después responderán a cuatro intentos austríacos, con sendos triunfos, casi no percibidos, por su celeridad. Mientras vence a los sardos, para aniquilar luego a los austríacos, en los Pirineos Orientales ya no pasará el mal para Francia, por el Tratado de San Ildefonso: De reprimir en la Iglesia de San Roque, a los seguidores realistas, pasará a ser el rayo de la guerra.

1.- Pertuis: Es Pertús, o Perthús, desfiladero de los Pirineos orientales.
2.-Torre de Agujas", quiere decir "Torre de reloj", aludiendo a la Iglesia de San Roque, donde tendrán lugar los ametrallamientos de los realistas, realizados por Murat, por orden de Bonaparte.

7ª (XII-55) 1.808-12

Tristes conseils, desloyaux, cauteleux,	*Tristes consejos, desleales, cautelosos,*
Advis mechans, la Loy sera trahie,	*Acontecimientos ruines, la Ley será traicionada,*
Le peuple esmeu, farouche, querelleux:	*El pueblo amotinado, feroz, querellosos:*
Tant bourg que ville, toute la paix haie.	*Tanto burgo como villa, toda la paz odiada.*

GUERRA DE LA INDEPENDENCIA ESPAÑOLA: Tristes consejos, desleales, cautelosos, acontecimientos ruines, con Carlos IV y su hijo Fernando, la Ley será traicionada. El pueblo de Madrid estará amotinado, en actitud feroz, y sus componentes querellosos: En todo burgo, en toda ciudad, habrá una guerra terrible.

8ª (XII-69) 1.814-24

Eiouas proche, eslongner lac Leman: [1]	*Saboya próximo, alejar lago Leman:*
Fort grands apprests, retour, confusion,	*Muy grandes preparativos, regreso, confusión,*
Loin des Nepveux [2], du feu grand Supelman, [3]	*Lejos de los Alemanes, del fuego grande Superhombre,*
Tous de leur fuyte.	*Todos de su huida.*

FRANCIA, SIN TROPAS DE OCUPACIÓN: En 1.818, próximo a Saboya, las tropas de ocupación se alejarán por el lago Leman: Los grandes preparativos de Bonaparte, su regreso de Elba, la confusión creada, quedarán lejos, tras la acción de los alemanes en el gran fuego de Waterloo, y su retención en el "Belerofonte", sorprendidos todos de su huida.

1.- Eiovas: Anagrama de "Savoie", Saboya.
2.- nepveux: Es "neveux", "sobrinos", título dado en la Alemania Imperial a los ejecutores regulares.
3.- Supelman: De las latinas "super", sobre, y "manes", almas de muertos divinos. "Superhombre", y se refiere a Belerofonte, héroe mítico griego, cuyo nombre tenía el barco en que embarcó Bonaparte con intención de huir.

9ª (Ed. Amsterdam VII bis-17) 1.824-30

Le Prince rare de pitie et clemence,	*El Príncipe escaso de piedad y clemencia,*
Apres avoir la paix aux siens baillé,	*Después de haber la paz a los suyos entregado,*
Viendra changer par mort grand cognoissance,	*Vendrá a cambiar por muerte gran conocimiento,*
Par grand repos le regne travaillé.	*Por grande descanso el reino preocupado.*

EL INCLEMENTE CARLOS X: El conde de Artois, escaso de piedad y clemencia, después de haber obtenido la paz, a los suyos habrá entregado los puestos más relevantes, y vendrá a cambiar, por la muerte, un gran conocimiento, tras el descanso eterno de Luis XVIII, por el que el pueblo francés estará preocupado.

10ª (V-90) 1.854-56

Dans les Cyclades [1], en Perinthe [2] et Larisse, [3]	*En las Cícladas, en Perinto y Larisa,*
Dedans Sparte [4] tout le Peloponesse: [5]	*Dentro de Esparta, todo el Peloponeso:*
Si grand famine, peste par faux connisse,	*Tan gran hambre, peste por falso conocimiento,*
Neuf mois tiendra et tout le cherronesse. [6]	*Nueve meses mantendrá y todo el Quersoneso.*

LA GUERRA DE CRIMEA: En 1.854-56, en las islas del Egeo, en las costas del mar de Mármara, dentro de Esparta y todo el Peloponeso, habrá una gran guerra: Generará grandes calamidades, por

JOSÉ GARCÍA ÁLVAREZ

querer imponer Rusia su protectorado sobre los súbditos cristianos del sultán turco, y nueve meses de invasión del Quersoneso por los aliados.

1.- Cícladas: Archipiélago griego, en el mar Egeo.
2.- Perinto: Ciudad de Tracia.
3.- Larisa: Nomo del N. de Grecia (Tesalia)
4.- Esparta: Cap. de Laconia .
5.- Peloponeso: Morea, península del S. de Grecia.
6.- Quersoneso: Quersoneso Táurico, Crimea.

11ª (Ed. Amsterdam VII-bis-44) 1.936-39

Alors qu'on bour fera fort bon,
Portant en soy les marques de justice,
De son sanglors portant lon nom
Par fuite injuste recevra son supplice.

Cuando uno pueblo hará muy bueno,
Portando en sí las marcas de justicia,
De su sollozo llevando longevo nombre
Por huida injusta recibirá su suplicio.

EL "FRENTE POPULAR" EN FRANCIA. LA 2ª G.M.: Cuando Maurice Thorez, hará algo muy bueno por el pueblo, proponiendo el "Frente Popular", que triunfará portando consigo las marcas de la justicia social, por culpa de la de longevo nombre, la Muerte, se llenará de sollozos su país, que, por la huida injusta de la paz, recibirá su suplicio.

12ª (XII-36) 1.954-67

Assault farouche en Cypre se prepare,
La larme à l'oeil, de ta ruine proche:
Byzance classe, Morisque si grand tare,
Deux differents, le grand vast par la roche.

Asalto feroz en Chipre se prepara,
La lágrima en el ojo, de tu ruina próxima:
Bizancio flota, Morisco tan gran merma,
Dos diferentes, la gran devastación por la roca.

DISCORDIAS GRECO-TURCAS EN CHIPRE: Asalto feroz en Chipre se prepara, así como el llanto, de su ruina próxima: Se pasará a la guerra civil, en la que el bombardeo turco producirá una gran merma entre la población isleña. La guerra entre las dos diferentes nacionalidades, producirá una gran devastación por esos lugares rocosos.

13ª (XII-71) 1.870-1.914-1.939-Futuro

Fleuves rivieres de mal seront obstacles [1]
La vieille flame d'ire non appaisee,
Courir en France, cecy comme d'oracles: [2]
Maisons, manoirs, palais, Seste rasee. [3]

Ríos riachuelos de mal serán obstáculos
La vieja llama de ira no apaciguada,
Correr en Francia, esto como de oráculos:
Casas, mansiones, palacios, Séte arrasada.

LAS GUERRAS FRANCO-GERMANAS: Avenidas grandes y pequeñas de mal bélico, serán obstáculos para que la vieja llama de la ira no sea apaciguada, y en 1.940, como en 1.870 y 1.914, el enemigo alemán correrá en Francia, y esto, como anunciarán los oráculos: En el futuro, serán destruidas casas, mansiones y palacios, tras ser Séte arrasada.

1.- Las avenidas de agua, simbolizan turbulencias bélicas.
2.- El Papa Benedicto XV (1.914-1.922), sobre el Tratado de Versalles, entre otras cosas, dijo: "Hemos decretado una nueva guerra impuesta a los pueblos bajo la falaz etiqueta del "Tratado de Paz" ...Es un acto de consagración del odio, una sugestión de venganza que eternizará la guerra..."
3.- Séte: Antes "Cette", ciudad y puerto del S. de Francia, dep. del Hérault.

2º.- PRESAGIOS TOMADOS POR CUARTETAS: Los Presagios que siguen a continuación fueron incluidos en las Centurias, en antiguas ediciones, sin pertenecer realmente a ellas. La diferencia entre un Presagio y una cuarteta de las Centurias, consiste en que el primero es de sentido global, general, colectivo, y la segunda es de sentido específico, individual y concreto. El Presagio es como un pre-anuncio y el profeta los escribió como vaticinios a corto plazo y para algo o alguien determinado. O bien, para reafirmar lo expuesto en las Centurias, con un análisis filosófico más que histórico, de épocas determinadas.

Presagio-1 (Presagio 141) 2 de Julio de 1.566

De retour d'Ambassade, don de Roy mis au lieu	*De regreso de la Embajada, don de Rey puesto en lugar*
Plus n'en fera: sera allé Dieu	*Más no hará: será ido a Dios.*
Parans plus proches, amis, frères du sang,	*Parientes más próximos, amigos, hermanos de sangre,*
Trouvé tout mort près du lict et du banc.	*Encontrado totalmente muerto cerca del lecho y del banco.*

EL PROFETA VATICINA SU PROPIA MUERTE: De regreso del palacio de Carlos IX de Francia, donde el Rey le concedió el don que le ponía en lugar notable, Nostradamus morirá. Ya no hará más: se habrá ido hacia Dios. Sus parientes y amigos más cercanos le encontrarán totalmente muerto, cerca del lecho y del banco donde solía sentarse.

Presagio-2 (XII-24) 1.585-93

Le grand secours venu de la Guyenne,	*El gran socorro venido de la Guyenne,*
S'arrestera tout auprès de Poictiers:	*Se detendrá muy cerca de Poitiers:*
Lyon rendu par Mont-Luel et Vienne, [1]	*Lyón rendida por Montluel y Vienne,*
Et saccagez par tout gens de mestiers.	*Y saqueada por toda gente de mercenarios.*

ETAPA FINAL DE LAS GUERRAS DE RELIGIÓN: El gran socorro del ejército español, venido de la Guyenne, se detendrá muy cerca de Poitiers: Lyón, será rendida por las fuerzas hugonotes conducidas por Montluel y Vienne, y saqueada por toda clase de mercenarios.

1.- Montluel y Vienne: Localidades francesas en el Ain e Isère, respectivamente.

Presagio-3 (VIII-87) Siglos XVI y XVII

Mort conspirée viendra en plein effect,	*Muerte conspirada vendrá en pleno efecto,*
Charge donnée et voyage de mort	*Carga dada y viaje de muerte*
Esleu, crée, receu par siens deffait,	*Elegida, creada, recibida por los suyos deshecha,*
Sang d'innocence devant foy par remort.	*Sangre de inocencia delante de la fe por remordimiento.*

LOS CRÍMENES DE LA INQUISICIÓN: La muerte conspirada, vendrá a pleno efecto, con la carga dada y el viaje de muerte. Elegida, decretada la condena, la víctima, por ellos, será deshecha. La sangre de inocentes será derramada delante de una fe, no crística, sino satánica, por no sentir remordimiento, los inculpados, de sus "pecados diabólicos".

Presagio-4 (IV-31) Siglos XVII y XVIII

La lune au plain de nuict sur le haut mont,
Le nouveau sphe d'un seul cerveau l'a veu: [1]
Par ses disciples estre immortel semond,
Yeux au midy, en feins, mains, corps au feu.

La Luna llena de noche sobre el alto monte,
La nueva esfera de una sola curvatura la ha visto:
Por sus discípulos ser inmortal predican,
Ojos al mediodía, en fingimiento, manos, cuerpos al fuego.

LOS NUEVOS DESCUBRIMIENTOS: La Luna llena, de noche, sobre el alto monte, la nueva esfera de una sola curvatura, la ha visto: Por sus discípulos, serán inmortalizados los inventores, pero, serán perseguidos, como Galileo, el «genio del Mediodía», por los que fingen «velar por la pureza de la fe», y sus obras y sus cuerpos, irán al fuego.

1.- sphe: Abreviatura de «sphoera», en latín, esfera, globo, esfera celeste, órbita. En los siglos XVII y XVIII, la Luna fue muy observada. El modelo acromático de John Dollon, en 1.758, consiguió refractar los rayos de luz en una sola curvatura, es decir, sin dispersarlos.

Presagio-5 (III-46) 1.759-89

Le ciel (de Plancus la cité) nous presage, [1]
Par clers insignes et par estoilles fixes,
Que de son change subit s'approche l'aage,
Ne pour son bien, ne pour ses malefices.

El cielo (de Planco la ciudad) nos presagia,
Por claras señales y por estrellas fijas,
Que de su cambio súbito se aproxima la edad,
No para su bien, para sus maleficios.

PRESAGIOS CELESTES DEL CAMBIO DE EDAD: El cielo (de la ciudad de Lyón) nos presagia, por claras señales y por estrellas fijas, que, de su cambio súbito, se aproxima la Edad, no para su bien, sino para sus maleficios.

1.- Lucio Munacio Planco: General romano, que reconstruyó la ciudad de Lyón. En la 2ª mitad del siglo XVIII, los cielos de Francia, registraron una actividad inusitada: numerosos cometas, como el de Halley; meteoritos, eclipses, lluvias de estrellas, como las de Lyón; descubrimientos de Pegaso, el Delfín, Capricornio; Urano. La Edad Contemporánea traerá al país galo los tiempos maléficos de la Revolución Francesa.

Presagio-6 (III-2) Siglo XIX

Le divin Verbe donra à la substance,
Comprins ciel, terre, or occult au laict mystique,
Corps, ame, esprit ayant toute puissance,
Tant soubs ses pieds comme au siege Celique.

El divino Verbo dará a la sustancia,
Comprendidos cielo, tierra, oro oculto a la leche mística,
Cuerpos, alma, espíritu siendo todo potente,
Tanto bajo sus pies como en sede Celeste.

LO DIVINO FRENTE AL MATERIALISMO [1]**:** El Divino Verbo dará la sustancia con la que fue creado todo, comprendidos el cielo, la tierra, el valor oculto al alimento místico, los cuerpos, el alma, el espíritu, de una forma total y potente, tanto debajo de los pies del hombre, en la Tierra, como en el Cosmos, la sede Celestial.

1.- En el siglo XIX, el revolucionario desarrollo científico y técnico, llevará parejas unas corrientes de pensamiento que conducirán a un desenfrenado auge del materialismo, propiciado por las teorías de Hegel y otros filósofos de ese tiempo.

Presagio-7 (III-44) EL SIGLO XX

Quand l'animal à l'homme domestique,
Apres grands peines et sauts viendra parler, [1]
De foudre à vierge sera si malefique,
De terre prinse et suspendue en l'air.

Cuando el animal al hombre doméstico,
Después de grandes penas y saltos vendrá a hablar,
De rayo a virgen será tan maléfico,
De tierra tomada y suspendida en el aire.

LA MALA UTILIZACIÓN DE LOS INVENTOS MODERNOS: Cuando la máquina, será para el hombre como un animal doméstico, después de grandes penas, y repetidos intentos, vendrá a hablar.

Lo que es virgen, natural, como el rayo, será empleado de forma maléfica, como las invenciones que, estando en tierra, serán elevadas en el aire.

1.- Describe los impulsos del telégrafo y el teléfono, como "animales" que van dando "saltos»... de poste a poste".

Presagio-8 (VI-56) 1.939-45

La crainte armée de l'ennemy Narbon, [1]	*El temible ejército del enemigo Narbona,*
Effrayera si fort les Hesperiques: [2]	*Espantará tan fuerte las Hespérides:*
Parpignan [3] vuidé par l'aveugle darbon, [4]	*Perpiñán vaciado por el ciego carbón,*
Lors Barcelon par mer donra les piques.	*Cuando Barcelona por mar entregará las armas.*

EL NAZISMO LLEVA EL ESPANTO AL MUNDO: El temible ejército del enemigo alemán llegará a Narbona, y llevará un gran espanto a Occidente: Hasta Perpiñán será vaciado por el ciego agresor nazi vestido de negro, cuando Barcelona habrá rendido las armas a los "nacionales" de Franco, que han recibido ayuda por mar.

1.- Narbona: C. del Sur de Francia.
2.- Hespérides: Islas del Atlántico, Islas británicas, América, el Occidente.
3.- Perpiñán: C. del Sur de Francia.
4.- «darbon»: "charbon", carbón. Como símil de «negro», en el uniforme de Hitler: «El ciego de poder vestido de negro».

Presagio-9 (V-72) 1.946-1.997

Pour le plaisir d'edict voluptueux,	*Por el placer del edicto voluptuoso,*
On mestera la poison dans la foy:	*Se mezclará el veneno en la fe:*
Venus sera en cours si virtueux, [1]	*Venus estará en curso tan virtuoso,*
Qu'obfusquera du Soleil [2] tout à loy. [3]	*Que ofuscará del Sol toda ley.*

IMPIEDAD Y RELAJACIÓN DE LAS COSTUMBRES: Por el placer que producirá en las masas las voluptuosas leyes que liberalizan las costumbres, se mezclará el veneno en la fe: De un modo de vida, en que el Amor se apoya en la virtud, se pasará a otro, que ofuscará todas las leyes que proceden del Sol, el Cristo dador de Vida y Luz.

1.- Venus: Simboliza el Amor.
2.- Sol: Estrella-rey del Sistema Solar, que genera Luz, y Vida.
3.- El profeta observa cómo, a partir de esa época, se produce la degradación moral del mundo, la degeneración de la Humanidad, la progresiva inversión de todos los valores.

Presagio-10 (IX-63) 1.987- FUTURO

Plainctes et pleurs, cris et grands hurlemens	*Quejas y llantos, gritos y grandes lamentos,*
Pres de Narbon à Bayonne et en Foix,	*Cerca de Narbona, en Bayona y en Foix,*
O quels horribles calamitez changemens,	*¡Oh, qué horribles calamitosos cambios,*
Avant que Mars revolu quelques fois.	*Antes de que Marte revolucione algunas veces!*

SUFRIMIENTO EN EL MUNDO EN LOS TIEMPOS FINALES: Quejas y llantos, gritos y grandes lamentos, habrá cerca de Narbona, en Bayona y en Foix, que luego se extenderán a toda la nación y luego al planeta. ¡Qué horribles y calamitosos cambios habrá, antes de que la guerra revolucione el planeta algunas veces!

Presagio-11 (II-13) Válido para todo tiempo

Le corps sans ame plus n'estre en sacrifice,	*El cuerpo sin alma más no estar en sacrificio,*
Jour de la mort mis en nativité:	*Día de la muerte puesto en natividad:*
L'esprit divin fera l'âme felice,	*El espíritu divino hará el alma feliz,*
Voyant le verbe en son esternité.	*Viendo el verbo en su eternidad.*

EL DESTINO FINAL DEL HOMBRE: Nostradamus, no sólo ofrece a la Humanidad la posibilidad de reflexionar, al exponer los eventos futuros, sino que también le proporciona un conocimiento que no es muy común. En la presente cuarteta revela cuál es el destino de cada ser: " El hombre, estando ya el cuerpo sin el alma, no estará más en sacrificio, y el día de la muerte será puesto en natividad: El espíritu divino hará el Alma feliz, viendo el verbo en su eternidad ".

3°.- CUARTETAS FALSAS: Las cuartetas que siguen a continuación, durante muchos años han sido tomadas por auténticas, sin serlo.

F-1 (XI-91)

MEYSNIER, Manthi, et le tiers qui viendra	*MEYSNIER, Manthi, y el tercero que vendrá*
Peste et nouveau insult, enclos troubler,	*Peste y nuevo insulto, rodeado perturbar,*
Aix et les lieux furent dedans mordra	*Aix y los lugares que estuvieron dentro morderá*
Puis les Phociens viendront leur mal doubler.	*Después los Focenses vendrán su mal a doblar.*

F-2 (XII-4)

Feu, flamme, faim, furt, farouche, fumee,	*Fuego, llama, hambre, hurto, ferocidad, ahumada,*
Fera faillir, froissant fort foy faucher,	*Hará faltar, estrujando fuerte fe segar,*
Fils de Denté: toute Provence humee,	*Hijo de Dentado: toda Provenza absorbida,*
Chassé de regne, enragé sang cracher.	*Expulsado de reino, rabioso sangre esputar.*

F-3 (XII-59)

L'accord et pache sera du tout rompue	*El acuerdo y paz será del todo roto*
Les amitiez pollues par discordes,	*Las amistades emponzoñadas por discordias,*
L'haine envieillie, toute foy corrompue,	*El odio envejecido, toda fe corrompida,*
Et l'esperance Marseille sans concorde.	*Y la esperanza Marsella sin concordia.*

F-4 (Ed. Amsterdam VII bis-43)

Lors qu'on verra les deux licornes,	*Cuando se verá los dos unicornios,*
L'une baissant l'autre abaissant,	*Uno bajando el otro rebajando,*
Monde au milieu, pilier aux bornes	*Mundo en medio, pilar a los postes*
S'en fuira le neveu riant.	*Se alejará de él el sobrino risueño.*

F-5 (Ed. Amsterdam XII-56)

Roy contre Roy et le Duc contre Prince,	*Rey contra Rey y Duque contra Príncipe,*
Haine entre iceux, dissension horrible.	*Odio entre ellos, discusión horrible.*
Rage et fureur sera toute province:	*Rabia y furor estará toda provincia:*
France grand guerre et changement terrible.	*Francia gran guerra y cambio terrible.*

INTERPRETACIÓN

Es evidente que todas estas cuartetas son falsas. Su falsedad se percibe, sobre todo, en su estilo vulgar, diferente al del profeta, que es rico en contenidos. Algunas de ellas, describen cosas sin sentido.

CUARTETA LATINA DE ADVERTENCIA*

Legis cantio contra ineptos criticos

Quid legent hosce versu, nature censunto,
Profanum vulgus et inscium ne attrectato:
Omnesque Astrologi Blenni, Barbari procul sunto,
Qui aliter facit, is rite, sacer esto.

Precaución legal contra ineptos críticos

Quienes lean estos versos, que los juzguen naturalmente,
El vulgo profano e ignorante no se acerque:
Que todos los Astrólogos, Engreídos y Bárbaros se retiren,
Quien hiciere de otro modo, sea por esto, en justicia consagrado.

---

*NOTA DEL AUTOR: Lo que valió entonces, valga ahora, porque lo ocurrido en el devenir de los siglos, también será operante en este tiempo. Muchos serán, también hoy, los ignorantes, los engreídos y los bárbaros que se acercarán a esta obra, llamada a ser definitiva, y tratarán, con su ineptitud, de deslucirla y profanarla. Que a ellos se haga también extensivo, el conjuro del profeta.

CAPÍTULO SÉPTIMO:
ENTREVISTA A NOSTRADAMUS

"Aquellos que se afanan en cosas perecederas, no sólo sufrirán un gran desengaño al encontrarse sin nada, sino que se lamentarán de no haber aprovechado mejor su tiempo mientras pudieron".
(Aquellos que son)

Esta obra, ya definitiva, no podía estar completa, sin el respaldo de su creador, Nostradamus. Era, pues, imprescindible, la entrevista con el profeta. Veamos como tuvo lugar.

Salí de mi cuerpo y elevé mi ser, gozoso de verme tan ligero. Mi volar, fue un flotar voluptuoso, que lanzaba el corazón hacia su meta. Crucé por encima de suaves colinas, mares azulados, verdes valles y ríos rumorosos. Por la densa niebla de las ciudades, atmósfera viscosa producto del magnetismo involutivo... ¡Qué diferencia con la siempre hermosa y fiel Naturaleza!

Allí abajo estaba ya la fragante Provenza. Me dejé caer como una grácil hoja en el viento. Ante el cartel, a la entrada de la pequeña ciudad de Salon-en-Provence, sentí un escalofrío de placer. Allí decía: "Salon-ville de Nostradame". Me introduje en ella. Unas estrechas callejas, la plaza pequeña, la antigua casa...

Cuando llegué, ya estaba él. Mirándome sonriente y afectuoso, en medio de la iluminada estancia. Creí observar en él cierto aire somnoliento y temí haber sido inoportuno:

—Dios te guarde, Miguel. Perdóname, si he venido a perturbar tu reposo.

—Bienvenido seas, José. No sufras, te esperaba. Lo que percibes en mi aspecto es debido a que no hace mucho que he despertado de mi profundo sueño a través de los siglos.

Su voz era cálida y afectuosa. Me proporcionó bienestar. Él debió adivinarlo, porque con más suavidad que antes, me habló de nuevo:

—Sé cuanta ha sido tu dedicación, mi buen José. La confianza que tuve en aquel tiempo, se ha visto ahora confirmada en tu persona. Tu afán te ha hecho vagar por variados lugares, mientras buscabas reivindicar mi nombre y enaltecer mi obra. Gracias a ti, serán muchos los moradores de este mundo a los que aún podrá llegar el mensaje de esperanza. Aunque, sólo verán los que estarán capacitados para ver.

Yo estaba emocionado por aquello que escuchaba. Él continuó:

—De AQUELLOS que antaño me inspiraron, hoy recibes tú el apoyo fraterno y sabio. No te preocupes por nada, que lo que proviene de iniciativa divina, gozará de divina protección hasta el final. No ignoro, que tendrás interrogantes que querrás que te responda. ¿Es así?

—Así es -contesté yo, entre admirado y sorprendido-. Sobre algunas cosas, prefiero que sea tu versión la que llegue a los lectores, pues demasiado se ha especulado sobre tu figura y obra, mi querido Miguel.

—No te preocupes y pregunta, que haré por complacerte.

Con un gesto de su mano me indicó que me sentara y él se acomodó en el viejo sillón que había al lado del antiguo escritorio, ambos posibles testigos de su largo caminar por las Centurias.

Guardó silencio mientras yo ponía en orden mis interrogaciones y entonces, comencé:

—Mis preguntas quiero encaminarlas a tres distintos sectores: de tipo personal, de tu obra profética, y posibles mensajes para los hombres de este planeta. Empecemos por las del grupo primero:

—Dime ¿quién fuiste, en realidad?

—Fui médico y vidente, astrólogo y filósofo, matemático y alquimista. Nací en Saint-Rémy-de-Provence, el año 1.503, hacia el mediodía de un 14 de Diciembre, jueves. Mis padres y abuelos eran de origen judío, igual que sus antepasados. De ellos, heredé yo mis inclinaciones. Tras mis estudios en varias ciudades de Francia, me doctoré en Medicina en Montpellier, luego de mi intervención en la grave peste de Narbona, Toulouse y Burdeos. Poco después contraje matrimonio con la que fue mi primera esposa, que me dio dos hijos, un niño y una niña. Fueron los años más felices de mi vida, pero duraron poco. La muerte se llevó a los tres, de forma inesperada e irremediable.

En esto, su voz adquirió un tono entre nostálgico y triste. Le interrumpí:

—Miguel, no se sabe bien cómo murieron.

Esta vez, sí noté una nítida tristeza en su respuesta:

—La peste me los arrebató. Y yo no pude hacer nada. Me encontré terriblemente solo, desesperado, moralmente hundido. Aún noto la cicatriz del dolor. Viajé mucho y por muchos lugares. Luego, tras recuperar mi estabilidad emocional dañada gravemente, decidí establecerme en Provenza. Me instalé en Aix-en-Provence. En la peste que azotó terriblemente aquella zona, en 1546, me reencontré de nuevo con la Medicina, y más tarde llegué a Salon-de-Crau, pequeña ciudad no lejana de Aix y de Marsella. En ella, me casé por segunda vez y tuve nuevos hijos. Aquí fue donde me invadió un irresistible frenesí que me impulsó a plasmar mis visiones en cuarteta tras cuarteta, que luego comprobaba con cálculos astrológicos, cuya ciencia dominaba. Ellos, AQUELLOS QUE SON, mi *"inspiración divina"*, aparecieron...

Mis predicciones despertaron admiraciones y envidias, ataques y calumnias, aunque también me hicieron gozar de cierta estima y protección por parte de la Casa Real, lo que me salvó de la furia inquisidora. Fui consultado por mucha gente y dieron mucha publicidad a mis pequeños logros, aunque no fue menor la de los que quisieron desprestigiarme.

La artritis y la gota se convirtieron en mis enemigos mortales y desembocaron en una hidropesía que acabó con esa vida mía terrena, el día 2 de Julio de 1566, habiendo ya rebasado los sesenta y dos años. Algunas cosas, están explicadas con más detalle por Jean-Aimé de Chavigny.

—¿Fue éste discípulo tuyo, como él.afirma?

—No. Sólo fue mi secretario.

Seguí con la siguiente pregunta:

—En la Iglesia de los Cordeliers de Salon, hay un epitafio, en el que se afirma que eres el único hombre digno de escribir, con pluma casi divina, el futuro del mundo. ¿Qué tienes que decir de ello?

—Tú sabes bien, José, que en los designios de Dios, cada persona realiza una función de acuerdo con su idoneidad. Yo fui un programado entonces, de la divinidad, como tú lo eres ahora, en esta ocasión. Yo estaba disponible. Tú lo estás también. Pero, nuestra adecuación a la voluntad superior no nos exime de las lacras que arrastramos por nuestras deudas kármicas. Recuerda lo que dije, y escrito está, en la carta a mi hijo César: *"Soy mayor pecador que ninguno de este mundo, sujeto a todas las humanas aflicciones"*.

Sí, llevaba razón una vez más. Yo también me sentía así.

—Se te ha acusado de catastrofista y de pretender, con tus escritos, sembrar el pánico.

—Es una crítica propia de los que ven sin ver. Ver y no ver no es una utopía: se ve un árbol, como también puede verse el amor que lo creó; pero, ¿qué decir de aquellos que, aún viendo el mismo árbol, no ven el amor con que se hizo? No son ciegos, mas su vista no alcanza más allá de lo que quieren ver.

—¿Cuál era, pues, tu auténtico deseo?

—Similar al que tú tienes. Yo quería que el mundo conociera aquellos devenires que iban a desembocar en un inmediato, traumático y doloroso final, para que intentaran evitarlo. Su fin era hacer reflexionar y cambiar a muchos. Pero, esta generación incrédula y despiadada no ha acopiado, ni acopiará, la buena voluntad suficiente para modificar los hechos por venir.

—Otros dicen que incurriste en graves errores, impulsado por tus propias emociones y errores conceptuales.

—Mi obra, como la tuya, José, proviene de la Divinidad y no puede dar cabida a errores graves. Las Centurias son como una caja misteriosa: el abrirla ya ilusiona. El introducirse en ella trae maravilla tras maravilla. El intérprete es algo así como un buceador cuando se sumerge en la profundidad: quiere bajar más y más, hasta que encuentra el fondo. El incapaz, disfraza su torpeza queriendo ver errores donde no los hay. Ése, jamás descubre nada.

—Se cuestiona si eras libre de deseos y ambiciones personales, de tu postura ideológica o tu necesidad poética.

—Mis Centurias han sobrevivido a todos los embates y han llegado hasta vosotros, porque estaban construidas por encima de esas mezquindades que sólo quieren ver los que son mezquinos.

—Otros aseguran que erraste en tus cálculos astrológicos, en especial en el de la Era Precesional, que dura 2.160 años, pues la tuya tiene de duración desde 1557, cuando dan comienzo tus profecías, hasta el 3797, fecha que tú mismo fijaste como límite de las mismas.

Se ensanchó la sonrisa del profeta y en sus ojos creí ver un relámpago burlón.

—Sabía que ese término, en el que tú has encontrado el buen camino, apartaría a muchos de mi obra y a otros les confundiría. Aparte lo que algunos crean, por mis videncias y computaciones, yo tuve un dominio absoluto sobre el futuro de mi tiempo, y mis predicciones se revelarán exactas en su totalidad. En mi carta a Enrique II, yo afirmaba que, de haber querido, hubiera puesto la enumeración del tiempo a cada una de las cuartetas.

—Afirman que, para descifrar tus escritos, hay que recurrir a dialectos antiguos, a lenguas muertas, al francés arcaico, y otros idiomas. Que tu obra es muy oscura, pues con frecuencia apelas a los anagramas.

—Tampoco hay que exagerar. Ya has visto que no es, ni mucho menos, tanto. Los que no lo consiguen, magnifican las dificultades para que su fracaso parezca menor. A menudo, los intérpretes de mi obra han tenido falta de modestia, poca imaginación y mucha prisa. Además de la humildad, don escaso, la paciencia era fundamental. Pues, no corre más el impaciente, con la misma carga que otro que va más despacio y es paciente, porque mientras el primero puede resbalar o tropezar, y caer, no sucede así con el segundo, que igual llega y quizás antes, porque es prudente y seguro.

—Dicen que tus textos fueron escritos de forma muy hermética.

—Razones hubo y todos las sabéis. La prudencia es un arma que se dio al hombre para combatir al Mal. Y la astucia, para, en el ataque, poder vencerlo. Yo era reacio a publicar mis videncias proféticas, hasta que, inducido por AQUELLOS QUE SON, consideré que podrían ser útiles a las generaciones posteriores. Por eso las edité. Para protegerlas, procuré velarlas un poco en el estilo, y entretejerlas en su ordenación, facilitando una Clave difícil de hallar, pero precisa, con un orden fácil de volver a recomponer.

—Hay, incluso, quienes aseguran que tus límites culturales renacentistas condicionaron aspectos de tu oscura obra, y el psicoanálisis podría detectarte un oculto complejo de inferioridad.

—Si esos tales hubieran leído con detenimiento una de las dos cartas que por mí fueron escritas, habrían constatado que tuve acceso a ciertos libros cuya sabiduría es imposible imaginar al hombre corriente. Lo demás, es propio del husmear de algunos: son muchas las personas que, como algunos animales, sólo van oliendo la tierra. Pocas levantan los ojos al cielo. Y algunas de éstas sólo ven si llueve o hace sol.

—Para otros, tu condición de francés te hizo suponer que Francia sería el centro del mundo.

—Es cierto que mi visión profético-histórica estaba centrada principalmente en mi nación, aunque no dejé de ver el mundo.

—Y los que han dicho que, como judío converso, tenías una relación difícil entre tus creencias y tus textos.

—Son muchos los que se han hecho la ilusión de acertar en sus juicios, al pretender juzgarme. La autenticidad de las cosas está en el valor que cada uno les da; pero, hay que tener en cuenta que hay copias que no siempre son exactamente iguales al original.

—La crítica racionalista niega cualquier "secreto de Nostradamus", siendo su obra un mero producto de un loco.

—¡Ah, los necios juicios de la razón ciega! Los mismos, eso mismo llamaron a Jesús. Y es que, en el mosaico del Cosmos se perfilan seres de todas las evoluciones, pero sólo en la Tierra se encuentran personas que no quieren evolucionar. Se han estancado y se encuentran cómodas así. No desean que las despierten. Por eso necesitarán un gran escarmiento, que les hará reanimarse todo lo que llevan dormido.

—Se asegura que diriges tus profecías a un mundo desquiciado, para que reaccione y cambie.

—Ya he dado antes la respuesta expresando la razón que me guiaba. Pero, el mundo reaccionará sólo cuando su egoísmo se vea desplazado por otro sentimiento más fuerte: el terror. Entonces, aquellos que sean capaces de reaccionar positivamente, tendrán un terreno ganado que les será de gran beneficio, y aquellos que lo hagan en sentido negativo, tendrán largo tiempo para arrepentirse. Sólo aquellos con pureza de sentimientos se salvarán.

—Como si fuera un "leitmotiv", dicen algunos que repites numerosas veces, la "fuente divina" de tu inspiración.

—Esos han captado sin saberlo, la verdadera procedencia de la fuerza que animara mis visiones y escritos inspirados. Tenían que haber comprendido, pues razón de sobra hay, que Los que antes fueron, ahora Son. El cercano tiempo traerá a todos la respuesta y ya no habrá más dudas.

—Unos ven extraterrestres en ese "gran rey" que viene "del cielo" en Julio de 1999, y otros hacen burla de ello.

—A veces, la verdad que más cerca tenemos, es la que menos vemos.

Le dije verle un poco fatigado. Contestó que era un poco de inadaptación, que prosiguiera.

—Bien, continúo. Mis siguientes preguntas estarán relacionadas con tu obra profética. Tus Centurias tuvieron buena acogida en Francia y las primeras ediciones se agotaron con rapidez. Los principales editores de las más importantes ciudades francesas las reprodujeron y siempre con el mismo éxito. ¿Fue así?

—Así fue.

—¿Cómo es posible que hayan llegado hasta hoy tal variedad de textos diferentes, unos auténticos, otros apócrifos, completos, incompletos, con variaciones entre ellos, con errores, falsedades, etc.?

—Como mi obra fue muy popular, ello motivó la piratería de que fueron objeto mis escritos, contra la que yo protesté sin resultado alguno. Hubo editores, entre mis contemporáneos, como los habría después, que, para que no pareciese que sus publicaciones eran plagio de otras de la misma época, cambiaron el orden de las cuartetas, de los versos, e incluso palabras en bastantes de ellas. Las Centurias llegadas a vuestro tiempo no guardan el orden en el que yo las coloqué, pues los manipuladores de todas las épocas han revuelto la mayoría de las cuartetas cambiándolas de lugar.

—Intentando descifrar tu obra tantos intérpretes, a través del tiempo, ¿cómo no se ha dado nadie cuenta de ello?

—Los intérpretes no han detectado la gran cantidad de cuartetas que han sido variadas de sitio, porque nunca se han ordenado todas por tiempo, ni sabían su interpretación. Además, la manipulación más importante se produjo en las primeras ediciones, y las Centurias que hoy se conservan celosamente como originales, no son tales, sino sólo copias de textos ya bastante manipulados.

—¡No parece fácil hacer creer eso a los que las poseen!

—Y no lo es. Mas recuerda que mis Centurias siempre han sido impresas en su desordenación, pero nunca en su auténtica ordenación.

—Después del hurto de que fuiste objeto, las Centurias quedaron alteradas ¿no es así?

-Es cierto que las Centurias fueron afectadas en su colocación por la sustracción de las 58 cuartetas que luego serían transformadas en "sextillas". Pero, cuando yo las llevé a publicar no quedaron demasiado alteradas, y aunque la Clave fuera deteriorada en su aplicación y resultado, ya has comprobado que sigue sirviendo de guía. De todas formas, es indudable que la obra tiene su interés aún sin la Clave.

—¿Cómo encajaste lo del robo?

—Como algo producto del libre albedrío de otra persona. El hecho consumado me produjo tristeza.... Entonces, la *"inspiración divina"* de AQUELLOS QUE SON, me animó y reconfortó, con lo mismo que a tí te han dicho tantas veces en los momentos de desfallecimiento: *"No sufras y sigue adelante. Todo se debe a un plan divino. La labor es importante y será completada con éxito"*.

—¿Quién fue el ladrón?

—Si antes no pronuncié su nombre, tampoco he de hacerlo ahora.

—Por la cuarteta que describe la entrega a Enrique IV después de ser robadas, parece sobreentenderse que tú sabías lo que iba a ocurrir o por lo menos lo intuías. ¿Por qué no lo impediste?

—Porque la voluntad de acción es independiente. Y la libertad de decisión puede cambiar cualquier hecho, incluso el profetizado. Esa es la gran facultad que tiene el hombre y, con frecuencia, no sabe aprovecharla.

—Así pues, hay cuartetas que ya no ocupan el lugar en el que tú las colocaste.

—Está claro que el desarrollo de la Clave llevaba a cada una de las cuartetas a un lugar determinado. Pero, si los cambios las desplazaron de ese lugar, habría que pensar si no era prácticamente imposible para cualquier intérprete, recomponer totalmente el "puzzle"... salvo con la ayuda de la *"inspiración divina"*. Ya sabes bien a lo que me refiero y espero que los demás también lo entiendan. De todas formas, reconoce que yo dejé los datos y pistas suficientes para que, al final, todo volviera a su principio.

—¿Quién escribió las cuartetas falsas?

—Ya lo sabes, y es fácil ver que se diferencian de las mías en el estilo y en la métrica.

—Hay quien afirma que las 58 Sextillas son falsas.

—No. Sí lo son los dos versos que, a cada una de esas cuartetas, robadas cincuenta años antes, les añadió otro adulador, cuyo nombre también escrito está. Desprovistas de ellos y de su mediocre estilo, fácilmente puede verse que me pertenecen.

—Al final, han aparecido más cuartetas de las contenidas en las Centurias.

—En mis visiones de futuro, compuse más de mil cuartetas, claro está. Luego, para confeccionar las Centurias, seleccioné de las mismas un millar, apartando aquellas que eran menos relevantes o de algún modo parecidas a las ya elegidas. Después de mi muerte, esas cuartetas no seleccionadas, fueron encontradas entre los apuntes y borradores que yo había dejado, y agregadas en ediciones posteriores.

—¿En qué se diferencian las cuartetas de las Centurias de los Presagios?

—La diferencia estriba en que los Presagios son de sentido global, general, colectivo, y las cuartetas de las Centurias son de sentido específico, individual, concreto. El Presagio es como un pre-anuncio. Yo los escribí como vaticinios a corto plazo y para algo o alguien determinado, y con ellos quería reafirmar lo expuesto en las Centurias. Ninguno de ellos son cuartetas pertenecientes a éstas, y en ellos me preocupaba más de hacer un análisis filosófico que histórico, de épocas determinadas.

—¿Cuándo escribiste las Centurias?

—Fui anotando las cuartetas proféticas a lo largo de gran parte de mi existencia.

—¿Qué pretendías con tus dos cartas, prefacio de cada una de las partes?

—Quise indicar el empleo de una llave matemática para cerrar mis escritos a los malignos de mi época y a los vándalos del tiempo. Coloqué una carta al principio de las 7 primeras y otra al comienzo de las 3 restantes, para marcar que ambos dígitos eran fundamentales para descifrar la obra. Publiqué primero, en varias ediciones, hasta un total de 7 Centurias, número representativo de significados sagrados, como primer dato para la Clave. Luego, las otras 3 Centurias restantes, número de la Divina Trinidad y de los tres ciclos, de la Luna, del Sol y de Saturno, en los que se iba a desarrollar la duración de mis profecías, y como señal también para la ordenación. Recuerda que primero coloqué todas las cuartetas en 7 montones y luego las puse en 3.

Con la carta a César, mi hijo, quería explicarle mi postura, e introducir, a la vez, el dato 3797, básico para la ordenación, al tiempo que expresaba la forma en que estaban desarrolladas mis profecías. Con la epístola a Enrique II, rey de Francia, pretendía hacer la exposición que quería, poniéndome bajo el amparo del Monarca. Era mi manera de alertar sin ser condenado. La verdad es que usé las dos cartas para un fin, sirviéndome para otro.

—Y ¿los años 1585 y 1606, que en una de ellas incluyes?

—Son fechas que, históricamente, no representan nada notable como habrá podido comprobarse. Realmente, se trata de un dato más para la ordenación, y con ello quería remarcar el número *21*, que es la diferencia entre los dos, para indicar el término mayor de la sucesión periódica, el *21-7,* y también el número de cuartetas de la primera toma, la *3-7.*

—Los tiempos bíblicos que manejas ¿son exactos? ¿Había en ellos algún dato para la ordenación?

—Los espacios de tiempo bíblicos manejados son bastante aproximados, y los reflejé para precisar la duración de esta generación, la última de este Ciclo sobre la Tierra, desde la época de Adán. En ellos no hay ninguna indicación válida para la ordenación, sino la duración real de esta Humanidad, 6.666 años. Donde sí había un dato, también por tí descubierto, es en la expresión *"mil y dos"*, que pareciendo referirse a Profetas, en realidad lo que quiero decir es que las *mil* cuartetas las había repartido *dos* veces, en dos números de montones diferentes, confirmando lo antes dicho.

—¿Por qué decías que las profecías se agrupaban según el orden de la cadena que contiene su revolución?

—Era como una guía para aquellos que quisieran investigar, sin arredrarse por la "revolución" o desarrollo temporal hasta el ficticio año 3797, que era, realmente, "la cadena" o sucesión periódica, cuyos eslabones o términos, contenían el orden según el cuál se agrupaban las profecías al desordenarlas yo. En esa frase podía contemplarse todo el contenido: la sucesión periódica 3797, las Centurias con su división en 7 y 3, y la sucesión de acontecimientos ordenados cronológica y astrológicamente. Lo cierto es que el proceso sigue un orden, un sistema de mayor a menor y después a la inversa.

—¿Cómo ves las fechas del futuro, que, al final, he decidido no ponerlas?

—Aún hoy, es necesaria la prudencia. Las fechas relativas al poco futuro que aún queda, debes considerarlas como una aproximación notablemente ajustada en el tiempo, un poco sujeto todavía a los vaivenes de la actuación humana que, habiendo querido, con el gran poder que tiene como unidad, hubiera podido hacer reversible el proceso.

Tras lo último contestado, pasamos al tercer grupo de preguntas:

—Dime, Miguel ¿no es posible echar marcha atrás y cambiar lo que parece irremediable?

—Ya he indicado antes que el proceso, a estas alturas, es ya irreversible. La maldad se ha apoderado de los hombres de este mundo, y aunque no se vea a simple vista en toda su magnitud, su mayor cuantía anda oculta en el fondo de sus corazones. Piensan que hacen grandes cosas, y luego sus inventos los utilizan para dominar y matar a seres inocentes. Su estado es de completa ceguera, pues su orgullo y sed de dominio y poder, les impide ver y escuchar los débiles y apagados gritos de su corazón y conciencia. Ya nada les detendrá, y caerán aplastados por la maldad que ellos mismos han ido alimentando en su osadía y temeridad, al querer conseguir de otra forma, algo que, sólo con amor y humildad, se puede lograr. Los buenos, se purificarán; los malos, se perderán. Tómese buena nota de esta advertencia.

—Entonces, los justos también sufrirán y, ante los hechos trágicos, tal vez pierdan la esperanza.

—En el lugar que transcurre vuestra vida, querido José, ¡no es fácil que paséis un sólo día sin angustia o dolor!: os es necesaria esa lucha. ¡Ya lo sabíais y no hay por qué extrañarse de nada! Está escrito que, con rayas torcidas, Dios escribe siempre derecho. Es la ley del corazón la que debe hacer siempre de lo malo, bueno, y de lo bueno, duplicarlo en su valor. Cuando él se siente en paz, se aceptan los hechos, aunque sean irreversibles como ahora. Del fin del planeta se sacarán las lumbreras y los oscuros seguirán navegando, pero fuera de la Tierra, hasta que logren perfeccionarse más.

—Y ¿cómo llegar a ser lumbrera?

—No hablemos en términos deportivos, aunque parezca una competición; pero, en esta carrera final por la Tierra, o se llega a la meta o se muere. Cierto es, que en el seno del Padre, hasta el último también entrará; pero, del último al primero, habrá un larguísimo camino. Cada uno, en el tiempo que resta, podrá labrar su fortuna o desventura, eligiendo lo que el corazón le diga, y según actúe así recibirá.

—Sobre el mundo, pues, caerán grandes penas y daños físicos en los años venideros. ¿Sin remedio?

—Esta sociedad humana está ya muy enferma; pero, no hay peor enfermo que el que no desea curarse: eso le pasa a la gente actual que la compone. Hay muchas penas, en verdad, en la perspectiva de los tiempos inmediatos; pero, no serán las peores las que se sufrirán por lo físico: serán mucho más dolorosas, aunque no se verán, las ocasionadas por males espirituales. El mundo será como una inmensa hoguera de dolores y de males, más del espíritu que del cuerpo. Muchas veces duelen más los que nadie ve... Y, sólo cada uno lo percibirá en su interior.

—Muchos dicen que todo es una patraña de los profetas y que pasará como en el primer milenio.

—Los humanos de esta generación parecen niños caprichosos, ilusionados con un juguete; luego, ya acostumbrados a él o bien, roto, desean otro nuevo. Las ilusiones son como las realidades; lo que pasa, es que una es verdad porque es realidad y la otra no deja de ser ilusión. Pero, ¡ay de aquél que ahora no sepa apreciar la diferencia!

—Otros dicen que Dios no puede permitir tal cosa.

—Dios hizo al hombre a su imagen y semejanza, pero éste prefirió ser como es y avanzar por el camino oscuro. Y esto no podía ser. El verdadero camino que deben llevar los hombres es el que conduce a la vida, donde mora el amor y reina la paz humana. No el que lleva a la muerte. Unos lo entienden, otros no lo ven.

—Y lo peor es que las Almas buenas, que aún las hay, se verán muy agobiadas. ¿No lo crees así, Miguel?

—En esta época final, de decisiva prueba, los seres perversos son liberados de sus ataduras y no ven ni distinguen en su mundo de tinieblas. Van al ataque directo del Espíritu. El Mal juega ahora su última baza y de cada cual dependerá que sus ataques no tengan éxito. Eso se conseguirá con la voluntad de darse sin límites, sin medida y sin distinción, porque los ataques se verificarán, preferentemente, en un plano invisible, en donde actúan las fuerzas de la fe, el pensamiento, la ilusión y la esperanza, en contraposición con los malos deseos y las ideas cambiadas.

—Tú has intentado alertar a los componentes de esta Humanidad, ¿qué consejo les darías para el tiempo final?

—Es evidente que los albores del fin ya se vislumbran. El odio, la violencia y la destrucción, se acrecentarán en fechas próximas. Los jinetes del Apocalipsis se aproximan en su última cabalgada, y con el relinchar furioso de sus caballos azotarán la faz de esta Tierra. Aumentará la miseria, el horror, acudirá el pánico. Es aconsejable una paz interna, serena y lúcida, pues los tiempos apocalípticos ya han iniciado su andadura terminal. Pronto todo llegará, puesto que la noche de los tiempos mucho hace que empezó.

—Y ¿a los Justos, en los días venideros de dolor?

—Con amor y valor, superarlos podrán. Deberán imprimir en su mente, que esas negras jornadas son, en cierta manera, necesarias. Lo mismo que al mar le es necesaria la sal y los oleajes para mantenerse sin corromperse. Que hinchen sus corazones de esperanza, porque el sentido del sentimiento humanitario se despertará en la Nueva Era, de la que ellos serán artífices, y la hermandad será total. Esto supone que se habrá superado totalmente el egoísmo, principal mal de ahora.

—Esta es la última pregunta, Miguel: ¿Qué sentirán los hombres de este mundo cuando sean evacuados los elegidos, la nueva semilla?

—Una sensación extraña embarga a los espíritus cuando el amor se ausenta: se nota sórdido el espacio vacío. Así será la Tierra cuando la semilla de la nueva vida desaparezca temporalmente de la faz de este planeta. La gente notará en falta algo, y se dará cuenta tarde.

La entrevista a Michel Nostradamus había terminado. Aunque todavía seguimos charlando un buen rato. Después de la fraterna despedida, mi esencia, otra vez rauda, realizó el regreso, como diría el beato abulense, de gozo enajenada, al lugar de la partida: mi morada.

AQUELLOS QUE SON

"Yo rogaré al Padre, y os dará otro Consolador, para que esté con vosotros eternamente. Cuando él venga, el Espíritu de Verdad, os guiará hacia la verdad completa; pues, no hablará de suyo, sino que dirá todas las cosas que habrá oído y os prenunciará las venideras. El convencerá al mundo en orden al pecado, en orden a la justicia y en orden al juicio."

EVANGELIO DE JUAN, 14-16.

Como antaño le ocurriera a Michel de Nostredame, yo también estaba disponible, y ha sido mi trabajo terminar lo que él comenzó. Mas, nada hubiera sido posible sin la ayuda constante de AQUELLOS QUE SON. De Ellos he recibido el permanente aliento y guía en el devenir de la obra. Ellos han estimulado mi intuición, llevándome al encuentro del continuo hallazgo. Ellos, por medio del mensaje telepático, han resuelto toda duda. Con esa inigualable humildad que minimiza la labor del Hermano Mayor, engrandeciendo la obra del pequeño. A Ellos, pues, la alabanza y el Amor que se merecen.

No es mi intención extenderme en más detalles. Es una particular experiencia que llena de calor la intimidad de mi Alma y ahí debe de permanecer por ahora. Cada uno, en su creencia, sea libre de alcanzar el significado que prefiera. Analícese, pues, la obra y júzguese lo escrito.

A vosotros, hijos de la Nueva Galilea de los Gentiles, quiero deciros, al final de esta obra terminada, que habla de un futuro que con rapidez se acaba, que ahora vuelve del espacio, una vez las moradas preparadas, Aquél que os hiciera su promesa. Antes vino por Amor y ahora lo hará por la Justicia. No importa si demasiados le odian, o le ignoran: son los ciegos. Que aún no saben salir de su mundo de tinieblas.

En estos tiempos en los que el fin ya se vislumbra, poco importa lo que se os niega, si Él tanto os ofrece. Levantad la cabeza, que es el momento de acudir al parto venturoso: primero el dolor, después el gozo, por haber dado al mundo un hombre nuevo... Mirad al Sol que, cada día, más promesas os traerá con su misterio. Y también porque, cada día, siempre es nuevo y libre. ¡Cuántas cosas podremos descubrir si lo miramos! Mirémosle bien, porque quien fija la atención encuentra al Padre, el Padre Celestial que nos encuentra a todos en el mismo océano: cada uno de nosotros es como un río...

Éste es el tiempo de la Parusía. El mensaje que ahora Jesús nos trae es imperecedero, porque reside en el encuentro y no en la búsqueda. Él nos dijo y escrito está: ¿Quién de vosotros, con su inquietud, puede añadir un codo a su estatura? No os inquietéis, pues, y tened confianza en la espera, puesto que sabéis que ninguno de nosotros crece con la inquietud, sino con la respuesta.

Mirad también a las dulces aves que surcan el cielo: el poder de su vuelo reside en el dominio del aire que está a cada instante bajo sus alas. Mirad el nado del pez: su fuerza y secreto reside en el dominio que tiene sobre el agua que, en cada instante, le rodea. Miremos bien todos, ahora, que la pureza de nuestros espíritus y acciones, reside en el dominio que, sobre el medio de nuestro alrededor, podamos ejercer en cada instante. Lo que fragua y purifica nuestro ser es la intensidad de nuestro fuego de amor interior. Y así, seremos como el más brillante metal.

Es la certeza de cada momento que nos rodea, y de nuestra condición, lo que hace que crezcamos en armonía, y nos convirtamos en lumbreras de este mundo que agoniza. Porque "conversión" significa, de por sí, sacar de una esencia una gran obra. El mensaje de Cristo tiene como base expresarnos lo que es el caminar por esa senda. Que la certeza tiene su raíz más profunda, no en los anhelos particulares de cada uno de los que aquí estamos, sino más ciertamente, en las realizaciones que puedan permitirnos el encuentro con la Nueva Tierra.

Mirad bien, que en Amor debemos movernos y sentirnos Amor en la Esperanza, pues nos traerá alegrías y bienestares no basados en la satisfacción de la materia, sino en el sacrificio que después hará brillar la Luz. Ahora, deberemos morir cada día, porque así, cada día naceremos, y el niño que nace es joven, vital y lleno de energía poderosa.

Hubo tiempos pasados en que todo hombre no tenía tan grata posibilidad de adquirir tanto conocimiento...Y, ahora que la hay, pocos son los que se mueven internamente y trabajan en lo externo por Amor. Y muchos son los que trompetean...

Esta es la época que el Maestro nos anunció: LA DE LA ESPADA. Porque muchos que fueron reprimidos por su ignorancia, se vengarán de éstos que no aprovecharon los tiempos de ocasión que ya pasaron, mientras otros sí captaron el silencio y en él se hicieron piadosos y sabios. Ellos no se vengan ni adulan: callados, actúan. Nadie del mundo los conoce, pero, pronto, brillarán como bengalas.

Mucho es lo que pretenden saber los hombres de este mundo, pero, poco saben de lo que es nuestro. El buen árbol da fruto sano y limpio, pero, el árbol marchito, nada da. Por sus frutos, ya los conocéis. Tened paciencia, que en sus males morirán. No llenéis como ellos la mente, porque entonces el corazón se hará pequeño. En cambio, sed corazón, todo corazón, y seréis UNO como Cristo es UNO. Manejad los latidos de la vida y calmaréis tempestades. No por mucho conocer del corazón, aumenta el ritmo de sus latidos, sino por SABER y ENTENDER del corazón: del propio y no del ajeno. Porque el mejor panadero da lo que sabe que él mismo necesita: BUEN PAN.

Contemplad los frutos que hoy se observan en la obra impía. Ved el fruto que ha dejado la labor del Maestro de Maestros, que es la nuestra. Miradlo: porque si mucho es lo que se ha cambiado y mal utilizado, después de todo, sólo lo que es del Padre, perdura. Seamos, pues, del Padre, y seamos todos como ese Sol que amanece con fuerza y llega a su cénit con infinita belleza, estando, en su apogeo, con Luz y Humildad.

Felices aquellos que en la Paz, esperan. Bienaventurados sean.

————

Esta obra termina y otra viene a renacer. El viento del futuro sopla en amenaza, y el final de los tiempos se acerca con premura. Pero, el hombre de corazón puro, nada teme. El ya sabe, entiende y comprende. Se llena de gozo ante la proximidad de aquello prometido por Aquellos que Son y Saben, Los Hijos de la Llama. Los Consoladores han llamado en las puertas de las Almas, pero sólo los Justos han respondido a la llamada y han hecho suyo el mensaje. Sólo queda, pues, tras la selección, el desenlace. Lo que había de ocurrir y ahora ocurre, lo vio con claridad un hombre singular, en el pasado secular del tiempo, y hubo, entonces, de velarlo. Hoy, ya está quitado el velo, y el profeta de Salon sonríe satisfecho, tras su sueño, viendo, al fin, su obra en plenitud. Porque, aunque fuere dicho y se encuentre escrito, que el insigne personaje llamado Nostradamus murió el 2 de Julio de 1.566, la verdad es que no murió: Sólo se quedó dormido.

Y ahora DESPIERTA, cuando el mundo llega a su final.

Ellos verán

Dudaba y lloraba,
la oscuridad me rodeaba.
Buscaba y te quería.
Señor, Tú me oíste.
Allá, en la lejanía,
entre Tú y yo estaba:
Un sólo rayo de Luz
iluminó mi corazón.
Mi Alma ardió,
fui resplandor.
Corriendo hacia Ti voy.
Tú me llamas.
En mi carrera,
puede que tropiece,
pero Jesús sana mis heridas.
De mi dolor no me duelo
porque Tú lloras.

Contigo soy flor, viento,
soy Tú, soy Amor:
Así me consuelo.
Correr y volar alto:
Sólo así soy feliz.
Miro la oscuridad
y mis ojos lloran
lágrimas de amargura,
pues allí, en el vacío,
veo a la gente
que, en su no evolución,
perdura.
¡¿Qué puedo hacer?!
-grito y pregunto.
—¡ Sé así! -me respondiste.
¡Ellos verán!
Ya no lloro, ni dudo:
Sólo quiero alcanzarte.

c C	I	II	III	IV	V	VI	VII	VIII	IX	X	S
1	1	273	408	675	614	879	994	931	431	734	501
2	2	123	P-6	226	464	210	706	227	667	299	429
3	892	206	853	479	341	512	732	711	344	958	941
4	3	862	37	339	908	195	415	964	642	295	149
5	305	590	995	89	448	418	747	118	382	899	461
6	329	729	700	718	81	979	561	969	142	938	61
7	138	135	529	450	446	296	420	174	247	351	944
8	362	623	478	32	699	103	968	562	881	406	233
9	560	767	605	407	668	241	193	376	71	482	114
10	4	379	917	878	337	443	904	835	26	165	503
11	787	202	676	801	321	795	882	176	976	924	471
12	271	7	545	421	438	509	324	338	821	803	975
13	580	P-11	959	143	867	360	194	612	163	256	844
14	434	525	333	69	876	926	808	819	687	696	518
15	358	66	93	945	970	60	153	541	932	716	499
16	198	208	86	345	748	670	257	224	111	896	872
17	807	50	180	595	54	736	664	894	685	146	651
18	587	893	380	70	402	391	419	314	77	127	609
19	506	759	607	602	394	477	342	156	307	720	399
20	306	873	476	621	172	494	528	486	116	303	398
21	825	537	643	199	746	957	828	387	141	107	683
22	15	739	655	567	564	18	854	110	569	82	756
23	259	663	544	214	918	64	386	76	840	593	692
24	175	513	481	950	35	768	702	695	822	275	347
25	897	352	225	377	856	511	425	839	508	480	792
26	260	170	813	548	435	98	215	78	691	57	395
27	246	697	786	185	23	841	630	570	266	52	946
28	298	953	325	100	829	181	487	939	24	445	830
29	573	201	637	721	179	764	12	576	59	22	281
30	823	164	33	713	253	522	568	430	848	762	735
31	1ª Ex.	644	864	P-4	956	665	343	310	652	539	192
32	38	134	678	536	200	286	375	709	836	552	724
33	148	660	615	815	155	638	927	177	34	826	943
34	488	129	997	656	606	929	566	923	875	520	869
35	13	982	845	290	912	842	802	519	283	754	799
36	262	21	274	948	722	292	765	79	773	451	717
37	741	410	340	631	331	681	832	289	889	905	703
38	847	733	489	191	94	563	323	280	603	3ª Ex.	991
39	313	507	922	745	327	317	349	884	661	63	73
40	389	515	726	144	632	704	849	542	159	136	46

c C	I	II	III	IV	V	VI	VII	VIII	IX	X	S
41	268	392	483	516	962	414	264	43	967	921	218
42	120	689	442	626	166	255	531	319	868	782	920
43	162	852	211	240	783	112		74	182	874	75
44	106	361	P-7	608	971	903		453	99	891	470
45	154	1000	297	684	363	742		708	885	47	42
46	492	137	P-5	254	653	269		915	294	121	901
47	753	738	719	359	411	354		454	710	385	540
48	10	493	646	907	572	955		650	824	469	707
49	809	437	596	977	793	8		384	83	611	686
50	287	577	357	888	992	270		911	810	524	40
51	203	730	843	857	220	701		237	750	365	401
52	423	553	649	625	474	373		58	126	427	31
53	780	97	521	794	800	267		328	582	459	495
54	309	491	693	243	554	778		485	565	751	532
55	556	465	41	350	475	374		117	403	147	151
56	5	987	671	187	500	P-8		559	550	972	128
57	139	978	422	791	178	132		680	834	779	242
58	452	122	449	598	679	575		49	124	232	383
59	277	11	769	619	320	774		858	731	827	
60	102	184	585	833	205	877		213	785	634	
61	250	535	19	714	316	690		744	27	860	
62	108	390	473	772	937	68		235	167	87	
63	816	272	814	161	571	125		455	P-10	758	
64	400	171	28	322	698	20		639	252	647	
65	393	388	838	355	330	417		597	115	444	
66	790	672	85	657	432	837		80	951	538	
67	381	276	441	169	677	466		301	694	831	
68	601	457	334	546	636	308		984	983	604	
69	67	304	510	56	472	965		985	618	244	
70	806	368	212	248	866	48		812	405	654	
71	586	404	928	378	113	265		65	462	367	
72	641	658	974	627	P-9	131		9	936	989	
73	249	369	230	335	236	755		311	775	998	
74	196	913	592	168	14	949		850	599	986	
75	222	92	231	549	963	30		302	300	197	
76	104	263	447	629	583	204		757	584	820	
77	216	366	805	980	221	39		993	669	55	
78	579	547	433	640	458	863		318	229	728	
79	109	45	940	426	990	789		282	428	5ª Ex	
80	119	895	811	526	186	551		157	910	737	
81	436	942	468	409	53	935		673	504	578	
82	497	502	588	424	370	620		659	557	348	
83	633	624	490	930	740	261		616	960	919	
84	996	207	219	933	440	463		285	688	712	
85	284	648	62	725	514	416		251	51	771	
86	150	534	749	934	859	600		228	914	925	
87	6	916	555	796	766	372		P-3	523	902	
88	238	397	95	17	288	851		909	617	152	
89	496	130	293	88	396	278		760	315	91	
90	906	763	29	173	10ª Ex.	484		96	610	291	

c C	I	II	III	IV	V	VI	VII	VIII	IX	X	S
91	988	543	788	705	439	412		613	861	101	
92	855	353	158	413	498	883		628	743	189	
93	209	456	258	591	890	952		973	217	781	
94	190	183	954	900	44	279		234	517	645	
95	25	887	871	239	326	364		715	662	846	
96	371	865	140	798	818	674		797	770	336	
97	777	981	784	460	160	245		947	594	36	
98	188	145	870	622	533	527		133	723	999	
99	804	223	589	761	574	467		356	961	776	
100	682	558	635	312	581	666		72	966	90	
101										84	

De otras pretendidas Centurias:

c C	VII-bis	VIII-bis	XI	XII	XII-bis
1	346	105			
2	505	817			
3	2ª Ex.	886			
4	4ª Ex.	752		F	
5	727	880			
6		898			
17	9ª Ex.				
24				P	
36				12ª Ex.	
43	F				
44	11ª Ex.				
52				6ª Ex.	
55				7ª Ex.	
56				F	
59				F	
62				16	
65					530
69				8ª Ex.	
97			332		